中国非洲研究院文库

ZHENGHE AND AFRICA

郑和与非洲

李新烽 / 主编

中国社会科学出版社

图书在版编目（CIP）数据

郑和与非洲/李新烽主编. —北京：中国社会科学出版社，2012.9
（2020.11 重印）
ISBN 978-7-5161-1204-5

Ⅰ.①郑⋯　Ⅱ.①李⋯　Ⅲ.①郑和下西洋—研究②文化交流—文化史—研究—中国、非洲　Ⅳ.①K400.3

中国版本图书馆 CIP 数据核字（2012）第 150588 号

出 版 人	赵剑英
选题策划	冯　斌
责任编辑	陈雅慧
责任校对	林福国
责任印制	戴　宽

出　　版	中国社会科学出版社
社　　址	北京鼓楼西大街甲 158 号
邮　　编	100720
网　　址	http://www.csspw.cn
发 行 部	010-84083685
门 市 部	010-84029450
经　　销	新华书店及其他书店

印刷装订	北京君升印刷有限公司
版　　次	2012 年 9 月第 1 版
印　　次	2020 年 11 月第 2 次印刷

开　　本	710×1000　1/16
印　　张	29
字　　数	503 千字
定　　价	96.00 元

凡购买中国社会科学出版社图书，如有质量问题请与本社营销中心联系调换
电话：010-84083683
版权所有　侵权必究

谨以此书
纪念毛主席发表非洲研究指示六十周年
并献给中非合作论坛第八届部长级会议

This book is dedicated to the 60th anniversary of the publicity of Chairman Mao's instruction on African Studies and to the 8th Ministerial Conference of the Forum on China – Africa Cooperation

毛主席关于非洲研究的指示

我们对于非洲的情况，就我来说，不算太清楚。应该搞个非洲研究所，研究非洲的历史、地理、社会经济情况。我们对于非洲的历史、地理和当前情况都不清楚，所以很需要出一本简单的书，不要太厚，有一二百页就好。可以请非洲朋友帮助，在一二年内就出书。内容要有帝国主义怎么来的，怎样压迫人民，怎样遇到人民的抵抗，抵抗如何失败了，现在又怎么起来了。

——摘自毛泽东主席 1961 年 4 月 27 日同非洲外宾的谈话。载中华人民共和国外交部、中共中央文献研究室编：《毛泽东外交文选》，中央文献出版社、世界知识出版社 1994 年 12 月版，第 465 页。

山一程，水一程，身向世界行。
风一更，雪一更，心怀天下事。

温家宝

二零零六年初十月
于民航专机上

中共中央政治局常委、国务院总理温家宝为李新烽《非洲踏寻郑和路》一书题词

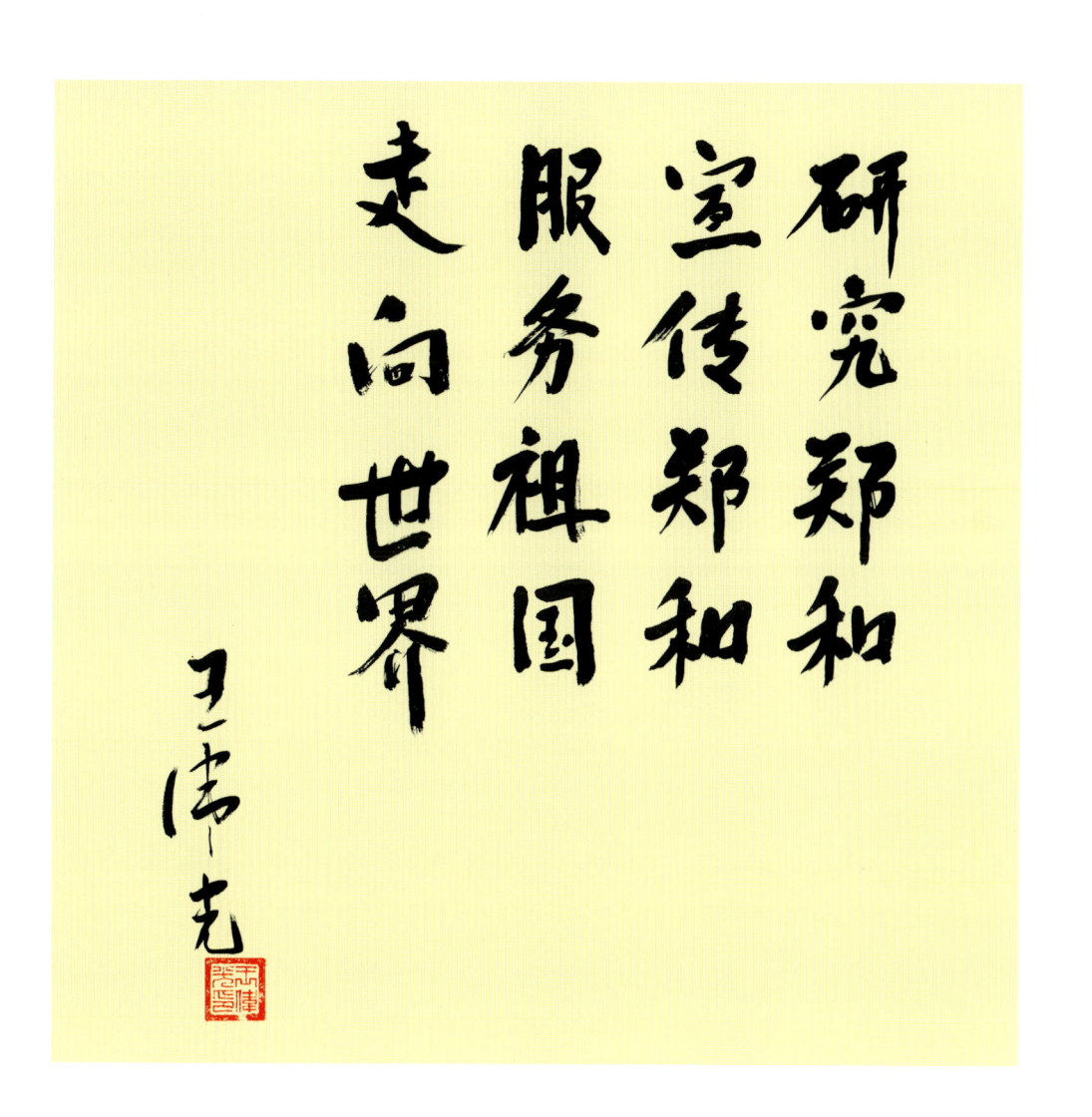

研究郑和
宣传郑和
服务祖国
走向世界

中国社会科学院前院长、学部主席团前主席王伟光为本书题词

2004年，在纪念新南非十周年和中非伙伴关系论坛上，姆贝基总统指出："历史告诉我们，在几百年前，不论是非洲人还是亚洲人，都没有把对方看成是野蛮人。虽然远隔重洋，但双方都认为自己的福祉依赖于另一方的幸福生活，这一意愿所反映的基本理念闪耀着人类的理性光辉。正是基于这一意愿，15世纪中国船队到访非洲港口所带来的是互惠互利的合作，而不是随着阿拉伯人和欧洲人而来的奴隶贸易和殖民主义所带来的毁灭与绝望。"

图为本书主编2010年1月与南非前总统姆贝基在苏丹首都喀土穆。

《榜葛剌进麒麟图》，这幅图是清人陈璋按明朝书画家沈度原图临摹而成。沈度为翰林待学士，1414年榜葛剌第一次贡麒麟后，他作画以记录，其原图现存台北故宫博物院。

根据郑鹤声、郑一钧父子考证，亚非各国向明王朝赠麒麟共五次。第一次永乐十二年（1414）秋九月，为榜葛剌国所赠；第二次永乐十三年（1415）秋九月，为麻林国所赠；第三次永乐十五年（1417）秋，为阿丹国馈送；第四次宣德八年（1433）秋，为古里、阿丹国所馈送；第五次正统三年（1438）十月，为榜葛剌国馈送。

2005年7月，在纪念郑和下西洋600周年之际，肯尼亚马林迪市长姆拉穆巴（右）与郑和船队的后裔，被称为"中国学生"和"中国女孩"的姆瓦玛卡应邀前来参加第三届中国太仓郑和航海节。永乐十三年（1415），郑和船队访问东非海岸时，马林迪国王曾向中国皇帝敬献了一头"麒麟"——长颈鹿，被传为中非友好交往的一段佳话。这次，郑和船队的后裔来中国寻根问宗，又续写着中非友谊的新篇章。

帕泰岛西游村的"中国人"至今还继承着祖先的劳动习惯——用扁担挑水，这与当地居民用车拉水和用木棍抬水形成十分鲜明的对比。当然，区别中国后裔与当地居民，根本无须拿来一条扁担作"试金石"，"中国人"的外表特征——肤色浅、头发长、眼睛小、嘴唇薄、个子矮——就能说明一切。

本书主编在西游村采访时,当地人在巷道里向他讲述当年织布机的构成情况。郑和船队的水手当年把中国的织布和缫丝技术带到了帕泰岛,这一工艺五六十年前在岛上失传。

帕泰岛西游村"中国医生"法基伊为本书主编把脉。法基伊是郑和"舟师"的后裔,出身"杏林"世家,其祖父、父亲和叔父都是中医大夫,深受岛民爱戴。针灸、推拿、按摩和用当地植物制作中草药是他家的祖传医术。法基伊告诉作者,他非常向往中国,赴中国深造中医是他的梦想。

中国水手不但给帕泰岛带来了瓷器和丝绸，而且为岛民带来了中华医术——按摩、针灸、拔火罐和中草药等。数百年来，中医在帕泰岛上代代相传，至今仍造福于当地居民。图为"中国村"村长向本书主编展示中医拔火罐。当地人早已用兽角代替了传统拔火罐所用的瓷罐。

《踏寻郑和在非洲的遗迹》系列报道在《人民日报》及其海外版发表后引起轰动效果，对现实产生了两个直接影响：一是姆瓦玛卡·沙里夫如愿以偿来华学习，现就读于南京中医药学院；二是中国和肯尼亚签署合作考古协议，对肯尼亚沿海一带进行联合考古。中国考古从此迈出国门，走向世界。图为姆瓦玛卡·沙里夫在南京中医药学院的宿舍。

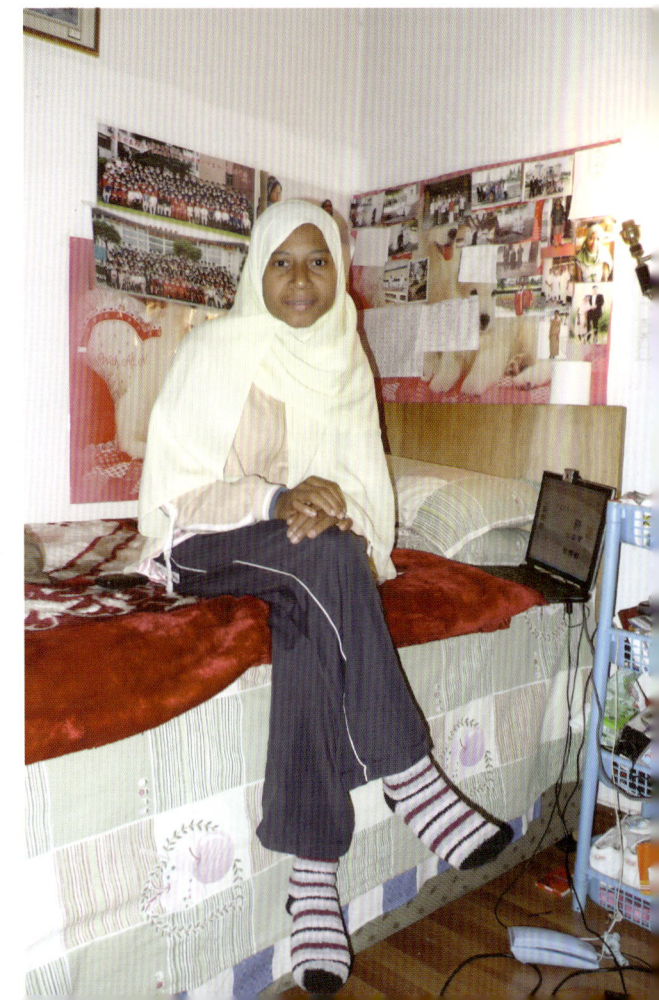

2010年2月23日，中国国家博物馆，北京大学和肯尼亚国立博物馆签署了肯尼亚合作考古项目协议。

整个项目分为三部分：1. 水下考古项目，主要是寻找传说中那条沉船，从学术角度上说，就是调查、试掘肯尼亚沿海的沉船，特别是与中国贸易相关的沉船；2. 陆上考古项目，发掘的地点选在马林迪市附近，目的是寻找古代马林迪王国的遗址；3. 课题研究部分，对肯尼亚沿海地区考古发掘和调查的27处古代遗址中出土的中国瓷器进行调研。

肯尼亚考古项目的陆上考古发掘项目于2010年7月下旬启动，对肯尼亚共和国马林迪市周边地区的古代遗址进行考古发掘。本次发掘由北京大学考古文博学院与肯尼亚国立博物馆滨海考古部组成联合考古队，其中包括中方9名队员和肯方的8位学者及工作人员，这在肯尼亚的考古历史上堪称强大的团队。图为考古队在曼布鲁伊发掘出土的龙泉窑南宋－元代青瓷片（上）和明"永乐通宝"铜钱（下）。

为踏寻郑和在非洲的足迹,本书主编曾四次赴肯尼亚拉木群岛采访。由于拉木群岛的帕泰岛四周水位较低,即使是小木船也难以靠岸,作者每次登陆帕泰岛时,必须趟一段海水。

2010年6月,本书主编与《1421:中国发现世界》作者、英国退休海军军官加文·孟席斯在其伦敦家中会晤并交流。图为二人在排放满《1421:中国发现世界》不同版本的书柜前合影。

荷兰鹿特丹航海博物馆陈列的马塔罗船型（Mataro），为15世纪初期西欧的著名船型，也是西欧最古老的船型。因发现于西班牙巴塞罗那沿海附近的一家教堂而得名。换言之，郑和下西洋时期，该船型在西欧一带比较流行。

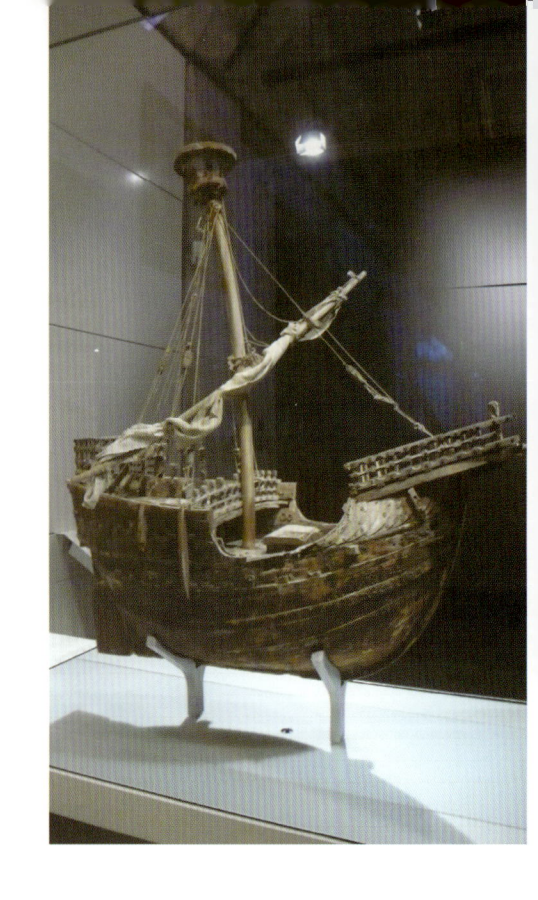

郑和宝船与哥伦布"发现美洲"的船只的比较。图为陈列于阿拉伯联合酋长国迪拜伊本·白图泰购物中心内的郑和下西洋展览。

世界上最早最大的世界地图——《大明混一图》。该地图因在世界上首次准确描绘了非洲大陆的位置和形状而闻名于世，2003年在南非国民议会展出时曾引起轰动。南非前议长金瓦拉博士认为：《大明混一图》以无可辩驳的事实表明，中国人先于欧洲人抵达非洲，所谓欧洲人"发现"非洲的事实是应该得到纠正的时候了。

桌山夕照。南非立法首都开普敦是南非的"母亲城"，遐迩闻名的桌山是开普敦的标志，也是古代航海家的天然航标。据南非媒体报道，十年前，南非考古学家曾在桌山山麓发现了中国明朝以前的瓷器和其他生活用具，说明中国人是最早在南非留下生活遗迹的外国人。南非学者韦勒斯指出："第一批看到著名桌山的外来人是中国皇帝的船队水手。他们在永乐皇帝的大太监郑和率领下，于1431—1433年以前来到非洲，绕过了好望角。"

中国古代造船科技的"六大发明"

泉州出土的宋代海船残体中清晰显示多道水密隔壁

明代海船中的八橹船,有风时仅4橹入水或收橹依风行驶

史书中绘制的东晋车轮舟示意图明显可见舷侧之"轮"

1955年广州出土的东汉陶质船模尾部已有舵

中国国家博物馆收藏的明代水罗盘的复制品

明代安装于水军左卫战船上的架设式火铳

中华传统帆船有四种船型系列

广船

清代"耆英"号三桅木帆海船

福船

明《兵录》中的福船图

沙船

明《金汤十二筹》中五桅沙船图

浙（鸟）船

仿古木帆船——三桅浙船"绿眉毛号"在航行中

郑和下西洋舟师编成中的典型舟船

郑和二千料宝船模型（国家博物馆收藏）

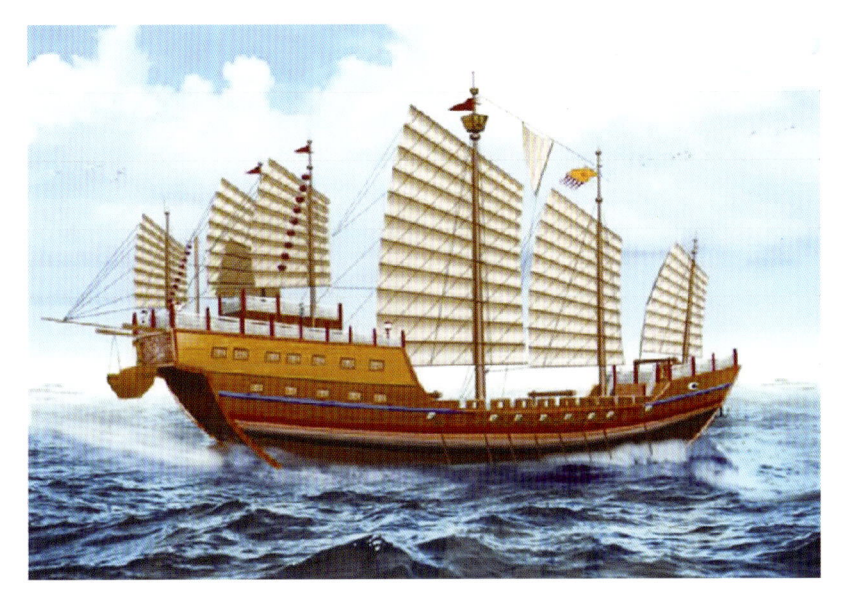

南京仿明代郑和宝船的效果图

中型座船——封舟线图

出使琉球的册封舟图

水船——五桅沙船线图

明代北直隶沙船型货船侧视图

小型战船——八橹船船模图

八橹船复原船模（国家博物馆收藏）

主编简介

李新烽，1960年9月生，陕西渭南人。管理学博士，二级研究员，作家，摄影家。中国社会科学院西亚非洲研究所所长，中国非洲研究院常务副院长，中国社会科学院大学西亚非洲系主任、博士研究生导师，《中国非洲学刊》《西亚非洲》主编。中国亚非学会副会长，中国非洲史研究会副会长。国务院政府特贴专家。

1981年西安外国语大学英语系毕业后留校工作，两次考入中国社会科学院研究生院，分获法学硕士学位和管理学博士学位；公派留学英国，获威尔士大学文学硕士学位。1987—1995年先后在中国社会科学院办公厅和国际合作局工作。1995—2008年在人民日报社当编辑，期间任常驻非洲记者8年，足迹遍布非洲大陆，是采写肯尼亚帕泰岛郑和使团后裔、发现"中国学生"——夏瑞馥（拉利·姆瓦玛卡·沙里夫）的第一位中国记者，也是索马里内战爆发以来，进入该国采访报道的首位东方记者。2006年参加中组部、团中央组织的第七届"博士服务团"，挂职湖南湘西自治州人民政府州长助理。2007年加入中国作家协会。2008年加入中国摄影家协会，同年调入中国社会科学院西亚非洲研究所，其中2014—2017年担任中国社会科学杂志社副总编辑。

出版《非洲踏寻郑和路》（修订本）中英文版、《非凡洲游》两部专著和智库报告《新时代中非友好合作：新成就、新机遇、新愿景》《非洲华侨华人报告》《中国脱贫攻坚调研报告——湘西篇》（中英文版）等十多部合著，主编《郑和与非洲》《全球视野下的达尔富尔问题研究》，发表中英文学术论文30余篇。温家宝总理为《非洲踏寻郑和路》题词："山一程，水一程，身向世界行；风一更，雪一更，心怀天下事。"作品获中宣部第十届精神文明建设"五个一工程奖"、第十六届和第二十七届中国新闻奖、中国社科院 2012 年和 2016 年优秀对策信息一等奖、中国社科院 2018 年和 2019 年优秀国家智库报告奖、外交部 2013 年和 2016 年中非联合交流计划研究课题优秀奖，以及中国国际新闻奖、冰心散文奖、中国改革开放优秀报告文学奖、徐迟报告文学奖、华侨文学奖等十余种全国性奖项。

目　录

序言

充分发挥智库作用　助力中非友好合作
　　——《中国非洲研究院文库》总序 ………… 蔡　昉（1）
"长颈鹿的故事"历久弥新 ………………………… 肯雅塔（4）
研究非洲　宣传郑和 ……………………………… 王伟光（8）
时代呼唤更多非洲研究力作 ……………………… 刘贵今（13）
郑和颂歌新乐章 …………………………………… 张　象（16）

导言：600年前历史与现实的对接 ……………………………（1）

第一编　论郑和船队远航非洲

第一章　郑和船队四赴非洲背景分析 ………………………（25）
　　第一节　明朝与世界各国的联系 ……………………（25）
　　第二节　郑和七下西洋的时代性 ……………………（37）
　　第三节　郑和舟师远赴非洲的动机 …………………（50）
　　第四节　选择郑和组建船队的缘由 …………………（53）

第二章　郑和非洲之旅问题解析 ……………………………（63）
　　第一节　郑和下西洋的航线与特点 …………………（63）
　　第二节　郑和"舟师"三路分舻赴非洲 ………………（72）
　　第三节　船队航海保障与组织联络 …………………（80）
　　第四节　郑和力剿大海盗保"静海" …………………（89）
　　第五节　郑和船队是否绕过好望角 …………………（92）

第三章　郑和远航非洲深远意义 (96)
　　第一节　《郑和航海图》的绘制与影响 (96)
　　第二节　中非贸易与往来的加强 (105)
　　第三节　中国文化与世界的交流 (109)
　　第四节　远航非洲对世界的影响 (128)

第二编　中国宝船构建海上"丝瓷之路"

第四章　先进舟船科技诞生中国宝船 (135)
　　第一节　明朝集我国历代舟船科技之大成 (135)
　　第二节　永乐年间开启明代造船伟业 (137)
　　第三节　明代舟船建造光照中华史册 (141)
　　第四节　南京是明朝前期全国造船中心 (144)

第五章　郑和舟师编成与舟船特征 (155)
　　第一节　郑和舟师编成与船型分类 (155)
　　第二节　中国宝船考证和复原研究 (158)
　　第三节　明朝代表型海船研究分析 (186)
　　第四节　明代航海科技保障下西洋 (199)

第六章　中国宝船仿造与重走郑和路 (202)
　　第一节　中国舟船开辟海上"丝瓷之路" (202)
　　第二节　中国舟船航海科技贡献卓越 (205)
　　第三节　仿明郑和宝船复原扬帆工程 (210)
　　第四节　从新发现再议明代宝船尺度 (227)

第三编　郑和舟师在非洲遗存探析

第七章　探访肯尼亚帕泰岛"中国村" (233)
　　第一节　非洲发现郑和部属后裔 (233)
　　第二节　船员当年落难东非孤岛 (242)
　　第三节　一条扁担挑出"中国情" (247)

第四节　中国后裔传承中华医术 ………………………………（255）

第八章　"双龙坛"再传中国信息 …………………………………（267）
　　第一节　"双龙坛"神秘现身引关注 ……………………………（267）
　　第二节　"中国印记"遍布东非孤岛 ……………………………（274）
　　第三节　"中国学生"喜回老家深造 ……………………………（292）
　　第四节　首批华人明初"移居非洲" ……………………………（301）

第九章　郑和"舟师"在非洲的影响 ………………………………（307）
　　第一节　瓷器谱写东非沿岸历史新篇章 ………………………（307）
　　第二节　长颈鹿远洋来华传颂友谊佳话 ………………………（318）
　　第三节　"麻将"落户非洲深受黑人欢迎 ………………………（326）
　　第四节　《大明混一图》异国展出意义深远 …………………（334）

第十章　首批华人明初"移居非洲" ………………………………（340）
　　第一节　中非关系演变过程扫描 ………………………………（340）
　　第二节　华人移民非洲历史述评 ………………………………（353）
　　第三节　郑和"移民"非洲首批华人 ……………………………（371）
　　第四节　提前非洲华人移民史的意义 …………………………（376）

结语　郑和下西洋与当代中国对非政策 …………………………（393）

参考文献 ………………………………………………………………（415）

附录1　《明史》关于郑和本人访问非洲的记载 …………………（420）
附录2　郑和七下西洋年代及经历的主要国家 ……………………（422）

后记 ……………………………………………………………………（425）
重印后记 ………………………………………………………………（428）

序言

充分发挥智库作用　助力中非友好合作
——《中国非洲研究院文库》总序

蔡昉

当今世界正面临百年未有之大变局。世界多极化、经济全球化、社会信息化、文化多样化深入发展，和平、发展、合作、共赢成为人类社会共同的诉求，构建人类命运共同体成为各国人民共同的愿望。与此同时，大国博弈激烈，地区冲突不断，恐怖主义难除，发展失衡严重，气候变化凸显，单边主义和贸易保护主义抬头，人类面临许多共同挑战。中国是世界上最大的发展中国家，是人类和平与发展事业的建设者、贡献者和维护者。2017年10月中共十九大胜利召开，引领中国发展踏上新的伟大征程。在习近平新时代中国特色社会主义思想指引下，中国人民正在为实现"两个一百年"奋斗目标和中华民族伟大复兴的"中国梦"而奋发努力，同时继续努力为人类作出新的更大的贡献。非洲是发展中国家最集中的大陆，是维护世界和平、促进全球发展的重要力量之一。近年来，非洲在自主可持续发展、联合自强道路上取得了可喜进展，从西方眼中"没有希望的大陆"变成了"充满希望的大陆"，成为"奔跑的雄狮"。非洲各国正在积极探索适合自身国情的发展道路，非洲人民正在为实现《2063年议程》与和平繁荣的"非洲梦"而努力奋斗。

中国与非洲传统友谊源远流长，中非历来是命运共同体。中国高度重视发展中非关系，2013年3月习近平担任国家主席后首次出访就选择了非洲；2018年7月习近平连任国家主席后首次出访仍然选择了非洲；6年间，习近平主席先后4次踏上非洲大陆，访问坦桑尼亚、南非、塞内加尔等8国，向世界表明中国对中非传统友谊倍加珍惜，对非洲和中非关系高度重视。2018年中非合作论坛北京峰会成功召开。习近平主席在此次峰会上，揭示了中非团结合作的本质特征，指明了中非关系发展的前进方向，规划了中非共同发展的具体路径，极大完善并创新了中国对非政策的理论框架和思想体系，这成为习近平新时代中国特色社会主义外交思想的重要理论创新成果，为未来中非关系的发展提供了强大政治遵循和行动指南。这次峰会是中非关系发展史上又一次具有里程碑意义的盛会。

随着中非合作蓬勃发展，国际社会对中非关系的关注度不断提高，出于对中国在非洲影响力不断上升的担忧，西方国家不时泛起一些肆意抹黑、诋毁中非关系的奇谈怪论，诸如"新殖民主义论""资源争夺论""债务陷阱论"等，给中非关系发展带来一定程度的干扰。在此背景下，学术界加强对非洲和中非关系的研究，及时推出相关研究成果，提升国际话语权，展示中非务实合作的丰硕成果，客观积极地反映中非关系良好发展，向世界发出中国声音，显得日益紧迫和重要。

中国社会科学院以习近平新时代中国特色社会主义思想为指导，努力建设马克思主义理论阵地，发挥为党的国家决策服务的思想库作用，努力为构建中国特色哲学社会科学学科体系、学术体系、话语体系作出新的更大贡献，不断增强我国哲学社会科学的国际影响力。中国社会科学院西亚非洲研究所是当年根据毛泽东主席批示成立的区域性研究机构，长期致力于非洲问题和中非关系研究，基础研究和应用研究并重，出版和发表了大量学术专著和论文，在国内外的影响力不断扩大。以西亚非洲研究所为主体于2019年4月成立的中国非洲研究院，是习近平总书记在中非合作论坛北京峰会上宣布的加强中非人文交流行动的重要举措。

按照习近平总书记致中国非洲研究院成立贺信精神，中国非洲研究院的宗旨是：汇聚中非学术智库资源，深化中非文明互鉴，加强治国理政和发展经验交流，为中非和中非同其他各方的合作集思广益、建言献策，增进中非人民相互了解和友谊，为中非共同推进"一带一路"合作，共同建设面向未来的中非全面战略合作伙伴关系，共同构筑更加紧密的中非命运共同体提供智力支持和人才支撑。中国非洲研究院有四大功能：一是发挥交流平台作用，密切中非学术交往。办好"非洲讲坛""中国讲坛""大使讲坛"，创办"中非文明对话大会"，运行好"中非治国理政交流机制""中非可持续发展交流机制""中非共建'一带一路'交流机制"。二是发挥研究基地作用，聚焦共建"一带一路"。开展中非合作研究，对中非共同关注的重大问题和热点问题进行跟踪研究，定期发布研究课题及其成果。三是发挥人才高地作用,培养高端专业人才。开展学历学位教育,实施中非学者互访项目,培养青年专家、扶持青年学者和培养高端专业人才。四是发挥传播窗口作用,讲好中非友好故事。办好中国非洲研究院微信公众号,办好中英文中国非洲研究院网站,创办多语种《中国非洲学刊》。

为贯彻落实习近平总书记的贺信精神,更好地汇聚中非学术智库资源,团结非洲学者,引领中国非洲研究工作者提高学术水平和创新能力,推动相关非洲学科融合发展,推出精品力作,同时重视加强学术道德建设,中国非洲研究院面向全国非洲研究学界,坚持立足中国,放眼世界,特设"中国非洲研究院文库"。"中国非洲研究院文库"坚持精品导向,由相关部门领导与专家学者组成的编辑委员会遴选非洲研究及中非关系研究的相关成果,并统一组织出版,下设五大系列丛书:"学术著作"系列重在推动学科发展和建议,反映非洲发展问题、发展道路及中非合作等某一学科领域的系统性专题研究或国别研究成果;"经典译丛"系列主要把非洲学者以及其他方学者有关非洲问题研究的经典学术著作翻译成中文出版,特别注重全面反映非洲本土学者的学术水平、学术观点和对自身发展问题的认识;"智库报告"系列以中非关系为研究主线,以中非各领域合作、国别双边关系及中国与其他国际角色在非洲的互动关系为支撑,客观、准确、翔实地反映中非合作的现状,为新时代中非关系顺利发展提供对策建议;"研究论丛"系列基于国际格局新变化、中国特色社会主义进入新时代,集结中国专家学者研究非洲政治、经济、安全、社会发展等方面的重大问题和非洲国际关系的创新性学术论文,具有学科覆盖面、基础性、系统性和标志性研究成果的特点;"年鉴"系列是连续出版的资料性文献,设有"重要文献""热点聚焦""专题特稿""研究综述""新书选介""学刊简介""学术机构""学术动态""数据统计""年度大事"等栏目,系统汇集每年度非洲研究的新观点、新动态、新成果。

期待中国的非洲研究和非洲的中国研究在中国非洲研究院成立的新的历史起点上,凝聚国内研究力量,联合非洲各国专家学者,开拓进取,勇于创新,不断推进我国的非洲研究和非洲的中国研究以及中非关系研究,从而更好地服务于中非共建"一带一路",助力新时代中非友好合作全面深入发展。

(本序作者为中国社会科学院副院长、中国非洲研究院院长)

"长颈鹿的故事"历久弥新

中肯之间有着深厚的传统友谊，2013年8月我访华期间，在与习近平主席会谈时，习主席指出："中肯友好交往源远流长"，"中国明代著名航海家郑和曾率远洋船队多次访问肯尼亚"。我们肯尼亚人同样铭记着：远在600多年前，明朝大航海家郑和就率领庞大的船队访问了肯尼亚。1415年（永乐十三年），作为对郑和来访的回访，位于今马林迪的麻林国，遣使臣携带长颈鹿等珍贵礼品，远赴中国明朝首都北京。长颈鹿当时在中国被称作"麒麟"，被看作是千载难逢的瑞兽，只有在天下太平祥和、百姓安居乐业的时代才会出现，是吉祥与瑞和的象征。这只来自遥远的麻林国的"麒麟"显示出在历史上中国官方首次对麻林等东非沿岸国家所进行的访问取得了圆满成功，成为明朝兴盛时期在对外关系上取得重大进展的重要标志。由于具有如此重大的意义，当年肯尼亚麻林国赴中国敬献长颈鹿之际，引起明朝宫廷的轰动，在麻林等国使者进京的那天，明朝皇帝朱棣率领诸位大臣亲往奉天门主持隆重欢迎仪式，接受麻林国进献"麒麟"，为非中关系史上的一大盛事。"长颈鹿的故事"作为肯尼亚与中国友好交往史上的一段佳话，在肯尼亚也广为流传，成为肯中友谊源远流长的一个象征。当年，郑和船队的一艘宝船沉没在了肯尼亚帕泰岛附近，留有郑和船员后裔的信息，这一考古发现又为郑和船队访问肯尼亚增添了新的例证，赋予了新的内涵。

本书作者李新烽博士曾是人民日报社常驻非洲记者，在获知这一信息后，为寻找郑和在非洲的遗迹，在非洲进行了广泛的采访活动，自1999年6月至2005年5月，用了整整6年时间，走遍非洲大陆，以独特的视角探索并解开郑和使团访问非洲之谜。特别是他于2002年3月只身赴肯尼亚帕泰岛采访，成为报道帕泰岛郑和船员后裔、发现"中国学生"姆瓦玛卡·沙里夫的第一位中国记者。他的系列报道在《环球时报》和《人民日报》先后发表后，立即引起广大读者的强烈兴趣和普遍好评。此后，他又三次赴肯尼亚帕泰岛深入采访，发现和掌握了大量第一手关于郑和船员后裔现今生活的素材，采访了中国后裔和中医大夫，见证了从帕泰岛附近海域打捞出来的两个"双龙坛"。在掌握大量世人鲜知的第一手资料的基础上，写出了这部优秀的著作，使人们得以了解郑和使团当年在非洲留下的遗迹与郑和船员后裔今天的生活，拉近了郑和下西洋与现今的时空距离，为发展肯中传统友谊谱写了新篇章。

作为李新烽《踏寻郑和在非洲遗迹》系列报道的后续行动，肯尼亚与中国签订了联合考古协议，以期进一步揭开肯中关系的历史谜团。从2010年起，肯尼亚国立博物馆与中国国家博物馆水下考古中心和北京大学考古文博学院积极实施这一联合考古项目，并取得了重大阶段性收获，我也曾赴水下考古现场进行过视察。我们两国联合考古使得麻林王国的神秘面纱得以逐步揭开，郑和等航海先辈所曾见到的肯尼亚古代沿海王国的辉煌得以逐渐呈现，使得肯尼亚学者和政府能以新的视角审视肯尼亚与中国源远流长的友好关系，进一步认识到中国人历史上就对我们平等相待，彼此相互尊重，双方互惠互利，与欧洲人来到非洲时对待我们的态度迥然相异。另一方面，也表明肯尼亚早在葡萄牙人到达之前，已与外界有了紧密联系。肯尼亚与中国有着比欧洲人更为古老并且是公平的贸易关系，当今中国对肯尼亚贸易的发展实际上正是这一优良传统的延续，今日非洲国家的"向东看"政策有着深远的历史源流。从李新烽10多年前对肯尼亚郑和船员后裔的报道到今天的肯中联合考古项目，他们多年持续的辛勤努力和取得的一系列成果和发现，给肯尼亚的政治家们坚定执行"向东看"政策提供了充足理由，因为早在600多年前我们肯尼亚就是如此。一直以来，无数事实证明"向东看"完全符合我们国家和民族的利益。

郑和访问肯尼亚之后，肯尼亚一直是连接非洲和中国的重要纽带。中国长期以来支持肯尼亚国家独立和民族解放事业，两国建交50多年来，双边关系保持全面快速发展。中国成为肯尼亚第一大直接投资来源国和第二大贸易伙伴，双方在基础设施、经济特区建设、投融资等领域合作不断得到加强，由中国援建、中资企业承建的公路、桥梁、体育场、输变电等大型基础设施项目极大地促进了当地经济和社会发展。即将建成通车的蒙巴萨至内罗毕铁路，不仅将惠及肯尼亚，而且将惠及东非国家和非洲大陆，在非中关系史上具有重要里程碑意义。作为双边关系的重要组成部分，肯中经贸合作发展迅速，2015 年两国贸易额同比增长 29%，达到 32.9 亿美元，截至 2014 年底中国企业在肯尼亚投资 8.54 亿美元。两国人文交流日趋活跃，在教育、旅游等领域的合作势头良好，中国赴肯尼亚游客 2016 年达 5.0 万人次。今后，两国将在新能源、农业、环境和野生动物保护等领域培育新的合作，同时共同采取措施，便利人员往来，鼓励文化、旅游、青年工作、人力资源培训等领域交流合作，共同努力发展平等互信、互利共赢的全面合作伙伴关系。

习近平主席用"一带一路"倡议提升中国与古代海上丝绸之路沿线国家加强联系，这条海上丝绸之路通过西太平洋和印度洋把中国与东南亚、南亚次大陆、地中海以及非洲东海岸连接起来。600 多年前在访问海上丝绸之路沿线国家的过程中，中国著名航海家郑和数次造访肯尼亚古代麻林国，这具有特别重要的意义。"长颈鹿的故事"成为千古佳话，中国著名画家沈度所画的"贡奉麒麟图"也给我们肯尼亚人留下了深刻印象。进入新世纪以来，肯中两国领导人保持高层互访，两国间真诚友好、平等相待，互利共赢，共谋发展，政治互信巩固深化，务实合作快速发展，人文交流高潮迭起……肯中两国共商合作大计、共建合作平台、共享合作成果。肯中两国都庆祝建立外交关系五十周年；2014 年 1 月第十五支中国护航舰队到达肯尼亚，访问了蒙巴萨这一通往肯尼亚和东非的港口，为肯中友谊写下了新的篇章；2014 年 5 月李克强总理访问了肯尼亚；目前，肯中两国正在密切经贸、投资、能源、旅游、基础设施建设合作，加强在非洲和平与发展问题上的协调合作，发展强劲的肯中全面战略合作伙伴关系和非中关系。"一带一路"伟大倡议正在把我们紧紧连接在一起，郑和播下的肯中传统友谊和开辟的海上丝绸之路正在向前不断延伸！

我这里要特别提到，在人文交流方面，肯尼亚是拥有孔子学院最多的非洲国家之一，已建有 3 所孔子学院，1 个孔子课堂，中国每年向肯尼亚提供 500 多个政府奖学金名额和高层培训机会。越来越多的中国游客来肯尼亚欣赏壮丽的非洲风光，体验人与自然的和谐之美，越来越多的肯尼亚各界人士赴中国旅游考察、订货购物，受到中国各界热烈真诚的接待和欢迎。中国文艺团体频频在内罗毕的舞台上展现东方文化的多彩魅力，我们的艺术家也不时为中国观众送上劲歌热舞。继刚刚结束的肯中联合考古取得重要成果之后，李新烽以追寻肯中传统友谊为主线的《非洲踏寻郑和路》英文版在非洲刚刚出版，又为肯中、非中人文交流丰富了新的内容，为非洲研究开辟了新的蹊径。该书修订本在初版和再版的基础上，作者运用有关郑和船队访问肯尼亚等丰富的历史事实和鲜为人知的生动故事，通过对肯中、非中关系史的论述和对非洲华人移民史的研究，将华人移民非洲的时间提前了二三百年，用铁一般的事实批驳了所谓的"新殖民主义论"，并为非洲"向东看"和非中贸易发展提供了理论根据和实践支持。此书英文版在非洲的出版发行，将会使我们进一步领悟到"21世纪海上丝绸之路"构想的深厚历史底蕴，必将为促成"一带一路"倡议在肯尼亚结出丰硕果实做出新的贡献。这是我们的共同期待，也是我乐为此书中文版修订本再版作序的原因。

（本序作者为肯尼亚总统乌胡鲁·肯雅塔）

研究非洲　宣传郑和

王伟光

　　600多年前，伟大的航海家、中国杰出的和平使者——郑和开始了七下西洋的壮举，云帆高挂，劈波斩浪，吹响了人类向蓝色海洋进军的号角，拉开了世界地理大发现的序幕，开辟了中国通往世界的"海上丝瓷之路"。在历时28年七下西洋的过程中，郑和舟师曾四次登陆非洲大陆，访问东非沿岸多个国家，开通中非之间官方交往的渠道，奠定了中非关系的良好基础，留下了一笔丰厚的政治和外交遗产。

　　中国近代伟大的政治家们，对郑和下西洋有着各自的解读。

　　"乃郑和竟能于十四个月之中而造成六十四艘之大舶，载运二万八千人巡游南洋，示威海外，为中国超前轶后之奇举。"郑和七下西洋之时，中国拥有世界三分之一的财富，孙中山先生在《建国方略》中看到的是当时综合国力之强盛。

　　"现在任何国家要发达起来，闭关自守都不可能。我们吃过这个苦头，我们的老祖宗也吃过这个苦头。恐怕明朝明成祖时候，郑和下西洋还算是开放的。明成祖死后，明朝逐渐衰落。"郑和七下西洋之举，显示了中国的对外开放，邓小平同志从国家大政方针的高度看到的是当时的开放。

　　中华民族崇尚和平，"以和为贵"，以和为美。郑和船队访问了亚非30多个国家和地区，没有侵占别国一寸土地，没有掠夺他人一分钱财，没有贩卖非洲一个奴隶。以中国当时的实力，"非不能也，是不为也"。因为世界一流船队访问的目的，不是抢掠土地、索取财物和奴役他人，而是为了开展交流、发展友谊、拓展贸易。1964年2月周恩来总理在访问非洲发表演说时，称赞郑和"为中非友谊作出过重大贡献"。

　　众所周知，继郑和远航之后，葡萄牙人登陆非洲大陆，烧杀抢掠，无恶不作。恩格斯指出："葡萄牙人在非洲海岸、印度和整个远东寻找的是黄金；黄金一词是驱使西班牙人横渡大西洋到美洲去的咒语；黄金是白人刚踏上一个新发现的海岸时所要的第一件东西。"运用"剑与火"在非洲进行大肆掠夺和残酷镇压的西方殖民者，又岂能与郑和的"和平之旅"同日而语、相提并论？

南非前总统姆贝基一针见血地指出："15世纪中国船队到访非洲港口所带来的是互惠互利的合作，而不是随着阿拉伯人和欧洲人而来的奴隶贸易和殖民主义所带来的毁灭与绝望。"

对于致力推动共同建设和谐世界的当代中国学者来说，郑和航海与非洲的关系研究——无论是郑和研究还是非洲研究，无论是古代中非关系史研究还是现代中非关系研究，都是一个十分重要的课题。

但是，回顾近百年郑和研究的历史，其中论及郑和与非洲的论著和论文，特别是直接论述郑和与非洲关系的论文与论著，数量和篇幅都很有限，论题也比较狭窄，对郑和与非洲这一主题的论述与全面、系统、深入研究尚有相当距离。至于深入非洲，实地考察调研，进行实证研究更是鲜有人涉足。

中非之间虽相距遥远，彼此文化也存在差异，但共同的历史遭遇、共同的现实使命和共同的未来前景把我们紧紧联系在一起。中国和非洲互为真诚的朋友，相互同情，相互理解，相互支持，相互合作。在台湾问题、人权问题上，在对待所谓的"中国威胁论"、"新殖民主义论"上，非洲朋友坚定地站在中国一边。毛泽东主席当年曾感慨，是非洲朋友把我们"抬进"联合国的。与此同时，中国人民一贯支持非洲人民的民族解放运动，努力帮助非洲国家进行经济建设，在国际舞台上捍卫非洲大陆的合法权益。

自2000年中非合作论坛成立以来，中非之间政治关系不断加强，经贸往来日益密切，文化交流走向深层。这里仅以经贸合作为例，继2008年中非贸易额突破千亿美元大关后，双方贸易持续健康发展，互补性不断增大；中国继续加大对非洲国家的投资力度，投资项目注重增强非洲国家自主发展能力，愈加关注非洲当地的民生问题，不断增进中国企业的社会责任，受到非洲国家人民的普遍称赞。在援助方面，除继续派遣援非医疗队、向坦赞铁路注入资金以保证其正常运营等传统项目外，不断拓展援助范围和规模，2011年向遭受干旱侵袭的"非洲之角"各国援助粮食就是鲜明例证。展望未来，中非之间全方位、多角度、深层次的交流与合作，内容广泛、领域广阔、前景广远。这无疑是中非人民的共同愿望和美好期盼。

然而，相对于中非关系的飞速发展及其取得的巨大成就，我们的非洲研究是相对滞后的。50年前，毛泽东主席就曾坦诚指出："我们对于非洲的情况，就我来说，不算太清楚。应该搞个非洲研究所，研究非洲的历史、地理、社会经济情况。我们对于非洲的历史、地理和当前情况都不清楚，所以很需要出一本简单的书，不要太厚，有一二百页就好。可以请非洲朋友帮助，在一二年内就出书。内容要有帝国主义怎么来的，怎样压迫人民，怎样遇到人民的抵抗，抵抗如何失败了，现在又怎么起来了。"中国社会科学院西亚非洲研究所就是根据毛主席的这一指示成立的，肩负起我国非洲研究"国家队"的重任。

研究国际问题，相互了解、知己知彼是前提。对于遥远的非洲大陆，我们只有加强了解，搞清楚基本情况，才能进行深入研究。新烽同志曾是人民日报社常驻非洲的记者，足迹遍及半个非洲大陆，在采写非洲的新闻实践中，以记者的职业敏感、独特视角和深层思考，观察非洲、体验非洲、理解非洲，其《非洲踏寻郑和路》与《非凡洲游》这两部专著，以区别于西方学者的中国视角和清新朴实的优美文笔，给我们讲述了中非友好的动人故事，叙写了中非友谊的壮美篇章；向我们展示了非洲大陆的多姿多彩，记录了非洲人民的多灾多难；让我们目睹非洲姐妹的曼妙舞姿，耳闻黑人兄弟的美丽歌喉……为我们进一步认识非洲、了解非洲、研究非洲，开辟了一个新窗口。正如米博华同志在《非凡洲游》的序言中所言："新烽同志领着我们走进非洲，触摸非洲，使我们不无惊奇地看到另一个非洲：一个神秘而亲切的非洲，一个美丽而忧伤的非洲，一个奔放而自尊的非洲，一个狂野而智慧的非洲。"

在人类的帆船时代，郑和舟师经历了千难万险，付出了千辛万苦，其中一艘船只在肯尼亚帕泰岛附近触礁，船员脱险登陆帕泰岛融入非洲社会，与当地女子通婚，落地生根数百年仍不忘记自己的中国根。当地人把中国船员当年落难居住的村庄称为"中国村"，把落难船员的后裔叫做"中国人"。作为采写帕泰岛"中国人"的第一位中国记者，新烽的系列报道在《人民日报》发表后引起强烈反响。其报道对现实产生了两个直接影响：一是他发现的"中国学生"姆瓦玛卡·沙里夫作为非洲留学生，如愿以偿来到中国学习中医，就读于南京中医学院；二是中国与肯尼亚签订了中非之间首个考古协议，中肯两国考古专家经过5年的调查论证得出三点结论：拉木群岛仍居住着中国人后裔，相传他们是郑和船员的后代；拉木和马林迪地区是中国古瓷器的仓储之地，在肯尼亚发现的40多处中国古瓷器中，这两个地区最重要；拉木群岛的帕泰岛附近海域可能有中国沉船。目前，中肯两国的考古合作已进入第二阶段，作为重要援外项目，中国政府无偿出资2000万元，寻找传说中的郑和船队的沉船，进一步破解中非古代文化交流、经贸往来的一些历史疑团。这一消息在肯尼亚引起广泛关注，当地人对中国驻肯尼亚大使馆外交官说："过去我们是朋友，现在我们是兄弟。"

根据系列报道扩充、结集出版的专著《非洲踏寻郑和路》更是受到学术界和普通读者的广泛关注，赢得一片赞誉，先后荣获全国"五个一工程"奖、中国改革开放优秀报告文学奖、徐迟报告文学奖、华侨文学奖等多种全国性奖项。2006年6月，在出访非洲的专机上，李肇星外长把《非洲踏寻郑和路》一书推荐给温家宝总理，温总理阅读后欣然在该书的扉页上题词："山一程，水一程，身向世界行；风一更，雪一更，心怀天下事。"温总理的题词不但是对新烽同志的鞭策和鼓励，而且是对我们非洲研究的鼓舞和期望，同时也为我们社会科学研究提出了要求，指明了方向。

"莫嫌荦确坡头路，自爱铿然曳杖声。"正是对非洲大陆的情有独钟，对非洲研究、郑和研究的专注执著，2008年8月，新烽作为人才引进调入我院西亚非洲研究所，专职从事非洲问题研究，实现了从报道非洲到研究非洲的角色转换。恰逢毛泽东主席关于非洲研究的指示发表50周年，又即将迎来中非合作论坛第五届部长级会议在北京举办，欣闻中国社会科学出版社出版《郑和与非洲》、《非洲踏寻郑和路》（修订本）和再版《非凡洲游》三部著作，南非人文科学院出版社也即将出版其英文版，特表祝贺。这三部著作及其英文版的相继问世，不但能够帮助中国读者朋友进一步了解非洲、认识非洲，而且能够帮助非洲朋友进一步了解郑和、认识中国。

我国领导人历来十分重视非洲研究、郑和研究。毛泽东主席作出关于成立非洲研究所的指示，朱德委员长强调"要保护好郑和父亲的坟墓和墓碑，这是研究郑和最重要的文献史料"。邓小平、江泽民、胡锦涛先后多次谈到中非友谊的重要性与郑和下西洋的重大意义。这对我们进一步研究非洲、研究郑和,更好地宣传非洲、宣传郑和,更好地用科研成果服务祖国、服务时代,都是极大的鞭策和鼓舞。

非洲研究是一个巨大的宝藏,等待着有志者去深入挖掘;郑和与西亚非洲关系研究蕴藏着丰厚的政治和外交遗产,等待着有志者去努力开拓;非洲研究、郑和研究的不断深入更是等待着有志者去辛勤耕耘。在祝贺两部专著再版和英文版出版之际,更希望新烽同志继续保持在非洲当记者那么一股热情,那么一股干劲,在非洲研究、郑和研究中迈出新步伐,取得新成果!

(本序作者为中国社会科学院前院长、学部主席团前主席)

时代呼唤更多非洲研究力作

刘贵今

去年是毛泽东主席作出非洲研究指示50周年，国内举办了多次纪念活动；今年7月，中非合作论坛第五届部长级会议将在北京举行。值此时机，中国社会科学出版社决定同时推出李新烽博士研究非洲的三部著作——《郑和与非洲》、《非洲踏寻郑和路》（修订本）及《非凡洲游》。《非洲踏寻郑和路》（修订本）作为"记者调研"，是新烽历时6年，不辞艰辛，苦苦追寻郑和下西洋到达非洲足迹的研究成果；《郑和与非洲》是对郑和下西洋四次访问非洲的全面深入研究，进一步解答了人们的有关疑虑，并在此基础上提出了自己的新观点；《非凡洲游》的副题"我在非洲当记者"，顾名思义，是新烽驻非洲8年记者生涯、走访非洲26国所见、所闻、所为、所思的亲历心得和见解。

2001—2007年，我在南非当大使6年期间，有5年与新烽在南非做人民日报社驻南非首席记者、人民网和环球时报社驻南非特派记者同期，相互常有交往。我回国担任中国政府非洲事务特别代表和达尔富尔问题特别代表后不久，新烽就与人合著《全球视野下的达尔富尔问题研究》一书同我切磋。我对新烽印象最深的一点，就是他的敬业精神和记者兼学者的禀赋。职业道德使他常怀中国传统知识分子的良心和责任感，具有吃苦耐劳和锲而不舍的精神，并凭着记者对于信息的敏感和学者研究问题的严谨，铸就了他在新闻和学术领域的成功。他书中涉及的许多非洲国家及人和事，不少是我所常驻过的国家或所熟悉的对象，读来亦倍感亲切。

即将再版的这两部专著，不是一般的游记和猎奇读物，它们覆盖了作者足迹所至大半个非洲的自然地理、风土人情、历史文化、政治经济，以及非洲人民对和平、发展的渴求，对中国人民的友谊和期望，内容丰富，意蕴深刻。书中洋溢着作者对于非洲大陆的热爱和深情，贯穿着两条相得益彰的主线：记者眼中的鲜活故事和学者笔下的历史典故。读故事，你会觉得兴趣盎然；看历史，你会感到厚重充实。尤其值得称道的是，作者在对事件和人物背景进行预研的基础上，迈开双脚，不惜冒着危险，深入现场搜寻线索和实地采访，收集了大量第一手材料，再予以深入研究和提高，做到言之有物，立论有据，集原创性、学术性和通俗性为一体，无怪乎这两部书一出版就受到学者好评和读者喜爱，并先后获得多个全国性优秀图书、新闻和报告文学奖项。2006年6月，作者随团采访温家宝总理访问非洲7国时，总理在专机上欣然为《非洲踏寻郑和路》题词，肯定作者的著作，勉励其继续努力。我想，这也包含着国家领导人对我们非洲研究的期望。

除这两部大作外，新烽凭着自己的才气和勤奋，多有其他著述问世。这次出版的《郑和与非洲》就是他主编的深入研究郑和远航与非洲关系的新作，得到著名非洲问题专家、南开大学教授张象老师的好评。张教授认为："作者从新的视角、新的领域出发，收集了大量新材料、新内容，用社会科学和自然科学、书斋研究与实地考察、历史意义与现实影响'三结合'的方法论述写作，从而使其专著独具特色。""新烽用摆事实分析原由的方式进行论述，努力用第一手材料来说明问题，展示中非友谊的源远流长；他通过阐述郑和舟师在非洲的深远影响，进而批驳了西方白人'发现非洲'的谬误；他提出首批华人在明初就'移居非洲'，这一论断将非洲华人华侨的历史提前了二三百年。"

我自1981年起从事对非工作凡30年，目睹和经历了中非关系的风雨和变革。今日中非已结成"新型战略伙伴关系"，中国已成为非洲最大的贸易伙伴，非洲也是中国的主要投资目的地，中国公司和公民已遍布非洲的各个角落，中非之间合作的规模、深度、广度和势头均前所未有，今非昔比。但中国公众对非洲的了解、中国学者对非洲问题和中非关系的研究，却显得与此不相适应。我最近几年因工作需要，常去欧洲出差，在伦敦的大街上随便走进哪家书店，都可以看到书架上摆放着各类有关非洲的书籍，而回到北京，即便到长安街的王府井新华书店，除了可见几本非洲旅游手册外，若想找点关于非洲问题的著作，真是难乎其难。我在国内有几次应邀参加非洲国别投资论证会，大家也往往只能发表些泛泛议论，而鲜见有专家详细了解有关非洲的国情，包括政局、法规、税收、交通、民俗、最新经济状况和综合投资环境等，而我们对这些国家的潜在投资动辄就有数亿美元甚至更多。这种对非洲深入了解的现实需求和相应知识的短缺，对比是如此鲜明。如这一状况不能尽早改变，我们不知还会走多少弯路和付出多少"学费"。中非关系的可持续发展，也将会受到制约和影响。

西方尤其是欧洲，凭其长期的地缘、历史、语言和文化优势，迄今仍主导着对非洲研究和非洲问题的话语权，并且出于复杂心态，不时借此对中非关系说三道四。中国在对非关系大发展的同时，也遇到许多新问题和新挑战，中国在非洲的形象亦趋于多面和复杂，亟待我们认真研究，与时俱进，妥谋对策。中国应该有更强的战略思维和长远考量，充分发挥自身优势，即中国的独特视角和对非政策，并凭借中非关系的强劲发展和双方频繁互动，在过去 50 年对非洲研究积累的基础上，创立自己的非洲学，完善自己的非洲观，使我国的非洲研究再上台阶，以适应和服务于新形势。中非关系的现状和需求正催动着我国官方和学界加大对非关注和研究投入，并呼唤更多非洲研究力作的问世。

（本序作者为中国政府首任非洲事务特别代表、
中国前驻津巴布韦、南非大使）

郑和颂歌新乐章
——《郑和与非洲》序

张象

郑和（1371—1433年）是中华民族的骄傲。他从34岁到终年，用了近30年的时间，率领中华远航船队，乘风破浪，披荆斩棘，七下西洋。为的是沟通与当时外部世界的友好交往，"宣德化而柔远人"，"共享太平之福"。凡知此情者无不赞叹其壮举。在世界史上他也是一位伟人，是罕见的航海家、探险家和国际和平使者。尤其是在今天，世界已经走向全球化，各国各地的政治、经济、文化交流日益频繁。中国的改革开放使该古老国度迅速发展，中国人的目光投向了海外，关注世界，并纷纷走出国门。在此情况下，人们很自然地就对郑和这位不断走向海外的历史伟人更加怀念和推崇。于是，各种研究郑和的论著大量问世，各类纪念郑和的活动纷纷举办，讲述郑和故事的各种文艺节目也不断出现在屏幕和舞台上，从而形成了对郑和的大颂歌。在众多研究郑和的著述中，由中国社科院西亚非洲研究所研究员李新烽主编并主笔的这部专著——《郑和与非洲》，堪称一枝奇葩，格外引人注目。作者从新的视角、新的领域出发，收集了大量新材料、新内容，用社会科学和自然科学、书斋研究与实地考察、历史意义与现实影响"三结合"的方法论述写作，从而使其专著独具特色。在当今对郑和的大颂歌中，如异曲奏起，成为动人的新乐章。实是可喜可贺！

历史的旋律总是曲线进行的。郑和业绩固然辉煌，但对其记载和弘扬并不够。在他身后由于明、清朝廷转而实行"海禁"与"锁国"政策，致使郑和事业未能继续，甚至连郑和其人也被人们渐渐淡忘。直到数百年后的20世纪初才有了变化。梁启超诸名士，出于对民族危亡的焦虑，为了振奋民心，挥笔书写《祖国大航海家郑和传》，颇有影响。与此同时，学界开始用近代科学方法对郑和下西洋问题进行研究。百年来学者们从三方面着手工作：一是整理资料、挖掘新史料。如对《星槎胜览》、《西洋番国志》等史籍的校注，对《郑和航海图》的论证，对《通番事迹记》诸碑刻文的发现与考证等。二是梳理七下西洋的来龙去脉，对背景、过程、意义进行论述。三是探索郑和宝船的建造与航行的技术成就。20世纪30—60年代曾有突破性的研究进展，但大量的研究成果是在80—90年代出现的，也就是说在中国改革开放的背景下取得的。新世纪初为纪念郑和下西洋600周年，郑和研究达到高潮。据统计，中文论著达到3000余部（篇）。不过，令人遗憾、不能满足的是对于郑和与非洲的研究却十分欠缺。百年来以此为题的论文仅有几篇，甚是稀少。所以，李新烽著作的问世，可以说填补了学术领域一大空白。论著如此详细地阐述此问题很难得，其学术意义和实用价值也就不言而喻了。

研究郑和与非洲课题对于郑和整体研究的深入有着特别的意义。郑和七下西洋四次访问非洲，从第四次起就到达非洲，这说明郑和下西洋的终极目标是非洲。既然是终极目标，研究郑和远航的动机就不能不考虑他对非洲的看法和与非洲的关系。既然航行计划包括非洲，探讨他的"宣德化"活动就不能只着眼于东南亚和南亚地区，也要考虑非洲地区。既然要远航非洲，在造船与航海技术方面，必然有更高的要求。郑和在此方面做了什么，有哪些科技创新？他是如何继承中华传统的舟船技术？又如何吸取别国经验和技术的？这都是需要研究的新课题。非洲地处欧亚大陆之间，是世界第二大陆，自古以来就是中西交通的要冲，特别是自汉唐起，它在中西经济文化交流中起着中转站的作用，这是有史籍记载的。到了郑和时代，这种作用只有进一步加强而不会削弱，所以阐述郑和航行的国际影响和世界意义不能不研究有关郑和与非洲的课题。郑和带到国内的奇珍异宝中，影响最大的是非洲的长颈鹿与斑马，前者被称为"麒麟"，后者被称为"福鹿"。它们被作为神物，用来煊赫天朝的神威，曾起到巩固中国封建皇权统治的作用。所以《郑和与非洲》这部新著不仅填补了郑和研究中的一个空白，也提出了许多新课题需要进一步探讨，对于郑和研究的深入有着积极意义。

该著分为三大部分。第一编：论郑和船队的远航非洲；第二编：中国宝船构建"海上丝瓷之路"；第三编：郑和舟师在非洲遗存的探析。所以评论该专著的创新可以从这三个方面谈起：

首先，该著对郑和赴非洲一事进行了总结性的全面论述，这在国内郑和研究中恐怕还是第一次。在学界历来把综合作为创造工作对待的。作者论述了郑和赴非洲的背景原因，远航非洲的过程中出现的一些问题。例如，船队分三路航线访问非洲与是否绕过好望角就是新问题，颇能引起读者的兴趣。关于郑和远航非洲的深远历史意义，作者的贡献是对现有研究成果进行了大综合，除列举郑和远航在促进经济、文化交流外，还强调是他拉开了世界大航海、大沟通的序幕，从而对世界历史整体化进程也起了积极的作用。作者特别强调郑和赴非洲远航完善了"海上丝瓷之路"，这一论述十分重要，这样就勾画出了中西交通、东西方交流的全过程。起初是陆地的丝绸之路，接着增添了海上丝绸之路，再进而发展为"海上丝瓷之路"，瓷器和丝绸同样成为运往非洲与西方的重要商品。15世纪后，葡萄牙、荷兰及英法商人正是沿着这条商道为西方国家积累了资本与财富，从而促成了近代西方资本主义文明的诞生。

该著创新的第二方面，是从郑和远航非洲论述到宝船的构造技术和远洋航行技术的进步与成就，这是新领域、新探索、新课题。以往从事郑和研究的大多是历史学家、考古学家、国际政治专家，现有从事科技史，特别是从事造船技术史研究的人员加入，是郑和研究的新现象。新烽能够慧眼识珠，敏锐地意识到这对研究郑和与非洲问题的必要性和重要性。他主动邀请研究郑和宝船技术的专家来合作，共同探讨驶往非洲的问题，这种合作本身就是一种创举，符合现代科学发展的多学科交叉的"大科学"趋向。在第二编中，作者首先总结郑和宝船是如何集我国历代舟船技术创造之大成，然后讲述郑和舟船构造的创新。作者归纳了明朝初期造船技术的特征，分析了当时的航海技术与郑和舟师的编成状况和船型类别。为此，研究者进行艰苦的复原仿造工作，从仿造中具体了解当时的技艺水平，这实在是难能可贵。该著对这项工作也做了论述，使读者大为受益。郑和舟师的主力海船是二千料海船，每次出航都配备相当数量的这种大船，它是什么样？有何特点？这是读者们关心的问题。该著用了相当的篇幅介绍有关事宜，这就使该专著不仅有学术性，也有知识性与可读性。

该著创新的第三方面，也是最突出的一个方面，是作者讲述其如何调查研究，踏寻郑和船队在非洲的遗迹。这样的研究方式在国内是少见的。20世纪60年代我国有记者对东非的郑和遗迹进行过报道，但是没有深入下去、持续下去。新烽不然，他作为我国主流媒体《人民日报》驻非洲记者，于 1999 年 6 月至 2005 年 5 月用了整整 6 年工夫，踏寻郑和船队在非洲的足迹。他踏遍了 18 个国度，收集郑和船队遗存的资料，特别是对肯尼亚帕泰岛连续采访，十分有价值。这里居住着郑和船队水手的后裔。2005 年他以访问通讯形式出版一书：《非洲踏寻郑和路》。现今他是用学术论证方式对调查材料进行系统的科学归纳分析，论著列举了郑和船队后裔形成的"中国村"；遍布东非的考古遗物展示的"中国印记"；传承下来的中华医术、"中国情"。他都用摆事实分析缘由的方式进行论述，努力用第一手材料来说明问题，展示中非友谊的源远流长。他通过阐述郑和舟师在非洲的深远影响，进而批驳是西方白人"发现非洲"的谬误。他提出首批华人在明初就"移居非洲"，这一论断将非洲华人华侨的历史提前了二三百年。通常认为，最早移居非洲的华人是 17 世纪中叶被荷兰、葡萄牙殖民主义者作为劳工运抵毛里求斯和南非的华人。现按照新烽的研究，非洲华侨华人史的起始就应另当别论了。

作者十分重视历史与现实的联系、注重彰显郑和研究的现实意义，尽力将其与新中国的对非政策联系起来，与当前的国际形势联系起来，用历史事实回击西方所谓的"中国威胁论"和"新殖民主义论"。所以，这部历史专著也很有现实应用价值。

对郑和与非洲的研究涉及中国学与非洲学两大学术领域，而困难较大的是在非洲学方面，因为非洲学在我国是最年轻的学科。新中国成立之前国内几乎找不到一本非洲学著作，连介绍非洲的通俗小册子也少有。1955 年亚非会议的召开，1956 年中国与埃及的建交，使国人开始注意对非洲的研究。不过，首先是对北非阿拉伯国家的关注。1957 年加纳独立，撒哈拉以南的非洲地区燃起了民族独立运动的烈火，1961 年毛泽东主席指示："应该搞个非洲研究所，研究非洲的历史、地理、社会经济情况。"从此中国的非洲学才真正发展起来，研究队伍也开始形成。50 年过去了，这支队伍已由三代人组成：第一代是从 50 年代末 60 年代初开始从事非洲研究的人员，其中有两类人员——一是 1949 年前就开始别的学科研究，后转到非洲研究方面来，他们对非洲的研究虽起步于 60 年代初，但他们学术功底很厚，成为我国非洲学最初的学术带头人。例如，北京大学的杨人楩教授从法国史研究转向非洲史教学，张铁生先生从外事工作转任西亚非洲研究所副所长从事中非关系史研究，此外如北京外国语学院的纳忠教授、南京大学的张同铸教授等，由于人数极少，与其他学科不同，他们难以构成一代人，而数量多的是第二类，即 1949 年后新中国培养出的第一代大学生，50 年代后期或 60 年代毕业后走进了非洲学教学与研究行列，成为我国非洲学创业的主力军。第二代是改革开放后大学毕业，并投入非洲研究的人员，数量较多。第三代是 21 世纪以来投入非洲研究的人员。新烽属于第二代，第二代人员也有两类，一是在大学与研究生学习时就搞非洲学，二是从别的专业和别的工作岗位转来的人员。两类人员各有优缺点，前者文科治学的基本功和学术逻辑思维较强，后者知识面宽，联系实际，调查研究和对外交流能力较强。新烽属于第二类，他毕业于外语学院，后取得法学硕士与管理学博士学位，又获英国的文学硕士学位，说明他有较宽的知识基础；他长期为驻外记者，又在国内赴地方基层工作，了解社会情况。这些经历对一位社会科学研究人员来说都是难得的基本能力锻炼，这使他的郑和研究有着他人所不具备的功底。

在我国，由于"文化大革命"的缘故，第二代与第一代成员之间有过一个 10 年的断层，彼此缺乏机会沟通和继承关系，以致第二代人中有人对第一代人的研究成就与治学理念常常不屑一顾。但新烽不然，在这本专著中，他一开始就用相当大的篇幅陈述前人的成果，反映了他谦虚谨慎的品质。在我与他的交往中，他经常说"我们是站在老一代人的肩膀上前进的"。他知道自己的优势，也知道弱点，他不仅认真地求教于老一代学者，而且注重向同代有其他经历的学者们学习，这就使其专著能博采众长，取得不同凡响之成效。

任何新的科研课题都不可能一蹴而就，研究郑和与非洲也不例外。研究郑和与非洲，这部专著虽然做了奠基工作，但还有许多工作要做。例如，有关史籍中的地名、史实待考证；有些资料待发掘和收集；国外的研究成果待收集总结；对郑和事迹的论证还需从非洲方面、世界角度进一步深入论述。这些待研究的问题，也是该专著的不足之处。我们衷心祝愿新烽与他的合作伙伴能弘扬郑和精神，在学术航程中，奋力张帆前进，不断取得新成果！

（本序作者是南开大学教授、北京大学非洲研究中心研究员、中国非洲问题研究会顾问）

导言：600年前历史与现实的对接

600多年前，即1405年，在由国家组织实施的郑和航海壮举中，大批中国人走出国门，走向浩瀚的远洋，揭开了15—16世纪世界性大航海活动的序幕。这次航海不同于以往航海的显著特征是开启了一个人类洲际大航海的新时代，其标志就是这次大航海活动冲出了亚洲，多次航行到非洲东岸诸国，打破了全球东西方之间、各大洲不同地区之间相对封闭隔绝的状态。这对人类社会与国际关系产生了极为深刻的影响，导致人类社会日益具有世界性，从此进入了一个根本性的历史转轨时期。另一方面，郑和访问非洲，在当时见证和显示了郑和航海终极目标的实现。所以，郑和与非洲的研究，较之郑和与东南亚的研究，具有更广泛而深刻的内涵，是郑和航海史上最辉煌的篇章。从这个意义上，这方面的研究，无疑是郑和研究的重中之重。

再从历史与现实对接的视角观察，中国海军今天远航亚丁湾、索马里海域护航，是郑和远航非洲活动的延续和发展，彰显了中国在解决当代国际性问题，维护世界海洋安全方面的地位和作用。因此，进一步研究郑和航海与非洲的关系，将600多年前的历史与现实对接，填补郑和研究领域内的这项空白，对我们今天进一步认识昔日郑和访问非洲和今天中国海军护航亚丁湾、索马里海域的重要意义，是非常必要的。

一 百年郑和研究简要回顾

郑和下西洋与非洲的研究，不但是郑和研究不可或缺的话题，而且是非洲研究和国际关系研究的题中应有之义。为便于说明问题，有必要对百年郑和研究进行简要回顾。

郑和下西洋为"明初盛事"，故明清两代就有人论及，其中以张廷玉

的《明史》"郑和传"为代表,但记述过于简略,且有一定错误。① 郑和下西洋的学术研究则始于近代,可分为四个时期:②

(一)第一时期:起步阶段(1903—1934)

佚名作者在《大陆报》(1903)上发表的《支那航海家郑和传》乃近代国人研究郑和的开篇之作。③ 该文分六节:第一节支那民族15世纪之航海家,第二节略传,第三节当时之航海术,第四节当时各国之形势,第五节郑和所至各地,第六节结论。2010年7月,在马来西亚举行的郑和国际研讨会上,邹振环的论文《〈支那航海家郑和传〉:近代国人研究郑和第一篇》引起与会者关注。此前,学术界普遍认为,梁启超的《祖国大航海家郑和传》是近代郑和研究的发轫之作。④ 作为新史学的倡导者,梁启超在面临祖国山河被列强瓜分之际,为唤醒民众的爱国热情,在《新民丛报》(1905)上发表该文,在清末民初产生了巨大影响,受到国人广泛关注。邹振环在论及这两篇文章的特点时认为,两文都从世界史角度切入,以中西比较的方法,运用海权意识的视野,这种研究方法事实上为20世纪的郑和研究指明了方向。⑤ 当然,只能在某种程度和一定意义上这么讲,因为受到他们所处的那个时代的局限,他们的这种研究方法,毕竟还是出自一种朦胧的觉醒下的一些粗浅认识,还谈不上"为20世纪的郑和研究指明了方向",还不可能达到如此的高度。

---

① 如将郑和下西洋的目的归结为"成祖疑惠帝亡海外,欲踪迹之"等。

② 对于郑和研究分期的探讨,不少学者写有专文。例如,黄慧珍、薛金度:《郑和研究八十年》,载《郑和研究资料选编》,人民交通出版社1985年版;时平:《20世纪的郑和研究》,《郑和研究》2001年第2期;范金民:《20世纪的郑和下西洋研究》,载朱鉴秋主编:《百年郑和研究资料索引》(1904—2003),上海书店出版社2005年版;朱鉴秋:《八十年代以来郑和研究的发展》,《郑和研究》2000年第2期,总第45期;罗宗真:《中国远航世界的创举——20世纪郑和研究之回顾》,《郑和研究》2001年1期,总第46期;孙远志、郑一钧:《东南亚考察论郑和》,北京大学出版社2008年版,第1—30页。本文有关郑和研究的四个时期的论述,参考了上述论文和论著。

③ 《支那航海家郑和传》,《大陆报》1903年9月30日第11期。该报创刊于1902年12月9日。

④ 据清史专家王晓秋核查:"梁启超的《祖国大航海家郑和传》一文,刊登于《新民丛报》1905年21期即总69号上,出版时间是1905年5月18日。过去有的文章如《郑和研究八十年》、《郑和研究百年论文选前言》等把该文发表时间误认为1904年。"(王天有、徐凯、万明编:《郑和航海与世界文明——纪念郑和下西洋600周年论文集》,北京大学出版社2005年版,第519页)

⑤ 参见邹振环《〈支那航海家郑和传〉:近代国人研究郑和第一篇》,《郑和研究动态》2011年3月30日第1期(总第19期),第4页。

这一时期郑和研究的成果还有：1912年袁嘉谷发现"马哈只墓"和"故马公墓志铭"，1920年张星烺出版《中西交通史汇编》，1926年李长傅发表《中国殖民南洋小史》，1929年向达的《关于三宝太监下西洋的几种资料》问世，1933年许云樵的《三宝公在南洋的传说》刊发，1934年冯承钧翻译法国学者伯希和（P. Pelliot）的《郑和下西洋考》并作序……这一时期郑和研究的重点是基础性考证，主要是对郑和七下西洋的年月考、郑和身世考以及记载郑和史迹的几种明清文献资料的考证。这些考证为郑和研究做了开拓性工作。

（二）第二时期：第一次高潮（1935—1949）

这一时期的郑和研究有三大特点：首先是新资料的发现，其中包括碑文和家谱。1935年郑鹤声从明人钱谷所编《吴都文粹续集》（四库全书珍本）中检出郑和在宣德六年（1431）竖立在太仓刘家港天妃宫的《通番事迹记》石刻碑文，据此发表了《从新史料证郑和下西洋之年岁》一文，纠正了诸书所记郑和下西洋往返年岁与次数的脱漏与谬误，在历史上第一次研究清楚了郑和七次下西洋的时间和地点，可谓意义非凡；1936年郑鹤声又在南京发现静海寺郑和下西洋残碑。1936年王伯秋发现福建长乐南山寺《天妃灵应之记碑》，1937年李鸿祥将军在云南发现《郑和家谱》。

其次是对郑和下西洋的目的与性质展开大讨论，并对郑和下西洋的宝船尺度、船型进行了争鸣。前者以吴晗的《16世纪前之中国与南洋》为领衔之作，后者以管劲丞的《郑和下西洋的船》为代表之文。

最后是郑和研究专著及通俗读物的出版。这一时期问世的重要论著有：束世澂的《郑和南征记》（1941）、郑鹤声的《郑和》（1945）与《郑和遗事汇编》（1948）、冯承钧的《瀛涯胜览校注》序（1935）、李长傅的《中国殖民史》（1936）和范文涛《郑和航海图考》（1943）等。上述著作中，《郑和航海图考》对郑和航海图中的35处地名进行了考证，并对"针路"中的术语作了注释；《郑和》、《郑和遗事汇编》二书汇集材料丰富，内容广泛，考证详确，是郑和研究史籍资料、文物遗迹资料的综合，奠定了郑和下西洋研究的基础。这一时期还开展了对《西洋记》的研究。

（三）第三时期：第二次高潮（1950—1984）

20世纪50年代至80年代初，从新中国成立到改革开放初期，郑和研究不断深入发展。这一时期的显著特点：一是基本史料的校注与出版，有力地推动了郑和研究。特别值得一提的是，由冯承钧分别校注的费信的《星槎胜览》（1954）和马欢的《瀛涯胜览》（1955），向达分别校注的巩珍的《西洋番国志》（1961）、《郑和航海图》（1961）和《两种海道针经》（1961）。二是一批质量较高的论文和有影响的著作问世，其数量超过前两个时期的总和。如向达的《试说郑和》（1951）、《三宝太监下西洋》（1955）、郑鹤声的《十五世纪初叶中国与亚非国家间在政治、经济和文化上的关系》（1957）、韩振华的《试论郑和下西洋的性质》（1958）、包遵彭的《郑和下西洋宝船制度考》（1959）、朱偰的《郑和》（1956）、徐玉虎的《明代郑和航海图的研究》（1956）、周钰森的《郑和航路考》（1959）、郑一钧的《郑和死于1433年》（1983），以及张铁生的《中非交通史初探》、范文澜的《中国通史简编》、尚钺的《中国历史纲要》相关章节等。这一时期有关中文论著达570部（篇），而前两个时期的论著分别是47部（篇）和129部（篇），且不言第一时期中的47部（篇）中有13部著作是1904年前出版的。

在这一时期中，学者们围绕郑和下西洋的性质、目的和任务，郑和下西洋宝船尺度、船型与建造地点，郑和航海技术等问题进行了较深入的探讨。

（四）第四时期：第三次高潮（1985年至今）

这是百年郑和研究最为活跃的时期，其涉及范围之广、参与人数之众、研究成果之丰、影响波及之远，均超过了以往任何时期。该时期郑和研究具有三大鲜明特点：一是郑和研究会如雨后春笋般在全国各地成立，郑和下西洋研讨会接连举办；二是伴随着非洲研究，特别是中非关系研究的深入与活跃，郑和与非洲的关系研究受到重视；三是郑和研究真正走向世界，研究的深度和广度达到空前程度。

郑和研究在中国改革开放时期迎来了第三次高潮，全国各地纷纷成立郑和研究会，举办郑和下西洋研讨会和展览会等活动。据不完全统计，在1983—2010年，国内成立了10个郑和研究会，其中包括中国郑和研究会的成立；举办过43个郑和研讨会、座谈会，其中包括数次大规模的国际郑和研讨会；举办了21个郑和展览；成立了8个纪念郑和的馆所和公园；创办了2个郑和研究定期刊物；拍摄了大型古装历史传记电视剧《郑和下西洋》，中央电视台在黄金时段播出。特别是国家决定以"热爱祖国、睦邻友好、科学航海"为主题，举办了一系列活动，隆重纪念郑和下西洋600周年，彰显了郑和研究的现实意义，推动了郑和研究与现实世界密切结合。

从研究成果的数量看，郑和研究百年论著总数为 2711 部（篇），第二、三、四时期分别比前一时期多 182%、345% 和 247%。其中，第四时期是第一、二、三时期总和的 265%，格外丰硕。郑和研究充满活力，前景广阔。

郑和研究的第三次高潮与非洲研究，特别是中非关系研究的活跃时期不谋而合，该时期我国学者出版的非洲研究的著作中，凡涉及中非关系皆论及郑和船队访非这一重大事件。杨人楩的《非洲通史简编》（1984）拉开这一时期的序幕，该书第三章第四节论述了"中国船队的直航非洲"，用图文并茂的方法论及郑和船队的非洲之行。此后出版的著作有：陈公元的《古代中国与非洲的友好交往》（1985），沈福伟的《中国与非洲：中非关系二千年》（1990），陆庭恩、艾周昌的《非洲史教程》（1990），何芳川、宁骚主编的《非洲通史·古代卷》（1995），艾周昌、沐涛的《中非关系史》（1996），李安山的《非洲华侨华人史》（2000），陆庭恩的《非洲问题论集》（2005）等。以上著作具有两大闪光点：一是在非洲研究界具有重大影响，二是其中均有专门章节或专文论及郑和船队访问非洲。

这一时期的另一大显著特征是，郑和研究阔步走向世界，引起全球关注，产生了重大国际影响。国外的郑和研究起步于 19 世纪 70 年代，西方学者从选译《瀛涯胜览》、《星槎胜览》等著作着手，同时用自己的母语撰写论文。他们中有英国梅辉立（W. F. Mayers）、格伦威尔德（W. P. Greeneveldt）、菲利普斯（G. Phillips），荷兰戴文达（J. J. L. Duyvendak），法国伯希和，日本藤田丰八等人。

在 1874—1875 年，英国外交官梅辉立在《中国评论》（英文）上发表了《十五世纪中国人在印度洋的探险》，摘要翻译了黄省曾《西洋朝贡录》中有关郑和下西洋的史料，并对某些地名和民俗作了考证。戴文达出版了专著《马欢再探》（1933）和《中国人对非洲的发现》，[①] 伯希和发表了论文《十五世纪初中国人伟大的海上航行》（1933），由何健民翻译的

[①] 《马欢再探》原文为英文 *Ma Huan Re-Examined*，1933 年在阿姆斯特丹出版。多年来，尽管不少人在自己的文章中提到戴文达的《马欢再探》，但是至于它到底是一本专著还是一篇论文，是用英文还是荷兰语写作，郑和研究界莫衷一是，争论不休。2010 年 11—12 月，在荷兰进行学术访问期间，李新烽专程到莱顿大学东亚图书馆查阅到该书，同时核实该书尚无荷兰文版，并带回该书的复印本。

《中国人对非洲的发现》（China's Discovery of Africa）是戴文达 1947 年 1 月 22—23 日在伦敦大学所作的学术报告。1983 年 7 月，商务出版社出版了根据伦敦阿瑟·普罗布斯塞恩出版社 1949 年版翻译的中文本。

藤田丰八的专著《中国南海古代交通考》也于1936年问世。

进入20世纪80年代中期，海外的郑和研究力量迅速壮大，特别是东南亚地区的研究人员不断增加。从研究者的身份看，既有华裔，又有土著，既有记者、学者，也有外交家和企业家；从研究者分布的国家看，以亚洲为主，如：印度尼西亚、马来西亚、新加坡、菲律宾、泰国、文莱、柬埔寨、印度、斯里兰卡、日本、伊朗等，欧洲国家次之，有法国、英国、荷兰、葡萄牙、西班牙和德国等，全球研究郑和学者的总人数已超过百名，其中印度尼西亚有20余名。他们中不少人曾应邀来华考察、访问和参加郑和学术研讨会。中国学者也走出国门，应邀参加美国、泰国、印度尼西亚、新加坡、文莱和马来西亚等国纪念郑和的活动或研讨会。

据朱鉴秋主编的《百年郑和研究资料索引》(1904—2003)，[①] 百年来有关郑和下西洋的主要外文论著中，西文（英文、法文和葡萄牙文等）有85部（篇），俄文12部（篇），日文29部（篇），印尼文、马来文21部（篇），共计147部（篇）。

近120年（1885—2005）来，东南亚出版的有关郑和下西洋的马来文或英文著作（专著、小说、论文集或译著）共18部，可分为三类——小说、普及读物和专著。小说类以20世纪50年代为界划线，此前的基本上编译于《西洋记》，如印度尼西亚出版的《三保大人的故事》（1885）、《明朝永乐时期的三保大人》（1903）、《三保大人》（1953）和《三保》（1955）等；其后的主要把郑和下西洋与所在国和地区结合起来虚构故事，如新加坡出版的《郑和将军访马六甲》（1969）等。普及读物或儿童读物类，以印尼的《三保太监简史》（1988）和《哈吉穆罕默德郑和将军友好访问的故事》（1992）为代表。专著类影响较大的有印度尼西亚出版的《三保公与印度尼西亚》（1992、1993）、《中国穆斯林郑和访问印尼群岛揭秘》（2000）和马来西亚出版的《郑和下西洋与马来国家》（2000）。

近20年来，在欧美出版了一些郑和研究的著作，其中不乏影响较大者。如，美国学者李露晔（Louise Levathes）的《当中国称霸海上：1405—1433年间的宝船舰队》；[②] 法国学者多米尼克·来里勒（Dominique

---

[①] 朱鉴秋主编：《百年郑和研究资料索引》（1904—2003），上海书店出版社2005年版。

[②] Louise Levathes：*When China Ruled The Seas：The Treasure Fleet of the Dragon Throne 1405 - 1433*，Oxford University，1994；中文版《当中国称霸海上》，邱仲麟译，台湾远流出版公司2000年版。

Lelievre)的《龙之光：十五世纪明朝初年伟大的远征》,[①] 皮埃尔·加玛拉（Pierre Gamarra）的《大元帅郑和传奇》;[②] 英国前海军官员孟席斯（Gavin Menzies）的《1421：中国发现世界》和《1434：一支宏伟的中国船队访问意大利点燃文艺复兴火炬》。[③] 特别是《1421：中国发现世界》出版后，在国际上引起强烈反响和争论，扩大了郑和下西洋的国际影响，推动了郑和研究的深入发展。

令人欣喜的是，关于郑和与非洲关系的研究正越来越多地受到国际郑和研究界和学者们的关注。以2010年7月在马来西亚举行的郑和国际研讨会为例，这次研讨会的主题"郑和与亚非世界"直接涉及非洲。这是由新加坡国际郑和学会与马来西亚马六甲州政府、马六甲博物管理局及郑和文化馆联合举办的大型郑和国际研讨会。会议的主题是从东南亚和世界的角度来探讨郑和研究，表明郑和研究呈现出跨学科的多元国际整合的倾向，凸显出郑和研究的国际化趋势。来自16个国家与地区的学者，包括中国、英国、美国、澳洲、新西兰、日本、巴拿马、南非、斯里兰卡、印度、印尼、泰国、马来西亚、新加坡以及中国台北和香港等地区的345名学者汇聚一堂，参与研讨。研讨会共收到70篇论文，其中59篇在会上分别以中、英、巫文三种语文宣读，分为郑和下西洋的影响与文化传承、郑和与海洋文明、郑和与宗教和谐、郑和下西洋遗迹与考证4个专题组研讨。70篇论文中，有6篇的题目涉及非洲，中文和英文各占3篇，英文的作者分别来自英国、美国和新西兰。

百年郑和研究中文论著（1904—2003）共2711部（篇），再加上2004—2005年间的中文论著，其总数达3000余部（篇）。在分类统计这些论著中，发现以下几个特点：

（1）论及郑和下西洋"航行区域及所经地方"、"对外关系"、"史迹文物"和"研究述评"的论文数量超过200篇；涉及"郑和及下西洋总论"、"下西洋诸论"、"船舶及造船"、"史料研究"和"郑和航海新论

[①] Dominique Lelievre：*Le dragon de Lumiere：les grandes expeditions des Ming au debut du XVe siecle*, Paris France – Empire, 1996.

[②] Pierre Gamarra：*du grand amiral Zheng He Vie et prodiges*, Paris：Mazarine, 2000.

[③] Gavin Menzies：1421：The Year China Discovered The World, 2002。中文版《1421：中国发现世界》，鲍家庆译，台湾远流出版公司2003年版。Gavin Menzies：1434：The Year a Magnificent Chinese Fleet Sailed To Italy And Ignited The Renaissance. Harper Collins Publishers, 2008.

(含报道类)"的论文数量超过 100 篇,表明对这两类课题的探讨与争鸣十分热烈。

(2) 在郑和下西洋"航行区域及所经地方"和"对外关系"两类中,涉及东南亚地区的数量最多,且主要集中在第三时期和第四时期。"航行区域及所经地方"共有论文 207 篇,分总论、航路与交通、地名考、所经地方和重走郑和路五部分。其中"所经地方"这小课题,有论文 108 篇,它包括 6 个地区,其中东南亚地区就有 36 篇。这 36 篇中,出现在第四时期的就有 35 篇。同样,涉及"对外关系"这一课题的论文 230 篇,分为总论、外交政策、与东南亚关系、与南亚与西亚关系、与非洲关系和华侨华人 6 个部分,其中"与东南亚关系"这部分有 82 篇,位于 6 部分之首。在这 82 篇论文中,第三时期和第四时期分别出现 43 篇和 32 篇。这说明新中国成立以来,我国的郑和研究特别关注东南亚地区,这不仅是因为东南亚是郑和每次下西洋的必经之地,而且与 20 世纪 80 年代以来东南亚地区经济的迅猛发展、中国与东盟各国关系不断加强有关。

(3) 郑和下西洋与经贸的关系越来越受到学者们的关注。百年来有关这一课题的论文共 99 篇。四个时期的论文数量分别是 1 篇、11 篇、21 篇和 66 篇。这表明学者们注意到贸易往来是郑和下西洋的主因之一,反映了随着我国经济的迅速发展和对外贸易的扩大,国人越来越重视汲取郑和下西洋与经贸关系中的正反两方面历史经验。

综上所述,郑和在七下西洋期间曾四赴非洲,然而无论是国内还是海外的郑和研究却较少专门涉及非洲。截至目前,海内外出版的涉及郑和航海非洲的专著仅有一部,即李新烽的《非洲踏寻郑和路》(2005),其他著作仅在其中谈及郑和与非洲的关系;专门论述郑和航海非洲的论文凤毛麟角,多数只是在文中提及而已。造成这一状况的原因是多方面的,其一,非洲大陆距离我国遥远,交通不便,我国学者鲜有机会访问非洲;其二,近代以来,中非直接交往受到西方严重影响而中断,非洲学者很少关注中国,中国学者也较少关注非洲;其三,非洲大陆长期被世界边缘化,中国长期采取闭关锁国政策,西方学者基本上不关注中非关系,仅在新中国实行改革开放政策后,才把目光移向中国,进而关注郑和下西洋这一重大历史事件。

以往关于郑和下西洋与非洲的关系研究具有一个共同特点,即绝大多数论文仅在其文中涉及,而不是学者专门写文章论述。迄今为止,专门论述这一选题的论文屈指可数，只有陈公元的《郑和下"西洋"与中非友谊》（1981）、①沈福伟的《郑和宝船队的东非航程》（1985）②和郑一钧的《郑和下西洋与中非友谊》（2002）。③再以纪念郑和下西洋600周年活动筹备领导小组选编的《郑和下西洋研究文选（1905—2005）》为例，④该论文集以近20多年来郑和研究的成果为主要编选对象，从国内学者百年来发表的论著中精选，汇集了108篇具有代表性的郑和研究论文和一般性文章，按"综论"、"史论"、"航海"和"人物"4部分编辑。尽管不少论文中提及郑和下西洋与非洲的关系，但是仅从这些论文的题目看，只有3篇出现了"非洲"，即："史论"部分郑鹤声的《十五世纪初叶中国与亚非国家间在政治经济和文化上的关系》，⑤"航海"部分中朱偰的《郑和发现赤道非洲的航行》⑥和沈福伟的《郑和宝船队的东非航程》。

二 郑和与非洲研究意义重大

郑和以其精湛的航海技术和卓越的指挥才能，战胜了帆船航海时代的惊涛骇浪，创造了世界航海史上的伟大奇迹，不但是我国著名的航海家和杰出的和平使者，而且被誉为"过去一千年间最具历史影响的30位世界探险家之一"。郑和统帅船队七下西洋，"云帆高张，昼夜星驰"。从1405年至1433年，历时28载，经我国东海、南海，沿印支半岛到南洋诸国，再经马六甲海峡到印度洋沿岸国家和非洲东海岸，足迹遍及30多个国家和地区。

郑和航海与非洲的关系研究，无论是郑和研究还是非洲研究，无论是研究古代中非关系史还是研究现代中非关系，都是一个十分重要的课题。然而，综观这类其中论及郑和与非洲的论著和论文，当然包括直接论述郑

---

① 该文原载《海交史研究》1981年刊。
② 原载《郑和下西洋论文集》（第一集），纪念伟大航海家郑和下西洋580周年筹备委员会、中国航海史研究会编，人民交通出版社1985年版。
③ 该文是提交2002年10月南京国际郑和研讨会的论文，遗憾的是在被收入会议论文集——《睦邻友好的使者——郑和》时竟被大量删减。该论文集由海潮出版社2003年11月出版。
④ 纪念郑和下西洋600周年活动筹备领导小组编：《郑和下西洋研究文选（1905—2005）》，海洋出版社2005年版。
⑤ 该文原载《山东大学学报》1957年第1期，文中把郑和与亚洲和非洲的关系一起论述。
⑥ 该文原载《文汇报》1957年3月30日，是一篇散文。

和与非洲关系的论文与论著,由于数量有限、篇幅受限,论题局限,对郑和与非洲这一主题的论述和探讨难免浅尝辄止,与全面、系统、深入尚有相当距离。本书是我国第一部全面、系统研究郑和与非洲的学术专著,这一研究同时具有重大的学术意义和现实影响。

第一,郑和使团对非洲的成功访问,标志着郑和航海终极目标的实现;郑和与非洲的研究,是郑和研究中的重中之重。

在明朝受郑和下西洋影响而与明朝相联系的国家,据明清两代学者记载,多寡不一,在诸书中,以明慎懋赏《海国广记》所记载国家为最多,兹按在该书中出现先后为序,列之如下:

琉球国、天方国、榜葛剌国、默德那国、加异勒国、急兰丹国、奇剌尼国、夏剌比国、窟察尼国、乌涉剌踢国、鲁密国、彭加那国、舍剌齐国、八可意国、黑葛达国（宣德七年［1432］至）、坎巴夷替国、剌撒、不剌瓦、喃渤利、千里达、沙里湾泥［以上（笔者按：指加异勒国、以下至沙里湾泥诸国）据永乐中遣使朝贡，并见《大明会典》］、安南、占城、暹罗、彭坑、三屿国、爪哇国、重迦罗、吉里地闷、满剌加国、九洲山、三佛齐国、龙牙门国、东西竺、真腊国、昆仑山、崑山屯山、交栏山、假马里丁、麻逸冻国、龙牙加貌国、浡泥国、苏门答剌国、那孤儿国、黎伐国、大食国、麻剌国（东南海）、碟里国、琐里国、百花国、苏禄国（东南海）、阿鲁国（即哑鲁国）、淡洋、大葛兰国、小葛兰国、木骨都束国、竹步国、卜剌哇国、忽鲁谟斯国、阿丹国、合猫里国、打回国、古里班卒国、吕宋国、日罗夏治国、南浡里国、祖法儿国、溜山国、淡巴国、甘把里国、白葛达国、阿哇国、锡兰国、裸形国、柯枝国、古里国、娑罗国、答儿密、野义国、讨来思国、亦思把罕国、阿速国、沙哈鲁国、木兰皮国、沙华公国、女人国、茶弼沙国、览邦国

以下诸国皆永乐、宣德间中官使西洋，有随去周老人者所说：

须文达剌国、特播里国、曼陀郎国、苏吉丹国、麻呵斯离国、伽里那国、麻那里国、马哈国、放拜国、板葛腊国。①

以上所说"永乐、宣德间中官使西洋"之"中官"，即"太监"的一种别称，这里所说的"中官"既然永乐、宣德间都曾出使西洋各国，并且是下西洋的领军人物，此"中官"无疑指的就是郑和。上述所列《海国广记》记载与郑和下西洋有关国家，计98国。其中个别国重复，如不剌瓦与卜剌哇国，苏门答剌国与须文达剌国等，实为一国，然而不相重复的至少有90国以上，可见在郑和下西洋影响之下，明朝与世界各国联系之广。在与明朝有联系的国家中，较有影响的有六七十个，其中不少国家是受郑和下西洋影响而第一次来华访问，与中国开始交往。

在明朝，以郑和下西洋为核心，中国与世界各国的联系达到了中国封建社会的巅峰时期。在郑和一次次下西洋的同时，明成祖朱棣还派遣数十

---

① 郑鹤声、郑一钧：《郑和下西洋资料汇编》（增编本）上册，海洋出版社2005年版，第555页。

批外交使团（节）遍访朝鲜、日本、缅甸、老挝、哈烈（今阿富汗）、蒙古、撒马尔罕（今独联体中亚诸国）、白葛达（今伊拉克）、米昔尔（今埃及）、拂菻（今土耳其）、瓦剌、鞑靼、西域诸国，甚至欧洲的葡萄牙、西班牙、荷兰、英国、意大利等国也与中国进行过不同形式的联系。一些周边国家，如朝鲜、日本、安南、缅甸、暹罗、吕宋①等国几乎自始至终与明朝保持着联系和交往。明朝在与世界联系中取得这样重大成就，除当时锐意同世界各国通好外，还依靠了以郑和为首的一批外交家和航海家。在世界交通不便、国际冲突不断的情况下，这批中华民族的精英不畏艰难、不辞辛劳、不怕牺牲，最大限度地与世界各国广泛联系，取得了亘古未有的成就，不愧为中国走向世界的伟大先行者。

郑和使团对非洲各国的访问，在整个下西洋的事业中，有着特殊的重要意义。宣德六年（1431）郑和于最后一次下西洋出国之前，率船队主要领导成员，亲自撰写并建立了"天妃灵应之纪"碑，对下西洋事业作了一次历史性总结，说明了下西洋的宗旨就是要"宣德化而柔远人"，把明王朝的声教和德化远播到当时航海所能及的"际天极地"的国家和地区；而这是"超三代而轶汉唐"，为以往任何一个盛世所不及的前无古人的伟业。在其他记述中，郑和使团重要成员马欢、费信等均表达了同样的思想。马欢在《纪行诗》中曾这样歌咏郑和下西洋的伟绩："忽鲁谟斯近海傍，大宛米息通行商。曾闻博望使绝域，何如当代覃恩光。""俯仰堪舆无有垠，际天极地皆王臣。圣明一统混华夏，旷古于今孰可伦。"② 在《星槎胜览》序言中，费信强调郑和下西洋就是要使明王朝的德化远播，凡"舟车所至，人力所通"，"际天所覆，极地所载，莫不咸归于德化之中"③。

马欢诗中提到的忽鲁谟斯即今伊朗霍尔木兹海峡的格什姆岛，大宛实为大食之误，④指西亚阿拉伯国家，米息即今埃及，都是距离中国比较遥远的国家。郑和下西洋由近及远，最终致力于同极其遥远的海外国家沟通交往，以"德化"于"极地"为最高奋斗目标。以当时的海洋地理知识，

---

① 今菲律宾。
② 马欢：《纪行诗》，郑鹤声、郑一钧：《郑和下西洋资料汇编》（增编本）上册，海洋出版社2005年版，第535页。
③ 费信：《星槎胜览·序》（两卷本），郑鹤声、郑一钧：《郑和下西洋资料汇编》（增编本）上册，海洋出版社2005年版，第536页。
④ 冯承钧认为：原文疑为大食，传写者妄改为大宛。笔者同意此观点。

及所继承的自汉以迄宋元的航海遗产，非洲东部沿海各国便是这样的国家。在永乐初年的国内外形势下，为实现同非洲国家的沟通和交往，郑和使团是经过充分准备，棋分两步来走的。当郑和初下西洋之时，除横行于东南亚旧港一带的陈祖义海盗集团制造祸端外，中国周边海洋国家之间的局势亦不平静，成为滋生直接对中国形成海上威胁和当地居民不得安宁的温床。造成这种不安定局面的原因，是基于中国周边沿海各国之间存在着一系列矛盾，其中既有历史遗留矛盾，也有现实中存在的领土、宗教、民族、经济等方面的纠纷。在这种情势下，第一步棋是先解决这一系列问题，在东南亚和南亚打开局面，实现该地区国家间的区域和平，打通进入西亚和非洲沿海的海道。消除这一后顾之忧始走第二步棋，去开展与遥远的西亚和非洲国家间的交往。

为解决明朝在发展与海外诸国关系上所面临的一系列矛盾和问题，郑和不辞艰辛，在往返各国之间"宣德化而柔远人"的同时，主要通过在第一次下西洋时发生的"旧港之役"，在第三次下西洋时发生的"锡兰山之役"，第四次下西洋时发生的"苏门答剌之役"，铲除了当时对中国周边沿海国家最具威胁性的祸根，终于结束了东南亚和南亚沿海地区动乱不安的局面，"海道由是而清宁，番人赖之以安业"①。在恢复中国与东南亚、南亚各国之间友好关系的同时，发展与西亚和非洲海外远国的友好关系便被提到议事日程。

据郑和等所立《娄东刘家港天妃宫石刻通番事迹碑》、《天妃之神灵应记》碑对历次下西洋的记载，自永乐三年（1405）第一次下西洋以来，经过近10年准备，从永乐十二年（1414）第四次下西洋时起，每次均往忽鲁谟斯以远西域诸国。以最远访问非洲东部沿海国家为标志，郑和下西洋前三次与后四次明显分为两个阶段：前一阶段的航海均以古里为限，航迹不出东南亚和南亚的范围；在后一阶段的航海中，郑和船队经过南洋群岛，横渡印度洋，取道波斯湾，穿越亚丁湾及红海，又沿东非之滨南下，依次对东非沿岸各国进行访问，最远到达赤道以南的非洲东部沿岸诸国及马达加斯加岛一带，分舟宗甚至远达西非沿岸。明朝廷派遣郑和下西洋既然要在海外建立超越以往任何一个朝代的功绩，必须让明朝的声威和影响

---

① 郑和：《娄东刘家港天妃宫石刻通番事迹碑》，郑鹤声、郑一钧：《郑和下西洋资料汇编》（增编本）上册，海洋出版社2005年版，第535页。

达到为前代所不及的国家和地区,这样,郑和舟师远赴非洲在当时就是唯一选择,势在必行了。

明成祖朱棣去世以后,由其孙明宣宗朱瞻基所发动的第七次下西洋,一次性地访问了东南亚、南亚、西亚和非洲众多国家,突破了明成祖时远访非洲棋分两步走的局限,这固然由于当时国际形势比较稳定,但主要原因还在于明宣宗朱瞻基和明成祖朱棣持有一样的"怀远"理念。明宣宗朱瞻基在《遣使谕西洋古里苏门答剌诸国》一诗中曰:"似闻溟海息鲸波,近岁诸番入觐多。杂还象胥呈土贡,微茫岛屿类星罗。朝廷怀远须均及,使者敷恩合褊过。莫惮驱驰向辽远,张骞犹说到天河。"[①] 其中所表达的"朝廷怀远须均及,使者敷恩合褊过",致力于"驰向辽远"的观念,反映了明朝建朝以来一脉相承的大一统的世界观,这正是郑和继第四次至第六次下西洋之后,在第七次下西洋时仍持续锁定非洲为大航海终极目的地的思想基础。所以说,郑和舟师远赴非洲,也是明朝在与世界联系中所持有的大一统的世界观指导下进行大航海的必然结果。

郑和从第四次下西洋开始,每次出使,都要远至阿拉伯及东非遥远之国,以当时对世界地理的知识水平,沿东非海岸南下所访问的一系列非洲国家,似乎囊括了极远的海外国家;以当时所能达到的认识水平,这些远方国家纷纷随郑和船队来访,便被认为是这些位于世界"际天极地"的国度都心仪于中国,愿意奉行明朝的和平外交方针,这似乎基本实现了明朝与世界各国广泛联系以"共享太平之福"的终极目标。永乐十三年(1415),在当时被视为"去中华绝远"的非洲麻林国,因郑和使团的访问,遣使来中国贡献"麒麟",当时被认为是体现了明初对外方针和终极目标已初步实现的重大事件。"麒麟"即长颈鹿,在非洲只是寻常动物,在中国却千载难逢,且中国自古视"麒麟"为仅在太平盛世才出现的瑞兽,赋予神秘色彩,更何况这"麒麟"是"极地"之国麻林所献,可以使明朝统治阶级更加感受到国家的强盛,中国与世界各国共享太平,明朝廷的德政和教化惠泽遐壤。所以,当郑和第四次下西洋开通了中非航路,麻林国使者来华献"麒麟"之际,因为寓有国家兴旺、声威和德化远播重大意义,在麻林等国使者进京的那天,整个明朝宫廷都轰动起来了。在永乐十三年(1415)十一月壬子(十九日),明成祖朱棣亲往奉天门主持欢迎

---

① 《大明宣宗皇帝御制集》卷二十二,《遣使谕西洋古里苏门答剌诸国》,明内府钞本。

仪式，接受"麻林国及诸番国进麒麟、天马、神鹿等物"。当时，文武群臣向明成祖朱棣祝贺说："陛下圣德广大，被及远夷，故致此嘉端。"① 这里所谓的"圣德广大"，实际上是指明成祖朱棣对中国与世界各国之间应建立一种什么关系所持的政治准则和道德观念。

  中国历史发展到明初，在结束了元末腐败黑暗的统治时期之后，经过明太祖和明成祖的励精图治，又出现了封建社会后期的盛世，"百年之污染一新"。一个统一而强盛的明帝国，顺应着历史发展的潮流，在东方崛起。缔造和巩固了这个帝国的明太祖、明成祖及其手下杰出的文武重臣，怀着"大一统而天下治"的政治理想，向往"东沧海而西昆仑，南雕题而北穷发，无有远迩，莫不尊亲玉帛，会车书同，兴太平之礼乐"②。即从中国传统的儒家政治道德理念出发，在加强与世界各国的联系中，去建立一种和平和谐的国际社会秩序。明成祖朱棣执政以后，派遣郑和下西洋，积极争取那些从未与中国通好的海外远国，以与中国"共享太平之福"。以中国传统的儒家政治道德观念来看，怀有仁爱之心的君主，才会这样去做，才能对海外远近国家施行这种"仁政"。永乐时儒臣金幼孜在所作《麒麟赞》中赞扬明成祖说："惟皇之仁，洽于八垠，极天际地，罔不尊亲。惟皇谦恭，弗自力圣，匪物之珍，协于仁政。"③ 这种歌功颂德之词，针对郑和远航非洲而发，自然是为了满足明朝统治阶级政治上的虚荣心，扩大郑和远航非洲的影响，宣扬明成祖朱棣的功绩。不过，永乐时期明成祖朱棣及其臣属们向往在海外立德立功，"兴太平之礼乐"，施"仁政"远及"极天际地"的非洲国家，当然离不开国家强盛统一、政治清明这样一个基本条件。

  明成祖朱棣在执政之初，即一次次持续地派遣郑和下西洋，随着这种大规模航海活动不间断的开展，郑和的航海活动越来越打破地域界限，使中国古代的帆船航海由传统的在亚洲沿海航行，发展为横渡印度洋直达非洲的洲际航行，海洋空间的开拓使明朝的对外交往日益具有世界性。在这种新形势冲击下，明朝廷中一些上层开明人士受其影响，不满足于把国内太平与富足看做是国家达于"至盛之治"的标准。占地球面积71%的海

---

① 《明成祖实录》卷99。
② 《明太祖实录》卷30。
③ 金幼孜：《麒麟赞（有序）》，《金文靖公集》卷6。

洋为中国与世界各国广泛交往提供了交通便利，明成祖朱棣及其以郑和为代表的辅臣们，充分利用中国远洋航海的优势，毕生致力于同遥远的海外国家沟通交往，并以这种交往的深度与广度，作为衡量国家之治是否臻于极盛的重要标志。这一尽可能扩大中国与世界联系的努力彰显出一种从封闭走向开放的新时代精神。

诚然，这种新时代精神表现为世界历史发展中一种东方文明现象，其方式与内容传承了中国悠久文明，富有中国特色，与西方早期殖民主义者开拓海外殖民地、发展海外市场具有质的区别。朱棣、郑和等代表人物极其重视与非洲国家的友好交往，并以成功实现与非洲国家的互访视为一代盛事。他们所持的这种"世界性观念"，这种把非洲国家融入中国"大一统"的视野，这种让明朝的"德化"惠及"际天极地"国家的努力，这种世界各国无有远近应携手进步、共"兴太平之礼乐"的理念，突出体现了历史进步和时代精神。所以，研究郑和与非洲的关系，实质上就是研究在人类历史转轨时期，郑和下西洋的壮举所体现出的在人类社会开始一体化的进程中，最早出现的具有全人类进步意义的价值取向，及其所代表的人类正确的发展方向。通过历史与现实的连接和对历史经验的总结，继承和发扬光大郑和下西洋这份珍贵的历史遗产，进而激励我们努力为实现中华民族伟大复兴而奋斗，更好地肩负起中华民族在人类历史发展中的使命。这是郑和研究中具有世界性意义的课题，正因为如此，郑和与非洲的研究理所当然是郑和研究中的重中之重。

历史事实充分证明，郑和出访非洲在下西洋历史中占有最重要的位置，麻林国呈献"麒麟"的盛事轰动了明廷，在整个郑和下西洋时期没有其他任何一个事件能够如此引起明朝廷轰动，这必然对当时与明朝有交往的国家产生一定影响。正因为如此，郑和远访非洲才显示出意义非凡，才能对世界产生积极而深远影响。

第二，造船和航海术的发达，通信联络方式到位，各项航海保障有力，为郑和船队多次成功出使非洲创造了有利条件。

在历代发展远洋航海的过程中，中国海船制造业展示了在远洋航海上的实力，取得了辉煌成就。明初的海船制造业在此基础上进一步发展，外加明朝廷的大力支持，为郑和快速组建下西洋庞大船队创造了得天独厚的有利条件。当时，为适应大规模远洋航海的需要，在船舶准备方面的一个显著特色，就是在建造新船的同时加速对原有海船进行更新改造，保证所动用的已有船只与新造海船一样，是当时世界上第一流的海船。另一方面，由于当时禁止民间私自出海，海外贸易就由国家垄断，并且主要由郑和船队来承担。一个船队要肩负起一个大国的海外贸易，并且这种贸易一般要与三四十个国家进行，其承载的货物量是极其庞大的，为此必须建造特大型海船。由于还要肩负贸易之外的多项任务，船队还必须配备多种中小型船只。经过多年精心研究，北京郑和下西洋研究会副理事长、著名航海史专家郑明先生提出：1. 南京是明代前期全国造船中心。2. 郑和下西洋舟师编成多样化，船型可分为3档：万吨级，以大号（长44丈4尺，宽18丈）宝船为代表；千吨级，以二千料海船为代表，含一千五百料海船、封舟等；百吨级，以八橹船为代表，含绿眉毛型鸟船、开浪船等。3. 郑和下西洋舟师中小档的船舰约有7类：中国宝船、战座船、战船、座船、水船、马船、粮船，其中档船又分为3档——头档：中国宝船；中档：大型战座船、中型战船、中型座船、水船、马船、粮船；小档：小型战船、哨船。这7类又分10型舟船：五千料海船、二千料到一千五百料海船、二千料海船（不设中楼）、一千五百料海船（战船）、封舟型福船、五桅沙船、明代大福船、绿眉毛型浙船、八橹船型浙船、开浪或快船型福船或广船。4. 宝船凝聚中国古代舟船科技六大发明：水密隔壁、手摇橹、桨轮、船尾舵、船用指南针、舰载火铳。5. 下西洋集成了中国古代领先的五项航海技术：气象航海术、地文航海术、天文航海术、针路航海术、调戗驾帆术。郑明先生并提出，故宫、天坛、宝船可并列为明代三大建筑；海上"丝瓷之路"是对陆地"丝绸之路"的延伸与扩大，其影响更深远。他建议二千料海船定性为仿明郑和宝船，尽力予以复仿；并呼吁通过复建宝船扬帆环球航海八下西洋，推动我国在考古、历史及海洋文化领域的研究，贯彻陆海统筹方针，迎接海洋新世纪。需要指出的是，海上"丝瓷之路"这一概念的提出与阐述，突出了中国远洋航海的特征。

人们在研究郑和航海时，往往将其与同时代的欧洲大航海相比较，往往以为那时西方航海家在远洋航行中遇到的一些致命困难，如淡水和维生素缺乏等，郑和船队也会遇到，并费尽心思地去想：郑和船队是怎样克服这些困难的？其实，在这些方面，两者并没有可比性。在郑和航海的区域内，中国拥有悠久的航海传统，在远洋航海的后勤保障方面，尤其是食物和淡水存储方面，积累了丰富经验，可资借鉴。郑和航海在后勤保障方面有充分的准备，建立了完整的体系，郑和使团中的庶务人员，由买办、书手、办事、余丁、民稍、养马、小厮、厨役、家人等杂佐（后勤）人员组合而成，船队的航海后勤保障工作，主要由他们承担。郑和航海的区域多位于亚热带和热带，物产丰富，在食物方面，各类主食和副食皆有。主食有大米、大麦和小麦；副食畜类有鸡、鸭、鹅、牛、羊、马、驴、猪、鱼等，野味有鹿、兔、驼鸡、骆驼肉等，更不乏品种繁多的新鲜蔬菜和水果；此外，还有各种植物的、矿物的和动物性的药材，可满足船队生活和医疗所需。船队另有专门贮存淡水的水船随行。郑和船队与所访问的亚非各国建立了睦邻友好关系，可随时给予郑和船队的食物、淡水以及其他后勤保障工作以有力支援。

郑和下西洋每一次都访问众多国家，又采取大艅和艅分分头活动的方式，每一段航程需时都不算太多，少则一天或几天，多则十几天，很少有超过20天的，能够对船队在前一段航程中所消耗的食物、淡水等及时进行补充，对一些伤病员也可以转移到陆上医治和疗养。所有这些有利条件，在稍后的欧洲航海家那里都是不具备的，因此，郑和船队在没有遭遇海难的情况下，并没有因为食物和淡水供应等后勤保障问题而蒙受重大损失。欧洲航海家在远洋探险中所遇到的诸如坏血病一类的问题，在郑和船队中并未出现。这是因为，郑和船队除随地采办蔬菜水果外，还靠在船内发豆芽来解决吃菜问题。我们在史籍中见不到有关郑和使团人员遇到坏血病一类的问题，也没有见到任何相关传闻。

郑和使团能够多次成功访问东非沿岸各国，除船舶装备优良，航海技术先进，各项保障有力外，拥有完善的远程通信系统是另一大重要因素。郑和下西洋之际，在南洋一带郑和船队经常停留的地方，如苏门答剌、满剌加等地，设有船队的"官厂"①，其实就是郑和下西洋所建立的根据地。"官厂"内有通信联络机构和设施，负责朝廷与郑和使团之间、大艅船队与小艅船队之间的信息传送。郑和船队常年活动在海外却能与本国进行联络，同时保持船队之间的联系，说明船队建立了快捷有效的通信系统。这个系统就是靠训练信鸽而建立的航空传递系统。

人类利用信鸽作为远程通信工具有着悠久历史。中世纪在近东地区阿拉伯人将养鸽和驯鸽的技艺发展到了炉火纯青的地步。公元632年穆罕默德辞世后，统治穆斯林帝国的历代哈里发，将信鸽邮递发展成为国家机关

---

① 即仓库。

中一个正规的航空邮寄系统。中国人训练鸽子的技艺，虽然也有悠久的历史和相当高的水平，然而中国封建统治者并没有像阿拉伯历代哈里发那样建立起使用信鸽的国家情报网，在中国古代通常只出于商业目的而使用信鸽。在中国已有的信鸽通信联络技术的基础上，外加借鉴阿拉伯人高超的驯鸽技术，郑和船队建立起自己完善的航空传递系统，为船队的远程传报服务。

第三，郑和访问非洲造就了移居非洲的首批华人，他们融入当地社会，牢记自己的"中国根"，始终不渝传承中华文化。

在以往的郑和研究中，人们论及郑和与海外移民，统统把目光聚焦于东南亚地区，仿佛郑和下西洋时期因海难等原因留居于海外的华人，只分布于东南亚地区，其实不然。当年，郑和船队的一艘船只在肯尼亚帕泰岛附近触礁，数百名船员逃生至岛上，在当地扎根，与当地女子结婚延续后代。当时，他们随身携带着丝绸、茶叶、瓷器等物品，与当地居民交换生活物资，其中的大夫、建筑师及农民、手工业者等出身的船员，运用自己的一技之长为当地居民服务，同时在发展生产事业自救的同时，将中国先进的医疗、农耕和渔业技术传授给当地人，逐渐融入当地社会。数百年来，他们的后裔尽管早已成为非洲大家庭中的成员，但至今仍顽强保留着中国文化传统，念念不忘自己的中国血统，在当地产生了一定影响。他们肯于吃苦，长于勤劳，善于应变，乐于助人，中医大夫在当地更是有口皆碑。目前，被李新烽博士发现的"中国学生"——夏瑞馥正如愿以偿地在南京中医药大学深造，立志学好本领，回到当地用"祖国"的传统医药救死扶伤、为民除病。其志愿和行动正在传播和扩大着郑和在非洲的影响，续写着中非友谊的那段令人难忘的佳话。

李新烽博士通过长期在非洲探寻郑和遗迹，认定落难肯尼亚帕泰岛的郑和船队水手成为移居非洲的首批华人，指出"他们融入了非洲大家庭，在与当地人打成一片的同时，顽强地坚持和保留着中国文化传统和价值观，为中非人民的相互了解、为中国文化的传播作出了独特贡献，为当今非洲华侨华人融入和服务当地社会树立了光辉榜样"。中国的海外移民大多分布在东南亚地区，但首批移居东南亚的华人什么时候开始在东南亚定居的，至今难寻确凿的证据。所以，李新烽博士上述研究的结论，无论是对郑和研究，还是对中国海外移民史的研究，都是有重要意义的。

2002年帕泰岛的渔民在捕捞龙虾时，从海里打捞出来两个中国坛子，两条"龙"首尾相接地飞腾在坛子的腰部,栩栩如生,李新烽博士经过考察,认为"双龙坛"作为在拉木群岛打捞出来的第一个完整的中国文物,填补了一大空白和缺憾,为中国古代宝船沉没帕泰岛附近海域提供了最有力的物证。关于郑和船队船员落难帕泰岛后所居村落叫"上加村",一般解读"上加"由"上海"转音而来,李新烽博士经过仔细的研究,认为"上加"由"想家"转音而来,提出:中国人定居帕泰岛后,对上加村的更名,不是运用标准的汉语拼音,而是使用当地的斯瓦希里语。因郑和船队中南方水手占绝大多数,这样就采用中国南方的某一方言发音、运用斯瓦希里语的书写形式,遂使"想家"经过斯瓦希里的书写,转音读成"上加"。这种解释是更接近于实际的,上加村更名的来历,应该就是如此。

在1985年6月出版的《论郑和下西洋》一书"前言"中,郑一钧教授指出:"郑和下西洋的历史所涉及方面和范围之广,使郑和研究成为一门世界性的学问。"如果说当时只有法国、日本等国个别学者进行过郑和研究的话,自20世纪70年代以来,海外已出现一批关心或研究郑和的人士或热心于纪念郑和的活动。这些人士分布在印尼、马来西亚、新加坡、文莱、菲律宾、泰国、日本、澳大利亚、英国、美国、德国、法国、荷兰、葡萄牙和毛里求斯等十余国,其中既有华裔,又有土著,既有记者、学者,又有外交家、企业家。据2005年初的不完全统计,已有百余名。在2005年纪念郑和七下西洋首航600周年之际,印尼、新加坡、马来西亚和美国等国举行过郑和研讨会。时隔5年,以"郑和与亚非世界"为主题的郑和国际会议2010年7月在马来西亚举行。所有这些都表明,郑和研究已实实在在成为一门世界性的学问。

中国海军护航亚丁湾、索马里海域执行护航任务,是新中国的舰队第一次渡海"远征",也是自15世纪初郑和下西洋之后600多年来中国海军的首次远洋作战行动,具有划时代意义,被国际社会形象地誉为"郑和再来",引起国际社会的极大关注。同样,作为郑和研究重中之重的郑和与非洲关系的研究,也将以其深刻的历史内涵,以及与现实之间的相互联系与逻辑关系,吸引国际社会各界人士的视线,进而为之倾注研究的热情。

当前,快速、全面发展的中非关系越来越吸引世界的目光,我国的非洲问题研究与郑和研究越来越受到世人的关注。与之相适应,郑和与非洲关系的研究将更加引起学者的兴起,受到学界的重视。我们有理由相信,方兴未艾的"非洲学"、"郑和学"将迎来更加灿烂的明天。

第一编 论郑和船队远航非洲

明朝在建立之初即非常重视与世界各国加强联系。明太祖朱元璋在执政后短短的几年里，持续向朝鲜、日本、安南、占城、琉球、爪哇、暹罗及西亚诸国派遣使节，希望与各国无论远近，都"相安于无事，以共享太平之福"。明成祖朱棣向往在海外树立威望，享有盛名，在洪武以来良好的基础上，凭借强大的国力，与世界各国联系之广，为历代所未有。在与世界各国联系的过程中，随着郑和船队扬帆远航，大批中国人顺应历史潮流，走出国门，跨越海洋，尝试用中国传统的政治道德理念去建立和平与和谐的国际社会秩序。

郑和七下西洋，将明朝廷的和平外交方针付诸实现，所取得的一系列成就不仅在中国历史上，在世界历史上也前所未有。明朝派遣郑和下西洋意欲在海外建立超越以往任何朝代的功绩，也就必须要让明朝的声威达到前代所不及的国家和地区；以当时的世界地理知识水平，非洲东海岸各国为舟车所能及的最远国家，郑和舟师远赴非洲也就顺理成章了。

郑和文武双全，才貌俱佳，深受燕王的赏识和信任；在靖难之役中所建功勋远超诸内侍，充分展示了出众才能。郑和下西洋主要访问的国家多为信仰佛教或伊斯兰教的国家，郑和的多元化宗教信仰使得他到上述两种宗教信仰的国家都会受到欢迎。以上各种因素使得郑和成为明成祖朱棣选择全权负责下西洋事务之人的不二之选。

在历代发展远洋航海的过程中，中国的海船制造业取得了光辉成就，向世人展示了中国在远洋航海上的实力和优良传统。为适应大规模下西洋的实际需要，明初的海船制造业在前代的基础上进一步发展，加之明朝廷的大力支持，为郑和组建下西洋船队创造了得天独厚的有利条件，使郑和能够及时组建成一支不辱使命的庞大船队。

　　明成祖朱棣在执政之初即连续派遣郑和下西洋，中国古代帆船航海由传统的在亚洲沿海航行发展成多航路横渡印度洋直达非洲的洲际航行，郑和的航海活动以历史上从未有过的规模打破了地域和民族的界限，使中国与外界各国的交往日益具有世界性。在这种新形势的冲击下，明朝廷中的一些比较开明的上层人物已不满足于把国内太平与富足看做是国家达于"至盛之治"的标准。明成祖朱棣及其以郑和为代表的辅臣们毕生致力于同遥远的海外国家沟通交往，并以这种交往发展的深度与广度作为衡量国家之治是否臻于极盛的重要标志。这一标准适应了扩大中国与世界联系的新形势，体现出了由封闭走向开放的新时代精神。

　　郑和舟师横渡印度洋直航非洲的新航路主要有：（1）自锡兰山国别罗里南去顺风21昼夜，可至卜剌哇国。（2）自小葛兰国顺风20昼夜，可至木骨都束国。（3）自苏门答剌经溜山直航木骨都束。此外，还有一条沿印度洋沿岸到非洲东海岸的航线。横渡印度洋航线的开辟大大缩短了中国与非洲之间的距离，在中非之间形成了多条惯常的航线；随着中非航线的畅通，郑和舟师自第四次下西洋起，每次出使都远赴非洲。郑和船队在第六次下西洋之前，在向非洲东部赤道以南沿海的航行中已访问了莫桑比克境内的国家，距离好望角已不远了。在此基础之上，郑和船队个别船只在第六次下西洋期间甚至绕过好望角，驶抵非洲西南沿岸。

　　郑和下西洋能够取得史无前例的伟大成就，航海保障工作得力是一个重要原因。船队的航海保障工作分为国内和国外两个部分。国内部分主要是保障船舶的更新与维修，下西洋各种应用物资的准备；国外部分主要是远洋航海的后勤保障工作，船队食物和淡水的供应及医疗保障。郑和船队的通信手段为何，由于缺乏第一手资料佐证，目前只能依据间接的资料来加以推断。一般而言是昼行认旗帜，夜行认灯笼，海上能见度低时，则用音响信号。郑和船队常年活动在海外，却能与本国之间，以及在大艅船队和分艅船队之间保持联系，及时传递信息，说明船队建立了快捷有效的通信系统，这个系统就是靠训练信鸽而建立起来的航空传递系统。

　　郑和下西洋之际正值东南亚海盗猖獗之时；海盗的威胁是郑和航海必须要解决的问题。位于马六甲海峡东南端的旧港是中国从东南亚通过马六甲海峡进入印度洋的海上交通孔道，地理位置十分重要。洪武、永乐之际，陈祖义占据此地，成为海盗集团的首领，贪婪凶狠，在海上劫持过往商旅和各国使节，在旧港称王称霸，骄横不可一世；郑和舟师一举歼灭了这股顽敌，给横行于东南亚海域的海盗以致命打击。陈祖义海盗集团被剿灭后，明朝廷设立了旧港宣慰使司，奠定了东南亚安定局面的基础，海路由是而畅通，东南亚沿岸各国人民得以安居乐业。随着旧港周边出现一派"静海"气象，明朝在海外的威望也树立了起来。

郑和下西洋路线遥远而繁复，《郑和航海图》创造性地继承了中国古代地图绘制的优良传统，将舟师繁复的下西洋洲际路线一目了然地绘制于图中，这在科学航海方面达到了当时的世界最高水平，也集中体现了当时中国对海洋认识的科学水平。凭借着《郑和航海图》，郑和船队纵横驰骋于太平洋和印度洋各海域，发展起了亚非各国、各地区之间纵横交错的海上交通，沟通和加强了西太平洋和印度洋沿岸各国之间的联系，对后来的航海者在西太平洋和印度洋上的航行起到了指导作用，影响极为深远。

在郑和下西洋之前，中国与非洲国家的往来虽然逐渐增加，但参与其中的主要是少数商人的贸易活动，没有中国朝廷的使团访问过非洲；并且他们都是辗转来到非洲，鲜有个人留下在非洲活动的明确记载。总体而言，在郑和之前，中国人对非洲诸国是相当陌生的。郑和使团对东非诸国多次访问，彼此间密切往来，加深了对这些国家的了解和认知。郑和船队携带大量瓷器、金银、丝绸、锦缎、漆器等，与非洲沿岸国家开展了广泛的贸易活动，换取了大量的龙涎香、没药、乳香、象牙等当地特产，以及"麒麟"（长颈鹿）、斑马、狮子、犀牛、金钱豹、驼蹄鸡等奇珍异兽，在彼此沟通的基础上，进一步加强了中国与非洲各国的航海贸易。

发展各国间的文化交流是世界实现和平安宁的重要途径。郑和下西洋时期中国与世界各国间的文化交流，对促进中国与世界各国的和平安宁，向和谐世界迈进，作出了重要贡献。郑和对非洲的成功访问是中国国家使团首次对非洲进行的访问，产生了深远的历史影响。西方早期殖民者在非洲的殖民行径与郑和下西洋时的中非友谊相比，有着天壤之别。这令人信服的说明了郑和下西洋在历史上的进步意义，郑和远航非洲在世界上的影响始终是正面的、积极的。

第一章　郑和船队四赴非洲背景分析

明成祖朱棣向往在海外树立威望，享有盛名，在洪武以来良好的基础上，凭借强大的国力，与世界各国联系之广，为历代所未有。郑和七下西洋，将明朝廷的和平外交方针付诸实现，所取得的一系列成就不仅在中国历史上，在世界历史上也前所未有。

第一节　明朝与世界各国的联系

一　明朝以和平外交方针对世界各国实行传统的怀柔政策

中国位于太平洋西北部，海岸线漫长，海域辽阔。中国古代航海发达，自汉、唐、宋、元以来，均主要通过海路与世界各国联系，明朝更是如此。通过海路交通海外各民族，发展与亚非诸国的邦交，与世界各国广泛联系，是明朝的一项基本方针。明朝建立之后，以休养生息和发展农、工、商业为基本国策，保障了农业和工商经济迅速得到恢复和发展，社会经济趋向繁荣，国内阶级矛盾也由此在一定程度上得到缓和。随着国家的统一，国内政治经济形势的好转，明朝统治者更倾心于追溯历代盛世中帝王的治绩，向往在海外树立威望，享有盛名。基于此，明朝统治者采取了以和平外交手段联络世界各国，建立以中国为主导的国际和平局势的方针。

明朝建立之初，朱元璋于洪武元年（1368）颁诏于安南，即明确宣称："昔帝王之治天下，凡日月所照，无有远近，一视同仁，故中国奠安，四方得所，非有意于臣服之也。"从这个前提出发，中国与世界各国联系的总方针就是要"与远迩相安于无事，以共享太平之福"[①]。所谓与海外诸

[①] 《明太祖实录》卷34，朱元璋：《皇明祖训》·箴戒章。

国"共享太平之福",就是要建立起国际和平环境,既在各国之间消除欺寡凌弱的现象,又使中国免受外患的威胁,发展中国与世界各国之间在政治、经济、文化等诸方面的友好关系。在这一方针指导下,明初于全国平定之后,除"胡戎与西北边境,互相密迩,累世战争,必选将练兵,时谨防之。"其海外诸国"有为患于中国者,不可不讨;不为中国患者,不可辄自兴兵"。而"诸蛮夷小国,阻山越海,僻在一隅"①,一般是不会为患于中国的。对总体国际形势作了上述估计之后,明太祖朱元璋在"祖训"中开列朝鲜、日本、大小琉球、安南、真腊、暹罗、占城、苏门答剌、西洋、爪哇、彭亨、百花、三佛齐、渤泥,凡十五国,"职掌所载,又有琐里、西洋琐里、览邦、淡巴、须文达那诸国,与祖训稍有不同"② 皆为"不征诸夷国"③。这些国家都是当时同中国有一定外交关系的沿海国家,多为小国,明朝长期与他们和平共处。明嘉靖中,两广巡抚都御史林富上疏,论及"祖训"之所以将这些海外国家列为不征之国是寓有深意的。他指出:"南方蛮彝,大抵宽柔乃其常性,百余年来,未敢有为盗寇者。""素恭顺,与中国通者也。"④ 太祖朱元璋对西洋诸国国情基本估计的正确性已为历史所证实。基于这种估计,明朝在与各国交往时,不立足于武力征服,而是大力开展和平外交活动,以理服人,以德相感召,并充分照顾其应有的权益,使之愿意同明朝发展友好关系。唯有这样实行睦邻友好的对外政策,才能与世界各国保持密切的联系,所以明成祖朱棣和明宣宗朱瞻基都不曾违背"祖训",以后诸帝也都如此。永乐七年(1409)三月,明成祖朱棣命郑和再下西洋,"敕谕四方海外诸番王及头目人等,……祗顺天道,恪守朕言,循理安分,勿得违越;不可欺寡,不可凌弱,庶几共享太平之福"⑤。宣德五年(1430)六月,明宣宗朱瞻基"遣太监郑和等赍诏往谕诸番国,诏曰:'……其各敬顺天道,抚辑人民,以共享太平之

---

① 朱元璋:《皇明祖训》·箴戒章。
② 《明会典》卷105·礼部63·朝贡。
③ 朱元璋:《皇明祖训》·四夷。
④ 《古今图书集成·方舆汇编·边裔典》卷89·南方诸国总部。
⑤ 《郑和家谱》·敕海外诸番条,郑鹤声、郑一钧:《郑和下西洋资料汇编》上册,齐鲁书社1980年版,第99页。《郑和下西洋资料汇编》(增编本)上册,海洋出版社2005年版,第42页。

福.'"① 总而言之,是要使明朝国内政治安定与经济繁荣的形势在对外关系上也充分体现,这正是永乐朝和宣德朝内外政策一致的表现。对明朝而言,这样与世界各国广泛联系,符合国家与民族的利益,对巩固封建统治也是有利的。

明朝在与世界各国联系时,自始至终实行传统的怀柔政策。关于怀柔政策的由来,据《礼记》:"凡为天下国家,有九经。"其中用于外交关系上的第八经"怀诸侯",第九经"柔远人",就是怀柔政策的根据。所谓"怀诸侯",主要指"治乱扶危,朝聘以时,厚往而薄来"。体现了中央与诸侯国之间在政治上的依附关系,在经济方面的臣属关系。所谓"柔远人",主要表现为"送往迎来,嘉善而矜不能"②。着重于提高边远落后的诸侯国的知识水平与技能,体现了文明程度较高的宗主国在文化上对诸侯国的影响。这种规条本是我国春秋时代的产物,其后统一的封建国家建立,诸侯制度消灭,封建统治者就把邻邦当诸侯国看待,而把远方国家当做远人看待;把"怀诸侯,柔远人"合并成一事,成为处理对外关系的怀柔政策。这种怀柔政策的作用,就是要在域外远近的国家中树立起中国的威望,使诸国对中国敬畏而向往,让普天之下臣民归心,以巩固封建统治。即所谓"柔远人,则四方归之;怀诸侯,则天下畏之"。

明朝在对外实行怀柔政策方面较历代封建王朝又进了一步,不仅以具体的外交实践将怀柔的政治理念付诸实现,而且表现出宏大的气度,具体政策运用上也更为灵活周全。明初在实行这一政策时,虽然也是以"天朝上国"自居,要求诸国"尊事中国";但绝不一味以大国兵威去欺侮奴役海外国家,而主要是用事实来感化,以和平的方式,通过外交途径,让各国"宾服"于中国。"不服,则耀武以慑之。"③ 这种"宾服"的关系,或者说藩属关系,并不是全凭宗主国对藩属国施加政治、经济和军事的压力而建立的,也就是说,不是把中国在对外关系上的利益建立在诸国受害的基础上,而是以强大的政治、经济和军事上的实力作后盾,通过"宣德化而招徕之"的方式,与藩属国之间保持的一种若断若续、时强时弱,并不牢固的政治外交关系。藩属国并不丧失领土主权的完整,经济上也不蒙受

---

① 《明宣宗实录》卷67。郑鹤声、郑一钧:《郑和下西洋资料汇编》(增编本)上册,海洋出版社2005年版,第41页。

② 《礼记》·中庸篇。

③ 南京图书馆藏清佚名:《明史稿》·郑和传。

任何损失，只是要对中国表示"臣服"而已。像各国国王来华访问时，"凡遇宴会，蕃王居侯伯之下"①。见亲王"准公侯大臣见亲王礼"②，如此等等，就是对中国表示"臣服"的具体表现方式。这种关系满足了中国封建皇帝"唯我独尊"的虚荣心。

洪武十六年（1383），朱元璋对礼部诸臣说："诸蛮夷酋长来朝，涉履山海，动经数万里。彼既慕义来归，则赍予之物宜厚，以示朝廷怀柔之意。"③ 这是以优厚的物质利益来酬报远方国家慕义中国之心，诸国受此厚遇，自生感激之情，则其尊敬中国之意愈诚。洪武五年（1372）正月，朱元璋对中书省臣说："西洋琐里，世称远番，涉海而来，难计年月，其朝贡无论疏数，厚往而薄来可也。"④ 这是明朝对世界各国实行怀柔政策，对待海外国家朝贡的基本立场。"厚往薄来"就是不计较海外诸国贡物的好孬多寡与进贡次数，凡有进贡，回礼一律从丰，以奖励海外国家远来中华的诚心。虽然这样做使明朝政府在经济上付出了一定代价，但在政治上的深远影响是难以估量的。政治上得虚名而经济上吃亏，这种关系与近代殖民主义宗主国与殖民地之间奴役与被奴役的关系截然不同。

需要弄清楚的是，海外国家来中国访问时，在宫廷内献上相对较薄的"贡品"，明朝廷"赍予"相对较厚的"赏品"，这并不是拿"赏品"来跟"贡品"进行交易。这种"厚往薄来"的行为属外交礼仪的范畴，并非贸易行为。中国"厚往"的"赏品"，虽然相对较厚，但也不是"厚"得不得了，让中国在经济上付出太大的代价。以永乐六年浡泥国王麻那惹加那乃来访为例，在浡泥国方面是"奉金镂表文及贡龙脑、帽顶、腰带、片脑、鹤顶、玳瑁、犀角、龟筒、金银八宝器诸方物"。中国方面是"赐浡泥国王仪仗、交椅、水缸、水盆，俱用银；伞、扇，俱用白罗；销金鞍马二，及赐金织、文绮、纱罗、绫绢衣十袭。王妃及王之弟妹男女陪臣赐各有差"。此外，由于麻那惹加那乃不幸病逝于中国，其子遐旺等回国时，作为一种特别的抚慰，又额外赠送黄金百两，银三千两。凡会同馆中帏幔洇褥器皿，一切贵重生活用品，亦全部作为礼物赠送。麻那惹加那乃不仅是明朝历史上，而且是中国历史上第一位来中国访问的海外国家国王，因

---

① 《明史》卷56·礼志10·蕃王朝贡礼·17。
② 《明成祖实录》卷59。
③ 《明太祖实录》卷154。
④ 《明太祖实录》卷61。

此明成祖对其来访极为重视，而其"厚往"之物尚不过如此，对当时富强的明帝国而言，算不了什么。这种赏赐的规格是有规定的。麻那惹加那乃来中国十天以后，永乐六年九月丙午（初一），礼部言浡泥国王见亲王礼仪未有定制。朱棣指示说："浡泥国王蕃臣也，准公侯大臣见亲王礼。"①同样，明朝廷对浡泥国王的赏赐也是按照"准公侯大臣"的规格。对以后来中国访问的海外国家国王，也是按照这个原则来进行赏赐。至于回赠给那些只派使节来访的海外国家国王的礼品，则要少得多。

在明朝与世界各国的联系中，经济方面的联系，即相互间的贸易占有很重要的地位。在海外贸易中，明朝是如何联系各国的呢？是否也是"厚往薄来"呢？在一些有关郑和的论述中，提及郑和下西洋在经济方面的"不是之处"，没有具体数字作为论据，如在中外经济交往中的每笔交易，各自投入的钱物，交易之物的品种、数量及其经济价值，双方盈亏的数字等，都没有举证。在这种情况下，个别学者抓住"厚往薄来"四个字，笼统地说由于郑和下西洋所进行的"朝贡贸易"厚往薄来，中国为此付出了沉重的经济代价，造成财政紧张，物力不继，有碍强盛国力的保持，因而不可能永远实行下去。这种论调，既没有弄清楚什么是朝贡贸易，"厚往薄来"指的是什么，又不清楚郑和使团海外具体是怎么进行贸易的。在目前所能看到的第一手史料中，以郑和使团在古里开展的贸易活动记述比较具体，使我们可以对郑和使团在海外开展贸易的情况有一个比较客观的了解。

自古以至中世纪，位于印度西海岸的古里一直是东西方国际贸易交汇的商贸大国，在开展国际贸易方面有着悠久的历史传统，建立了一套相对完善的国际贸易制度，该国的官员也有着比较丰富的国际贸易经验。古里国王有大头目二人，掌管国事，负责国内外贸易事务。郑和访问古里时，为了在印度半岛给船队建立以古里为中心的航海贸易基地，对这两个大头目特别"升赏"带有封爵性质的"品级冠带"，与之缔结了密切的合作关系。这样做的一个重要目的，是要这两个大头目受明朝升赏之后，代理船队在古里的一切贸易事务。这是非常明智的选择。在古里开展贸易，要与来自东西方各个国家和地区的商人做生意，在买卖过程中要应付各种复杂的局面，如果对各地的物资资源、生产经济、商业贸易、风俗习惯和语言

---

① 《明成祖实录》卷23。

文字不熟悉，对各种货物的质量和价格了解得不够，对对方的经济实力和背景不清楚，谈判技巧不成熟不到位等，就很难在交易中赢利。而这些正是这两个大头目的强项。如果郑和船队自己来经营国际贸易，肯定不如交给他们操作更能赢利。况且，郑和船队在古里这个国际大商场做的是大生意，而不是几笔小买卖，若想较多地赢利，在时间和精力上没有相当多的投入是不行的。而郑和船队肩负外交使命，在开展贸易方面具有一定局限性。贸易少不了讨价还价，买卖双方寸利必争。

据史实证明，郑和船队在海外开展贸易和经济交流采取公平竞争，互惠互利，讲究诚信的原则；有计划地通过反复多次的谈判达成交易，寸利必争，而绝非不注重经济效益，随便和顺便做点生意，更不是以"厚往薄来"作为对外贸易的原则。据马欢《瀛涯胜览》的古里传中记载，在古里国每做一笔生意，要会同该国的商人富户，和书算会计人员等在一起看货议价，"非一日能定，快则一月，缓二三月"。在巩珍的《西洋番国志》、黄省曾的《西洋朝贡典录》、慎懋赏的《海国广记》的古里传中都有相同的记载。[①] 如果是以"厚往薄来"作为对外贸易的原则，就用不着花一个月到三个月时间来看货定价了。郑和船队在海外经商，既注重双方的经济效益，又不失公平诚信的原则，堪称国际贸易中文明经商的典范。至于在国内会同馆进行的"朝贡贸易"，既然是以"两平交易"为原则，也就是注重双方的经济效益，没有"厚往薄来"这一说。因为这种朝贡贸易限定在三天至五天内进行，为防止个别奸商"故意拖延，骗勒夷人"，明朝政府还在《朝贡通例》中规定了相应的惩罚办法，措施相当严厉，这说明当时进行的"朝贡贸易"也是奉行公平诚信的原则的。

明成祖朱棣即位之初，在论及外事时，对明太祖朱元璋所奉行的怀柔政策给予了充分肯定。他对礼部大臣说："太祖高皇帝时，诸番国遣使来朝，一皆遇之以诚，其以土物来市易者，悉听其便。或有不知避忌而误干宪条，皆宽宥之，以怀远人。"[②] 朱棣以一个伟大政治家的见识与气度，进一步贯彻了朱元璋制定的对外方针，自始至终对海外诸国实行怀柔政策。永乐元年（1403）十月，朱棣又一次对礼部大臣说："帝王居中，抚驭万

[①] 郑鹤声、郑一钧：《郑和下西洋资料汇编》（增编本）上册，海洋出版社2005年版，第435—437页。

[②] 《明成祖实录》卷12（上）。

国，当如天地之大，无不覆载。远人来归者，悉抚绥之，俾各遂所欲。"①明成祖朱棣在发展中国与海外诸国的关系上"远慕唐宋宾服四夷之盛"②，颇有抱负，与明太祖朱元璋在对外关系上处于守势有所区别。派遣郑和下西洋，就是明成祖向海外诸国发起的外交攻势，而郑和下西洋所产生的外交实践上的需要，又促使朱棣对海外国家的怀柔政策较朱元璋更富有气魄。正如郑和所说的那样："皇明混一海宇，超三代而轶汉唐，际天极地，罔不臣妾，其西域之西，迤北之国，固远矣，而程途可计。若海外诸番，实为遐壤，皆捧琛执贽，重译来朝。皇上嘉其忠诚，命和等……赍币往赍之，所以宣德化而柔远人也"③。永乐大帝朱棣为了要在临御之年建树四海安宁，万邦来朝，与中国"共享太平之福"，"超三代而轶汉唐"的政绩，对外实行开放政策，以积极进取的姿态去发展与世界各国的友好关系。郑和及其使团的广大成员们正是以这种政治上"务远略"的魄力，在下西洋的数十年中，激流勇进，所向无阻，"南极溟海，东西抵日出没之处，凡舟车可至者，无所不届。"④ 为实现明初的对外总方针进行了卓有成效的努力。

制止国与国之间一切非正义的战争，消融各国之间的争端，维护国际间的和平，促使各国之间建立友好关系，保持各国的平衡关系，这都有助于加强明朝与各国的联系。如永乐十八年（1420）明成祖朱棣闻知暹罗国对满剌加国"无故欲加之兵"，即遣使谕暹罗国王三赖波磨赖札的赖"辑睦邻国，无相侵越"⑤。当时，海外凡有遭受别国侵扰的国家，都遣使来中国告状，要求明朝为他们"做主"。对"所言侵扰之事"，明朝廷必分别"遣使往观其事"，分清是非，谕以"封疆有定分，不可强而为一"的道理，并发出警告，如继续"互执兵端"，"其祸有不能逃者"。在明朝强有力的干预下，往往"诏至，两国皆听命罢兵"⑥。对个别不顾明朝廷再三警告，顽固坚持侵略立场的国家，明朝廷不得已乃用兵，其目的也在于镇压暴乱，辑睦人民。明宣宗朱瞻基在《赐王景弘诗》中说："岛夷仰望纷喁

---

① 《明成祖实录》卷23。
② 何乔远：《名山藏》。
③ 郑和等：《天妃灵应之纪》，郑鹤声、郑一钧：《郑和下西洋资料汇编》上册，齐鲁书社1980年版，第42页。《郑和下西洋资料汇编》（增编本）上册，海洋出版社2005年版，第18页。
④ 《明史》卷332·坤城传。
⑤ 《明成祖实录》卷114。
⑥ 《明太祖实录》卷47。

喁，命尔奉使继前功。尔往抚谕敷朕衷，各使务善安田农，相与辑睦戒击攻。"① 这里所表明的明朝廷对奉使海外所持的态度，与古人所谓"化干戈为玉帛"的良好愿望正是一致的。这方面有一些具体事例，如永乐初期用兵安南，以及郑和出使过程中曾打败外来的侵犯，都是在被迫还击以后，又设法恢复被肇事者破坏掉的双边友好关系。总之，海外诸国只要不是对中国怀有敌意，"干怒中国"，"欲与中国抗衡"②，明朝廷总是对其实行怀柔政策，"悉抚绥之"③。这是明初与各国关系的主导，所以当时人们谈起明朝在外交上的成就，也都主要归功于怀柔政策的效用。永乐五年（1407），朱棣询问礼部诸臣："四夷之情何如？"礼部诸臣回答说："蛮夷之情，由来叛服不常，数年陛下怀柔之恩，待之以礼，今皆悦服，无反侧之意。"④

二 明朝的涉外机构设置与对外联系方式皆超越了历代王朝

明朝建立以后，尤其是明成祖执政以来，逐渐重视并加强与世界各国的交往，为适应此需要，涉外机构也逐渐扩大和完善。除在京城建立了专门用以接待各国来宾的会同馆，还在福建、浙江、广东等东南沿海各省设立了专门接待外宾的馆驿，这些机构一次能接待数以千计的外国来宾，最多时在同一时间段内接待外宾达上万人之多。这些机构能井然有序地安排来宾们的衣食住行，还常赐予酒肉、各色主副食品、衣物等，不时举办宴会款待，使来宾"宾至如归"。当时还建立了四夷馆，作为培养外事翻译人才的机构，可以培养十几个语种的翻译人才。市舶司是专门负责对外贸易事务的机构，行人司在执行明朝廷派遣出使各国使节中发挥着重要功能。尽管外事机构中存在若干不完善的地方，朝廷主管部门与各外事机构的责任分工也有不协调之处，但其规模和完备程度是其他朝代无法企及的，为明朝外交事业的繁荣作出了巨大贡献。

明朝在与世界各国的联系中采取的渠道和方式之多，为历代所不及。在诸多交往方式中，以中外官方的使团互访和政治、经济、文化上的交流为主，穿插进行着民间的包括经商、求学、传经颂道等各种交往。在郑和

---

① 朱瞻基：《赐王景弘诗》，《宣庙御制总集》。
② 《明太祖实录》卷134。
③ 《明成祖实录》卷23。
④ 《明成祖实录》卷50。

下西洋这样的官方使团互访之外,明朝还有一些官员、商人、僧侣、工匠、文人等各界人士去各国游历或进行考察访问,更有一些因失去土地无以为生的农民去海外谋生。他们通过不同的方式把先进的中国文化和生产技术传播到世界各国,对各地区特别是对中国周边一些国家和地区生产力的发展和科技文化水平的提高作出了重要贡献。同样,当时一些外国各界人士,包括明后期的西方传教士到中国来访问、求学、经商或传教,也把西方的一些先进科技知识传入了中国,对中国社会的进步和中外文化交流也作出了一定的贡献。

睦邻友好是明朝的国际交往主旋律。毋庸讳言,明朝与其他国家间也曾发生过一些战争或争端,但卷入这些战争都是被迫的。如明初对蒙古、安南的反击战,明代御倭战争,万历年间的援朝战争,明末在东南沿海地区抗击西方殖民主义者入侵的战争等,均属正义战争。这些战争的胜利,保障了国家的安全和人民的安居乐业,显示了明朝维护世界和平的一贯立场。

三 明朝与世界各国的联系为中国封建社会历史上的巅峰

明成祖朱棣在对海外诸国实行怀柔政策方面比明太祖朱元璋更胜一筹,郑和下西洋时期明朝在对外关系上所建立的业绩是洪武时期远远不及的。明清两代学者记载了在明代因受郑和下西洋的影响而与明朝建立联系的国家,每个学者记载的国家数量多寡不一,其中明马欢《瀛涯胜览》记20国;明费信《星槎胜览》前集记22国,后集记20国;明巩珍《西洋番国志》记20国,《郑和家谱》记20国;明黄省曾《西洋朝贡典录》(卷一至卷三)记21国;明严从简《殊域周咨录》(卷四至卷十二)记17国;明杨一葵《裔乘》记69国(朝鲜、日本等国除外);明罗曰炯《咸宾录》(卷二至卷六)记53国(朝鲜、日本等国除外);明茅瑞征《皇明象胥录》(卷一至卷七)记33国;明申时行等《明会典》(礼部卷105至卷107)记35国;明丘浚等《寰宇通志》记40国(朝鲜、日本等国除外);明茅元仪《武备志》(四夷传,卷235至卷236)记30国;明查继佐《罪惟录》(卷36)记45国;清傅维鳞《明书》(四国传,卷166至卷167)记29国;清张廷玉等《明史》(外国传,卷323至卷333)记42国。

在诸书中,以明慎懋赏《海国广记》所记载国家最多,兹按在该书中出现先后为序，列之如下：琉球国、天方国、榜葛剌国、默德那国、加异勒国、急兰丹国、奇剌尼国、夏剌比国、窟察尼国、乌涉剌踢国、鲁密国、彭加那国、舍剌齐国、八可意国、黑葛达国（宣德七年［1432］至）、坎巴夷替国、剌撒、不剌瓦、喃渤利、千里达、沙里湾泥（以上［笔者按：指加异勒国以下至沙里湾泥诸国］俱永乐中遣使朝贡，并见《大明会典》）、安南、占城、暹罗、彭坑、三屿国、爪哇国、重迦罗、吉里地闷、满剌加国、九洲山、三佛齐国、龙牙门国、东西竺、真腊国、昆仑山、崑山屯山、交栏山、假马里丁、麻逸冻国、龙牙加貌国、浡泥国、苏门答剌国、那孤儿国、黎伐国、大食国、麻剌国（东南海）、碟里国、琐里国、百花国、苏禄国（东南海）、阿鲁国（即哑鲁国）、淡洋、大葛兰国、小葛兰国、木骨都束国、竹步国、卜剌哇国、忽鲁谟斯国、阿丹国、合猫里国、打回国、古里班卒国、吕宋国、日罗夏治国、南浡里国、祖法儿国、溜山国、淡巴国、甘把里国、白葛达国、阿哇国、锡兰国、裸形国、柯枝国、古里国、娑罗国、答儿密、野义国、讨来思国、亦思把罕国、阿速国、沙哈鲁国、兰皮国、沙华公国、女人国、茶弼沙国、览邦国。

以下诸国皆永乐、宣德间中官使西洋，有随去周老人者所说：须文达剌国、特播里国、曼陀郎国、苏吉丹国、麻呵斯离国、伽里那国、麻那里国、马哈国、放拜国、板葛腊国。

以上所说"永乐、宣德间中官使西洋"之"中官"是"太监"的一种别称。这里所说的"中官"在永乐、宣德间都曾出使西洋各国，是下西洋的领军人物，无疑指的就是郑和。以上《海国广记》记载的与郑和下西洋有关的国家计98个。其中个别国家重复，如不剌瓦与卜剌哇国，苏门答剌国与须文达剌国，实为一国，不相重复的至少有90国以上，可见在郑和下西洋的影响之下，明朝廷与世界各国联系之广。在与中国有联系的90多个国家中，40余个联系更为紧密，其中有不少国家是受郑和下西洋的影响，第一次来中国访问，与中国建立了联系。据《明史·郑和传》记载：

和经事三朝，先后七奉使，所历占城（在今越南的中南部）、爪哇（今印度尼西亚爪哇岛）、真腊（今柬埔寨）、旧港（在今印度尼西亚苏门答腊岛东南部，即今之巨港［Palembang］）、暹罗（今泰国)、古里(今印度喀拉拉邦北岸卡利卡特 [Calicut],又译科泽科德)、满剌加(今马来西亚马六甲)、渤泥(今文莱)、苏门答剌(为今印度尼西亚苏门答腊岛西北部一小国,故地在今苏门答腊岛北端东海岸的萨马朗加河 [Kreueng Samalang] 口内的萨马朗加)、阿鲁(在今印度尼西亚苏门答腊岛日里 [Deli] 河口,即今勿拉湾 [Belawan] 一带)、柯枝(今印度西南海岸柯钦 [Cochin])、大葛兰(或谓即今印度南部的奎隆 [Quilon],或谓即今奎隆南的阿廷加尔 [Atingal])、小葛兰(即今印度南部的奎隆 [Quilon])、西洋琐里(印度古国,在今印度科罗曼德尔 [Coromandel] 海岸,其首府或谓在讷加帕塔姆 [Nagapattam])、琐里(即西洋琐里)、加异勒(今印度南部东海岸的卡异尔 [Cail] 镇)、阿拨把丹(在今印度之亚麦达巴特 [Ahmedabad])、南巫里(即《爪哇史颂》所记印度尼西亚苏门答腊岛古国名 Lamuri 的译音,《马来纪年》作 Lambri。故地在苏门答腊岛北部班达亚齐 [Banda-Aceh] 一带)、甘把里(即今印度南部泰米尔纳德邦西部的科因巴托尔 [Coimbatore])、锡兰山(今斯里兰卡 [Sri Lanka])、喃渤利(即南巫里)、彭亨(在今马来西亚的彭亨 [Pahang] 州一带,其古代港口一说为今彭亨河口的北干 [Pekan],一说指关丹 [Kuantan])、急兰丹(在今马来西亚的吉兰丹 [Kelantan] 州一带,其港口为吉兰丹河下游的哥打巴鲁 [Kota Bahru])、忽鲁谟斯(即今伊朗霍木兹海峡中的克歇姆 [Qushm] 岛东部的霍木兹 [Hormoz] 岛,原旧港为鹤秣城,郑和下西洋时期的忽鲁谟斯为建于岛上的新港)、比剌(今非洲莫桑比克岛)、溜山(今印度洋中的马尔代夫 [Maldive] 群岛和拉克代夫 [Laccadive] 群岛)、孙剌(位于非洲东岸索发拉以南)、木骨都束(今索马里首都摩加迪沙 [Mogadishu])、麻林(一说为今肯尼亚东岸的马林迪 [Malindi],一说为今坦桑尼亚基尔瓦基西瓦尼,为古代马赫迪尔之首都)、剌撒(在今阿拉伯半岛南岸木卡拉 [Mukalla] 附近 La'sa 村)、祖法儿(今阿拉伯半岛阿曼西部沿岸的多法尔 [Dhufar])、沙里湾泥(或谓在今南也门东北沿海之沙尔伟恩角 [Ras Sharwayn])、竹步(即今索马里南部朱巴河口的准博 [Giumbo])、榜葛剌(今孟加拉 [Bengal] 国及印度西孟加拉邦地区)、天方(今沙特阿拉伯的麦加 [Makkah])、黎代(故地在今印度尼西亚苏门答腊岛北岸的洛克肖马韦 [Lhokseumawe] 和班达亚齐 [Banda

Aceh] 之间，一说为梅雷杜［Meureudu］，一说在实格里［Sigli］附近）、那孤儿（即印度尼西亚苏门答腊岛上古国名 Nagur 的译音，与苏门答刺国相邻。其故地一说在陂堤里［Pedir］，即今实格里［Sigli］附近；一说应在其东面的洛克肖马韦［Lhokseumawe］一带），凡三十余国。

以上所列有 37 国，有两国重名，实际上有 35 国。郑和使团在此以外还访问了其他一些国家和地区，如灵山（在今越南中部海岸，故地即华列拉角［Cap Varella］）、昆仑山（今越南南岸外的昆仑岛［Poulo Condore 或 Dao Gon Lon］）、宾童龙（其地约当今越南顺海省北部和富庆省南部一带，有时也用来专指今潘朗［Phan Rang］或其南面的巴达兰［Padaran］角）、真腊（今柬埔寨）、交栏山（今印度尼西亚加里曼丹岛西南海岸外的格兰［Gelam］岛）、九州山（马来半岛西岸霹雳［Perak］河口外的 Sembilan 群岛）、翠蓝屿（今印度洋东北部尼科巴群岛中之大尼科巴［Great Nicobar］岛）、苏禄（今菲律宾的苏禄［Sulu］群岛）、阿丹（今南也门的首府亚丁［Aden］）等。以上所列 43 个国家和地区，是郑和下西洋经常访问的国家和地区，这些国家和地区按地域所属，又可分属如下：（1）位于东南亚地区的有：占城、灵山、昆仑山、宾童龙、真腊、暹罗、爪哇、交栏山、旧港、阿鲁、苏门答刺、那孤儿、黎代、南巫里、喃渤利、满刺加、九州山、彭亨、急兰丹、渤泥、苏禄。（2）位于南亚地区的有：翠蓝屿、锡兰山、大葛兰、小葛兰、柯枝、古里、西洋琐里、琐里、加异勒、甘把里、榜葛刺、溜山。（3）位于西亚地区的有：忽鲁谟斯、刺撒、祖法儿、沙里湾泥、阿丹、天方。（4）位于非洲地区的有：木骨都束、麻林、竹步、比刺、孙刺。

郑和下西洋重点访问而与中国联系较多的国家有占城、爪哇、旧港、暹罗、满刺加、阿鲁、苏门答刺、那孤儿、黎代、南浡里、锡兰山、小葛兰、溜山、祖法儿、阿丹、榜葛刺、忽鲁谟斯、天方。以上 20 国在郑和使团重要成员马欢所著《瀛涯胜览》和巩珍所著《西洋番国志》两书都有记载。

在永乐年间，浡泥、满刺加、苏禄、古麻刺朗四个国家 10 位国王先后率团来中国访问。其中永乐九年（1411）满刺加国王拜里米苏刺率领 540 余人的庞大使团来访；永乐十五年（1417）苏禄国东王、西王和故峒王之妻率领340余人的大型使团来访；永乐二十一年（1423）亚非16个国家同时派遣多达1200余人的使节来访；此种盛况为历代所未有。不但在明朝，在中国与世界各国交往史上都是一个奇迹，在中华民族的历史上谱写出了光辉的篇章，将永远彪炳于史册。

在郑和历次下西洋的同时，明成祖朱棣还派遣数十批外交使团（节）遍访朝鲜、日本、缅甸、老挝、哈烈（今阿富汗）、蒙古、撒马尔罕（今独联体中亚诸国）、白葛达（今伊拉克）、米昔尔（今埃及）、拂菻（今土耳其）、瓦剌、鞑靼、西域诸国，甚至欧洲的葡萄牙、西班牙、荷兰、英国、意大利等国在明代不同时期也与中国发生过不同形式的联系。史称："自成祖以武定天下，欲威制万方，遣使四出招徕。由是西域大小诸国，莫不稽颡称臣，献琛恐后。又北穷沙漠，南极溟海，东西抵日出没之处，凡舟车可至者，无所不届。"当然，明朝廷在与世界联系中取得这样伟大的成就，除了明朝锐意同世界各国通好之外，以郑和为首的一批外交家为此而进行的努力也非常重要。史称："帝（指明成组）广通四夷，奉使者多中官，西洋则郑和、王景弘，西域则李达，迤北则海童，而西番多以属显（指侯显）。"① 这批杰出的外交家在古代交通不便，世界地理知识很有限，各国之间不时有武装冲突的情况下，不畏艰难辛劳，最大限度地与世界各国广泛联系，取得了亘古未有的成就，是中国走向世界的伟大先行者。

第二节 郑和七下西洋的时代性

一 明初综合国力的增强为郑和下西洋奠定了物质基础

综观中国历代封建王朝的兴衰，盛世多出现于新王朝建立初期。明朝在建立之初，也曾一度辉煌。1368年正月，农民起义军领袖朱元璋在南京登上皇帝宝座，宣告明帝国的建立。然而，朱元璋从蒙古贵族手中夺来的江山一片疮痍。元朝末年，由于封建统治极其腐朽，加以连年灾荒，社会经济已陷入全面崩溃的境地。广大农村田园荒芜，城乡百业凋敝，流民如潮，少则数十万，多则百万，大江南北，哀鸿遍野，饿殍满路。朱元璋即位之时，经历了近20年的战乱，广大农村更是一片荒芜，人烟断绝。以朱元璋为首的明朝统治者，为巩固新政权，采取了一系列恢复和发展农业

---

① 《明史》卷332·坤城传。

生产，扶植工商业的措施，以促进社会经济的恢复。

元末农民战争后，土地兼并趋势得到缓和，明朝廷又下令把农奴和奴婢解放为自由民，限制官私奴婢的数目，招抚流民，让他们返乡务农，自耕农的数量大大增加，为恢复农业生产创造了有利条件。同时，明朝廷又下令减省徭役，使广大农民安心于男耕女织，努力从事农业生产。对那些"不事生产而游惰"和私自藏匿外地的"莠民""皆迁之远方"，以示惩戒。自此，从事农业生产的人口迅速增多，导致已耕田地不敷使用。面对这种情势，朱元璋又实行了积极的垦荒政策，大力开垦荒地，移民屯田，规定凡是荒芜田地，一律不承认旧有的地权，凡垦荒成熟者即归其所有，垦荒多者得地也多，少者得地则少。在垦荒过程中，进一步限制土地兼并。同时规定，新垦荒地免征税粮。在上述一系列鼓励垦荒政策的推动下，洪武元年（1368）全国垦荒之数为180多万顷，到洪武二十六年（1393）又翻了几番，激增至850余万顷，辽阔的农村出现了"骎骎无弃土"的兴旺景象。

水利是农业的命脉。朱元璋十分重视农田水利建设，屡下明诏，规定各地方官凡遇百姓提出兴建水利，都必须即时报告。洪武二十七年（1394），分遣国子监生及水利技术人才巡行天下，督修水利。洪武二十八年（1395），据地方报告，各处共新开塘堰40987处，新挖河渠40162处，河道4162条，陂渠堤岸5048处。明初水利建设大中小各项工程应有尽有，遍布全国各地，不仅是农村经济较发达的地区，包括广西、宁夏等少数民族聚居的落后边远地区也都在大力兴修水利。明初大力发展水利建设对农业经济的发展起到了重要的作用。

在开垦荒地、兴修水利、增加粮食生产的同时，明初还大力提倡改良土壤和革新农具，积极培植和发展农村副业，推广经济作物的种植。早在洪武建国前两年，即在所辖之地下令，凡农民有田五亩至十亩者，必须种植桑、麻、木棉各半亩，十亩以上的按比例加倍，不种桑者罚绢一匹，不种棉麻者罚棉麻布匹。洪武元年（1368）更在全国实行这一政策。洪武二十四年（1391），令天下卫所屯军士兵，随地所宜，每人种植桑树、枣树100株，并兼种柿、栗、胡桃之类。洪武二十五年（1392），令凤阳、滁州、泸州、和州等地农民，每户种桑200株、枣200株、柿200株。洪武二十七年（1394），下令民间如有空闲之地，鼓励种植桑、麻、木棉，并一律免征赋税。在这些政策的作用下，在盛产桑棉的地区，丝织和棉纺成为农民的主要副业，每年生产大量的丝织品和棉织品以供国内外所需。洪武时期，曾连年向各地驻军赏赐大量棉布、棉花、战袄等，各地赏赐之数，都以数十万计，可见当时棉花生产和棉织业的兴盛。

手工业在明初的经济发展中也占有重要地位。朱元璋曾明令各行"工技专于艺业"，规定诸工匠在应役之外，允许个人自由从事商品生产，鼓励了手工业者的生产热情，他们得以充分发挥各自的才智，努力提高产品的工艺水平，不断推出新产品，提高产品质量，产品的销路也逐渐扩大，吸引了越来越多的人加入手工业者的队伍，形成良性循环。据洪武年间的统计，全国共有匠户232089名，为明初手工业按部门进行一定规模的生产经营储备了雄厚的技术力量。在明朝廷的努力经营下，具有资本主义萌芽要素的矿冶、纺织、陶瓷、造船、造纸和印刷等工业部门都有较大的发展。官方在全国各铁、铜产地设立冶炼所，进行大规模的生产；同时鼓励民间开采冶炼，每30分仅抽税两分，民间开办的冶铁炼铜等小矿业如雨后春笋般在全国各地兴起。在原料充裕的情况下，全国一些大城市，特别是在经济较发达的东南各城镇，建起很多丝织厂，广招工人，使用提花机等进行生产。明初规定，苏、松、杭、嘉、湖五府织造，都有常额。为适应生产上的需要，这些地方传统的"男耕女织"式的家庭纺织业逐步向具有一定规模的纺织工场发展。当时，杭州经济实力较强的工场主一般都有四五台杼机，雇工十数人。陶瓷业发展尤为迅速，形成了大规模的手工工场，出现了景德镇这样举世闻名的瓷器生产中心；景德镇拥有官窑、民窑3000余所，年产品种繁多的精美瓷器数以百万计。造船业继续处于世界领先水平，在江苏、浙江、福建、江西、湖广，乃至东北的吉林、黑龙江等地都设有造船厂，各造船厂中以位于南京龙湾的龙江船场规模最大，能制造载重千吨以上，性能良好的远洋巨舶。

明初对商业相当重视，实行了一系列保护性的措施。针对元代的弊政，洪武十三年（1380），裁撤了全国税课司局354所，改由各府州县直接征税，税率很低，规定"凡商税三十取一"。农具以及军民嫁娶丧葬之物、舟车丝布之类全部免税。在农业和手工业迅速发展的情况下，有丰富的商品供应市场，更促进了商业经济的繁荣。明初，不仅一些大城市商贸相当发达，就是一些中、小城镇也都呈现一派商贾云集买卖兴旺的景象。

洪武时期农、工、商业的迅速发展，促进了明初社会经济的繁荣，一个昌盛的明帝国开始在东方崛起。虽然，朱元璋偨行分封，导致建文帝执政时中央与各地诸王的矛盾激化,爆发了"靖难之役";但经过此役,朱棣夺取政权,他将朱元璋开创的明朝基业进一步巩固和发展。

明成祖朱棣同明太祖朱元璋一样,都把"振兴经济,令家给人足"视为治国根本。朱棣曾颇有感慨地说,若"使四海皆给足",自己进餐时,即或没有丰盛的美食,没有乐队助兴,也会感到快乐的。如果说朱元璋是在元末农民战争所造成的累累创伤的基础上,力求国家臻于富强,那么朱棣则是在同样面临浩劫——"靖难之役"之后,去恢复和发展社会经济。

长达三四年的"靖难之役"给洪武时期以来初步繁荣的社会经济造成了严重破坏,给人民带来了沉重负担,尤其战区所遭受的破坏更是惨重。朱棣上台后,继续执行洪武时期一系列的"安养生息"政策,具体政策中比朱元璋更注意"宽猛适中"。针对一些皇亲国戚、文武臣子和地方官吏不顾朝廷三令五申,任意加重百姓负担的行为,朱棣以身作则,努力纠正。朱棣在颁布施政方针时,再三强调文武群臣不要辜负于明太祖朱元璋"创业之艰",要继续执行明太祖"安养生息"的治国方针。朱棣曾郑重声明:"朕当守成之日,正安养生息之时。"一些史实证明了他是言行一致的。朱棣刚来南京亲政时,居处之后宫被建文帝于败亡时焚毁,东宫也全拆掉,他却没有大兴土木,建造新宫。当楚王祯要求资助兴造私邸时,朱棣没有应允,而是要他对王府中宫室损坏之处让护卫之人随时修葺,等到丰年之时,再量力调拨军民为之。朱棣告诫楚王祯说:"天下初定,众心未安,劳困未苏,兼旱蝗相仍,民苦寒馁。安养休息,方在此时。"嗣后,当他闻知代王桂劳民伤财,擅自大兴土木,立即制止,同时以此为例,下令"自今王府非得朝命,不许擅役一军一民,及敛一钱一物,不听从者有罚。"此外,朱棣一再严令各地方官"毋横敛一钱,毋妄兴一役。"他经常派遣御史视察民间疾苦,考核各郡县长吏贤否,惩办那些肆意加重百姓负担的官吏。同时,对受战争影响较大的地区,蠲免赋税。像北平顺天、永平、保定三府,因战争期间供给军需特别劳民,得免田租二年。至于赈济灾荒,鼓励农民垦田,令官给耕牛、农具、种子并免赋税等措施,洪武时行之有效,朱棣依然一一遵行。

明太祖朱元璋曾实行屯田制,有力地促进了农业生产,到永乐时期,民屯、军屯都有了新的发展,收效更为显著。除移民屯田和招募屯田两种形式外,永乐初还多次迁徙罪囚屯田。朱棣更重视发展军屯,战事一结束,即命五军都府移文各都司,令卫所屯田如旧制,年终以其交粮的多少，分别给予奖惩。永乐初年，又进一步完善了赏罚制度，还在各屯田处所设置红牌，把赏罚条例逐一写在上面，敦促屯田军士恪守。具体的赏罚制因地制宜，随耕地的土质肥瘠不同而定出不同标准的岁收之数，肥田多收，薄田少收，合理的制度更有利于发挥屯田军士的生产积极性。为增加军屯的员数，将那些调离原卫所从事其他工作，以及犯法被罚到边疆充军的军士都复回原卫所屯田。为加强对军屯的管理，朱棣多次派遣官吏分赴各地妥善安置屯田军民，整理屯种事务，改善经营方式，更定军士屯守的数目等。经过一系列的努力，永乐时期的军屯在发展中逐渐形成了一套完整的制度，极大地推动了军屯事业的发展。永乐时期，军屯所获不仅省了巨额军费开支，减轻了人民负担，而且军屯税粮还成为明朝财政收入的一个重要来源。

水利建设事业在永乐时期也有很大的发展，兴修了不少重大的水利工程。修治疏导吴淞江就是其中之一。永乐元年（1403），浙西一带发生了严重的水灾，刚登帝位的朱棣，深以吴淞江水患为忧，即命户部尚书夏原吉前往治理。夏原吉日夜筹划，疏浚吴淞江下游，上接太湖，度地为闸，以时蓄泄，使苏淞一带农田得以旱涝保收，当地百姓受益匪浅。此外，一些地方官吏也主持兴修了不少水利工程。当时，山东东阿县西南有一大片积水，使当地饱受涝害，知县贝秉彝根据地势高低，凿渠将积水引入大清河，使水洼干涸，得沃壤数百顷。永乐时期的农业生产有很大发展，这与举国上下重视兴办水利有着密切的关系。

永乐时期的工商业也发展得很快。洪武时期获得一定发展的矿冶、纺织、陶瓷、造船、造纸等各项生产事业，在永乐时期由于郑和下西洋发展对外交往而产生了大量的客观需求，扩大了经营规模，并新建了许多新的工场。商业的发展也继续得到明成祖朱棣的大力扶持，照旧实行洪武以来的"三十税一"的轻税政策。而在"靖难之役"结束后，一些遭受战乱祸害，百姓流徙，商贩罕至的地方，朱棣下令免征两年商税，以利商业复苏。迁都北京后，于皇城四门钟鼓楼等处各盖铺房，称为"廊房"，招商引资，鼓励各地商贩来京城营业。为便于南粮北运，重新开通济宁至临清的会通河，又引汶水、泗水入运河，从此南北通航，行商往来大为便利。这有力地促进了运河沿岸的淮安、济宁、东昌、临清、德州、直沽等地商业的发展，一时之间，商贩聚集，四方百货交易量成倍增长。工商业的振兴，促成了中、小城镇向大城市的转化，永乐年间开始形成33个作为全国商业集散中心的大城市,全国各地商业贸易日趋繁荣(见图1—1)。

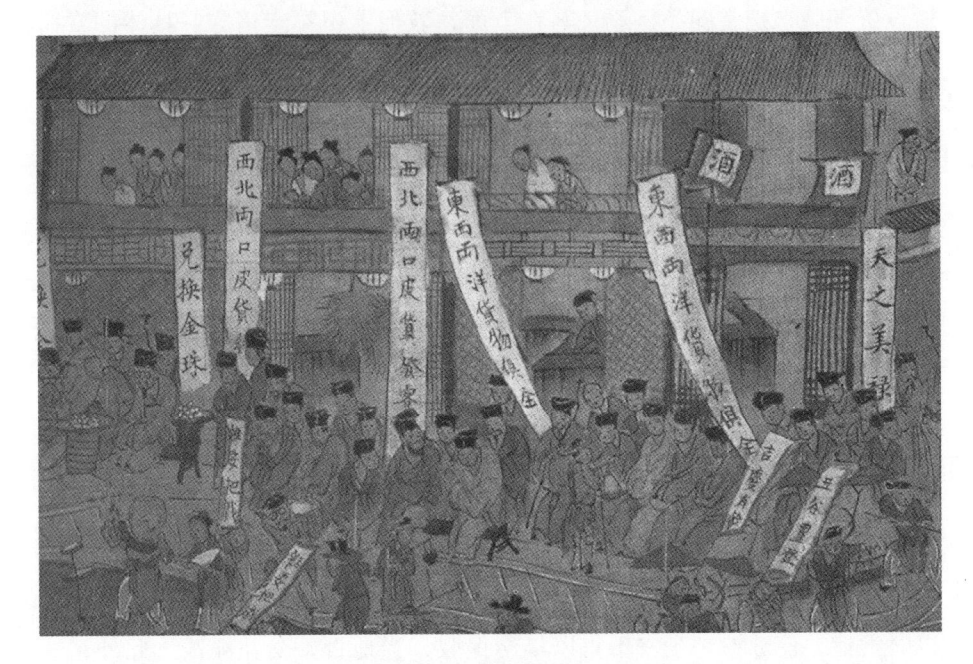

图1—1 《南都繁会图卷》(局部)

在明初农业复苏和获得较大发展的基础上,永乐时期的工商业也发展得很快,工商业的振兴,促成了中、小城镇向大城市的转化,作为全国商业集散中心的三十三个大城市,在永乐年间开始形成,全国各地商业贸易日趋繁荣。这幅《南都繁会图卷》的一个局部,充分展现了当时南方都会繁荣的商品交易场面。但更令人瞩目的是两条红黑大字标语——"东西两洋货物俱全",这与郑和下西洋促进了中国与东西洋各国的贸易往来无疑是分不开的。

由于明成祖朱棣进一步深化执行明太祖的治国方针,大力促进农、工、商业的发展,迅速医治好了战争创伤,使洪武时期社会经济初步繁荣的局面至永乐年间趋向鼎盛。"是时宇内富庶,赋入盈羡,米粟自输京师数百万石外,府县仓廪储积甚丰,至红腐不可食。"[①] 全国人口、税粮征收、丝棉布帛等项的征收都创下了明朝近300年统治中的最高纪录。在中国的封建社会里,汉朝有过"文景之治",是为封建社会初期的盛世;唐朝曾出现"贞观之治",素称封建社会中期的盛世;明成祖朱棣在位的22年间,社会经济高度繁荣,内政外交成绩卓荦,成为明代的极盛时期,封建社会后期的盛世。

---

① 《明史》卷78·食货志·赋役。

明成祖朱棣在大力发展社会经济的同时，政治上继续实行中央集权，消除诸王的割据势力，使封建皇权进一步加强，并从各方面加强对边疆地区的统治。朱棣在位时，自始至终为国家的统一和边疆的巩固进行不懈努力。在南方，派遣沐晟、张辅等率军反击安南的入侵，讨平安南，设置交趾布政使司；命顾成等率部平息了贵州地区的叛乱，设置贵州布政使司。在西方，封诸西僧为法王、国师、西天佛子等，以羁縻西藏，并分遣使者去宣慰抚谕西域诸国。沿海一带，命总兵刘江大破倭寇，缘海设防。辽东方面，创置建州海西诸卫，以控制女真诸部，并建立奴儿干都司，陆续增设卫所，进一步加强了东北边防。在北方，从永乐八年至永乐二十二年（1410—1424），明成祖朱棣亲自率军出征，大举讨伐蒙古遗族鞑靼瓦剌，迫使鞑靼瓦剌向西北退却，北边由是奠安。朱棣在维护祖国统一，开拓、经营和巩固边疆方面的功绩远在其父朱元璋之上。在文教方面，朱棣办学校，兴教育，阐扬传统文化，对中华文化的发展作出了重大的历史贡献，其主要标志就是卷帙浩繁的《永乐大典》的纂修。种种功绩充分说明了明成祖朱棣是中国历史上比较英明的、具有雄才大略的君主，是明太祖朱元璋建国大业的当然继承者。正因为如此，在洪武以来国内安治的基础上，凭借明帝国的强大实力，明成祖朱棣高瞻远瞩，有心于追溯历代盛世中帝王的业绩，进而向往在海外树立威望，享有盛名；在临御之年，中国出现了历代所未有的"万邦来朝"的太平盛世。

二 郑和下西洋适应了时代发展和维护国家统一的需要

永乐十四年（1416）四月初六，为纪念郑和第四次下西洋归来，明成祖朱棣为刚落成的南京天妃宫之纪念碑撰写了碑文。碑文开宗明义向世人道出了有志于发展与海外诸国关系的宏愿："仰维皇考太祖高皇帝，肇域四海，幅员之广，际天所覆，极地所载，咸入版章。中外怀柔，幽明循职，各得其序。朕丕承鸿基，勉绍先志，罔敢或怠，抚辑内外，悉俾生遂，夙夜兢惕，唯恐弗逮。恒遣使敷宣教化于海外诸番国，导以礼仪，变其夷习。"[①]（见图1—2）

[①] 朱棣：《南京弘仁普济天妃宫碑》，郑鹤声、郑一钧：《郑和下西洋资料汇编》中册（下），齐鲁书社1983年版，第974页。《郑和下西洋资料汇编》（增编本）上册，海洋出版社2005年版，第533页。

图1—2 御制弘仁普济天妃宫之碑

在15世纪初期，中国是世界上社会文明程度较高，文化科技高度发达的国家。永乐盛世的出现，把中国的物质文明与精神文明提升到了一个新的高度，成为当时世界文明的一个重心。成熟发达的礼仪是当时中华文明的一个重要标志。海外诸小国还处于较落后的社会发展阶段，越是远离欧亚大陆的国家的文明发展程度越低，不少地方还处于未开化的原始部落状态。处于这种社会形态，是没有什么礼仪可言的。一代雄主永乐大帝高瞻远瞩，意识到中国作为一个先进大国，应对还很落后的"海外诸番国"负有"教化"责任，应以中国先进的精神文明与物质文明影响它们，教导以礼仪，改变其野蛮落后的"夷习"，以与中国共享太平之福，令海内外都得益于这千载难逢的盛世。在中国历代有作为的封建帝王中，无论是秦皇汉武，还是唐宗元祖，没有谁能像明成祖这样强烈地意识到中国应向海外落后国家进行教化，促使其由野蛮向文明转变，不断提高其文明的程度，促进其社会的进步。这源于其所处的历史和时代背景，绝非偶然。

明成祖朱棣执政时，中国封建社会已经历了近2000年的发展，政治、经济、文化和科学技术都达到了相当的高度。当时距离由封建社会向资本主义社会过渡的历史大变革时代也不过一二百年的光景。时代要求人们逐渐打破地域和民族的界限，在物质生活和精神生活上日益具世界性。明成祖朱棣致力于加强和扩大与世界各国的联系，正符合了时代的要求。与稍后的西方早期殖民者不同的是，朱棣加强与海外诸国的联系，不是奉行殖民掠夺的方针，而是传承文明，发扬中华民族热爱和平、历来就愿与外界友好交往的优良传统，对海外诸国实行睦邻友好的方针。加之明朝永乐年间中国进入了封建社会后期的鼎盛时期；对外政策也较为开放。同时，中国和海外诸国间长期进行政治、经济、文化等交流，积累下了丰富的经验和丰厚的成果；中国的造船业和航海技术高度发达，航海历史悠久，当明成祖朱棣把在海外谋求发展的宏图全权委托郑和去实施之时，郑和作为世界大航海时代的先行者就应运而出了。郑和"上荷圣君宠命之隆，下致远夷敬信之厚，统舟师之众，掌钱帛之多，夙夜拳拳，唯恐弗逮"，"竭忠于国事"①；以其卓越的才能，英勇无畏的献身精神，领导了七下西洋的伟大壮举。郑和下西洋达到了当时世界航海事业的顶峰，而且在忠实地执行明成祖朱棣赋予使命的过程中，为发展中国与亚非国家之间在政治、经济和文化上的友好关系作出了伟大贡献，在人类文明发展史上写下了光辉篇章。

自进入阶级社会以来，中国历代统治者为防御外族入侵，都很重视边防。举世闻名的万里长城就是为防御匈奴而修建的。明代以前，外族的大规模入侵几乎都是从内陆西北、东北边境而来。中国的海岸线很长，海岸以内的腹地极其广阔，北、东、南三面都有海洋屏障般的环绕着中原地带。中国周边沿海国家很少，仅朝鲜、日本、越南而已，东南亚各国与中国之间距离较远，而这些沿海国家均比中国落后，综合国力相去甚远；又为造船水平和航海技术所限，无力从海上对中国进行大规模和持久的侵略。所以，明代以前均有海而无防，历代统治者也都"重陆轻海"，从不担忧海外国家会对统治造成什么威胁。在中国历代封建王朝的兴盛时期，也不乏热衷于开疆拓土的帝王，但他们也都是致力于在内陆开拓疆域；在他们看来，中国周边沿海国家和海外民族，得其地也不能创造财富，得其民也成不了大事，不值得耗费人财物力去经略。因此，历代帝王除关注海外贸易之外，没有兴趣考虑国家在海洋上还有其他什么利害。

中国在海洋上平安无事的局面，在元朝时开始受到冲击，来自日本的倭寇开始骚扰中国沿海。倭寇即日本以掠海为生的武士。倭寇很早就有抢掠中国沿海的劣迹，元朝时与中国的冲突升级，开始成为沿海大患。这与元朝初期曾一度用兵日本有一定关系。元世祖忽必烈执政期间，曾连续六次派使臣去日本，想通过"诏谕"使日本"臣服"、"朝贡"，但未能奏效。忽必烈并未放弃，至元十一年（1274）和至元十八年（1281）两次出动大军东征，遭到日本的顽强抵抗，又遭遇暴风雨，元军大部分葬身海

---

① 郑和等：《天妃灵应之纪》，郑鹤声、郑一钧：《郑和下西洋资料汇编》上册，齐鲁书社1980年版，第42页。《郑和下西洋资料汇编》（增编本）上册，海洋出版社2005年版，第18页。

底。两次东征的失败迫使元朝统治者放弃了以武力征服日本的方略，转而禁止日商来华贸易，或对来华日商提高抽分比率，作为对日本的惩罚手段。这种遏制政策自然引起日商的不满，不断与元朝官方发生冲突。1307年和1309年，日商连续两次在宁波与地方官吏冲突，发生了烧毁官衙，烧掠民居的恶性事件。这种极端的泄愤和报复手段长期持续，逐渐形成了对中国沿海的长期掳掠，扰乱了中国海疆的安宁，成为明代倭寇问题的发端。

明初洪武、建文时期及永乐初年，中国沿海地区出现了历史上从未有过的"多事之秋"，中国与周边海外国家的关系一度相当紧张。在西南沿海，安南黎氏政权对占城和中国西南边疆肆无忌惮地侵略，造成了中南半岛及中国西南沿海地区严重的紧张局势。安南自宋朝以来，陈氏为王，世代称藩于中国。明朝建立之初，洪武二年（1369）六月，安南国王陈日煃即遣大臣来朝贡，并请封爵。明太祖朱元璋封陈日煃为安南国王。同年十二月，朱元璋曾对建立三年以来海外诸国中最先来中国朝贡的安南表示赞赏。直至洪武末年，陈氏各王都能恪守祖训，与中国友好相处。当然，数十年间也偶尔有安南侵扰中国西南边境的事件发生，明朝廷不愿事态扩大，仅限于发一纸文书诘责，同时不接纳安南的朝贡，以示警戒。如洪武十四年（1381）六月，朱元璋以安南出兵攻掠广西思明府永平等寨为由，拒受安南的贡品，并致书安南国王陈炜，对其入侵广西之事进行谴责，同时诏令广西布政司不得接纳安南入贡。明朝廷表态后，安南有所收敛，事态得以平息。在洪武时期，安南与邻国占城之间时有兵争；明朝严守中立，对任何一方要求给予军事援助都严加拒绝，同时劝告双方罢兵，息事宁人。在明朝的劝告下，两国冲突没有进一步激化，没有发生过大规模的战争。洪武时期西南边境相对平静的局面到建文时期全被破坏。建文二年（1400），安南国相黎季犛父子篡夺王位，改国号曰大虞，对内暴征横敛，实行残酷统治，对外大肆侵略扩张，不仅攻劫占城，杀人掠畜，欲灭其国，而且将侵略矛头指向中国，相继侵占广西思明府禄州、西平州、永平寨及云南宁远州猛慢等七寨。在东南沿海及南海诸岛屿，当时各种反明势力活动猖獗。从洪武元年（1368）开始，浙江昌国县兰秀山反明武装集团屡次叛乱，攻入象山县，生擒县官，将当地居民劫掠一空；叛乱失败后，余党逃往高丽等海外国家，成为明朝新政权的心腹之患。更有方国珍、张士诚的余党及与之有着千丝万缕联系的豪强地主，这一部分反明势力人数不多，能量较大，经常以沿海岛屿为据点，渡海攻城劫掠，或与其他反明团伙串通一气，联络海外国家，与明朝廷相抗衡。

为解决种种来自海上的威胁，明太祖朱元璋采取了诸多对策。洪武三年（1370），明朝刑部遵照朱元璋的旨意审决了自高丽引渡回来的兰秀山叛民陈君祥等，给逃往海外的反明势力以打击。洪武四年（1371）十二月七日，朱元璋又命令将方国珍旧部和兰秀山无田粮而充船户的居民共111730人分隶各卫为军，加以羁束，并借以加强明朝海军的力量。与此同时，禁止沿海居民私自出海。洪武十四年（1301）十月十八日，为防止沿海奸民私通倭寇，朱元璋又下令在一些可能遭到倭寇侵袭的沿海城寨中禁止沿海居民在各城寨间私自往来；并在当地增设卫所，加强对倭寇的防御。同时进一步厉行海禁，甚至不许入海捕鱼。

唐宋以来，浙江、福建、广东沿海居民以及部分当地守军，都靠贩海经商赢利，海外诸国商贾与他们进行贸易，赢利也很可观。在元末纷乱时期，沿海商贾及居民贩海经商更不受官方的拘束管制，赢利较从前更为丰厚。朱元璋实行的海禁政策对中外海上民间贸易加以限制，断海民衣食之源，绝豪富海商发财之路，自然要激起海商和海民们强烈的反明情绪。尤其是浙江舟山群岛兰秀山居民，因其地处东南沿海与海外交通的冲要之地，历来活跃于海上，从海外经商中获得厚利，更是不能忍受明朝廷的海禁政策。在兰秀山数次颇有规模的叛乱失败以后，虽有明朝廷的严厉镇压和三令五申，兰秀山居民仍违禁出海，难以禁遏。

明朝廷被迫采取清野之策，洪武二十年（1387），干脆废除在舟山群岛所设的昌国县，将岛上居民全部迁往内地。这种迁海政策不仅针对舟山群岛，也施之于东南沿海的浙江、福建、广东各省有人居住的海岛。这种迁海政策为前代所未有，无经验可资借鉴，朱元璋又以政严苛令著称，各地官员不敢怠慢，实施手段难免过于偏激，造成了诸多不良后果。乾隆时编纂的《乾隆通志》对当时的情形作了一些记载。洪武中期，福建右卫指挥李彝在当地大肆索贿，贪得无厌，老百姓甚为怨恨。时有福清人林扬，一向崇尚气节，不畏权势，率乡亲们抗争。李彝大为恼怒，利用朱元璋唯恐沿海奸民以海岛为据点与海外国家相勾结的心理，隐瞒当地民众"闹事"的事实真相，将当地海岛位置分布形势绘制成图上奏朝廷，别有用心地说："海坛山本来是一座孤岛，向海外只需一昼夜便可到达琉球，而到内地最近的城镇东城却要航行三昼夜"云云。朱元璋见罢一惊，细看所上海图就更不放心了，下旨："各省孤岛，对人民的生计既然没有什么用处，又被其他人用来为非作歹，可以将当地居民尽行迁往连山城附近居住，由官府给官田让他们耕种，给宅舍居住。"居民迁徙，如果官府能够妥善安排，应该不会有什么大问题，但问题就在于当时地方官府在执行迁海政策时过于严苛，对岛民来说，简直是祸从天降。在接到朱元璋迁海命令后，福建、广东省官府即令沿海各岛及澎湖三十六屿居民，限在三天之内迁往内地，迟到者处死。举家渡海迁徙，又不提供渡船，大多数人在三天内根本无法成行。为了活命，没有船的居民只得把家里的房梁、门板、床板拆下来编成木筏强行渡海，木筏经不起风浪，无数岛民被大海吞噬。浙江强行迁海的做法也非常苛刻。宁波、台州、温州滨海都有一些较大的岛屿，明朝初期，位于这些岛屿上的城镇具有相当的规模，有的相当于内地城市的一半，有的相当于内地城市的 3/10，有一些大姓族群在此聚居。汤信国奉朱元璋之命巡视海疆，怕这些岛屿会引来倭寇，于是强令当地居民迁往内地城市，中午以前迁走，原有身份不变，中午以后才迁，就要拿去充军。这种极端严厉苛刻的措施激起了诸岛民们对朝廷的强烈不满。有些人不惜铤而走险，勾结海外国家或倭寇，或联合武装走私，或混迹于倭寇及海盗之中参与劫掠，为患浙、闽、粤沿海地区，严重干扰了中国与海外诸国传统的交通往来。

在东南沿海海盗猖獗的同时，洪武十三年（1380），胡惟庸案发生。胡惟庸及其党徒为了颠覆朱明政权，不仅与蒙古遗族私通，而且与倭寇相勾结，企图借助他们的兵力，发动一场里应外合的政变。明朝廷内部发生的这一内外勾结、旨在颠覆中央政权的重大事件，因为与海外岛国日本直接有关，在海外产生了一定的影响，甚至波及东南亚地区。受该事件影响，三佛齐对中国产生异心，哄骗明朝信使，肆行敲诈。此事虽然让明朝廷愤怒，但当时朱元璋尚无意于向海洋上发展，又为海上实力所限，所以对三佛齐也未曾兴师问罪。明朝廷在海外的威望进一步下降，加以海路不畅，沟通不变，中国与海外各国的关系更疏远了。到洪武末年时，中国与东南亚及南亚沿海 30 国之间，商旅受阻，信息少通，商贸和外交关系基本处于瘫痪状态。面对国门冷落，朝廷上下颇有失落之感。

明朝建立以来所面临的来自海上的挑战，到明成祖朱棣执政之时仍有增无减。建文四年（1402）九月，朱棣登基称帝仅三个月，就有从东南沿海国家返回的使臣向他报告：海外诸国多数分居在海岛之上，中国军民中的一些无赖之徒暗中与他们相勾结，成了地地道道的海寇。朱棣在得到这一情报的同时，社会上又纷纷扬扬地传言建文帝已逃亡到海外，这不能不使朱棣虑及若建文帝果真在海外，则有可能会借助海寇的力量，联络建文帝的余党，利用建文帝在一部分人心目中的正统影响和号召力在海外建立复辟基地。在明朝建国之前，与海外国家从事海上贸易，曾是朱元璋的夙敌张士诚、方国珍的财政来源基础；明朝建立以后，张士诚、方国珍的余党及其他一些与朱明政权作对的集团和团伙仍交结海外国家，或在海外建立据点与明朝廷相抗衡。因此，建文一派势力如在海外建立复辟基地，完全有可能联络海外与朱棣政权相敌对的各种势力，并可像当年张士诚、方国珍那样从贩海经商中获得财力支持，进而与国内拥护建文帝的社会力量重新组合，卷土重来。

朱棣执政之初在海洋上面临的严峻形势是历代帝王所不曾遇到的。形势迫使朱棣不得不把视线转向海洋。为稳固统治，朱棣既不能允许一切异己势力在海外有立足之地，也不能听任海外贸易的巨大经济利益落入敌对分子之手，同时还要使明王朝在海外享有较高的声望。事实已经证明，其父朱元璋消极的"海禁"政策无济于事，必须另图良策。而唯一可行的，就是像在国内建立和巩固自己的皇权统治那样，在政治、经济、外交、文化、军事各个方面都在海外有所作为，全方位地迎接来自海上的挑战，实现海内外大一统的太平盛世。

在这种思想的指导下，郑和奉朱棣的旨意出使海外，实施了海陆一体化的海洋发展方略。郑和下西洋近30年时间里，在亚非沿岸各国中广泛开展了政治、经济、外交、文化等各方面的活动，在军事上也进行了三次大的战役，同时在海洋探险上做出了很大的努力，不仅为明王朝解除了来自海上的威胁，而且取得了其他多方面的成就。概括地讲，政治上主要是建立了亚非国家间的和平友好局势，树立了中国在海外的威望；经济上发展了亚非诸国间的国际贸易，带来了海上"丝瓷之路"最为繁荣的历史时期；外交上使中国与海外各国的关系得到空前的发展，在中国对外关系史上写下了光辉的篇章；军事上的胜利使海路畅通，海外各族人民得以安居乐业；文化方面主要向亚非各国敷宣了中国的教化，传播了中国先进的生产技术和医疗技术，并增进了中国人民对亚非国家的认识和了解。所有这些，在使中国的国际威望得到空前提高的同时，也对国家的统一大业作出了重要的贡献。这一系列成就，不仅在中国历史上，即便在世界历史上也是前所未有的。

第三节　郑和舟师远赴非洲的动机

郑和从第四次下西洋时开始访问非洲，远访非洲为致力于同极远海外国家沟通交往所必需，在整个郑和下西洋的事业中有着特殊重要意义。宣德六年（1431），郑和于最后一次下西洋出发之前，亲自撰写并竖立了"天妃灵应之纪"碑，对下西洋事业作了一次历史性的总结。碑文开宗明义地道出了下西洋的宗旨："皇命混一海宇，超三代而轶汉唐，际天极地，罔不臣妾，其西域之西，迤北之国，固远矣，而程途可计。若海外诸番，实为遐壤，皆捧琛执贽，重译来朝。皇上嘉其忠诚，命和等统率官校旗军数万人，乘巨舶百余艘，赍币往赉之；所以宣德化而柔远人也。"[①] 由此可见，郑和下西洋主要目的之一，就是要把明王朝的声威和德望远播到当时航海所能及的"际天极地"的任何一个国家和地区；而这是"超三代而轶汉唐"，为以往任何一个盛世所不及的伟业。郑和使团重要成员马欢、费信的记述，也都表达了同样的思想。马欢在《纪行诗》中曾这样歌咏郑和下西洋的伟绩："忽鲁谟斯近海傍，大宛米息通行商。曾闻博望使绝域，何如当代覃恩光。""俯仰堪舆无有垠，际天极地皆王臣。圣明一统混华夏，旷古于今孰可伦。"[②] 费信在其所著《星槎胜览》一书序言中也道出郑和下西洋就是要使明王朝的声威远播，凡"舟车所至，人力所通"，"际天所覆，极地所载，莫不咸归于德化之中。普天之下，率土之滨，罔不悉归于涵养之内"[③]。马欢诗中提到的忽鲁谟斯即今伊朗霍尔木兹海峡的格什姆岛；大宛（冯承钧认为：原文疑是大食，传写者妄改大宛。笔者同意此观点）实为大食之误，指西亚阿拉伯国家；米息即今埃及，都属"天妃灵应之纪"中所说"实为遐壤"的"海外诸番"。郑和下西洋是由近及远，最终致力于同极其遥远的海外国家沟通交往。以当时的海洋地理知识，非

[①] 郑和等：《天妃灵应之纪》，郑鹤声、郑一钧：《郑和下西洋资料汇编》上册，齐鲁书社1980年版，第42页。《郑和下西洋资料汇编》（增编本）上册，海洋出版社2005年版，第18页。

[②] 郑鹤声、郑一钧：《郑和下西洋资料汇编》（增编本）上册，海洋出版社2005年版，第535页。

[③] 费信：《星槎胜览》·序（两卷本）。郑鹤声、郑一钧：《郑和下西洋资料汇编》（增编本）上册，海洋出版社2005年版，第536页。

洲沿海各国便属"极其遥远"的国家。

在永乐初年的国内外形势下，为实现同非洲国家的沟通和交往，郑和使团作了充分准备，棋分两步走。第一步棋是先在东南亚和南亚打开局面，建立东南亚和南亚沿海国家间的区域和平局势，打通了进入西亚和非洲沿海的海道，消除了后顾之忧；第二步棋是进行与西亚和非洲各国间的交往。

为解决明帝国在发展与海外诸国关系上所面临的一系列矛盾和问题，郑和不辞艰辛，统率着当时世界上最庞大的船队三次下西洋，多次往返于东南亚和南亚沿海各国之间，在"宣德化而柔远人"的同时，"其蛮王之梗化不恭者，生擒之；其寇兵之肆暴掠者，殄灭之"，东南亚和南亚沿海地区动乱不安的局面终于结束，"海道由是而清宁，番人赖之以安业"[①]，在恢复了中国与东南亚、南亚各国之间友好关系的同时，发展与西亚和非洲海外远国的友好关系便被提到议事日程上来。

据郑和等所立"娄东刘家港天妃宫石刻通番事迹"碑、"天妃之神灵应记"碑对历次下西洋的记载，自永乐三年（1405）第一次下西洋以来，经过近10年的准备，到永乐十二年（1414）第四次下西洋时起，每次均往忽鲁谟斯以远西域诸国。以最远访问非洲东部沿海国家为标志，郑和下西洋前三次与后四次明显分为两个阶段。前一个阶段航海均以古里为限，航迹不出东南亚和南亚的范围；后一阶段的航海中，郑和船队经过南洋群岛，横渡印度洋，取道波斯湾，穿越红海，沿东非之滨南下，最远到达赤道以南的非洲东部沿岸诸国及马达加斯加岛一带，分艅船队甚至远达西非沿岸。明朝廷派遣郑和下西洋既然要在海外建立超越以往任何一个朝代的功绩，必须让明朝的声威和影响达到前代所不及的国家和地区，郑和舟师远赴非洲在当时就成了唯一选择，其势在必行。

明成祖朱棣去世以后，其孙明宣宗朱瞻基时期进行的第七次下西洋（见表1—1），遍访东南亚、南亚、西亚和非洲众多国家，突破了明成祖时远访非洲棋分两步走的局限，这一方面由于当时国际形势比较安定，另一方面因为朱瞻基和朱棣持有一样的"怀远"理念。朱瞻基在《遣使谕西洋古里苏门答剌诸国》一诗中曰："似闻溟海息鲸波，近岁诸番入觐多。

[①] 郑鹤声、郑一钧：《郑和下西洋资料汇编》（增编本）上册，海洋出版社2005年版，第535页。

杂还象胥呈土贡,微茫岛屿类星罗。朝廷怀远须均及,使者敷恩合徧过。莫惮驱驰向辽远,张骞犹说到天河。"① 其中所表达的"朝廷怀远须均及,使者敷恩合徧过"的观念,正是郑和第七次下西洋继第四次至第六次下西洋之后,仍持续将大航海的终极目的地锁定在非洲的思想基础。这种思想又是在明朝建国以来,从朱元璋、朱棣到朱瞻基一脉相承的大一统的世界观指导之下产生的。所以说,郑和舟师远赴非洲,也是明朝在与世界联系中所持有的大一统的世界观指导下进行大航海的必然结果。

表 1—1　　　　　　　　郑和下西洋往返时间及编队规模简表

航海序次	往返时间	出航月数	间隔月数	编队船舰总数	编队人数总数	文献与出处的说明
一	永乐三年(1405)十月至十二月到永乐五年(1407)九月二日	21—22	62①	208②	27800	①人员总数见《明史·郑和传》,船舰数可能指主要的宝船数,而非全部船舰总数;②船舰总数见嘉靖《太仓州志》卷24(另一说指第三次)
二	永乐五年(1407)十二月到永乐七年(1409)八月	20	3			
三	永乐七年(1409)十二月到永乐九年(1411)六月十六日	18—19	4	48	27000余人	费信《星槎胜览》前集"占城",船舰数可能指宝船数,而非全部船舰总数
四	永乐十一年(1413)十二月到永乐十三年(1415)七月八日	19—20	29—30	63	27670	明钞说集本,马欢《瀛涯胜览》卷首

---

① 朱瞻基:《大明宣宗皇帝御制集》卷二十二《遣使谕西洋古里苏门答剌诸国》,明内府钞本。

续表

航海序次	往返时间	出航月数	间隔月数	编队船舰总数	编队人数总数	文献与出处的说明
五	永乐十五年（1417）冬季到永乐十七年（1419）七月十五日	21	28	63	27411	《马公墓志铭》记载，但未说明第几次，因与《瀛涯胜览》本相似，故列入供参照
六	永乐十九年（1421）正月三十日到永乐二十年（1422）八月十八日	19—20	18—19	百余	数万	《娄东刘家港天妃宫石刻通番事迹记》碑称，"和等自永乐初奉使诸番，今经七次，每统领官军数万人，船百余艘"。《长乐天妃灵应之记》碑也称，"和等率领官校旗军数万人，乘巨舶百余艘"
七	宣德六年（1431）十二月九日到宣德八年（1433）七月六日	19	111	61	27550	宣德五年五月四日宣宗敕谕：今命太监郑和等前往西洋忽鲁谟斯等国公干，大小舟工六十一只，祝允明《前闻记·下西洋》

注：前六次往返时间均见"娄东刘家港天妃宫石刻通番事迹记"碑，参见《明成祖实录》卷35、52、59、78、86、97、104、114、119、123。

第四节　选择郑和组建船队的缘由

一　郑和具有的优秀品质和杰出才能使其成为下西洋统帅的最佳人选

郑和自幼才智出众，成为燕王亲随更为其成长创造了非常优越的条件。燕王朱棣雄武有大略，就藩期间，在边防上为肃清残元势力建立了奇功，在边政建设方面也颇多建树，管区内"年谷累丰，商旅野宿"，一派兴旺景象。作为亲信和近侍，郑和不仅可以随时向有经世之才的燕王学习处理政治、经济、军事上各种事务和解决有关复杂问题的谋略，而且有机会了解统治阶级内部明争暗斗的种种内幕，以及统治阶级上层人物为谋取各自利益所采取的各种手段和策略；这些都令他开阔了眼界，增长了见识和才干。

燕王朱棣青少年时代基本上是在宫廷中度过的，亲眼目睹了父皇朱元璋为治理好国家是如何兢兢业业，勤于政事的。他在治理燕地时，没有像其他一些藩王那样沉溺于享乐，而是以父皇为榜样，勤勤恳恳，将精力置于料理藩务诸事上。更难能可贵的是，他并不是养尊处优，高高在上。在政务繁忙之余，他还经常到各处巡视，具体了解所辖境内山川形势、社会状况，体察民间疾苦。他在乡下路过农家，就径直走进简陋的农舍中叙谈，深入了解他们的生活状况。他后来曾回忆道："我在藩王府时，多次因为在乡下打猎路过农家，见他们所食甚为粗粝，知道了他们的困苦，屡屡对他们进行慰劳，他们无不高兴和感激。"燕王朱棣这种勤政务实，体恤下情的好作风，对培养郑和良好的领导作风有着深刻的影响，成为郑和日后能够胜任下西洋统帅之职的一个重要因素。

郑和跟随燕王之后又获得了很好的接受较高深教育的机会。燕王自幼在宫中受到系统全面的封建教育，具有较高的文化修养，历史知识尤其渊博；22岁时结识了姚广孝等饱学之士，经常在一起切磋学问。在燕王身边服务的亲随必须具有相当的文化修养，对工作才能胜任，才有可能成为燕王的心腹。为此，燕王选派学识丰富的文官或儒士入府教授，内侍们的文化水平迅速得到提高。北平曾是金和元朝的首都，朱棣就藩北平时，旧时宫殿尚存。燕王府邸就在元朝旧宫。元朝灭宋后，曾命张瑄和朱应从海路将宋朝的大量图籍由上海运至元大都（即北平），这些藏书加上元代刊刻的图书使元朝旧宫内的藏书非常丰富。朱棣入主元朝旧宫后，这些藏书就成了燕王府书库中的收藏，为郑和等内侍们博览群书提供了极大的便利。郑和天资聪颖，少有大志，勤奋好学，颇受燕王看重。郑和感念燕王朱棣的知遇之恩，更加刻苦，充分利用优越的学习条件，很快成为学识渊博、才干超群之士，在众内侍中脱颖而出。

郑和早年离家，童年时代就失去了家庭的温暖；自被征云南的明军掳去后，在备受屈辱的环境中很早开始了独立生活的磨炼；之后又历尽艰辛，辗转千里，从征塞外，最后成为燕王的亲侍。艰辛曲折的人生经历，幸逢雄主的特殊机遇，使郑和的潜质得以充分发挥；加以他身材魁伟，相貌堂堂，在燕王身边的宦者中卓然超群。郑和饱览群书，却无书呆子之气，头脑敏捷，处事机智，能言善辩，具有过人的社会应对能力。更难能可贵的是，郑和能文更能武，从少年时起便在明军中服役，跟随著名战将傅友德、蓝玉转战南北,有着丰富的战斗经历;进入燕王府后,他常随燕王朱棣出征塞外,在戎马倥偬中随时在实战中向燕王学习军事本领。对郑和影响最大的是洪武二十三年(1390)讨伐北疆元军余部的战役,燕王知己知彼,出奇制胜,不伤一兵一卒,大获全胜。燕王的用兵之术令郑和受益匪浅,日后下西洋时郑和指挥的三次大的战役,其中有两次是出奇制胜。

这样一位文武双全,才貌俱佳的亲随,自然深受燕王的赏识和信任,在一些关系重大的问题上,燕王常会征询郑和的意见。燕王朱棣自建文元年(1399)七月五日正式起兵,发动了长达三年的"靖难之役",这给郑和提供了充分发挥才能的机会。在肃清燕地效忠于建文帝的武装力量后,又粉碎了建文帝派遣的由耿炳文、李景隆等率领的北伐大军,于建文四年(1402)占领南京。郑和在燕王身边参与军机,随燕王冲锋陷阵,屡建奇功。经过"靖难之役"的锻炼,郑和的才能进一步得到显现,特别是他杰出的军事才能更深得燕王的赏识。这为日后朱棣任命他为下西洋船队的最高指挥官奠定了基础。

明成祖朱棣即位后,不遗余力地发展与海外各国之间的友好关系,全方位地实施明初既定的对外方针政策。这就需要频频派出使团到当时所能到达的海外国家去发展邦交,实现其"锐意通四夷"的宏图。这不同于对个别海外国家进行一般性的访问,如只到几个海外国家访问,派遣几艘使船,组成百人使团,已可完成使命。要动用一二百艘巨舶,派遣二三万人组成的庞大使团,一次就要访问一二十个甚至二三十个海外国家,这是一项复杂的系统工程,需要进行充分的应付各种复杂困难局面的准备。

在中国历史上,任何一个朝代都不曾在海外有过这样大规模的航海和外交行动,在世界历史上也是如此,没有任何历史经验可供借鉴。而且海上不可预见的因素太多,风险巨大。派谁来执行这一艰巨使命才能不负所望呢?朱棣经过反复思量,终于将目光定格在郑和身上。这时的郑和,据朱棣身边著名的相术家袁忠彻记载:"身长九尺,腰大十围,四岳峻而鼻小";"眉目分明,耳白过面,齿如编贝,形如虎步,声音洪亮"。[①] 明代的尺寸比现在略小,但"身长九尺"也是一米九以上的大个儿。郑和眉清

---

① 袁忠彻:《古今识鉴》卷8。郑鹤声、郑一钧:《郑和下西洋资料汇编》(增编本)上册,海洋出版社2005年版,第21页。

目秀,唇红齿白,双目炯炯有神,于沉稳厚实之中凸显威严。他体魄健壮,气宇轩昂,颇有大将风度。史家称赞郑和"丰躯伟貌,博辨机敏"[1];"有智略,知兵习战,帝甚倚信之"[2]。朱棣有意于让郑和受命之际,特地向袁忠彻征询:"以三保(即郑和)领兵何如?"袁忠彻答道:"三保姿貌才智,内侍中无与比者,臣察其气色,诚可任"[3]。这更坚定了朱棣将下西洋重任托付给郑和的决心。

袁忠彻何许人也,能让朱棣特意征询意见?袁忠彻为明代名相家袁珙之子,精于相人之术,由姚广孝推荐给燕王朱棣而逐渐成为燕王府中一名重要的谋士。他自幼从父学习相术,并继承父业,在朱棣身边服务。朱棣曾向袁忠彻"密问武臣朱福、朱能、张辅、李远、柳升、陈懋、薛禄,文臣姚广孝、夏原吉、蹇义及金忠、吕震、方宾、吴中、李庆等祸福,后皆验"[4]。《明史》中的记载或许有夸张或传奇的成分,但从中至少可知袁忠彻对朱棣身边文武大臣的情况是非常注意观察的,具有很深的理解和相对准确的判断。在朱棣用人之际为其提供咨询,这是其职责所在,这需要平时的积累。对颇受朱棣信任和重用的郑和,他理所当然地应该比较了解。袁忠彻同朱棣一样认为郑和是统领船队出使西洋诸国的最佳人选。

郑和在被朱棣委以统率下西洋使团的重任前,他的地位已经发生了很大变化。在"靖难之役"中,朱棣的内侍们功劳很大,所以在登上皇位以后,他开始重用太监,赉赏有加,并多赐予姓名。如内侍西番人孟骥原名添儿,滇人李谦原名保儿,胡人云祥原名猛哥,田嘉禾原名哈喇帖木儿,王彦原名狗儿,他们都是因为在"靖难之役"中有功,被朱棣赐予姓名。郑和本姓马,名和,其在靖难之役中所建功勋远在诸内侍之上。永乐二年(1404)正月初一,朱棣即位不久即选择中国最重要的传统节日,在各国使臣齐集、满朝文武大臣聚会的盛节大典上,亲自"御书郑字"赐姓予郑和,同时又提升其为内官监太监,充分体现了对郑和的赏识。而在赏识的

---

[1] 傅维鳞:《明书》卷156·郑和传。郑鹤声、郑一钧:《郑和下西洋资料汇编》(增编本)上册,海洋出版社2005年版,第21页。

[2] 《古今图书集成·明伦汇编·宫闱典》卷132·引《明外史》·郑和传。郑鹤声、郑一钧:《郑和下西洋资料汇编》(增编本)上册,海洋出版社2005年版,第21页。

[3] 袁忠彻:《古今识鉴》卷8。郑鹤声、郑一钧:《郑和下西洋资料汇编》(增编本)上册,海洋出版社2005年版,第21页。

[4] 《明史》卷299·袁珙传。郑鹤声、郑一钧:《郑和下西洋资料汇编》(增编本)上册,海洋出版社2005年版,第21—22页。

背后，更有着即将委以重任的寓意。朱棣决定让郑和挂帅下西洋，但恐其地位和威望不足以服众，所以有此举措。这使郑和在朝廷中的地位一下提升了许多，他已不是往昔燕王府中的一名普通内侍了，在文武群臣的眼里心中，从此他可以被皇帝委以重任，是一位能够在外执行国家使命的要员了。

此时郑和的宗教信仰也已经有了很大变化。郑和祖辈世代信奉伊斯兰教，祖父与父亲还曾到过麦加朝圣，成为当地著名的哈只。出生于当地有名望的回族世家，郑和自幼就受伊斯兰教的熏陶，信仰伊斯兰教。但自被明军掳去后，郑和已不能在伊斯兰教圈内生活，也不能享有信仰伊斯兰教的自由，时间必然会逐渐淡化他在幼年时所受的伊斯兰教的影响。进入燕王府后，因为燕王朱棣和其父朱元璋都信仰佛教，燕王府内浓厚的佛教氛围对郑和影响很大；在结识了高僧姚广孝以后，郑和开始信仰佛教。永乐元年（1403）八月，郑和曾捐钱命工部刊印流通佛教《摩利支天经》，在姚广孝为之撰写的"题记"中说，郑和受过菩萨戒，为佛门弟子，法名"福善"。佛教与伊斯兰教的一个不同之处是相信因果，这正好可以满足郑和作为一名太监的心理缺陷。明代刘若愚在《酌中志》中说："中官最信因果，好佛者众，其坟必僧寺也"①。中官"好佛者众"，与佛教因果轮回之说能够满足他们作为一名"阉者"的缺陷心理有很大的关系，郑和当然也不例外。

郑和信仰佛教后并没放弃对伊斯兰教的信仰，这对他完成下西洋的使命是非常有利的。东南亚地区国家，尤其是南亚国家，信奉佛教的较多。作为大明帝国友好使者的郑和，同时又是一个佛门弟子，同当地人在感情上易于融洽，有利于发展双方的友好关系。而郑和所要访问的亚非国家中，有很多信仰伊斯兰教，郑和及其使团中懂阿拉伯语的穆斯林到这些国家访问的隔阂相对较少，易于形成彼此间的睦邻友好关系。可以说郑和的多元化宗教信仰，令他到上述两种宗教信仰的国家访问都会受到欢迎。这也是明成祖朱棣委任郑和全权负责下西洋事务的一个重要原因。

二 郑和下西洋前进行了周密的海洋调查研究和船舶准备工作

童年的郑和经常听父母讲述各种故事，其中最令他神往的，是祖父和

---

① 刘若愚：《酌中志》卷22，郑鹤声、郑一钧：《郑和下西洋资料汇编》（增编本）上册，海洋出版社2005年版，第16—17页。

父亲到伊斯兰教圣地天方（今麦加）朝圣的故事。在元代，中国与阿拉伯诸国间的海上交通已有了相当的发展，元代航海家汪大渊就曾随船到过天方等地，回国后他根据在海外的经历写成了《岛夷志略》一书，对天方作了记载。当时走海路到天方的风险很大，没有勇于探险，不畏艰难的精神和胆略，根本无法成功。郑和父亲和祖父到天方的经历，尤其是海上亲历的惊险故事，令郑和神往不已；童年的他，在潜意识中已认识到祖父和父亲能在海上远行是非常了不起的事情！当郑和被明成祖朱棣委以下西洋的重任之时，这种童年时的向往，以及先辈们敢于探险，无所畏惧的精神，便成了激励他不畏艰险，勇于在海外建功立业的一种力量源泉。

永乐元年（1403），明成祖朱棣即开始为大规模下西洋做前期准备工作，这时明帝国已具备发展远洋航海事业的基础。

明朝建国以来，为发展与海外诸国的友好关系，十分重视海船制造业。洪武初年，明朝廷即在南京西北隅空地上开厂造船。这里地势开阔，北临长江，水深流缓，江面宽阔，可泊多艘巨舰，是理想的造船基地。洪武初年首先在这里建起龙江船厂，从浙江、江西、湖广、福建、江苏等滨江、海的府县抽调400余户优秀造船工匠前来造船。为了保证造船用料，朱元璋下令在南京朝阳门外蒋山之阳建立园圃，植棕、桐、漆树各数千万株，以备南京船厂造船之用。明成祖朱棣即位后，为适应发展海外交通的需要，又对船厂进行扩建，并改名为"南京宝船厂"，成为全国规模最大的专门打造海船的船厂。同时，大力发展沿海地区尤其是福建的海船制造业。郑鹤声教授在1936年春探访南京静海寺时发现郑和下西洋残碑，碑文中所记载的郑和将领官军所乘"一千五百料"、"二千料"、"八橹"海船等，都是由当时各船厂制造的（见图1—3）。

洪武末期，中国与海外诸国之间几乎没有什么来往；建文时期，连续四年的"靖难之役"使统治者更无暇顾及海外。明成祖朱棣英明而富有远见，当他与建文帝争夺皇位已胜券在握之时，就已开始筹划新王朝的内政外交大计了；其在外交方面的主导思想就是大力发展与海外国家的睦邻友好关系，使明王朝声望远播，达到历代所未有。为打破中国与海外诸国的隔绝状态，在"靖难之役"结束后与海外国家开展友好交流便被提到了议事日程上来。建文四年（1402）九月，朱棣登基不久即向安南、暹罗、爪哇、琉球、日本、西洋、苏门答剌、吕宋等附近的海外国家派出使节，颁以"即位诏"，宣布明朝的对外政策，欢迎他们来华贸易。朱棣最早向海

图1—3　郑和船队水手后裔在"南京宝船厂遗址公园"展出的郑和宝船模型前留念

外派出的使臣中便有郑和。

此时的郑和虽然在南京生活的时间并不太久,但他对古都南京包容开放的人文地理环境已有了越来越多的感悟。南京地处"吴头楚尾"长江下游地区,从越王勾践灭吴后在南京筑"越城"到明代在南京建都,已有1700多年的建城史,1100多年的建都史。南京长期是中国南北文化、东西思想交流的中心。南京城的历史又是一部饱经沧桑的历史,每一次改朝换代都是一种理想与信念的冲撞,都蕴藏着创新和不懈追求的精神与情愫。南京文化中的这种敢为天下先的首创精神与郑和父辈敢于冒险前往天方朝觐的胆略,积蕴了郑和敢于肩负起下西洋重任的勇气和力量。在当时的历史条件下,要航海到所能到达的"西洋"国家与地区,其将面临的风险之大,需要准备和解决的事情之多,是可以想象的。因此,郑和在永乐元年(1403)出访海外国家的同时,即开始精心为海上探险做准备工作。

为与一些尚未通航中国或难以来中国的海外国家建立友好关系,需要开通与这些国家间的航路。为此,须开展海洋调查研究,掌握有关的海况资料,编绘航海图。从永乐元年(1403)到永乐三年(1405),郑和、李恺、杨敏等人奉旨多次前往东西洋(今西太平洋和印度洋)各国,广泛征集各国所藏有的海图和各种航海资料,并结合亲身的航海实践进行验证,对东西洋各地海岛、山峡、山形水势、水文气象、东西洋水陆分布的特点和环境条件等都有了具体了解。郑和等航海家所进行的一系列海洋调查工作,校正了以往流传下来的各种航海牵星图样和海图,从中选取并据以绘制了"能识山形水势,日夜无岐误"[①]的新航海图,而且积累了走航观测和进行海洋调查的知识和经验,获得了远航重洋所必需的航海和海洋科学知识。

郑和等航海家在海洋调查中必须经过一些危险的海区,其中有艾儒略所说的大明海四十五度以北的地区。"从大西洋至大明海四十五度以南,其风常有定候,至四十五度以北,风色便错乱不常。其尤异者,在大明海东南一隅,常有异风变乱,凌杂倏悠忽更二十四向,海舶唯任风而漂。风水又各异道,如前为南风,水必北行,倏转为北风,而水势当未趋南。舟莫适从,因至摧破"[②]。对这一类危险海区的海洋气象、海洋水文及海流变化的状况进行认真的观察记录,探寻其规律,是郑和等航海家在海洋调查研究中必须予以解决的重大任务。在海洋调查中,除对观察进行记录外,还要尽量多地参考民间航海家对有关海洋气象和海洋水文的占验之语,进行综合研究,以尽可能地洞悉该海区海洋气象和水势变化的规律,估计到各种有利或不利于航海的海况,预防风暴的袭击,避开暗礁急流,保障船队的顺利通航。

郑和等航海家在航海活动之初就经历了海上风险,对航海之险恶有着深刻的体会。永乐元年(1403),郑和等前往暹罗国,途经广州大星洋时,忽遭风暴,使船将倾,船员无力之时,只能向海神天妃祈祷。郑和向天妃祈祷:"郑和奉命出使外邦,忽然遇到风暴,处境十分危险。我身死固不足惜,唯恐不能回报于天子。况且数百人的性命,悬于呼吸之间,望神妃相救。"《敕封天妃志》上说,郑和祝祷完毕就听见乐鼓声,一阵香风飘然而来,宛然可见天妃立于桅杆顶端,顷刻间风恬浪静,舟船转危为安。郑和回朝向永乐皇帝复命时,将此事奏上,永乐帝命郑和奉旨遣官整理天妃祠庙,以报答天妃的庇佑之恩。诚然,这里所说的天妃显灵之事其实是郑和等人在航海中遇到危难时的一种精神寄托,然而这一记载却鲜活地展现

[①] 福建集美航海学校搜集:《宁波海州平阳石矿流水表》。
[②] 艾儒略:《职方外纪》卷5·海状。

了郑和的早期航海活动。郑和在永乐三年以前也有航海活动，据明胡宗宪《筹海图编》等书记载，郑和曾在永乐二年（1404）出使日本，有过在"东洋"海域航海的经历。

从世界范围来看，郑和等航海家在七下西洋之前多次进行的大规模的海洋调查和考察活动是史无前例的，开创了在太平洋和印度洋上开展海洋调查的先例。在郑和下西洋之后，哥伦布横渡大西洋和麦哲伦环球航行等虽然也获得了一批大洋表层水温、气温、海流、信风带以及珊瑚礁等资料，但他们的海洋调查是在航海探险的过程中进行的。欧洲航海家专门从事大洋调查工作的航行是从英国"挑战者"号在1872—1876年开始的，比郑和晚了469年。细致的调查研究积累了丰富的航海、海洋科学知识和经验，为永乐三年以后率领庞大的船队七下西洋奠定了坚实的基础。

郑和向朱棣复命时进呈了新绘制的航海图，以亲身的航海经历陈述了大规模下西洋的可行性，同时将可能遇到的困难，当前亟待解决的重要问题及其他需要做的准备工作等，一一汇报。听取了郑和的汇报之后，朱棣心里有底了，放心地把一支庞大的船队交给他全权指挥，终于在永乐三年开始了历史性的远航。郑和航海活动以其船舶之巨、性能之优良、航海技术之先进、船员之众、船队规模之大、航海时间之长、航海累积里程之多等，创造了世界航海史的奇迹。庞大的船队在茫茫的大洋上际天而行，为15世纪至16世纪世界大航海时代的到来揭开了序幕（见图1—4）。

与此同时，郑和大规模远航的其他相关准备工作也在国内紧锣密鼓地进行着。大规模远航需要大批海船，一道道建造和改造海船的命令从明宫廷中发出。仅《明实录》就有以下记载：永乐元年（1403）五月辛巳，命福建都司造海船137艘。永乐元年八月癸亥，命京卫及浙江、湖广、江西、苏州等府卫造海运船200艘。永乐元年十月辛酉，命湖广、浙江、江西改造海运船188艘。永乐二年（1404）正月壬戌，命京卫造海船50艘。癸亥，将遣使西洋诸国，命福建造海船五艘。永乐三年（1405）五月丙戌，命浙江等都司造海舟180艘。永乐三年十月戊寅，命浙江、江西、湖广及直隶、安庆等府改造海运船80艘。永乐三年十一月丁酉，命浙江、江西、湖广改造海运船13艘，如此等等。在建造新船的同时，加速对原有海船的更新改造，保持船龄年轻化，保证将动用的已有船只与新造海船都是当时世界上一流的海船。此外，由于当时禁止民间私自出海，海外贸易由国家垄断，且主要由郑和船队来承担。一支船队要肩负起一个大国的

图1—4　郑和船队图（电脑制作）

与三四十个国家开展的海外贸易，承载的货物量是极其庞大的，需要建造大型船只以满足需要。

中国古代海船制造业历史悠久，唐宋以来一直位居世界前列。在历代发展远洋航海的过程中取得了光辉成就，向世人展示了中国在远洋航海上的实力。明初的海船制造业在前代的基础上进一步发展，为郑和组建下西洋船队创造了得天独厚的有利条件；对明朝中国海船制造业发展水平及中国远洋航海的历史和现状的清晰认识，也是朱棣做出下西洋决策的主要依据之一；明朝廷的大力支持，使郑和能够较快地组建好一支能不辱使命的庞大船队。

第二章 郑和非洲之旅问题解析

郑和下西洋路线遥远而繁复，在极为广大的范围内发展起了亚非各个沿海国家和地区之间纵横交错的海上交通，沟通和加强了西太平洋和印度洋沿岸各国之间的联系。郑和舟师横渡印度洋直航非洲的新航路主要有：（1）自锡兰山国别罗里南去顺风21昼夜，可至卜剌哇国。（2）自小葛兰国顺风20昼夜，可至木骨都束国。（3）自苏门答剌经溜山直航木骨都束。此外，还有一条沿印度洋沿岸到非洲东海岸的航线。郑和船队的航海保障工作分为国内和国外两个部分，国内部分主要保障船舶的更新与维修，下西洋所需各种应用物资的准备；国外部分主要是远洋航海的后勤保障工作，主要是船队食物和淡水的供应。郑和船队的主要通信手段是昼行认旗帜，夜行认灯笼，海上能见度低时，则用音响信号。郑和船队常年活动在海外，却能与本国之间，以及在大综船队和分综船队相互之间保持联系，及时传递信息，说明船队建立了快捷有效的通信系统，这个系统就是靠训练信鸽而建立的航空传递系统。旧港位于马六甲海峡的东南端，是中国从东南亚通过马六甲海峡进入印度洋的海上交通孔道，地理位置十分重要。陈祖义占据此地，成为海盗集团的首领，贪婪凶狠，在海上劫持过往商旅和各国使节，在旧港称王称霸，骄横不可一世。郑和舟师一举歼灭了这股顽敌，海道由是而畅通。郑和船队在第六次下西洋之前，在向非洲东部赤道以南沿海的航行中曾发现了马达加斯加岛，已访问了莫桑比克境内的国家，离好望角已经不远了。在此基础之上，郑和船队个别船只在第六次下西洋期间甚至绕过好望角，驶抵非洲西南沿岸。

第一节 郑和下西洋的航线与特点

一 郑和七下西洋的航程及其特点

郑和船队每一次出使的实际航程都不同，现将历次航程的不同之处和特点述之如下：

（一）第一次下西洋的航路

郑和第一次下西洋的去程航路简化为：南京宝船厂→福建五虎门→占城国→爪哇国→旧港→满剌加国→苏门答剌国→南渤里国→锡兰山国→小葛兰国→柯枝国→古里国。

返程航路可简化为：古里→柯枝→小葛兰→甘巴里→锡兰山→伽楠貌山→苏门答剌→满剌加→旧港→杜板（爪哇）→苎麻山→昆仑山→独猪山（国内航程与《郑和航海图》中所记宝船沿粤、闽、浙、江北上的返程相同，不赘述）。

（二）第二次下西洋的航路

郑和第二次出使，自江苏太仓刘家港开船至锡兰山一段航路与第一次出使相同。在印度半岛西岸的航程则与第一次有所不同，所经航程为：锡兰山→小葛兰→甘巴里→阿拔把丹→柯枝→古里。

这次出使自古里返回满剌加的一段航程与第一次相同。船队到满剌加后，于回国途中访问了暹罗国。之后，船队由暹罗港口开船，途经占腊，经航福建省五虎门，此后国内航程与第一次返程相同。

（三）第三次下西洋的航路

郑和第三次出使的航路较为复杂。大䑸船队仍循行第二次出使的路线，但在这条线上曾穿插航行至一些相邻的国家和地区。如船队在航经满剌加国时，曾航行至与其相邻、四面环海的九洲山，并"差官兵入山采香"[①]。据费信《星槎胜览》记录，这次航行中的航路有23线：（1）永乐七年（1409）秋九月自太仓刘家港开船，十月到福建长乐太平港停泊，十二月于福建五虎门开洋，张12帆，顺风10昼夜到占城国。（2）自古城国灵山顺风10昼夜，可至交栏山。（3）自占城国顺风10昼夜，可至暹罗国。（4）自占城国顺风20昼夜，可至爪哇国。（5）自占城国顺风3昼夜，可至真腊国。（6）自淡洋国至满剌加国三日程。（7）自爪哇国顺风8昼夜，可至旧港国。（8）自旧港国顺风8昼夜，可至满剌加国。（9）自满剌加国顺风9昼夜，可至苏门答剌国。（10）自满剌加国顺风3昼夜，可至阿鲁国。（11）自苏门答剌国西去1昼夜，可至龙涎屿。（12）自苏门答剌

---

① 费信：《星槎胜览》前集《九洲山》。郑鹤声、郑一钧：《郑和下西洋资料汇编》（增编本）上册，海洋出版社2005年版，第575页。

国顺风 12 昼夜，可至锡兰山国。（13）自苏门答剌国顺风 20 昼夜，可至榜葛剌国。（14）自龙涎屿西北行 5 昼夜，可至翠兰屿。（15）自锡兰山国顺风 10 昼夜，可至古里国。（16）自锡兰山国别罗里南去顺风 7 昼夜，可至溜洋国。（17）自锡兰山国别罗里南去顺风 21 昼夜，可至卜剌哇国。（18）自古里国顺风 10 昼夜，可至忽鲁谟斯国。（19）自古里国顺风 20 昼夜，可至剌撒国。（20）自古里国顺风 22 昼夜，可至阿丹国。（21）自古里国顺风 20 昼夜，可至祖法儿国。（22）自小葛兰国顺风 20 昼夜，可至木骨都束国。（23）自忽鲁谟斯国 4 昼夜，可至天方国。

费信在永乐十三年（1415）、宣德六年（1431）都曾随郑和历访诸国，所以上述航程中古里国以西航线是费信以后几次出使（包括永乐十年随奉使少监杨敏等出访榜葛剌等国的一次）中所经历的航程。在这 23 线航路中，有些是分舡船队的航路，如苏门答剌至榜葛剌等线。

（四）第四次下西洋的航路

郑和第四次下西洋时，明朝已在东南亚和南亚打开了局面，树立了威信。在海路方面，郑和三次出使已将从南海、南洋群岛到南印度一带完全打通，没有阻碍；在陆路方面，安南对中国和占城的威胁已解除，明朝在海外声威大震。郑和船队奉使海外在海陆两方面均无后顾之忧，且当时永乐朝已进入鼎盛时期，政治经济实力更为强大；郑和船队经过三下西洋，积累了丰富的航海经验，于是郑和遵照明成祖朱棣的意图，进一步去访问南亚以西的远方国家。在访问西亚及东非沿岸各国时，开辟了一些新的航路。据马欢《瀛涯胜览》记录，这次下西洋航路有 17 线：（1）自福建福州府长乐县五虎门开船，往西南行，好风 10 日，可至占城国。（2）自占城国向正南，好风船行 7 昼夜，顺风至新门台海口入港，至暹罗国。（3）自占城国向正南，好风船行 8 日，到龙牙门。（4）自龙牙门往西行 2 日，可至满剌加。（5）自满剌加国开船，好风行 4 昼夜，可到哑鲁国。（6）自满剌加国向西南，好风行 5 昼夜，先到滨海一村，名曰答鲁蛮系船，往东南 10 余里，可到苏门答剌国。（7）苏门答剌国往正西，好风行 3 昼夜，可到南浡里国。（8）自帽山南放洋，好风向东北行 3 日，见翠兰山，过此往西船行 7 日，见莺歌嘴山。再三两日，到佛堂山，才到锡兰国马头名别罗里。自此泊船登岸，陆行，又北去 60 里，才到王居之城。（9）自锡兰国马头别罗里开船往西北，好风行 8 昼夜，可到小葛兰国。（10）自小葛兰国开船，沿山投西北，好风行 1 昼夜，到柯枝国港口。（11）自柯枝国港口开船，向西北行3日，可到古里国。（12）自苏门答剌国开船，过小帽山投西北，好风行10日，可到溜山国。（13）自古里国开船投西北，好风行10昼夜，可到祖法儿国。（14）自古里国开船，投正西兑位，好风行一月，可到阿丹国。（15）自苏门答剌国开船，取帽山并翠兰岛投西北上，好风行20日，先到浙地港泊船。用小船入港行500余里，到锁纳儿港登岸向西南行35站，到榜葛剌国。（16）自古里国开船投西北，好风行25日，可到忽鲁谟斯国。（17）自古里国开船，投西南申位，船行3个月，方到天方国马头秩达。往西行1日到王居之城，名默伽国。自此再行大半日之程到天堂礼拜寺。

与前三次出使航路不同的是：（1）自占城至暹罗比第二次缩短了3昼夜。（2）自占城至爪哇，不是取道交阑山而往，而走占城→龙牙门→旧港（三佛齐）→爪哇。（3）开辟了自苏门答剌经溜山直航木骨都束的新航线，这段航程只需25天，便可由苏门答剌驶至木骨都束，即：苏门答剌→溜山→木骨都束。船队沿着这条横渡印度洋的新航线由中国到东非索马里诸地，较之沿印度半岛、阿拉伯半岛海岸而行，经忽鲁谟斯至东非沿岸，航程由10万余里缩短到3万余里。

郑和船队这次出使返程航路同去程一样，是从不同的需要出发，分别走的循印度洋沿岸曲折而行和横渡印度洋直达的多条航线。如：（1）沿岸航路。船队自麻林地分别沿着3条不同的航线回到古里。一条是从麻林地回到古里；另两条是从麻林地分别回到祖法儿和忽鲁谟斯，然后再从祖法儿和忽鲁谟斯分别回到古里。船队汇集古里后，即循前3次出使的返程回国。所不同者，船队到满剌加后，不再像以前那样重返旧港、爪哇而回，而是取道龙牙门，以缩短航程。（2）横渡印度洋航路。船队自慢八撒分别经哈甫泥、别罗里、南渤里等地和经木骨都束、官屿、帽山等地循不同航线回到苏门答剌。船队横渡印度洋及经南巫里洋到达苏门答剌之后，即航行至满剌加与自印度洋沿岸而来的船队汇合，同时取道龙牙门归国。

（五）第五次下西洋的航路

郑和第五次出使不是如以前那样在远航中重点访问西洋诸国的同时，兼顾着访问东南诸番国，而是先到西洋诸国，而后访问东南诸番。原因是这次出使的任务为送古里、爪哇、满剌加、占城、锡兰山、木骨都束、溜山、喃渤利、卜剌哇、阿丹、苏门答剌、麻林、剌撒、忽鲁谟斯、柯枝、南巫里、沙里湾泥、彭亨诸国及旧港宣慰司使臣辞还，所以船队要先驶往这些国家，送毕西洋诸国使臣之后，再访问了浡泥、苏禄、吕宋等东南诸国。其往返航路与第四次出使基本相同。

（六）第六次下西洋的航路

郑和第六次下西洋的航路最为复杂。这次远航是乘护送忽鲁谟斯、阿丹、祖法儿、剌撒等16国使臣返国之便，前往西洋诸国访问。但这次出使航路与前五次不同，大艅宝船到满剌加、苏门答剌后，分艅船队前往各国。此时，郑和船队经过五下西洋的航海实践，已熟知印度洋、西太平洋蛛网交错的航路，分艅船队航行又具有较充分的海上行动的自由，所以船队采用由苏门答剌西南向印度洋乃至大西洋，以及由满剌加东南向南印度洋乃至南太平洋，往各远方国家和地区作扇面形远航的航路，较之从前有较大的发展。这次所航行的向东非海岸南端延伸，及向爪哇岛东南以远海域的航路，是很值得进一步探索的。

在这次出使中，郑和和各位副使率领的船队主要周游了36个国家，其航路大致为：太仓刘家港→占城→满剌加→苏门答剌→黎代→南浡里→榜葛剌→西洋琐里→锡兰山→甘巴里→加异勒→阿拨把丹→大（小）葛兰→柯枝→古里→忽鲁谟斯→祖法儿→剌撒→阿丹→木骨都束→卜剌哇→竹步→麻林地→慢八撒→比剌→孙剌→溜山→阿鲁→爪哇→吉里地闷→浡泥→假里马打→彭亨→暹罗→真腊。

在船队周游36国的航程中，郑和率领的大艅船队与各位副使统领的分艅船队的航程既有共同的部分，也有各自独特的部分，这两部分航路蛛网交错，十分复杂。在这次出使中，郑和与各位副使，由中国或中途转航他国起程的时间不一致，返回年月也不相同；各自所到的国家和地区也有所异，所行航路自然各不相同。例如，据清初钞本《针位篇》残卷记载："永乐十九年（1421）奉圣旨，三宝信官扬敏字佛鼎，洎郑和、李恺等三人，往榜葛剌等番邦，周游三十六国公干，至永乐二十三年，经乌龟洋中，忽暴风浪。"[①] 杨敏率领的分艅船队虽曾随郑和、李恺等人的大艅船队同道访问过一些国家，但在郑和一行于永乐二十年八月回国后，仍然在遍历海外诸国，直到"永乐二十三年"还航行于乌龟洋中（永乐年号到二十二年为止，杨敏一行远在异国，不知明成祖朱棣已在永乐二十二年八月去世，永乐二十二年后已改元洪熙）。清初钞本《针位篇》便如实地反映了

---

① 清初《针位篇》残卷向达藏本。

这种情况。郑和船队第六次下西洋,由于着重发挥了分綜船队的作用,所访国家较前5次要多。分綜船队在远航中遇到各种突发情况,如突遇风暴,脱离正常的航线,漂流到陌生的海域或国家,这导致部分分綜船队在海上航行达四年之久。从而有时间在整个印度洋,尤其在赤道以南印度洋广大海域进行海上探索;西南深入大西洋,抵达西南非海岸;东南深入南太平洋,抵达爪哇岛东南以远海域;将郑和船队的下西洋航路延伸到"去中华绝远"的海域。

郑和第六次下西洋返回的航路,其西行船队返苏门答剌汇集,自苏门答剌回洋,经满剌加、淡马锡(新加坡)、昆仑山、占城,沿《郑和航海图》所示返程归国。其东行船队一部分已先自西航行至马达加斯加乃至东非沿岸,然后船队沿西行返程归国;船队一部分回航爪哇后,经旧港、淡马锡、昆仑山、占城回国。其至浡泥、苏禄等国的船队,则回航彭亨,又航至暹罗,经真腊、占城返国。以上返航路线,船队前五次下西洋都曾经历,兹不赘述。

(七)第七次下西洋的航路

郑和第七次下西洋"往返三年,所历诸番曰占城,曰爪哇,曰暹罗,曰旧港,曰哑鲁,曰满剌加,曰苏门答剌,曰那姑儿,曰黎代,曰南勃里,曰溜山,曰榜葛剌,曰锡兰山,曰小葛兰,曰柯枝,曰古里,曰祖法儿,曰忽鲁谟斯,曰阿丹,曰天方,凡二十国"①。基本重复了第三四次出使的航路。不同之处是,大綜船队在开赴忽鲁谟斯的途中,不断地派遣分綜船队分头前往各国访问。这是这次出使的显著特点。去程航路简化如下:五虎门→占城→爪哇→旧港→满剌加→阿鲁→苏门答剌、那姑儿、黎代→南浡里(大綜船队)→翠兰屿→锡兰山别罗里→小葛兰、柯枝→古里→忽鲁谟斯。

(分綜船队)(分綜船队) (副使陆行) (分綜船队) (分綜船队)
  ↓   ↓   ↓   ↓   ↓
 榜葛剌   溜山   甘巴里、加异勒   天方   祖法儿、剌撒、阿丹
           ↓
         东非沿岸

返程航路简化如下:忽鲁谟斯→古里→苏门答剌→满剌加→爪哇→昆

---

① 《四库总目提要》卷78·史部·地理类存目7·《西洋番国志》条。

仑洋→赤坎→占城→外罗山南→澳山→望郎回山→崎头洋→碗蝶屿→大小赤→太仓。

郑和这次出使，除访问上述各国外，还肩负着明宣宗朱瞻基交给的敕谕暹罗国王的使命，即调解暹罗与满剌加两国之间的关系。宣德七年（1432）七月初八，郑和到达满剌加后，与满剌加国王商谈；根据商谈情况，前往暹罗国交涉，然后再返回满剌加。来回往复共计一个月时间，八月八日才离开满剌加。在大䑸船队暂驻满剌加期间，郑和率少数使船往返于满剌加与暹罗之间，其航路取的是一种捷径，即绕过淡马锡（新加坡）北上，直趋暹罗，返程是南下绕过淡马锡，西北行而至满剌加。郑和下西洋的航路之所以比较复杂，与船队在下西洋的过程中要完成明朝廷交给的各种外交使命有很大关系。以上即为其中一例。由此可知，郑和船队到达非洲后，往返于东非沿岸各国、各地之间，开辟了一些新的短途航路，为发展东非沿岸的海上交通作出了贡献。

二 郑和七下西洋的主要航线

郑和七下西洋的重要出航地点有 20 余处，主要航线有 42 条。兹列举如下：

（一）以南京为起点，有下列一单线：南京、太仓线——自南京龙湾出发，经徐山、附子门至太仓刘家港。

（二）以太仓为起点，有下列二线：（1）太仓、长乐线——自太仓刘家港至福建长乐太平港。（2）太仓、南京线——宣德八年（1433）六月二十一日回洋进太仓，七月六日至南京。

（三）以长乐为起点，有下列一单线：长乐、占城线——自长乐太平港出发，至五虎门张帆，顺风 10 昼夜可至占城国。

（四）以占城为起点，有下列六线：（1）占城、交栏山线——自占城灵山顺风 10 昼夜，可至交栏山。（2）占城、暹罗线——自占城顺风 10 昼夜，可至暹罗国。（3）占城、爪哇线——自占城顺风 20 昼夜，可至爪哇国。（4）占城、满剌加线——自占城向正南行，好风八日至龙牙门，往西行二日至满剌加国。（5）占城、真腊线——自占城顺风 3 昼夜，可至真腊国。（6）占城、外罗山线——宣德八年（1433）六月一日，自占城回洋，三日至外罗山。

（五）以爪哇为起点，有下列一单线：爪哇、旧港线——自爪哇顺风 8

昼夜，可至旧港。

（六）以旧港为起点，有下列一单线：旧港、满剌加线——自旧港顺风8昼夜，可至满剌加国。

（七）以满剌加为起点，有下列二线：（1）满剌加、苏门答剌线——自满剌加顺风9昼夜，可至苏门答剌。（2）满剌加、阿鲁线——自满剌加顺风3昼夜，可至阿鲁国。

（八）以苏门答剌为起点，有下列六线：（1）苏门答剌、龙涎屿线——自苏门答剌西去1昼夜，可至龙涎屿。（2）苏门答剌、锡兰线——自苏门答剌顺风12昼夜，可至锡兰山港口。（3）苏门答剌、榜葛剌线——自苏门答剌顺风20昼夜，可至榜葛剌国。（4）苏门答剌、溜山线——自苏门答剌过帽山，西南好风行10日，可至溜山国。（5）苏门答剌、南浡里线——自苏门答剌往正西，好风3昼夜可至南浡里国。（6）苏门答剌、满剌加线——宣德八年（1433）四月十二日，自苏门答剌回洋，二十日至满剌加国。

（九）以淡洋为起点，有下列一单线：淡洋、满剌加线——自淡洋3日可至满剌加。

（十）以龙涎屿为起点，有下列一单线：龙涎屿、翠兰屿线——自龙涎屿西北行5昼夜，可至翠兰屿。

（十一）以帽山为起点，有下列一单线：帽山、锡兰线——自帽山好风向东北，行3日见翠兰山，西行7日见鹦哥嘴山，再2—3日岛锡兰山别罗里。

（十二）以锡兰为起点，有下列四线：（1）锡兰、古里线——自锡兰山国顺风10昼夜，可至古里国。（2）锡兰、留洋（即溜山）线——自锡兰山国顺风7昼夜，可至溜洋国。（3）锡兰、卜剌哇线——自锡兰山国南去21昼夜，可至卜剌哇国。（4）锡兰、小葛兰线——自锡兰国往西北好风6昼夜，可至小葛兰国。

（十三）以古里为起点，有下列六线：（1）古里、忽鲁谟斯线——自古里国顺风10昼夜，可至忽鲁谟斯国。（2）古里、剌撒线——自古里国顺风20昼夜，可至剌撒国。（3）古里、阿丹线——自古里国顺风20昼夜，可至阿丹国。（4）古里、祖法儿线——自古里国顺风20昼夜，可至祖法儿国。（5）古里、天方线——自古里国西行三个月，可至天方国。（6）古里、苏门答剌线——宣德八年（1433）三月二十日自古里回洋，四月六日至苏门答剌国。

（十四）以小葛兰为起点，有下列二线：（1）小葛兰、木骨都束线——自小葛兰国顺风20昼夜，可至木骨都束国。（2）小葛兰、柯枝线——自小葛兰国西北行，好风1昼夜，可至柯枝国。

（十五）以忽鲁谟斯为起点，有下列二线：（1）忽鲁谟斯、天方线——自忽鲁谟斯行40昼夜，可至天方国。（2）忽鲁谟斯、古里线——宣德八年（1433）二月十八日自忽鲁谟斯回洋，三月十一日至古里国。

（十六）以昆仑洋（指今越南南部东面海上昆仑岛附近洋面）为起点，有下列一单线：昆仑洋、赤坎线——宣德八年（1433）五月十一日回国至昆仑洋，二十三日至赤坎。

（十七）以赤坎为起点，有下列一单线：赤坎、占城线——宣德八年（1433）五月二十三日回国至赤坎，二十六日至占城国。

（十八）以外罗山为起点，有下列一单线：外罗山、崎头洋线——宣德八年（1433）六月三日回国至外罗山，六月十四日至崎头洋。

（十九）以崎头洋为起点，有下列一单线：崎头洋、碗碟屿线——宣德八年六月十四日回国至崎头洋，十五日至碗碟屿。

（二十）以碗碟屿为起点，有下列一单线：碗碟屿、太仓线——宣德八年（1433）六月十五日回国至碗碟屿，二十日过大小赤，二十一日进太仓。

以上所列航路包括重要的出航地点，驶完一段航程所需的具体时间，略去了沿途所经的若干地点。这仅仅是由历次航行概括出的一种虚拟的航路总线，并不是说郑和船队每次远航都要循此42线而进行。

其中经太平洋、印度洋的航线有：（1）苏门答剌、锡兰线——自苏门答剌顺风12昼夜，可至锡兰山港。（2）苏门答剌、榜葛剌线——自苏门答剌顺风20昼夜，可至榜葛剌国。（3）苏门答剌、溜山线——自苏门答剌过帽山，西南好风行10日，可至溜山国。（4）龙涎屿、翠兰屿线——自龙涎屿西北行5昼夜，可至翠兰屿。（5）帽山、锡兰线——自帽山好风向东北，行3日见翠兰山，西行7日见鹦哥嘴山，再2—3日到锡兰山别罗里。（6）古里、苏门答剌线——宣德八年（1433）三月二十日自古里回洋，四月六日至苏门答剌国。

印度洋航线有：（1）锡兰、古里线——自锡兰山国顺风10昼夜，可至古里国。（2）锡兰、留洋线——自锡兰山国顺风7昼夜，可至溜洋国。（3）锡兰、卜剌哇线——自锡兰山国南去21昼夜，可至卜剌哇国。（4）锡兰、小葛兰线——自锡兰国往西北好风6昼夜，可至小葛兰国。（5）古里、忽鲁谟斯线——自古里国顺风10昼夜，可至忽鲁谟斯国。（6）古里、剌撒线——自古里国顺风20昼夜，可至剌撒国。（7）古里、阿丹线——自古里国顺风20昼夜，可至阿丹国。（8）古里、祖法儿线——自古里国顺风20昼夜，可至祖法儿国。（9）小葛兰、木骨都束线——自小葛兰国顺风20昼夜，可至木骨都束国。（10）小葛兰、柯枝线——自小葛兰国西北行，好风1昼夜，可至柯枝国。（11）忽鲁谟斯、古里线——宣德八年（1433）二月十八日自忽鲁谟斯回洋，三月十一日至古里国。

印度洋、红海航线有：（1）古里、天方线——自古里国西行3个月，可至天方国。（2）忽鲁谟斯、天方线——自忽鲁谟斯行40昼夜，可至天方国。

横渡印度洋的航线有：（1）锡兰山、卜剌哇线——自锡兰山南去21昼夜，可至卜剌哇。（2）小葛兰、木骨都束线——自小葛兰国顺风20昼夜，可至木骨都束国。（3）官屿溜、木骨都束线——官屿溜用庚酉一百五十更，船收木骨都束。

郑和下西洋航路之远，之繁复，在当时世界上是绝无仅有的。尽管由于历史条件的限制，地理大发现的历史使命未能由郑和船队来完成，但郑和船队所经历的航路，在如此广大的范围内发展起了亚非各个沿海国家和地区之间纵横交错的海上交通，沟通和加强了西太平洋和印度洋沿岸各国之间的联系，在航海史上开辟了一个时代，对世界文明的发展作出了重大贡献。

第二节　郑和"舟师"三路分艅赴非洲

一　郑和船队从海外到非洲的分航线及从中国到达非洲的航海贸易路线

郑和使团结束在西亚诸国的访问之后继续前进，将远航的目标锁定在西南方的大陆，对神秘而遥远的非洲国家进行史无前例的访问。郑和使团访问非洲，一是从印度洋西海沿岸经西亚航行到非洲，二是从印度西海岸横渡印度洋到非洲，三是从苏门答剌国经溜山横渡印度洋到非洲。其从西亚沿岸航行的船队，在到阿丹、天方等国访问后，按原路返回亚丁，经亚丁湾，过曼德海峡，沿索马里的北海岸，往东北再经过须多大屿（索科特拉岛）、葛尔得风（瓜达富伊角）和哈甫泥（哈丰角），到达非洲东海岸各国。这部分分綜沿非洲东北岸南下，依次航经木儿立哈必儿（即哈丰角以南约 60 海里的马贝尔角 [Raas Macdar]，是一处濒临海岸 40 米的陡岸斜坡上升至 118 米的崎岖岬角）、黑儿（今索马里努加尔州 [Nugaal Region] 的埃勒）、抹儿干别（今索马里东海岸摩加迪沙东北的马雷格）、木骨都束、竹步、卜剌哇（今索马里南部的巴拉韦，又译布拉瓦 [Brava]）等地，与郑和、王景弘访问非洲的大綜船队汇合。

郑和第四次出使要完成比前三次出使更多的使命，完成对非洲沿岸国家的访问为当务之急。所以郑和在到达以前航海的终点古里后，花大力气策划怎样以最近的航程，用最短的时间去非洲访问。要做到这一点，就不能仅沿印度洋沿岸西行，必须另辟蹊径，开辟横渡印度洋直达非洲的新航路。郑和舟师横渡印度洋直航非洲的新航路主要有：（1）自锡兰山国别罗里（一说在今斯里兰卡科伦坡南 32 英里之贝鲁瓦拉 [Beruwala]，一说为距加勒港 [Galle] 东南 13 英里之别里加姆 [Belligamme]）南去顺风 21 昼夜，可至卜剌哇国。（2）自小葛兰国顺风 20 昼夜，可至木骨都束国。（3）自苏门答剌经溜山直航木骨都束。木骨都束和卜剌哇都是当时东非重要的城邦国家。郑和船队主要以这两个国家为直航非洲的航海基地。郑和船队到达非洲的航线虽说至少有四条，但四条航线中有一条是郑和亲率的船队在行驶，这条航线就是大综船队的航线，所以郑和船队到非洲的分綜船队有三路。

郑和下西洋从中国经东南亚，横渡印度洋，到达非洲东岸诸国的航海贸易路线主要有三条：（1）自南京龙湾出发，经徐山、附子门至太仓刘家港。自太仓刘家港至福建长乐太平港。自长乐太平港出发，至五虎门张帆，顺风 10 昼夜可至占城国。自占城向正南行，好风八日至龙牙门（今新加坡南海峡入口处之石叻门），往西行二日至满剌加。自满剌加风 9 昼夜，可至苏门答剌。自苏门答剌顺风 12 昼夜，可至锡兰山港口。自锡兰国往西北好风 6 昼夜，可至小葛兰国。自小葛兰国顺风 20 昼夜，可至木骨都束国。（2）自南京龙湾出发，经徐山、附子门至太仓刘家港。自太仓刘家港至福建长乐太平港。自长乐太平港出发，至五虎门张帆，顺风 10 昼夜可至占城国。自占城向正南行，好风八日至龙牙门，往西行二日至满剌加国。自满剌加顺风 9 昼夜，可至苏门答剌。自苏门答剌顺风 12 昼夜，可至锡兰山港口。自锡兰山国别罗里南去顺风 21 昼夜，可至卜剌哇国。（3）自南京龙湾出发，经徐山、附子门至太仓刘家港。自太仓刘家港至福建长乐太平港。自长乐太平港出发，至五虎门张帆，顺风 10 昼夜可至占城国。自占城向正南行，好风八日至龙牙门，往西行二日至满剌加国。自满剌加顺风 9 昼夜，可至苏门答剌。自苏门答剌经溜山直航木骨都束。这段航程只需 25 天便可由苏门答剌驶至木骨都束。船队沿着横渡印度洋的新航线由中国到东非索马里诸地，较之沿印度半岛、阿拉伯半岛海岸而行，经忽鲁谟斯至东非沿岸，航程由 10 万余里缩短到 3 万余里。

郑和船队从中国沿印度半岛、阿拉伯半岛海岸而行，经忽鲁谟斯至东非沿岸各国的航程为：自南京龙湾出发，经徐山、附子门至太仓刘家港。自太仓刘家港至福建长乐太平港。自长乐太平港出发，至五虎门张帆，顺风 10 昼夜可至占城国。自占城向正南行，好风八日至龙牙门，往西行二日至满剌加国。自满剌加顺风 9 昼夜，可至苏门答剌。自苏门答剌西去 1 昼夜，可至龙涎屿（今印度尼西亚苏门答腊岛北端韦岛北部之巴拉斯岛 Bras ls.）。自龙涎屿西北行 5 昼夜，可至翠兰屿（今尼科巴群岛）。自翠兰山西行 7 日见鹦哥嘴山，再西北行 2—3 日至锡兰山国港口别罗里。自锡兰山国别罗里港口顺风 10 昼夜，可至古里国。以古里为据点，一支船队北航波斯湾直达忽鲁谟斯（自古里国顺风 10 昼夜，可至忽鲁谟斯国），或绕阿拉伯半岛经祖法儿（自古里国顺风 20 昼夜，可至祖法儿国）、阿丹（自古里国顺风 22 昼夜，可至阿丹国），深入红海到天方国，到天方国后再返回亚丁湾到今索马里等东非沿岸各国；一支船队则北航经波斯湾（经祖法儿国、忽鲁谟斯）、亚丁湾（经阿丹国），过曼德海峡，沿索马里的北海岸到东北方再经过须多大屿（索科特拉岛）、葛儿得风（瓜达富伊角）和哈甫泥（哈丰角）到达非洲东海岸的木骨都束、卜剌哇、竹步、麻林、慢八撒诸国；一支船队则经小葛兰再经航东非沿岸的木骨都束、卜剌哇、竹步、麻林、慢八撒等地。郑和下西洋时期，中非之间多条航海贸易路线的开辟，大大地促进了中非航海贸易的发展（见图 2—1）。

二　从小葛兰经航木骨都束是郑和船队横渡印度洋直达非洲的最佳航线

在三条航线中，从小葛兰经航东非沿岸木骨都束的航线是郑和船队到达古里后，横渡印度洋直达非洲的最佳航线。在送走分赴西亚各国的分綜船队，处理完在古里的航海、外交、贸易等事务后，郑和率领船队从古里来到小葛兰国。在小葛兰国，郑和为船队横渡印度洋作了最后的准备，维修船舶，给船队补充副食和淡水，趁印度洋上的东北季风正盛，从小葛兰

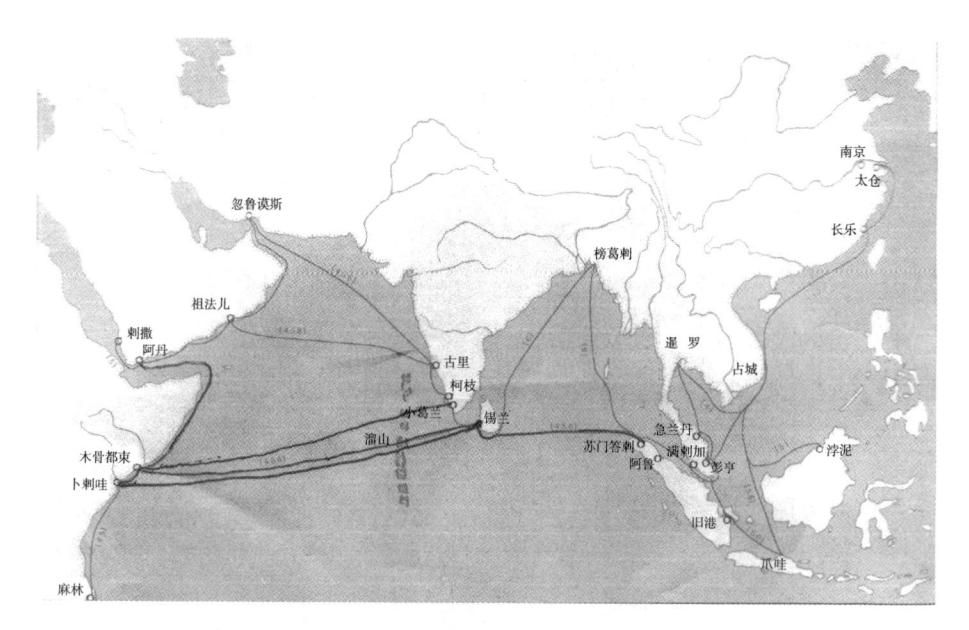

图 2—1　郑和下西洋赴非洲航线示意图

扬帆起航,开始了横渡印度洋的壮举。

郑和船队驶离小葛兰后,先取西南偏南 210 度之航向,行程 2700 里,航行四天半驶至官屿。官屿即官屿溜,今马尔代夫群岛之马累(Male)岛,在郑和下西洋时,称马尔代夫为"溜山国"或"溜洋国",因其是郑和船队横渡印度洋必经之地,所以也成了郑和下西洋所访问的主要国家之一。马尔代夫位于锡兰岛(斯里兰卡)西南方 650 公里的海域里,由露出水面及部分露出水面的大大小小近两千个珊瑚岛组成。郑和使团成员马欢、费信、巩珍等对溜山国作了如下记述:溜山国番名牒幹,无城郭,倚山聚居,四围皆海,如洲渚一般。地方不广。海中天生石门一座,如城阙样,有八处比较大的岛礁,称八大处,或曰八大溜,八溜各有其名,一曰沙溜,二曰官屿溜,三曰人不知溜(一作壬不知溜),四曰起来溜(或曰起泉溜),五曰麻里溪溜(或曰麻里),六曰加平年溜,七曰加加溜,八曰安都里溜。此八处都有人居住,有头目管辖,各溜之间可以通商船。再有近两千小窄之溜,当时传说有小溜三千余。因为流经马尔代夫群岛诸岛屿之间及其周围海域之海流是六个月向东,六个月向西,然其变换时间,则往往突然而来,难以预测,船舶因此遭漂流或失事,加以此处为一大珊瑚环礁群,对航海更具威胁性,被视为航海的危险海域。巩珍在《西洋番国志·溜山国》中说："其余小溜，尚有三千余处，水皆缓散无力，舟至彼处而沉，故行船谨避，不敢近此经过。古传弱水三千，即此处也……行船者或遇风水不顺，舟师针舵有失，一落其溜，遂不能出。大概行船，谨防此也。"巩珍在这里反复强调此处海域为"弱水"，对航海有极大的威胁，此"弱水"就是指当海流突然变换流向，致使该海域形成巨大的旋涡，将航经此处的舟船卷入海里，导致海难的发生。由于当时不能对此做出科学的解释，便从表面现象上以"弱水"来给予说明。当地的土人也说："此弱水三千也，舟行遇风失入溜即溺矣。"此"弱水"在明朝的记载中也称作"软水"，在罗懋登《三宝太监西洋记通俗演义》中有一幅郑和端坐在船上的插图，图框有一行文字曰："软水洋换将硬水洋。"此"软水洋"就是指溜山国一带之危险海域（见图2—2）。

图2—2 明人所绘郑和航海图

郑和船队在航经这一危险海域时，随时注意观测海流、风向的变化，谨防驶入"弱水"，得以顺利在官屿溜登岸，对溜山国进行了访问。郑和拜访了溜山国国王优素福，向他赠送了丰厚的礼品，并表达了同溜山国建立友好关系的愿望。优素福对中国使者的来访甚为欣喜，随即派遣使臣随郑和船队到中国访问。郑和船队在溜山国访问期间，对这个以前只在传闻中听说的国家作进一步的了解，开展了一些贸易活动。溜山国国王、头目和庶民皆是回回，所行悉遵伊斯兰教教门规矩。人多以捕鱼为业，种椰子为生。男女体貌微黑，男子白布缠头，下围手巾，妇人上穿短衣，下亦以阔布手巾围之，又用阔大布手巾过头遮盖，只露其面。婚丧之礼悉依回回教门规矩而后行，与忽鲁谟斯国颇相似。

溜山国一些有人居住的小岛还处于原始聚落状态，当地土人皆巢居穴处，以草木叶遮前后，不识菽粟，以鱼虾为食。溜山国的特产有"趴子"（海趴）和"鱼干"。"趴子"为 Cypraea Moneta 与 C. annulus 两种贝壳。马尔代夫群岛海中产这两种小贝无数，每日当海潮低时，当地居民入海采取二次，涉水深及腰间，以采集附着于岩石上之小贝，每人每日所获有时可多达一万两千余枚。埋入土中，待贝肉腐烂消失，乃将壳取出洗净，盛于椰子叶编成的三角包内运往国外销售。溜山国海商运往暹罗、榜葛剌等国一船趴子，可换回一船多大米，可见其国所产趴子与当地人民日常生活戚戚相关。"鱼干"的制作方法是将溜山海域所产的马鲛鱼每条切成四块，再经烟熏，待完全晒干后，名曰海溜鱼，再运往国外销售，或由各国商贩前来收购。"趴子"和"鱼干"的加工技术虽然并不复杂，但说明溜山国渔民已懂得将海产品进一步加工，作为本地特产出口。

溜山国还广种椰子树，将椰子外皮打成粗细绳索，堆积起来等待印度洋沿岸各处番船上的商人前来收买，再卖与别国作造船等用。当时印度洋沿岸一些国家造船不用铁钉，而用椰子外皮打成的粗细绳索捆绑。汪大渊《岛夷志略》甘埋里条中记甘埋里（今伊朗南部霍尔木兹海峡中霍木兹[Hormoz]岛，一说为今非洲东岸莫桑比克东北海外的科摩罗[Comoro]岛）："其地船名为马船，大于商舶，不使钉灰，用椰索板成片。每舶二三层，用板横栈，渗漏不胜，梢人日夜轮戽水不使竭。下以乳香压重，上载马数百匹"，即是造船用椰绳索捆绑的例子。

溜山国出产龙涎香，渔者常于溜处采得，如水浸沥青之色，嗅之无香，火烧惟有腥气，其价高贵，买者以银钱易之。溜山国还出产一种丝嵌手巾，甚密实长阔，比别处所织的都好。又有一种织金方帕，用于男子缠头，其价银五两。市场买卖通用银钱，王以银铸小钱使用，每个重官秤二分三厘。郑和船队这次主要采购了一些龙涎香和丝嵌手巾等，系用金银、色缎、色绢、瓷器之类进行买卖和交换。时至今日，马累博物馆还陈列着当地出土的中国瓷器和钱币，反映了历史上中国与马尔代夫的友好往来和贸易关系；其肇始之端，正是郑和船队的这次访问。

在与溜山国进行贸易的同时，船队负责后勤补给的人员又抓紧给各船补充淡水和副食。船员还利用余暇参观游览，领略当地独特的风光；他们从未见过这么碧绿清澈的海水，即使在夜间，也能清晰地看到自由自在游水的鱼儿；也没见过那样白得耀眼的沙滩，即使在黄昏，也能准确地数出在细腻的沙滩上优哉游哉爬行钻洞的螃蟹。他们陶醉于这座印度洋上的伊甸园中，连日来在海上颠簸的疲劳一扫而光。

结束对溜山国的访问后，郑和船队再从官屿取西偏南262.5度之航向，向非洲东岸驶去。最初的几天，洋面上吹来阵阵的东北风，清风拂面，舒适恬然，船队犁海而行。六七天时间航行了近一半航程。但接下来风向突然转变，先往东，又向东北，最后再转向北方，水手们配合风向转动风帆，不断改变船的航向，力求减少怪风对航行的不利影响。郑和看到东边天际有一条低黑线，意识到暴风要来了，下令各船降帆。说时迟，那时快，各船刚刚落帆，天空的景色全变了。东边的黑线愈来愈近，刹那间演变成一道黑色天幕，四周一片漆黑，怒吼的风声响遍海面。一直微笑的蔚蓝海面瞬间变成狂乱不已的黑灰色恶魔，满布空中的乌云如同中了魔法般迅速地移动着。风势愈来愈狂，夹带着倾盆大雨，掀起了排山倒海似的浪涛。风雨和狂浪扑打着船的甲板，不时传来绳索绷断和物体相撞的声音，以及兵丁被扑上来的大浪打倒在甲板上的呼喊声。面对暴风雨的肆虐，郑和临危不惧，镇静地指挥各船掌稳船舵，迎着巨浪，利用坚固高大宽广的船体劈波斩浪前行。只见黑沉沉的海面上星星点点的桅灯在风浪中忽明忽灭，螺号和竹梆声此起彼伏，传递着郑和下达的抗击风浪的一道道指令。郑和还不时到各船舱巡视，在晃荡得厉害的船舱里，众人已点燃妈祖塑像前的香烛，正默默地祈求天妃娘娘显灵搭救。船舱里闪烁着烛火的光彩，与阴沉沉的天空中不时劈下的一道道闪电相辉映，在这种迷幻般的光辉中，大家仿佛看见桅杆之上有一盏神灯照耀，表情慈祥的天妃娘娘正笼罩在一片红色光辉之中朝他们挥手示意，指引船队离开险境。祷告好似获得了回应，众人备受鼓舞，不断念着天妃的名字，感谢天妃显灵保佑。对天妃的虔诚信仰鼓舞了大家战胜风暴的斗志。郑和不失时机地指挥众人保持镇定，坚守岗位，及时修复船上被巨浪打坏的部位。

众人的努力奋战，加以宝船庞大坚固，船队总算抵御住了突如其来的风暴袭击，渡过了危难关头。暴风雨过去了，大海又恢复了昔时的安详。与风浪搏斗后已精疲力竭的官兵们一个个散乱地坐在甲板上休息，望着遥远的天际，回想刚才大海的怒吼竟是如此令人震慑。有些官兵庆幸船队在如此险恶的境遇下能转危为安，定为天妃显灵所致，于是向着苍天再三叩首致谢：天妃娘娘救苦救难大发神功，保佑船队脱离危险，来日我等必将重修宫宇，永垂祀典，答谢天妃神佑之功。郑和顾不上休息，又忙着指挥被风暴打得七零八落的船队按原先的队形靠拢在一起；传令各船察看有无被大浪卷入海中的失踪人员，对失踪落水的船员，就地搜寻，尽量减少死亡人数。随船的船舶修造工匠也忙活起来，修补坏损的桅帆、船桨、舱室、栏杆等。经历了暴风雨的洗礼，郑和船队在驶离印度西南海岸后，行程9000多里，航行近20个昼夜，终于完成了横渡印度洋的壮举，来到非洲东岸的木骨都束国。

木骨都束国王闻听郑和使团来访的消息，欣喜异常，立即派大臣将郑和一行迎入王宫，给予最高的礼遇。郑和向木骨都束国王赠送了丰厚的礼品，表达了明朝廷重视与木骨都束建立友好关系的愿望。郑和一行虽兵强马壮，气概英武，但作为和平使者，完全没有入侵者那种盛气凌人、杀气腾腾的模样。刚踏上这陌生的国土，就在当地营造出了亲善友好的氛围。一下拉近了与木骨都束臣民们之间的距离。在会谈中，郑和与木骨都束国王各自介绍了本国的基本情况和各自的需求，达成共识。会见结束后，木骨都束国王在王宫为郑和一行举行了盛大的欢迎宴会，当地青年男女为贵宾们表演了乡土气息浓厚、节奏热烈奔放的音乐舞蹈，将宴会的欢乐气氛推向高潮。兴高采烈的木骨都束国王宣布：将派出使团随郑和船队去中国回访，并为郑和使团在木骨都束开展贸易等活动提供方便。在木骨都束访问的日子里，木骨都束臣民们的配合与帮助让郑和一行的贸易和参观访问活动非常顺利，郑和首访非洲有了一个良好的开端，在邻国中产生了巨大反响，为随后南下访问卜剌瓦、竹步、麻林等国打开了局面。

第三节　船队航海保障与组织联络

一　郑和船队的航海保障

郑和七下西洋的壮举在600多年后的今天仍然令人们惊叹。这一壮举得以实现，郑和船队航海保障得力是一个非常重要的因素。郑和船队的航海保障工作与大航海时代欧洲航海家船队的保障工作不同，各有特点，没有可比性。

永乐时期国家强盛，重视发展海外关系，国家为下西洋作了充分的准备。船队的航海保障工作也是其中之一，得到明朝最高统治者的高度重视。船队的航海保障工作分国内与国外两部分，国内部分主要是保障船队船舶的更新与维修，下西洋各种应用物资的准备；国外部分主要是远洋航海的后勤保障工作，如船队食物和淡水的供应，以及医疗保障等。

郑和船队中的巨型宝船主要建造于南京宝船厂。宝船厂这一名称本身即说明它是以打造宝船为主要生产任务的船厂。明嘉靖年间曾任工部主事，于嘉靖三十年（1551）主持龙江船厂的李昭祥，在谈到宝船厂的设立时说："洪武、永乐中，造船入海取宝。"为"入海取宝"而设厂造船，所造之船称为"宝船"是顺理成章的事了。宝船厂集中了全国的优秀造船工匠，"洪武、永乐时，起取浙江、江西、湖广、福建，南直隶（今江苏省——引者注）滨江府县居民四百余户，来京（指南京——引者注）造船，隶籍提举司，编为四厢。一厢出船木梭橹索匠，二厢出船木铁缆匠，三厢出捻匠，四厢出棕篷匠。"[1] 宝船厂分工细密明确，造船的生产设备也比较先进，加以有国家雄厚的物力财力作后盾，造船不惜工本，能及时完成明朝廷下达的建造宝船的命令，并能保证宝船质量符合远洋航行的要求。数量众多的宝船全靠南京宝船厂承造，事实上也不可能，福建也是当时重要的建造宝船的基地。据《明实录》记载："永乐二年正月癸亥，将遣使西洋诸国，命福建造海船五艘。"[2] 这五艘海船，指明是为永乐三年（1405）郑和第一次下西洋而特别建造的。在此之前，即在永乐元年

---

[1] 李昭祥：《龙江船厂志》卷3·官司志。
[2] 《明成祖实录》卷26。

(1403)五月,明成祖朱棣曾"命福建都司造海船百三十七艘"①。朱棣在临御之初,即着手大力发展中国与海外诸国的邦交,当时他一次下令福建造这么多海船,显然也是为"遣使西洋诸国"作准备的。福建为郑和下西洋打造海船的点,主要是长乐太平港。据清乾隆《长乐县志》记载:"太平港在县西半里许,旧名马江。……明永乐间,太监郑和通西洋,造巨舶于此,奏改太平港。"②此外,还在泉州雇用了民间所造"客舟"。如《西山杂志》上说:"王景弘,闽南人,雇泉州舟,以东石沿海名代导引,从苏州刘家港入海,至泉州寄泊……"③

由于福建长乐、泉州等地在永乐、宣德年间成为建造包括宝船在内的航海巨舶的重要基地,以致在郑和下西洋结束几年之后仍剩余有若干供下西洋用的海船存放于福建。正统四年(1439)七月,琉球国使者巴鲁等来中国进贡,船为海风所坏,琉球国中山王尚巴志以"小邦物料工力俱少,不能成舟",请明朝廷赐给一海舟"以供往来朝贡"。明英宗朱祁镇便"命福建三司于见存海舟内择一以赐之"④。南京及福建等地为下西洋打造船舶的船厂,在船队回国期间也负责船舶的维修工作。在海外,郑和船队在满剌加和苏门答剌设有官厂,其设于满剌加的官厂主要是船队的仓库,其设于苏门答剌的官厂,不但用做仓库,也用做船队的船舶维修基地。船队在海外设立的仓库和船舶维修工场,对保障郑和航海也发挥了重要的作用。

关于郑和船队在满剌加所设"官厂"的遗址究竟在哪里,有两种不同的看法,一种认为在今马六甲的三宝山,一种认为在今马六甲的郑和文化馆。笔者经过近两年的实地考察,同时认真考虑了对马六甲历史研究甚有造诣的马六甲郑和研究会负责人林源瑞局绅等马六甲著名学者及中国老一辈著名南洋史地研究权威、曾任厦门大学南洋研究所所长的韩振华教授的关于"官厂"遗址"应在今之三宝山"⑤的见解,同意林源瑞局绅、韩振华教授等学者的观点,认为郑和船队在满剌加所设"官厂"的遗址不在今

---

① 《明成祖实录》卷19。
② 乾隆:《长乐县志》卷3·港。
③ 《西山杂志》手抄本,福建晋江县图书馆藏本。
④ 《明英宗实录》卷57。
⑤ 韩振华:《郑和航海图所载有关东南亚各国的地名考释》,载韩振华选集之二:《中外关系历史研究》,香港大学亚洲研究中心1999年版,第415页。

郑和文化馆，而在今马六甲的三宝山三宝井旁边。对马六甲和南洋历史研究极深的著名学者许云樵早在1933年就指出："满剌加到现在还有三宝城和三宝井的遗址。三宝城便是郑和下西洋所建立的根据地，三宝井正在城的旁边。"① 所谓"三宝城"，指的就是郑和所建"官厂"，它的遗址在今马六甲三宝井旁边。另据著名南洋华侨史权威宋蕴璞记载："距马六甲市约一条石（原注：即一英里），有古城一座，建于山峰上，名为三宝城。城楼雉堞皆具，纯为中国式之建筑。故老相传系明成祖二年（此误，应为明成祖三年，1405年——引者）太监郑和巡视南洋至马六甲时所建。从历史推之，其说当系属实。……城外更有一古井，名三宝井，亦传为郑和所掘。水极清洌甘美，市人竞喜饮之。马来人则群集井畔，汲其水以冲凉，谓可却病延年。故井上汲水者，终日纷纭不绝，亦一奇观。井旁有宝山亭，供奉郑和神主，土人时有入内膜拜者，或亦饮水思源之意欤？井后有山曰三宝山，为华侨茔墓所在，相传郑和居马六甲时，从人有死亡者，即葬于是间，其后华侨因其地为公共墓地云。"② 笔者在马六甲生活和工作期间，曾多次往三宝井考察，此三宝井非常之大，直径不下七八尺，如同一圆水池，颇有气魄，不愧为郑和广大官兵所用之井（见图2—3）。

图2—3 马来西亚马六甲三宝井

---

① 许云樵：《三宝公在南洋的传说》，1933年7月《珊瑚》第3卷第2期。
② 宋蕴璞：《南洋英属海峡殖民地志略》第3编·马六甲·第3章·调查。

今马六甲河经过 600 余年的淤塞较从前已狭窄了许多，当年其河身可能会及于现郑和文化馆。从安全角度考虑，郑和一行也无可能将集聚了"一应钱粮"的仓库建在马六甲河畔。比较起来，将"官厂"建在三宝山则要安全得多。况且，满剌加一直有三宝山、三宝城、三宝祠、三宝井等与郑和有关的遗迹和传说，历来没有关于今郑和文化馆所在地有郑和遗迹的传说。总之，"故老相传系明成祖二年（此误，应为明成祖三年，1405 年——引者）太监郑和巡视南洋至马六甲时所建"之三宝城，就是郑和所建之"官厂"；而《郑和航海图》所标"官厂"的位置，也与三宝山所在地相符。

在下西洋应用物资的准备方面，南京作为郑和航海在国内的主要基地，承担了主要任务。在郑和第七次下西洋前夕，宣德五年（1430）七月二十六日，明宣宗朱瞻基就下西洋应用物资的准备给南京守备太监杨庆、罗智、唐观保、大使袁诚下了一道诏书："今命太监郑和等往西洋忽鲁谟斯等国公干，大小船六十一只，该关领原交南京入库各衙门一应正钱粮并赏赐番王头目人等彩币等物，及原阿丹等六国进贡方物给赐价钞买到纻丝等件，并原下西洋官员买到磁器铁锅人情物件，及随船合用军火器、纸札、油烛、柴炭，并内官内使年例酒油烛等物，敕至，尔等即照数放支与太监郑和、王景弘……，关领前去应用，不许稽缓。"①诸如上述"随船合用"的各种物资都是船队航海保障不可或缺的，由明朝最高统治者直接命令郑和航海基地的最高行政长官负责筹措，这就能够使船队有关航海保障工作一步到位，不致有所疏漏。除南京外，郑和船队在国内的重要航海基地还有江苏的太仓和福建的长乐。在京城主要为船队准备金币银两铜钱、各色纻丝纱锦及粮食军器等物，在太仓装入大批的瓷器，各色纻丝、缎匹、纱棉及盐酱茶酒油烛等件。

福建沿海，特别是泉州，远洋航海业发达，在航海保障方面有着深厚的基础。从南宋至元代，泉州由于具备种种发展海上贸易的优越条件，对外贸易超过了素称繁荣的广州港，跃居全国首位。南宋以来，与泉州海上通商频繁的国家不仅有东亚、东南亚、南亚、西亚诸国，而且有远在东非的桑给巴尔、索马里，北非的埃及等国，其中以大食（阿拉伯）、占城、三佛齐、阇婆等国与泉州的海上贸易往来最为密切。宋代经泉州港出口的

---

① 巩珍：《西洋番国志》·卷首。

商品主要有陶瓷器、丝绸、绢帛、锦绫、铜、铁、铅、锡、金、银、钱币、铁器、漆器、糖、酒、茶叶、川芎、朱砂、大黄、黄连、白芷、樟脑、麝香、荔枝等60多种,其中瓷器、丝织物为最主要的输出品。元代泉州港出口的商品主要有丝绸纺织品、瓷器、金属制品、食品、医药品等,仍是以丝织物和瓷器为最主要的出口商品。其中泉州产的"泉缎"驰名海外,远销南洋、印度、西亚、东北非、欧洲各地。到了明代,泉州虽然没有以前那么繁盛了,但仍可为郑和下西洋提供丰富的物资和人力资源。船队来到长乐后,在等待冬季信风的同时,往船上搬运从福建及周边省区征购来的土特产和传统的外销产品,以及其他海外贸易所需的货物。船队自太仓起航以来消耗的粮食、淡水、蔬菜、水果和各种副食品等也在这里得到了补充。在郑和船队驻泊的口岸,往往呈现一派繁忙的供输场景(见图2—4)。

图2—4　泉州长乐码头供输图

《闽都别记》中记述,郑和率领船队来长乐驻泊期间,长乐太平港聚集了500余艘船只。这些船只中的绝大多数是为下西洋船队提供各种需用物资而来到太平港的。船队在长乐期间又招募了一些福建地区富有航海经验的火长(船长)和水手;他们世代以航海为生,尤其是一些惯常远洋航海的火长和水手,其航海经验和航海技术在沿海各省船民中都是最优秀的。船队驶离长乐以后,就要远离近岸,向大洋深处驶去了,所以一定要保障大小船舶没有隐患,经得起惊涛骇浪的考验。因此,船队在长乐候风期间，船队的木捻、搭材、铁锚等工匠进行船舶的保养和维修，这也是船队航海保障工作的一个重要方面。

中国拥有悠久的航海传统，在远洋航海的后勤保障方面，尤其是食物和淡水存储方面，积累了丰富的经验。郑和使团中的庶务人员由买办、书手、办事、余丁、民稍、养马、小厮、厨役、家人等杂佐（后勤）人员组成，船队的航海后勤保障工作主要由他们承担。郑和航海的区域多位于亚热带和热带，物产丰富，在食物方面，各类主食和副食皆有。主食主要有大米、大麦和小麦；副食畜类有鸡、鸭、鹅、牛、羊、马、驴、猪、鱼等，野味有鹿、兔、驼鸡、骆驼肉等，更不乏新鲜蔬菜和水果；此外，还有各种植物的、矿物的和动物性的药材可供给船队生活和医疗所需。郑和船队与所访问的亚非各国建立了睦邻友好关系，可给予郑和船队的食物、淡水以及其他后勤保障工作以有力的支援。郑和下西洋每一次都访问了众多的国家，又采取了大艅船队和分艅船队分头活动的方式，所以每一段航程需时都不算太多，少则一天或几天，多则十几天，很少有超过二十天的，能够对船队在前一段航程中所消耗的食物、淡水等进行充分补充，伤病员也可以转移到陆上医治和疗养。郑和船队除了利用在各国访问之际随时采办各色蔬菜和水果来解决吃菜和补充维生素的问题，还靠发豆芽来解决此问题。我们在史籍中见不到有关郑和使团人员患坏血病一类的问题，而此类问题却是欧洲航海家在远洋探险所遇到的主要问题之一，这是中西方航海条件迥然不同所使然。

医疗保障也是郑和下西洋航海保障的一个重要方面。郑和下西洋，远离祖国，长期漂泊于异国他乡，要在各种气候条件下，在水土各异的区域里与海洋作斗争，与形形色色的流行病与地方性疾病作斗争。战胜种种疾病的侵袭，保障航海人员的健康，是胜利完成规模空前的远洋航海事业的前提。在郑和使团中有医官医士共180名，船队平均每150人配备一名医生，有不少的医官和医士选自太医院。据《嘉兴府志》记载："陈以诚，号处梦，枫泾（属浙江嘉兴——引者注）人。善诗画，尤精于医。永乐间，应选隶太医院，累从中使郑和往西洋诸国。归擢院（指太医院——引者注）判。"[①] 像陈以诚这样以精通医术而被选入太医院的名医被派到郑和使团中担任驻船医官，足见明朝廷对郑和船队的医疗保障是极为重视的。

[①] 《古今图书集成·博物汇编·艺术典》531·医部·医术名流列传，引《嘉兴府志》。

在郑和使团的医官中还有一些"御医",都是当时全国第一流的医生。郑和使团中的医务人员医术高明且人数众多,是因为他们除了随时要给使团成员治病外,还要对所经国家和地区进行流行病学的调查工作,以对各地的流行病和地方性疾病及时采取预防措施。这种调查工作包括了解各地能导致疾病发生的气候、水质等地理环境因素,疫情以及"瘴气"的状况;还要了解当地治疗地方病的方法、本地的相关药物和处方等。郑和船队中的医生们,具有丰富的卫生保健知识,按照卫生学方面的要求合理安排使团成员在海上航行或在各国停留期间的日常生活,以增强免疫能力。这些随船的医生们也会利用自己特殊的有利条件,沿途注意搜集各种未曾见过的药物,并作出鉴定,对所至各国在医学、药学和营养学方面的独到之处,也很注意吸收。这样,不仅进一步提升了船队的医疗条件,而且丰富了祖国的医药学宝库,为中国的医学事业作出了贡献。

这些医官医士是有姓名事迹可考的,除前面介绍过的太医院医生陈以诚外,还有陈常、彭正等人。据《松江府志》记载:"陈常,字用恒,上海人。世业儒。常传外氏邵艾庵医,即有名。永乐十五年,遣使下西洋,常以医士从。历洪熙宣德间,凡三往返。恭勤厚谟,上官皆器重之。……计所涉历,自占城至忽鲁谟斯,凡三十国。平生足履人所不到,目见人所不知,未尝自多。临终但曰:今不葬鱼腹矣。子经,字宗理,世其医。教授里中,循循有矩度。"[①] 陈常不仅医道高明,而且责任心极强。为郑和使团服务的医官医士必须是医术医德兼优的人才,否则对工作是不能胜任的。又据《江南通志》记载:"彭正,字恩直,太平府人。永乐间,以良医再使西洋。子宾世其业。"[②] 中国古代有句俗话:"不为良相,便为良医。"彭正世称其为良医,可见也是一位修养深厚的医务工作者,是郑和使团中一位值得尊敬的人物。陈常和彭正都有一个特点,就是子传父业,形成医学世家。这从一个侧面反映出郑和使团中的诸位名医在屡次下西洋从医的过程中,一方面为保障下洋官兵的健康作出了重要贡献;另一方面又在接触治疗形形色色疾病的同时,使自己的医术提高、经验丰富,远远超过在国内一般情况下所能达到的水平,从而能够将高超的医术传之后人,形成医学世家。

---

① 《古今图书集成·博物汇编·艺术典》531·医部·医术名流列传,引《松江府志》。
② 同上。

郑和航海对使团人员的身体健康问题十分关注，为之投入了足够力量，组织了阵容强大的医疗队伍，建立了完备的医疗制度，充分显示出其"科学航海"的特色。郑和船队医疗保障之先进在世界航海史上是没有先例的。

二 郑和船队的通信系统

郑和七下西洋，每次人数都在两万七八千左右，动用船只多则200余艘，一般不少于100艘。如此庞大的船队，一次访问那么多国家，最后众船一起"结鯮回还"，说明船队有着相当好的通信联络系统。

关于郑和船队是怎么解决通信联络问题的，目前还没有专门的论述。一些郑和论著中关于这个问题的描述都是根据罗懋登《三宝太监西洋记通俗演义》中的记述，认为在没有无线电通信手段的15世纪，所能用的海上通信手段只有视觉通信和听觉通信，也就是靠旗、灯和音响信号。《三宝太监西洋记通俗演义》记载，郑和船队的通信手段是："昼行认旗帜，夜行认灯笼，务在前后相继，左右相挽，不致疏虞，如遇敢有故纵，违误军情，因而偾事者，即时枭首示众。"对"昼行认旗帜"有具体说明，"号带一条，大桅旗十顶，正五方旗五十顶"即代表不同含义的各色旗语。夜间通信联络办法主要靠灯笼，该书中有"灯笼一百盏"的记载。如遇海上能见度低时则用音响信号进行联络，该书中提到的"大铜锣四十面，小锣一百面，大更鼓十面，小鼓四十面"等物件，除作为作战指挥用之外，还可用于传达号令和信息，以便在能见度不佳时，保持有效的联络。除锣、鼓之外，还有喇叭和螺号也用于通信联络。即使天气良好时，音响信号也可用于指挥诸如前进、后退、举炊、集合、起碇、升帆、抛锚等活动。需说明的是，《三宝太监西洋记通俗演义》中的有关记载并非来自郑和航海的第一手资料，如同其对郑和船队编队的描写系抄自戚继光的《纪效新书》一样，该书对郑和船队相互联络的描述也来自《纪效新书》。即便如此，郑和船队各船之间近距离联络靠旗、灯和音响信号应该是不会离谱的，只是具体的布置和操作方法未必像《三宝太监西洋记通俗演义》中的有关记载那样，那毕竟只是戚继光水军的联络方法。由于戚继光的水军没有进行过远洋航行，在《纪效新书》中就没有关于船队如何进行远距离联络的记载，罗懋登无从抄起，在《三宝太监西洋记通俗演义》中也就少了有关记载，导致今天的有关论述中也缺乏这方面的内容。

郑和下西洋在南洋一带经常停留的地方，如苏门答剌、满剌加等地，不仅有所设的"官厂"，还有所设的联络和通信的机构、设施，以便明朝廷与郑和使团之间，郑和船队大䑸与分䑸之间及时互通消息。郑和船队常年活动在海外，却能与本国之间，以及在大䑸和分䑸船队相互之间保持联系，及时传递信息，说明船队建立了快捷有效的通信系统。这个系统就是靠训练信鸽而建立的航空传递系统。

人类利用信鸽作为远程通信工具有着悠久的历史。有关使用信鸽的最早记载出自埃及。公元前3000年左右，埃及人就开始用鸽子传递书信了。到公元前12世纪，埃及人一直把鸽子当做军事通信的工具。大约公元前1世纪40年代，古罗马恺撒大帝的将军们在战争中已开始使用信鸽。在近东地区，中世纪的阿拉伯人将养鸽和驯鸽的技艺发展到了炉火纯青的地步。公元632年穆罕默德辞世后，统治穆斯林帝国的历代哈里发，将信鸽邮递发展成为国家机关中一个正规的航空邮寄系统。在中国，相传早在楚汉相争和张骞出使西域的时候，鸽子就被用来传递信息了。隋唐时期，在广州等地已开始用鸽子通信，《唐国史补》记载："南海舶，外国船也，每岁至安南、广州……舶发之后，海路必养白鸽为信，舶没，则鸽虽数千里亦能归。"这说明在海上远航的人们已用鸽子传递信书，向家人报平安了。唐宋时期，养鸽之风极盛，杭州一带以养鸽为乐，在鸽腿上系上风铃，数百只群起群飞，望之若锦，风力振铃，铿如云间之珮。当时民间好鸽，皇室也不例外，唐朝宰相张九龄在家乡岭南曾养群鸽，并用鸽子与家人往返传递书信。南宋高宗赵构更是迷恋养鸽，甚至不理朝政，故有人曾写打油诗，《古杭杂记》中写道："万鸽飞翔绕帝都，朝暮收放费工夫；何如养取云边雁，沙漠能传二圣书。"明朝时，我国的养鸽已具相当水平，据《鸽经》记载，明朝正统年间在淮阳，一日大风雨，有鸽坠落在主人屋上，十分困乏。被捉之后，正准备杀吃，忽见足上有一油纸封裹的信函。看封面题字可知该鸽从京师来，时间仅三天。从这段记载可以看出，从淮阳到京师空距七百多公里，只用了三天，足见当时信鸽的飞翔水平。中国人训练鸽子的技艺虽然也有悠久的历史，但封建统治者并没有像阿拉伯历代哈里发那样，建立起使用信鸽的国家情报网，在中国古代通常只出于商业目的而使用信鸽。郑和船队可能就是依靠飞鸽传书来完成通信联络的任务，帮助船队建立起了完善的航空传递系统。明朝廷所设立的旧港宣慰司对郑和船队在海外建立四通八达的航空传递系统，也起到了积极的作用。

第四节　郑和力剿大海盗保"静海"

一　郑和第一次下西洋剿灭海盗陈祖义

明朝初年，中国东南沿海及东南亚海域海盗十分猖獗。除活跃于中国东南沿海的倭寇外，国内一些犯事亡命之徒也逃往这一带，纠众滋事，干起海盗的勾当。洪武年间，在占城沿海，海寇张汝厚、林福等自称元帅，专事海上劫掠。在蓝玉案中株连被害的庐江何某的第四子逃亡出海，集聚了一帮海寇，拥有不少船只，势力甚强。在元末明初社会战乱之际，广东、福建沿海地区有不少人流落海外，来到三佛齐栖身。时有南海（今广州）人梁道明，背井离乡，带领全家移居三佛齐，筚路蓝缕，辛勤经营，累月经年，终成当地有影响的人物。在梁道明之后，陆续又有广东、福建军民数千人浮海而至三佛齐，公推梁道明为当地华侨的首领，施进卿为梁之副手。在洪武年间，又有广东人陈祖义，在家乡触犯刑法，携全家畏罪潜逃到三佛齐，依靠武艺和狡诈，逐渐建立功劳，赢得一部分人的支持，开始与施进卿争位。洪武三十年（1397），三佛齐为爪哇所兼并，国废，然而爪哇并不能控制三佛齐全境，在爪哇势力达不到的地方，华侨联合当地土著居民建立了自己的势力范围，形成一定规模的城邦，作为自由贸易的港口，并将此地命名为"旧港"（今印尼苏门答腊东南部巨港），梁道明成为旧港的华侨首领。永乐三年正月戊午（二十一日），明成祖朱棣遣行人谭胜受、千户杨信等往旧港招抚梁道明，梁道明受诏返回祖国，明成祖朱棣给予他丰厚的赏赐。随后，施进卿顶替梁道明，成为旧港华侨的首领。此时陈祖义也已羽翼丰满，建立起一支5000余众的海盗武装。旧港位于马六甲海峡的东南端，是中国从东南亚通过马六甲海峡进入印度洋的海上交通孔道，地理位置十分重要。陈祖义占据此地，成为海盗集团的首领，贪婪凶狠，在旧港一带称王称霸，骄横不可一世，且在海上劫持过往商旅和各国使节，阻断中国与海外国家间的正常交往。

郑和第一次下西洋，初到旧港即着手解决海寇陈祖义"为盗海上"的问题。《南京静海寺郑和下西洋残碑》中有"永乐四年，大䑠船驻于旧港海艅"的记载，可见郑和为对付陈祖义海盗集团，初到旧港就把船队整个武装部队部署在旧港海口，严阵以待，准备一举歼灭陈祖义。郑和船队虽然拥有强大的军事力量，但起初还是想以和平方式争取陈祖义等改邪归正，先对陈祖义等进行招谕。郑和直截了当地向陈祖义晓以大义，劝其归顺。陈祖义心怀鬼胎，虚与委蛇，满口答应待郑和返回时，即随同到明朝廷受封。郑和早知陈祖义凶狠狡猾，见他如此痛快受招，虽然怀疑，但一时之下也无证据，只能待返回时再辨真伪。

郑和离开旧港后，陈祖义即盘算着如何发兵劫掠郑和船队。当郑和船队返回旧港时，陈祖义第一时间得到了消息，马上召集大小头目商议劫掠郑和船队方案。陈祖义同众头目议定，待郑和来访，仍佯装归顺，麻痹郑和，趁郑和完全松懈，半夜时分发动突袭。商议已定，众头目纷纷返回营地布置，准备大抢一场。正当陈祖义磨刀霍霍之时，郑和来访了。此次郑和会见陈祖义就是要他以实际行动接受招抚，遣散或收编其海盗武装。陈祖义为蒙蔽郑和，假意允诺解除武装，并再次表示愿随郑和到朝廷接受封赏。郑和一行返回船队时，陈祖义又派人将船队所需补给送上船，趁机暗中侦察郑和舟师的虚实。

在陈祖义一伙磨刀擦枪之时，旧港华侨头领施进卿秘密潜至郑和船队，向郑和报告了陈祖义的阴谋。陈祖义为了使旧港完全置于自己控制之下，与施进卿争夺领导权，彼此之间存在着尖锐的矛盾。郑和对此种情形素有所闻，对施进卿为人正派也有了解，所以对密报深信不疑，立即召集部将研究应敌作战方案。针对陈祖义将进行夜袭，在天黑之前，郑和命船队仍保持原队形，一字并列排靠在海口，给陈祖义以毫无戒备的假象。当夜幕开始笼罩大海之时，靠夜色的掩护，郑和命船队迅速改变队形，呈口袋状，张网以待。

随着夜色渐深，郑和舟师各船逐次熄灯，一时间，仿佛整个船队都进入了梦乡。陈祖义从岸上远远望见驻泊郑和船队的海域一片漆黑，心中狂喜，亲自率领全部盗匪，分乘17艘海盗船向郑和船队奔袭而来。没过多久，快速前进的海盗船队已进入郑和为他们布下的天罗地网，只听得一声炮响，不待陈祖义发起攻击，郑和舟师已将陈祖义海盗船队分割包围，各种火器向着如同瓮中之鳖的海盗船猛烈开火，弓箭手将一排一排的箭矢射向熊熊燃烧的海盗船只。突如其来的攻击，打得陈祖义一伙晕头转向，眼看被火光映红照亮的大海上，郑和舟师从四面八方迅速逼近，官兵们纷纷跳上海盗船，奋勇杀敌。已失去斗志的海盗们，大多数只能勉强招架，几无还击之力。燃起熊熊大火的海盗船上，幸存的海盗们慌不迭地跳海逃命，来不及逃的则随船葬身大海。

这一战，郑和舟师大获全胜，陈祖义海盗船队的 17 艘贼船中，十艘被烧毁，七艘被郑和官兵俘获，共歼海盗 5000 余人，生擒陈祖义、金志名等海盗首领，缴获铜伪印两颗。陈祖义海盗团伙长期称霸海上，凶横强悍，不可一世。郑和舟师能够一举歼灭这股顽敌，可见其海战能力之强。郑和是一位久经战场的杰出军事将领，郑和舟师编队严谨有序，海战中便于指挥；打仗讲究战术，能攻能守，机动灵活，使庞大的船队不致在大规模的海战夜战中陷入挨打被动的局面，而能集中优势兵力，出奇制胜，快速歼灭来犯之敌。永乐五年（1407）七月，郑和将陈祖义等三名贼首械押回京，明成祖朱棣下令一律斩首，给予那些逃往海外以掠海为生的海盗以极大的震撼，旧港一带从此平定。

中世纪是海盗多发的时代，郑和船队在长达 28 年的时间中广泛活动在极其辽阔的海域中，应该不会只在旧港，只遇到一个陈祖义海盗集团！由于郑和下西洋的档案已经毁掉，现存史籍对郑和下西洋的记载又比较简略，难以考察郑和船队在海外遭遇其他海盗的情况。但有外国学者在国外看到的资料中记载了郑和船队在其他海域遭遇海盗的一些情况。法国学者弗朗索瓦·德勃雷所著的《海外华人》一书记载："一天，郑和船队的一部分遭遇了海盗，几艘宝船在婆罗洲北岸（文莱即在婆罗洲北岸——引者注）陷入歧途。他们受着季风的威胁，船只遭到破坏，于是这一部分的五千人不得不在荒凉的海滩上停留几个月。"[①] 从中可知当年郑和船队一部分的五千人在今文莱附近海域曾遭遇海盗，耽误了正常的航程，错过季风，不得不在文莱"荒凉的海滩上停留几个月"。看来这部分官兵最后是战胜了这股海盗，保存了实力。由此可见，与海盗的斗争也是郑和下西洋历史的一个不可忽略的组成部分。

二　旧港宣慰使司的设立实现了东南亚"静海"新局面

郑和舟师清除陈祖义势力后，永乐五年九月戊午（初八），施进卿遣婿丘彦诚来南京朝贡。明成祖朱棣对除掉陈祖义这个心腹之患已感宽慰，现在有功于朝廷的施进卿又遣女婿前来朝贡，表达效忠于明王朝的心意，朱棣心中大喜，盛情接待了丘彦诚一行，分别给予赏赐。明成祖朱棣在考虑旧港的前途和地位时，与郑和等大臣反复讨论商议，一致认为，旧港不

[①]　[法] 弗朗索瓦·德勃雷：《海外华人·序》，新华出版社 1980 年版。

同于海外诸番国，是在海外国家统治势力达不到的情况下，由国内迁徙去的流民经过自己的开拓经营而建立起来的自主管辖的地盘，还应该由他们自己来管理。因为这些人都是中国人，没有与当地人同化，不宜把此地等同于海外国家，单独立国。比较妥善的方案是仿照国家管理边疆地区少数民族的办法，设旧港宣慰使司。

明朝为便于管理边远地区少数民族，设立土官宣慰使司，负责全权处理边远地区少数民族的各项事务。宣慰使司置宣慰使一人（从三品），同知一人（正四品），副使一人（从四品），佥事一人（正五品），经历司经历一人（从七品），都事一人（正八品）。宣慰使一职一般由原地方首领担任。明朝廷既决定设旧港宣慰司，顺理成章地就要让施进卿任宣慰使之职，对旧港地区实施管辖权。于是，明朝廷趁施进卿派使来朝之际将这一方案付诸实施，正式任命施进卿为旧港宣慰使，赐予他印诰、冠带、文绮、纱罗等，旧港的地位问题就此稳妥地得到解决。明朝廷在旧港设立宣慰使司，不从朝廷派员，而直接委命与施进卿，一方面由于他本来就是旧港酋长，在当地有较高的威望；另一方面，他揭露陈祖义，立下奇功。

陈祖义海盗集团被剿灭，旧港宣慰使司的设立，一举奠定了东南亚安定的局面。海路畅通，东南亚沿岸各国人民得以安居乐业，随着旧港周边出现一派"静海"的气象，无海盗袭击之忧的海外各国使节和商队纷纷来到中国，加强了中外之间的海上往来，明朝在海外的威望也跟着树立起来。

第五节　郑和船队是否绕过好望角

一　郑和船队个别分舯探险航行绕过好望角

郑和第六次出使是永乐时期的最后一次下西洋。在前五次下西洋的基础上，这次航海内容更为丰富，船队的航程也更为复杂。郑和充分利用以往积累的航海经验，运筹帷幄，指挥船队开拓进取，乘护送忽鲁谟斯、阿丹、祖法儿、剌撒、卜剌哇、木骨都束、古里、柯枝、加异勒、锡兰山、溜山、南渤利、苏门答剌、阿鲁、满剌加、甘巴里等16国使臣回国之便，往更远的海外诸国和地区进行了访问。这次出使与前五次显著不同之处是大艅宝船到满剌加、苏门答剌后，分舯船队前往各国。此时，郑和船队经过五下西洋的航海实践，已熟知印度洋、南洋蛛网交错的航路，以分舯航行为主又使船队具有较充分的海上行动自由，更增多了海上探险的成分。

图 2—5　著名的好望角

郑和船队到达非洲东海岸后，自木骨都束沿岸南下，依次访问了卜剌哇、竹步、麻林地、慢八撒、比剌和孙剌。"比剌"和"孙剌"两国，据《明史》记载："又有国曰比剌，曰孙剌，郑和亦尝赍敕往赐。以去中华绝远，二国贡使竟不至。"这两个国家，在当时中国人的地理概念中是距离"中华绝远"的海外国家，是位于"西洋"尽头的国家。所以，要知道这两个国家位于何处，首先就要明白在当时的地理概念中，"西洋"（即今印度洋）"尽头"在何处，或者说从"西洋"东部往西扩展，到哪里为止。由于阿拉伯人所处的地理位置，他们往印度洋西部沿海，或沿非洲东部沿海南下航海的历史比较悠久，或与东非沿岸诸国开展贸易，或向东非诸国移民，对东非沿海海域比较熟悉；在长期的航海实践中，对印度洋西部往南海域的范围，即印度洋往西尽于何处，逐渐形成了一定的概念。在14—15世纪之际，在阿拉伯人的地理概念中，印度洋东起"中国东部"，西尽"僧祇人海岸的索法拉"，或"僧祇国的索法拉"，即莫桑比克岛。据权威的新版《伊斯兰百科全书》记载，莫桑比克岛最早的名字是 Bilād-al-Sufāla。在这个阿拉伯语地名中，al 是冠词，Sufāla 就是索法拉。Bilā 是名词"国家"的意思。因此，"Bilād-al-Sufāla"就是指索法拉国；而"比剌"则是"Bilād-al-Sufāla"中"Bilād"的对音，也即是对"Bilād-al-Sufāla"（索法拉国）的简略音译。由此可见，郑和所访问的比剌国就是莫桑比克岛。孙剌与比剌相邻，并位于比剌之南。在《达伽马的阿拉伯领航员马季得的三份新见航程志》中有这样一段话："向大陆方向航行，抵达大陆线,同伴啊,直至有名的 Sūlan,这是 Sofāla 以南的一处浅滩。我的领航员,到处是沙子!此处无粘泥,也无珊瑚礁。"在这份 15 世纪末的阿拉伯航行指南中提到的 Sūlan,与 Sunla(孙剌)对音音值基本一致,应是孙剌所在之地。孙剌在莫桑比克岛以南,近于东非沿岸的南端,是当时沿东非海岸南下航行位于最南方的港口,在郑和航海时代,通常被视为自印度洋由东往西航行的终点,既是"西洋"的尽处,也是"去中华绝远"的国家和地区。比剌和孙剌对郑和船队来说虽然比较陌生,却为其周边国家的一些惯经航海者所熟知,郑和在对非洲东部沿海国家访问时,从他们那里了解到这两个国家的一些情况。尤其郑和船队访问的慢八撒、麻林地等地,距比剌和孙剌已经不远了。东非坦桑尼亚的首都达累斯萨拉姆为唐代所开辟的沟通亚非两洲的远洋航线的终点,在唐代著名的理学家贾耽记述的《广州通海夷道》中已有记载,可见在郑和下西洋之前,中国人航海到坦桑尼亚已有悠久的历史。在此基础上,郑和船队访问非洲,自北而南依次访问了肯尼亚、坦桑尼亚境内诸国之后,敢于继续南下航行索马里,来到比剌和孙剌,将郑和使团正式访问的海外国家扩展至在当时看来位于"极天际地"的地区,也即是位于"西洋"终点的地方,就是完全可能的了。

郑和船队在第六次下西洋中,开赴东非沿海的远洋分舻船队曾南下航过莫桑比克海峡,进入南非海域。1459 年,即郑和船队停航 26 年以后,在欧洲地图家弗拉·毛罗绘制的世界地图上有两段注记提到,从印度起航的中国帆船(junk)在郑和第六次下西洋期间(1421 年以后)曾进入南非海域,甚至到达好望角附近。其中的一处标明在索法拉角(德尔加多角)和绿色群岛(阿尔达布拉群岛、科斯莫莱多群岛,科摩罗群岛)的外海,曾有船先西南后转西做过海上冒险,往返达 4000 英里,远至非洲西海岸,推测至少越过了非洲南端的厄加勒斯角。另一处在迪布角的记述是:"约在 1420 年来自印度(extra gangem)的一艘中国帆船,通过男、女岛,绕过迪布角,横越印度洋,取道绿色群岛和黑水洋,向西和西南向连续航行四十天,但见水天一色,别无他物。据随员估计,约行 2000 英里。此后情况不妙,该船便在七十天后转回迪布角。"海员们曾登岸求食,获见巨大的鸵鸟蛋。[①] 根据这两段记述,这次出使赴非洲的一支分舻船队自索马

---

① 尤素甫·卡米勒:《非洲和埃及地图集》(Yusuf Kamal, monumenta cartographia Africae it Aegypti)第 10 卷第 4 册,1409 页以下,见李约瑟《中国科学技术史》第 4 卷第 3 册。

里、肯尼亚向坦桑尼亚继续南下；另一支分艅船队则从拉克代夫和马尔代夫群岛向西通过奔巴岛和桑给巴尔岛，然后折向西南，与从索马里、肯尼亚南下的船队先后取道绿色群岛，穿越莫桑比克海峡，航经马达加斯加岛、莫桑比克、南非沿海；其中一支分艅船队继续南下进行海上探险，绕过厄加勒斯角、好望角，进入大西洋，深入西南非洲沿岸。这两支分艅船队的远航，把郑和下西洋的航程向着印度洋西南方，延伸到比"去中华绝远"的比剌和孙剌更远的地方。

二 明慎懋赏辑的《海国广记》一书中有下西洋老兵到非洲的记载

明慎懋赏辑的《海国广记》一书在"以下诸国皆永乐、宣德间中官使西洋，有随去周老人者所说"条中，列举了须文达剌、特播里国、曼陀郎国、苏吉丹国、麻呵斯离国、伽里那国、麻那里国、马哈国、放拜国、板葛腊国，并介绍了这些国家的特产，将这些国家归入"西南夷"诸国中。其中须文达剌、苏吉丹都是印度尼西亚一带热带岛国，是我们今天可以查考到的；其余尚待考证的各国当为郑和分艅船队在传统航线以外进行海上探索所访问的一些从未到过的国家。其中"特播里国波罗蜜大如斗，甜瓜围三四尺；曼陀郎国西瓜重五六十斤，石榴如斗"，具有明显的热带瓜果的特征。"伽里那国绵羊重二百斤，逢春割其尾，以药涂之，次年复生"，亦颇似热带地区的特产。尽管这些国家的确切位置尚不能确定，但其既归入苏门答剌、苏吉丹等南洋热带岛国的范围，而又不在马来半岛、苏门答腊岛、爪哇岛（属于这几岛范围的诸南洋岛国，由于明代以前已与中国有着传统的交往，郑和使团又多次去那里访问，我们今天是比较清楚的）的范围以内，也不在东非沿岸，那只有在新几内亚、所罗门群岛、澳大利亚或在北非、西非一些国家。这一些地区国家的物产都具有热带国家的特征，在当时又属于"西南夷"；所以，周老人曾去过的所在位置尚不能确定的一些国家，不能排除包括北非、西非国家的可能性。其中特播里国，即《岛夷志略》中记载的特番利，为今埃及塞得港西之杜姆亚特，其地有一老港名 Damiyat，在 12—13 世纪时同亚历山大港（Alexandria）并为埃及最大海港，则此特播里国即为非洲沿海国家。

就郑和船队之规模、装备、技术等航海能力而论，当时完全能完成地理大发现，这已为中外史学界所公认。郑和船队绕过好望角而进行的海上探索已踏上环球航行的门槛，达到能完成地理大发现的边缘。

第三章　郑和远航非洲深远意义

《郑和航海图》创造性地继承了中国古代地图绘制的优良传统，在科学航海方面达到了当时所能达到的最高水平，而且集中体现了当时中国对海洋认识的科学水平，适应了发展大规模远洋航海的需要。凭借着《郑和航海图》，郑和船队纵横驰骋于太平洋和印度洋各海域，发展起了亚非各国、各地区之间纵横交错的海上交通，在航海史上开辟了一个时代，对后来的航海者在西太平洋和印度洋上的航行起到了承前启后的指导作用，影响极为深远。

郑和下西洋之前，中国与非洲国家的往来虽然逐渐增加，但主要是少数商人的贸易活动，没有中国朝廷的使团访问过非洲，总体而言，中国人对东非沿岸各国还是相当陌生的。郑和使团对东非诸国进行了多次访问，彼此间密切往来，大大加深了对这些国家的了解。郑和船队携带大量的金银、丝绸、锦缎、瓷器、漆器等，与非洲沿岸国家开展了广泛的贸易活动，换取了大量的龙涎香、没药、乳香、象牙等当地特产，以及"麒麟"（长颈鹿）、斑马、狮子、犀牛、金钱豹、驼蹄鸡等奇珍异兽，在彼此沟通的基础上，加强了中国与非洲各国的航海贸易。郑和下西洋时期中国与世界各国的文化交流对促进中国与世界各国的社会安宁，向和谐世界迈进，作出了重要的贡献。西方早期殖民者在非洲的灭绝行经，与郑和下西洋时的中非友谊相比，有天壤之别。这令人信服地说明了郑和下西洋在历史上的进步意义，郑和远航非洲在世界上的影响始终是正面的、积极的。

第一节　《郑和航海图》的绘制与影响

一　《郑和航海图》在绘制上受中国古代传统山水画形式地图的影响

《郑和航海图》原名为"自宝船厂开船，从龙江关出水，直抵外国诸番图",为郑和出使水程之一种,此图赖茅元仪《武备志》收录而流传至今。

《郑和航海图》首页绘有南京静海寺图示,证明本图制作于此寺建成之后。关于南京静海寺建成于何年何月,史籍中没有明确记载。明葛寅亮《金陵梵刹志》中说:"卢龙山静海寺(敕赐),在都城外,南去仪凤门半里,……文皇命使海外,平服诸番,风波无警,因建寺,赐额静海。"① 又据《南京静海寺郑和下西洋残碑》记载:"……帝敕建弘仁普济天妃之宫于都城外龙江之上,……帝复建静海禅寺,用显法门,诚千古之佳胜……"② 这说明静海寺是在南京弘仁普济天妃宫建成之后复又新建起来的。据清康熙《江宁府志》记载:"天妃宫在狮子山下,仪凤门外。……永乐十四年(1416),敕建今宫。"③ 又据《明实录》记载:"永乐十七年(1419)九月甲寅(十二日),重建天妃宫于南京仪凤门外。"④ 如此,则南京静海寺应是在永乐十七年以后建成的。这时又适逢郑和第五次下西洋归来,将从西洋带回的海棠种植于寺内。此事见于顾起元所著《客座赘语》:"静海寺海棠,永乐中太监郑和自西洋携至,建寺植于此。"⑤ 从这一记载也可以看出,静海寺"建寺"不会早于"永乐"中期,所以《郑和航海图》应制作于郑和第五次下西洋之后。又郑和第七次下西洋时,曾分遣其部下由古里往天方国访问,为此次出使中的一件大事,马欢《瀛涯胜览》与巩珍《西洋番国志》皆有记载。天方国为伊斯兰教圣地,而图中300余外国地名中,竟无此重要之国,可见本图应制作于这次奉使之前。自洪熙元年至宣德五年(1425—1430),为郑和率领全体下洋官兵守备南京的时期。在这六年之中,郑和、王景弘等航海家出自对为之献身的航海事业的热爱,趁全体下洋官兵人员集中,得有闲暇,将他们各自的航海图经、针路簿等汇集起来,同时结合对各船的航海经历进行普查,对大综船队和分综船队的各种航海图集中整理,合并记录,构成全幅下西洋航图。我们今天看到的《郑和航海图》不过是幸存下来的其中一种。其时正值

---

① 葛寅亮:《金陵梵刹志》卷18·天界寺所统·静海寺。
② 1936年《南京静海寺残碑拓片》,郑鹤声、郑一钧:《郑和下西洋资料汇编》(增编本)中册,海洋出版社2005年版,第1047页。
③ 康熙《江宁府志》卷32·寺观下。
④ 《明成祖实录》卷114。
⑤ 顾起元:《客座赘语》卷1·花木。

明宣宗朱瞻基酝酿再下西洋之际，将郑和船队历次出使水程综合整理绘制成一全图，实为适应时代需要的一个创举，是在郑和、王景弘等航海家的主持下船队航海人员集体的杰作。

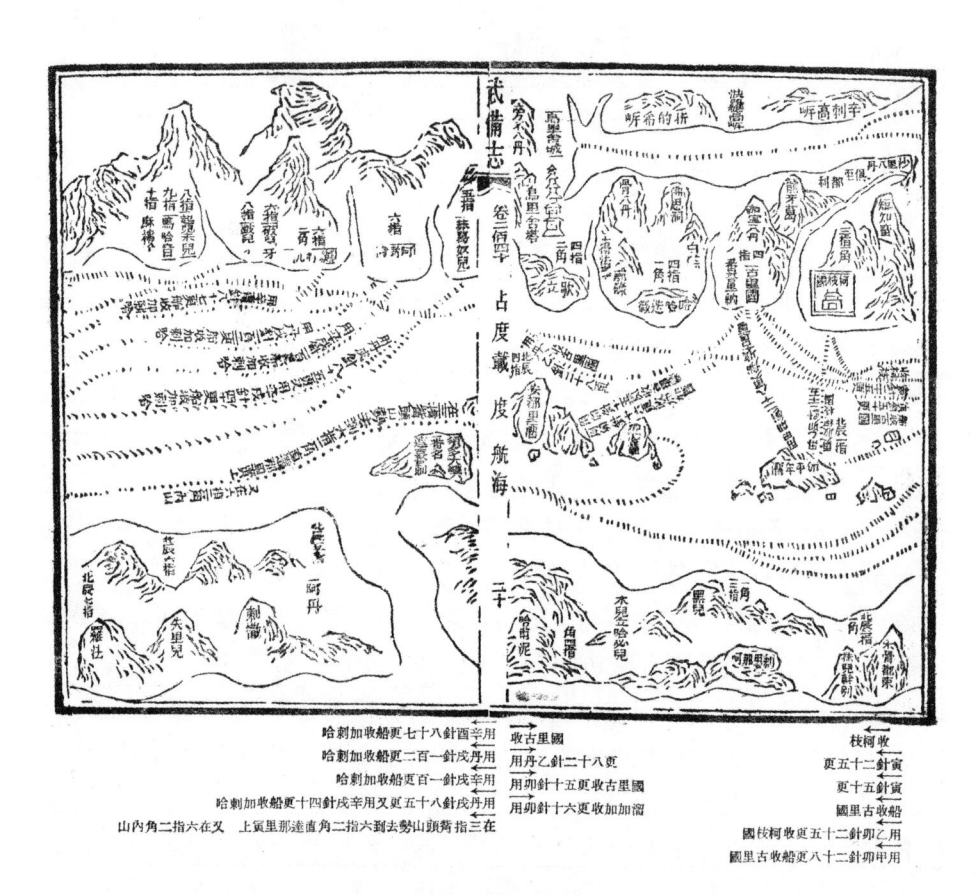

图 3—1　郑和航海图西亚非洲部分

《郑和航海图》是采用自右而左、一字展开式绘制的。从南京至长江口一段，宝船自西向东行，为配合出长江口以后各段，绘制时在图上把长江南岸的地方挪到北岸，北岸的挪至南岸，成为上南下北；出长江口以后，宝船向南沿江、浙、闽、粤海岸西行各段，恢复正常的方位。对宝船所经孟加拉湾、阿曼湾，及渡亚丁湾到非洲东部的诸大转弯之处，绘图时采取了上下对列的方法，来解决不同方向的两对岸的地名问题。图以标示航线为主，海舶自南京宝船厂起行，终点为非洲东岸的慢八撒（今肯尼亚之蒙巴萨)。对海舶沿途所经各国、各地,依其前后顺序及远近大小逐一收录,绘明其地理位置和船至其处的针路;对何处有岛屿,何处有礁石,何处有浅滩,何处有人家,也都一一标明。尤其图中还于一些无名的偏僻之处注明"有人家"的字样,可见当年郑和船队活动范围之广。阅毕全图,可使人们基本了解航程全线形势。元朝汪大渊《岛夷志略》一书总结了唐宋以来中国对海外诸国的地理知识,但其所收外国地名,只有《郑和航海图》的1/3。

山水画形式地图是中国古代传统地图之一种,《郑和航海图》在画法上即受其影响,所以与现代海图不同。《郑和航海图》并无东西南北四方位,对航线附近各国地方与岛屿沙洲俱安排于航线前后左右及视远近大小以定其位置;并利用普通山水画之透视法,将航线所经各国沿岸侧面图形,按航程展开的顺序加以描绘。出于航海的需要,其在绘图时又不同于普通山水画的画法,不重写景,而重标识客体的实质特征。如在画沙洲时,将沙洲和浅沙加以区别;又如在画岛礁时,有的画得较为平坦,有的画得较为陡峭,这样就便于辨认航途中山形水势等客体的实际情况,然后在使用中依据各自的航海经验,从实际情况出发,采取相应的航行方法。《郑和航海图》不仅表现出了山水画形式地图所具有的艺术性,更具价值的是,它更注重作为航海图所必备的科学性,使船队在航行中与图中各要素对照,便可知海舶是否遵循着正常的航路行驶,明确海舶在全航程中所处的位置。这样,海舶对以下航程就会"胸中有数","此破浪轻万里之势,而问途无七圣之迷"[①]。这样的海图还是很实用的。由于航线上注明了每段航程的起止地点、里程、打水深浅和针位,借以分辨图示各地在航路中的确切位置,使海舶在航行中据此"随时增减更数针位,或山屿远近,高低形势,探水浅深,牵星为准,的实无差,保得无虞矣"[②]。但以山水画形式来绘制航海图,其道里、方位往往表现不准确,在地理情况比较熟悉的地方,画得很详细很大,对地理情况掌握较少的地方,则画得很简略很小,彼此间不成比例。《郑和航海图》自南京宝船厂至占城的航程在整个航程中只是一小段,其画幅约占全图的½,与自占城至非洲东海岸的大部分航程所占画幅相当,从地域范围上来看,显然不成比例。

[①] 张燮:《东西洋考》卷9·舟师考。
[②] 明佚名:《指南正法·序》。

二 《郑和航海图》属于针路图系统

《郑和航海图》属于针路图系统。自宋代发明航海罗盘，将指南针应用于航海以后，在航海上便出现了记载"针路"的图籍。属于针路图系统的航海图的最大特点在于绘有针路，为航海图最主要的内容。所谓针路，就是航海时用罗盘指向等方法所确定的航海路线。针路一般包括针位和航程（有的还附以导航的陆标、测量水深的数据和观测星辰高低的指、角数等）。针位即罗盘方位，郑和使团所用的航海罗盘是北宋以后始用于海船上的指南浮针，一种水罗盘。据巩珍所见，这种罗盘是"斫木为盘，书刻干支之字，浮针于水，指向行舟"[①]。就是说，这种指南针的应用是"以针横贯灯心，浮水中"[②]，以指示南北。其结构一是磁针靠灯芯草的浮力而漂浮在水面上，二是下附以木制的方位盘。郑和船队用的是书刻 24 个方位的罗盘。这种罗盘针位的制定系画一圆周，依天干、地支，与八卦（除去戊、己和震、离、坎、兑）、五行（戊己属土，据中央之类）合用，四者配合而成 24 向。12 地支即子、丑、寅、卯、辰、巳、午、未、申、酉、戌、亥，以平均一圆周为 12 等分；既以此 12 字为方位名称，又以此等名来记太阳绕地球一周的时刻；太阳在正南时为午，反之则为子，其余各向右旋，依次为名。又在 12 支之间，各再等分之，则以十天干及八卦中的名称填入。十天干即甲、乙、丙、丁、戊、己、庚、辛、壬、癸；先将甲乙两字填入卯位的左右两向为名，以取东方甲乙木之意；再将丙丁两字填入午位的左右两向为名，以取南方丙丁火之意；又将庚辛两字填入酉位的左右两向为名，以取西方庚辛金之意；又将壬癸两字填入子位的左右两向为名，以取北方壬癸水之意。至于居中央的戊、己，因系中央戊己属土，对方位无有，予以废除，所以十天干中用于方位的只有名，即用八卦中所谓的四显卦或四维，而除去和子、午、卯、酉同位的坎、离、震、兑八卦。最后还有西北、东北、东南、西南四向，则以八卦方位中的乾、艮、巽、坤为之，即所谓的四藏卦或四正不计。

这样配合而成的 24 方位如下：子与坎正北 0 度，午与离正南 180 度；卯与震正东 90 度，酉与兑正西 270 度；艮东北 45 度，坤西南 225 度；巽

---

① 巩珍：《西洋番国志序》。
② 宋寇宗奭：《本草衍义》卷 5。

东南135度，乾西北315度；癸北偏东15度，丁南偏西195度；丑东北偏北30度，未西南偏南210度，寅东北偏东60度，申西南偏西240度；甲东偏南75度，庚西偏南265度；乙东偏南105度，辛南偏北285度；辰东南偏东120度，戌西北偏西300度；巳东南偏南150度，亥西北偏北330度；丙南偏东165度，壬北偏西345度。这种罗盘的一个方位相当于现代罗盘的15度，在实际运用中，将两个方位中分为7.5度，也作一个方位。所以，这种罗盘的名称虽仅24向，但实际应用时可作48向。

用它测定针路时，如用的是单一的方位，称为"单针"或"丹针"，亦称正针。如是两个方位合用，称为"缝针"，意为其所指示为两单针夹缝间的一向。在用单针时，方位至为明确，如单未（西南偏南）为210度，单午（正南）为180度。使用缝针，或者说用"指两间"的方法，如针位为辰巽，丁午之类，则可有三种情况，一是其方位取两方位度数和的½，即辰巽中央（东南偏东与东南之间）为127.5度，丁午中央（南偏西与正南之间）为187.5度等。二是先按前一方位行船，驶至某地时，再按后一方位行船。以辰巽针为例，在某地时先按辰方位（东南偏东，120度）行船，航行到一定地点后，再按巽方位（东南，135度）行驶。三是根据航行中遇到的具体情况，从航海的实际需要出发，将航向灵活地移动于两个方位之间，即所谓"凭其所向，荡舟以行"[①]。例如，《郑和航海图》中记："东竹山（在今新加坡南之林加群岛附近——引者注）过，用子丑及丹癸针。"[②] 这里"子丑"是所谓的"缝针"，然而却不是取子丑中央，若取子（0度）丑（30度）中央，即为丹癸针（15度），但这里只取子丑针，而不直取丹癸针，并且是先取子丑针之后，接着又取丹癸针；说明这一段针路是船在驶过东竹山后，先将航行方位灵活地移动于正北（子方位，0度）与东北偏北（丑方位，30度）之间，再看情况在某处取子丑中央，即按北偏东方位（丹癸位，15度）行船。从《郑和航海图》中的这一针位记载，我们可以看出，郑和船队在使用罗盘导航时，从尽可能符合某一段航海的实际需要出发，灵活熟练地运用"指两间"的各种方法来确定恰当的针位，就能因地制宜地测定比较精确而实用的针路了（见图3—2）。

[①] 张燮：《东西洋考》卷9·舟师考。
[②] 向达整理：《郑和航海图》，中华书局1982年版，第48页。

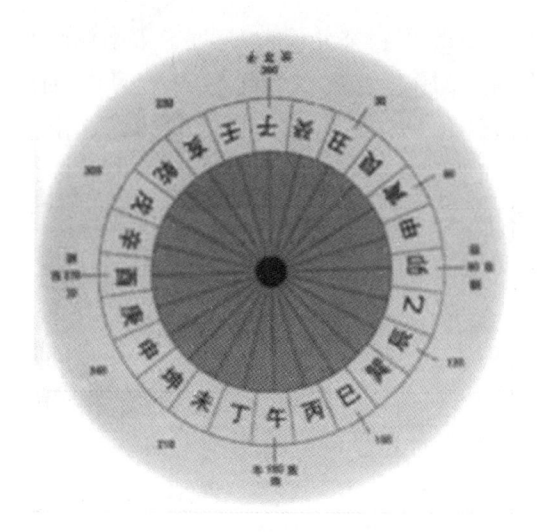

图 3—2　罗盘图

《郑和航海图》中所记下西洋往返的航程可分国内与国外两部分，郑和船队赴各国访问时的国外航程与国内航程不同的是，其中包括分艅船队之航程甚多。大艅宝船一般自福州五虎门放洋，航至占城、爪哇，过满剌加而西行到苏门答剌，再从苏门答剌航入印度洋，经翠兰屿、锡兰山，然后西北航行绕印度半岛至小葛兰、柯枝、古里等地，为适应远洋航海，以及访问亚非众多国家和地区的需要，郑和船队以占城、苏门答剌、锡兰山（别罗里）和古里为四大交通中心站。以此四大海港为中心，郑和船队的国外航程又可分为南海及太平洋区域、印度洋区域和阿拉伯海区域。

郑和船队国外航行的四大交通中心站，占城、苏门答剌属中南半岛、马来半岛范围，为郑和船队发展南海及南洋海上交通的要冲之地；锡兰山（别罗里）、古里属印度半岛范围，为郑和船队发展印度洋及阿拉伯海海上交通的要冲之地。若干分艅船队从此四大轴心出发，向郑和下西洋访问的国家和地区分别作扇形前进，形成了几条主要的分艅船队航程：（1）以占城新州港为据点，分别向东南的渤泥与西南的中南半岛和马来半岛诸地进发。（2）以苏门答剌为据点，一支北航榜葛剌，一支西航锡兰山。（3）以古里为据点，一支北航波斯湾直达忽鲁谟斯，或绕阿拉伯半岛经祖法儿、阿丹，深入红海到天方国；一支则北航经波斯湾、亚丁湾，过曼德海峡，沿索马里的北海岸到东北方再经过须多大屿、葛儿得风和哈甫泥，从而到达非洲东岸诸国；一支则经小葛兰径航东非沿岸的木骨都束、卜剌哇、竹步、麻林、慢八撒等地。(4) 以别罗里为据点，西南经溜山国直航东非沿岸木骨都束诸国。

郑和船队返回时的国外航程同去程一样，其航程又可分为印度洋及阿拉伯海区域、南海区域。郑和船队返国途经中国沿海，即沿粤、闽、浙、江北上的航程，其所经之地与去程大致相同。所不同的是，船队在出国途中，每至一地，都有测量该处水深的记录，记下其地水若干托，而在回程中却无此记录。

郑和下西洋往返针路并不相同。《郑和航海图》中列举自太仓至忽鲁谟斯针路共56线，而由忽鲁谟斯回太仓的针路共有53线。船队灵活地采用了各种针路来适应大艐船队与分艐船队大跨度多方位的洲际航行的实际需要。在《郑和航海图》中，这么多的针路大都附有针位和航程，根据针位和航程即可知循针路航行所经一些地方的方位及其相互之间的里程。这实际上反映了中国古地图中的两个基本要素——方位和道里，说明《郑和航海图》的制作是中国古代地图制作由大陆向海洋及航海方面的延伸。中国古代地图往往在图中绘制了各地特有的建筑和地理要素，以便识别，《郑和航海图》中也继承了这一传统。在图中绘制了沿岸的山峰、港湾、居民点和岛礁沙浅，在某几处还绘有城垣、官署、庙宇、宝塔、桥梁等，这些内容要素或多或少、或直接或间接都与航海的需要有关。如山峰、岛礁、宝塔等可作为导航的陆标，港湾可供船只停泊，而礁石浅沙在航行中必须回避。图中在国内沿岸标示了许多卫所，卫所是明朝用于海防的一种基层的军事建制，对国内沿海卫所详加记载，是当时重视海防的战略思想在《郑和航海图》中的表现。

《郑和航海图》适应了发展大规模远洋航海的需要，创造性地继承了中国古代地图绘制的优良传统，不仅在科学航海方面达到了当时所能达到的最高水平，而且还集中体现了当时中国对海洋认识的科学水平。如将《郑和航海图》中东南亚部分重新绘制于现代平面海图上，其形体与亚洲东南部海岸线基本相符。《郑和航海图》对郑和船队所经太平洋、印度洋地区水陆分布特点的描绘也具有相当的准确性，在那个时代属世界先进水平。

三 《郑和航海图》对后世在西太平洋和印度洋上的航海起到了指导作用

郑和下西洋规模之大，持续时间之长，所至海域之广，在世界历史上是没有先例的，因此《郑和航海图》中记载的郑和下西洋航线之远之繁复，在当时世界上也是绝无仅有的。《郑和航海图》不仅是15世纪以前我国关于亚非两洲的一部最详尽的地理图籍，也是世界上现存最早的一部记载亚非两洲洲际航线的海图。当郑和船队屡次横渡印度洋抵达非洲东部沿岸时，地中海的航海家们尚只能在沿岸地区航行。凭借着《郑和航海图》，郑和船队在亚非两洲广大的范围内，纵横驰骋于太平洋和印度洋各海域，发展了亚非各个国家、各个地区之间纵横交错的海上交通，沟通和加强了整个印度洋地区各国之间的联系，不仅在航海史上开辟了一个时代，而且对后来的航海者在西太平洋和印度洋上航行起到了承前启后的指导作用，影响极为深远，对世界文明的发展亦作出了重大贡献。

郑和比他以前任何一位航海家和海洋学家都更广泛、更长期地接触海洋、认识海洋和利用海洋，为后世留下了第一批有一定科学水平的关于太平洋、印度洋的资料，《郑和航海图》即为其中重要的一种。《郑和航海图》表明，郑和伟大的航海事业不仅推动了航海科学的发展，也推动了海洋科学的发展。郑和航海所产生的有关太平洋、印度洋的多方面的科学知识，对《郑和航海图》的成功制作无疑是有极大帮助的，同时也是当时中国在海洋科学方面达到世界领先水平的历史见证。日本当代海洋学家须田皖次在《海洋科学》一书中说，海洋科学历史的第一期（史前—1492）是"对于海洋的惊异时代乃至赞美时代，关于海洋的知识仅是片断的、局部的，并没有什么统一"[①]。然而，《郑和航海图》集中体现了当时中国人驾驭海洋的能力已远远超出了对大洋惊异和赞美的水平；也是中国人勇于向海洋挑战，敢于进行海上探索的历史见证，对后人有很好的启发、借鉴和鼓舞的作用。因此，《郑和航海图》作为郑和船队留给后人的一笔珍贵的世界文化遗产，近代以来得到了各国学者的高度重视，不断对之倾注研究热情，推出了一系列研究成果，使对《郑和航海图》的研究成为了一项专门的学问。

近年来，英国原潜艇艇长孟席斯（Gavin Menzies）提出了"郑和环球

[①] ［日］须田皖次：《海洋科学绪言》，科学出版社1959年版，第1页。

航行说"。他观点的形成源自葡萄牙人于1428年绘制的一张地图。该地图相当准确地标明了非洲、南美洲、澳洲和很多岛屿的位置。例如，地图上很清楚地标明了好望角，而事实上葡萄牙人在1498年才发现好望角。葡萄牙航海家达迦马、麦哲伦和英国航海家库克都曾经使用过这些地图的复制品。包括哥伦布在内的航海家都在自己的日志和书信中承认，他们拥有航海图，在出发前都知道自己的目的地。孟席斯认为，在此之前，真正的航海家非中国人莫属，只有郑和以及他率领的27000多人的超大型船队才有条件和能力绘制这样的地图，而被葡萄牙皇太子堂佩拉从威尼斯带回来并视为机密的世界地图，是中国人于1423年绘制的。

孟席斯历时17年，对郑和下西洋进行了深入的研究，出版了《1421：中国发现世界》一书。尽管孟席斯提出的"郑和环球航行说"因缺乏确凿的证据尚未得到世人的公认，但从孟席斯研究郑和的经历中，也可看出《郑和航海图》（不一定是我们今天看到的这一种）对后世的影响。孟席斯所说的"被葡萄牙皇太子堂佩拉从威尼斯带回来并视为机密的世界地图，是中国人于1423年绘制的"是否属实，笔者尚未能给予考证，也不便评说。如果1423年"中国人"确实绘制了这样一份世界地图，那肯定与郑和航海活动有关，说不定就是当时郑和船队所用的航海图，那么这也是郑和航海图对欧洲人产生影响的一个实例。现在我们可以看到的是，在索马里国家博物馆里至今还保存着几件据说是郑和访索时带去的明代瓷器和一幅完好的由法国翻版的《郑和航海图》，以及一些对摩加迪沙等地风土人情的详细记载。这些既是中索悠久友谊的珍贵史料，也是《郑和航海图》对非洲影响的一个实例。

第二节 中非贸易与往来的加强

一 郑和访问非洲在相当大程度上是从商业利益角度考虑的

明代以前，自汉以迄宋元，中国与非洲各国间的海上交往已持续发展了1200多年。在此基础之上，明初郑和下西洋"锐意通四夷"，势必要进一步扩大中国与非洲各国间的海上交通，因而出现了横渡印度洋的壮举，在中非友谊史上揭开了新的一页。木骨都束和卜剌哇都是当时东非重要的城邦国家。郑和船队横渡印度洋，主要以这两个国家为直航非洲的航海贸易基地，这说明郑和航海进一步扩大与非洲往来的主要目的之一就是加强中国与非洲之间的贸易。

郑和所访问的东非沿岸各国大多位于今索马里、肯尼亚、坦桑尼亚地区，这里在公元前1000年左右已居住着说库施语的身材高大的农民。公元初期，使用铁器的班图人迁入，到公元1000年代中期，他们已将原有居民同化。在东非海岸，广泛存在着古代水利工程和绵延几十公里的梯田遗迹，说明这里早就有相当发达的灌溉农业。公元前6世纪至公元6世纪，阿拉伯、波斯、印度、埃及、希腊、罗马的商人先后来到东非海岸，运来念珠、布匹、矛斧刀锥，运走香料、象牙、犀角、龟板、椰子油和奴隶。在这种繁荣的国际贸易中兴起了阿达尔与拉普塔国家（拉普塔国家在今坦桑尼亚境内，可能在庞加尼河流域，或在鲁菲河三角洲），以及一系列沿海城镇。这些城镇的居民中，沿岸北部主要是索马里人，沿岸南部主要是班图人，此外还有很多阿拉伯、波斯和印度移民。

公元7世纪阿拉伯帝国崛起后不久，帝国内部发生了争执和分裂，那些失败者为逃避战祸和政治迫害，纷纷背井离乡，迁居东非沿海地区。阿拉伯人大批迁来，同当地居民融合，在北部产生了索马里阿拉伯文化，在南部形成了斯瓦希里文明。伊斯兰教传入后，从10世纪起，这些来自阿拉伯半岛的移民开始在东非沿海建立了穆斯林城邦国家。北索马里早就存在以泽拉为都的阿达尔古国。公元前3世纪，来自南阿拉伯的阿布勒移民将王国征服并分割成两国，北半部（位于曼德海峡和提欧港）称为安卡利；南部仍保留了阿达尔的名称。公元4—5世纪，阿克苏姆王国打败阿布勒人，这两国都成了阿克苏姆的附属国。从此，在索马里人的历史上开始了为摆脱埃塞俄比亚人统治、争取独立的斗争。7—8世纪，阿拉伯穆斯林大批迁入索马里半岛。9—13世纪，在索马里人部落中兴起了一些穆斯林国家，为了争取独立，它们同信奉基督教的阿克苏姆压迫者展开了"圣战"。这些国家中最强大的是以哈拉尔为都的伊法特苏丹国，它不仅统治着泽拉港的古阿达尔王国，还吞并了塔朱腊湾北部安卡利王国的部分土地。14世纪早期，伊法特苏丹发动了反埃塞俄比亚的战争。15世纪初，斗争遭到挫折。1415年，泽拉港被占，苏丹被杀，其子逃亡也门。几年后，苏丹之子虽然归来重建了以达卡尔为都的阿达尔国家，但被迫向埃塞俄比亚纳贡。

10—15世纪是东非海岸的桑给帝国时期。"桑给帝国"并不是一个真正统一的国家，在各城邦中长期居于霸主地位的是基尔瓦苏丹国。基尔瓦苏丹国是波斯人哈桑·阿里·伊本于975年率七艘大船征服基尔瓦及其邻近岛屿后建立的。它很快就发展为东非海岸的贸易中心。13世纪后期或14世纪初，桑给帝国控制了莫桑比克地区黄金集散地索法拉，国家达到极盛，索法拉、安哥舍、莫桑比克、桑给巴尔（"桑给巴尔"是波斯字译音，"桑给"乃黑人或黑色之意，"巴尔"是海岸或土地之意，桑给巴尔即黑人土地或黑人之国）、奔巴、蒙巴萨、马林迪、基斯马尤、摩加迪沙等城邦的苏丹都成了它的封臣。由于其他城邦的竞争，霸权范围时有缩小，15世纪末最后衰落。桑给帝国各城市国家普遍实行奴隶制。在城市四周的种植园里、城寨的建筑工地以及家庭生活中广泛使用奴隶劳动。

随着内陆生产的发展和内地国家的兴盛，桑给帝国的贸易空前繁荣起来。阿拉伯人和斯瓦希里人的商队深入内陆，运出黄金、象牙、龙涎香和奴隶，运进印度洋、地中海各国及中国的绸缎、布匹、瓷器、金属制品和玻璃器皿。12世纪，马林迪、蒙巴萨和布腊瓦的桑给人已开采铁矿，设置炼铁场，进行熟铁贸易。桑给帝国从这种国际贸易中获得了巨额财富，建筑了华丽的宫殿、雄壮的清真寺和坚固的堡垒。14世纪，伊本·白图泰来到东非海岸，目睹了各城市国家的富庶繁华情况。他记述道：基尔瓦是"最美丽、最整齐的城市"，蒙巴萨是"巨大"的城市，摩加迪沙是"特别巨大的城市"。15世纪末，东非沿海已出现了如摩加迪沙、布拉瓦、格迪、基尔瓦、桑给巴尔等37个城邦。这些城邦规模都不大，每个城邦人口在数千人至一两万人之间。城邦的经济生活以贸易为主，与埃及、阿拉伯半岛、波斯、印度乃至中国有着频繁的贸易来往，在印度洋贸易中扮演着重要角色。城邦出口的货物主要有象牙、香料、玳瑁、兽皮和奴隶等；进口的货物主要有中国的丝绸、瓷器和漆器，中东的丝织品和铁器，印度的宝石、念珠和棉布等。摩加迪沙、布拉瓦等邦国在明代以前即与海上"丝瓷之路"沿线各国，包括中国在内，有着商贸往来，郑和船队以这两个邦国为横渡印度洋直航东非海岸的航海贸易基地，在相当大的程度上是出于商业利益角度考虑的，这两个航海贸易基地对发展当时的中非贸易发挥了重要作用。

二 木骨都束、卜剌哇、竹步三国是郑和船队在非洲主要的贸易伙伴

木骨都束是郑和使团访问非洲的第一站。郑和刚刚踏上黑非洲这块神秘而陌生的土地，就在当地引起了轰动，因为在非洲的历史上，从未有如

此之多的中国人来访,也从未见过如此巨大的船舶和如此庞大的船队。木骨都束国王和臣民们闻听郑和船队来访的消息,欣喜异常,因为他们一向喜爱中国的丝绸和瓷器,对中国心仪已久。他们很想与中国进行贸易,但碍于路途遥远,重洋阻隔,无法成行。郑和的来访以开展双边贸易为主要目的之一,正合他们的心意,他们也就能热心地为郑和使团在木骨都束开展贸易提供各种方便。

郑和访问非洲,除了要使明朝的声威远播外,其经济上的目的就是开展贸易。以郑和船队先进的航海技术,完全可以驶过好望角,与欧洲人建立航海贸易关系。但在当时的中国人看来,欧洲还相当落后,对欧洲的毛织品、酒类等物产也不感兴趣,反倒对非洲的龙涎香等香料、象牙和野生动物等更感兴趣。所以,郑和船队开展航海贸易,西行最远到非洲为止,并把与非洲各国的贸易当做郑和船队航海贸易的重要组成部分。

木骨都束国的商业比较发达,"其富民附舶远通商贸","货用金银、色段、檀香、米谷、磁器、色绢之属"①。郑和船队在木骨都束开展贸易,在货物的品种、数量,贸易的规模,以及同当地商人、居民交往接触的程度上,都是史无前例的,为以后继续开展贸易打下了很好的基础。在摩加迪沙,至今还流传着一个关于该市东区区名来历的传说。据说,郑和的随行人员中有些是上海人,他们和当地贸易交往较多,索马里人记不住他们的名字,但知道他们来自上海,就叫他们"上海人"。后来为纪念他们,索马里人就把"上海人"作为摩加迪沙市东区区名。

在访问了木骨都束国之后,郑和又依次对卜剌哇、竹步、麻林等国进行了访问,同这些国家建立起了相互信任与尊重的友好关系。卜剌哇国"所产有马哈兽,状如獐;花福禄,状如驴;及犀、象、骆驼、没药、乳香、龙涎香之属,常以充贡"②,竹步国"所产有狮子、金钱豹、驼蹄鸡、龙涎香、乳香、金珀、胡椒之属",③ 郑和船队携带了大量的金银、丝绸、锦缎、瓷器、漆器等,与这些非洲沿岸国家开展了广泛的贸易活动,换取

---

① 费信:《星槎胜览》后集·木骨都束国。郑鹤声、郑一钧:《郑和下西洋资料汇编》(增编本)上册,海洋出版社2005年版,第448页。
② 《明史》卷326·卜剌哇国传。郑鹤声、郑一钧:《郑和下西洋资料汇编》(增编本)上册,海洋出版社2005年版,第405页。
③ 《明史》卷326·竹步国传。郑鹤声、郑一钧:《郑和下西洋资料汇编》(增编本)上册,海洋出版社2005年版,第406页。

了大量的龙涎香、没药、乳香、象牙等当地特产，以及"麒麟"（长颈鹿）、斑马、狮子、犀牛、金钱豹、驼蹄鸡等奇珍异兽，并同当地人民建立了友好的联系，促进了中国与非洲各国航海贸易的发展。

三　中非贸易的互补性是郑和下西洋时中非贸易大发展的主因之一

郑和对非洲的多次访问，使得中非贸易得到空前加强，尤其是大量中国陶瓷涌入非洲，使得东非存留中国古陶瓷的遗址非常之多。日本学者三上次男在《陶瓷之路》一书中写道："沿着面临印度洋的海岸，顺着索马里、肯尼亚、坦桑尼亚南下，你就会发现在这一带海岸和岛屿出土中国陶瓷的遗址实在多得惊人。……五十年代中期的二三年间，仅在坦桑尼亚海岸发现的出土中国陶瓷的遗址就有四十六处。"[①] 明朝廷把中非互访看做是与世界各国相联系中的头等大事，给予了充分的重视。在非洲国家来说视为平常的土特产，包括自然捕获的长颈鹿之类，在明朝廷眼中就成了自古难得一求的珍稀之物，自然使非洲各国在与明朝的互补性贸易中得到了很大实惠，这成为当时中非贸易得到空前加强的主要原因之一。

第三节　中国文化与世界的交流

一　郑和下西洋时中国与世界各国间的文化交流是历史发展的必然趋势

中国和古希腊、罗马、埃及、巴比伦、阿拉伯、印度等国都是世界文明的发源地，长期的历史发展中，中国文化成为了从未中断的独立的东方文化。自人类进入阶级社会以来，中国文化发达的程度始终高于四邻国家；中国的物质文明和精神文明在古代东方始终居于领先地位。因此，自古以来中国文化就对世界各国，尤其是对周边国家的文化产生着深刻影响，尤其在中国强盛时代，声教文物，远播四方。这在隋、唐以后表现得更为显著。到了明代，随着中外交通事业的发展，中国文化向世界各国的传播更实行了中国历史上所说的"惠此中国，以绥四方"的传统政策。对此，费信这样评论："际天所覆，极地所载，莫不归于德化之中。普天之下，率土之滨，莫不悉归于涵养之内。洪惟我太祖高皇帝……扫胡元之弊习，正华夏之彝伦，振纲常以布中外，敷文德以及四方。太宗文皇帝德泽

[①] 转引自［英］巴兹尔·戴维逊《古老非洲的再发现》，三联书店1973年版。

洋溢乎天下,施及蛮夷,舟车所至,人力所通,莫不尊亲。执圭捧帛而来朝,梯山航海而进贡。礼乐明备,祯祥毕集。"① 这虽是些赞誉之词,却也反映了15世纪初叶,郑和下西洋在中国与世界各国文化层面的密切交流中的媒介作用。

中国与世界各国的文化交流可以追溯到遥远的古代,但交流从没有像在郑和下西洋时期那样普遍、广泛。所以,明代黄省曾有"西洋之迹,著自郑和"②的说法。世界各国历史上也曾有过高度发达的精神文明与文化成果,如阿拉伯的科学(包括天文历算、航海、物理、化学及医学等),印度的哲学,以及其他国家的科学艺术(数学、建筑、绘图、雕刻等),都为中国人民所喜好,并取其精华,融合成为中国文化的有机组成部分。宗教思想的影响则更为显著。几千年来,对中国学术思想和人民生活习惯影响最大的外来文化莫过于佛教和伊斯兰教的传入。这两个宗教不仅对中国影响深远,对中国周边国家的影响也非常广泛,成为一些国家的国教。历史发展表明,中国与世界各国的文化历来都是相互交流,相互影响的,在这个过程中,中国文化对他国的影响往往要大于他国文化对中国的影响。郑和下西洋时期中国与世界各国的文化交流情况,正是对这一历史发展趋势的证明。

中国封建时代的政教制度中最具有民族色彩的莫过于历法、冠服和科举制度。尤其是历法和冠服两项向为国家施政上最重要的措施;所谓"颁正朔,易服色"为历代封建王朝对内对外的两件大事。

郑和在出使亚非诸国的过程中忠实地执行了明初的对外方针,"所至颁中华正朔,宣敷文教,俾天子生灵,旁达于无外"③。明成祖朱棣在谈及郑和下西洋一事时,说他"恒遣使宣教化于海外诸番国,导以礼义,变其夷习"④。所谓"颁中华正朔",就是颁给本朝的历法,要求海外诸国承认明王朝为"正朔所在",奉行明朝政府颁给他们的历法。明朝政府要各国接受所颁历法的重大意义并不是使其有一部精确的历法,而在于使诸国能

---

① 费信:《星槎胜览》·序(两卷本),郑鹤声、郑一钧:《郑和下西洋资料汇编》(增编本)上册,海洋出版社2005年版,第536页。
② 黄省曾:《西洋朝贡典录》·自序,郑鹤声、郑一钧:《郑和下西洋资料汇编》(增编本)上册,海洋出版社2005年版,第537页。
③ 《明史稿·郑和传》,南京图书馆藏抄清康熙间国史馆明史稿旧稿本第6册。
④ 朱棣:《御制南京弘仁普济天妃宫碑》,郑鹤声、郑一钧:《郑和下西洋资料汇编》(增编本)上册,海洋出版社2005年版,第533页。

接受中国的礼俗，促使其社会文化向中国方面转化。据申时行等重修《明会典》记载，在正统朝以前，即"自洪武至宣德之际，琉球、占城等海外国家，俱因朝贡，每国给与王历一本，民历十本"①。"王历"和"民历"为明代两种历法，都有历注，记载上至国家大事，下至民间生活的各项应行事宜，计62事。《明会典》记载，其中"王历"历注，有祭祀（祈福）、施恩封拜（覃恩、行赏、赏劳、受封、封爵、封册、拜官、庆赐、肆赦）、上册进表章、颁诏、冠第（注时、坐向、方位）、行幸（注时）、宴会、招贤、出师（注时，出某方位、选将、训兵、安抚边境）、遣使、结婚姻、嫁娶（注时）、进人口（注时、纳奴婢）、沐浴、整容、剃头、整手足甲、疗病（求医、针刺）、入学（注时）、安床（注时）、裁制（注时）、兴造动土竖柱上梁（注时）、缮城郭、开渠穿井、扫舍宇、搬移（注时）、栽种、收养、捕捉、畋猎等30事。"民历"历注，有祭祀（求嗣、解除、求福）、上表章、上官（注时、赴任、临政、亲民）、结婚姻、嫁娶（注时）、冠带（注时、坐向方位）、会亲友、出行、入学（注时）、进人口（注时）、安床（注时）、裁衣（注时）、纳财、交易、开市、经络、沐浴、剃头、疗病、开渠穿井、修造动工竖柱上梁（注时）、动土安葬、移徙、扫舍宇、安碓硙、栽种、牧养、伐木、捕捉、畋猎、平治道涂、破屋坏垣等32事。②两种历法历注所载62事，包括了中国国家政治、社会生活、封建礼俗的各个方面，颁给海外诸国学习，对之引导，作为让海外诸国"变其夷习"的依据。

在15世纪初叶，郑和下西洋所访问的海外国家大多处于奴隶制和部落状态，往往一个城邦即自称一国。处于这种社会发展阶段上的国家的文明程度与当时的中国存在着很大差距。如爪哇"人吃食甚是秽恶，如虵蚁及诸虫蚓之类，略以火烧微熟便吃。家畜之犬，与人同器而食，夜则共寝，略无忌惮"。"男子腰插不剌头（为长一尺二三寸之两刃短刀——引者注）一把，三岁小儿至百岁老人皆有此刀，……国人男妇皆惜其头，若人以手触摸其头，或买卖之际钱物不明，或酒醉颠狂，言语争竞，便拔此刀刺之。强者为胜，若戳死人，其人逃避三日而出，则不偿，若当时捉住，随亦戳死。国无鞭笞之刑，事无大小，即用细藤背缚两手，拥行数步则将

---

① 明申时行等：《明会典》卷223·钦天监。
② 同上。

不刺头于罪人腰眼或软肋一二刺即死。其国风土无日不杀人,甚可畏也"。① 当时中国的日常生活中,饮食寝居随人们地位的不同而有种种讲究,不可一概而论,最低水平也要比爪哇国这种原始状态文明得多。刑律也是相当完善,条款繁多,论罪定刑,杀人者必偿命早已是起码的常识。明朝廷要求海外诸国按"历注"所记,在诸事上遵行中国的礼俗,对改变其野蛮落后的状态有着重要的意义。

郑和下西洋对发展中国与亚非国家间文化交流方面所起的重大作用,就在于郑和使团通过往各国采风问俗,发现了海外国家文化落后的程度,而海外诸国因郑和使团之来,并随郑和船队去中国访问,发现了中国文明发达的程度。这种相互发现,相互对比,是很有意义的。马欢在目睹了爪哇国"无日不杀人"的风俗之后,感到"甚可畏也";而海外国家的酋长和使者来中国访问,受到优厚的礼遇、盛情的款待,亲见中国文物典章之美,军容仪威之盛,享受到中国先进的精神文明与物质文明,以"生居绝域,习见僻陋",得"获睹天朝太平乐事之盛",感到"死且有光"②。这样,海外诸国对本国的"习见僻陋"看得更清楚,就会产生改革旧俗的要求。在中国方面,对海外诸国实行传统的怀柔政策,"嘉善而矜不能"③,重在提高远方落后国家的知识技能与文明程度,一旦发现海外诸国"略无忌惮"、"甚可畏"的习俗,不会听之任之,而会对之施加影响,争取用中国先进的物质文明与精神文明,即先进的文化,来改变其野蛮落后的状态。这个由野蛮到文明,改变落后文化面貌的过程,符合社会进步的方向,理所当然地会为质朴的海外国家人民所接受,并愿意对中国表示亲善友好。费信说,他们随郑和等出使海外诸国,"诚不敢负圣恩,往赐玺书礼币,至仁至德,化及蛮夷,万邦臣服,贡献之盛欤!"④ 这正揭示了郑和使团在与世界各国联系中不是诉诸武力,而是"所至颁中华正朔,宣敷文教","化及蛮夷",通过向海外国家宣扬中国文化,将那些属于人类共有优秀精神遗产的文化元素传播到相对落后的海外,而得到各国的认同。

① 马欢:《瀛涯胜览》·爪哇国传,郑鹤声、郑一钧:《郑和下西洋资料汇编》(增编本)上册,海洋出版社 2005 年版,第 484 页。
② 《明成祖实录》卷 40。
③ 《礼记·中庸篇》。
④ 费信:《星槎胜览》·序(两卷本),郑鹤声、郑一钧:《郑和下西洋资料汇编》(增编本)上册,海洋出版社 2005 年版,第 536 页。

不断加强中国与亚非国家间在文化上的关系,用中国先进的文明"化及蛮夷"落后野蛮的习俗,可以对"夷狄之邦"收到"以不治治之"的效果。这是郑和使团在发展中国与亚非国家间文化交流中所发现的一个真理。法国学者弗朗索瓦·德勃雷在论及郑和下西洋一事时说:"两年之后(书中并未明指是哪两年之后——笔者注)郑和进行了一次新的远征,接着又两下南洋。中国发现了亚洲,亚洲也发现了中国。"[①] 中国与亚非国家间的相互发现,正如上述,是随着进一步加强了中国与亚非国家间的文化交流才有的。当然,明朝廷在致力于发展与各国的文化交流、宣扬文教的过程中也不是一帆风顺的,曾多次遭遇海盗袭击等恶性事件,对这类"梗我声教"[②] 的敌对势力或不友好的行为,明朝廷或坚决打击,或采取恩威并施的方式妥善解决,不断为发展与各国的文化交流铺平道路。

图3—3　郑和访问马来西亚

就颁给历法本身而言,对促进海外国家天文历法的进步具有重大作用。明代严从简在研究了占城国所受中国文化影响的情形后曾评论道:

---

① [法]弗朗索瓦·德勃雷著:《海外华人·序言》,赵喜鹏译,新华出版社1982年版。
② 《明史》卷324·三佛齐国传,郑鹤声、郑一钧:《郑和下西洋资料汇编》(增编本)中册,海洋出版社2005年版,第811页。

"《星槎胜览》载占城不解正朔,但看月生为初,月晦为尽,如此十次盈亏,为一岁昼夜。善槌鼓十更为法。酋长及民下非至午不起,非至子不睡。见月则饮酒歌舞为乐。然观《吴惠日记》,有上元烟火之宴,则已知有节候,非但视月生晦者。惠云:'夜鼓以八更为节',又与十更异矣。大抵外国虽陋,久与中华往来,渐沾王化。时异制殊,前后难以概视耳。"[1]中国先进的科学文化和生产技术,诸如历法及历注中所记"疗病(求医、针刺)"、"裁制"、"兴造动土竖柱上梁"、"缮城郭"、"开渠穿井"、"栽种、牧养"、"安碓硙"、"平治道涂"等事项,随郑和使团出使而传播到亚非各国,久而久之,"时异制殊",必会影响到这些国家科学文化和生产技术的发展。

　　永乐、宣德之际明朝廷赐予亚非国家冠服,也具有让当时文明程度较低的海外国家移风易俗,接受中国礼仪的意义。这与颁给历法一样,都是郑和下西洋所要完成的使命之一。明朝廷对亚非国家冠服的给赐,国王赐予皮弁玉圭、麟袍、龙衣、犀带、玉带,一般使节则赐予明朝政府官员所穿戴的"朝服"和"公服"。当时,被赐给冠服的有琉球、渤泥、暹罗、爪哇、占城、满刺加、锡兰山、古里等国。如"永乐七年己丑(1409),上命正使太监郑和等统(此下似脱'宝船'二字——引者注)赍诏敕,赐头目双台银印冠带袍服,建碑封城,遂名满刺加国"[2]。接受郑和代表的明朝廷赐予的冠带袍服以后,满刺加头目拜里迷苏刺的身份才真正有了变化,由一个部落的酋长正式成为一个国家的国王;冠服之制如中国,这就改变了原来那种"科头裸足语侏,不习衣冠疏礼义"[3]的原始部落状态。除明朝廷主动赐予外,亦多有各国主动请求给赐的。如永乐四年(1406)正月,渤泥国使臣生阿烈伯成、通事沙扮等在回国前请求明成祖朱棣说:"远夷之人,仰慕中国衣冠礼仪,乞冠带还国。"成祖"嘉而赐之生阿烈伯成镀金银带,沙扮素银带"[4]。当时海外国家使者若"冠带还国",意味着在中国受到了尊重,所以他们屡屡以此为请,尤以琉球国请求给赐最多。而明朝廷则认为这体现了海外人民愿意"变其夷习",是在向海外传播中

---

[1] 明严从简:《殊域周咨录》卷7·占城传。
[2] 马欢:《瀛涯胜览》·满刺加国。
[3] 马欢:《纪行诗》,马欢:《瀛涯胜览》(纪录汇编本)卷首,罗懋登:《三宝太监西洋记通俗演义》第100回。
[4] 《明成祖实录》卷40。

国的礼教，自然乐于成全其志，故"嘉而赐之"。在郑和下西洋时期，海外诸国由"不习衣冠疏礼义"到"仰慕中国衣冠礼仪"，体现了其由落后蒙昧的状态向文明社会进步。这正是进一步加强了中国与亚非国家间的文化交流的结果，显示出明朝与世界各国间文化交流的进步意义。

科举制度是中国封建社会考选人才的大典，隋唐以来极受重视。明代"科目者，沿唐宋之旧，而稍变其试士之法，专取四子书及易、书、诗、春秋、礼记五经命题取士"①。科举考试涉及中国传统的儒家文化，内容相当广泛，有一定深度和难度。海外实施科举制度的国家必须与中国有一定的历史文化渊源，具有相当高的中国文化修养。因此，明朝廷主要对一些通中国文字的国家遣使颁科举诏于其国，"而欲纳之于合教同文之盛"②，如高丽、安南、占城诸国。洪武三年（1370）五月，明太祖朱元璋诏设科取士，同时遣使颁科举诏于高丽、安南、占城诸国。诏书中说："朕闻成周之制，取才于贡士，故贤者在职，而其民有士君子之行；是以风俗淳美，国易为治，而教化彰显也……今朕统一华夷，方与斯民共享升平之治，所虑官非其人，有殃吾民，愿得贤人君子而用之。"③ 明朝廷对一些海外国家颁给科举制度，目的也是要各国为宣敷、彰显中国的"教化"而选拔人才，使官得其人，不致鱼肉百姓，为实现中外人民"共享升平之治"创造条件。明初颁科举诏于与中国相邻的文化程度较高的海外国家，对进一步扩大中国文化的影响，促进中国传统文化在海外的传播，都具有重要的意义。

二 图书度量衡器的赠予是明朝与各国进行文化交流的重要方面

图书度量衡器的赠予是明朝与各国进行文化交流的一个重要方面。郑和下西洋时期，中国为向亚非诸国传播文化，宣敷教化，曾赠予海外国家不少图书。据《明成祖实录》记载："永乐二年九月辛亥（十三日），命礼部装印《古今列女传》万本，给赐诸番。"当时"暹罗国王昭禄群膺哆罗谛剌承玺书赐劳，遣使奈必等奉表谢恩，且贡象牙、诸品香、蔷薇水、龙脑、五色织文彩缦、红厨毯、苹布等物。命礼部宴赏其使，遣还。仍命

---

① 《明史》卷70·选举志2。
② 明严从简：《殊域周咨录》卷7·占城传。
③ 《明太祖实录》卷52。

赐其王绮彩币四十四匹,钞千四百锭,《古今列女传》百本"[①]。若以每个国家送一百本《古今列女传》计,则永乐二年为"给赐诸番"而一次装印的《古今列女传》就可以分送一百个海外国家。本着"定四海之民,一视同仁"的精神,当时凡郑和使团舟车所至的国家和地区,都能得到明朝廷赠给的《古今烈女传》。如此广泛地向海外诸国赠送书籍,实为郑和下西洋时期中国与世界各国进行文化交流的一件大事。

  明朝廷为什么要向海外诸国广颁《古今烈女传》呢?分析明成祖朱棣为《烈女传》所写的序文,就可找到答案了。在序文中,朱棣认为作为"立天下之大本"的"经纶之道","以人伦为本,人之大伦有五,而男女夫妇为先"。人纶(伦)之中的夫妇之道,是"生民之始,万福之原"[②]。如果从人类繁衍的角度上讲,事实就是如此。但男女双方,"在其现实性上,它是一切社会关系的总和"[③];夫妇关系是受一定的阶级关系和社会关系制约的。在中国封建社会里,为缓和阶级矛盾,调解紧张的社会关系,特别要求处于不平等地位的女子具有"妇德",即要具备所谓的"三从四德"。为此,汉刘向辑《古列女传》选"上自后妃,下逮士庶人之妻"合于"妇德"以作"楷模",为之作传,以事宣扬。朱棣说他这种"倦倦忠厚之意,欲以感悟其君,其意亦美矣"。之所以称"其意亦美",即在于虽然处于不平等的地位,仍能忍让,克己复礼,相夫教子,以这种充满"倦倦忠厚之意"的"妇德"来"感悟其君",达到"家人父子,欢然有恩,粲然有文。馌田亩为酒食,治蚕绩供衣裳,以奉献祭"的怡然境界,保持家庭的和谐和社会的稳定,自然也就有利于封建统治的巩固。然而这种"美意"到底是通过介绍哪些"列女"的哪些事迹表现出来的?由于该书早已失传,朱棣也只好说:"惜其传久淆乱,南丰曾巩已不得其详。"其实,朱棣对刘向这种"美意"的推崇已揉进了自己的政治理想,对古代"习俗之美"加以理想化,这是借古人的亡灵为现实服务而编织一种意境。这就是朱棣在序中所说的:"朕尝求之豳风,观其习俗之美,家人父子,

---

  ① 《明成祖实录》卷31,郑鹤声、郑一钧:《郑和下西洋资料汇编》(增编本)中册,海洋出版社2005年版,第1014页。
  ② 朱棣:《〈古今烈女传〉序》,《明成祖实录》卷25;郑鹤声、郑一钧:《郑和下西洋资料汇编》(增编本)中册,海洋出版社2005年版,第1014页。
  ③ 马克思:《关于费尔巴哈的提纲》,《马克思恩格斯选集》第1卷,人民出版社1972年版,第18页。

欢然有思,粲然有文。馌田亩为酒食,治蚕绩供衣裳,以奉献祭,实二南之权舆也。及乎周南,后妃贵而勤,富而俭,长而敬;不弛于师,传嫁而孝,不衰于父母;乐而不淫,哀而不伤,逮下而有螽斯之祥,仁厚而致麟趾之应。雍雍乎,熙熙乎,江汉汝坟,咸被其化,端庄静一,无狎昵之私,离别告语,皆忠厚之意,何其盛也。"这里所盛称的"忠厚之意",与他所称赞刘向的"忠厚之意"是相通的,都是表现出朱棣对《诗经》所反映"武王周公修太平之业"那种理想境界的向往之意。尽管武王周公时代的中国社会并非如此和谐,《诗经》中所反映的"习俗之美"也不是像朱棣所考求的那样完美,但朱棣既想"修太平之业",又拿不出未来太平盛世的蓝图,就只有寄托于此了。在朱棣看来,这种思想境界的实现,又是古之"列女"仁厚有德所致。所以,朱棣又认为:"盖古必有女师之官,所以教之之具委曲详尽,皆著于书,周衰散佚,今内则诸篇寂寥数语而已。"① 如此,就不能使后人承继其教,恢复古代"习俗之美"的盛况了。朱棣既然这样来追求自己想象中的"太平之业",那就要继承古"女师之官"的事业,重修一部《古今列女传》,以为现实教育服务。另外,朱棣修《古今列女传》也是为继承乃母未竟的事业。序文中又说:"朕自少时,伏睹观皇考修身齐家,皇妣辅治同德,……皇妣每听女史读书至《列女传》,谓宜加讨论,删定为书,永作世范。请于皇考,命儒臣校正,有绪未既,皇妣违荣,皇考每叹息伤悲其意,竟未及成书。"可见朱棣对其父母在纂修此书上所寄托的深情厚谊是颇有体会的。难怪他于即位之初,"乃命儒臣编次古今后妃、诸侯大夫庶人妻之事,分为三卷,颁之六宫,行之天下",乃至遍赐诸番了。当然,朱棣继续完成了乃母的遗愿,还在于母子两人都希望这部列女传"俾为师民知所以教,而闺门知所以学,庶修身者不致以家自累,而内外有以相成全"。按照朱棣的理论,既"相成全",则"立天下之大本"已具,可以"体经纶之功大,复虞周之盛"② 了。由此可见,朱棣向海外诸国赠送《古今列女传》是想发扬光大武王周公的事业,为在海外"修太平之业"而向海外诸国宣扬"经纶之道"。

---

① 朱棣:《〈古今烈女传〉序》,《明成祖实录》卷25;郑鹤声、郑一钧:《郑和下西洋资料汇编》(增编本)中册,海洋出版社2005年版,第1014页。

② 同上。

在朱棣执政之初,"蛮夷之情,由来叛服不常"①,与朱棣想象中的太平盛世大相径庭。有些国家习俗之野蛮落后令人触目惊心。像爪哇国"风土无日不杀人"②,一旦发生内讧,更是滥杀无辜,郑和使团中170人就曾在郑和第一次下西洋到爪哇登岸贸易时因此无辜丧生。又如占城国"岁时纵诸人采生人之胆,鬻于官,其酋长或部领得胆入酒中,与家人同饮,又以浴身,谓之曰通身是胆"③。暹罗国"风俗劲悍,专尚豪强,侵掠邻境"④。彭亨国"风俗尚怪,刻香木为神,杀人血祭祷,求福禳灾"⑤。苏门答剌国王"每岁杀十余人,取自然血浴之,谓能压邪,四时不生疾疹"⑥。如此等等,视人命如草芥,这并非出自为人嗜血成性的本质,也不是为了谋财或报复而害命,只是习俗如此,被视作天经地义。这些国家居民"喜战好斗抄"⑦,反映出他们缺乏文化修养,缺乏必要的社会伦理观念,头脑中没有"息事宁人"的概念,因而随心所欲,为所欲为,搅得亚非一些国家和地区几无宁日。郑和下西洋时期,明朝廷致力于国际间的和平与安定。《古今列女传》所宣扬的是女子应具备"三从四德",这在今天来说当然是应予否定的;但在当时,却是朱棣针对海外国家的社会条件,从"内外有以相成全"的道理出发,设想若海外诸国的女性通过《古今列女传》的教诲,能够具有一定的"妇德",对诸事所怀"皆忠厚之意",以自己被《古今列女传》所灌输的封建道德的顺从来影响其夫,那么就会起到使社会关系谐调,改变某些海外国家落后习俗的作用。明成祖在《古今列女传》序文中说:"朕于是书实有望焉",也就是寄托的这种愿望。至于《古今列女传》送到海外诸国臣民手中,是否就会使他们顺从,那是很难讲的。因为海外诸国野蛮落后的习俗是由其具体的历史社会条件所决定的,不是《古今列女传》所能改变得了的。即便如此,当时向

---

① 《明成祖实录》卷50。
② 马欢:《瀛涯胜览》·爪哇国传。
③ 马欢:《瀛涯胜览》·占城国传,郑鹤声、郑一钧:《郑和下西洋资料汇编》(增编本)上册,海洋出版社2005年版,第450页。
④ 费信:《星槎胜览》前集·暹罗国传,郑鹤声、郑一钧:《郑和下西洋资料汇编》(增编本)上册,海洋出版社2005年版,第464页。
⑤ 费信:《星槎胜览》后集·彭亨国传,郑鹤声、郑一钧:《郑和下西洋资料汇编》(增编本)上册,海洋出版社2005年版,第470页。
⑥ 明严从简:《殊域周咨录》卷9·苏门答剌国传,郑鹤声、郑一钧:《郑和下西洋资料汇编》(增编本)上册,海洋出版社2005年版,第473页。
⑦ 奚尔恩:《远东史》第16章《十五世纪时中国与马来西亚之交通》。

海外诸国广为颁发《古今列女传》，对海外诸国落后野蛮的习俗也是进行了一次冲击，对传播中国文化也起到了积极的作用。在郑和使团对海外宣敷中国的教化事业中，向海外诸国赠送《古今列女传》直接体现了明成祖朱棣于即位之初，确实是本着"勉绍先志，罔敢或怠，抚辑内外，悉俾生遂"的精神，努力发展中国与世界各国之间的文化交流，使之"生遂"，为各国人民谋福祉。

明初向海外诸国赠送的书籍当然不止《古今列女传》一种。当时，安南是受中国文化影响较深的国家。自后汉在安南设置交州以后，交州刺史杜燮就向中国学取经传及《翻译音义》等书以教其国人，文教始兴。宋元以来，安南有关中国教化方面的基本书籍大体具备。据明严从简《殊域周咨录》记载："本国（指安南国——引者注）自初开学校以来，都用中夏汉字，并不习夷字。及其黎氏诸王，自奉天朝正朔，本国递年差使臣往来，常有文学之人，则往习学艺，编买经传诸书，并抄取礼仪官制内外文武等职与其刑律制度，将回本国，一一仿行。因此，风俗文章字样书写衣裳制度，并科举学校官制朝仪礼乐教化，翕然可观。……如儒书则有少微史、资治通鉴史、东莱史、五经、四书、胡氏左传、性理、氏族、韵府、玉篇、翰墨类聚、韩柳集、诗学大成、唐书、汉书、古文四场、四道源流鼓吹、增韵、广韵、洪武正韵、三国志、武侯黄名公素书、武候将苑百传、文选、文萃、文献、二史纲目、正（贞）观正（政）要、毕用清钱中舟万（文）选、太公家教、明心宝鉴、剪灯新余话等书。若其天文、地理、历法、相书、算命、克择、卜筮、算法、篆隶、宝医学诸书，并禅林、道录、金刚、玉枢诸佛经杂传，并有之。"[1] 安南国拥有的中国图籍的一部分就是由中国赠送的。当时像安南这样能获得明朝廷的赠书，并具有直接阅读中国书籍能力的海外国家还有占城、高丽、日本、琉球等国。据费信记载，琉球国亦"能习读中国书，好古画铜器，作诗效唐体"[2]。冲绳图书馆藏《历代实案》中，有宣德年间琉球与旧港往来文件，其《琉球国王相怀机致旧港国管事官书》（写于宣德三年十月初五日）、《三佛齐国宝林邦俾那智施氏大娘仔致书琉球国王相怀机书》（写于宣德六年二月初三

---

[1] 明严从简：《殊域周咨录》卷6·安南传，郑鹤声、郑一钧：《郑和下西洋资料汇编》（增编本）中册，海洋出版社2005年版，第1013页。

[2] 费信：《星槎胜览》后集·琉球国传，郑鹤声、郑一钧：《郑和下西洋资料汇编》（增编本）上册，海洋出版社2005年版，第500页。

日）等均用汉文书写，行文与中国官方文书无异，反映出他们较深的汉文修养。①旧港宣慰使司的首领施氏大娘子是施进卿之女，为施氏第一代华裔，熟谙汉文。琉球国方面，自琉球中山王于洪武二十五年（1392）遣其从子日孜每阔八马及寨官子仁悦慈两人入南京国子监读书后，琉球国学生源源不断来华就学，仅在永乐一朝，《明史》所载就有："永乐三年（1405），山南（指琉球国山南王——引者注）遣寨官子入国学（即太学，中国封建社会中的大学——引者注）。明年，中山（指琉球国中山王——引者注）亦遣寨官子六人入国学……八年（永乐八年，1410），山南遣官生三人入国学……明年，中山遣国相子及寨官子入国学……十一年（永乐十一年，1413），中山遣寨官子十三人入国学。"②如此等等，使中国传统文化源源输入琉球。洪武、永乐之际，琉球中山国国相王茂是江西饶州人，曾辅政40余年，更加深了琉球国与明朝之间的文化交流。

在本地土著习俗甚为落后野蛮的爪哇国，当时也有"一等唐人，皆是广东漳泉等处窜居此地"，"约千余家，以二头目为主，其间多有中国广东及漳州人流居此地"。郑和使团所访新村"原系沙滩之地，盖因中国之人来此创居，遂名新村，至今村主广东人也，约有千余家。自新村投南船行二十余里，到苏鲁马益，……亦有村主，掌管番人千余家，其间亦有中国人"③。这些华侨与本地人通婚或日常接触后，教给了当地人一些中国的语言文字，使他们当中的一些人也能阅读中国书籍。又如永乐二年九月曾接受中国所赠百本《古今列女传》的暹罗国，早在洪武四年（1371）就派专人到中国"国子监"读书。④其国"颇知尊中国文字，闻客人有能作诗文者，国王多罗致之，而供其饮食"⑤。暹罗国对中国的文化很尊重，热心学习和吸收。一方面是其国家有尊重中国的文化传统，有学习和吸收先进中国文化的要求，另一方面这些国家中有不少人通晓中国语言文字，明朝通过向海外诸国赠书以"变其夷习"，就具备了一定的社会基础。至于那些距离中国较远，彼此语言文字不通，国内又无通晓中国语言文字之人的

---

① 郑鹤声、郑一钧：《郑和下西洋资料汇编》中册（下），齐鲁书社1983年版，第1613—1614页。《郑和下西洋资料汇编》（增编本）中册，海洋出版社2005年版，第855—856页。

② 《明史》卷323·琉球传。

③ 马欢：《瀛涯胜览》·爪哇国传，郑鹤声、郑一钧：《郑和下西洋资料汇编》（增编本）上册，海洋出版社2005年版，第484页。

④ 《续文献通考》卷47。

⑤ 清谢清高：《海录》·暹罗。

国家，亦可通过翻译或"重译"的途径读懂明朝廷的赠书，从而在一定程度上接受中国文化的影响。

此外，有些郑和使团成员流落于海外诸国，在郑和下西洋使海路大开之后，又有不少中国沿海乡民去南洋谋生；他们以及各地的华裔在向所侨居国家传播中国文化、促进中国与世界各国的文化交流方面发挥了重要作用。

明朝在向海外诸国赠书的同时，又提拔了一些能充分利用中国书籍的华裔领袖人物，以更好地提高海外国家的文化水平和文明程度。如在爪哇国，爪哇人民十分崇拜九圣，九圣中最伟大的圣人苏南义礼（苏南为梭罗的王侯称号，爪哇的九圣都获得苏南的称号）是施二姐的养子。因为施二姐抚养教育苏南义礼成人，她在印度尼西亚人民中有着很高的威望。数百年来，"俾那智（即施二姐——引者注）的名字深深地藏在印度尼西亚人民的心中，他们十分喜爱俾那智的传奇故事和她的养子苏南义礼，他是九圣中最伟大的圣人"[①]。施进卿去世后，为解决旧港宣慰使之职的继承问题，郑和曾在永乐二十二年（1424）专程去旧港任施进卿的女儿承袭父职。郑和之所以支持施二姐，与她具有较高的中国文化修养，便于与明朝廷相互沟通有一定关系。施二姐出身南洋地区华侨领袖家庭，受过良好的中国文化教育，对中国传统文化理解较深，是一位有相当文化修养的华裔领袖。施二姐用中国的经、史、子、集诸书，其中当然也包括明朝廷的赠书在内，来教育苏南义礼。苏南义礼广泛学习和吸收先进的中国文化，结合爪哇国情，应用于实践，终成"九圣中最伟大的圣人"。

郑和下西洋时期，世界各国要求得到更多中国书籍的呼声愈来愈高。明英宗天顺元年（1457）六月甲午（初二），安南国陪臣黎文元奏："诗书所以淑人心，药石所以寿人命。本国自古以来，每资中国书籍等材，以济寿域。今乞循旧习，以带来土产香味等物，易其所无，回国资用。"明英宗朱祁镇随即表示同意。[②] 在世界各国中，安南国是收藏中国书籍较多的国家，却还要以土产香味等物来换取他们尚没有的书籍。中国优秀的文化遗产，先进的精神文明，集中反映在书籍当中，为世界各国人民所仰

[①] 陈育松：《中国回教徒对于东南亚回教传播工作的贡献——三佛齐施大娘子考》；新加坡南洋学会：《南洋学报》。

[②] 《明英宗实录》卷279。

慕。郑和下西洋时期，郑和及其随员们顺应时代发展的潮流，积极开展与世界各国的文化交流，不愧为向世界广泛传播中国文化的先驱者。

度量衡的赠予也是郑和下西洋时期中国与世界各国之间文化交流进一步加强的重要标志。一个国家度量衡制度发达的程度是其文明发达程度的一种体现。中国度量衡器具的种类至明而大备。度器有"铜尺"、"木尺"，量器有"斛"、"斗"、"升"，衡器有"秤"、"等"、"天平"、"法马"等，各器均"已有一定法则"，均制样颁发，不得有所出入，便于民间行使。当时，海外诸国都没有像中国这么完善的度量衡制度，不仅不便于国内民间行使，在各国间贸易时，更不方便。特别是当时有些国家，如占城国，"国人狠而狡，贸易往往不平"①。所以，在永乐年间，有些文化程度相对较高的国家就要求实行同中国一样的度量衡制度，以便民利国。据《明实录》记载："永乐二年（1404）九月辛亥（十三日），暹罗国王昭禄群膺哆罗谛剌承玺书赐劳，遣使奈必等奉表谢恩……奈必复乞赐量衡，俾国人永遵法式。从之。"② 向他国赠予中国的度量衡制度，也是把中国文化发展成果传播到海外国家，促进海外国家文明进步的重大事件。

三 艺术和工艺上的相互引进对促进当时中外文化交流发挥了重要作用

在15世纪初期，郑和多次奉命出使，遍历东西洋各国，一方面把中国的建筑艺术（如建造碑、亭、塔、寺之类）等传到亚非各国；另一方面把亚非诸国的绘画、雕刻、建筑艺术等传进中国，这对中外文化艺术的交流作出了积极贡献。郑和本人就是一位杰出的建筑工程专家，他所担任的内官监的本职就是掌管宫廷建筑事宜的。郑和又是一个皈依佛教的建筑专家，在国内曾主持建筑过若干寺院和宝塔，特别是监修过举世无双的南京大报恩寺琉璃宝塔。"永乐时，海外蛮夷重译至者，百有余国，见报恩塔，必顶礼赞叹而去，谓四大部洲所无也。"③ 可见郑和在建筑方面的造诣之深。郑和在海外访问时，为了宣扬亚非国家固有的对佛教和伊斯兰教的信仰，以及为在爪哇、旧港等地传播伊斯兰教，建筑了许多佛教寺塔和清真寺，如在暹罗的三宝寺塔、礼拜寺（清真寺）、西塔、锡门以及旧港、爪

---

① （明）张燮：《东西洋考》卷2·西洋列国考·占城。
② 《明成祖实录》卷31。
③ （明）张岱：《陶庵梦忆》·报恩塔。

哇、马来半岛和菲律宾等地穆斯林华人社区的清真寺等。曾任新加坡驻印尼大使李炯才在其所著《印尼——神话与现实》一书中，介绍了他所见到的爪哇三宝垄的三宝太公庙："三宝庙类似其他中国佛寺，具有东方的、宝塔形的、曲折的房檐；高耸的红柱子，环绕着宽敞的门廊。在木制的祭坛上，置放着铜铸的香炉。……在三宝庙，不同的地方是，负责看管'签诗'柜台的，不是剃光头身披黄色袈裟的佛教僧侣，而是头戴'宋谷'帽，自称为回教徒的人士。……在总庙宇的近邻，一棵大榕树底下，矗立着一座较小的寺庙。它容纳着三个房间；左边的房间展示着一古旧的巨锭，据说是郑和一艘船的遗物；中间的房间悬挂着中国圣人孔子的肖像；右边的房间，纪念到爪哇航程中丧命的成百无名水手。"李炯才认为："三宝庙具有三种宗教合一的特质。佛教的外观表现在寺庙的形式，道教是表现在古锭遗迹的神秘气氛，孔教的景观是呈现在孔子的肖像，以及纪念成百名水手的遗迹，代表着孔教提倡祖先崇拜的教旨。"[1] "具有三种宗教合一的特质"的建筑很符合郑和的宗教信仰，体现了郑和独特的建筑风格。

郑和在亚非国家访问时，将一些特别引起他兴趣的有特殊艺术风格的小型建筑物引进到中国来。如福建闽侯县西北的雪峰，因山顶暑月犹有积雪，且山中有雪峰寺而遐迩闻名。雪峰寺（又名崇圣寺）在凤凰山南麓，处于群山环拱、丛林拥抱之中。寺四围有五座小岭，形似"五兽"，故有"五兽朝阳"之称。据有关史籍记载，寺创于唐懿宗咸通十一年（870）。雪峰寺是福建省佛教历史上影响最大的一个禅寺，福建长乐、泉州等地又是郑和航海的重要基地，郑和下西洋离国前或返回时在福建逗留期间，免不了要往雪峰寺进行佛事活动，据《雪峰志》记载，在明永乐中，三宝太监自南洋携来瓦塔两座，就安置在这寺前。塔早已圮，其址尚在。

在绘画方面，郑和使团在访问亚非各国时，注意将各国富有民族特点的绘画引进到中国来，有时把一些国家建筑物的图样摹下带回，有时把在海上所见到的景物风光在国内制成壁画，都非常生动优美。据《江宁府部纪事》记载："静海寺有水陆罗汉像，乃西域所画，太监郑和等携至。每夏间张挂，都人士女竞往观之。"[2] 南京静海寺水陆罗汉像作为郑和下西洋

---

[1] 转引自许友年《郑和在爪哇等地传播伊斯兰教初探》，《思想战线》1983年第6期。
[2] 《古今图书集成·方舆汇编·职方典》卷167引。郑鹤声、郑一钧：《郑和下西洋资料汇编》（增编本）中册，海洋出版社2005年版，第1019页。

归国后遗留于寺内的纪念物品,到明万历年间仍保存完好。俞彦在《静海寺重修疏序》中尚称:"阿罗汉像,水陆毕陈,巧夺造化之奇。"① 不是亲眼所见,是不会对这幅异常精妙的图画有如此深刻印象的。郑和将西域"巧夺造化之奇"的绘画介绍到中国来,张挂于静海寺内公开供大家参观,而不是让此画归宫廷或私人收藏,这在中外文化交流的历史上是一件很有意义的事。"都人士女竞往观之",说明这对促进中外文化交流确实起到了积极作用。

在雕刻方面,郑和使团访问的亚非各国的一些雕刻艺术相当精美。如占城国"酋长所居高广,屋宇门墙,俱砖灰甃砌,及坚硬之木雕琢兽畜之形为华饰"②。榜葛剌"王之舍,皆砖石甃砌高广。……九间长殿,其柱皆黄铜包饰,雕琢花兽"③。爪哇国"男子腰插不刺头一把,三岁小儿至百岁老人皆此刀。皆是兔毫雪花上等镔铁为之,其柄用金或犀角象牙,雕刻人形鬼面之状,制极细巧"④。亚非诸国精湛的雕刻技艺对郑和使团具有很大吸引力,他们把雕刻艺术也传入到中国来。据明刘若愚《酌中志》记载:"皇史宬之西,过观心殿射箭处,稍南曰龙苍门,其南则昭明门,其西南则嘉乐馆,其北曰丹凤门,列金狮二。内有龙德左殿、崇仁右殿,正中广智殿之后,则飞虹桥也。桥以白石为之,凿狮、龙、鱼、虾、海兽,水波汹涌,活跃如生。云是三宝太监郑和自西域得之,非中国石工所能造也。"⑤ 这对提高中国人民对石雕艺术的鉴赏水平,吸收国外雕刻艺术的精华,发展中外结合的雕刻艺术,是很有意义的。

郑和航海贸易对各国间陶瓷和铸造艺术发展的影响也是中国与世界各国间文化交流的典型事例。如中国制造宣德炉的原料中,有来自暹罗的风磨铜、天方的硇砂、三佛齐的紫石、渤泥国的胭脂石等。中国精美的瓷器

---

① 《金陵梵刹志》卷18·静海寺,郑鹤声、郑一钧:《郑和下西洋资料汇编》(增编本)中册,海洋出版社2005年版,第1019页。
② 费信:《星槎胜览》前集·占城国,郑鹤声、郑一钧:《郑和下西洋资料汇编》(增编本)中册,海洋出版社2005年版,第1020页。
③ 费信:《星槎胜览》前集·榜葛剌国,郑鹤声、郑一钧:《郑和下西洋资料汇编》(增编本)中册,海洋出版社2005年版,第1020页。
④ 马欢:《瀛涯胜览》·爪哇国传,郑鹤声、郑一钧:《郑和下西洋资料汇编》(增编本)上册,海洋出版社2005年版,第484页。
⑤ 明刘若愚:《酌中志》卷17·内规制纪略,郑鹤声、郑一钧:《郑和下西洋资料汇编》(增编本)中册,海洋出版社2005年版,第1020页。

大量输入到亚非各国,原来以蕉叶盛食的一些国家和地区的人民,随着郑和船队前来贸易,"最喜中国青花瓷器"①,开始用上青花瓷餐具。特别是堪称精制瓷器输入西亚与东非,更向这些西域远国传播了东方文明;中国制陶瓷的技术也随之传到了西亚,帮助西亚在制陶瓷技术方面实现了飞跃。同时,西亚出产的青蓝颜料,即所谓的"回青",也由郑和船队大量输进中国,促进了永乐、宣德时期青花瓷器制作的繁荣。宣德朝以后,随着郑和船队停航,"回青"输入减少,中国青花瓷产品锐减。郑和下西洋对中外文化交流所起的积极作用由此可见一斑。

四 中国先进文化的魅力在当时中外文化交流中发挥了积极作用

在 15 世纪初期,中国是世界上文明程度较高,文化高度发达的国家。郑和使团在亚非各国进行访问时,本着"王者无外,中天下而立,定四海之民,一视同仁"②的精神,努力宣扬文教,向亚非国家传播中国的文化,在相互交流中,提高其文化程度,改变其落后的习俗,同时也借鉴和学习各国优秀的文化遗产,共享世界文明发展的成果。

郑和使团在海外努力"宣敷文教",使中国与亚非诸国间的交往空前密切,史称郑和下西洋,遍历东西洋各国,"南极溟海,东西抵日出没之处,凡舟车可至者,无所不届"③。所至各地,"若乃藏山隐海之灵物,沈沙栖陆之伟宝,莫不争先呈献"④。甚至有不少国家"愿比内郡依华风"⑤。出自对中华文化风物的仰慕之情,除了各国使臣之外,更有满剌加、渤泥、苏禄、古麻剌朗等国国王携妻带子及众多亲戚僚臣来华访问,其中渤泥和满剌加国前后几代国王皆来过中国访问。他们在中国受到了明朝廷极高的礼遇。明朝廷对这些僻居荒徼,尚处于奴隶制社会阶段的海外国家酋

---

① 马欢:《瀛涯胜览》·爪哇国传,郑鹤声、郑一钧:《郑和下西洋资料汇编》(增编本)上册,海洋出版社 2005 年版,第 422 页。
② 费信:《星槎胜览》·序(四卷本),郑鹤声、郑一钧:《郑和下西洋资料汇编》(增编本)上册,海洋出版社 2005 年版,第 536 页。
③ 《明史》卷 332·坤城传。
④ 郑和:《天妃灵应之纪》碑,郑鹤声、郑一钧:《郑和下西洋资料汇编》中册(下),齐鲁书社 1983 年版,第 987 页;郑鹤声、郑一钧:《郑和下西洋资料汇编》(增编本)上册,海洋出版社 2005 年版,第 19 页。
⑤ 《明成祖实录》卷 47,郑鹤声、郑一钧:《郑和下西洋资料汇编》(增编本)中册,海洋出版社 2005 年版,第 827 页。

长或使臣，不仅不歧视怠慢，而且还为他们的来访专门定有番王朝贡礼、番国遣使朝贡礼、番国进贺表笺礼等，按照一定的规格进行隆重接待。各国贵宾在中国生活期间，赐给仪仗及宫廷所用贵重生活用品，"自王以下，衣服之制如中国，女服从其本俗"①。"礼乐明备，祯祥毕集。"②招待他们的大小宴会亦办得十分精美丰盛。对他们的文化娱乐生活也作了妥善的安排。每逢四大节、传统佳节或其他喜庆节日，辄邀请各国使节与臣民同乐，参加酒宴、击射、观灯等娱乐活动。特别是遇有国家重大典礼，更邀请各国使节前往观礼。永乐二十一年（1423）九月，郑和邀请亚非16国1200余名使臣随船来中国参观访问。他们在中国参观访问两个月以后，又应邀参加了迎接明成祖朱棣"车驾入居庸关"的盛典。据《明实录》记载："永乐二十一年十一月辛巳（初四），车驾入居庸关。是日，天气晴朗，上服衮龙金绣袍，乘玉花龙马，既入关，按辔徐行，军容甚盛，金鼓喧阗，旌旄辉焕，连亘数十里。中外文武群臣，皆盛服，暨缁黄之流，耄耋之叟，四夷朝贡之使，百十万人，骈蹠道左。大驾至，欢呼万岁，声震天地。忠勇王金忠在后，于马上遥望，顾其所亲曰：'今日真随从天上行也。'"③当日阅兵典礼之盛，见过大世面的忠勇王金忠尚且颇有"随从天上行"之感，那1200余名海外来宾的观感更可想而知了。

各国国王和使节应明朝邀请来到中国访问，以"僻处荒徼，幸入朝睹天子声光"，④受到明朝廷和中国人民优厚的礼遇，盛情的款待，享受到中国先进的精神文明与物质文明。他们在中国进行参观，随时能体验到京城繁花似锦的昌盛景象，亲见中国文物典章之美，军容仪威之盛，以"生居绝域，习见僻陋"，得"获睹天朝太平乐事之盛"，感到"死且有光"⑤。经过对中国的访问，为中华文化的魅力所吸引，"其各国王，贡献方物，

---

① 《明成祖实录》卷59，郑鹤声、郑一钧：《郑和下西洋资料汇编》（增编本）上册，海洋出版社2005年版，第643页。

② 费信：《星槎胜览》·序（两卷本）。郑鹤声、郑一钧：《郑和下西洋资料汇编》（增编本）上册，海洋出版社2005年版，第536页。

③ 《明成祖实录》卷127，郑鹤声、郑一钧：《郑和下西洋资料汇编》（增编本）中册，海洋出版社2005年版，第739页。

④ 胡广：《渤泥恭顺王墓碑》，《皇明文衡》卷81，郑鹤声、郑一钧：《郑和下西洋资料汇编》（增编本）上册，海洋出版社2005年版，第644页。

⑤ 《明成祖实录》卷40，郑鹤声、郑一钧：《郑和下西洋资料汇编》（增编本）上册，海洋出版社2005年版，第677页。

视前益加"①。像这样以"请进来"的方式，以中国先进的文化和物质文明的成果来影响海外国家国王和人民的精神生活，使他们意识到自己所处的落后状态，仰慕中华雍容揖让的风貌，愿意接受中国的礼仪，改变昔日不文明的习俗，是明朝时中国文化与世界交流的重要途径。

郑和下西洋传播了中国先进的文化，为改变海外国家落后的"夷习"，促进其社会的进步与安定作出了贡献。通过文化交流，中国与世界各国的关系就能理顺，趋向和谐，必然也会促进中国社会的安定。明成祖曾对辅臣们说："四夷顺则中国宁，……四海万民，家给人足，然后朕与卿等同享治平之福。"② 所谓"太平盛世"，其内涵正是举国上下"同享治平之福"，而这是建立在社会安宁的基础之上的，发展中国与世界各国的文化交流，正是走向社会安宁的重要途径（见图3—4）。

图3—4 万国来朝图

---

① 郑和：《娄东刘家港通番事迹碑》，郑鹤声、郑一钧：《郑和下西洋资料汇编》中册（下），齐鲁书社1983年版，第1015页；郑鹤声、郑一钧：《郑和下西洋资料汇编》（增编本）上册，海洋出版社2005年版，第599页。

② 《明成祖实录》，《明成祖实录》卷127，郑鹤声、郑一钧：《郑和下西洋资料汇编》（增编本）上册，海洋出版社2005年版，第689页。

第四节　远航非洲对世界的影响

一　郑和船队远访非洲是对世界产生积极影响的大事

郑和七下西洋，揭开了15—16世纪世界大航海活动的序幕。世界大航海时代的到来，使东西方交通大变，促进了世界各国之间的往来，逐渐打破了东西方之间，各大洲不同地区之间相对封闭隔绝的状态。这对人类社会与国际关系产生了极为深刻的影响，导致人类社会日益具有世界性，进入了一个根本性的历史转折时期。在这个人类社会发展的关键时期，发生于东方的郑和航海壮举中，大批中国人顺应历史潮流，走出国门，跨越海洋，尝试用中国传统的政治道德理念去建立和平与和谐的国际社会秩序。郑和远访非洲的壮举，将这一伟大的和平实践带到远离亚洲的"新大陆"，与嗣后西方早期殖民者在非洲的殖民掠夺形成了极其鲜明的对比。

郑和从第四次下西洋开始，每次出使都要远至阿拉伯及东非遥远之国，以当时的世界地理知识水平，沿东非海岸南下所访问的一系列非洲国家已为极远的海外国家。这些远方国家纷纷随郑和船队来中国访问，以当时所能达到的认识水平，被看做是体现了位于世界"际天极地"的国度都心仪于中国，愿意奉行明朝的和平外交方针，基本实现了明朝与世界各国广泛联系的终极目标。

永乐十三年（1415），当时被视为"去中国绝远"的麻林国因郑和使团的来访，遣使回访中国，贡献"麒麟"（长颈鹿），在中国历史上第一次实现了与非洲国家间官方的正式交往，当时被认为是体现了明初对外方针已初步实现的重大事件。"麒麟"在非洲只是寻常动物，在中国却千载难逢，且中国自古视"麒麟"为瑞兽，赋予神秘色彩，更何况这"麒麟"是"极地"之国麻林所献，可使明朝统治阶级更加感受到国家的强盛，明朝廷的德政惠泽遐壤。在麻林等国使者进京的那天，整个明朝宫廷都轰动起来了。永乐十三年（1415）十一月壬子（十九日），明成祖朱棣亲往奉天门主持欢迎仪式，接受"麻林国及诸番国进麒麟、天马、神鹿等物"。当时，文武群臣向明成祖朱棣祝贺说："陛下圣德广大，被及远夷，故致此嘉端。"[①]

[①] 《明成祖实录》卷99，郑鹤声、郑一钧：《郑和下西洋资料汇编》（增编本）上册，海洋出版社2005年版，第685页。

这里所谓的"圣德广大",实际上是指明成祖朱棣对中国与世界各国之间应建立一种什么关系所持的政治准则和道德观念。

明初,在结束了元末腐败黑暗的统治之后,经明太祖和明成祖的励精图治,中国出现了封建社会后期的盛世,"百年之污染一新",一个统一而强盛的明帝国顺应历史发展的潮流在东方崛起。缔造和巩固了这个帝国的明太祖、明成祖及其手下杰出的文武重臣,怀着"大一统而天下治"的政治理想,向往"东沧海而西昆仑,南雕题而北穷发,无有远迩,莫不尊亲玉帛,会车书同,兴太平之礼乐"[①]。即从中国传统的政治道德理念出发,在加强与世界各国的联系中,建立一种和平与和谐的国际社会秩序。明成祖朱棣执政以后,派遣郑和下西洋,积极争取海外远国万里来宾,以与中国"共享太平之福"。以中国传统的政治道德观念来看,怀有仁爱之心的君主才会这样去做,才能对海外诸国施行这种"仁政"。永乐时儒臣金幼孜在所作《麒麟赞》中赞扬明成祖说:"惟皇之仁,洽于八垠,极天际地,罔不尊亲。惟皇谦恭,弗自力圣,匪物之珍,协于仁政。"[②] 这种歌功颂德之词,自然是为了满足明朝统治阶级政治上的虚荣心,扩大郑和远航非洲的影响,宣扬明成祖朱棣的政绩。不过永乐时期明成祖朱棣及其臣属们向往在海外立德立功,"兴太平之礼乐",施"仁政"远及"极天际地"的非洲国家,倒也是离不开国家强盛统一、政治清明这样一个基本条件的。正因如此,郑和远访非洲才显示出意义非凡,才能对世界产生积极的影响。

对麻林国而言,郑和使团的访问也是亘古未有之喜事,受到当地人民的热烈欢迎(见图3—3)。麻林国遣使来中国贡献"麒麟",是郑和第四次下西洋所取得的一个重大成就,显示出郑和使团首次对东非沿岸国家所进行的访问取得了圆满的成功。其时正值永乐朝极盛时期,郑和使团对东非诸国的成功访问在历史上是没有先例的,成为明朝鼎盛时期在外交上取得重大进展的标志。其时文臣们纷纷即兴写诗作赋,为之歌功颂德,抒发自己对麻林国来献"麒麟"而凸显出的四海太平、远方归心的祥和氛围的感受。金幼孜在《瑞应麒麟赋》的小序中说:"臣闻人君有至圣之德者,

---

[①] 《洪武实录》卷30,郑鹤声、郑一钧:《郑和下西洋资料汇编》(增编本)中册,海洋出版社2005年版,第1230页。

[②] 金幼孜:《麒麟赞(有序)》,《金文靖公集》卷6,郑鹤声、郑一钧:《郑和下西洋资料汇编》(增编本)中册,海洋出版社2005年版,第747页。

则必有至盛之治，有至圣之治者，则必有至大之徵。此感彼应，皆本于一心之诚，非人力所致，而自至者。钦惟皇上建中垂统，法天敷治，恢弘鸿化，覃暨无外，和气融朗，嘉应叠臻。乃永乐十有三年秋九月壬寅，西南夷有曰麻林国者，以麒麟来献。"[①]

图3—5　郑和出使麻林国（想象图）

明成祖朱棣执政之初即一次次派遣郑和下西洋，中国古代帆船航海由传统的在亚洲沿海航行进一步发展成横渡印度洋直达非洲的洲际航行，这种大规模航海活动的持续开展逐渐打破了地域和民族的界限，日益具有世界性。在这种新形势的冲击下，明朝廷中的一些比较开明的上层人物已不满足于把国内的太平与富足看作是国家达于"至盛之治"的标准。永乐大帝朱棣及其以郑和为代表的辅臣们，毕生致力于同遥远的海外国家沟通交往，并以这种交往发展的深度与广度作为衡量国家之治是否臻于极盛的重要标志，这适应了中国扩大与世界联系的新形势，体现出了由封闭走向开放的新时代精神。当然，其表现方式与内容具有中国特色，传承了中国悠久的文明，与西方早期殖民主义者要求开拓海外殖民地，发展海外市场，

[①] 金幼孜：《瑞应麒麟赋（有序）》，《金文靖公集》卷2，郑鹤声、郑一钧：《郑和下西洋资料汇编》（增编本）中册，海洋出版社2005年版，第745页。

在性质上有着根本的不同。朱棣、郑和等明朝廷中积极与世界联系的代表人物，极其重视与非洲国家的交往，以成功实现与非洲国家的互访为一大盛事，甚至视之为郑和下西洋最重大的事件，他们所持的这种"世界性观念"，突出体现了时代的进步。

二 西方早期殖民者在非洲的行径凸显了郑和远航非洲的进步性和深远意义

郑和对非洲所进行的成功访问是中国历史上中央使团首次对非洲进行的访问，不仅在中国历史上，而且在当时非洲与世界各国的交往中都是绝无仅有的，在历史上产生了深远的影响。

在郑和下西洋终止半个多世纪以后，即15世纪末，葡萄牙殖民者来到了非洲，他们筑堡垒，建商站，掠夺奴隶和黄金。之后，荷兰、英国、法国、西班牙殖民者接踵而至，相继在非洲沿海建立起星罗棋布的殖民地、堡垒和商站。16世纪至19世纪下半期，西方在非洲殖民活动的主要表现形式是奴隶贸易，罪恶的奴隶贸易给非洲各国人民带来了深重的灾难。欧洲奴隶贩子不仅自己在非洲各地猎取黑人，而且出钱出枪，挑起非洲各部落之间的战争，培植一批批阿拉伯人、非洲人奴隶贩子。长达四百年的奴隶贸易是非洲历史上最大的浩劫，非洲黑人文明受到了严重摧残。据联合国1978年太子港关于奴隶贸易的专家会议估计，贩卖到美洲和世界各地的黑人，加上猎奴战争、贩卖途中死亡的总数约为2.1亿人。

奴隶贸易极大地破坏了非洲黑人文明的物质载体。在贩奴恶浪中挑起的猎奴战争和部落战争，打乱了正常的生产和生活秩序，大量田园荒废，许多繁华的城镇和村庄被毁，古老的艺术和工艺失传，手工业发达、艺术繁荣的贝宁在奴隶贸易中已残破不堪即是典型一例。18世纪初访问过贝宁的博斯曼写道：贝宁从前"建筑鳞次栉比，居民十分稠密，现在这些残破的屋宇，就像穷人所种的庄稼那样稀稀疏疏了"[①]。西方早期殖民者在非洲的灭绝行经与郑和下西洋时的中非友谊相比，真有天壤之别。这令人信服地说明了郑和下西洋在历史上的进步意义，郑和远航非洲在世界上的影响始终是正面的、积极的。

郑和远航非洲对世界的深远影响，为人类进步事业所提供的精神财

[①] 艾周昌、沐涛：《走进黑非洲》，上海文艺出版社2001年版，第234—239页。

富，得到了我党和国家领导人的高度重视，并给予了很高评价。1964年周恩来总理访问东非索马里、肯尼亚等国时在演讲中指出：郑和是一位大航海家，曾访问过东非索马尼、肯尼亚等国，为中非友谊作出过重大贡献。1964年2月，周恩来总理在索马里首都摩加迪沙群众欢迎大会上发表讲话说："这是我第一次来到索马里，但是，就我个人以及中国人民来说，对你们的国家是一点也不陌生的。远在500多年以前，我国的航海家郑和就曾访问了贵国。"在这次讲话中周总理提出了中国处理同非洲国家相互关系的五项原则和中国对外经济援助的八项原则。周总理的讲话与郑和当年对非洲的访问遥相辉映，在世界各国人民中引起了强烈的共鸣，大大促进了中国和非洲国家友好关系的发展，也为世界和平事业作出了积极的贡献。

第二编
中国宝船构建海上"丝瓷之路"

  郑和宝船下西洋向全人类提供了聚集众多灿烂科技发明的恢弘舟船建筑——中国宝船，并在大洋上构建了横跨亚非两大洲的海上"丝瓷之路"。该编博采众家考证成果，求同存异，实事求是地概括提出若干鲜明见解，也试探以辩证唯物史观创新一些专业词语，主旨是归纳出中华民族在舟船航海科技发明方面的成就。为此，本编将系统介绍中国传统舟船发展所经历的七个发展阶段，集中显示中国古代造船科技的六大发明——手摇橹、船尾舵、水密隔壁、桨轮、船用指南针和舰载火铳，四种海洋帆船船型系列——沙船、浙船（鸟船）、福船和广船，以及永乐二十年千艘造船规模、郑和舟师十型船舰及下西洋五项航海术等。同时，重点记述明代的造船伟业。《明实录》中记载，永乐年间（1402—1424）明朝廷共计下达25批次建造、改造海船的任务，约共计船只2860余艘。对明代的工场盛况，本编也做了深入研究。明洪武帝至永乐帝调江苏、浙江、江西、福建、广东、湖南等省工匠来南京，专建宝船厂；该厂规模最大时占地四千亩，工匠及其他人员共逾三万人；以造船的水道作塘，考古分析至少有十三条，现仍可辨者尚有七条。南京宝船厂是当时中国乃至世界上最大的皇家造船厂。本编研究认为，尽管专门详细记载郑和下西洋舟师及宝船的古代文献史料相对缺乏，但明代中后期有关海船的文献是非常丰富的，现能查找到的有46种，对其中重要的文献做了详细的介绍。

  全编以相当篇幅记述了两千料海船形中国宝船考证和复原研究工作取得的成果和其他明代中华传统帆船的研究进展，归纳出保护复原中华传统帆船具有的五项价值，记述了中国宝船重走海上丝瓷之路的学术考证研究和复原仿造工程。文中对存疑、有争论、待探索的课题进行了宏观回顾，同时对相关文献典籍目录进行了收集整理，期望海内外学者在此基础上，共同挖掘史料、文物，对疑点进行深入研究，以填补明代舟船航海科技的空白。两千料海船史书上称为中国宝船，本编尝试提出了中国宝船的复原方案，包括尺度、排水量、船员编制、载货量、外形、布置、结构、帆装、舵锚橹艇、兵器、材料等方面具体设计概貌。引用明清代封舟、八橹船、福船、沙船等史料佐证郑和宝船的特征。由介绍《郑和航海图》的三大特点——涉及范围方面，海区广阔，航线漫长；绘制风格注重写实，一字展开；在具体布局方面，图文配合，因地制宜等——引申介绍郑和下西洋集成发展五项航海技术，即气象航海术、地文航海术、天文航海术、针路航海术和调戗驾帆术，并在此基础上评析中国传统舟船创立与发展海上丝瓷之路，推动中外交往的历史。

郑和下西洋舟师的编成有三档、七类、十型主要舟船。三档分别是万吨级、千吨级和百吨级；七类分别是宝船、座船、战船、水船、马船、粮船、哨船等。笔者还将视角从郑和下西洋延伸到中国宝船重走海上丝瓷之路这一伟大工程，期盼在不久的将来会有中国宝船在海上再次扬帆，重现中华先民下西洋开创历史、开拓文明、构建海上丝瓷之路为世界人类发展进步作贡献的生动艰辛场景，从而引发世界性研究中国舟船航海的历史高潮。为此建议，在国家文物局主管的"中华文明探源工程"和"指南针计划"中，加强对古代航海造船科技的课题研究。初步推断认为，中国舟船航海科技对世界文明的贡献将逐渐被人公认，甚至可比"四大发明"。这是因为，中华传统帆船的典型宝船工程具有五项价值：（1）中华传统舟船作为水上建筑（交通工具）是中国古代学术、技术与艺术的结晶，是中国历代社会历史和综合国力的缩影；（2）中华传统舟船属于并反映中国的物质与非物质双料历史文化宝贵遗产，是中华民族海洋文明的化身；（3）中华传统舟船可成为中国造船行业有关单位具有中华传统元素的历史文化象征；（4）中华传统舟船是可持续传递国家与民族文化的载体，可担任中国与世界在海上国际交往的和平友好形象使者；（5）中华传统舟船可配合滨海旅游事业、航海探险与水上体育运动、涉海影视文化产业等，可作为传承中华海洋文化、开拓新兴海洋经济的海上平台。

本编还根据2010年新发现的洪保寿藏铭文，综述了对郑和宝船尺度争论的最新研究判断，并对郑和下西洋舟师中存疑待探问题亦有所回顾。我们相信，通过中国宝船再度扬帆出海的和平形象，科学评价我国古代舟船科技发明对人类发展与进步的贡献，必将促进我国人民和世界公众一起，在21世纪海洋新时代里，更好地认识中国历史、理解中国发展、支持中国进步，为世界共同繁荣作出新贡献。

第四章　先进舟船科技诞生中国宝船

本章系统介绍中国传统舟船发展历史，集成显示中国古代造船科技的六大发明和四种海洋帆船船形系列，重点记述明代造船伟业、工场盛况、丰富典籍，以及在南京拥有五大官办作坊、建造七类舟船，从而形成全国造船中心。

第一节　明朝集我国历代舟船科技之大成

一　中国悠久、光辉的传统舟船发展史[①]

中国传统舟船发展史可以追溯约8000多年，经历七个阶段，创有六大科技发明，形成了四种船形系列。这七个阶段分别是：（1）中华独木舟起源于新石器时代（公元前60世纪）；（2）中华木板船与风帆船产生于商代（公元前16世纪前后）；（3）中华舟船技术奠基于春秋战国时代（公元前7—前4世纪）；（4）中华舟船技术发展于秦、汉、晋、南北朝时期（公元前3—公元5世纪）；（5）中华帆船技艺成熟于隋、唐、宋朝时期（公元6—13世纪）；（6）中华帆船技艺高度集成领先天下于元、明朝前期（14—16世纪）；（7）中华帆船技艺停滞衰落于明朝后期、清代（17—19世纪）。

而明代郑和下西洋发生于15世纪前期，这正是中国造船技艺领先世界的巅峰时期。

[①] 本部分内容参见郑明《中国船史与舟船文化——现代造船强国须有深厚造船文脉》，《郑和与海洋文化研究》2008—2009年第5期；席龙飞《中国造船史》，湖北教育出版社2000年版；王冠倬《中国古船图谱》，三联书店2000年版。

二　中国古代造船科技的"六大发明"[①]

中国古代造船科技创有"六大发明"，这"六大发明"体现了我国在舟船系统工程上确实领先天下，并对世界有比较显著的影响，其大体集成于明代，与舟船大型化、造船规模化相结合而著称于世。"六大发明"具体项目及领先世界的时间，如表4—1所示。

表4—1　　　　　　　中国古代造船科技的"六大发明"

序号	造船科技发明项目	发明与应用年代	外国应用年代
1	手摇橹	汉代，1世纪	17—18世纪
2	船尾舵	汉代，1—2世纪	12—13世纪
3	水密隔壁	晋代，3—4世纪	18世纪
4	桨轮	唐代，7—8世纪	16世纪
5	船用指南针	宋代，10—11世纪	12—13世纪
6	舰载火铳	明代，13—14世纪	15世纪

三　中华传统帆船的四种船形系列[②]

中华传统帆船历史悠久，以其船楼外形线型尺度比例，桅桁缭索帆装舵锚属具，全木隔仓结构钉捻工艺，民俗内设外雕绘饰色彩等四项特征，傲立于世界帆船发展前列。被西方称为Junk（又译为容客船），而有别于欧洲、埃及、阿拉伯、印度等古代帆船。

一般认为中华传统帆船包含沙船、浙船（鸟船）、福船和广船等四种古船船型系列。分别航行在黄海、渤海、东海、南海等中国传统海域与江河，并进入各大洋与世界有关各国共同构建海上"丝瓷之路"。

20世纪后期及21世纪，中国各地先后仿造过以上四种船形，有的还出口到法国、美国、日本、韩国、新加坡等国；部分船只至今还活跃在香港、舟山等沿海港城。

---

① 本部分内容参见郑明《中国船史与舟船文化——现代造船强国须有深厚造船文脉》，《郑和与海洋文化研究》2008—2009年第5期；郑明、田小川《中国古代造船科技六大发明》，《郑和下西洋研究》2007年第4期。

② 郑明：《中国船史与舟船文化——现代造船强国须有深厚造船文脉》，《郑和与海洋文化研究》2008—2009年第5期。

第二节 永乐年间开启明代造船伟业

一 明初伟大的造船计划[①]

《明实录》中记载,永乐年间(1403—1424)明廷共计下达25批次建造、改造海船的任务,约共计船只2860余艘(见表4—2)。郑和先后七次下西洋(1405—1433),历时28年,每次舟师的编队规模(舟船和人员总数)没有系统完整的记录,有据可查者最多的一次为208艘,27800余人。

在明代,木帆船的平均寿命为七年左右,郑和下西洋舟师每次按平均编配200艘左右大中小型舟船考虑,郑和最后一次下西洋仍能保持约200艘舟船规模,大体需先后建造、更新四轮,共需船只800余艘。纳入《明实录》记载的造改海船计划当以特型和大、中型海船为主,其中明确规定建造宝船或准备使西洋诸国者有四批,交由工部、福建等地承担造改海船计划任务,计343艘,全部为考虑编入下西洋舟师专用;有八批主要由浙江、福建等地承担造改海船、海舟计划任务,计1560艘,考虑到所造多为适宜航行外海浙江鸟船、福船,当时还有国内沿海抗击倭寇等海防、海事任务,因此,只考虑以其中1/3左右用于下西洋,即520艘左右,先后编入各次下西洋舟师。

另有13批造改海运船计划任务,承担单位涉及浙江、江西、湖广、江苏、直隶、安徽等省,计957艘。考虑到建造地点分散,可能主要用于各地区海域各种海运,特别是南粮北运的海运任务,其船形较杂,一般不会移用于下西洋,故不计入。按此分析,永乐朝22年间造改海船任务总计划约为2860艘,年平均造改海船130余艘;而为下西洋专项任务的造改海船计划约为863艘,相当于年均不到40艘,以当时全国的造船能力来分析,是可以胜任的。下西洋舟师船舰的总量包括自然更新共需求800余艘,与造改海船总计划863艘基本符合,总计划还略有富余,这可能意味着已考虑到补充遭遇风暴和其他特殊损毁的需要。

以上分析说明《明实录》所记载的永乐年间大规模造船准备计划是可

[①] 本部分内容参见郑一钧《论郑和下西洋》,海洋出版社2005年版;席龙飞《中国造船史》,湖北教育出版社2000年版;郑明《永乐造船、郑和航海与宝船》、《郑和下西洋与宝船复原考析》,《郑和下西洋研究》2005年第1期、第2期;徐恭生《试说郑和下西洋舟师的船型与编队》、《郑和宝船尺度"32"字解读》,《郑和下西洋研究》2005年第2期。

信的,又与郑和下西洋舟师远航编队船舰需求规模基本对应。也可反过来说明,郑和下西洋舟师编队有明代永乐年间的综合国力、经济基础和造船水平、能力作保障,确实有能力实现每次出航编队拥有船只 60 余艘,甚至 200 艘左右的规模。

表 4—2　　　　　　《明实录》所载永乐年间造改海船情况

序号	时间	承造地点（或单位）	艘数	建或改	附注
1	元年五月辛巳	福建都司	137	建造	海船
2	元年八月癸亥	京卫及浙江、湖广、江西、苏州等府卫	200	建造	海运船
3	元年九月辛	浙江观海卫	36	建造	捕倭海船
4	元年十月辛酉	湖广、浙江、江西	188	改造	海运船
5	二年正月壬戌	京卫	50	建造	海运船
6	二年正月癸亥	福建	5	建造	海船,将遣使西洋诸国
7	三年六月丙戌	浙江等都司	1180	建造	海舟
8	三年十月戊寅	浙江、江西、湖广及直隶安庆等府	80	改造	海运船
9	三年十一月丁酉	浙江、江西、湖广	13	改造	海运船
10	四年十月乙未	浙江、江西、湖广及直隶、徽州（注:安徽）、安庆、太平、镇江、苏州等府卫	88	建造	海运船
11	五年九月乙卯	都指挥汪浩（注:浙江或福建）	249	改造	运海船（海运船）备使西洋诸国
12	五年十月丙申	广洋、淮安等卫	97	建造	（海）船运船
13	五年十一月丁巳	浙江、湖广、江西	16	改造	海运船
14	六年正月丁	工部（注:南京）	48	建造	宝船
15	六年二月丁未	浙江金乡等卫	33	改造	海运船
16	六年十一月庚戌	江西、浙江、湖广及直隶苏、松（注:江苏松江）等府	58	建造	海运船
17	七年十月壬戌	江西、浙江、湖广及直隶苏、松等府	35	建造	海船
18	七年十一月戊寅	龙虎等卫（注:南京）	9	建造	海船

续表

序号	时间	承造地点（或单位）	艘数	建或改	附注
19	七年十二月丁未	扬州等卫	5	建造	海运船
20	九年十月辛丑	浙江临山、观海、定海、宁波、昌国等卫	48	建造	海船
21	十年十月庚辰	浙江、湖广、江西、镇江等府卫	130	建造	海运船
22	十年十一月壬寅	扬州等卫	61	建造	海风船
23	十一年九月辛丑	江西、湖广、浙江及镇江等府卫	61	改造	海风船
24	十三年三月庚申	命都督同知	—	建造	海船
25	十七年九月乙卯	—	41	建造	宝船

二 明初造船工场盛况

明洪武帝至永乐帝调江苏、浙江、江西、福建、广东、湖南等省工匠来南京，专建宝船厂。该厂规模最大时占地4000亩，工匠及其他人员共逾3万人；以造船的水道作塘，考古分析至少有13条，现仍可辨者尚有7条。南京宝船厂是当时中国乃至世界上最大的皇家造船厂（见图4—1）。

图4—1 南京明宝船厂遗址景区鸟瞰图

2003—2004年，南京市博物馆考古队对南京宝船厂六作塘进行了抢救性考古发掘，清理出造船基础遗址34处，出土文物1500余件，包括两根长达10米以上的舵杆，初步判断"六作塘（现存长421米，宽44米）应为明宝船厂遗址的一条生产大型船只的船坞，该遗址也应为明代宝船厂遗址，这里生产的船只和明代郑和下西洋所用船只有着十分密切的联系"①。遗址出土的有关造船的构件、工具等均已在南京博物馆公开展出（见图4—2）。

图4—2　六作塘发掘完成后全景（自东向西）

南京博物馆考古研究员祁海宁认为："六作塘是一处设计严密、布局有序、曾经极为繁忙的造船场所。"他还强调："最重要的发现是出土了两根保存基本完好的舵杆，分别出土于六作塘的中段和东段。两根舵杆的型制相同，均为方头扁尾，头部带有两个长方形斜穿孔，用以安装舵牙；尾部凿有三个长方形浅槽，用以安装舵叶。木质沉实，木色黝黑，长度分别为10.1米和11米。它们的型制和长度是推算船只型制与规模的重要参考依据。1957年，在六作塘中曾出土过一根长11.03米的舵杆，现收藏于北

---

① 南京市博物馆：《宝船厂遗址〈南京明宝船厂六作塘考古报告〉》，文物出版社2006年版，第229页。

京国家博物馆。此次，在同一条作塘再次出土两根舵杆，有力地反映出六作塘以及整个宝船厂当时的造船规模。"①（见图4—3）

图4—3　舵杆出土情况

现在，南京已将该遗址开发为"宝船厂遗址公园"，总占地面积近400亩，其中所保留展示的三条水道作塘均为明代（公元15世纪初）宝船厂船坞遗址。

该遗址在1983年只是南京市雨花台区级文物保护单位，直到2006年才被国务院确定为第六批全国重点文物保护单位，时间之晚令人欷歔。

这一大规模皇家造船厂遗址，充分说明了永乐年间明代造船工业的规模在当时的世界上是领先的。

第三节　明代舟船建造光照中华史册

研究可以发现，尽管专门详细记载郑和下西洋舟师及宝船的古代文献

---

① 祁海宁：《南京明代宝船厂遗址考古发掘取得重要收获》，《郑和下西洋研究》2005年第2期。

史料相对缺乏，但明代中后期有关海船的文献却是非常丰富的，现能查找到的有 48 种，如表 4—3 所示。[①]

表 4—3 记载明代海船的文献

序号	书名	作者	成书时间	主要内容
1	《明太祖实录》	官修	永乐年间	建造海船的数量、船形
2	《太上说天妃救苦灵应经》		永乐年间	卷首画有下西洋舟师编队
3	《瀛涯胜览》	马欢	永乐年间	郑和下西洋情况
4	《明太宗实录》	官修	宣德年间	建造海船的数量、船型
5	《西洋番国志》	巩珍	宣德年间	宝船情况
6	《星槎胜览校注》	费信（冯承钧）	正统年间	宝船情况
7	弘治《明会典》	官修	弘治年间	一千料、四百料海船用料
8	《前闻记》	祝允明	约正德年间	下西洋船
9	《武编》	唐顺之	嘉靖年间	特殊战船
10	《金汤十二筹》	李盘	嘉靖年间	五桅沙船
11	《纪效新书（十八卷本）》	戚继光	嘉靖年间	福船、海沧、艟艏
12	《筹海图编》	郑若曾	嘉靖年间	战船的形制、种类
13	《操舟记》	高澄	嘉靖十三年	封舟情况
14	《使琉球录》	陈侃	嘉靖十三年	封舟情况
15	《南船记》	沈启	嘉靖二十年	沙船用料、宝船厂
16	《船政》	南京兵部车驾清吏司	嘉靖二十五年	快船、平船等建造规范
17	《龙江船厂志》	李昭祥	嘉靖三十二年	海船形制示意图。《舟楫志》的海船条下称：海事已革，尺度无考
18	《重刻使琉球录》	郭汝霖、肖崇业	嘉靖四十一年	封舟情况
19	《洗海近事》	俞大猷	隆庆年间	福船的用料
20	《正气堂续集》	俞大猷	万历年间	战船
21	《纪效新书（十四卷本）》	戚继光	万历年间	战船的人员、武器装备
22	《筹海重编》	邓钟	万历年间	战船的形制、种类
23	《客座赘语》	顾起元	万历年间	宝船大小和人员

---

① 范中义、郑明：《史书中的明代海船》，《郑和下西洋研究》2007 年第 4 期。

续表

序号	书名	作者	成书时间	主要内容
24	万历《明会典》	官修	万历四十五年	遮洋船
25	《阵纪》	何良臣	万历年间	战船的形制、种类
26	《登坛必究》	王鸣鹤	万历年间	战船形制
27	《三才图绘》	王圻、王思义	万历年间	战船形制
28	《虔台倭纂》	谢杰	万历年间	战船的形制、种类
29	《两浙江海防类考续编》	范涞	万历年间	浙江后期船制、数量
30	《东西洋考》	张燮	万历年间	商船
31	《兵录》	何汝宾	万历年间	战船的大小
32	《使琉球录》	萧崇业	万历七年	封舟情况
33	《使琉球撮要补遗》	谢杰	万历十年	封舟情况
34	《船政新书》	倪涷	万历十六年	南京兵部营辖各船修造制度等
35	《使琉球录》	夏子阳	万历三十年	封舟情况
36	《皇明海防要纂》	王在晋	万历年间	战船
37	《漳州府志》	罗青霄	万历年间	卫所船种类
38	《武备志》	茅元仪	天启年间	战船形制、特殊战船
39	《金汤借箸》	周鉴	崇祯年间	战船形制
40	《使琉球录》	杜三策、胡靖	崇祯六年	封舟情况
41	《南枢志》	张可仕、范景文	崇祯十一年	马、快、平船图式
42	《天工开物》	宋应星	崇祯年间	海舟
43	《天下郡国利病书》	顾炎武	明清之际	浙江战船
44	《国榷》	谈迁	明清之际	宝船大小
45	《广东新语》	屈大均	清初	广船情况
46	《明史》	张廷玉	雍正年间	战船
47	《续文献通考》	官修	乾隆年间	战船的形制、种类
48	《南京静海寺残碑》			二千料、一千五百料船

从表4—3可以看出，记载明代海船的文献中最多的是兵书，有14种，分别是《武编》、《筹海图编》、《筹海重编》、《虔台倭纂》、《皇明海防要纂》、《纪效新书》（十八卷本）、《纪效新书》（十四卷本）、《阵纪》、《洗

海近事》、《登坛必究》、《兵录》、《两浙江海防类考续编》、《武备志》和《金汤借箸》。这些兵书对军船的形制、种类、性能、制造所用的材料、船上的装备等都作了较详细的描述，为研究明代海船的主要史料。其次是专门记载造船规范的文献，有《南船记》、《船政》、《龙江船厂记》、《船政新书》等，这些文献对明代江船海船都有专业的记述，特别值得下工夫研究。再次是史地类的图书，包括《明实录》、《国榷》、《明史》、《瀛涯胜览》、《星槎胜览》、《西洋番国志》、《使琉球录》、《东西洋考》等，这些书对明初的造船种类、数量、功能、使命、出使外国的宝船、封舟等做了介绍，是研究海船中使船的重要史料。另外还有会典、科技、类书、笔记等书，对研究明代海船也颇为重要。

上述文献内容对明代造船技术水平、生产规模以及水师编成，商船动向等大体上能给出清晰的轮廓，对郑和下西洋作为明代初期全国性大造船、世界性大航海活动的研究是有一定参考价值的。至于专门详细记载郑和下西洋船队中各型海船与宝船及其航海活动的文献，尚需从海内外深入挖掘。

第四节　南京是明朝前期全国造船中心

刘义杰先生于2009年9月发表了《明代南京造船厂探微》[①]一文，将其近年来博览群籍的考证予以整合。文称："中国帆船时代的造船技术及航海能力，至明朝臻于巅峰。论者多以郑和下西洋时的宝船为标志，称为中国帆船时代的杰出代表。其中，又以南京设厂建造宝船而备受关注。是故，明朝南京宝船厂及其有关问题，不但是郑和研究者关心的问题，同时也是航海舟船科技史研究者需要解决的问题。"

刘文首先考证并判明了明初南京设厂造船的时间及地点。

> 明初水军，始于与陈友谅的征战，继而与方国珍的海上争夺，再就是转运军饷北征元军，但主要还是从洪武初年开始就有的倭寇袭扰。朱元璋定都南京伊始，便有了第一次的制造海船的诏令：洪武元年（1368）二月，"诏御史大夫汤和还明州造海舟，漕运北征

[①] 刘义杰：《明代南京造船厂探微》，台北《世界华人郑和论坛文集》，2009年9月。

军饷"①。但洪武朝的前几年，明水军的舟船主要来源都是缴获而来的，以海船论，大部分来之于方国珍部。到洪武五年（1372），因为倭寇在东南沿海一带不断袭扰，影响刚刚建立起来的王朝的稳定，朱元璋下令在浙江、福建两省倭寇出没地区建造海船备倭。《明太祖实录》及《明会要》等史籍均有记载。此后的六七年间，多次下诏在东南沿海建造海船防范倭乱。其时所造海船有两种，一种为体势较大的海船，另外还有一种便于与倭寇周旋的多橹船。洪武十三年（1380）六月，更是任命一批退休的将领前往江南诸府州县督造海船，此时造船的目的仍然是防倭。洪武初期的历次造船活动，均与南京无关。在首都南京建厂造海船，始于洪武十七年（1384）。八月，朱元璋命荥阳侯郑遇春、东川侯胡海，于金吾诸卫造海船一百八十艘，《明史》记郑遇春"督金吾诸卫，造海船百八十艘，运饷辽东"。此为明代南京地区设厂造船的滥觞。

明洪武时期在南京设厂造船的地方，并不在龙江关，而是地理方位几乎相同的，但更靠长江边的新江口。据《明史》记载："洪武初，于都城南新江口置水兵八千。已，稍置万二千，造舟四百艘。"《明史》"兵志"中亦有相同的记载："太祖于新江口设船四百。"明彭泽在其《江防六事疏》中说："言新江口专习水战。宜将各船官军编定。不许差使更换。"可见，洪武时期在都城为军事目的设厂造船的地方应为新江口。李昭祥在《龙江船厂志》中同时说："洪武初年，即于龙江关设厂造船，以备公用。统于工部，而分司与都水。"显然，龙江关船厂的设置与军事需要无关，所以，其归属工部管辖，而非兵部。因而，最早在南京设厂造船的地方是新江口，是专门制造海船以备倭患的船厂，时间在明洪武十七年八月，比龙江关船厂开建的时间要早些。

在《明会典》中有"洪武二十六年定，凡在京并沿海去处，海运辽东粮储船只，每年一次修理"。其风快小船，就京打造者，亦须依例计造。木料等项，就于各场库支拨。任过南京兵部、工部和礼部尚书的柴升，他

---

① 孙光圻主编：《中国航海史基础文献汇编》（第一卷正史卷②），海洋出版社2007年版，第1591、1719页。

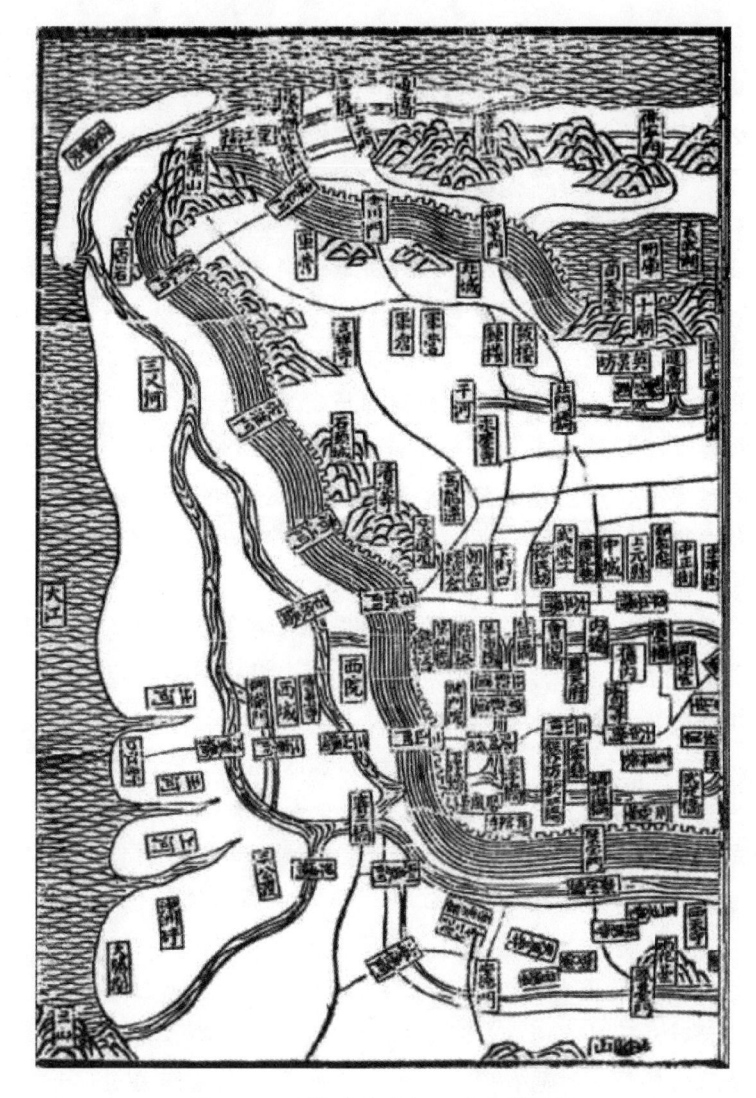

图4—4 明代南京新江口地理位置图

在《题为陈言救时弊以弭寇盗事》中认为:"南京马、快舡只,我太祖高皇帝创业之初设造此船,盖欲储备水战,以防不虞,防奸御侮之深谋。"南京兵部右侍郎臣顾某在《快船雇募疏》中亦说:"洪武初置江淮、济川二卫马船及锦衣等卫风快船,以备水军征进之用。"按此,则太祖实录中所谓的江淮、济川两卫,不仅是南京地区航运总务部门,同时也是船舶建造主管部门。可见,朱元璋建都南京后,为确保京畿地区的安全,同时也为统一战争的需要，专门在南京设置各种类型的船厂，建造不同用途的船舶。所以，在相关的典籍中，南京地区在明朝洪武时期就开始批量建造舟船。船厂的位置，应在都城西南方向，靠近长江的三汊河一带。

明洪武期间在南京设厂造船并不是为了出使西洋，而是防范倭乱和筹备海防、江防，开设船厂的地方在新江口，如图4—4所示，新江口与作塘遗址基本重叠，也就是现在划分宝船厂遗址所在的区域。宝船厂或许是新江口船厂的延续，但新江口船厂的始建时间断不会如《南枢志》所言的"创于永乐三年"，而是在洪武年间。其次，根据沈启的《南船纪》、明南京兵部车驾清吏司的《船政》、李昭祥的《龙江船厂志》和倪涷的《船政新书》四部明代南京造船史专著，有明一代，南京地区不仅有宝船厂、龙江船厂，更有黄船厂、造船厂（马船厂）和拨船厂（快船厂），其间虽然沿替不同，但始终有多家造船厂与明朝相始终。撰于明嘉靖十三年（1534）的《南畿志》中也记载说："黄船厂、宝船厂、拨船厂并在城西，以充运载。"

刘文对各船厂做了分述："《船政新书》称，'今马船厂（原造船厂）为江淮船厂，快船厂（原拨船厂）为济川船厂'，均隶属兵部车驾清吏司管辖。济川卫位于新江口，快船厂也就是明洪武时期最早设厂造船的新江口船厂。马船厂在天宁洲。"

黄船厂如《南畿志》所言，在南京城西。《船政新书》说："黄船厂专管黄船是矣。""黄船厂官，亦由该部（按指南京工部）径自选补。""黄船编审由兵部，修造由工部。拨差由外守备。驾司第移文知会而已。"《龙江船厂志》亦在卷一"成规"中提及有"黄船厂坞"，说明黄船厂有自己专门的船坞。值得一提的是，在南京六作塘船厂遗址的发掘中，曾在"塘堤第二层发现了较为纯净的黄土层，较为平整，且较为坚实"，报告认为"黄土非本船厂范围内所有，应是特意从别处运来专门用来加固、提高堤岸"，这恐怕是黄船厂的最好佐证。

龙江船厂与龙江提举司均属南京工部营缮清吏司管辖，主事者常为一人，且联署办公。《漕船志》中说："国朝洪武元年，诏中书省议，漕四方之粟于京师。洪武三十年，议海运辽东以给军饷。是时，河海运船俱派造川、湖诸省及龙江提举司。当时，每年会计粮运应用船只，俱派湖广、四川诸省产木近水州县，军民相兼成造，亦有造于龙江关者。"明永乐十八年（1420）九月，诏令"设大通关提举司，置官如南京龙江提举司，专造舟舰"。可见，龙江船厂主要建造的船只是漕船，间或也造其他舟船。龙江船厂因为有一本《龙江船厂志》而广为人知。

宝船厂，南京有宝船厂，李昭祥与顾起元言之凿凿，而志书不言。郑和宝船姑不论其大小，其形制实乃海船，制造与管理均归南京兵部，车驾清吏司（或船政分司）专门负责南京的海船建造，其管辖的造船厂之一为拨船厂，即后来的快船厂，可知，郑和宝船从开始就属于南京兵部建造和管辖，建造宝船的船厂也可能就是快船厂，地理位置当在新江口靠近长江岸边区域，也就是现在的作塘遗址区域。由于郑和之后，宝船停造，快船厂继续建造其他各类海船。到嘉靖三年终止海运，停造海船，快船厂才停止诸如宝船类海船的建造，此时距李昭祥主事龙江船厂的时间也将过40多年，宝船厂才会"鞠为茂草"。这也解释了为何早于李昭祥的沈啓在编写《南船纪》时没有指出宝船厂荒废的问题，因为那时快船厂仍在建造遮洋船那样的海船，相关的船坞还在继续使用。《明英宗实录》记载，景泰元年（1450）九月，"修造遮洋船，乞于宝船厂见卸木料支用"。可见，在停止下西洋的20多年后，南京仍然保留有宝船厂的建制，船厂中仍然贮存有可建造宝船的木料。景泰元年由于海漕的需要，才从宝船厂中支取木料造船。值得注意的是，从宝船厂支取木料所造的船只就是海漕用的遮洋船，也就是海船，海船向在快船厂建造，支取宝船厂木料建造遮洋船的任务应是快船厂，而且应该是就近支取，说明宝船厂即便不是快船厂，也应该就在快船厂附近区域内。由于这个船厂造船活动持续200多年，所以在今天的"宝船厂遗址"上才能发掘出如此丰富的舟船构件和其他相关物品。

刘文对明朝南京各造船厂所造船只作了考证和分析。据《明史》，明代的船舶"凡舟车之制，曰黄船，以供御用；曰遮洋船，以转漕于海；曰浅船，以转漕于河；曰马船、曰风快船，以供送官物；曰备倭船、曰战船，以御寇贼"。除没有直接提到宝船外，基本包括了所有的船形。《明会典》将官船分为黄船、马船、快船、海运船、供应船、后湖船、备倭船、战船和粮船，粮船中又分浅船和遮洋船。南京作为明朝东南财富中心，南北航运的中枢，是明朝造船的中心，上述的各种船舶，无一不在南京建造过，而其中的黄船和宝船，分别仅在或主要在南京建造。《龙江船厂志》"舟楫志"以该厂修造所及，将船分为五类："乃括提举司之所修造者，类而为五：曰黄、曰战、曰巡、曰渔、曰湖是已。"大概在明代仅有出使琉球的专用船舶——册封舟，就是以"新造海运船只，须要量度产木、水便地方，差人打造"，在福建福州建造的。明中叶后，西方战船出现在我国东南沿海，严重威胁我海上安全，有识之士仿造葡萄牙战船在南京造蜈蚣船，造船的技师就是从广东派到南京船厂一同建造的。可见南京实为明代造船中心，是中国造船史上值得大书一笔的地方。

刘文详述了明代几类舟船的特征：

(1) 黄船。明代建造有专供皇帝御用的船舶——黄船。黄船有四种：第一种因为是预备皇帝南巡时使用的，所以叫预备大黄船。《南船纪》中说："黄船而名预备者何？备御用也。御何用？巡幸也。"《明会典》"船只"中有"黄船"一款，"国初造黄船，制有大小，以备御用"。按《龙江船厂志》，这是最高规格的黄船，到李昭祥修厂志时，将近200年，备而不用。《南船纪》则认为，预备大黄船"虽设不御，天下万世之幸也"。这种装饰华丽的黄船犹如水上宫殿，故又称水殿黄船。第二种黄船叫大黄船，其形制比预备大黄船略大，但没有宫殿般的上层建筑。这种黄船可供南京工部派遣及宫内太监调用，往北京运送器物。第三种黄船尺寸略小些，名小黄船。第四种可能采用了沙船的形制，所以在《南船纪》中叫匾浅黄船，但在《龙江船厂志》中则与小黄船合并为一种。按制度，大黄船长八丈四寸，预备大黄船长七丈九尺三寸，小黄船七丈九尺五寸。

(2) 马船。《明会典》记载："国初，四川云南市易马骡及蛮夷酋长贡马者，皆由大江以达京师。有司用民船载送。洪武十年（1377），令武昌、岳州、荆州、归州各造马船50只。每只定民夫30名，以备转送。后复定江西、湖广二省并直隶安庆、宁国、太平三府，造马船共817只。金拨水夫20360余名。广西全州、灌阳县造马船21只。金民夫525名。俱隶江淮、济川二卫。其工食料价银两，亦系原编省府征解。永乐以后，定都北京，遂专以运送官物及听候差遣。"可见，马船原为长江流域航行的运马船只。明朝初年，马匹和马船在战争和后勤保障方面起到重要的作用。永乐迁都以前，马船以沿江河运载马匹为主，因此而命名。迁都后，马船和快船等其他船只一样，成了转运贡物的船只。"迨我太宗文皇帝迁都北平，其南京并各处进贡方物数少，尚未有马快船只之差。至宣德正统年间以后或装载荐新品物，及南京所造筛簸等项，用船数多，所过州县，动拨人夫千百名。""照得马、快船。专备装载官物之用。"罗懋登《三宝太监西洋记通俗演义》中有"马船"，为一种仅次于宝船的中型船舶。从郑和有过的海外军事行动及带回外国珍禽异兽上看，郑和船队中有运送马匹的船只是合理的。但明初马船为河船，主要采用沙船船形，一般情况下只能在长江流域及长江口以北海域航行，恐难以伴随郑和船队远航西洋。郑鹤声前辈在《略论郑和下西洋的船》中说："马船又名马快船，是明初才出现的一种运输船。其所以被称为马船，是表明它属于一种运输船，其功用与当时的马船是相同的。"并认为"马船的各种功能，很适于郑和下西洋的需要"。这里恐是将海上马船与江河马船有些混同了，或是将马船和快船视为一种船只了。相关文献中仅在《南枢志》中见有马船图象，其形制与快船、平船类似。马船、快船和平船之间的船形差异，《船政》一书的作者倪涷解释说："马、快、平船样式，虽不甚远，而亦稍有不同。马船上高而下浅，密舱而狭旁，便于乘坐；快船上浅而下深，舱疏而旁阔，便于装贮；而平船无楼盖，装运竹木之具也。"马船有大、小之分，以适应不同水域通航状况。马船的一大特色是船周身彩绘，这是因为它是贡船，身份特殊，沿途馆驿、卫所必须予以特殊关照，长途航行中，地痞无赖轻易不敢对它下手。快船和平船则因为运送货物一般，为方便起见，往往也在船身上彩绘，以图安全运输。

（3）快船。快船常与马船并称，故亦常被混称为"马快船"者。《明史》"职官志"中称"风快船"，"兵志"中有"（洪武六）命广洋、江阴、横海、水军四卫增置多橹快船，无事则巡徼，遇寇以大船薄战，快船逐之"。则又有"多橹快船"之名。《南船纪》一书录有"快船"，并有详细的尺度说明，沈啓并说："按快船者，专供南京贡献之政令。"则在嘉靖年间，快船主要以向北京贡献宫廷时鲜物品为主。因为南京兵部车驾清吏司专门负责修造快船和平船两种船只，所以由该司主持编修的《船政》一书也就成了明代快船和平船的专著。该书首页也附快船和平船图式两幅，而无其他图象。快船最早由朱元璋下令在浙江、福建两地建造，以防备倭患。"洪武五年（1372）秋七月，诏浙江、福建濒海九卫造海舟六百六十艘，以御倭寇。"随后于十月又"诏浙江、福建濒海诸卫改造多橹快船，以备倭寇"，可见快船是从海船演化而来，因此，长江沿岸和浙江、福建沿海卫所都有建造快船的船厂，明代建造的备倭船，其中当有快船。海漕船中的遮洋船，估计也与快船无大差别。它与马船的区别就在它的船体结构是海船，可河运，可海行。《船政》记载："嘉靖九年（1530），本部右侍郎万镗题奉钦依，快船每二十年一造，十年一大修，五年一中修。"此乃快船修造的制度。

（4）平船。平船为何种船形？《船政新书》记载："平船即快船也。嘉靖三十六年（1557），因解黄木，不便装贮，故量取快船八十五只，去其楼装，遂名之曰平船，而快船实总名也。"由此得知，平船系快船去掉上层建筑后的一种仅有平面甲板的船只，因甲板舱面平整故名，现代亦称为驳船。《船政》附有平船图。

（5）海船（宝船）。南京制造海船，从明初开始，虽然到嘉靖中被李昭祥认为"海船已废，尺度无考"，但在明永乐以前，即迁都以前，南京地区曾造过大量的海船，包括郑和下西洋用的宝船。如前所述，洪武十七年（1384）八月，朱元璋命郑遇春和胡海在"金吾诸卫"造海船；到明成祖永乐年间，更有大量制造海船的记载，如永乐元年（1403）八月，"命京卫……造海运船"。永乐二年（1404）春正月，"命京卫造海船五十艘"。尤其是永乐六年和永乐十七年，命工部造宝船，一次48艘，一次41艘。此处工部，应该是南京工部，所以，造宝船的地点可能多在南京。直到嘉靖三年（1524）八月，"先是南京工部派征浙江、江西、湖广、福建诸省银六万余两造海船，运送山东青州诸府布花于辽东，以给军士兼防海寇。其后青州诸府以海运多险，已将布花议折银输辽东，而派征造船银两如故。至是南京工部右侍郎吴延奉言：海船之造，劳民伤财，无益于用，请革之。便下工部议，以为可。上从之，诏自今海船罢造，勿复征派扰民"。从此"罢海运，船亦停造"，才开始逐渐停止建造海船。李昭祥说"海船已废"不是事实，问题就如他在"快船"条目中一样，以"尺度载兵部船政书"一笔带过。期间，停造下西洋海船后，南京的快船厂、宝船厂等承担改造运粮海船——遮洋船。"正统七年（1442），令南京造遮洋船三百五十只，给官军由海道运粮赴蓟州等仓。"如前所述，为建造遮洋船，还从宝船厂支取木料。按《明会典》有"一千料海船"和"四百料钻风船"两种，都是海船。有关南京造船的四部专著成书的嘉靖年间，大规模倭患尚未形成。海漕又已停止，导致海船制造业的严重萧条。但南京作为明代船舶的制造和管理中心，为中国海船的制造延续繁荣了150多年，是有卓著贡献的。南京由哪家船厂承造海船？仅从《南船纪》等书中无从判断。但从洪武初年在新江口设厂造海船来看，南京制造海船的厂家应是快船厂。龙江船厂早期也是建造海船的厂家之一，宝船厂更是专为下西洋而建的海船厂。

（6）战船。战船与海船一样，仅是某类型船舶的统称。据《南船纪》和《龙江船厂志》记载，直到嘉靖年间，南京制造有各种战船，如四百料战座船、二百料战船、一百五十料战船、一百料战船、四百料巡座船、二百料一颗印巡船、二百料巡沙船以及九江式哨船和安庆式哨船。还有一种专门为江防制造的轻浅利便船。①

据《明会典》，南京战船制造地点在新江口。"新江口战船，永乐五年（1407）额设一百三十一只。宣德（1426）以后，增至三百一十九只。至成化十年（1474），堪操者止一百四十只。其拆卸未造，内三四百料者俱改造二百料快船。嘉靖四年（1525），添造蜈蚣船四只。每船架佛朗机铳十二副。七年（1528）奏准，新江口造完战巡等船共四百只，每十只作一帮，日轮军一人看守。……十一年（1532），额定二百只。内两班操守一百二十二只，备补二十八只，改轻浅便利船五十只。"战船的制造厂在新江口即是快船厂或宝船厂。值得称道的是，就在罢去海运，停止制造海船后的仅一年，南京就制造了当年最现代化的战船——蜈蚣船。沈启说："嘉靖四年（1525），为修武备，以固畿甸事。南京内外守备衙门题准，铸造佛郎机铳六副，打造蜈蚣船一只。"李昭祥补充说："蜈蚣船自嘉靖四年始，盖岛夷之制，用以驾佛郎机铳者也。广东按察使汪鋐图其制以献，上采其议，令南京造。至十三年（1534）复罢之。"南京建造战船的最后记录于明万历二十五年（1597）。该年"南京给事中郑明选奏备倭之策，有补水兵，造战舰二条"。《南船纪》和《龙江船厂志》虽记载了各种战船的形制，但这些战船可能并不都是在龙江船厂制造，因其系战船，由兵部主管，多数可能是在新江口的快船厂或宝船厂遗址所造。

（7）漕船。在《明会典》中称粮船，河漕之船谓浅船，海漕之船谓遮洋船。明朝修造漕船有两个专门的漕船厂，有关漕船的情况在《漕船志》有详细记载。南京有关船厂不承担建造漕船，但海漕中使用的漕船——遮洋船当有一部分为南京船厂修造。因为在清江和卫河漕船厂中仅有制造漕船的记录，而遮洋船的建造量也不少。明中叶，全国建造的漕船的数量"今额，造船共一万二千一百四十三只（浅船一万一千六百十八只、遮洋船五百二十五只）"。这525只遮洋船有一部分可能是在南京建造的。

刘义杰先生认为，明代南京造船业居全国首位，作为船舶制造中心和

---

① 以上较大者多为江海通用的战船。

南北航运中心，明代造船史上在南京出现四部专著也就不足为奇了。沈启《南船纪》和李昭祥的《龙江船厂志》最为大众熟知，《船政》和《船政新书》较少进入研究者的视线。

《南船纪》作者时为明南京工部营缮清吏司主事沈启，刊刻时间不早于嘉靖二十年（1541）。沈启，字子由，别字江村，其名用字极为罕见，其下"口"为"山"，《康熙字典》收有此字，同启，音"寨"。本书方便起见，统用"启"代之。

《南船纪》全书分为四卷，所载各船，有黄船、遮洋船、浅船、马船、风快船、备倭战船诸名。内唯遮洋、备倭二种为海中所用，故启不之及。其余各船图形、工料数目，暨因革典司诸例，无不详悉备载。

《船政》刊印时间为明嘉靖二十五年（1546）正月，主持修撰的为南京兵部车驾清吏司。不分卷，有目录。目录后刊有"图式"两幅，即"快船图样"和"平船图样"，与他书不同之处，图上各部分均在相应位置著录尺寸，可谓一目了然。本书的最大特点是书成之后，"觅工勒石、刊书，给甲遵守施行"。在兵部大堂和船厂主事大堂，均有石刻的船政书。南京兵部颁发条令，刊刻于石，立于堂上，透明执政，且无回禄之虞。

《龙江船厂志》，明南京工部营缮清吏司主事李昭祥撰，刊刻于明嘉靖三十二年（1553），前距《南船纪》成书时间仅12年。全书分八卷。李昭祥修撰《龙江船厂志》，大量引用《南船纪》和《船政》一书，书中核心内容多采录自这两本著作，但李昭祥认为："船书（按指《船政》）之设，诞而寡核；船纪（按指《南船纪》）之作，漫而靡归。"不承认其大量抄袭《南船纪》和《船政》二书。李昭祥《龙江船厂志》有关造船方面的材料，几乎全部从《南船纪》中转抄的，而且其图录部分的刻工较《南船纪》粗糙，为区别于《南船纪》，他刻制的船只窗棂图案都将风火轮式图改成万字式图，且有遗漏和衍文的地方。其有关图样的注释文字，绝大部分转录自《南船纪》，有些转录文字有"按《南船纪》"的说明，即便没有如此注释的文字，也是断章取义于《南船纪》。另外，在转录过程中，一些图样的尺寸也有出入，如"蜈蚣船"的尺寸。因此，从造船史方面讨论《龙江船厂志》，其史料价值远不如《南船纪》。

《船政新书》为明南京兵部车驾清吏司主事倪涷撰，《明史·艺文志》收录。刊刻于明万历十六年（1588），书分四卷，前有明南京吏部尚书姜宝序，他认为《船政新书》对"南都之船政，无不理举，南都黄、马、快船之军甲，无人不得其所矣。然则船政新书谓之船政全书可也"。此书自谓新书，乃继承自该司42年前编修的《船政》，除无图件外，其他各项均较之《船政》有更详尽的补充。该书是否如兵部传统也勒石刊刻，立于部堂，未见记述。其第四卷"客问"最有特色，通过问答方式，对南京船舶制造、维修、航运制度、管理、人员雇募、征调等作了解答，确能起到船政百科全书的作用。

明代南京造船厂众多，根据有关文献，刘义杰认为，"快船厂与马船厂、龙江船厂是明代南京地区的主要造船厂，根据船只的用途，明政府将三个船厂分别隶属于南京工部与兵部。作为战船主要建造厂的快船厂、马船厂，隶属于兵部，海船、遮洋船等属于海船，也由兵部所属的造船厂建造。龙江船厂则因主要制造内河船只而隶属于工部，间或亦有其他船舶的建造和修理。较为特殊的是黄船厂，明代南京作为留都，时刻准备皇帝南巡，为此在南京专门备有皇帝巡幸的黄船，它不直接隶属于南京的哪个部门，但在业务上也受南京工部和南京兵部审核指导。"值得一提的是，宝船厂既不是龙江船厂，也不是快船厂，但位置与其临近，而是永乐年间专建的大船厂，建得最迟；随着下西洋任务结束，而先行基本停业，厂龄最短。但其造船贡献却最为显赫（见图4—5）。

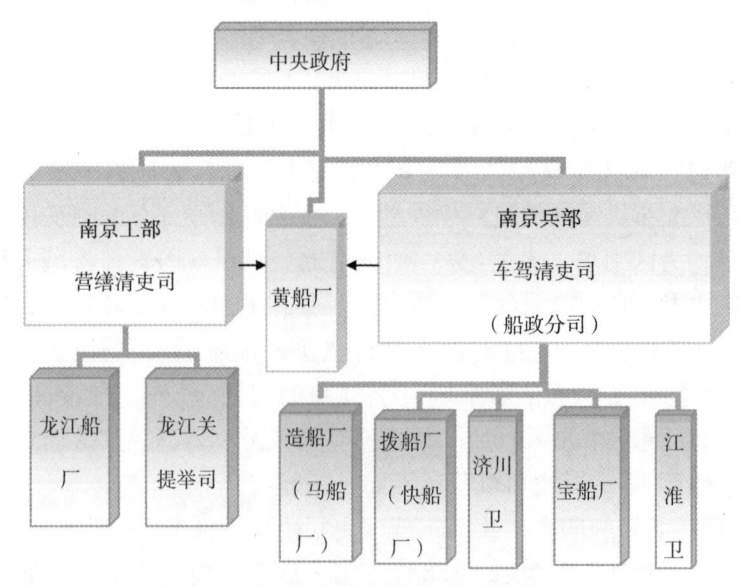

图4—5 明代南京造船厂隶属关系图

第五章　郑和舟师编成与舟船特征

本章着重介绍郑和下西洋舟师编成，编成有三档、七类、十型主要舟船，进而从现存碑画、文献及出土舵、锚、文物中，澄清大号宝船在史料中的误传。提出中国宝船的复原方案，包括尺度、排水量、船员编制、载货量、外形、布置、结构、帆装、舵锚橹艇、兵器、材料等方面具体设计概貌。引用明清代封舟、八橹船、福船、沙船等史料佐证郑和宝船的特征。由《郑和航海图》等引申介绍郑和下西洋集成发展五项航海技术，评析中国传统舟船创立与发展海上"丝瓷之路"，推动中外交往的历史。

第一节　郑和舟师编成与船型分类

一　郑和下西洋舟师编成[①]

郑和舟师的舟船形式种类很多。按史籍记载的称谓有海舡、海舟、海风船、海运船、舡运船、海运舡、运海舡、宝船等；按功能划分，有大䑸宝船、䑸宝船、马船、粮船、座船、战船、水船等；按船型特征划分，有福船、浙船、沙船、广船等；按载重量划分，有五千料、两千料、一千五百料、四百料、一百料等；按推进方式划分，有九桅十二帆到三桅三帆或大八橹、二八橹、六橹等；按航行水域划分，有海船、遮洋海船（相当于近岸遮蔽海区）等。考虑到郑和舟师需用各种功能舟船，必然是多型各司其职。同时因出访任务紧迫，需动员全国各沿海地区造修、改装舟船。按承造地区，批次任务最多的为浙江，达14批次；其次为江苏，约12批

[①] 郑明：《永乐造船、郑和航海与宝船》，《郑和下西洋与宝船复原考析》，《郑和下西洋研究》2005年第1、2期；徐恭生：《试说郑和下西洋舟师的船型与编队》，《郑和宝船尺度"32"字解读》，《郑和下西洋研究》2005年第2期。

次；再次为湖广、江西，各有 10 批次；福建虽只有 7 批次，但其主要承担下西洋宝船等建造任务，而且全部是新建。这些舟船的尺度、形式不可能强求绝对统一，只能是各地各工场根据各自原有的经验与形制，在新造或改造舟船中相应执行朝廷指令做些适当统一的修改。从永乐造船记载中，可看出造改海船的总计划为 2860 艘，其中新造 18 批次约 2228 艘，占总量的 78%；改造 7 批次约 632 艘，占总量的 22%。这证明了当时舟船需求急迫，不可能全靠新造。

整个海上编队的各种舟船与陆上宫殿、房屋等建筑一样，在尺度、规格、功能、外形、结构等方面均各具特色。从永乐造船记载分析郑和舟师中的船舰也必然是多种船型的。那么，郑和舟师究竟有哪些船型呢？开展郑和古船复原研究仿造工程究竟应选择哪种船型为宜呢？泉州海外交通史博物馆中国古船模型研制中心从 1985 年开始探索，在 1995 年前后研制出郑和舟师的九种基本船型的模型，这是全国古船研究上的开创性工作。这九种船是宝船、战船、座船、马船、粮船、水船、大八橹、二八橹和六橹船。这些模型分别表现出各型船舶的外形、桅帆的布局、甲板面上的设施及舵、锚、橹、桨、灯、旗的配置等。这是中国船舶史的重大成果，可较直观地显示出郑和舟师包含的船舰是多型的、复杂的，编队构成是庞大的；而且提供了很多有待探讨的课题，为郑和舟师的古船复原研究提供了一个继续开展深入系统研究的基础。当然，这项研究工作只限于制作模型，与复原仿造实船还有很大差距。

二　郑和下西洋舟师有三档七类十型主要舟船[①]

明代郑和下西洋舟师一般由 63 艘（一作 62 艘）大、中号宝船组成船队主体，加上其他类型的舟船达百余艘。其中第一次下西洋舟师编成达 208 艘，为历次动用舟船最多的一次。把舟师中的大艅船队与分艅旗舰等称为"中国宝船"或"宝船"，源于马欢的《瀛涯胜览》。此书中称，"永乐十一年癸巳，太宗文皇帝敕命正使太监郑和等统领宝船，往西洋诸番开

---

① 本部分内容参见郑明《中国船史与舟船文化——现代造船强国须有深厚造船文脉》，《郑和与海洋文化研究》2008—2009 年第 5 期；郑一钧《论郑和下西洋》，海洋出版社 2005 年版；郑明《永乐造船、郑和航海与宝船》，《郑和下西洋与宝船复原考析》，《郑和下西洋研究》2005 年第 1、2 期；陈延杭等《郑和宝船队基本船型的模型研制》，泉州海外交通史博物馆中国古船模型研制中心缩印，1995 年 9 月。

读赏赐",在"暹罗国"等章中直接用:"中国宝船到暹罗。"大号宝船与二千料海船都属中国宝船。目前南京正在根据各界逐步趋于统一的见解,建造千吨级(二千料海船型)仿明郑和宝船。

大艅船队与分艅船队有不同的任务分工,访问的国家与地区不同,载运的货物不同,率领的长官有区别,拥有的舟船类型、大小及数量也不同。《瀛涯胜览》中记有"钦命正使太监李(兴)等赍诏冠衣赐(阿丹国)王酋,到苏门答剌国,分艅内官周(满)等领驾宝船三只往彼","先到浙地港泊船。用小船入港五百余里",说明郑和舟师是以大艅船队、分艅船队的序列,指定将领统率进行分工航海与访问活动的。

郑和舟师编队船舰的3档是:① 万吨级,以大号(44丈)宝船为代表;千吨级,以二千料海船为代表,含五千料、一千五百料海船、封舟等;百吨级,以八橹船为代表,含绿眉毛型鸟船、开浪船等。

郑和舟师的七类十型船舰指其主要的船只类型,不排除还有其他类型的舟船。详见表5—1。②

表5—1　　　　明代郑和下西洋舟师的船舰编成表

序号	档次	船舰类别	船舰功能	传统船型	总长
1	中档	中国宝船	郑和下西洋舟师大艅旗舰	五千料海船	20丈以上
2		中国宝船	舟师分艅旗舰	二千料到一千五百料海船	15丈到20丈
3		大型战座船	舟师大型护卫与运输船舰	二千料海船(不设中楼)	约20丈
4		中型战船	舟师中型护卫舰	一千五百料海船	约15丈
5		中型座船	出使官船,中型运输船	封舟型福船	约15丈
6		水船	舟师储运淡水船	五桅沙船	约10余丈
7	小档	马船	舟师马匹、牲畜、珍异兽运输船	明代大福船	约10丈
8		粮船	舟师载运粮草船	绿眉毛型浙船	约10丈
9		小型战船	舟师护卫舰	八橹型浙船	约8丈
10		哨船	舟师侦察联络交通艇	开浪或快船型福船或广船	小于7丈

---

① 郑明:《永乐造船、郑和航海与宝船》,《郑和下西洋与宝船复原考析》,《郑和下西洋研究》2005年第1、2期。

② 郑明:《中国船史与舟船文化——现代造船强国须有深厚造船文脉》,《郑和与海洋文化研究》2008—2009年第5期。

目前正在筹建的上海中国航海博物馆2009年曾提出综合陈列郑和下西洋舟师的诸船种、船型的大尺寸模型，以显示该混合船舰编队的气势。根据众家多年研究成果及21世纪考证进展，推荐其编成有宝船、座船、战船、水船、马船、粮船、哨船等七类、十型，如表5—1所示。此船舰编成表的依据是：首先，七类船舰涵盖了明代史籍所载的舟船类别。其次，各类舟船三档，而对下西洋舟师暂时只取中、小两档，特种大型宝船等存疑舟船保留待考。再次，十型船舰是从郑和舟师历次下西洋使命及配属各船舰功能，通盘考虑兵力结构和编队构成，做分析判断而得。中国宝船有大号、中号的级别，以适应大舰船队、分舰船队，执行不同的使命、任务。战座船有大、中型的级别，皆因南京静海寺残碑中明确划分为二千料和一千五百料的级别，而执行出访任务中经常需派出分舰船队。复次，水、马、粮船，史籍、演义都曾提及，也确属特混编队需要，且是郑和舟师首创，因此单列。最后，至于列有小型战船和哨船，既属特混编队需要，又有明朝后期丰富兵书史料为证，是沿海各卫所建制的常规船艇。

这支"船模编队"既可以展示出明代前期郑和下西洋舟师的基本编成，证实该船队规模与技术水平确实已集我国历代舟船科技创造发明之大成，达于巅峰状态，领先天下；又提供了一个古代帆船远洋特混编队可以直观的兵力面貌；更可以作为郑和下西洋舟师考证研究进一步修正完善的基础。从这七类、十型船舰还可判析历次下西洋舟师舟船总数，凡拥有数十艘者，大体均在这十型之内；而所谓拥有一二百艘以上者，则可能将一些随大船的小艇也统计在内了。

第二节　中国宝船考证和复原研究

一　对古代器物和舟船复原的理解

古代器物复原工程是一项严肃、科学、历史的研究设计制造或再创作的全过程。我国战国时期的指南车、汉代的候风地动仪、三国时期的木牛流马、宋代的水运仪象台等机械与仪器都有过复原研究及一定的成果。

据中国河南博物院介绍，公元132年东汉张衡发明的候风地动仪被广泛认为是测报地震的大型仪器，是中国古代的重大科技创造，其直径达1.9米，但现今只流传有196个字的记载，没有任何图象史料。中外学者在近百年间先后进行过复原研究，制造出三种模型，其中1951年王振铎根据直立摆原理制成的地动仪成为我国公开承认的地动仪唯一器形。该院评析道："这不仅仅是地动仪的复原，也是追寻我们先民'求实疾虚'伟大科学精神的历程。"王振铎先生多次申明，他的研究成果不可能是最终结论，一旦发现新的材料，就需要修改、更正和补充，保持一种科学的开放态度。① 2004 年中国地震局与河南博物院联合研究地动仪，并成功制成原大 1/3 的地动仪框架结构，还可供参观者操作，则是复原研究工程的继续。

宋代水运仪象台是更大型的带有精密机械的天文观测仪器，关于其形制、结构和运行原理等有相当完整的记载。在近代经历了古代文献研究，小比例模型复原制作和 1∶1 比例实物复原制作等三个阶段。中国科学院自然科学史研究所胡维佳研究员认为："复原研究一直是水运仪象台研究的一个重要组成部分。复原模型本身既是研究的过程和结果，也同时成为认识古代器物和给予其现代评价的依据。"还认为，"复原不仅是复原古代的器物，更重要的是再现古人的创造性思维，和古人创新和改进的真实历程"。他提出了根据不甚完整的古代记述复原器物应遵循一些基本的原则："1. 符合创造事物由简到繁的发展序列；2. 复原的器物有当时或稍后的技术原理的支持；3. 尽可能利用当时的制作材料和工艺。"② 中国古建筑专家罗哲文教授提出了古建维修保护的"四原"原则，即原形制、原结构、原材料、原来工艺技术，成为了我国古建维修普遍遵循的原则。

在舟船科技界，约定俗成地对古代名船复原工程，理解为依据原始舟船的出土实物或历史记载——图纸资料，用其原材料、原机理、原工艺、原形制，恢复其原结构、原布局、原外貌、原色彩，甚至原功能的研究设计制造或再创作的全过程。这当然是极其复杂的、困难的。比如 21 世纪瑞典复原仿造二百年前的"哥德堡"号木帆船，就是这种理念的实践；虽未达到百分之百复原，但已是高度复原的历史名船了。中国出土沉船实物很少，出土的也是残缺不全，史籍记载也不详细、不严密，因此完全复原几乎是不可能的；只能做到大体复原，所以又引入仿造概念，称为复仿工程。即参照其他接近年代的相似舟船的实物或史料，进行复原和仿造的综

---

① 李强：《简评冯锐复原张衡地动仪的设计思路》，《自然科学史研究》2008 年第 27 卷第 3 期。

② 胡维佳：《宋代水运仪象台研究与复原中的两个问题》，《自然科学史研究》2007 年第 26 卷第 3 期。

合研究设计制造，以求得被复仿的舟船与原始古代舟船形似、神似，材料、机理、工艺、形制、结构布局、外貌、色彩等都比较接近原来的程度。这也是所有参与中国宝船考证和复原研究人们共同的基本理念。21世纪初在浙江舟山普陀朱家尖镇委书记傅良国领导下，发动当地老船匠与造船技术人员相结合，复原仿造了从宋代就沿用至近代的"绿眉毛·朱家尖"号三桅帆船，就是基本遵循罗教授"四原"原则的中华传统木帆船复原工程的一个来自民间的典范。当时主要承造的匠师岑国和已被浙江省、国务院于2006年评为国家级非物质文化遗产中木船手艺的国家级传承人。主营该项仿古船工程的胡牧先生也被普陀区于2007年选为政协委员。至于复原中国宝船的历史与现实意义及其价值，将在本编第六章第三节中加以详述。

二　二千料海船确实存在于郑和下西洋舟师，史书上被称为中国宝船

（一）南京静海寺残碑记有郑和被委派率领二千料海船等下西洋出访[①]

南京静海寺残碑（以下简称"残碑"）记载有郑和舟师之中有二千料和一千五百料海船（见图5—1）。2001年，辛元欧教授把这块"残碑"拓片上能看出的字统统辨认写出来，研究分析。[②]摘记如下："建弘仁天妃之宫于都城外龙江之上……复建静海禅寺用显法门试千古之佳胜偶然之……一、永乐三年将领官军乘驾二千料海船并八橹船……海道永乐四年大船驻于旧港口即古之三佛齐……首陈祖义金志名等于永乐五年七月内回亦由是……永乐七年将领官军乘驾一千五百料海船并八橹船……国王阿列苦奈儿谋劫钱粮船只……阿列苦奈儿并家……""残碑"提到航海出发年代、交往人士等都是第一、第二、第三次郑和下西洋的史实。发现此碑的郑鹤声先生认为该碑文字格调与太仓、长乐两碑记叙郑和下西洋情况的风格及文字十分相似，更说明此碑确信无疑。其中明确记载郑和及其领导集体（即所谓的"将"）所率领官军包括船员水手等乘驾的舟船主要是二千料

[①] 本部分内容参见郑一钧《论郑和下西洋》，海洋出版社2005年版；唐志拔、辛元欧、郑明《二千料六桅郑和木质宝船的初步考证与复原研究》，《郑和下西洋研究》2005年第2期；中国文化部、国家博物馆编《云帆万里照重洋》，2005年7月；辛元欧《关于郑和宝船尺度的技术分析》，中国船史研究会缩印，2001年7月。

[②] 胡维佳：《宋代水运仪象台研究与复原中的两个问题》，《自然科学史研究》2007年第26卷第3期。

或一千五百料海船。1985年郑一钧先生所著的《论郑和下西洋》也称，"南京静海寺残碑中所记一千五百料、二千料海船，应为由将领官军所驾的军驾"，是郑和船队中主要船舰类型之一。①

我们还注意到在"残碑"中所记陈祖义、阿烈苦奈儿等人物，正是郑和下西洋舟师自卫反击作战的对象。由之推断"残碑"中既记有官军的战史，也必然应当记有指挥其船队作战的二千料海船型中国宝船，这才更合情理。

图5—1　南京静海寺残碑拓片

---

① 郑一钧：《论郑和下西洋》，海洋出版社2005年版，第100页。

(二)《天妃经》卷首插图有成列六桅海船,显示了郑和下西洋舟师气势[①]

中国科学院自然科学史研究所金秋鹏研究员在2000年阅读研究《中国美术全集·绘画篇·版画卷》(由王伯敏主编,上海人民学术出版社1988年版)时,发现了一幅关于郑和下西洋的图画。金秋鹏先生在《中国科技史料》2000年第21卷第1期发表了题为《迄今发现最早的郑和下西洋船队图象资料——〈天妃经卷首插图〉》一文(以下简称"金文")。"金文"中公布了刻于明永乐十八年(1420)的一幅《天妃经》卷首插图(以下简称"经图"),并进行了描摹复原。整幅图由六面相连接而成。"金文"称,图的中部和后部下方为郑和船队图象,计五列,每列五艘。这是迄今发现最早的郑和下西洋船队的图象资料,因此弥足珍贵。又称,《天妃经》全名《太上说天妃救苦灵应经》一卷,是参加郑和第五次下西洋的僧人胜慧在临终时,命弟子用他所遗留的资财,发愿刻印的。刊刻时间是第五次下西洋后,正准备进行第六次下西洋的远航,其目的是彰扬海神天妃佑护下西洋的功德,并祈求保佑新的远航平安、顺利。遗憾的是画集中未注此经现存何处。据金秋鹏先生查考,北京(国家)图书馆和白云观道教总会都存有永乐年间刻的《太上老君说天妃救苦灵验经》一册,即为此经。美术全集称为灵应经,实为灵验经(见图5—2)。

从"经图"上可以看出以下几点:

(1)"金文"称,"郑和船队图象,计五列,每列五艘。"又称,"画中,那开阔海面上成列、成行的船队,也为我们描绘了郑和下西洋气势磅礴的景象"。我们理解这是按中国画的写意特点加以分析的,是科学合理的。笔者分析《天妃经》卷首插图不仅画出规模庞大的郑和下西洋舟师,而且所绘的舟船形式、尺度基本相同,可判为郑和舟师中一种主要的、有代表性的、优秀的船型。这样的海船构成的船队既显示军威、国威,又确保整个船队可以集中或分散使用这种宝船来执行海上多种任务。笔者认为

[①] 本部分内容参见唐志拔、辛元欧、郑明《二千料六桅郑和木质宝船的初步考证与复原研究》,《郑和下西洋研究》2005年第2期;中国文化部、国家博物馆编《云帆万里照重洋》,2005年7月;辛元欧《关于郑和宝船尺度的技术分析》,中国船史研究会缩印,2001年7月;金秋鹏《迄今发现最早的郑和下西洋船队图象资料——〈天妃经〉卷首插图》,《中国科技史料》2000年第21卷第1期;金秋鹏《关于郑和宝船船型之我见》,载中国科学院自然科学史研究所《中国科技史料》,2001年11月;(明)周鉴《金汤借著》的清刊本,《并辟百金方》卷十三。

图 5—2　明《天妃经》卷首郑和下西洋插图原图

这也就是所要复原的二千料中国宝船的生动写照。

（2）关于船型。"金文"称，"其所画的船，艏艉高翘，船舷高，吃水深，正符合福船的特征，可说是福船的写实和写意。因此，此图可作为郑和宝船系福船型这一结论的有力证据"。金秋鹏先生在《关于郑和宝船船型之我见》[①]文中还提到"所画的船，高大如楼"，"《郑和航海图》的四幅过洋牵星图中船图，其形状亦与此相似，可作郑和宝船系福船型的又一佐证"。笔者同意这种分析，并从建筑形式上分析，有楼船的风格，主甲板中部有一层甲板室形成舯楼，设舷墙，艉部有三层艉楼，艏部有两层通透性艏楼。整个上层建筑较高大，虽与现代造船科学稳性要求不一致，但在当时的历史条件下，从着重显示皇朝气派的需要看是可以理解的。

（3）关于桅帆。从图中分析看桅杆有六根。艏、舯段有三根固定桅杆，挂的是硬质帆，已张满，缭索自上而下、向后拉紧；后部有两根辅桅，对称布于左右舷，估计可以放倒，图上未挂帆，可能用于挂软帆，辅助使风和操纵航向；船艉部最后一根是较高的旗杆，有横桁，杆上挂的似为将旗，可能用于挂将旗、信号旗帜或"尾送"之类的帆。由之看，该型船可判为六桅中国宝船。

（4）船艏有虚艏前伸，并吊下四爪锚。艉部宽平，舵深没于水中故不显。

（5）"经图"中，每艘船的舯部平台上有 6—8 个人影，似乎是水兵的

[①]　金秋鹏：《迄今发现最早的郑和下西洋船队图象资料——〈天妃经〉卷首插图》，《中国科技史料》2000 年第 21 卷第 1 期。

形象，分析可能显示编队出港时各船"站坡"，向岸上欢送官员和群众致敬的情景。在明《金汤借著》中记有兵船列夫式，即平时在船四面，各持长短兵器，外向而立，如遇贼，即挡贼所在之面拼力动手。还附有平时立船阅视图，注明船艏、舷、艉各部位站坡的各类兵器部署位置。① 从此看来，"站坡"是我国和外国军舰的传统礼节，由来已久。另外还可由之印证，图中之船是郑和舟师中乘载将校官兵率领各编队的宝船和战座船，才可能统一执行这么严格的军纪与军礼。

由金秋鹏先生和笔者的几点分析，充分说明了"经图"的最新发现对中国宝船主尺度和船型的研究起到了非常重要的作用。而且图中显示六桅海船是郑和下西洋舟师中的代表船型，为复原仿造中国宝船提供了可信的文献依据。

（三）二千料海船确是郑和下西洋舟师的主力海船

从舵杆和铁锚等出土文物与二千料海船相匹配的科学考证结果，证明在南京明宝船厂可能建造过而在福建海域曾驻泊过的二千料海船，确是郑和下西洋舟师的主力海船。

1. 南京出土舵杆与二千料海船的匹配计算分析②

为对出土舵杆进行完整的复原设计，北京郑和下西洋研究会专业课题组除要充分对出土舵杆进行分析研究外，还需要综合研究明代海船及其属具。

郑和下西洋舟师的主要船型为福船，这一论点日渐为学术界所接受。明朝奉命册封琉球国王的册封使节们所乘之舟，其建造地点皆在福州，一般称为"册封舟"，当属福船。据考证，封舟的舵安装在船艉的中央，并用大绳两条，一头系住舵，另一头沿船底两侧拉到船头，谓之"勒肚"，控制住舵，以防遇到大风浪冲击时，舵杆大幅度摆动受损或脱落。陈侃封舟"舵用四副。其一置，其三防不虞也"。封舟上携载备用舵，从这个侧面说明，南京宝船厂遗址出土的舵杆，可能是拟作备用的舵，或是已使用过的受损舵，等待返修而被遗留下来。郭汝霖封舟"舵长三丈二尺，比旧多五尺，围三尺五寸"；有"牵舵大缆，兜之自尾至船首"，称为"兜

---

① （明）周鉴：《金汤借著》的清刊本，《并辟百金方》卷十三。
② 郑明、张纬康、纪纲、倪鹤鸣、王国平：《论南京宝船厂遗址出土舵杆和二千料宝船的匹配关系》，《郑和下西洋研究》2006年第3期。

肚"。封舟中最大船长约 56.6 米，舵杆长约 9.9 米（见图 5—3）。

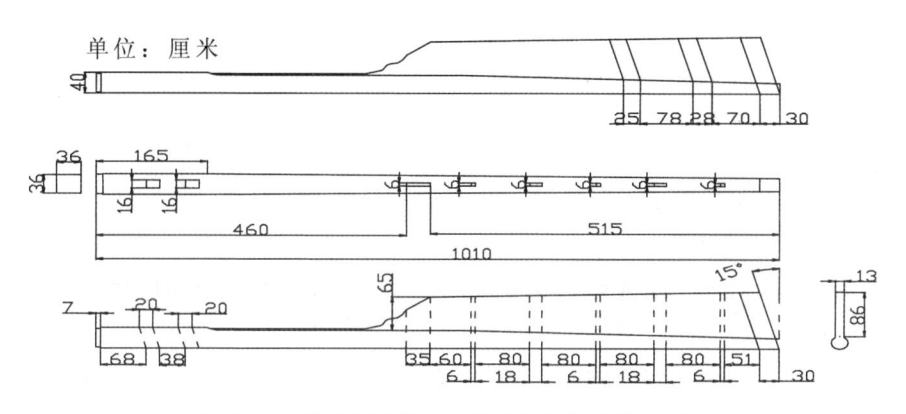

图 5—3 明宝船厂遗址内出土的舵杆测绘尺寸图

《兵录》记，福船有"舵二门，稠木为杆，围二尺八寸，舵叶板长一丈八尺，开杨五尺五寸，厚二寸"。该船长 32 米，舵杆长 8.7 米。

从以上册封舟和福船的记载看，明代海船舵的形式、结构、尺寸和材料是有标准沿革的。本课题组在舵杆的复原设计中，参照福船舵的比例，并考虑舵叶形状和操纵的方便性，选择舵叶展弦比为 3.0（见图 5—4）。

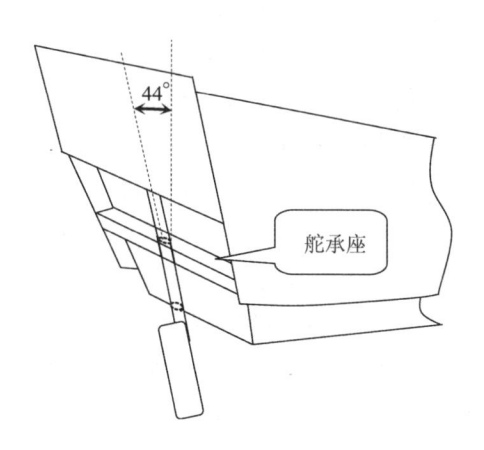

图 5—4 复原舵装置安装示意图

根据以上考证，以馆藏舵为原型，并依据舵杆和舵叶残骸的边界自然走向，将出土舵杆复原设计出完整的复原舵如图 5—5 所示的形式。

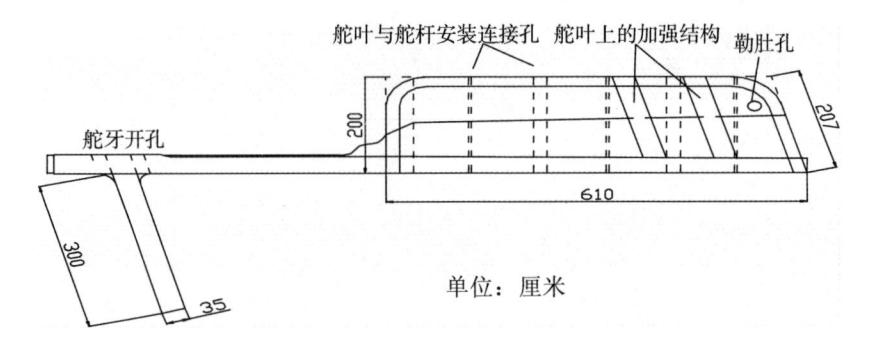

图 5—5　南京博物馆馆藏宝船厂遗址出土的舵及舵杆结构复原设计方案图

对复原舵与复原的郑和二千料宝船的匹配性，从几何尺度、操纵性、舵杆强度等三方面进行计算分析和考证。结果表明，10.1—11.3 米的出土舵杆与总长 61.2 米的郑和二千料宝船十分匹配，可以判为其配套舵构件。

为对比考证出土舵杆是否能应用于 44 丈大号宝船，对比计算表明，该复原舵不可能应用于 44 丈大号宝船，出土舵杆不可能是 44 丈大号宝船的配套舵构件。

以上由海军工程大学张纬康教授牵头组织的复原考证研究，是把历史文献、考古成果，用现代造船科技方法进行量化计算分析，虽属初步探索，但结果相当可信。

2. 泉州出水明代铁锚与二千料海船的匹配计算分析[①]

泉州海外交通史博物馆收藏了在泉州湾石湖港海域打捞出水的一具四爪铁锚。直接参与该锚发掘并主持过一系列分析鉴定工作的副馆长李国清研究员在 2005 年发表了《泉州发现的明代铁锚与郑和船队的关系》一文。专业课题组在该文的基础上着重从造船科学技术层面进行研究考证。1981年 9 月，在距离石湖港古渡头 300 米的水下搜到该铁锚。当时，该锚大部分埋于海底淤泥中。铁锚发掘出水时，锚杆顶部和锚的四爪前端均已不同程度残损。铁锚运回后，测得总残长 2.78 米，锚杆直径 16—40 厘米，锚爪直径 10—16 厘米，重量 758.3 公斤。

由于石湖位于泉州湾主航道的出海口，据此考证，此锚极可能是明代郑和下西洋船队所使用的铁锚。李国清对该锚的化学成分和制造工艺作了

---

① 郑明、张纬康、纪纲、倪鹤鸣、霍玲：《泉州出水明代铁锚与郑和宝船的匹配研究》，中国造船工程学会《2008 年优秀学术论文集》，2009 年 11 月。

详细的考察研究，据金相分析，该铁锚的主要成分属低碳钢类型。由于铁锚在海底沉埋年代久远，铁锚锈蚀严重，表面覆盖着厚厚的锈蚀层、泥沙和贝类生物。据金相分析，铁锚材料接近于现代纯铁，含碳量相当低。这种低碳钢类型的熟铁具有较高的塑性和较强的抗腐蚀性，属于品质比较好的钢铁类型。据考证，历史上郑和七次下西洋都是在福建长乐驻泊，其中至少一次曾停泊在泉州港。郑和船队的停泊点分布于泉州海湾内后诸港等各处。因此，该铁锚极可能是郑和船队中某型海船使用的铁锚。

铁锚锚杆及锚爪横截面均为圆形。经实测，铁锚残体总长2.8米。锚杆直径22.3厘米，锚爪直径19.1厘米。铁锚残存最长的锚爪端部距锚底高为30厘米。

从锚爪长与锚杆长的大致比例以及锚爪与锚杆直径的比例上看，该铁锚十分类似于现代海军锚的比例。因此，可以按照海军锚的相关比例大致推测该锚的原状。海军锚杆长与锚杆直径之比约为7，因此，可以推算该铁锚原长为3.12米。由于海军锚爪梢部距离与锚杆长度之比约为1.4，据此可以进一步推算对角的锚爪梢部距离为2.20米。依照残存锚的自然形态延伸，可以得到复原锚的结构尺寸。其具体描绘如其复原重量经计算约为1168公斤（如按推测的结构尺寸复原，则复原后铁锚重量应为1168公斤）。李国清的论文从考古角度对出水铁锚原总长曾分析判断为至少3米，可能超过3米；其重量达到1150公斤。纪纲博士按照造船科学设计规范复原尺度与之不谋而合。

通过对打捞出水的明代铁锚的测绘，并依据铁锚的残存外形和现代海军锚的比例，探讨了出水明代铁锚的复原模型。对复原铁锚与郑和宝船的关系采用以下方法进行推测：

采用现代结构力学理论，对复原明代铁锚作了强度校核，计算了复原明代铁锚的强度极限要求，并得到复原铁锚可以承受的系泊力。

依据现代海船规范及多种系泊力公式，对推测的二千料郑和宝船和44丈大号宝船所需配备的锚泊装置形式作了计算分析。依据该计算结果并比较明代复原铁锚的计算结果表明：（1）如果重达1168公斤的复原明代铁锚匹配二千料郑和宝船，复原明代铁锚重量与规范要求的首锚总重量相符合；（2）如果复原明代铁锚匹配二千料郑和宝船，根据规范计算的锚链破断力小于复原明代铁锚锚杆破坏力极限，即如果锚泊装置发生破坏，锚链首先破坏，这种情况与海船实际设计要求相符合；（3）分别采用国内外几种常用的系泊力计算公式及试验修正的系泊力计算公式,并依据系泊船舶运动所导致的系泊力变化规律考证表明,如果复原铁锚匹配二千料郑和宝船,则铁锚恰能正常使用;(4)如果复原铁锚匹配 44 丈大号宝船,则铁锚重量太小,锚杆强度不足,锚泊装置无法正常使用。

这两项对宝船出土文物进行的 21 世纪最新科学考证计算分析,严肃地证实了二千料海船型郑和宝船的关键配套——舵杆与铁锚,是具有原始文物历史依据的,具备可复原仿造的基础。

(四)郑和下西洋舟师中必须配备相当数量的二千料海船[①]

据郑一钧所著的《论郑和下西洋》中引用《西洋番国志》中记载,郑和使团当时"乘驾宝舟百艘前往海外","所乘之宝舟,体势巍然,巨无与敌"。《明实录》记载,正统十三年(1448)"府军卫卒赵旺等自西洋还。……初旺等随太监洪保入西洋,舟败漂至卜国,随其国俗为僧。后颇闻其地近云南八百大甸,得间遂脱归。始西洋发碇时,舟中三百人,至卜国仅百人,至是十八年,惟旺等三人还"[②]。据分析,洪保为郑和使团领导成员之一,在郑和下西洋的过程中,洪保往往率领分艅船队往诸国访问。赵旺等随洪保所乘坐的海船,当为由"将领官军乘驾"的一千五百料或二千料海船;"舟中三百人",就是这种载有众官兵所乘坐的海船编配可载的人数。这又与宋代吴自牧《梦粱录》中所记"海商之舰,大小不等,大者五千料,可载五、六百人。中者一千料至二千料,亦可载二、三百人"基本一致(注:宋代的料比明代的料要小)。郑和船队中的主要海船按分别能载二三百人计算,则 26800 名官军,至多只需配备 100 艘一千五百料、二千料的海船即可容纳,这种船队规模已很可观,但仅占郑和第一次下西洋所率 208 艘船只总数的一半,所以其他可能是些大船上所附载的小艇。这些史籍文献也说明了二千料海船是一种能反映明代造船技术水平的、优秀的、多功能的、曾成批建造又在下西洋活动中发挥骨干作用的基本船型。

"料"是宋、元、明时期流行的用来表示舟船大小的一种计量单位。迄今为止,对"料"的理解大体上有两种概念:第一种认为"料"是一种

---

① 本部分内容参见郑一钧《论郑和下西洋》,海洋出版社 2005 年版;唐志拔、辛元欧、郑明《二千料六桅郑和木质宝船的初步考证与复原研究》,《郑和下西洋研究》2005 年第 2 期;中国文化部、国家博物馆编《云帆万里照重洋》,2005 年 7 月。

② 《明英宗实录》卷一六九,正统十三年八月壬戌条。

重量单位，多数倾向一料等于一石；也有认为，以"料"的数量乘以10（转化单位的需要），再除以4，便可转化为载重量。第二种认为"料"是一种容积单位，可从船舶的长、宽、深计算出来。如陈希育撰写的《中国帆船与海外贸易》认为：龙骨长（丈）×面阔（丈）×舱深（丈）×10＝若干立方尺并取整，就得出该船的"料"数。在估算中，一般采用总长与面阔的比例为5，身长与面阔的比例为4，三段龙骨长与面阔的比例为3，舱深约为龙骨长的10%—13%。笔者以明代宁波府五百料战船为例，采用此公式，主尺度与"料"数估算结果基本相近。

明初的"料"所代表的船舶尺度与载重量都比宋代大得多。例如，明代宁波府五百料战船，船身长12.25丈，面阔3丈，深1.15丈；而宋代二千料海船面阔仅3丈。又如明代宁波府四百料战船，身长9.4丈，阔1.95丈，深0.92丈；而宋代海鹘船，号称一千料，总长10丈，阔1.8丈，深0.85丈。这两对明、宋的船尺度大小虽相近，"料"数却大相径庭。由此可知，明代的"料"较之宋代已有重大变化。再从官、民对舟船的计量看，原来民间造船时，用民尺或官造尺，后来官方一律用"官尺"或"部尺"。每一官尺比民尺要长。据明代夏子阳撰《使琉球录》上记载："盖民尺一尺，仅官尺八寸故也。"

由上述可知，宋代明代，官方民间对"料"的标准并不一致。宋代最大的货船是五千料海船，据《中国帆船与海外贸易》记载，身长13.6丈，面宽3.83丈，深1.35丈，推算吃水深1.10丈，排水量不到千吨。而明代二千料海船排水量超过千吨，已是从11世纪发展到15世纪的一种更大的海船。因此，从"料"的概念演变，也可判知明代二千料海船是延续宋元的造船技术发展而形成为的大型海船。

（五）《龙江船厂志》、《武备志·郑和航海图》中的海船画与《天妃经》卷首插图中的船皆为二千料海船

明《龙江船厂志》及《武备志·郑和航海图》中的海船画与《天妃经》卷首插图中郑和下西洋舟师的船型有相似性，恰可印证皆为二千料海船，而以不同写意方式来表现。①

《龙江船厂志》文字中虽说明"海船已革，尺度无考"，但留下了当时

---

① 唐志拔、辛元欧、郑明：《二千料六桅郑和木质宝船的初步考证与复原研究》，《郑和下西洋研究》2005年第2期；中国文化部、国家博物馆编：《云帆万里照重洋》，2005年7月。

所造海船的形制画，分析画中之船竖四桅，艉有两层黄屋。根据《天工开物》所述，"凡船长十丈必两竖"的立桅原则，此四桅海船的船长大体有20丈，与南京出土的宝船舵杆尺度十分相配。这个分析可证明《龙江船厂志》图中所绘之船基本上能反映二千料海船形制。从图上还可看出主甲板上有一层舯楼，桅杆下段在舯楼平台上都有加强承座，桅杆上段都有望斗，艏艉两头翘。这些特征也与《天妃经》卷首插图中六桅海船相似。《武备志·郑和航海图》"过洋牵星图"中的船，艏艉两头翘，艉楼高，有舯楼，立三桅，张挂三面矩形主帆，桅上均有望斗并挂将旗。与《天妃经》卷首插图中郑和下西洋舟师海船虽立有六桅，而主要大桅同是三根，也只绘出张挂三面矩形帆，两者画意相通，船型相仿。

以上源出明代三种文献的三种郑和下西洋舟师海船图，提供了二千料海船比较相似的可信的历史图象依据。

（六）古代木帆船发展史文献可证明宋元明代大海船确有千吨级

研究2000多年的中国木帆船发展史，对有关的木帆船主尺度进行收集整理，发现宋代最大有五千料海船，长约16.4丈；而出使高丽的万斛神舟，长约16.7丈，有四桅。宋代周去非在《岭外代答》中记有"帆若垂天之云，拖长数丈。一舟数百人"。元代《元海舶图考》中记有"海舶广大，容载千余人，风帆十余道"。当时的阿拉伯旅行家伊本·白图泰在《游记》中称，元代大型海舶挂有帆蓬12面。意大利的雅格·德安科纳所著《光明之城》中称，元代最大的船，有6根桅杆，12张大帆，4层甲板。马可·波罗是亲自乘坐元代大海船护送阔阔真公主回波斯的，他描写元代中国巨舶时称，"船上有四桅四帆，往往还另加两桅两帆，可按天气情况随意竖起或放倒，即可眠桅。这几种元代大海船都是4—6桅，正是明代造船技术的基础。明代中后叶最大的册封舟，长约20丈，有5桅。宋元明代这些大海船排水量可能均在千吨上下。英国李约瑟博士研究南京出土舵杆，根据舵杆长11余米分析郑和宝船的排水量大概只有3000吨，因为这是当时外国木帆船的极限吨位。

直到19世纪，外国帆船才有了更大的吨位。如《苏联军事百科全书·战列舰》条上记载："17世纪末，战列舰排水量为1500—1700吨，……后期（19世纪中期）桅帆战列舰排水量达5000吨。"《苏联军事百科全书·帆船舰队》条上记载："1853年锡诺普海战是帆船舰队的最后一次大海战……到19世纪中期，帆船舰队进入鼎盛时期。当时桅帆战列舰的排水量增至5500吨。"中外帆船史证明,二千料海船在宋元明三代海船中是特别大型的木帆船,排水量达千吨以上,在15世纪已"体势巍然,巨无与敌",是中华民族在明代所创造出的世界造船史上辉煌灿烂的代表作。目前从事实际工程技术的学者、专家们都趋向以二千料海船为母型对中国宝船进行复原研究。

三 宝船的称谓、内涵与分级[①]

宝船有"龙船"、"宝舡"、"巨舶"、"巨艘"、"大舶"、"海舶"、"海船"等称谓。而大䑸船队宝船,过去曾被称为"中军帐帅船"或大号宝船,其余的分䑸船队宝船,则被称为"中军营宝船"或中号宝船。它们都是"下海取宝之船",也可理解为到海外寻求"共享太平之福"的船,寻求友谊的船,又是舟师大䑸船队统帅和分䑸船队指挥之船。

按史籍关于最大的宝船长44丈4尺,阔18丈的记载,当指大号宝船。在1985年前的学术研讨基础上,由中国航海史研究会等立题复原研究制作9桅12帆福船型船模,并由"纪念伟大的航海家郑和下西洋580周年筹备委员会"组织鉴定。现在国内和海外陈列的郑和宝船模型多是这种船模,其照片与图象也多次在国内外有关著述中被引用。实际上,海内外仍有不少学者怀疑大号宝船的大尺度,但持此种意见的学者尚难于对其木质结构、尺寸、工艺等说得很清楚,更难以在短期内复原仿造出全木结构的所谓"大号宝船"。

从20世纪90年代起,船史界有学者先后依据南京静海寺残碑拓片、《天妃经》卷首插图等提出郑和宝船尺度与可能外形的新说,并具体提出了以明代二千料海船为原型,复原研究郑和宝船的建议方案。笔者认为郑和下西洋舟师是特混船舰编队,宝船既是郑和舟师所属舟船的统称,有时也特指主要指挥舰。有的学者认为按编队有大䑸船队、分䑸船队,必然宝船会分大号、中号,还可能有小号;或有中军帐、中军营之分,才可能对不同规模的编队进行统率与指挥,执行不同的任务,对此笔者是赞同的。

[①] 本部分内容参见郑明《永乐造船、郑和航海与宝船》,《郑和下西洋与宝船复原考析》,《郑和下西洋研究》2005年第1、2期;徐恭生《试说郑和下西洋舟师的船型与编队》,《郑和宝船尺度"32"字解读》,《郑和下西洋研究》2005年第2期;陈延杭等《郑和宝船队基本船型的模型研制》,泉州海外交通史博物馆中国古船模型研制中心缩印,1995年9月;李强《简评冯锐复原张衡地动仪的设计思路》,《自然科学史研究》2008年第27卷第3期。

目前阶段分别开展复原研究两型不同尺度的宝船,可能是比较符合实际的。没有必要在史籍文物发掘还不够完备,研究还不够深入和具体的条件下,以后者新见否定前者,也没有必要坚持前者就要排斥后者。从 21 世纪开始启动复原研究二千料郑和宝船,制作大比例整体模型,并在 2009 年开工建造仿古实船,是必要且是可能的,也是把郑和下西洋舟师古船复原研究进一步推进的正确途径与有效措施。关于 44 丈大号宝船,如有可能也可继续深化研究。一"大"、一"中",相得益彰,对纪念郑和下西洋和弘扬中华民族海洋文化更有意义。如果在今后考古发掘中有新发现,复原研究中有新成果,再来统筹分析,有可能更符合历史实际。[①]

2005 年,中国社会科学院历史研究所明史研究室主任万明研究员在广州郑和二千料宝船概念设计论证研讨会上称:"郑和宝船无疑已经形成了一种象征意义,是中华海洋文化的象征。看到这次会议的标题很具体地称'二千料宝船',我想为了避免有争议,是否可以不称二千料,而直接笼统的称作'中国宝船'或'郑和宝船'。从历史文献来看,马欢《瀛涯胜览》是郑和下西洋文献中最重要的一部。最近我对该书做的校注本,马欢书中凡 17 处提到了'宝船',举几个例子:一是在暹罗(34 页):'中国宝船到暹罗,亦用小船去做买卖';二是在满剌加国(41 页):'中国宝船到彼,则立排栅',这里很清楚,可以看到是笼统而言的;三是在柯枝(61 页):'皆候中国宝船或别处番船客人';四是古里(63 页):'宝船到彼,起建碑亭';五是在溜山国(75 页):'中国宝船一、二只亦往此处收买龙涎香、椰子等物',这里是又一处重要的地方,说明宝船并不是最大的才称作宝船,而是其他的船也称作宝船;六是在祖法儿(77 页):'中国宝船到彼开读赏赐毕,王差头目遍谕国人';七是阿丹国(80 页):'分䑸内官周等驾宝船三只往彼',这里更明显地说明了郑和及其领导班子率领出去的中国船队的船只,已经统称为宝船了。我们应该尊重历史的真实,文献记载很明确,对外国而言,中国宝船是中国船队中主要舟船的通称。郑和的船到外国去,即称为宝船。正如郑和船队有的船去过非洲,而郑和本人并不一定去过那个地方一样,但是可以统称郑和宝船去过非洲。与之相区别的是,明朝对满剌加国(37 页):'赐与海船回国守土',在溜

---

① 郑明:《永乐造船、郑和航海与宝船》,《郑和下西洋与宝船复原考析》,《郑和下西洋研究》2005 年第 1、2 期。

山国（74 页）'其造番船不用一钉'，在忽鲁谟斯国（92 页）'各处番船并旱番客商都到此处赶集买卖'，这里说明中国船只赠送给外国以后称为海船，或直称外国船为番船。由此可见，当时内外是有别的。因此，今天我们仿造的郑和下西洋的主要舟船，只能按照历史的本来面貌称为宝船。"①

万明研究员还指出："郑和宝船尺度，被称为'郑和宝船之谜'。它在下西洋研究中成为令人瞩目的热点问题，始自 1947 年管劲丞对《明史》记载的宝船'长四十四丈四尺，宽一十八丈'提出的质疑（《郑和下西洋的船》，《东方杂志》第 43 卷第 1 号）。由此引发的宝船尺度之争，逐渐成为郑和下西洋研究的一个热门专题，不仅争议纷纭，讨论激烈，而且旷日持久，迄今已达半个世纪以上。问题的焦点就在于郑和下西洋'长四十四丈四尺，宽一十八丈'大型宝船是否存在，延伸到明代有没有能力造那样大的木船，以及那样大的木船是否能够航行于海上等等。一方必信其有，另一方怀疑其无，相持不下。实际上，在史源问题不搞清楚的情况下，任何争议一方都缺乏说服力。因此，如今的争议转移到了文献的可靠性上，无疑这是一种理性的取向。以往一般认为，四十四丈大宝船的记载是首先出自马欢的书。史家重真实，在我所作的刚刚出版的《明钞本〈瀛涯胜览〉校注》中，经过对五种明代钞本《瀛涯胜览》的仔细考察，指出明钞本在传抄过程中，存在后人补入内容的问题。通过此次明钞本的校勘，了解到在马欢初稿本中没有关于下西洋宝船和人员，包括宝船尺度的一段文字，即没有四十四丈大宝船的记载，这一记载是在明后期的本子中才出现的。根据内证和外证分析，客观地说，关于四十四丈大宝船的记载在明代嘉靖以前没有出现，从实践上，嘉靖年间是个什么概念呢？当时历史已经行进到了 16 世纪，也就是大宝船的记载是在郑和第一次下西洋一个世纪以后才出现的。至于明后期钞本中大宝船记载出现的时间与何人补入的，都有待于发掘史料进一步研究。"②

---

① 陈延杭等：《郑和宝船队基本船型的模型研制》，泉州海外交通史博物馆中国古船模型研制中心缩印，1995 年 9 月；李强：《简评冯锐复原张衡地动仪的设计思路》，《自然科学史研究》2008 年第 27 卷第 3 期。

② 同上。

四　中国宝船的复原方案

在中国宝船的复原研究中，从考证二千料海船下手者，海军工程大学唐志拔教授是发起并力行者，金秋鹏、王冠倬、辛元欧、郑明、岑国和、岑武国、傅朗、张纬康、纪纲、霍玲、倪鹤鸣、徐恭生、赵建群、黄宝文、王国平、郭观明、陈显泗、顿贺、赵志刚、贾铁甲、郑洲榕、方诗建等陆续参加，课题组吸取了各方面意见，逐步形成了如下的复原方案。[①]

（一）主尺度和排水量估算

从明代有关史料中能查到四百料、五百料海船的主尺度资料。怎样将较小的"料"数的海船主尺度换算到二千料海船的主尺度，是摆在船史学者面前的一个难题。上海交通大学杨槱院士2003年4月撰写的《对复原"郑和宝船"的一些意见》一文中所提出的方法很有价值，值得参考。杨文称："明代李昭祥著《龙江船厂志》所载，四百料战船，长8.9丈，阔1.65丈，深0.6丈。二千料海船的容积应该是该船的5倍，5的三次根等于1.71。该船长、阔、深乘以1.71，得船长15.2丈，宽2.8丈，深1.2丈。因战船的型线长了一些，如果把船长减少一些，而把宽度和深度加大一点，就与宋（明）代海船的尺度相仿了。"课题组先分析明代宁波府四百料战船，身长9.4丈，阔1.95丈，深0.92丈，长宽比为4.82；换算成二千料海船的主尺度，要乘以1.71，得身长16.07丈，宽3.33丈，深1.57丈；明代1丈相当于现代3.11米，则身长50.5米、宽10.37米、深4.89米；如果取吃水3.91米，方形系数0.47，推算其排水量约为950吨。再分析明代宁波五百料战船，身长12.25丈，阔3.0丈，深1.15丈，长宽比为4.08；换算成二千料海船的主尺度，要乘以4的三次根，即1.587；得身长19.44丈，宽4.76丈，深1.83丈；明代1丈相当于现代3.11米，则身长60.46米、宽14.8米、深5.68米；推算排水量约为1520吨。两者推算数字有不同，这是由于此两船主尺度比和船型不全相似所致。那么，取两船的主尺度折中换算至二千料海船的主尺度可能比较合理些。因此，中国（二千料）宝船的主尺度考证估算为：总长61.2米（19.68丈），身长即水线长53米（17.04丈），船宽13.8米（4.44丈），

[①] 陈振杰：《破解郑和宝船之谜》，《郑和下西洋研究》2005年第2期；陈振杰：《郑明将军与中华传统帆船》，《郑和下西洋研究》2007年第4期。

水线宽13.0米，舱深（上甲板外缘到基线）4.89米（1.57丈），设计吃水3.9米，估计排水量1170余吨。已考虑吃水要扣除龙骨伸出船底基线高度0.5米，其长宽比为4.43，也是全面考虑到出土古船、文献记载与传统实船加以优选的。

（二）乘载官兵船员编制分析[1]

巩珍《西洋番国志》称，郑和宝船"篷帆锚舵，非二、三百人，莫能举动"；《明实录》中称，"舟中三百人"；据可考记载明代历次册封舟使团人数为350—600人。因此，中国（二千料）宝船编制总人数当在300—350人。参照《明史·郑和传》、费信《星槎胜览》、祝允明《前闻记》和《郑和家谱》等文献中所记载郑和下西洋使团人员的组织，可推算中国宝船上的指挥、行政官员有：正使太监、副使监丞、少监、内监、典簿、舍人、户部郎中、鸿胪寺序班、阴阳官、阴阳生等；军事指挥人员有：都指挥、指挥、千户、百户、总旗、小旗等；外事、贸易专业与保障人员有：通事、教谕、医官、医士、买办、办事、书算手等；航海技术人员有：火长、番人火长、带管等；以上各种官员每职平均按1—3人算，则共约有官校50名。宝船上的兵、卒有勇士、力士、军力、余丁等，至少应达到百户的编制，即100名。宝船上的船员、工匠等则可能有：舵工、班碇手、缭手、梢水、水手、民艄、铁锚匠、木捻匠、搭材匠、养马、厨役、小厮等，按"非二、三百人莫能举动"，至少应配250名。由之分析推算，中国（二千料）宝船的编制共约有官兵、船员400名。

（三）装载粮货数量分析[2]

赵建群、陈铿先生在《明代使琉球"封舟"考述》（以下简称"封舟考"）曾以万历七年封舟为例做分析，其长45.1米，宽9.02米，吃水4.48米，载重量则在500吨上下。中国（二千料）宝船航程远、尺度大，载重量必大于500吨。若按载一年之粮、一月之水，每人日消耗粮菜煤炭等1公斤、用水1公斤计算，粮水共需载180吨左右。另载礼品、货物、军械、火药、修船器材等暂按200吨设置。土石压载按底舱容积约有100立方米推算，也有200吨。中国（二千料）宝船的载重量共约600余吨，

---

[1] 本部分内容参见唐志拔、辛元欧、郑明《二千料六桅郑和木质宝船的初步考证与复原研究》，《郑和下西洋研究》2005年第2期；中国文化部、国家博物馆编《云帆万里照重洋》，2005年7月；赵建群、陈铿《明代使琉球"封舟"考述》，《福建师范大学学报》1987年第2期。

[2] 同上。

与前述全船排水量1170余吨基本协调。

（四）外形、布置与结构复原研究[①]

"封舟考"记有，明朝政府派往琉球册封使"凡十五次，二十七人"。历史上的册封使都率领一个大型使团出使，人数350—600人，册封舟按可查史料至少有五型，长14.5丈至20丈，宽2.6丈至6丈，深1.3丈至3丈，是五桅巨舰。课题组估算其排水量600吨至1000吨。虽是15—16世纪的官船，其航行海域比郑和下西洋近得多，因此中国（二千料）宝船和册封舟相比，主尺度和排水量相对稍大些才是合理的。"封舟考"述，嘉靖十二年（1533）陈侃来福州后，"造船之制，访于耆民得之，大小、广狭惟其制"。有了规定的基本尺度，才使历次所建造的封舟规模大体一致。应当说，明代中后期封舟也就沿用了距当时百余年前的明代初期二千料海船等优秀船型的制式；现代复原仿造中国宝船利用封舟的有关文献，当属有据可依了。"封舟考"描述，封舟"首昂口张，艉高耸"，艏艉都有"虚艄"，且伸展很大。尖底，吃水很深。两侧标示规定的吃水线，称为"水蛇"，船形如梭子。船底的龙骨用松木三段，以榫卯加钉铁锔的方法，连接而成。中间的一段是主龙骨，是封舟的主干，长16—19米，周长约3米。"凡造船，必先定稳（注：指龙骨）"，之后"凡两糁交榛，龙膀、龙骨、通樑参错金束，皆附稳以起"。船壳是双重板结构，每层厚10.9厘米，两层共厚21.8厘米。船板之间或搭接，或平接，用31.1厘米长的铁钉钉牢，再以蛎灰、麻絮和桐油的搅拌物将缝隙捻密。最后使用20根铁条，从稳底搭到两舷，把船箍紧。封舟的船舱采用水密隔舱结构，多者28舱，少者也有23舱。自底舱到甲板上，共分为5层：最底层压以石块，曰"压载"，若储藏货物以代石块，则叫"压钞"。中间三层为"官舱"，是使团成员吃、住、生活、工作的地方，船艄是舵工的舱房，与其紧邻的则是"司针密室"。最上一层是甲板，摆列着各类军器，并搭有凉棚，供使团成员遮阳。艉艄的最高处有黄屋两层，下一层安放明朝皇帝的

[①] 本部分内容参见唐志拔、辛元欧、郑明《二千料六桅郑和木质宝船的初步考证与复原研究》，《郑和下西洋研究》2005年第2期；中国文化部、国家博物馆编《云帆万里照重洋》，2005年7月；赵建群、陈铿《明代使琉球"封舟"考述》，《福建师范大学学报》，1987年；傅朗《二千料郑和出洋宝船复原借鉴与探讨》，《郑和下西洋研究》2005年第2期；（明）何汝宾《兵录·卷十战船说》明钞本；（明）罗懋登《三宝太监西洋记通俗演义》，上海古籍出版社1985年版。

册封诏敕，上一层设供奉海神天妃的香火。封舟甲板以下的各层都很低矮，需要"佝偻深入，上下以梯"。"即官舱亦仅高四、五尺，恐太高则冲风，故稍卑之耳。"[①]

明何汝宾撰《兵录·战船说》（以下简称"兵录"）及《筹海图编》记有戚继光、俞大猷时期所用之（大）福（兵）船，已是明朝进入16世纪的舟船水平，有些记述与绘图较细致，转引于此，一并作为参考。"福船高大如楼，底平身大，旷海深洋回翔稳便。且斗头高阔裕于冲犁，两膀巩固如垣势尤倾敌。吃水一丈一二尺，……船身长九丈，桥梢长一丈三尺，舱深一丈三尺，底参头，头参长二丈六尺，后参一丈八尺，中参长五丈八尺，前后参俱顿在中参三尺之内，用松木砟方二尺两边凿缝以受板，其底板每一尺用五钉，钉时将盐卤蘸过钉下即能吃板。大概板阔则缝少，每边只以十三四块为度。……船头斗盖用樟木长一丈三尺，围三尺，遇贼将碇四门绞在船头以便冲犁。使风面梁用樟木，横长二丈四尺，阔二尺，厚一尺八寸，至天棚收狭七尺止，阔一丈七尺，……"

这两段关于封舟和大福船的记载分析，描述了15—16世纪明朝官船的外形、布置、结构，比郑和时代晚了100多年，由于当时明朝的主要政策已偏向禁海，造船工业和技术发展受限，估计基本能保持郑和时代舟船的水平与形制。由之，我们认为明朝中后期封舟的记载与描述，引用到仿造复原明朝初期中国宝船上，是比较可取的。大福船虽为双桅兵船，又是中小型船，但有些布置、结构也有一定的参考价值。

另外按法国弗朗索瓦·德勃雷著，赵喜鹏译《海外华人·序言》所记郑和宝船，每船有四层甲板，满载士卒，马匹蓄之底层，舱室客厅设之高处，华丽舒适。罗懋登《三宝太监西洋记通俗演义》描述宝船有"头门、仪门、丹墀、滴水、客厅、穿堂、后堂、库司、侧屋，别有书房、公廨等类，都是雕梁画栋，象鼻挑檐"，真如一座小型化的"帅府"。又据《马可波罗游记》上说："比较大的中国船有十三个货舱。"《明史》在介绍福船型战船时，说它"能容百人，底尖上阔，艏昂艉高，舵楼三重。帆桅二，傍护以板。上设女墙及炮床，中为四层，最下实以土石，次寝息所，次左右之门，中置水柜，扬帆坎火皆在是。最上如露台，穴梯而登，傍记翼板，可凭以战，矢石火器皆俯发，可顺风行"。

[①] 傅朗：《二千料郑和出洋宝船复原借鉴与探讨》，《郑和下西洋研究》2005年第2期。

综合上述各书记载，统筹判定，中国（二千料）宝船基本船型为福船，外形为小方艏，宽平艉，有虚梢，两头翘。建筑形式属楼船，高艉楼3层，舯楼1层，短艏楼两层。全船设上甲板（即主甲板）、下甲板和底平台3层纵向平台。自艏向艉设17道横隔壁，构成明代木帆船的典型横式结构，并形成各种工作、生活、储藏舱室。也充分显示了我国古代在造船技术上最早创造水密横隔壁的结构特征。

全船主甲板以下设艏尖舱，前桅和柴粮舱，大餐厅兼兵卒住舱，主桅和兵卒住舱，后桅和兵卒住舱，轻软货（丝、茶等）舱若干个，淡水舱分布在前、中、后若干个，食品、粮油储存舱分布在前后共两个，柴炭舱与厨房分布在前后若干个，牲禽饲养舱两个分布在中部底舱，宝物（礼品、珍品储存）舱若干个靠近艉部，重货（瓷器等商品储存）舱若干个分布在中、后部底舱，军械火药舱两个靠近艏部，船用维修器材舱若干个，艉舱。以上舱室按史料记载，人员住舱在下甲板以上，牲畜及储物舱在下甲板以下，底平台以下设压载舱若干个。主甲板以上舯楼设置官厅（公务接待厅）、后堂、库司。艉楼一层：官校厨房、官校餐厅、官校住舱、伙（船）长住舱、医护舱；二层：正使太监书房、内室、卫士室、赐品房、针房、航海仪器舱、高等官员住舱、议事堂；三层：舵楼、神堂、敕书堂（黄屋）。顶露天平台为将台，并设有冷兵器陈列架、大更鼓架、锣架、灯笼架等。艏楼一层：水手厨房、餐厅；二层：水手住舱，顶露天平台为值更瞭望台。

（五）帆形式、数量与面积①

明费信撰《星槎胜览》："永乐七年己丑，上命正使太监郑和王景弘等统领官兵二万七千余人，驾驶海船四十八号，……张十二帆。"课题组理解为中国（二千料）宝船上张挂帆的总数为十二面，包括主帆、边镶插花、头巾顶等。桅帆形式为：三根主桅，挂矩形带撑条硬质竹帆或布帆，②边镶有插花，上有头巾顶，主桅前桅顶上还要挂将帅旗与风向旗等，艉楼

---

① 本部分内容参见郑一钧《论郑和下西洋》，海洋出版社2005年版；唐志拔、辛元欧、郑明《二千料六桅郑和木质宝船的初步考证与复原研究》，《郑和下西洋研究》2005年第2期；中国文化部、国家博物馆编《云帆万里照重洋》2005年7月；（明）何汝宾《兵录·卷十战船说》明钞本；（明）罗懋登《三宝太监西洋记通俗演义》，上海古籍出版社1985年版；辛元欧、范巨山、卜立鸣《关于郑和宝船复原的思考》，第十届国际东亚科学史会议报告，2002年8月。

② 辛元欧、范巨山、卜立鸣：《关于郑和宝船复原的思考》，第十届国际东亚科学史会议报告，2002年8月。

舷部有两根左右对称的辅桅，挂矩形带撑条软帆，一根艉旗杆，可挂将帅旗或艉送帆，因此可统称为6桅12帆。

有的专家建议在前桅和主桅之间挂一面到两面"外挑"三角形软帆，主桅和后桅之间挂一面"挂挡"三角形软帆，而不加插花边帆；有的学者建议把三道主要桅杆上的帆以横撑条划分成四块帆，也可形成12帆的气势。这些有待在工程设计中与民间蓬帆匠师研究后再确定。帆的总面积按民间传统设计经验，为身长与平均船宽乘积的两倍，约1700平方米。每一根到两根桅旁装有绞辊，作为升降帆使用。

《兵录》中记有，大福船"大风蓬长五丈五尺，头蓬长二丈五尺。其大蓬用硬游索一条系于蓬稍，以关蓬摺，庶使风安稳面蓬亦不坏。其每摺原用竹片为蓬弓，风猛易折，须以柞麻索为蓬弓，刚柔相济，不但坚久而且便上斗兵步踏稳捷。"所配的缆索有："大索六根，小索四根，板船索一条，后手索二根，碇缆四根，缭索四根。"此蓬帆及缆索虽比二千料郑和宝船的帆装要小，但所述之尺寸比例、配备数量。帆撑条与蓬弓结构都是可参照的。

（六）桅数与桅高[①]

在《天妃经》卷首插图的分析中已判别中国（二千料）宝船上有前、主、后三根固定大桅，艉部左右舷两根可放倒式辅桅，共为五根，如加上艉旗杆式小桅，合称为六桅。主桅布设在船长从后至前的0.6（0.6L）处纵中线上，前桅在主桅前，与主桅的最小距离以挂帆驶风时互不干扰为度。1375年所绘制的加泰罗尼西亚地图上所画的大型中国海船示意图有五桅，故李约瑟博士认为五桅的明代北直隶船中，可见前、中段有三桅，后部左右有两桅，很可能是郑和下西洋舟师中的一种船型。这个旁证又说明认定中国（二千料）宝船设六桅是可信的。

据《水运技术词典》[②]所述，中国帆船，主桅长度为船长的0.8—

[①] 本部分内容参见唐志拔、辛元欧、郑明《二千料六桅郑和木质宝船的初步考证与复原研究》，《郑和下西洋研究》2005年第2期；中国文化部、国家博物馆编《云帆万里照重洋》，2005年7月；（明）何汝宾《兵录·卷十战船说》明钞本；（明）罗懋登《三宝太监西洋记通俗演义》，上海古籍出版社1985年版；辛元欧、范巨山、卜立鸣《关于郑和宝船复原的思考》，第十届国际东亚科学史会议报告，2002年8月；田汝康、石阶池等《水运技术词典》（古代水运、木帆船部分），1980年10月；郑明、唐志拔《浙江镇海仿宋"神舟"复原工程的策划咨询建议》，浙江宁波镇海区旅游局缩印，2003年5月。

[②] 田汝康、石阶池等：《水运技术词典》（古代水运、木帆船部分），1980年10月。

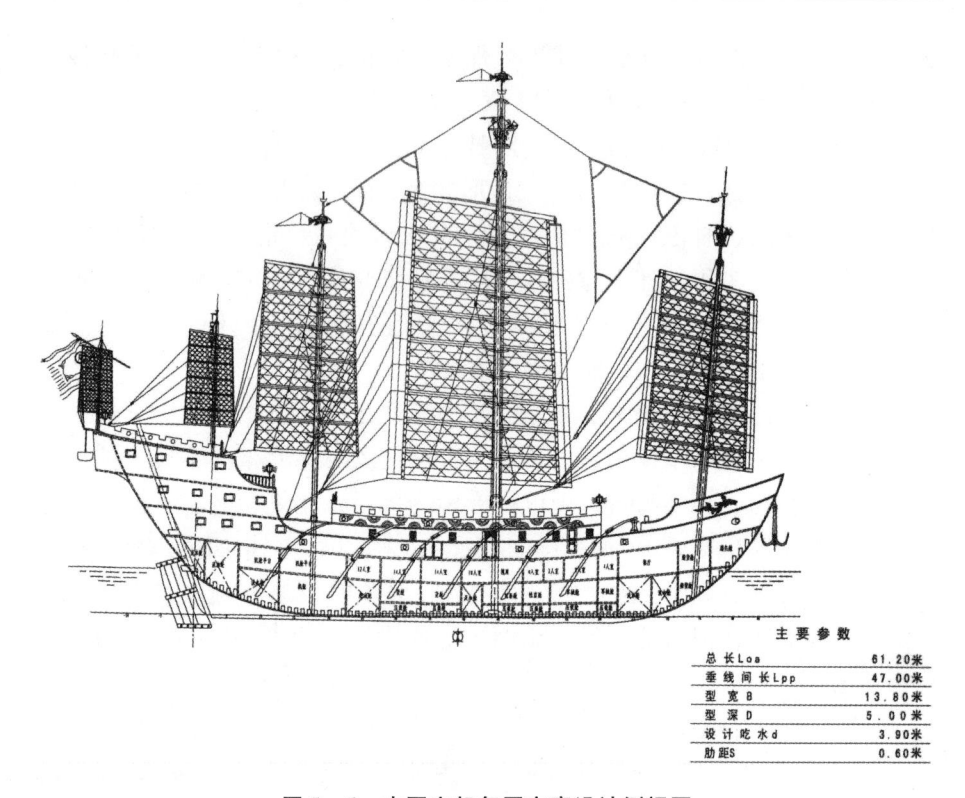

180　第二编　中国宝船构建海上"丝瓷之路"

图5—6　中国宝船复原方案设计侧视图

主要参数	
总长Loa	61.20米
垂线间长Lpp	47.00米
型宽B	13.80米
型深D	5.00米
设计吃水d	3.90米
肋距S	0.60米

1.0，前后桅长度为主桅的0.6—0.8不等，艉桅长度为主桅的0.5左右。其他小辅桅的长度又在各桅之下。据"封舟考"称，"桅之高，少舟之长五十分之一"，"大桅标准高度为八丈"。封舟前后竖五桅，大者长72尺，围六尺五寸，余以次而短。又称当时较大的西洋海船，"上下前后有风帆十余道。桅之大者，长十四丈，帆阔八丈"。戚继光大福兵船的"大桅长九丈，围六尺五寸，……桅顶用望斗以布作围，藏兵在上以瞭贼舟，带弓箭及犁头镖、灰石以攻贼。桅脚须用樟木为柏，长九尺大二尺方坚固桅夹一副，阔二尺厚八寸长一丈六尺用筏箍一道以楯木为闩。桅上用麻索一条，上系于饼子之上，下系于后襟门，以使桅身劲而有力"[①]。中国宝船比后来的封舟、大福船和当时的西洋海船都大，桅帆也应更大些。又据宋《宣和奉使高丽图经》记载，宋朝赴高丽航线上的万斛神舟的随行客舟是

---

① 赵建群、陈铿：《明代使琉球"封舟"考述》，《福建师范大学学报》1987年第2期。

长约十余丈的海船，其"大桅高十丈，头桅高八丈"①。这些船的桅长比约为0.8—1.0，恰如《水运技术词典》所述。由之可见，推算明朝中国宝船的桅高，按《水运技术词典》的比例是基本合理的。中国宝船为适应远洋航行，各桅必然深置于龙骨上，因此，需扣除插入主甲板以下与龙骨底座相接一段长度，大体相当于型深。因中国（二千料）宝船总长为61.2米，主桅总长为船长的0.8（0.8L），取为49米，考虑扣除型深4.89米和舯楼高约3米，在炮台甲板上主桅高约为41米。其他前、后、辅、艉桅分别按主桅高的0.8、0.6、0.5、0.55的比例，前、主、后桅插接船底龙骨，辅桅下插到炮台甲板，艉桅下插到驾驶甲板。都需在设计中通盘考虑帆的高度、宽度、面积后加以取舍。

（七）舵②

据"封舟考"称，舵安在船艉的中央，并用大绳两条，一头系住舵，另一头沿船底两侧拉到船头，"谓之勒肚"，控制住舵，以防遇大风浪冲击时，舵杆大幅度摆动，损坏船只。每艘封舟都有二三副备用舵，嘉靖四十年的封舟还安有"边舵"。制舵的木材都是铁力木。据徐葆光说：柁以铁力木为之，名曰"盐柁"，渍海水中愈坚。舵杆最长者10.89米，周长1.15米，重2000多斤，与1957年在南京出土的郑和宝船舵杆质料相同，尺寸、重量大致一样。《兵录》记，大福船有"舵二门，稠木为杆，围二尺八寸、长二丈八尺，舵叶板长一丈八尺，开杨五尺五寸、厚二寸"。该船长仅32米，舵杆也长达8.7米，周长0.87米，由封舟和大福船有关舵的记载看，明代海船舵的形式、结构、材料是有标准沿革的。1957年南京下关中保村附近出土的"郑和宝船舵杆"，长达11.07米。鉴于操舵必然在艉楼最高处，按二千料郑和宝船型深为4.89米，三层艉楼总高约6.0米，舵是可升降的，最深水位可降到基线下1.3米，以上三段高度已达12.2米。因此，中国（二千料）宝船的舵杆长约12米，是合适的。以此舵杆长度再考虑舵板的高约为9.6米，宽约为3.2米，就比较协调了。由

---

① 郑明、唐志拔：《浙江镇海仿宋"神舟"复原工程的策划咨询建议》，浙江宁波镇海区旅游局缩印，2003年5月。

② 本部分内容参见郑明、张纬康、纪纲、倪鹤鸣、王国平《论南京宝船厂遗址出土舵杆和二千料宝船的匹配关系》，《郑和下西洋研究》2006年第3期；赵建群、陈铿《明代使琉球"封舟"考述》，《福建师范大学学报》1987年第2期；傅朗《二千料郑和出洋宝船复原借鉴与探讨》，《郑和下西洋研究》2005年第2期。

于宝船舵杆出土于南京，长11.07米，或许从一个侧面恰可说明南京宝船厂有可能成批建造过二千料郑和宝船。

（八）锚[1]

"封舟考"记载，封舟系采用四爪形大铁锚，每个重1000多斤，最多配四个。[2] 郑一钧分析称，郑和船队所用铁锚，"大者高八九尺"，几近一丈，每只要重达数千斤。[3] 按中国（二千料）宝船尺度大于封舟，配两个四爪铁锚，每个重1500公斤较合理且安全，还可配有较小的传统木石碇为备用，都布置在艏楼平台上。"兵录"记福船，船头斗盖用樟木长一丈三尺，围三尺，遇贼将碇四门绞在船头，以便冲犁。说明将锚固定在船头加强板处，还可发挥冲撞敌船的作用。

（九）橹

"静海寺残碑"将二千料海船与八橹船前后并列，可知均是郑和船队中有代表性的船型。海船以帆为主，也备有橹，属大中型船；橹船以橹为主，也设有帆，属中小型船。《马可波罗游记》称，元代每一大船，需要二三百水手来驾驶，……在没有风时，则摇橹以行船，一支橹需用水手4人。[4] "兵录"记，福船配"大橹两株用稠木，长四丈"，即12.5米。

中国（二千料）宝船仅艏楼两舷约30米长的主甲板上可布置操橹部位，橹长一般在12米左右，每舷设4橹位，间距约为10米，动用32名水手或民艄操8橹，互不干扰，在无风静水中对千吨之船估计尚可微速推动。

（十）小艇[5]

据"兵录"记，脚船系于船旁若浮水，陡遇风飓每每抛毁，凡行船将脚船吊起悬大船艏边，不致贼众砌脚，而脚船又不遗失，且母船更易行

---

[1] 本部分内容参见郑一钧《论郑和下西洋》，海洋出版社2005年版；郑明、张纬康、纪纲、倪鹤鸣、霍玲《泉州出水明代铁锚与郑和宝船的匹配研究》；中国造船工程学会《2008年优秀学术论文集》，2009年11月。

[2] 郑明、张纬康、纪纲、倪鹤鸣、王国平：《论南京宝船厂遗址出土舵杆和二千料宝船的匹配关系》，《郑和下西洋研究》2006年第3期。

[3] 郑一钧：《论郑和下西洋》，海洋出版社2005年版，第99页。

[4] 同上。

[5] 本部分内容参见唐志拔、辛元欧、郑明《二千料六桅郑和木质宝船的初步考证与复原研究》，《郑和下西洋研究》2005年第2期；中国文化部、国家博物馆编《云帆万里照重洋》，2005年7月；赵建群、陈铿《明代使琉球"封舟"考述》，《福建师范大学学报》1987年第2期；（明）何汝宾《兵录·卷十战船说》明钞本。

驶。说明小艇可悬置于艉部舷侧。另据"封舟考"称，封舟配小艇两只，不用时或悬船侧，或停放在甲板上。封舟吃水深，不可靠岸，借助小艇往来运输行李和登岸。中国（二千料）宝船可沿用此制，配两只小艇，艇长约6米，悬挂于船侧，供交通联络救生等用，每艇按载6人考虑。

（十一）舷墙与波门[①]

据"封舟考"称，两舷上竖着约1.3米高的遮波板，自头至尾如墙壁然，所以障波涛也。左右各开一扇"高可容人"的波门，供上下船用。而《兵录》记福船的"水仙门太阔便不关固，二扇只可阔二尺六寸，上下二闩仍用带二株，使贼不能撞入"，参照上述记载，中国（二千料）宝船主甲板舷部、艏、艉楼顶部前后及舷侧设舷墙或女墙与战格，其高度约为1.5米。主甲板开有双扇波门，各宽约1米。

（十二）灯、旗、金、鼓等导航通信照明通风设备[②]

《兵录》中对福船配装的金、鼓、旗、灯等记有："大旗一面并号带，大铜锣一面，大更鼓一面，小鼓四面，木梆铁铃一副，大桅旗一顶，方正旗五顶，灯笼十盏。"中国（二千料）宝船是船队指挥船，配装通信导航设备应更加齐全完整，包括金、鼓、旗（各级指挥员用将帅旗、神旗、腰旗、认旗、门旗、角旗、号带、风向旗……）和灯（夜航艉灯、艏灯、桅顶灯、艉串挂灯笼、夜营灯……）等布置在将台附近及各桅杆上，既保证通信联络又显示国威、军威。

水罗盘、沙漏、燃香、水砣、计速木柿（板）、牵星板、针路簿等导航设备、书籍图表分别设置于舵楼、针房或称司针密室内。

照明的灯具有灯笼、宫灯、烛台等，舱室内部装饰及家具等要按明代的风格仿制。通风除艉楼、舯楼各舱室有窗，其余在露天甲板设天棚或舱口活动盖。舷侧的方形或圆形开口，可参照《中国古船图谱》[③]中有关海

[①] 本部分内容参见唐志拔、辛元欧、郑明《二千料六桅郑和木质宝船的初步考证与复原研究》，《郑和下西洋研究》2005年第2期；中国文化部、国家博物馆编《云帆万里照重洋》，2005年7月；赵建群、陈铿《明代使琉球"封舟"考述》，《福建师范大学学报》1987年第2期。

[②] 本部分内容参见唐志拔、辛元欧、郑明《二千料六桅郑和木质宝船的初步考证与复原研究》，《郑和下西洋研究》2005年第2期；中国文化部、国家博物馆编《云帆万里照重洋》，2005年7月；（明）何汝宾《兵录·卷十战船说》明钞本；王冠倬《中国古船图谱》，三联书店2000年版；王淼、郑明、王芳等《耆英号》，《郑和与海洋文化研究》2008—2009年第5期。

[③] 王冠倬：《中国古船图谱》，三联书店2000年版。

船，包括有些清朝海船，有细致绘画留存，如"耆英"号①等。

葡萄牙人克路士 1569 年描述他所见过的中国官船，"有高大的厅房，里面的房舱布置很好，镀上金，富丽堂皇。这边和那边有大窗子，帐子用丝织成，挂在窗前的细杆上，他们可从里面看见外面的人，外面却看不见里面"。这类描述的史籍要广泛收集，使中国（二千料）宝船内外体现明代风格。

（十三）中国宝船可能装备的兵器②

绝大部分国内的有关历史文献都没有记载过郑和船队中战船、座船或宝船上装备的兵器，只有明罗懋登撰《三宝太监西洋记通俗演义》上有兵器记载，从其兵器的种类和数量看，可能是抄自戚继光撰写并于 1560 年成书的《纪效新书》③上福船的兵器；不但兵器种类相同，而且排序也一样，只是装备兵器数量增多了约 10 倍。其中"佛朗机铳"和"鸟咀铳"则是郑和下西洋结束后几十年才从国外输入的，显然不合史实。从零星的外国史料中曾发现有记载郑和舟师装备的火器。因此，虽然国内的史籍没有提郑和舟师装备的火器，但可以肯定地说，明初我国的火器已较先进，领先于世界各国，而且也普遍装备于战船，在海战、水战中大量使用，取得过重大战果。而郑和舟师各船需远航外国，为防止可能遭遇的侵袭，肯定需要装备火器。但是，在中国（二千料）宝船上会装哪些兵器呢？冷兵器是 2000 多年来的旧传，变化不会大，我们不再赘述。至于火器，凡是在郑和下西洋前后，明代其他各型战船上曾装备和使用过的兵器都有可能装备在中国宝船上。例如明洪武十年至十二年（1377—1379）制造的铜制手铳（已出土 25 件），长 320—440 毫米，口径 20—23 毫米，重 1.55—2.55 公斤；洪武十年至十八年（1377—1385）制造的铜制碗口铳和中型铁炮（已出土 4 件），长 316—520 毫米，口径 75—119 毫米，重 8.35—26.4 公斤；洪武八年（1375）制造的大型碗口铜铳（1988 年山东蓬莱出土两件），身长 630 毫米，口径 230 毫米，重 73.5 公斤；1377 年制造的大

---

① 王淼、郑明、王芳等：《耆英号》，《郑和与海洋文化研究》2008—2009 年第 5 期。
② 本部分内容参见唐志拔、辛元欧、郑明《二千料六桅郑和木质宝船的初步考证与复原研究》，《郑和下西洋研究》2005 年第 2 期；中国文化部、国家博物馆编《云帆万里照重洋》，2005 年 7 月；（明）何汝宾《兵录·卷十战船说》明钞本；（明）戚继光《纪效新书（十四卷本、十八卷本）》，中华书局 2001 年版。
③ （明）戚继光：《纪效新书（十四卷本、十八卷本）》，中华书局 2001 年版。

铁炮，炮身长1000毫米，口径210毫米（山西博物馆收藏3门）等。综上所述，二千料郑和宝船上可能装备的兵器类型和数量可判析如下：

冷兵器：弓、弩、标枪、砍刀、钩镰、撩钩、梨头镖、小镖等各10—50把，头盔、藤牌每兵一副。

燃烧性火器：火球、火药箭、火枪、铁咀火鹞、烟球等各10—100个。

爆炸性火器：震天雷50个。

金属管形火器：口径210—230毫米、长630—1000毫米、重70—120公斤的铜制或铁制大型铳炮4座；口径75—119毫米、长316—520毫米、重8.35—26.5公斤的铜制或铁制中型铳炮6座；口径14—23毫米、长230—440毫米、重1.55—2.5公斤的铜制手铳10把。

金属管形火器布置在舯部露天甲板上，带有可移式架座，左右舷对称配置。铜制手铳及爆炸、燃烧性火器平时放置在军械舱内，战时在上甲板使用。冷兵器陈列在舯楼顶露天平台及将台的冷兵器架上，既壮军威，又便于作战取用。

（十四）造船材料①

"封舟考"记有封舟的制造材料有如下特点：

第一，种类丰富。就木材来说，既有松、杉、樟、楠、榛、铁力木和其他杂木，而且选择使用特别讲究。桅杆需用"理直而轻"的杉木，舵则用"坚劲"的铁力木，主龙骨要用沉实能久渍的松木，樟木"禽钉而坚实"，用于舱壁、通梁和桅座。根据各类木材的特性，用其所长，以保证船的强度。此外，还使用大量的铁、蛎灰、青麻、桐油、棕和黄藤等。对材料的质量要求很高，如铁，一定要到尤溪购买精铁。所有材料，除了铁力木购自广东外，其余都在福建就地取材。

第二，用大木材。主要构件和设备都规定使用大木材，如主龙骨、舵、桅和橹等。真可谓"材既大，非数百年之木不中程；木既巨，非数万人之力不能运"。

第三，材料数量可观。一艘封舟的用料，"倍蓰战船、盐船"，如万历

---

① 本部分内容参见郑一钧《论郑和下西洋》，海洋出版社2005年版；赵建群、陈铿《明代使琉球"封舟"考述》，《福建师范大学学报》1987年第2期；傅朗《二千料郑和出洋宝船复原借鉴与探讨》，《郑和下西洋研究》2005年第2期。

七年的封舟，光铁就用去 35 吨以上，还随船备用 6 吨多，消耗量很大。桐油、灰和麻，也比一般海船用量大得多。

明申时行等撰《明会典·工部·船只章》记有"洪武二十六年（1393）造一艘一千料海船，计需用杉木 302 根，杂木 149 根，株木 20 根，榆木舵杆两根，栗木二根，橹坯 38 枝，丁线 35742 个，杂作 161 个，桐油 3012.8 两，石灰 9037 斤 8 两，捻麻 1253 斤 3 两 2 钱"。《明会典》中还记有"如或新造海运船只，需要量度产木方便地方，差人打造"，可理解为郑和舟师所需舟船的木材是尽量与造船工场结合就地取材的。

（十五）中国宝船的外形艺术参考设计

中国宝船的外形艺术设计要反映明代官船气势，还要体现中华古帆船的民俗传统。如艏部正面可制有威武的虎头等兽头浮雕，两舷侧前部可制有庄严的飞龙浮雕或彩绘，后部制有凤凰彩绘，艉部板上方绘有展翅欲飞的大鹏鸟等，实现"体势巍然，巨无与敌"，"锦帆鹢首，屈服蛟螭"，"维绡挂席，际天而行"，"晖赫皇华，超冠今古"等文献中所描述的艺术形象与效果。南京仿明郑和宝船的效果图基本上体现出了中华传统大型木帆海船的特征。

尽管有关学者对中国（二千料）宝船的考证与复原研究下了不少工夫，但仍认为现在的复原方案是不完善的，需发掘新史料、新文物、新线索，对此方案进行补充改进，使之尽量接近历史真实。至于正在南京复原建造的仿明郑和宝船（见图 5—6），为了遵循现代造船法规和现实航海功能需求，又做了许多修改，也是可以理解的。

第三节　明朝代表型海船研究分析

郑和下西洋舟师的主力船型是二千料海船，是当时可远洋航行的大型海船，甚至是目前所知的当时世界上最大型的海船。而舟师中大量使用的舟船，用现代船舶分类概念来分析，是船长 10 丈及 10 丈以下的舟船，只能称为小型海船，在当时被认为属于中型海船。这类海船大体在明代后期文献史料中都留有明确记载，有图象清晰的封舟、八橹船、福船、五桅沙船、三桅浙船等海船。对这些海船也要开展深入研究，才能对郑和下西洋舟师建立起完整的全面认识。

一 封舟[①]

福建师范大学历史系傅朗教授对郑和下西洋与"封舟"有专门研究，曾撰写《二千料郑和出洋宝船复原借鉴与探讨》一文。傅文表示："从现有所见文献记载可知，明朝奉命册封琉球国王的册封使节们所乘之舟，其建造地点皆在福州，一般称为'册封舟'。先后于洪熙元年（1425）、宣德二年（1427）、宣德五年（1430）和宣德八年（1433）四次奉命出使琉球的中官柴山，曾在琉球其所立'千佛灵阁碑记'中郑重宣称：皇上'特敕福建方伯大臣重造宝船'让自己乘坐出洋。由此可知：'宝船'之名并非郑和下西洋舟师用船的专称，与郑和下西洋同时代的册封舟也可以称为'宝船'。概言之，凡奉皇帝之钦差出使海外的使臣所乘之舟皆可称'宝船'。对于都受皇帝的差遣，都在福州造船，且都从福州出洋的郑和与柴山而言，宝船与册封舟不过是一物二名而已。"

"郑和与柴山至少共同经历永乐、洪熙和宣德三朝，并同朝为宦官。作为使臣，两人分别奉旨出洋所乘之舟，完全可以视为在同一生产技术水平下、同一产地、同一类型、甚至也可能几乎是同一规格的产品。从宣德六年（1431）郑和舟师第七次下西洋、宣德八年（1433）柴山第四次出使琉球，至嘉靖十三年（1534）陈侃出使琉球，时间相距不过百余年。尽管时间推移，郑和宝船与册封舟的生产条件在那种社会制度下却不会有大的改变，舟船形制也不会有较大差别。又因为中国封建社会官场有遇事按前例办的不成文规矩和传统，明朝前后期册封舟的形制与规格应当也是没有太大变化的。因此，郑和宝船与册封舟之间唯一有可能的较大差异，就在于两者的体量上。通俗地说，就是船体大小的不同；具体而言，也许就是'二千料'与'一千五百料'之间的差别。"

现存明代后期册封琉球亲历者的遗文，记录从嘉靖十三年（1534）至崇祯六年（1633）的近百年的时间内，前后共五次册封琉球。现将这五次册封琉球的五艘册封舟的主要概况见表5—2。

[①] 傅朗：《二千料郑和出洋宝船复原借鉴与探讨》，《郑和下西洋研究》2005年第2期。

表 5—2　　　　　　　　　明代册封舟出使统计表

册封年代	册封使	造船地	册封舟主要形制					资料来源
^	^	^	长	宽	船深或入水深	桅数或帆数	载人数	^
嘉靖十三年（1533）	陈侃 高澄	福州	15丈	2丈6尺	1丈3尺	5桅	340人	陈侃《使琉球录》 高澄《操舟记》
嘉靖四十年（1561）	郭汝霖 李际春	福州	14丈5尺或15丈	2丈9尺7寸	1丈4尺	3桅	400人	郭汝霖《使琉球录》 萧崇业《使琉球录》
万历七年（1579）	萧崇业 谢杰	福州	14丈5尺	2丈9尺	1丈4尺		390人	萧崇业《使琉球录》 谢杰《琉球录撮要补遗》
万历三十四年（1606）	夏子阳 王士祯	福州	15丈	3丈1尺6寸	1丈3尺3寸	3桅	391人	夏子阳《使琉球录》
崇祯六年（1633）	杜三策 杨抡		17丈	3丈				《崇祯长编》卷23

注：表格中载人数引自赤岭诚纪：《大航海时代的琉球》，冲绳时报社1988年版，第91页。

万历三十四年（1606）出使琉球的册封正使夏子阳，在其《使琉球录》中，对明后期册封舟的形制有较完整的描述，转摘如下：

"舱口低凹，上覆平板为战棚；下为官舱，仅高五、六尺。俯偻深入，下上以梯。面虽启牖门，然蓬桅当前，外无所见；盖恐太高则冲风，故稍卑之耳。桅有三：大者居中，余以次而胪列於前。舵在船后之枢，艨居其底，为船之主。凡两舷交榛，龙艨、龙骨、通樑参错钤束，皆附艨以起，架龙棚之外有兜艩鞠、锁樑钉之外有米鎚鞠，或铁，或木，参用之。官舱之后，为司针密室，夥长居之；又后为梢，舵工在焉。梢尾最高处，为黄屋二层：中安诏敕；上设香火，奉海神也。两边设舣，自头至尾如墙壁然，所以障波涛也。登舟之门，左右各一，高可容人。舵备三：用其一，副其二；甲午以四，尤为有备焉。橹置三十六枝。大铁锚四，约重五千斤。大棕索八，每条围尺许，长百丈。小艀二，以籍往来登岸，或输行李。水具：大柜二，载五、六百石；如大瓮者十数。"陈侃、高澄在《使琉球录》和《操舟记》中分别记有："舱二十有四"，"除官府饮食、器用所占，计三十人共处一舱。"

封舟底板"旧为一层板,厚七寸,故钉不入;后易作二层,每层厚为三寸五分,钉舱为密。意下层或致损漏,犹可恃内一层也。原为二十四舱,后改为二十八舱。各舱通用樟木贴樑,舱狭樑多,尤为硬固。原以藤箍船,盖亦一时权宜之计;后易以铁条二十座,自艎舣底搭之两舷,则外势束缚益严;而又加以艎舣柱、钉板等料及增重艦头极、交栓等十二件,以故涉险无虞。大抵海船身太长则软而不就舵;头太大则尾偏而损舵;尾太大则坠尾而不前。故今次船式多依漳匠斟酌损益而尽制曲防,颇极周密。船身长六丈一尺,头艎长二丈七尺八寸,尾艎长二丈;连头尾虚梢,共计十五丈。船阔三丈一尺六寸,深一丈三尺三寸。舱数仍用二十八,而附艎加增勾栓,每层倍用龙骨及极木、串板、转艦、正艎之类皆多为之具而详为之制。至于曲舣之内,尽为眠篙,以栖执事;各官舱为三层,以安顿众小。艀安顿安棚上,不悬舣外,以免涛浪撼击。上下金及桅座不用钉,以防引水渗入;更为得法。"

"封舟所用木,桅以杉,取其理直而轻也。舵以铁力,取其坚劲也。艦以松,取其沉实能久渍也。其他头尾艎、桅座、鹿耳、马口、通樑之类,皆须樟木为之,取其翕钉而坚实也。诸木皆取之闽,惟铁力木取之广东。"

"舵长三丈一尺,大桅长七丈二尺,围七尺五寸,二桅长六丈五尺,围六尺二寸。然大桅旧式需足官尺八丈,乃为中程。今次如式者既屡为凿毁,而长不及数与尾围尖小不满四尺者又不堪用,故临期仓皇,不得已取两木帮为合桅,外以铁箍束之。然回日遭飓,摇曳竟不免损裂之患;乃知前人之必用全桅者,良有以也。"

尽管福建师范大学历史系及福建与郑和课题组的林果、徐恭生、傅朗教授等对封舟有深入研究,但至今福建有关单位仍未确定开展复仿工程。

二 八橹船[①]

八橹船是郑和下西洋舟师主要的舟船之一,有两条史料明确记载了这点。(1)南京静海寺残碑载:"永乐三年,将领官军,乘驾二千料海船并八橹船,……永乐七年,将领官军乘驾一千五百料海船并八橹船……"(2)祝允明《前闻记·下西洋》载:"船名:大八橹、二八橹之类。"由

---

① 本部分内容参见郑明、范中义、倪鹤鸣《对八橹船船型、尺度的考证与复原研究》,《郑和下西洋研究》2005 年第 2 期;中国文化部、国家博物馆编《云帆万里照重洋》,2005 年 7 月。

此可以肯定八橹船是郑和下西洋舟师中所配用的主要舟船之一，而且它在郑和下西洋舟师中有着独特的地位和作用。八橹船与二千料等大型舟船相比，具有形体小，航速快，机动灵活等特点。因此，第一，它可以在大型船无法行驶的较浅的或尚不知深浅的港湾航行，弥补了大型舟船的不足；第二，它可作为哨探船，行于船队之前，侦察探索登陆靠岸地点；第三，作战时，它可用来冲锋和追逐敌船，以其快捷，可更为有效地追击敌人。因此，八橹船又是郑和下西洋船队中不可或缺的一种船型。

八橹船是明初水师已配用的浙江成熟船型，主要根据以下两种文献的记载。（1）范涞《两浙海防类考续编》，成书于明万历年间。其卷二《原考·各区战船》载："查得浙江沿海玖卫叁拾贰所，先年原有战船五百四十八只，内有肆百料、贰百料、捌橹、风快、铜头、高把梢、拾桨等项名色。……每肆百料船壹只，用军壹百名；贰百料船壹只，用军柒拾伍名；捌橹等船用军伍拾名；风快船用军贰拾名，俱于卫所食料旗军内选驾。"（2）顾炎武《天下郡国利病书》，成书于明崇祯年间。其卷八十五《浙江》三《绍兴府志·军制》载："浙江沿海先年原有战船五百四十八只，内有四百料用军一百名、二百料用军七十五名、八橹、风快、铜斗、高把梢、十桨用军五十名、风快用军二十名等名色，俱于卫所食粮旗军选驾。"第二份文献的记述可能来源于第一份。这两份文献记载说明：首先，早在洪武年间，浙江沿海各卫、所配备的舰船中已选用八橹船这种优秀船型；郑和下西洋舟师由大、中、小多型船艇组成，在当时必然也会选用这种成熟船型。其次，八橹船是明初浙江沿海卫、所使用的一种战船，肯定适用于本海区，又由本地区建造，而且未见其他地区选用，所以其形制当属浙江船型。

八橹船是帆（蓬）橹兼用的舟船。郑和下西洋舟师的舟船，虽由大、中、小型多种组合而成，但每一船型都必须适合于独立远洋航行。当时远洋航行的主要动力是蓬帆，仅靠人力摇橹，是不可能持续远洋航行的。八橹船既被选配到下西洋舟师编队之中，则也必然配有帆蓬，而且顾名思义肯定有橹，应有八橹。因此又可判断该船当为帆橹兼用。经查，郑若曾成书于明嘉靖年间的《筹海图编》卷十三《经略》三《兵船》载："苍山船首尾皆阔，帆橹兼用，风顺则扬帆，风息则荡橹。"文献中还载有"近者改苍山船制为艟艞（船），比苍（山）船稍大，比海沧（船）更小"。船上竖有双桅及收起的竹蓬（帆），还显示出在船中部右舷配橹3支，艉右舷配橹 1 支，考虑左右舷对称，全船共配 8 橹。这种配橹方式说明依靠摇舷橹以推进，荡艉橹以协助舵操纵航向。这是郑和下西洋百多年之后，人们对帆橹并用船的描述。

苍山船可以说是八橹船的遗式。这种帆（蓬）橹并用船同样是在浙江。郑若曾说：苍山船"卑隘于广福船，而阔于沙船者也，用之冲敌颇便而捷，温州人呼为苍山铁"。戚继光说："苍船最小，旧时太平县地方捕鱼者多用之，海洋中遇贼战胜，遂以著名。"这又证明，帆（蓬）橹并用的八橹船当属浙船型。嘉靖以后，很可能是万历年间，"闽人将草撇、苍船改造鸟船，式如草撇，两傍有橹六枝，尾后惟稍橹二枝，不畏风涛，行驶便捷，往来南北海洋，福、草、苍等船，无出其右"。这时，帆（蓬）橹兼用船才有了福船型。这种福船型的帆（蓬）橹并用船也可以作为当前复原八橹船的参考。《兵录》讲："鸟船其制头小肚澎，身长体直，尾有两边催橹二枝，有风扬帆，无风摇橹，转折轻便，蓬长橹捷，如鸟之飞也。船身虽大，足与沙、虎并驱。"帆（蓬）橹兼用的船先在浙江，后扩展到福建以致整个东南沿海，是颇有生命力的一种船型。

八橹船的外形。主要参照艟䑩船，该船图式在《武备志》《筹海图编》中保留有较细致的外形图。还可参照苍山船，在《筹海图编》、《兵录》中也保留有原始图式。其基本外形为：宽平艉高翘，舯部有楼，方艏微翘。双桅，用竹蓬，落蓬后置于前甲板和舯楼顶，干舷及平艉均绘有浪花纹。六支橹设于船中部两桅之间的舷部。有艉舵板，艉橹两支，操艉橹及操舵均在艉甲板上。前、主两桅不仅挂蓬也挂将旗，桅顶有风向旗。主桅有小望斗。艉旗杆只挂识别与信号旗。甲板两侧有舷墙，开水仙门。

《筹海图编》对苍山船甲板分层的描述较清晰，即"其制以板隔为二层，下层镇之以石，上一层为战场，中一层穴梯而下，卧榻在焉，其张帆下皆在战场之处"。说明有主甲板、底平台二层，底舱是放置土石的压载舱，中舱是水手、船员住舱，主甲板上是作业区。八橹船已参照此描述复原设计制作船模（见图5—7）。

八橹船主尺度考证。八橹船的编制人数与戚继光时期的海沧船、冬仔船相近，从主推进配备双桅八橹看则与戚继光时期的苍山船、艟䑩船、鸟船等相近。尽管八橹船尺度未查到直接文献记载，但从戚继光、俞大猷时期的主要船艇尺度也可推算而知。经查，俞大猷《洗海近事》载：面宽2丈冬仔船"中长三丈三尺，用松木，围四尺；头长二丈三尺；尾长一丈四

八橹船模型制作线图

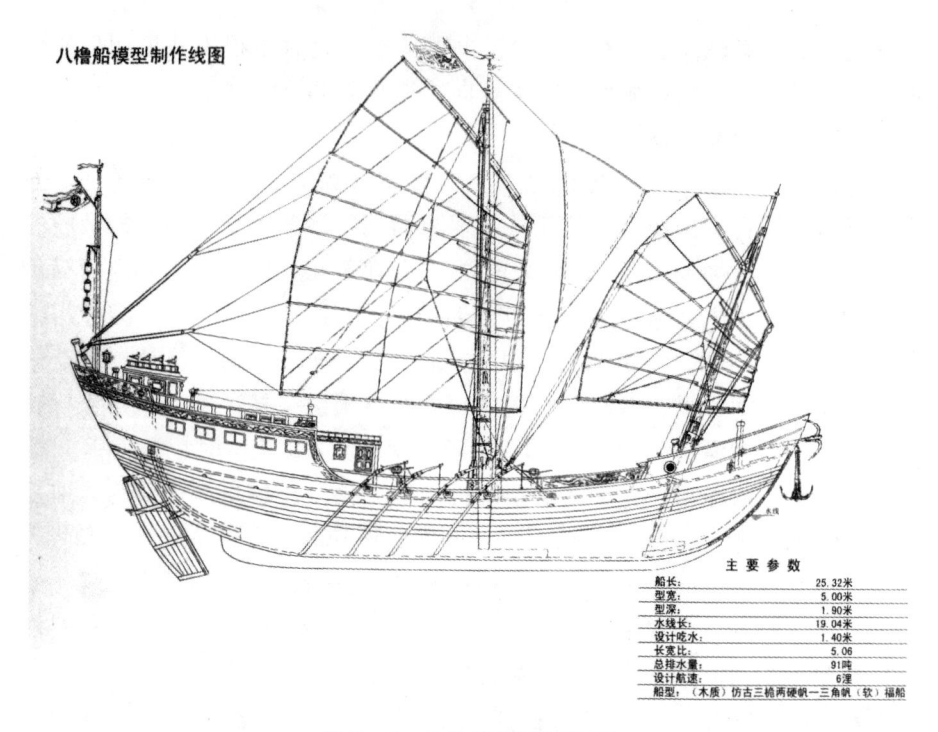

主要参数	
船长	25.32米
型宽	5.00米
型深	1.90米
水线长	19.04米
设计吃水	1.40米
长宽比	5.06
总排水量	91吨
设计航速	6浬
船型	（木质）仿古三桅两硬帆一三角帆（软）福船

图5—7　八橹船复原设计图

尺"。中、头加尾的长度当为龙骨之长，即冬仔船的龙骨长约为7丈。何汝宾《兵录》卷十《战船说》亦载："苍（山）船艏艉皆阔，帆橹相兼为用，风顺开帆，风逆摇橹。"其附图中双桅的帆蓬均满挂，同时，在每舷只绘橹二支，说明有风时已张帆，只适当配用橹，可增速。该书中详载了苍山船的尺度："底正长四丈五尺，头长一丈四尺，后长一丈一尺，前后二眚进正三尺。"即龙骨分为三段，除去前后搭接段各占三尺，龙骨总长约为六丈四尺。"船身长七丈，艄长八尺五寸。"即船的总长约为七丈八尺五寸。原书载："舱深七尺五寸"，"吃水五六尺"，"使风面梁……，长一丈九尺"。对鸟船也有记载："底正五丈，头长一丈四尺，后长一丈一尺。""船身长七丈五尺，艄长一丈"，总长为八丈五尺。综合判析，八橹船与冬仔船、苍山船、鸟船等尺度相近。总长当为8丈，折约24.88米（按明代1尺＝0.311米）。最大宽为2丈，折约6.22米。按《筹海图编》载："其橹设于船之两傍腰半以后，每傍五枝，每枝二跳，每跳二人。"即，摇橹跳台外伸出舷外，一般有2尺，也即型宽只有1丈6尺。折约4.53米，型深7尺5寸，折约2.33米，吃水按6尺，折约1.87米。再对照成书于明嘉靖年间的《南船纪》，书中载有四百料战座船的总长为8丈6尺9寸—8丈9尺5寸，阔为1丈6尺5寸—1丈7尺，均大于上述八橹船考证尺度。由之也印证现在考证判断八橹船的尺度是合理的。

2005年，八橹船的大型船模已被中国国家博物馆收藏和展示，实船复仿工程尚无安排。

三　福船[①]

福船是中国传统帆船四个船型系列中的一种。规格上有大、中、小之别，在郑和下西洋舟师的编队中，其大、中、小型舟船中都有福船。中国航海博物馆是设在上海的我国唯一的国家级海事类博物馆，在2006年筹建期间，馆领导和专家们着眼于弘扬祖国传统海洋历史文化，共同策划在馆的中央大厅陈列一艘最具中国传统特色的古代木帆船。考虑到大厅长36米，宽36米且有足够高的陈列空间，在组织有关专家推荐选型时，多数人从展示可登船参观的实船尺度考虑，倾向选择以明代封舟为背景的中型福船，以显示明代集历朝舟船科技之大成，并定名为仿明代福船。要求该实船属性为复原仿造的古代官商兼用船，以兼具航海科技历史价值、舟船艺术欣赏价值、造船民俗手艺传承价值。让国内外观众一进入博物馆就被这艘中华古代辉煌实船所震撼，体验我国古代造船、航海科技对世界文明的贡献。

仿明福船的设计在中国航海博物馆领导与专家的指导下，由岑氏木船作坊组织浙江海洋水产研究所船舶设计室承担设计。初步设计完成后，曾组织邀请专家研讨评审，共同协商确定了舟船外形、主要尺度、布置、结构、桅帆装置、锚舵属具、门窗式样等。该展示实船从2009年下半年进入馆内现场施工，已于2010年完工（见图5—8）。

该船的外形与线型是中华传统帆船重要特征之一。该船为木质单甲板、有底平台、强龙骨、大纵拉、单舵、尖底、尖艏、小平头、宽艉、带虚艄、高艉楼、艄升高甲板、三桅帆式仿明代福船。其船模和实船设计图均已完成。

该船的主要尺度及其比例也显示了中华传统帆船特征，设计为：总长

[①]　本部分内容参见岑国和等《仿明福船的考证研究与仿造》，《普陀潮》2008年第5期。

图 5—8　明代福船的船模照片

30.6 米，设计水线长 22.59 米，型宽 8.2 米，型深 3.1 米，吃水 2.1 米，设计排水量 223.4 吨。

主要布局：在甲板下共设 13 道水密横隔壁，充分反映了中华传统帆船结构与布局特色，自艉至艏依次为艉舱、后淡水舱、粮舱、第三货舱、第二货舱、第一货舱（各货舱可视需要调整为牲禽舱、柴草舱、军火弹药舱等）、后船员舱、中船员舱、主桅与前船员舱、帆缆舱、前淡水舱、前桅舱、活水艏尖舱（俗称太平舱）。从后部的粮舱到前部的帆缆舱底平台下面都设有压载舱。

主甲板上艉楼内设有厨房、卫生间、官厅（使臣、官员办公和接待外国贵宾之厅堂）及针房（安置罗经、存放航路针薄等之处）等，内配仿古设施；主甲板上设有橹及挑台、仿古天窗及出入舱口、主桅、绞关、艏桅、木石锚、系缆柱等。

艉楼甲板上设有操舵装置、神堂（祭拜海神用）、公堂或称黄屋（存放诏书、文书、礼品、宝物之处）、火长舱（船长及官员住舱）等。

将台甲板上设有后桅、兵器架、金鼓架，树有各种旗帜，围以仿古栏杆及藤牌，显示官船气派。艉楼左右两舷外侧各吊挂有小木艇一艘。

船员编制设定为 40 人，考虑古代住舱层高较低，仅供卧休，可设双层等实际情况，有些货舱尚可增加铺位，全船可携载居住人员达80人以上。

该船的桅帆装置是中华传统帆船的重要特征。参照古籍图形、祖传经验和科学验算，该船确定了选用四角矩形硬式纵帆及直立式桅，主桅长约26.4米，底径为0.65米，主帆展开面积约148平方米；艏桅长约19.5米，底径约0.45米，艏帆展开面积约68.5平方米，艉桅长约12.0米，底径约0.2米，艉帆展开面积约26.2平方米。共设卧式绞关3处，直径为0.35米，供帆升降与起抛锚用；配9米长弓形橹4支，供无风时驶船。

该船的舵锚装置是中华传统帆船的重要特征，又是最古老的发明。采用非平衡木质挂舵一扇，舵叶面积约13平方米，舵杆长约11.5米，舵杆直径约0.38米（宝船厂遗址出土舵杆长约11米），舵叶可升降，约1.2米行程，由专用绞关司控，其直径为0.2米。锚采用木石碇和铁四爪锚二种，吊挂于艏部，以绞关司起抛。

主要结构：龙骨剖面为420毫米×400毫米，龙骨翼板左右各2道，剖面为150毫米×290毫米至110毫米×220毫米，舷侧大拉纵材左右各3道，剖面为280毫米×550毫米至240毫米×450毫米；肋骨道剖面为120毫米×220毫米，甲板横梁剖面为140毫米×200毫米，横隔壁板厚达100毫米至150毫米；形成合理的纵横结构，体现了中华传统帆船的坚实强度。

主要艺术描绘：艏部绘有虎头与旭日高升；艉部绘有大鹏展翅，体现了"花屁股"福船的地方特色，舷部前端饰有龙目直望前方。防波舷墙构筑为城垛状并开设或绘有方形两色炮口。

四　五桅沙船①

辛元欧教授是我国著名的造船历史学家，著有《上海沙船》一书。他认为：明嘉靖年间成书的李盘《金汤十二筹》，其中画有五桅沙船图，这是在中国历史典籍中出现桅帆数最多的船图。其帆也用中国典型的撑条式席帆。有出艄，全船大部分有上层建筑，五桅中的中间三根主桅居船之中部，由上层建筑中直穿而上，而两头的首、尾桅则安装于左舷侧，这是中国多桅船所特有的帆装布置形式。向前帆航时常以中间的三桅帆为主，故其帆面高悬，而首尾桅帆仅起抵御横逆风或改变航向等辅助作用；其向两

---

① 本部分内容参见辛元欧《上海沙船》，上海书店出版社2004年版。

舷放置，主要是为了避免对主桅帆的挡风作用，当然还有方便甲板操船作业的意图。该船图还在近首部画有舷侧披水板，这是中国大型沙船的典型式样。该书谈及："旧制深严双桅入海之禁，承平既久，法度渐弛，不但双桅习以为常，常有5桅者。……若从权而取用之，但由于两舷增设战栅为蔽卫，水战亦利。"讲的是沙船作为战船可以用民用沙船加以改装，在其两舷增设女墙战格。可见在明嘉靖年间曾有民用五桅沙船出海，至于双桅沙船出海更已普遍，早已冲破了明初严禁双桅帆船出海的禁令。

图5—9是沙船的详尽布置图，其出处不详。在20世纪西方研究中华帆船的书中常被引用。笔者分析，该船图也可能是西方人所绘。从中可以对沙船的外形、结构、帆装、舵楼及属性具有一个概貌的了解。

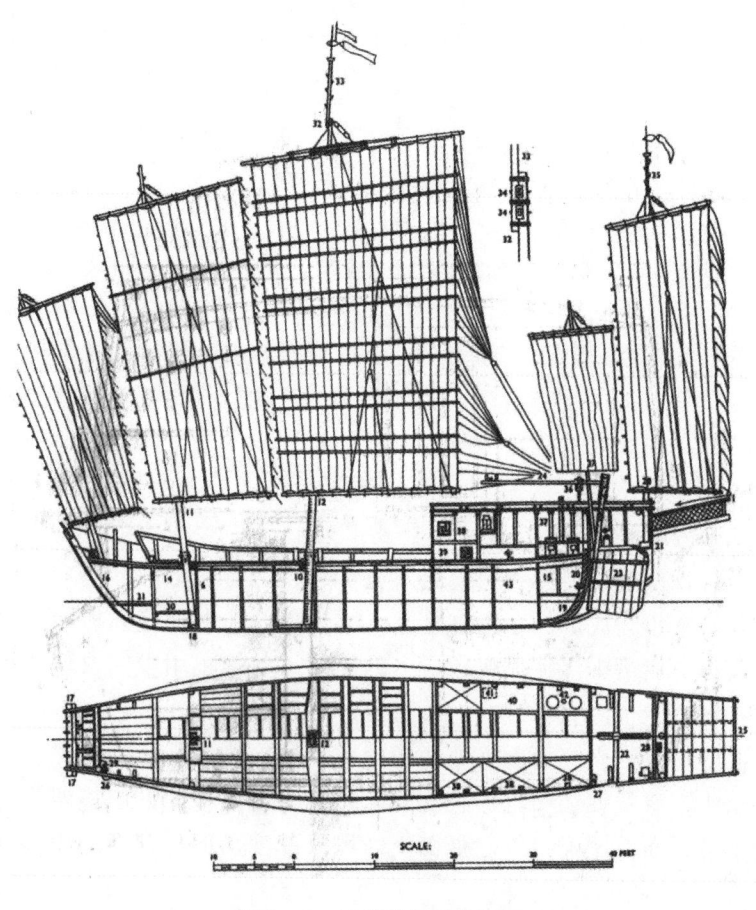

图5—9　五桅沙船的布置图

辛元欧教授考证：该型沙船总长26米，宽5.64米，上甲板高4.57米，主甲板到水线的高度2.44米，吃水为2.13米。横剖面炮塔形结构上有一个甲板稍狭的桶型船体。船体用松木制成，船底是平底，船底中间有一块比其他木壳船板更为厚重、并用硬木制成的纵向木板条，实际上起龙骨的作用。该木板条宽0.36米、高0.104米，连续直通全船。船的主强度是靠14块用松木制成的舱壁板提供，并用固定于舱壁上垂向和水平交叉连接的肋材架通过上甲板梁及舷侧板固结于鲸背甲板上，从而使舱壁强度进一步加强。在船侧外部共有5根重型的檑子直通全船，每一个檑子都是被切开的一半的圆木柱。在舱口边板之下的左右两侧各有三根强力纵通整条圆木直贯头尾。这两种纵通构件均提高了船的纵强度。由图5—9中可见，在第一与第二舱壁间的空间用来贮藏淡水。船之横强度则由舱壁板及多根甲板横梁予以保证。其中一根横梁是在第二舱壁板之上，两根特别大的横梁分别穿过头桅和主桅，第四根横梁处于上层建筑前端，其前相距一定的间隔还有4根较小的横梁。

鲸背甲板最宽处的船之宽度为5.64米，在舱口围板处的甲板宽度仅有2.26米。在曲线鲸背之上的甲板与舷墙间可以利用可拆装的木板搭建成一临时的连续平甲板的甲板附加小舱室。

炮塔形船体的曲线在首、尾处的船体进一步收聚汇拢，头桅和后舱是船舶构造中之杰作，精巧的设计使曲线型的甲板横梁通过槽口嵌入到船体的曲线型构架之中。通过形成船首形状的3根纵向首端肋骨使船首处受力均匀，这些肋骨沿船之底线，从首端横梁而一直延长到首桅之根部，并抵住第一舱壁板。在后舱部分虽外形曲率变得较小，但仍使用与首端相似的结构连接方法，利用纵向尾肋材以抵住第12块，即最后一块舱壁板。

笔者认为，五桅沙船在明清代已流行使用于黄海，元代外国人来中国也对之有所描述；因此，在郑和下西洋舟师中很可能属被征用之船。

五 三桅浙船[①]

"绿眉毛"是三桅浙船或鸟船中的优秀船型。其仿古木帆船，由舟山

---

① 本部分内容参见郑明、邵仕海、孔繁才《从"绿眉毛"号渔业休闲木帆船探索渔船行业和海港旅游创新之路》，《郑和下西洋研究》2006年第3期；阮海忠、张公岳、胡牧等《绿眉毛——传承最骄傲的海洋记忆》，舟山普陀朱家尖风景旅游管委会，2007年。

朱家尖风景旅游区管委会创议策划，普陀岑氏木船作坊会同浙江海洋水产研究所船舶设计室承担设计建造。

该船用于沿海旅游、文化交流。船长 31.0 米，水线长 26.3 米，垂线间长 25.0 米，型宽 6.8 米，型深 3.2 米，吃水 2.2 米，干舷约 1 米，排水量 230 余吨。该船在设计建造中首次请中国渔船检验部门参与审核检验，符合有关性能结构安全要求，在造船技术古今融合上迈出了尝试性的第一步，具有特别意义。

该船配有三桅四帆，主桅高 24.5 米，仅用两段圆木搭接，用铁箍紧固，最粗直径 0.78 米；前桅高 17.5 米，最粗直径 0.4 米，带前倾约 30 度；后辅桅高 11.5 米，最粗直径 0.22 米，设在左舷侧，有操纵航向的作用。帆是有竹竿撑条的布帆，主帆、头帆和尾帆是四边形，面积分别为 225 平方米、75 平方米和 25 平方米，两面辅帆是三角形，面积各约 20 平方米。船艏挂带 210 公斤两爪铁锚两具，锚链各长约 150 米。船艉挂 3.2 平方米木质平板舵一面，舵柱长达 11 米，直径 0.33 米。船上配 6135AC 型 90 千瓦柴油主机及直径 1 米三叶螺旋桨一支，主要靠风帆为动力，设计机动航速为 7 节。整个船体为全木结构，外形是艏艉两头翘，艏柱上端有倒八字鸟咀状红色"陡门"，向下到水线部位称为"陡筋"，较尖瘦，可破浪，首部黑色船体两舷侧雕绘有黑白相间的圆形"鸟目"，其上方彩绘一条绿色长眉，故称"绿眉毛型"；还将左右各 3 个延伸突出主甲板的大肋骨形成粗缆柱，漆为红色，形同鸟翼外展，整体外形与古代相传的"绿眉毛"型鸟船相仿。宽平的艉封板斜向上，略带虚艄，一字梁上两边各做有水生帽供吊挂小艇。

该船只有一层主甲板，是厚实水密的木甲板，在船舯部和艉部，利用大型深和突出甲板之上的"壁壳"（艉楼），加设一层平台，形成上下两层舱室。从艏向艉有 9 道水密横隔板，分隔出艏尖舱、储物舱、淡水舱、渔具（上）、锚链（下）舱，船员室（上）、压载舱（下），前游客娱乐室（上）、压载舱（下），贵宾休息室（上）、后游客休息室（中）、压载舱（下），游戏多功能厅（上）、机电与燃油柜舱（下），厨房（中）、厕所（右），带淡水柜的艉舱等十余间舱室。原设计要求配船员 12 名，载游客 30 位。为此布置了船员室，净面积约（3.0×5.0）平方米，净高 2.2 米；前游客娱乐室净面积约（2.8×5.2）平方米，净高约 2.8 米；贵宾休息室净面积约（4.5×5.8）平方米，净高约 2.2 米；后游客休息室，净面积约

(4.5×4.7)平方米，净高约2.0米；游客多功能厅，净面积约（5.0×5.0）平方米，净高约2.4米，可做餐厅使用。四个游客用厅室共占约90平方米，形成观赏与娱乐休闲区，连同上甲板的仿古设施与全船外貌，向公众提供了一个古朴雅趣的水上休闲平台和可以驾帆操橹的航海运动平台。

考证认为，"绿眉毛"型三桅浙船源起于宋、元代，盛行于明、清代，延续流传直到20世纪六七十年代，是中国传统帆船中广泛应用于捕鱼、运输的海船。在明代郑和下西洋活动中，浙江出人造船航海，也必然从其实践出发，推荐"绿眉毛"型海船加入郑和舟师。21世纪，舟山有识之士在国内率先仿制本传统帆船，并扬帆航海实践，开展海洋文化交流，验证舟船历史研究。该举吸引了中外媒体纷至沓来，在海上拍摄各种影视片，广为传播。

上述五型舟船都是中华传统帆船中的优秀海船，在历史文献典籍中有一定的记载和图形描绘，当代造船历史专家与造船世家匠师又共同开展了复原研究或制造船模，甚至仿造实船，使世人对中国历史上的舟船航海科技有了初步认识。

我国当代航海家翟墨（山东）和刘宁生（台湾）在2007—2009年，先后驾驶帆船完成单人独帆环球跨洋航行（航程约3.6万多海里）与多人单船跨太平洋航行（航程约1.5万海里）。他们所用的帆船分别是西洋式运动帆船"日照"号和中华式木帆船"太平公主"号。前者船长12米，宽3.8米，吃水2.8米，重8吨，是玻璃钢船体；后者船长16米，宽4.5米，吃水2.0米，排水量25吨，是木船体。两船都无专用推进动力，跨洋航海全靠风帆，他们的航海实践证明，历代中华民族先人采用传统帆船走向大海，既有大中型海船，也有仅十余米长的小型木帆船；既有流芳百世的名船——如中国宝船，更有大量默默耕海驾风的轻舟。

第四节　明代航海科技保障下西洋[①]

中国对外海上航线被称为"海上丝绸之路"，始于德国地貌学、地质学家李希霍芬（1833—1905），他在所著的《中国》（三卷集）中首度创

[①] 本部分内容参见孙光圻《中国古代航海史（修订本）》，海洋出版社2005年版。

用。后有法、日和中国香港学者续之，中国内地则以北京大学陈炎教授用力很深，且强调"海上丝路比陆上丝路延续的时间更长，通往的地区也更广，与世界各族人民交往和影响更深，对世界文明的贡献也更大"。笔者在本书中改用"海上丝瓷之路"，用义是：并列提及的轻丝、重瓷既是我国两大特产，又是人类衣食文明的两大特征，在运输上又可凸显驼队（车辆）和舟船载荷能力的极大差别，必须相互补充。宋元代海上贸易、郑和下西洋所载送的货物中，瓷器是大宗的，从海上沉船捞宝中可证实瓷器贸易与交流推动了舟船航海科技的发展。至于"陆上丝绸之路"，如改用"陆上丝茶之路"似乎更能凸显中国主要交流的商品与文化构成。

宋元时期，中国航海事业长期繁荣，领先于世界，与擅长航海的阿拉伯各国互有交流。从航行海域看，宋元先民已到达印度洋，与亚非许多国家、地区的港口有来往，留存有不少异域历史、地理资料和航海指南类文献。数百年的积累为明初大航海打下了坚实的航海科技基础。孙光圻教授认为："从13世纪中后叶至14世纪中叶，（元代）中国是世界最强大与最富庶的国家，其国威远布欧、亚、非三大洲，各种性质的中外远洋交往极为频繁与广泛。虽然……对东南亚地区曾一度有过短暂的海上军事扩张，但就航海活动整体而论，和平交往仍是主流。同时，在众多的远洋活动中，也涌现出一些名垂史册的航海人物。"

明代航海科技和舟船科技一样是集历代之大成的，而多次大规模下西洋实践又使之有了明显的开拓、发展和升华。

从航海科技保障的五个层面看，明代在气象航海术上达到了相当程度的熟知季风、洋流、潮汐等规律和充分极致运用的水平，做到多在冬、春季及时整舻出航；大体多在夏、秋季利用西南季风按计划编队返航，这是很了不起的成就。明代的地文航海术更是先进而综合的，以留存《郑和航海图》为标志，既集中了历代"海外诸番图"、"海道指南图"等已有或散佚的近海、远洋地图、海图，又综合形成了留世最早、海域最广、地名最多、精度很高、实用性强，可以作为下西洋全程航路指南和航迹推算的航用海图。明代的天文航海术已从天体定向发展到观测定位及过洋牵星导航，有利于精确导航和实现减少贴岸航路，尽力开辟横渡跨海航路。明代的针路航海术把船上的磁罗盘与燃香、沙漏等计时装置、测深水垂、测速木柹等辅助导航设备及已有的航路指南图书有机结合利用，也达到相当完美的程度，并在此后继续发展，成为我国各海域渔民、船工沿袭实用的

"更路经"等。还有调戗驾帆术,这是一种高超的逆风扬帆航海船艺。调戗即采取大幅度改变帆角的操作,以使帆面继续有效受风,要通过转舵的配合,达成驶偏风的航态,为此就必须采取迂回曲折的 Z 型航海路线,特别适合在宽阔的大海中实施;因此,在下西洋大航海中被充分地利用和发挥。据英国科技史学家李约瑟判断,明代在世界上最早解决了大帆船逆风航行问题。[1] 正是集成发展了这五项航海科学技术,郑和舟师才"开辟了中国历史上航程最长的远洋航路";"建立了多点纵横交叉的综合性远洋航海网络";"将宋元以来横渡印度洋航路提高到一个新的阶段",其横渡直达航程达到或超过 1400 海里,连续航行时间达到 20 天左右。而且开启了官方混合编队,规模航海,肩负着友好往来的政治使命,构建了海上"丝瓷之路"的新时代。

---

[1] 辛元欧:《上海沙船》,上海书店出版社 2004 年版,第 126 页。

第六章　中国宝船仿造与重走郑和路

本章建议在国家文物局主管的"中华文明探源工程"和"指南针计划"中加强对古代航海造船科技的课题研究，认为中国舟船航海科技对世界文明的贡献将逐渐被世人公认，介绍我国南京市决策复原建造仿明代郑和宝船并实施环球扬帆活动计划，进而归纳出保护中华传统帆船的典型宝船工程具有的五项价值。根据2010年新发现的洪保寿藏铭文，综述了对郑和宝船尺度争论的最新研究判断，并对郑和下西洋舟师中存疑待探问题也有所回顾。

第一节　中国舟船开辟海上"丝瓷之路"

中国舟船航海经历2000余年到清代，始兴末衰，可分为四个时期，出现过近40件海史大事。[①] 这四个时期分别是：探寻时期，晋代以前（公元前50—5世纪）；创建时期，隋、唐、宋代（6—13世纪）；鼎盛时期，元代、明前期（13—16世纪）；衰落时期，明后期、清代（17—20世纪）。

表6—1　　　　　　　40件中外海上丝瓷之路历史大事表

序号	年代	朝代	历史大事
1	公元前50—30世纪		中国古百越人漂渡太平洋
2	公元前25—4世纪		沿海古先民开辟中国北、南航路
3	公元前3世纪	秦	秦始皇巡海与徐福二次东航扶桑

[①] 本部分内容参见郑明《中国船史与舟船文化——现代造船强国须有深厚造船文脉》,《郑和与海洋文化研究》2008—2009年第5期；孙光圻《中国古代航海史（修订本）》，海洋出版社2005年版。

第六章　中国宝船仿造与重走郑和路　203

续表

序号	年代	朝代	历史大事
4	公元前 140—87 年	西汉	汉武帝七度巡海、中国沿海全线贯通
5	公元前 1—1 世纪	西汉	西汉"徐闻合浦南海道"始发东南亚
6	1—2 世纪	东汉	倭国来华朝贡
7	3 世纪	三国	三国卫温开拓台湾
8	3 世纪	三国	东吴朱应、康泰出海奉使扶南、沟通大秦
9	4—5 世纪	晋	晋代法显从天竺、狮子国航海返乡
10	7 世纪	隋、唐	隋唐与日本使节裴世清、小野臣妹子、犬上三田等跨海往来
11	8—9 世纪	唐	唐代鉴真东渡赴日传经，园仁泛海入唐求法，张支信等开展民间贸易往来
12	7—9 世纪	唐	唐代贾耽记载"广州通海夷道"海上沟通唐帝国与阿拉伯帝国
13	12—13 世纪	宋	北宋登州、明州、扬州、泉州、广州五港大繁荣，中华帆船离岸远洋直航
14	12 世纪	宋	宋代徐兢由明州出发奉使高丽
15	12—13 世纪	宋	泉州出土宋代航海货船，阳江出土"南海一号"海舶等是宋代海上丝路繁荣的见证
16	13 世纪	元	元代 7 次通使日本未果，2 次跨海东征失利
17	13 世纪	元	马可波罗护送阔阔真公主跨亚欧远嫁波斯
18	1330—1349 年	元	汪大渊从泉州出发，二度跨洋漫游海上丝路、撰《岛夷志略》
19	14 世纪	元	（摩洛哥）伊本·白图泰历经陆海丝路，饱览世界，盛赞泉州海港
20	15 世纪	明	明初永乐、宣德先后决策，郑和七下西洋，宝船舟师来往于海上丝路，达于鼎盛
21	15—16 世纪	明	明朝抗倭援朝——露梁海战大捷
22	1556 年	明	明中期郑舜功由泉州（永宁）奉使日本，撰《日本一鉴·桴海图经》
23	16—18 世纪	明、清	明清两代陈侃等 12 度册封琉球，宝船来往于海上丝路
24	17 世纪	明、清	明末郑成功收复台湾，清初康熙命施琅统一台湾
25	17 世纪	清	清初中日海上贸易宁波领先，"唐船"盛名于东海

续表

序号	年代	朝代	历史大事
26	17—18 世纪	清	清代漕航上海开埠北南集运
27	17—19 世纪	清	清代中期广州一口通商，万舶云集
28	1689、1739、1784 年	清	法国"安菲特利特"号、瑞典"哥德堡"号、美国"中国皇后"号等帆船先后来广州友好通商贸易
29	1839—1840 年	清	鸦片战争开始，林则徐率广州军民抗英于穿鼻洋、珠江口获初胜
30	1840—1842 年	清	鸦片战争中，英军北犯厦门、定海、沙角、虎门、乍浦、吴淞等保卫战悲壮失守，首签不平等条约
31	1846—1855 年	清	"耆英"号中华帆船作为香港民间使船，跨三洋访美、英
32	19 世纪	清	西方列强窃据中国海关，强占通商五口，限制中华帆船出洋，垄断破坏海上丝路
33	1856—1860 年	清	第二次鸦片战争抗击英法联军，珠江争夺、大沽口保卫战均失利，舟山被占领，江海主权几尽沦丧
34	1865 年	清	洋务运动促成江南造船厂创建
35	1874 年	清	沈葆祯主持福建船政自造军舰，护台驱倭成功
36	1879 年	清	日本侵占琉球，改名冲绳
37	1884—1885 年	清	马江抗法海战惨败，法军侵占澎湖
38	1885 年	清	浙江抗法，镇海口保卫战获胜
39	1894 年	清	甲午抗日黄海海战，北洋水师全军覆没，中国海防、海路均陷于衰败
40	1900—1901 年	清	八国联军登陆大沽，侵占津京，签订《辛丑条约》，中国沦为半殖民地半封建社会

在这 40 件海史大事表中，郑和下西洋是光辉灿烂、承前启后的一个重要篇章。郑和下西洋集成了中国古代舟船航海科学技术的发明创造，发生在世界大航海、地理大发现的 15 世纪前期，对整个世界历史发展都有着极其重大的影响和推动意义。

第二节　中国舟船航海科技贡献卓越

一　古代中国"四大发明"对世界文明的价值和影响

世界主要文明发源地在公元前 3000 年左右,在北纬 30 度左右的尼罗河、两河、印度河、黄河流域分别诞生。陆上"丝绸之路"和海上"丝瓷之路"逐渐把亚非欧的中国、印度、伊朗、巴比伦、腓尼基、埃及、希腊、罗马等国家和地区联系起来,公元前后 1 世纪左右沟通了世界,加速了人类文明进步。①

中国古代四大发明:造纸术、火药、指南针和活版印刷术,历来被世人称颂。公元前 2—1 世纪,汉代蔡伦发明了造纸术,几个世纪后从中国先后传入亚、非、欧洲,7 世纪左右传遍世界;10 世纪,唐末将火药发明用于军事,13 世纪传入欧洲;10 世纪,宋初发明罗盘,11 世纪应用于航海,14 世纪传入欧洲;11 世纪,宋代毕昇发明活版印刷术,15 世纪传入欧洲。马克思在《1861—1863 年经济学手稿》一书中指出:"火药、罗盘针、印刷术——这是预兆资产阶级社会到来的三项伟大发明。火药把骑士阶层炸得粉碎,而印刷术却变成新教的工具,并且一般地说,变成科学复兴的手段,变成创造精神发展的必要前提的最强大的推动力。"这段话实际上是对中国古代四大发明(因为印刷和纸是分不开的)的成就及其对世界的影响给予了十分生动的描绘和科学准确的评价。②

二　奇迹天工展中的"四项技术"

2008 年 8 月,国家文物局与中国科协在北京举办了"奇迹天工——中国古代发明创造文物展",以配合北京奥运。该展览以数百件珍贵文物,向世界展示了中国的丝绸织造术、青铜铸造术、造纸印刷术和瓷器制作术等"四项技术",意在让人们知道中国古代不只有四大发明,还有"四项技术"。

在评价该展中的"四项技术"对世界的影响时,2009 年 6 月 12 日

---

① 张芝联、刘学荣等:《世界历史地图集》,中国地图出版社 2002 年版,第 14 页。
② 本部分内容参见杨沛霆《科学技术史》,浙江教育出版社 1986 年版;张显传《中国社会生活历史年表》,海豚出版社 2001 年版。

《中国文物报》专刊报道:"中国发明了造纸术,开启了一个书写的新纪元……传至……世界各地……极大地推动了人类科技、经济、文化的发展和进步。""活字印刷术是人类历史上最伟大的发明之一,是中国对世界文化的重大贡献。""丝绸为中国文明写下了光辉的一页,更为世界文化贡献了灿烂的篇章。丝绸搭起了连接中外的桥梁,古代丝绸之路成为中外文化交流的重要通道。""中国是举世闻名的瓷国,……瓷器……深深地影响着国人的社会生活,也影响了整个世界……在传播中激励文明水准的提升。""古代中国青铜器的主要功能是祭祀与征战……与世界上其他青铜文明有明显的不同。"从报道中可以看出"四项技术"在当时的领先地位,及对世界文明发展进步的巨大影响。①

笔者认为,奇迹天工展中的"四项技术"极具价值,但只是充分利用了我国丰富的文物收藏而堆砌的四项文物展览,并不是从回顾历史、展望未来、贡献世界的层面上挖掘研究可与古代中国"四大发明"相比拟的中国古代技术。这绝不是贬低这一展览的成就,而是希望国家主管部门要更科学的评价中国古代发明创造中更重要的,尚未被展示部分的价值。

三 "指南针计划"有可能挖掘出中国古代舟船航海科技发明的世界价值

国家于2006年启动了"指南针计划",其全称为:"指南针计划——中国古代发明创造的价值挖掘与展示。"该计划是一项国家工程,是由国家主导,多学科、多领域、多部门参与,以实证我国古代重大发明创造的文化遗产为工作对象,利用现代科学技术,开展系列文化遗产专项调查,进行古代发明创造的整理研究与展示。该计划由23个项目组成,包括农业、水利、矿冶、轻工、纺织、食品、营造、人居环境、交通、机械与仪器、军事技术、医疗技术、文化传播以及数字化展示等14个主体类项目。舟船与航海科技含在交通主体类项目之中。②

李约瑟著的《中华科学文明史》的第一卷有16章,内容为中国综合历史、地理、科学观的演变等;第二卷有6章,为数学、天学、气象学、地学、地质学、物理学;第三卷有6章,为磁学、电学、舟船科技、航海

---

① 郭桂香:《指南针计划——聚焦中国古代发明创造》,《中国文物报》2009年6月12日。
② 同上。

技术与发现、舟船推进、操纵技术、海上平战技术等；第四卷有6章，为工具机械、车辆挽具、时钟、风车、航空技术等；第五卷有6章，为道路、城墙、建筑技术、桥梁、水利工程等。书中很多处做了中西对比研究。该书的五卷40章篇幅中，舟船航海科技占5章，文字量则约超过1/6，足可见其重视程度。

在我国古代诸多科技发明创造中，有些只在部分地区有其价值；有些在国内有着广泛的价值，但没有传播到海外；而有些则是明显领先于世界，广泛传播于世界，具有世界范围的价值和影响，这些是特别需要挖掘保护和弘扬的。其中有些专业科技，过去重视不够，文献典籍掌握挖掘不充分，考古文物积累较有限，现在急需正视，将其列作重点薄弱环节，花大力气予以弥补。"指南针计划"指出，对代表我国古代重要发明创造的遗产的调查，目前存在的首要问题是"总体规划缺位，多学科、跨领域合作尚未形成，广度和深度不够"，这是十分尖锐中肯的。具体工作中要竭力避免绝对地、机械地以我国现有文物、文献的多少及研究人员的熟悉程度作为取舍评价原则的现象。[①]

笔者认为如将舟船航海科学技术与水利工程、机械仪器、建筑营造等并列，同样作为主体类项目来进行挖掘研究是最佳的选择。将其包含在交通主体类中，大力加强补救舟船考古、航海研究薄弱环节，充分开展中外专项科技历史对比研究，也完全有可能评议出真正有世界价值与影响的中国古代舟船航海等科技发明创造。

特别值得关注的是在广东阳江附近海域，在2007年12月完成整体打捞的宋代沉船"南海一号"（见图6—1）。根据水下考古判断，该船船体结构和载货大部分保存比较完整。该船属宋代，距今当在800年以上，是世界少有的可重现的古代优秀海船，也是中国持续构建海上"丝瓷之路"，推进世界文明发展的实证。挖掘出这艘古船上包含的历史科技积淀，连同2004年已清理挖掘的明代南京宝船厂遗址等我国21世纪最新考古成果及我国原已掌握的相关史料，将再次雄辩地证明和评价中国舟船航海科技发明的领先地位及对世界发展的巨大贡献。[②]

---

① 张序三、郑明、李方来等：《针对"南海一号"对水下考古的建议》，北京郑和下西洋研究会缩印，2008年1月15日；郑明、席龙飞、杜玉冰：《"南海一号"不能用3000亿元衡量》，《广州日报》，《南海一号特别报道》2007年12月24日。

② 同上。

图6—1 "南海一号"预想图,"南海一号"宋代沉船水下考古成果将震惊世界

如果投入力量把"指南针计划"和中国五大古港联合申报"海上丝瓷之路",中国九省市联合申报京杭大运河两个拳头项目,作为申报世界遗产的活动结合在一起,笔者相信在我国将能挖掘提炼出震撼世界的舟船航运科技发明与历史遗产的史料与实证。

目前,我国有着严重的只认陆上建筑,漠视水中建筑的"重陆轻海"的思想倾向,或机械简单地把沉船只是作为一种可移动式文物,而不见其作为一种大型水中建筑的价值取向。如2009年6月北京市文物局最新公示的大运河文物遗产有100余处,包含河道、湖泊、泉闸、桥梁、码头、仓储、衙门机构、古建石刻、城镇、村落等,竟无一艘沉船。希望"指南针计划"的实施能改变这种思维取向,这才能准确反映中国古代遗产全貌。[1]

目前,中国沉船打捞水下考古相对于陵墓挖掘田野考古是极其薄弱的。据初步统计,新中国成立以来,只打捞过海上沉船十四处,江河沉船七艘,见表6—2所示。有的因为没条件陈列保存,挖掘之后又掩埋了。如果因为考古工作没跟上,而把我国舟船航海科技发明"掩埋"了,岂不太可惜![2]

---

[1] 贺岩:《北京大运河遗产家底儿初确定》,《北京晨报》,2009年6月14日。
[2] 耿朔、郑明:《从京杭大运河保护申遗谈起——试论我国舟船考古和海洋历史研究的成果与展望》,《郑和与海洋文化研究》2008—2009年第5期。

表 6—2　　　　我国古船挖掘打捞与水下考古情况统计表　　　　（单位：米）

序号	类别	出土年代	出土地点	原船朝代	原船尺度（长×宽×深）	考古情况及报告
1	河船	1979	上海川沙	隋		《文物》1983年7月
2		1973	江苏如皋	唐	18×2.58×1.6	《文物》1974年5月
3		1960	江苏扬州施桥	唐	24×4.3×1.3	《文物》1961年6月
4		1978	天津静海	北宋	14.62×4.05×1.23	《文物》1983年7月
5		1978	上海嘉定封浜	北宋		《文物》1979年12月
6		1976	河北磁县	元	16.6×	《文物》1978年6月
7		1956	山东梁山	明	21.9×3.49×1.24	
8	海船	1998/2007	海南西沙华光礁一号	宋		沉船残体构件在2007年打捞出水
9		1979	浙江宁波	北宋	15.5×5.0×2.4	
10		1974	福建泉州后渚	南宋	30×10.5×5.0 残24.2×9.15×1.98	《文物》1975年10月《泉州湾宋代海船发掘与研究》，海洋出版社1997年版
11		1982	福建泉州法石	南宋		《自然科学史研究》1983年第2卷第2期
12		2007	广东阳江南海一号	南宋	约30米	沉船在沉箱中待出土
13		2000	辽宁绥中	元	残19.97×2.61	《绥中三道岗元代沉船》，科学出版社2001年版
14		1976	韩国新安	元	31×9.0×2.7 残28×6.8	残体及复仿船均存韩国的博物馆
15		2005	山东蓬莱三号	元	残7.1×6.2	《蓬莱古船》，文物出版社2006年版
16		1984	山东蓬莱一号	明	32.2×6.0×2.6 残28.6×5.6×0.9	《蓬莱古船》，文物出版社2006年版
17		2005	山东蓬莱二号	明	残21.7×5.3	《蓬莱古船》，文物出版社2006年版
18		1994	宁波象山	明	27.6×5.34×2.4	《考古》1998年3月
19		2005	南京宝船厂遗址	明		有出土残船构件
20		2010	广东南澳一号	明	25.5×7.0	正在打捞
21		2005	福建平潭碗礁一号	清		沉船未捞

第三节　仿明郑和宝船复原扬帆工程

一　中华传统帆船复原仿造工程的启动与提高[①]

中华传统帆船复原仿造工程的启动和发展经历了一个相对长期的过程。

中国帆船在20世纪六七十年代逐步退出渔业、运输等经济领域，绝大部分中华传统帆船都退役报废，在广大海域中基本消失。

20世纪八九十年代，法国、英国、日本、韩国、新加坡、美国等外国有关人士仰慕中华古老海洋文化，特来中国订购中华传统木帆船，并探索开展航海探险、文化交流、港湾观光、水上旅游等活动。据不完全统计，共推动福建、广东、香港有关单位保存和仿造了大约十艘可航海的中华传统帆船，有的还扬帆进行了环球航海，在世界上引起一些反响；但在国内，中华帆船及航海并未引起重视。

21世纪以来，在全国性郑和下西洋600周年纪念活动的带动下，中国泉州、舟山、长岛、厦门、香港、西安、宁波、北京（通州）、台南等地先后保存、仿造了约19艘古代中华传统帆船，用于博物馆展示，配合大型历史纪念和重大文体节庆活动，开展影视拍摄、航海探险、公益事业等活动。而且以纳入国家和省级非物质文化遗产名录的形式，挖掘、保护和支持了浙江、福建、江苏几位老匠师传承的木船手艺，为深化复原仿造中华传统帆船建造和维护保存了一定的技术工艺基础。从20世纪末到21世纪初，已仿造的多数木帆船虽具有鲜明的中华传统帆船的特征，但大部分还算不上严格的复原。

在2005年以后，国内启动了由政府出面组织，经过较严格历史学术考证、复原研究并仿造的中国历史名船工程，主要有南京鼓楼区政府与新

---

① 本部分内容参见郑明、桂林瑞《保护开发中华传统帆船的初步设想》，《郑和下西洋研究》2007年第4期；山东省文物考证研究所等《蓬莱古船》，文物出版社2006年版；郑明《郑和下西洋舟师的古船研究》（上、下），《海陆空天惯性世界》2003年第3、5期；郑明、谢柏毅等《香港鸭灵号经久不衰》、《张保仔号迎风扬帆》、《阔阔真公主传承中华海洋文化》、《耆英号现身首届伦敦世博会》、《太平公主号跨越太平洋》、《香港赛马与中华帆船的缘分》、《中国远洋航务》2008年7月号至2009年1月号；《郑和与海洋文化研究》2008—2009年第5期；郑明等《想念你——"广州女士"》，《船厂工人》2009年3月26日至4月27日连载。

加坡华裔企业家合作建造可航海的总长 71.1 米的"仿明郑和宝船"[①];上海中国航海博物馆组织复原建造的总长 30.6 米的"仿明福船"展示实船[②];台南市政府组织复原建造可航海的总长达 29.5 米的"仿明台湾号战船"[③] 等 3 艘中国历史名船,把中华传统帆船复仿工程向学术、技术、艺术相结合的深度、广度上大大推进了一步,同时引发了海内外有关方面的讨论和思考:是否继续复原宋代南海一号、宋代泉州古船、宋代五千料海船、元代蓬莱二号战船、明清封舟、八橹船、上海五桅沙船、清末耆英号等有文献记载或有考古成果的中国古代名船。

现有和曾考虑或已安排复仿的中华传统帆船名录见表 6—3 所示。

表 6—3　　　　现有和曾安排复仿的中华传统帆船名录

序号	船型	仿订造国家(地区)	船名船种	原始朝代或年代	船长(米)船宽(米)船深(米)	排水量(吨)主桅高(米)桅帆数	复仿年代	复仿状态
1		英国(香港)	耆英号商船	19 世纪(清代)	53.3 10.7 5.8	800 27.0 3	未有仿造安排	1846 年港英商购买,1846—1848 年跨洋航海访美英,后被拆。香港海事博物馆展示有大型船模
2	广船	中国(香港)	赛马会欢号训练船	20 世纪	34.5 8.0 6.5	583 25.2 3	2006 年完工	铝合金船体,带机,可航海实船,英国劳氏船级社验定为特种游艇
3		中国(广东阳江)	南海一号商船	11—12 世纪(宋代)			2007 年已整体随沉箱带泥打捞出水	现尚未定仿造计划,待整体显形后可能会研究复仿方案

---

① 赵志刚:《强烈的中国气息——郑和宝船复建记略》,《郑和与海洋文化研究》2008—2009 年第 5 期。

② 岑国和等:《仿明福船的考证研究与仿造》,《普陀潮》2008 年第 5 期。

③ 胡牧、丁仁芳、征海等:《台湾号与郑和一号等简介》,《普陀潮》2010 年 9 月;《重建"台湾号"历史名船》,《中国远洋航务》2010 年 1 月号。

续表

序号	船型	仿订造国家(地区)	船名船种	原始朝代或年代	船长(米)船宽(米)船深(米)	排水量(吨)主桅高(米)桅帆数	复仿年代	复仿状态
4	广船	中国（珠海）	金华兴号渔船	19世纪（清代）	28.5 8.0 2.9	200 21.5 3	2003年起退出捕鱼，从2004年起，作为私人收藏文物多次修复	清末遗存完整木帆船，在2004年曾扬帆航行，从福建东山回到珠海，现泊于珠海港内
5		中国（香港）	张保仔号观光游船	19世纪（清代）	28 6	18.0 3	2006年在香港完成建造并投入营运	带机，可航海实船，每日在维多利亚湾巡游
6		中国（香港）	欢号训练船	20世纪	27.4 7	20.0 3	1976年在香港完成建造	带机，可航海实船
7		法国（巴黎）	广州女士号商船	20世纪	25.0 6.5 3.0	60 19.0 3	1981年广州造船厂完成仿造	带机，曾由法国航海家做环球航海，现泊于巴黎塞纳河畔
8		中国（香港）	鸭灵号游渡船	20世纪	18.34 6.4	12.0 3	1950年左右在香港建成	带机，可航海实船，每周定期在维多利亚湾巡游
9	广船	中国（南京）	仿明郑和宝船官船	15世纪（明初）	61.2 13.8 4.89	1170 49.0 5—6	2005年北京郑和下西洋研究会协助舟山岑氏木船作坊为国家博物馆复原研制其船模，供北京郑和下西洋600周年纪念展出。南京龙江宝船公司仿造，计划2010年完成	主尺度为考证数据，仿造工程已放大，带机，可跨洋航海实船

续表

序号	船型	仿订造国家(地区)	船名船种	原始朝代或年代	船长(米)船宽(米)船深(米)	排水量(吨)主桅高(米)桅帆数	复仿年代	复仿状态
10	广船	中国	封舟官船	16世纪（明中期）	46.7 8.1 4.0	567 28.0 3	未定	尚在研究中
11		日本（琉球）	泰期号商船	17世纪（明清之际）	44.0 8.4 3.8	425 3	1992年福建东南造船厂完成仿造	从福州自行航海到日本琉球那霸，带机，作旅游观光船
12		日本（岗山）	郑和号官船	16—17世纪（明代）	43.4 8.4 3.4	458 3	1990年福建东南造船厂完成仿造	从福州自行航海到日本岗山，带机，作旅游观光船
13		新加坡	郑和将军号游船	16—17世纪（明代）	42.0 8.2 3.7	435 1	1990年福建东南造船厂完成仿造	从福州拖航到新加坡，带机，作港湾旅游观光船
14		韩国（木浦）	新安号商船	14世纪（元代）	38.0 7.2 3.5	194 3	1995年福建东南造船厂完成仿造	从福州自行航海到韩国木浦，作博物馆水上展示
15		日本（长崎）	飞帆号商船	16—17世纪（明代）	31.0 7.0 3.0	209.5 2	1990年福建东南造船厂完成仿造	从福州自行航海到日本长崎，作博物馆水上展示
16		中国（上海）	仿明福船官、商船	15—16世纪（明代）	30.6 8.2 3.1	223.4 26.4 3	计划2009年完成仿造	中国（上海）航海博物馆中央大厅内展示实船
17		中国（泉州）	出土古船商船	11—12世纪（宋代）	30.0 10.5 5.0	454 3	未定	在泉州海外交通史博物馆，只有复原船模型
18		中国（台南）	台湾号战船	17世纪（明末）	29.5 7.3 3.0	26.0 3	2009年正仿造中	可航海实船

续表

序号	船型	仿订造国家(地区)	船名船种	原始朝代或年代	船长(米)船宽(米)船深(米)	排水量(吨)主桅高(米)桅帆数	复仿年代	复仿状态
19		中国（香港）	阔阔真公主号游船	19世纪（清代）	23.17 5.2	75 20.7 3	1987年在香港为英国人士订购完成仿造	带机，可航海实船，曾访问越南、泰国及天津、青岛
20		中国	八橹船	15—16世纪（明代）	22.6 5.6 2.12	3	2005年北京郑和下西洋研究会协助常熟湖海古船研究工作室为国家博物馆复原研制其船模，供北京郑和下西洋600周年纪念展出	实船复仿计划未定
21	广船	中国（泉州）	钓艚渔船	19—20世纪（清代）	17.0 4.5	25 15.0 3	2000年惠安船厂完成仿造	可航海实船，现在泉州海外交通史博物馆前水塘中展示实船
22		中国（两岸三地）	太平公主号战船	19世纪（清代）	16.0 4.5 3.0	25 16.0 3	2008年在福建完成复原仿造	可航海实船，曾泊于厦门、香港、基隆等地，并曾于2008—2009年跨洋航海到美国
23		中国（海峡两岸）	郑和一号商船	20世纪	15.8 4.0 1.4	20 2	2007年在海南完成改装仿造	带机，可航海实船，可载12人，2008年7月从基隆由5人直航到太仓，参加当年全国航海日活动

续表

序号	船型	仿订造国家(地区)	船名船种	原始朝代或年代	船长(米)船宽(米)船深(米)	排水量(吨)主桅高(米)桅帆数	复仿年代	复仿状态
24	沙船	中国（上海）	五桅沙船商船	19—20世纪（清代）	40.0 8.0 2.2	180 5	上海世博会有关方面在2009年开始考虑	岱山老匠师已提出复仿方案
25		中国（山东长岛）	渔家乐一号游船	20世纪	21.8 5.0	12.8 2	2003年长岛旅游局组织完成仿造	带机，可沿岛岸航海巡游观光
26		美国（洛杉矶）	浒浦号游船	20世纪	16.0 4.5	30 2	1996年常熟浒浦渔船厂按美方要求，完成仿造	带机，可在港湾内作休闲航海游船
27		中国（北京通州）	安福舻号皇家内河官船	18世纪（清代）	28.9 6.0 1.7	1	2008年舟山岑氏木船作坊与武汉理工大学、浙江长宏造船公司合作完成仿造	带机，可在运河内航行，曾于2008年8月完成奥运火炬水上传递
28		中国（北京通州）	艚舫内河官客船	18世纪（清代）	28.9 6.0 1.8	18.0 2	2008年舟山岑氏木船作坊与武汉理工大学、浙江长宏造船公司合作完成仿造	带机，可在运河内航行，曾于2008年8月完成奥运火炬水上传递
29	浙船	中国（浙江镇海）	万斛神舟官船	11世纪（宋代）	52.0 13.0 4.8	810 41 4	2009年完成仿造	宁波镇海江边坞内展示船，木质与水泥混合结构
30		中国	五千料海船商船	11—12世纪（宋代）	51.0 11.9 3.1		未定	尚待研究
31		中国（舟山）	桃花岛号战船	19—20世纪（清代）	34.0 6.5 3.5	21.5 3	2006年布谷门船厂用旧木船完成改装	带机，可沿岛岸航海并拍摄影视片

续表

序号	船型	仿订造国家（地区）	船名船种	原始朝代或年代	船长（米）船宽（米）船深（米）	排水量（吨）主桅高（米）桅帆数	复仿年代	复仿状态
32		中国（蓬莱）	蓬莱二号战船	13—14世纪（元末明初）	33.85 6.8 2.6	171 26.0 3	未定	沉船残长达22.5米，打捞于2005年，经考古研究，已提出复原方案
33		中国（舟山）	绿眉毛·朱家尖号商船	11—13世纪（宋代）	31.0 6.8 3.2	230 24.5 3	2003年舟山岑氏木船作坊与浙江海洋水产研究所合作完成仿造	带机，可沿海航行，曾巡航祖国万里海疆，并访问韩国；多国媒体曾登船出海拍摄影视片
34	浙船	中国（舟山）	鉴真号官船	7—8世纪（唐代）	30.0 5.8 2.4	20.0 3	2006年舟山岑氏木船作坊用旧木船完成改装	带机，可沿岛岸航海巡游观光
35		中国（舟山）	鹿鼎记号战船	19—20世纪（清代）	29 5.6 2.2	16.5 3	2006年布谷门船厂用旧木船完成改装	带机，可沿岛岸航海并拍摄影视片
36		中国（舟山）	普大钓2号渔船	20世纪	24.0 5.2 1.9	14.0 3	2006年虾峙河泥槽船厂完成仿造	带机，可沿岛岸航海巡游观光
37		中国（舟山）	普打洋3号渔船	20世纪	23.2 4.5 1.505	15 2	2006年六横岛船厂完成仿造	带机，可沿岛岸航海巡游观光
38		中国（舟山）	黄药师号花船	19—20世纪（清代）	20 4.0 1.5	12.0 2	2001年用旧木船完成改装	带机，可沿岛岸航海并拍摄影视片
39		中国（舟山）	普大捕1号渔船	20世纪	18.5 3.8 1.6	12.0 2	2006年虾峙河泥槽船厂完成仿造	带机，可沿岛岸航海巡游观光
40		中国（西安）	遣隋使船官船	6世纪（隋代）	15.0 5.3	11.5 2	2007年舟山岑氏木船作坊完成仿造	在西安广场展示实船

续表

序号	船型	仿订造国家(地区)	船名船种	原始朝代或年代	船长(米)船宽(米)船深(米)	排水量(吨)主桅高(米)桅帆数	复仿年代	复仿状态
41	西方仿古船	瑞典	哥德堡号商船	18世纪	58.5 11.0 5.25	1150 47.0 3—4	2005年完成仿造	原船清代曾访广州,仿古船在2005—2007年曾环球航海
42		澳大利亚	奋进号货船改考察船	18世纪	33.3 8.89 3.45	379 40.0 3	1993年起美、澳等国都完成仿造	原船18世纪发现澳大利亚,多艘仿古船曾环球航海,其中一艘由香港兴业集团于2007年购得,现泊于香港
		香港	济民号					

2007年，为了推动全国各地关注中华传统帆船，舟山日报社和北京郑和下西洋研究会合作在舟山举办了首届中国船模征集大赛，重点征集中华传统帆船。此活动吸引了浙江、江苏、上海、福建、陕西等地木船匠、渔民世家人士，送来了50艘（型）精工手制的中国古代和近代传统帆船的模型。该活动赛后编印了图集，[①] 成为了弘扬中华舟船文化的盛事，不仅促进了船模产业，而且催生了各地仿造中华传统帆船的思考与实践。

图6—2 在日本长崎的"飞帆"号中华帆船

---

① 严祖明、霍玲、徐惠德、范汉江、金春玲、廖军令等：《首届（舟山）中国船模大赛图集》，海洋出版社2008年版。

图6—3 蓬莱二号元代战船

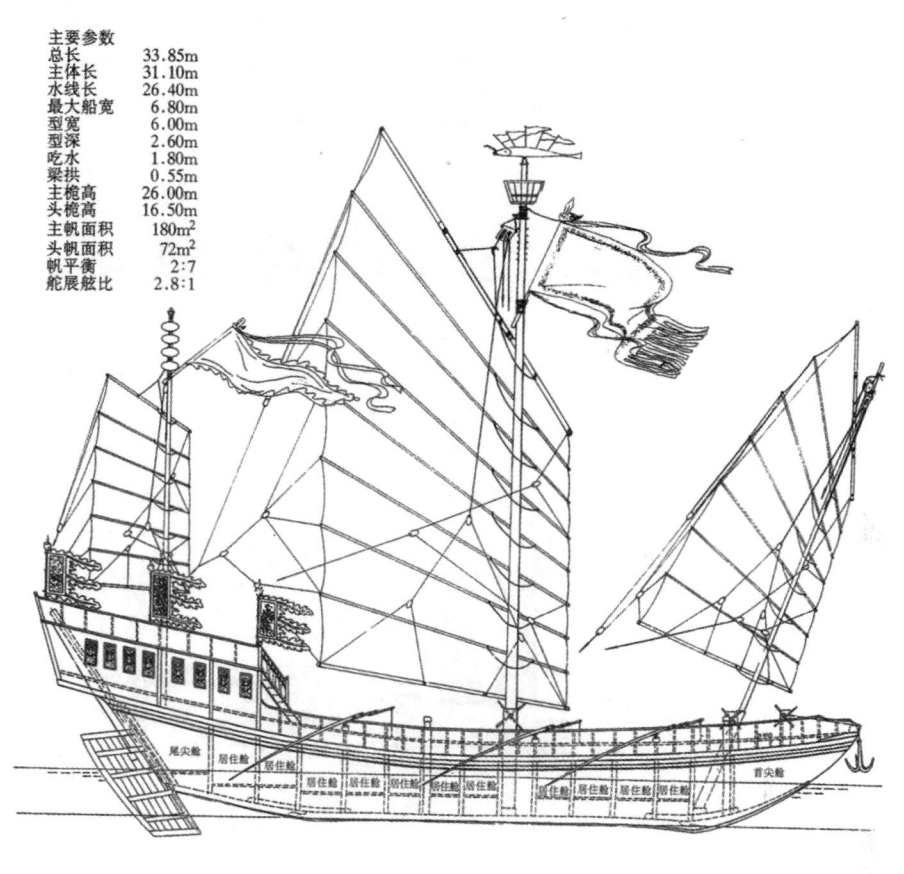

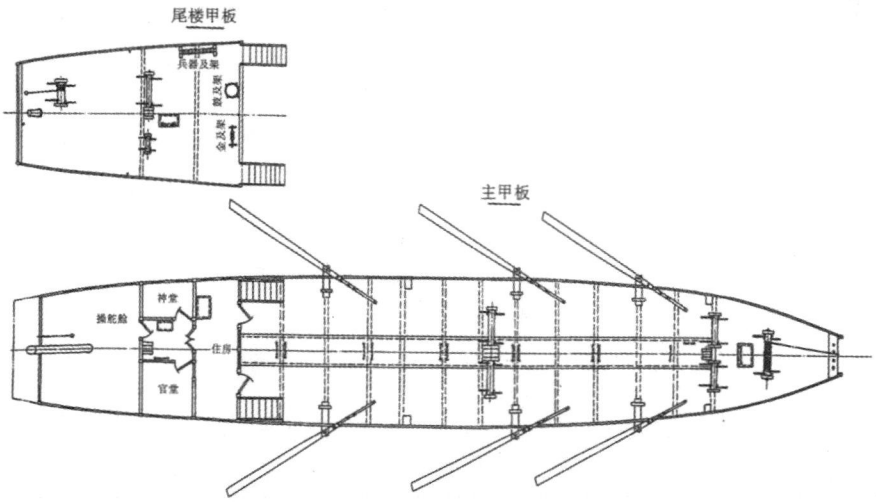

主要参数
总长　　　33.85m
主体长　　31.10m
水线长　　26.40m
最大船宽　6.80m
型宽　　　6.00m
型深　　　2.60m
吃水　　　1.80m
梁拱　　　0.55m
主桅高　　26.00m
头桅高　　16.50m
主帆面积　180m²
头帆面积　72m²
帆平衡　　2:7
舵展舷比　2.8:1

图6—4　蓬莱二号元代战船复原方案图

图6—5 瑞典"哥德堡"号仿古帆船

图6—6 法国"广州女士"号中式广船型帆船

二 保护复原中华传统帆船的五项价值①

从一般理念来看,保护复原中华传统帆船至少有五项价值。

(1)中华传统舟船作为水上建筑(交通工具)是中国古代学术、技术与艺术的结晶,是中国历代社会历史和综合国力的缩影。

(2)中华传统舟船属于并反映中国的物质与非物质双料历史文化宝贵遗产,是中华民族海洋文明的化身。

---

① 本部分内容参见郑明《中国船史与舟船文化——现代造船强国须有深厚造船文脉》,《郑和与海洋文化研究》2008—2009年第5期;郑明、桂林瑞《保护开发中华传统帆船的初步设想》,《郑和下西洋研究》2007年第4期;赵志刚《强烈的中国气息——郑和宝船复建记略》,《郑和与海洋文化研究》2008—2009年第5期;严祖明、霍玲、徐惠德、范汉江、金春玲、廖军令等《首届(舟山)中国船模大赛图集》,海洋出版社2008年版。

（3）中华传统舟船可成为中国造船行业有关单位具有中华传统元素的历史文化象征。

（4）中华传统舟船是可持续传递国家与民族文化的载体，可担任中国与世界在海上国际交往的和平友好形象使者。

（5）中华传统舟船可配合滨海旅游事业、航海探险与水上体育运动、涉海影视文化产业等，可作为传承中华海洋文化、开拓新兴海洋经济的海上平台。

南京市与新加坡企业家合作复仿郑和宝船，有关高层人士认为，把"体势巍然"的古代帆船展示出来，既是古代远洋帆船文化的重大体现，也是中国古代海洋文明的象征。郑和宝船在海上"云帆高张"的气势，能让人们直观地感受到中华传统舟船与古典建筑，如故宫、天坛一样的伟大。600多年后的今天，复仿一艘明郑和宝船必将吸引全世界的注目，这将进一步弘扬中华民族不畏艰难险阻，勇于探索的开拓精神。我国现在国力增强，社会和谐，正在和平发展的道路上前进，也需要一条有特色的仿古大型远洋木帆船彰显我国古代海上"丝瓷之路"的风采，增强国人的海洋意识，展示中国先进的古代舟船航海科技，宣传中国人民爱好和平、共同繁荣、开放发展的理念。

仿明郑和宝船是传递国家与民族文化的载体，复仿明郑和宝船工程的全过程不仅仅是造船技术的传承，航海技术的提升，而且是集中反映中国海洋文明的象征，是历史的跨越和文明的起飞，能更好地展现中华和谐，再现历史辉煌。①

三 仿明郑和宝船复原扬帆工程的实施与展望②

1995年，在中国造船工程学会举行纪念郑和下西洋590周年学术研讨会上，造船界人士就开始酝酿复原郑和舟师中的古船，以作为中国造船工业历史文化根脉的象征。在此后的历届郑和下西洋学术会议上，这个呼声

---

① 赵志刚：《强烈的中国气息——郑和宝船复建记略》，《郑和与海洋文化研究》2008—2009年第5期。

② 本部分内容参见赵志刚《强烈的中国气息——郑和宝船复建记略》，《郑和与海洋文化研究》2008—2009年第5期；中国造船工程学会船史研究学术委员会《"郑和下西洋二千料海船的初步考证复原研究方案"研讨会会议纪要》，《郑和下西洋研究》2005年第2期；北京郑和下西洋研究会古船研究工作委员会等《郑和二千料宝船概念设计论证研讨会纪要》，《郑和下西洋研究》2006年第3期。

愈来愈高,复仿明古船的设想愈来愈多,反映这一期望的人士的领域也愈来愈宽。2000—2003年,在中央批准2005年全国纪念郑和下西洋600周年活动前后,中国造船工程学会组织北京、福建、武汉、上海等地专家进行多次专题研讨,造船、航海、历史、文博界人士终于在2004年2月中国造船工程学会船史学术研究委员会的嘉兴研讨会上,大体上统一了复仿郑和下西洋舟师的骨干舟船是二千料海船,唐志拔、辛元欧、郑明三位教授对二千料海船的考证与复原论文得到公认,同时公认二千料海船在当前具备复原仿造的可行性。这项21世纪新的中国船史研究成果,得到了中国国家博物馆副馆长董琦博士和王冠倬等的大力支持,使郑和二千料海船连同大号宝船与八橹船的大型船模正式并列在国家博物馆2005年纪念郑和下西洋600周年文物展览的大厅里。① 2004年9—12月,新加坡郑和之友协会黄上智理事长、曾炽杰秘书长等专家在北京郑和下西洋研究会郑明副理事长的陪同下访问了南京、舟山、北京等地,与中国郑和研究及宝船复原专家共同召开研讨会,最终确定为纪念郑和下西洋600周年,在新加坡国立图书馆中展出岑氏木船作坊制作的二千料船型中国宝船。岑氏木船作坊的宝船模型走出了国门,郑和二千料海船型中国宝船的形象首次公诸于世。2005年,香港兴业集团会同北京郑和下西洋研究会安排南京金泰船舶设计有限公司,舟山岑氏木船作坊等合作,在国内第一次组织完成较系统规范的郑和二千料宝船概念设计,集中了前期历史学术研究成果,锻炼了仿古木帆船的设计队伍,同时为香港愉景湾游艇俱乐部制作了长达3米多的1∶20的二千料海船型中国宝船模型,于2005年下半年在香港展出,引起香港同胞及外国人士很大兴趣和轰动。②

作为600年前明代宝船厂遗址所在地的南京市鼓楼区,早在2003年就有复建郑和宝船的想法。船史研究的新成果、宝船概念设计的技术储备,促成了鼓楼区政府的决策。2005年夏,由北京郑和下西洋研究会专家牵线,新加坡金龙电子集团与南京市鼓楼区政府有关单位合作,共同投资建立了钧龙宝船置业有限公司;复仿明郑和古船工程真正被提到了实施日程上。江苏省、南京市主要领导先后给予了重要指示和支持。南京金泰船舶

---

① 中国造船工程学会船史研究学术委员会:《"郑和下西洋二千料海船的初步考证复原研究方案"研讨会会议纪要》,《郑和下西洋研究》2005年第2期。
② 北京郑和下西洋研究会古船研究工作委员会等:《郑和二千料宝船概念设计论证研讨会纪要》,《郑和下西洋研究》2006年第3期。

第六章　中国宝船仿造与重走郑和路　223

图6—7　2004年中国造船工程学会嘉兴郑和二千料
海船研讨会及在北京和上海的预备会

设计有限公司在专家的大力支持下正式投标承包了全船技术设计工作。在地方政府和企业听取各方专家意见后，经省市厅局上报交通部，于2007年4月批准工程名为"仿明代郑和宝船"，并责成国家海事局、中国船级社负责办理设计审核、造船检验和登记入级等事宜。这项我国政府支持的、具有开创性的、融合古今技艺的大型舟船航海工程终于得以启动。①

仿明郑和宝船将是我国的形象使者，有关部门对其安全航海持特别慎重态度。先后安排了关于木结构节点、拉伸、弯曲、阻燃等多项科学试验；邀请有检验认证瑞典"哥德堡"号仿古木帆船经验的挪威船级社参加双重船级社联合检验，专门制定了一套适应我国古今木船结构设计、与工艺相融合的《郑和宝船审图原则》，对设计进行了详细审核并作了重要修改，对施工现场、队伍和工艺按现代质量体系和传统手艺原则的双重要求进行了体系检验与评估。又于2007—2008年提前在太仓郑和公园建造一艘全相似、足尺度的郑和宝（船）舫（见图6—8），对造船工艺和材料进行一次"预演"。在完成上述工作后，终于在2008年底作好了仿明郑和宝船复仿工程启动的全面准备。

目前，在造船车间里，大段原木和木材正在下料，中部主龙骨已铺放就位，前后部龙骨与艏艉柱正在对接（见图6—9）。②预计2012年下水试

---

①　北京郑和下西洋研究会古船研究工作委员会等：《郑和二千料宝船概念设计论证研讨会纪要》，《郑和下西洋研究》2006年第3期。

②　同上。

图6—8　2008年复仿明代郑和宝船实船工程作预先演示制作
——在太仓郑和公园湖上的郑和宝舫

图6—9　专为"仿明郑和宝船"重新装建的
郑和宝船厂鸟瞰及大门图

航,并在国内沿海试航访问的基础上开展郑和宝船八下西洋,环球航海,扬帆世界,重现海上"丝瓷之路"的辉煌。

四　仿明郑和宝船的风貌初探①

"仿明代郑和宝船"是一艘全木质结构、能用于远洋航行的船舶,其

---

① 本部分内容参见赵志刚《强烈的中国气息——郑和宝船复建记略》,《郑和与海洋文化研究》2008—2009年第5期;顿贺、程雯慧《中国古代船舶的造型艺术》,《郑和下西洋研究》2005年第2期。

主尺度、排水量都是目前世界仿古木帆船中最大的。该船将重现明代水中建筑，供人参观；将用于航海、文化考察交流，经济贸易展示，兼作江海旅游、水上娱乐等，向公众巡游展示。

仿明郑和宝船的主要数据参数为：名义总长71.10米，两柱间长48.42米，主桅高38米，型宽14.05米，型深6.10米，满载吃水4.60米，满载排水量1810吨，机帆并用航速13节，动力推进航速11节，风帆推进航速4节。

该船船型采用"福船型"，主船体设中龙骨，艏艉上翘，具有良好的适航性和稳定性。纵向除主龙骨外，船体外部尚有主龙骨翼板，主龙骨副翼板，舭部厚材、舷侧厚材等加厚部分；船体内部有三层重叠式内龙骨，并设有内龙骨翼板、底部纵通材、舷侧纵通材；主甲板及二层甲板下设有两道甲板纵桁及纵舱壁，主甲板以下共设九道水密横舱壁。这些使全船成"蜂房"形结构，保证船体有足够的强度。二层甲板下分割成相互密封的压载舱、机舱、冷水机组舱、污液柜舱、燃油柜舱、储物舱等九个舱室。主甲板与二层甲板间分割成相互密封的舵机舱、淡水柜舱、机舱、燃油柜舱、冷藏室、船员室、餐厅、活动室、锚链舱等10个舱室，这样可以保证在船舶遇到意外情况时的稳定性和抗沉性。该船共设有六根桅杆和六面风帆；六面风帆可以保证在单独使用风帆推进时（风力小于6级的情况下），航速可以达到4节。该船设有舭龙骨，在船航行时可以减缓船体横摇。该船自下而上设有二甲板、主甲板、艏楼甲板、艉楼甲板、驾驶室甲板及驾驶室顶板共五层。该船为艉机型，双机、双桨、双舵，两台447千瓦柴油机通过变速齿轮箱与尾轴推进系统连接；共设有两台电动液压舵机，三台100千瓦柴油发电机组，另备一台应急发电机组作为紧急情况下使用。该船设有三个污水储存柜及污水处理装置，机舱设有油污水分离机，满足《国际防止船舶污染公约》要求。在主甲板下舱内设置一台电动锚机，配三只仿古式四爪锚，其中一只作为备用。该船电子通信、导航设备齐全，除设有雷达导航系统外，还设有GPS卫星导航定位系统，各种电子通信装置，以确保海上航行安全。

该船体所用木材为产自东南亚热带森林的优质木材，具有强度高、耐腐蚀、抗白蚁、表面光洁耐磨等特点，采用中国传统的木构件下料加工、连接及捻缝等手工艺。实践证明使用中国传统的捻缝工艺对保证木质船舶水密是最佳选择。捻缝材料主要为纯正桐油、壳灰、苎蔴、竹丝粉等，这几种材料按一定比例混合后用打灰机反复捶打成熟才可用作宝船捻缝材料。因为船体是全木质结构，防止火灾发生和消防灭火显得尤为重要，主要采取以下预防措施：所有木质构件在上船安装前都经过阻燃浸泡，以达到阻燃目的；机舱、乘员舱室、走道及公共处所都设有自动烟火报警系统及自动喷淋灭火系统；机舱内设置全浸没高压水雾自动灭火系统。复仿宝船按全船总乘员数200%配备了救生艇筏，并满足"在船舶横倾20度、纵倾10度的情况下仍可将救生艇筏安全顺利地降入水面"的规范要求。

仿明郑和宝船配有船员14人。主甲板以上设贵宾舱室，可以居住10人；主甲板以下还有若干个4人居住的舱室，主要是供36位航海志愿者居住。宝船装有中央空调系统和强力通风换气系统；贵宾舱室、高级船员舱室都是单人或双人舱；船上设有大、小厨房各一间，并设有餐厅、活动室（酒吧）、多功能厅等公共活动处所；船舱设有冷冻库、蔬菜冷藏库、粮食库、淡水柜及一台海水淡化装置。为了促进舟船航海科技历史交流，船上某些舱位将按历史原貌做成仿明功能舱室。

郑和宝船是明朝廷代表国家实施和平外交的使节船，现在仿明郑和宝船在满足使用功能和安全稳定性前提下，外观设计应该突出体现和平友好、庄重豪华、气势恢弘。再现中世纪东方文明的风采，展示中华优秀的传统文化底蕴，增加观赏性和文化内涵的感染力。由于郑和下西洋的档案被全部损毁，已经无法确切知晓600年前宝船的真容。然而，依据其他文件和我国造船的历史沿革推证研究，仍可描绘出宝船的基本形象。宋代"神舟"出使高丽，史载"巍如山丘，浮动波上，锦帆鹢艏，屈服蛟螭"。清代出使船"封舟"则是"梢尾上建黄屋二层，安放诏敕和供奉天妃"，尽显豪华。明代罗懋登著《三宝太监下西洋通俗演绎》对宝船有具体描述，仿明郑和宝船的确应该是雕梁画栋，阶梯起伏，体势巍然，气势磅礴，如同浮动的水上宫殿。

仿明郑和宝船的主色调应以代表喜庆的红色为主，采用不同的红色相互搭配，统一之中有变化，尽显和谐之美丽。大拉、舯部、艉部、甲板边线处用枣红色，主甲板上层建筑立柱用中国红，门角、门钉用亮金色，琉璃瓦用橘黄色或橘红色，号灯用大红，桅杆用木色，风帆用淡土红。不同色调交相辉映，旌旗号带缤纷点缀，美不胜言。

该船艏部拟用立体龙、虎造型浮雕，规格档次不同凡响。艏部两侧龙目以实木雕镶嵌，寓意识途平安，龙目后为四爪行龙浮雕，寓意祥和庄严。锚潭下方海浪托起一轮红日，象征旭日东升，光耀万里。艉部彩绘图案可有双凤朝阳、锦鸡展翅、狮子、麒麟等多种选择，但寓意要喜庆和吉祥。艉部选用草龙纹饰，这种装饰是明代宫殿楼宇所惯用，为百姓所喜闻乐见，是祥和象征。①

复仿宝船主甲板以上栏杆、楼梯、门、窗、屋檐、立柱、号带、灯、旗、金、鼓、号、兵器等设计目前正待邀请各相关方面专家逐一专题研究定论，总的原则是尽可能符合历史原貌，又力求完美，有一定的艺术创作空间。

以上所述宝船风貌是按设计方案加以描写的，与复原考证方案已有改动，而在实际施工中还会随着对宝船的历史考证和现实功能需求的演变而有所修正。

第四节 从新发现再议明代宝船尺度

一 五千料巨舶首现于下西洋舟师

2010年6—7月，南京市博物馆发掘出土了明正统年间（1436—1449）洪保墓的寿藏铭。墓主洪保官至大明都知监太监，正四品，曾任正使，与郑和、王景弘、杨敏等齐名，都是郑和下西洋领导班子重要成员。他于宣德九年（1434）生前邀请名士撰写此铭文，保留至今，属明代前期史料，距永乐朝仅十多年，历史价值与可信度很高。铭文749字中②前段称："永乐纪元，授内承运库副使，蒙赐前名，充副使，统领军士，乘大福等号五千料巨舶，赍捧诏敕使西洋各番国，抚谕远人。"再一次披露明代下西洋舟师中的各型船舶是有名号的，如"大福"等号。成书于正德年间（1506—1521）的祝允明《前闻记》"下西洋"条记：宣德五年（1430）下西洋（注：指第七次下西洋）"船号如清和、惠康、长宁、安济、清远之类，又有数序一、二等号。船名大八橹、二八橹之类"。两史籍虽所记分指第一次和第七次下西洋，相对照，船名号多用吉祥、安康、祈福之词，既颇协调，又可能以不同用词标识不同级别、档次、体量。那么大福号被称为巨舶，当属下西洋舟师中较大型的海船。

---

① 顿贺、程雯慧：《中国古代船舶的造型艺术》，《郑和下西洋研究》2005年第2期。
② 王志高：《洪保寿藏铭综考》，《郑和下西洋研究》2010年第3期；陈大海：《南京祖堂山明代都知监太监洪保墓考古发掘的主要收获及认识》，《郑和下西洋研究》2010年第3期；赵刚：《从洪保墓志出土，回眸展望郑和下西洋研究》，《郑和下西洋研究》2010年第3期。

铭文中段称洪保"至宣德庚戌，升本监太监，充正使使海外，航海七度西洋，由占城至爪哇，……直抵……阿丹等国"。说明洪保从永乐纪元（1403）使西洋，也即在通常认为郑和第一次下西洋（1405—1407）之前单独出使或即指此次共同出使。洪保虽只任副使，已乘于五千料巨舶上。铭文记有"大福等号"说明不只一艘巨舶，但未提正使之名，也未提洪保是否与正使同乘于同一巨舶，似有抬高自己之嫌。而宣德庚戌（1430），明显指郑和第七次下西洋，洪保未提自己乘驾何级海船，仍未提其他更主要的正使之名，而且如仅从铭文解读，似由洪保为统帅，吹捧自己之意更为明显。

整篇铭文解读除为洪保竖碑立传（称"公"有12处之多），也为皇帝歌功颂德。如当时有更伟大之宝船史实，可彰显皇威，他理应不会不提。所以笔者认为洪保寿藏铭只提五千料巨舶，未提大号宝船，可使人们相对认知下西洋舟师中存有五千料海船，而有无大号宝船相当可疑。

二 二千料海船与五千料巨舶都属明代海洋帆船

2004年2月20日，在中国国家博物馆的指导下，中国造船工程学会船史研究会学术委员会和科技咨询工作委员会联合组织的"郑和下西洋二千料海船的初步考证与复原研究方案研究会"在嘉兴船文化博物馆召开，与会专家肯定了在郑和下西洋船队中有二千料海船的存在。由唐志拔、辛元欧、郑明三位学者对二千料海船的复原研究，可作为仿古实船复原设计的重要依据。他们当时主要依据有二：一为在20世纪30年代郑鹤声教授发现并判定明代永乐年间所建立的南京静海寺《残碑》记有："……永乐三年将领官军乘驾二千料海船并八橹船……永乐七年将领官军乘驾一千五百料海船并八橹船。……"二为，2000年金秋鹏教授发现的绘刻于明永乐十八年（1420）的《天妃经》卷首插图绘有五列下西洋海船，张帆主桅杆有三，另立辅桅杆有三；成书于明嘉靖二十三年的《龙江船厂志》上所载"海船形制图"上则竖有4桅；成书于明天启年间的《武备志·郑和航海图》所附"过洋牵星图"中的海船，也竖有张帆3桅。三图中海船至少3具张帆主桅，也有4帆主桅的，辅桅则有2根或3根。即从明代碑文判断主力海船为二千料，从三种明代图象判断，主力海船上主帆桅有3—4根，辅帆桅2—3根。按宋《天工开物》所述"凡船长十丈必两竖"的立桅原则，海船船长当在二十丈左右，与体量为二千料海船恰好协调。在

2005—2007年，张维康、郑明等教授又进一步以南京出土长11余米大木舵杆和泉州出土重千斤大铁锚等明代海船文物，用现代科学方法做与船体匹配设计、推算，证实均属二千料海船相应配套属具，使二千料海船的复原考证不仅有文献图象依据，更有两项文物支撑。

三 南京仿明郑和宝船将是中国仿古船历史遗产性标志

仿明代郑和宝船从2003年起由江苏省南京市鼓楼区各级政府酝酿复原仿造，到2005年才确定以明代二千料海船为历史原型。考虑到文献史料欠缺，要求航行功能多元，定位为非严格的历史复原古建工程，但确属经过认真学术考证的仿古海船，总体保持明代帆船遗产风貌，又注入相当现代科技手段，以保证航海安全，也融合中华传统文化艺术元素，完整体现中国历史与现实。当它以全木原材料、构件特种联结捻缝，传统外形线型，祖传尺度比例，古代桅索帆装、楼堂布局、配套灯旗金鼓、雕绘装饰，手工制造工艺，涂漆色彩搭配等十个领域的遗产性特征出现在国人与世人面前，就能与举世闻名的北京故宫、天坛、南京大报恩寺等明代古建遗产相配合，才能较全面地理解中国古代兼有陆海文明的历史特色。

南京是明代永乐帝在1405年7月对郑和下西洋作出决策的帝国首都，是拥有15世纪世界最大规模造船工业（至少集中有五个官办大型船场作坊）的中国港城。当时留世有四部成书于明嘉靖到万历年间（15世纪）专门论述南京造船的典籍，反映出南京作为中国造船中心的科技水平与造船规模。当时南京既是帝国首都政治中心，又是农工商业都十分繁荣发达的经济中心，又是番邦来朝、沟通中外交往最活跃的国际中心，还是世界首屈一指的造船中心。因此当代南京市领导决策仿造明代郑和宝船，重走大洋，足以显示中华民族复兴与崛起的勇气和智慧，是国家综合实力增强和社会稳定和谐的体现，可以让世界了解中国人民走向海洋的历史传统和一贯意志。仿明郑和宝船将成为传递中华民族悠久文化的载体，复仿建造宝船不仅是中国光辉造船历史科技的传承发扬和悠久航海历史记忆的复现提升，而且是集中反映中国海洋文明的象征，是中国传统与现代形象的融合，是中国人民追求开拓创新与和谐稳定，期盼共享天下太平的理想。

笔者希望有关学者除继续就宝船尺度挖掘新史料、开展必要的深入研究外，要把主要考古和历史研究力量投入到仿明郑和宝船工程所遇到的许多历史细节上来，争取以科学发展观视角和系统工程原则开展造船航海科技和整体历史研究，而不是分散地死钻某些所谓历史之谜的学术课题。

目前来看，郑和下西洋研究光靠国内研究力量还是不够的，更需要国内外的通力合作，解决目前面临的诸多学术难题。如，郑和舟师是止步于印度洋东非沿岸各国，还是航行更远？再如，15世纪初的郑和下西洋与15世纪末开始的世界大航海、地理大发现究竟有什么联系？当时各种舟船航海科技在亚欧非之间是怎么交流的？交流中取得什么成果？

把中国古代航海和世界航海历史加以联系，进行对比研究，是十分必要的。这样才能进一步揭开相互交流对彼此国家民族的进步，各个地区的兴衰，人类文明的发展都产生了何种重要的影响，从而起到以史为鉴，以古喻今的历史作用。

在此，笔者想引用明史专家毛佩琦教授对郑和下西洋的历史价值评语作为结束。在历数明成祖敕书中让所有人"遂其生死，不至失所"，"循礼安分，毋得违越"，"不可欺寡，不可凌弱"，"共享太平之福"之后，毛教授认为："明成祖要建立的是一个天下为公的、普天下一视同仁的和谐世界。""推行这种天朝礼制体系是郑和下西洋的核心使命"，"郑和留给世界的不止是对新航路的开辟，不止是他（明代）的领先的造船和航海技术，不止是他坚忍不拔的精神力量，更主要的是一份珍贵的文化遗产，它体现了人类美好的理想。在今天面向21世纪，面向全球化，在建立国际新秩序时，这份遗产将会为我们提供宝贵的借鉴。郑和的价值，将会远远超过哥伦布"[1]。毛教授的见解非常值得深思。笔者与北京郑和与海洋文化研究会的同志们正是追求以中国宝船复原仿造和环球扬帆的实践活动，来向世界再度宣示这种文化遗产中的美好理想。[2]

笔者回想个人经历亡国沦陷、白色恐怖、半殖民地半封建社会的煎熬，终于翻身解放，做了新中国的主人，当上了保卫祖国的水兵，并在国家海洋建设、发展和海防斗争中体会了海洋对祖国兴衰的重要性。因此认为，中国公众在感性接触到中国宝船之后将会联想它与故宫、天坛一样能显示中国的伟大，这样的话，对于在中国增强公众海洋意识、弘扬民族海洋文化、思考国家海洋战略是有所裨益的。

---

[1] 毛佩琦:《永乐迁都与郑和下西洋》，《郑和下西洋研究》2005年第1期；毛佩琦:《郑和的使命：天下共享太平之福》，《郑和下西洋研究》2005年第2期。

[2] 陈振杰:《破解郑和宝船之谜》，《郑和下西洋研究》2005年第2期。

第三编
郑和舟师在非洲遗存探析

郑和七下西洋，其中四次远赴东非沿海国家，不但在非洲留存诸多遗迹和友谊佳话，而且东非孤岛至今还居住着郑和使团的后裔。本编以踏寻郑和船队在非洲的遗存，特别是肯尼亚帕泰岛的"中国村"和"中国人"为重点，进而讲述郑和船队在非洲的影响，从而拉近郑和下西洋与当今的时空距离。

自1999年6月获悉东非一座孤岛上居住着郑和部属后裔和索马里有个"郑和村"的消息后，为踏寻郑和在非洲的足迹，历时6年，笔者曾四次奔赴肯尼亚拉木群岛、多次沿东非海岸采访，[①] 这些采访是以现今仍居住着郑和部属后裔的肯尼亚帕泰岛为中心而展开的。为此，笔者先后走访了帕泰岛上的所有村庄和拉木群岛的所有岛屿：在"中国村"，就中医的影响和按摩的作用，与按摩大夫促膝谈心，交换看法；在帕泰村，就"瓦法茂"一词的含义，在帕泰遗址前和帕泰村民家中，分别与研究人员和帕泰村长咬文嚼字，探究来源；在法扎、琼庄、布瓦朱马里和基津吉蒂尼等村子，以及恩多岛的恩多村和基瓦尤岛的基瓦尤村，虽然没有找到"中国人"，却知道他们共同拥有一颗"中国心"。

这些采访充满了艰辛和惊险：那天傍晚在基瓦尤岛海滨野餐后，夜幕已经降临，伴随着密集的雨点，我们乘船行进在碧波万顷的茫茫大海上。当船长在漆黑一团的海面上看到前方万点灯火的拉木城时，他松了一口气

---

① 四次采访拉木群岛的时间分别是：2002年2月，2003年5月，2003年11月和2004年11月。

说:"我们没有迷失方向。"

这些采访充满收获与欣慰:在马林迪的茫茫人海中,我意外顺利地寻觅到西游村的"中国医生"法基伊,听他讲述古老而神奇的祖传中医;在蒙巴萨城内的小胡同里,寻找到来自帕泰岛的"奇纳",听她叙说自己的特殊家史。真可谓:"功夫不负有心人。"

郑和在非洲的影响是深远而广泛的。这些影响除郑和船队当年留存的遗迹外,还有看不见的中国传统文化印记,更有对非洲人观念的强烈冲击。这唯有在实地考察中才能感受和意会。

第七章 探访肯尼亚帕泰岛"中国村"

1999年是20世纪的最后一年。那年6月，我获悉肯尼亚帕泰岛上居住着郑和使团的后裔和索马里南部沿海一带有个"郑和村"的消息，强烈的职业感和好奇心不时催促着我前往采访，探寻究竟。然而，索马里内战连绵，肯尼亚东部沿海一带治安混乱，行程一再拖延，直到2002年2月。

我先从内罗毕驱车到港口城市蒙巴萨，再沿着海岸线北上，来到"麒麟"的故乡——马林迪，接着乘飞机继续北上，登陆拉木岛。坐在拉木岛海滨的石头上，一位船长告诉我，他不久前专程去帕泰岛的"中国村"接受"中医按摩"。"中医按摩"是当年郑和船队从中国带去的，代代相传，至今仍受当地岛民欢迎。

当我只身冒险登上帕泰岛时，发现这座非洲孤岛竟与遥远的中国有着千丝万缕的联系。在帕泰村，村长向我讲述了当年那次中国海难的经过；在"中国村"，年轻的村长陪同我采访了几位女按摩师，并向我表露了心声；黑夜中从上加村向西游村赶路，在丛林里的羊肠沙道上"急行军"，惊恐之情可以想象。然而，西游村之行给我留下的深刻印象，绝不是因为这次星夜沙道行和借宿西游村，而是因为在这个中国人创建的村子里，我见到了"中国人"——一位自称是"华裔"的岛民向远道而来的"老家人"，讲述了自己祖先那段鲜为人知而又令人荡气回肠的故事……

第一节 非洲发现郑和部属后裔

2002年2月28日上午，约翰内斯堡国际机场。南非航空公司的一架波音767飞机腾空北航，窗外是探手可及的白云，四周是碧蓝如洗的晴空，机舱内的我无意欣赏这大自然的秀美景色，心头却似海浪般翻滚不息。① 我此行是奔赴肯尼亚的一座孤岛，踏寻郑和当年的足迹，探访郑和部属的后代们今日的生活，发掘一个鲜为人知而又引人入胜的真实故事。尽管近三年来我为此行从思想、精神、材料和信息等方面作了比较充分的准备，但是此次探险能否全程顺利、能否如愿以偿，自己心中毫无把握。而此行的成功与否，首先取决于旅途的安全，一叶扁舟，漂浮大海；只身孤胆，深入孤岛，如果缺乏人身安全，这次采访将无疑失败，而又有谁能为你的安全做出保证呢？可是，有关郑和船队当年在东非沿海沉船的消息，特别是郑和部属后裔现居孤岛的新闻，一直在吸引着我，终于促使我今天踏上采访行程。此时，有关新闻报道就像机窗外一掠而过的片片白云在我脑海中飘浮……

一　新闻线索来自南非华文报纸

1999 年 6 月 12 日和 15 日，南非中文报纸《侨声日报》② 先后以《郑和部下后裔现居东非肯尼亚》和《东非肯尼亚小村"上加"之名源出"上海"》为题，报道今日肯尼亚东海岸的帕泰岛上，居住着郑和部属的后裔这一新闻（见图 7—1）。

该则新闻摘译自《纽约时报》（New York Time Magazine）关于美国女作家雷瓦西写作郑和传——《当中国称霸海上》③ 的有关报道。雷瓦西曾为美国《国家地理》（National Geographic）杂志长期撰稿，1988 年访问过英国汉学大师、《中国科学技术史》④ 的作者李约瑟博士。李约瑟曾请她协助完成《中国科学技术史》中的航海技术部分，她因此产生了研究郑和的兴趣。雷瓦西在其著作《当中国称霸海上》中认为，中国当时完全可以称霸世界，但是中国没有这样做。她还在书中提出这样一个大胆假设：假如

---

① 笔者于 1998 年 1 月至 2005 年 4 月任《人民日报》驻南非首席记者。南部和东部非洲国家是人民日报社南非分社的业务管辖范围。

② 《侨声日报》创刊于 1931 年，是非洲创办最早的一份华文报纸，蒋介石曾为其题写刊头。该报因故于 2004 年 3 月底宣告"暂时停刊"，现尚未复刊。

③ 该书的英文名为 WHEN CHINA RULED THE SEAS，可意译为《中国的海洋时代》，1994 年牛津大学出版社出版。该书女作者 LOUISE LEVATHES 为自己取了个中文名字"李露晔"。

④ 《中国科学技术史》是英籍科学史家李约瑟费近 50 年心血撰著的多卷本科技史书，通过丰富的史料、深入的分析和大量的东西方比较研究，全面、系统地论述了中国古代科学技术的辉煌成就及其对世界文明的伟大贡献，内容涉及诸多领域。遗憾的是，李约瑟直到临终前尚未完成这一规模宏大的巨著。这部巨著的第四卷第三分册论述中国古代土木工程及航海技术的发展历史和主要成就。

第七章　探访肯尼亚帕泰岛"中国村"　　235

图7—1　南非《侨声日报》先后报道肯尼亚居住着郑和部属后裔消息

郑和下西洋的时间晚 80 年，那么郑和与达·伽马（Vasco de Gama）在海上相遇会出现什么情况？认识到郑和的巨船和明朝的强大，达·伽马还敢乘其小船继续穿越印度洋吗？目睹武装到牙齿的葡萄牙船只，郑和会不会将那些"小蜗牛"轻而易举歼灭掉，从而阻止欧洲人开辟东方的贸易航线呢？[1]

《中国科学技术史》第四卷第三分册第二十九章专门论述"航海技术"，并特意提到"三保太监"和"中国与非洲"。在该章中，李约瑟指出，东非沿海一带发现了大量中国古钱币，"在桑给巴尔的卡坚格瓦（ka-jengwa）的一大重要发现就是出土了中国货币窖；这也许是一位外来移民的积蓄，也许是一位去过印度或中国的桑给巴尔人的积蓄。曾有报道说，在索马里和肯尼亚海岸外面的巴均群岛（Bajun Islands）上，就有这样的中国移民，多为渔民，而且只讲当地语言"[2]。该书在对这一段的注释中写道："帕泰古城就在其中的一个岛上。"[3] 由此可见，李约瑟所言的"巴均群岛"应是"拉木群岛"，因为帕泰古城位于拉木群岛的帕泰岛上，我曾参观过帕泰古城遗迹，而巴均群岛则位于拉木群岛之北，在索马里海岸外面。迄今为止，这段文字应该是关于帕泰岛居住着郑和部属后裔的最早文字记载。

在为写作收集材料期间，雷瓦西访问了数个非洲国家。在肯尼亚，她遇到过一名自称是数百年前帕泰岛上中国海难幸存者的后裔。当年，一艘中国巨轮在该岛附近沉没，船员挣扎着登陆海岸，并且定居下来，后与当地土著女子结婚，延续后代至今。这段被尘封数百年的往事引起《纽约时报》记者纪思道的兴趣，[4] 他于 1999 年 2 月前往肯尼亚，冒险登上丛林密布、无路无电的帕泰岛，在岛上发现那里人们的眼睛、头发和皮肤带有明显的亚裔特征。尽管这一报道似蜻蜓点水，加之人名地名很难辨认清楚，但它引起我极大的兴趣。我想，中国记者如果登上这座孤岛，收获一定会

---

[1] See Louise Levathes, *When China Ruled The Seas*. Oxford University Press Published in 1996. New York, Oxford. p. 21.

[2] 《中国科学技术史》第四卷第三分册，科学出版社、上海古籍出版社 2008 年版，第 548 页。

[3] 同上。

[4] 20 世纪 80 年代末 90 年代初，纪思道曾任《纽约时报》驻北京记者，笔者在中国社会科学院国际合作局工作期间，曾与其在工作上有过接触。他赴肯尼亚帕泰岛采访时，已改任该报驻东京首席记者。

比美国同行大得多，我们中国人毕竟比外国人更加了解自己国家的历史和文化，而东非地区正是我的业务管辖范围。

1999年8月10日，《侨声日报》又报道说，1988年，中国台湾的一位商人在索马里首都摩加迪沙的一家旅馆里，遇到过一位自称是中国人后裔的混血服务员。据这位服务员讲，在摩加迪沙和索马里其他地方，至今仍可找到冠以读音似"林"、"黄"等中国姓氏的当地人。他还特别提到，在首都以南500公里的海滨城市基斯马尤，有一个村子就叫做"郑和村"，村民多为中国人后裔。为此，台湾《经典》杂志社1998年曾派记者前往采访，只是由于索马里内乱不断未能进入该国境内，而是辗转到肯尼亚海岸，又因帕泰岛安全无法保障继而进行了迂回采访，留下未能登陆帕泰岛的遗憾，并表示有关郑和部属后裔的文章有待日后再作。

二 马林迪"郑和纪念碑"之谜

索马里有个"郑和村"，肯尼亚的海岛上居住着中国人的后代……这一新闻线索不时在我的脑海中浮现，一种强烈的使命感和职业本能不断促使我尽快踏上采访征途。然而，索马里内战不止无法入境，肯尼亚孤岛上的安全尚不能保证，我一次次的采访冲动又被一次次地强压了回去。

2002年2月28日，我从南非来到肯尼亚首都内罗毕。原计划直接前往帕泰岛采访，可是当我在这里打听帕泰岛的社会治安时，几乎所有的人都告诉我那里治安很乱，不要轻易只身前往。于是，我改变行程安排，先去布隆迪和卢旺达采访，以便进一步了解情况。在卢旺达首都基加利，我让中国路桥公司卢旺达办事处的朋友与该公司肯尼亚办事处取得联系，请求他们帮忙。

3月6日下午，飞机在内罗毕国际机场徐徐停稳，我再次来到了肯尼亚，中国路桥公司肯尼亚办事处的朋友来到机场迎候。此时的潜意识告诉我，此后一周的海陆空连环式探险采访，将会在充满矛盾、徘徊、惊喜与信心，伴随着辛酸、汗水、失望与收获的情况下一步步进行。

又是一个罕有的雨夜，上次是2000年12月在埃塞俄比亚东南部城市季季加，为踏寻郑和的足迹我采访驻扎在那里的索马里难民营；这次是在位于内罗毕的中国路桥公司肯尼亚办事处招待所，雨点不停地敲打着窗户，室外摇摆着树叶的风声紧一阵慢一阵，我在室内焦急地等待着办事处副总经理薛铁柱的到来，询问沿海一带的治安情况，商谈此行的采访安排。由于路桥公司即将在坦桑尼亚上马新工程，目前正在紧锣密鼓地做准备工作，办事处又仅剩下薛铁柱一个负责人，自然是忙得不亦乐乎。晚10时许，他匆匆忙忙地从外边赶回来了。为节约时间，我们单刀直入。我先将此行的目的、意义、顾虑、选择路线和需要提供的帮助等讲述了一番，他听罢说了三点：自己去过拉木岛（Lamu Island），岛民多是信奉伊斯兰教的阿拉伯人，社会治安应该不成问题，但肯尼亚东北沿海一带土匪路霸经常出没，去拉木岛必须乘飞机不能走陆路；他对这个故事非常感兴趣，又是学阿拉伯语的，又很想同行并当翻译，只是近日太忙无法抽身，如能另行安排时间一定结伴前往；路桥公司蒙巴萨分点已经撤离，安排当地人与我同行比较困难，不过，明天公司正好有人去蒙巴萨（Mombasa）附近的一个工地，我可与那人先到工地，接着他再安排一名当地司机把我送到马林迪（Malindi）。他可保证我从内罗毕经蒙巴萨到马林迪之行的安全，至于帕泰岛，他也没有去过，情况不明，一路要多加小心。

我感谢他的热情相助，按照我们商议的路线，3月7日下午起程，当晚住在蒙巴萨附近的路桥工地。工地宿舍是集装箱改成的，晚上闷热自不待言，因为工地四周是茂密的非洲丛林，夜间常有动物来访，如果是大象光临，一鼻子可以将宿舍推翻。为保证安全，工人们在大院内准备了几个旧轮胎，夜间一旦听到大象走过来的声音，立即点燃，用大火吓走来犯的大象。

在路桥工地宿舍，我度过了一个闷热与不安的夜晚。次日上午8时，与路桥28岁的黑人司机爱德华·奥格尔（Edward Ogel）同行前往蒙巴萨参观耶稣堡博物馆，在正午的艳阳下告别博物馆，在奔赴马林迪的途中找到一家中餐馆。去中餐馆吃饭，"醉翁之意不在酒"，主要是想了解沿海一带的治安状况。未料，当我匆匆用餐后与主人告别时，那位好心的香港朋友再三嘱咐我，他来蒙巴萨多年，一直没有北上，连马林迪也不敢去："北部沿海地区土匪经常出没，一路可要多加小心！"

我的司机是位诚实精干的小伙子，在马林迪长大，10多年前举家迁往蒙巴萨，已在路桥公司工作5年。他告诉我，常有朋友从马林迪到蒙巴萨，在这两个城市121公里的路途不会出现险情，不过，你一个人千万不要走马林迪以北的陆路，去拉木岛一定要乘飞机。我在感谢他的一番好意后告诉他，从内罗毕出发前，我在路桥公司办事处新近成立的旅行社购买了马林迪至拉木岛的机票。

就在抵达马林迪前,司机奥格尔给我提供了一个非常重要的信息:十多年前他在马林迪居住时,曾听朋友说过海边附近矗立着一个中国纪念碑,上面还刻有方块形的汉字。他以前虽不知道郑和其人其事,可从我们一路的谈话中得知,这方中国纪念碑应为"郑和纪念碑",只因当地无人认识汉字才称其为"中国纪念碑",以区别于"达·伽马纪念碑"。马林迪有"郑和纪念碑",我不禁喜出望外。

抵达马林迪已是下午4时,我们根据奥格尔的朋友当年所谈的地点,直奔"郑和纪念碑"。可是,原是海边空地的纪念碑地点现已被一家名为"白象宾馆"和几家住户所占领,宾馆还在建设之中,由于今天是星期六,工地无人施工,大门紧锁。好不容易叫开大门,在里边转了好几圈,未见纪念碑的踪影;越过宾馆院墙向两边的建筑观望,也一无所获。奥格尔皱起了眉头:"应该就在这附近,当年自己要是亲眼看到就好了。"宾馆保安告诉我们,几年前在宾馆后院修建水塔时,曾将原地的一个石碑挖走,那个石碑长时间就放在水塔旁边,不知何时又不见了。问起更多的情况,对方就回答不上来了。

我们在失望中仍不死心,接着去海滨、进住户、串巷道、问路人,想方设法要找到那块刻有汉字的纪念碑。天色已暗,我们仍毫无所获。

第二天一早,按照我们的计划,一是想方设法寻找到奥格尔的老朋友,二是询问当地的年长者,三是参观马林迪博物馆,从这三方面来继续寻找纪念碑。奥格尔与老朋友们多年来天各一方,今天突然来访,一时难以寻觅。询问了几位老者,其中一个将我们带到城内一个二三丈高的砖塔前,一看才知根本不是什么纪念塔,而是当地原穆斯林的一个有身份者的墓碑。当我们费了九牛二虎之力找到博物馆馆长阿博埃拉·阿利(Aboalla Ali)时,他只说马林迪过去与中国有过交往,但一口咬定没有什么中国纪念碑。

奥格尔对此仍不以为然,他纳闷这些人为什么要拒绝承认中国纪念碑之事实,"无非是因为他们破坏了这一稀有文物,惟恐因之受到牵连?位于马林迪湾与银沙湾交界处尖角上的达·伽马纪念碑要比中国纪念碑晚半个多世纪,近年来却得到了政府的重视和保护……"

郑和当年在入海口江苏太仓刘家巷和东南亚一带都曾立石碑纪念下西洋的壮举,目前已出土的十几块石碑足以为证,马林迪是否有"郑和纪念碑"却成为一个谜,又有谁能破解开呢?

三 让中国"泰坦尼克号"一鸣惊人

3月的东非海岸,白天太阳火辣,酷暑难当,入夜潮湿闷热,蚊虫飞窜,我下榻的位于马林迪海滨的伊甸园岩石宾馆的房间里更是闷热不堪,这无疑更加搅乱了我的心绪,令人焦躁不宁。次日,我将孤身一人北上拉木岛,继而乘船登临帕泰岛,那里的社会治安状况好吗?我能见到那些传说中的中国后裔吗?这一采访计划能够顺利完成吗?此时的我,对这一切毫无把握,何去何从呢?是继续北上还是打道回府,今晚必须做出决断。

时针指向晚上10时,我步出房间,来到宾馆后院,独自一人坐在游泳池旁,耳际传来滚滚的海浪声,我的思绪似乎伴随着那印度洋的波浪在脑海内激荡,一浪高过一浪冲击着我的脑海:唯有在宾馆进一步了解情况,否则无法决定明天的行程。在宾馆接待处,我向刚上夜班的总经理万德里(Wanderly)打听拉木岛和帕泰岛的情况,这位中年男子热情地向我介绍了拉木岛的独特风情,强调拉木岛上的西方游人不断,治安状况良好,他本人曾去过该岛,岛上也有他们所属的"浪漫宾馆集团"的一个连锁店"拉木宫殿宾馆"。不过,他没有去过帕泰岛,不了解那里的情况。在听我讲述了此行的目的与忧虑后,这位黑人总经理诚恳地说:"中国记者朋友,请相信我,拉木岛上的安全没有问题,你可先到那里,然后再决定下一步的行动。你要采访的故事太吸引人了,希望安全问题不要使你半途而废,前功尽弃。"万德里的一席话犹如一粒神奇的定心丸,帮助我拿定了继续北上的主意。

次日中午,我踏上了飞往拉木岛的航班。这是一架仅能乘坐35人的小型飞机,我前面坐着一对白人青年情侣。攀谈中,得知对方是第二次去拉木岛度假,而她们也对我的此行发生了兴趣,并留下了她们将要下榻的宾馆的名称与联系方法,表示她们与该宾馆的总经理是朋友,我如有困难她们愿提供帮助。

拉木群岛由大小不同的五个岛屿组成,拉木岛(Lamu)、曼达岛(Manda)、帕泰岛(Pate)、恩多岛(Ndau)和基瓦尤岛(Kiwayu)从南向北沿着大陆海岸线依次排列,其中拉木岛和曼达岛二者之间相去最近,且面积几乎相同,帕泰岛面积最大,约75平方公里,最北边的两个岛屿面积最小。拉木城是五个岛屿中仅有的一座城市,也是五个岛屿的行政首府所在地。飞机在位于曼达岛的简易机场降落,机场简易到无法再简易的地步，与其说是机场，毋宁说是一段宽阔的马路，因为从空中看下去不过是一个飞机跑道而已。

拉木群岛与大陆在地理上虽一步之遥，相望之隔，而在发达程度上却相去甚远，一般人认为在三四百年之间。坐在我前面的那对欧洲白人认为，帕泰岛与肯尼亚大陆之间的发展差距为 400 年。我们从空中看到了那个恰似一段宽广马路的机场跑道，而飞机却不是直接下降，而是像燕子一样在空中盘旋，几乎绕了一个圆圈后才开始降落。下飞机后才明白，那是受跑道长度的限制而不得已做出的举动。走下飞机，映入眼帘的行李车是一辆人力架子车，取行李也是乘客自己指认，机场大门是几根木棍栅栏组合而成的，简陋的候机室没有围墙，从远处就可看到宫殿宾馆的工作人员举着写有我姓名的牌子在那里迎候。曼达岛与拉木岛相隔约 1 海里水域，宾馆备有渡船，离开渡船上岸后，毛驴便成为交通运输工具。

一到宾馆，我就四处打问帕泰岛的情况。一位黑人女副经理告诉我，帕泰岛比较安全，宾馆可以安排此行，问题是通往该岛的航道狭窄，水位较浅，即使小船在一般情况下也难以通行，必须查看月球的引力情况，以此判断水位深浅，决定旅行的时间。她取来一本日历，查看半天后告诉我，近几天的水位都很低，需要等待。至于我提到的郑和的故事，她闻所未闻，说是宾馆的经理可能知道一些情况，不过经理明天下午才能从伦敦回来。天色已晚，帕泰岛之行仍未有着落，我想起了飞机上遇到的那两位欧洲朋友，一问才知道，他们下榻的佩波尼斯宾馆在该岛的最南端，往返少说也需要步行近两个小时，只好作罢。

昨夜下榻在临海的房间，海风劲吹不止，海浪哗哗作响，好似下了一整夜的大雨，清晨起床方知不过是假象而已。大清早，当我愁绪满怀地独自一人在宾馆吃早餐时，刚从楼上下来的一个白人胖子在楼梯里热情地向我打招呼，自我介绍是惠勒（David Wheeler）先生。他是一位健谈的美国商人，娶了当地的一名黑人教师为妻，常来拉木，他说自己上个月去过中国，还买了中国茶，并热情地拿来与我同饮。交谈中，他判断我不像一个商人，不知为何来到如此偏僻之地，得知我为郑和的故事而来，他高兴地一拍双手："这可是中国的'泰坦尼克号'啊，你的报道发表后，一定会引起中国有关方面的注意，再组织人员来打捞这艘沉睡海底近 600 年的宝船。朋友，你知道我是一名商人，如果没有人感兴趣的话，我就组织人马去打捞，那船里的宝物一定不会少。"他把袖子一挽，激动得笑出声来，接着将头伸向我，诡秘地一笑："要么咱俩达成一项秘密协议，你不公开报道此事，咱们合起来打捞那艘古宝船，让中国的'泰坦尼克号'一鸣惊人，震惊世界。"

玩笑过后，惠勒说自己曾去过帕泰岛，乘的是一条小船，他认识那个胖子船长，因为两个都是胖兄弟，谈得很投机，还说胖子船长上次腿痛，请他捎中药，他访问中国时专门为他买了药，船长说效果相当好。于是，我们一起在海边找到了阿巴斯·马科科（Abass Makoko）船长，他当即证实沉船的史实，讲起帕泰岛上"中国村"的动人故事和中国按摩的神奇疗效。

第二节　船员当年落难东非孤岛

阿巴斯·马科科船长五十开外，性格直率，一见我就风趣地说，你是从遥远的中国来的，不是从帕泰岛（Pate Island）上的"中国村"（China Village）来的。我们的话题自然从帕泰岛谈起，他说自己生长在拉木岛，常年往来于拉木群岛之间，对这一带十分熟悉，帕泰岛上的几个村庄，几乎全与中国有关系，"我们把上加（Shanga）不叫'上加村'，而叫'中国村'，凡岛上来的居民，我们先问他们是否从'中国村'来"。

"为什么要先问这个问题呢？"我脱口而出。

"'中国村'里的按摩大夫水平比较高，拉木岛上的人，要是谁扭了胳膊崴了腿，大都乘船去治疗，我常拉患者过去，自己也常去岛上看病，上周才去过。"体态肥胖的阿巴斯，因常年腿痛，走起路来显得比较吃力，左摇右晃，步履维艰，"有一次我把小腿扭伤了，立即开船到岛上，大夫给我按摩，见效很快，还说如果配合一种中药，效果会更好，我便请惠勒先生给我从中国捎药"。惠勒插话说，是一种治疗跌打损伤的中药，具体名称他说不上来了。阿巴斯对惠勒笑着说："这也就是我们俩成为朋友的原因，是中药把我们连在了一起。"

"拉木人个个知道中国村，中国村里的人个个知道他们与中国有渊源关系，这个久远的故事与帕泰岛附近的一艘中国古船触礁沉海有关。"他继续说，那些礁石现在还能清楚地看到，船只每行到附近都要倍加小心。

我把自己知道的帕泰岛上五个村庄的名字说给阿巴斯，请他证实其准确度。阿巴斯接过我手中的笔和纸，画了一个草图，标明几个沿海村庄的大概位置。他边画边说，帕泰、上加和西游（Siyu）是三个主要的村庄，位置由西至东再向北，形成一个三角形，其他两个村子——法扎（Faza）和春杜瓦（Tundwa）比较小，分布在东北海岸（见图7—2）。

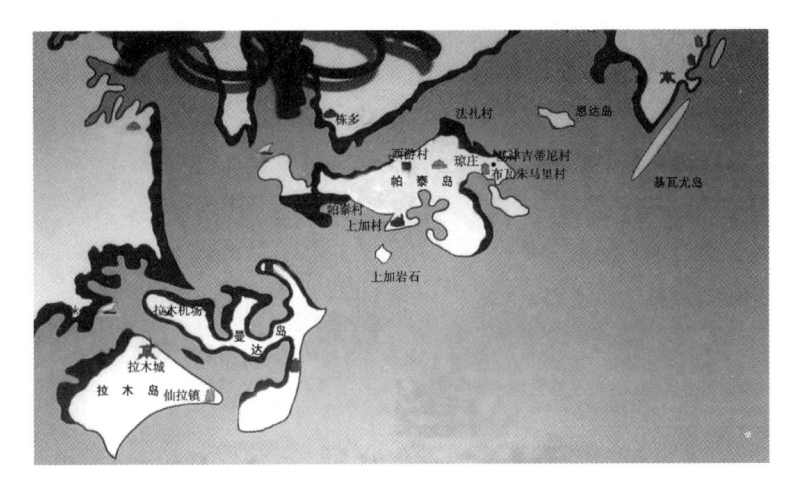

图7—2　肯尼亚拉木群岛图

根据阿巴斯介绍的情况，我再次讲明自己此行的目的，与他商谈采访的路线与时间及其费用。根据帕泰岛四周的航道分布情况和码头的位置，他提议明天清晨出发，按照西南——南——东——北的方向绕行帕泰岛，依次采访帕泰、上加、春杜瓦、法扎和西游村，天黑前回到拉木。我担心时间过于紧迫，他说可在岛上居住一晚，不过不能住在帕泰岛，那里条件太差，蚊虫太多，只能住在基瓦尤岛，该岛有树顶旅馆，夜晚凉爽安全，免受蚊虫和野兽干扰。

关于帕泰岛上的安全和周围水位能否使船只靠岸这两个问题，阿巴斯说，岛上相对安全，为保险起见，让他的小助手奥马里（Omaly）陪同我上岸采访，这样有当地人同行方便些。近日水位低也不成问题，一是他熟悉这一带的航道情况，再则船开不动时可用木桨划船靠岸。

为节约时间，我们决定当日下午1时出发，今天先采访帕泰村和上加村，晚上投宿基瓦尤岛，明天再访问其他三个村子。这样，阿巴斯便去准备，主要是今天的晚餐和明天的午餐，以及为船加油。

巧遇黑白两胖兄弟成为我此行的一个转折点。应我的请求，惠勒下午1时陪我一起到码头等候阿巴斯，再次叮咛船长我们是好朋友，一定要注意安全，确保平安归来。惠勒给我使了个眼色，无不幽默地说："我到时在码头迎接你们凯旋，商谈打捞'泰坦尼克号'计划。""防人之心不可无。"一人孤身在外，人地两生，又是漂浮海上，在向阿巴斯发出我和惠勒是在拉木"故友重逢"的信息后，我在上船后特意告知阿巴斯，除随身携带的照相机和洗漱用具外，我的现金和其他行李都存放在宾馆，明天返回后再向他支付费用。

一只仅能乘坐五六个人的机动小船徐徐驶出海榄雌①相夹的通道，接着来到四面宽广的印度洋，船长立即加速前进，一股海水迎面打来，让我亲口尝到海水的咸味。海风劲吹，深蓝色的海水掀起层层波浪，小船在大洋中划出一道长长的白浪。强烈的阳光照耀下，不远处的天际间出现了"海上生云烟"的美景。前方帕泰岛的附近，一排礁石犹如一头头怪兽匍匐在水面上，初看是五六个，细看又成为七八个。阿巴斯告诉我，当年郑和船队的一艘船就是在那里触礁下沉的。我请他靠近一些以便拍照，他说附近暗礁密布，仅靠近了一点就不能再向前了。

眼前是一排相隔距离不等、冒出洋面高低不同、外廓形状不一的岩石，或者说是海洋上的小山尖，因为其面积太小，无法称为海岛。进一步仔细观察，其中一个面积较大的岩石上面，还有当地渔民搭建的小茅棚。据阿巴斯介绍，这一带多有暗礁，但附近也有一个神秘的海峡，深度无法判断，因而对这一带航道不熟悉的渔民鲜有靠近这一排礁石者，唯恐躲之不及。阿巴斯顺口称赞我找他是选对了船长，因为他对这一带航道熟悉，可以靠近礁石，而且能保证此行的安全。这其中当然不乏自夸的成分。

距离帕泰岛越来越近，水位越来越浅，船长关闭了发动机，将其从船尾移回船舱，拿出撑杆划向岸边。不一会，船底接触到水底，船无法向前了，船长示意我下船步行上岸，我背起相包机，赤脚下到水里。临下船时，阿巴斯告诉我，目前水位正在下降，他不能在原地等我，必须将船远离岸边，最好是趁航道现在通行时，他将船开到帕泰岛北边的西游村海岸等待我们，因为那里的航道水深可以靠岸。"你快点采访，然后从这里租一辆自行车或是坐毛驴到上加，采访完上加后再坐毛驴到西域村，我在那里等你们，不见不散，一言为定。"说罢，他急忙撑起杆子，将船划向海里。事实证明，他的这一安排使我吃尽了苦头。

---

① 一种马鞭草属植物，生长在海水中，在东非沿海一带常见。

近年来，帕泰村成了拉木岛外国游人的必到之地。西方游客普遍认为，与世界现代化的脚步相比，拉木岛至少落后三四百年，到此一游，就是为了看拉木的原始与淳朴、落后与封闭，享受一份远离大都市的宁静，寻找一种返璞归真的感觉，图个放松与舒心。来后方知，帕泰村比拉木城更落后，正是帕泰村的落后劲把西方游客吸引了过来。

帕泰村成了旅游点，人们的脑袋瓜也就慢慢开了窍。村民常常站在村头岸边，有的还带来自制的微型木船，等待游人到来。我刚走上岸，村长就迎上来自我介绍叫阿斯曼·莫德（Athman Mohd），表示愿当参观帕泰村遗址导游，导游费300先令。①

帕泰遗址与帕泰村毗连，同样位于海岸。在村长的带领下，我首先穿过一片香蕉林，来到了满目残垣断壁的遗址。总体而言，从普通民居到清真寺，遗址的建筑风格属于阿拉伯式样。由于年轻的村长对村史一无所知，特意请来的一位长者介绍说，这个村子最早的首领叫巴塔威（Batawi），其家族14世纪初至17世纪统治着帕泰村。后来，纳巴汉（Nabahan）来到帕泰村，为便于统治，他首先向村民传播伊斯兰教，受教化的居民也就屈从于他，他便逐渐取代了巴塔威的领导地位。后来，阿拉伯人从坦桑尼亚的桑给巴尔岛北上至此，推翻了纳巴汉的统治，直到英国人占领之日。那位长者强调，尽管帕泰村的统治者不断易人，但是帕泰村的生活习俗和文化传统一直没有发生多大变化。

在从遗址到村庄的短途中，村长告诉我，进村后我会十分容易地发现"中国的影响，就连不少人的长相也与你相近"。话音未落，迎面走来一名背着草包去田地劳动的中年男子，村长问我那位中年男子是否像中国人，我会意地笑了。走进狭窄的巷道，看见不少家门前，妇女们席地而坐，正在用椰子树叶的窄条编织大小草包和凉席，其中有的精心编织一种小巧玲珑、类似筷子笼的器具。她们看见陌生人进村，纷纷急忙放下手中的活儿躲回家中，由此窥管见豹，可知此地的封闭状况。走到一个对开的双扇木门前，村长示意门上的锁子是"中国制造"，村里的房子也类似中国的建筑风格。

刚走进村长家中，一盏从室内顶棚中央吊下来的马灯格外引人注目，我顿感似曾相识，而村长却觉得诧异，连忙解释村里没有通电，晚上要用

---

① 先令（shilling）是肯尼亚的货币单位。1美元当时约合78先令。

马灯照明。一问方知,那盏马灯是他从拉木的一家商店里购买的,分明是中国货。落座后,莫德强调帕泰村之所以受到中国影响,与附近的一只沉船关系密切:"很久以前,一艘中国船只因迷失方向驶入帕泰岛沿岸,在上加村附近不幸触礁下沉,慌忙之中,船上的数百人纷纷抛出载运的小船逃命,并从大船上快速搬下瓷器和丝绸等贵重物品。他们当中,有400名划向帕泰岛,沿着杂草丛生的海岸在上加村登陆,用随身携带的中国瓷器和丝绸与当地人交换食物和钱财,并以此落脚下来。后来,除40人继续留在上加村外,其余分两路离开,100人向西来到了帕泰村,260人北上去了西游村。当时的帕泰村很大,由于缺乏饮用水,加之又流行过一次严重的疟疾,不少人被迫离开,帕泰村的人口锐减。就中国人而言,目前只剩下3户了。"

听着村长的讲述,我的脑海开起了小差:此前翻阅的有关材料表明,郑和船只并非是因为迷失方向误入帕泰岛附近进而触礁沉没的,也许这艘船只就是来与帕泰岛进行互市贸易的,未料发生意外,因为帕泰岛当时相当发达,富人以收藏和使用中国瓷器、穿戴中国丝绸为荣,而帕泰岛的上加港当时也是著名的深水港,来往的船只很多。①

中国人登陆帕泰岛后,逐渐与当地女子成家,入乡随俗,落地生根,生儿育女,融入当地社会。据莫德介绍,目前帕泰村的总人数是2350名,分为两大部分,由两大部落组成,两个部落的名字分别为纳巴汉和波科姆德(Pokomd),中国人仅剩下3户,瓦法茂(Wafamau)是他们的共同姓氏,也成为帕泰岛上"中国人"的代称。

这时,一名满头大汗的少年匆匆走进来,气喘吁吁地告诉我们,"瓦法茂"家的大门都上着锁,人全下地干活去了。这样,我只好通过村长间接采访"中国人"。

问:"中国人"是否富裕?

答:如同世界各地一样,哪里都有穷人和富人。比较而言,"瓦法茂"是富人,他们的祖先当年带来的瓷器和丝绸等贵重物品为他们垫了家底,现在每家都有地,加上他们比较勤劳,生活也就宽裕一些。说到这里,村

---

① 关于中国船只遇难的原因,当地还有几种不同的说法,其中之一认为,那艘中国船只当时是夜间朝着帕泰岛的港口方向行驶,只注意观看前方港口的灯塔而忽视了黑暗中靠近船头的礁石,因而触礁。

长从室内取出一个瓷坛子,说是近年来不断有人来岛上"淘金",问我是否需要,价格可以便宜点。我走近一看,是英国制造,年代很近,便笑着摆了摆手。

问:"中国人"的饮食情况如何?

答:这一带的主食是玉米和香蕉,除农民外,"瓦法茂"中也有渔民、商人等,在海上捕鱼或做水果买卖。也就是说,他们与当地大多数人的饮食结构差不多。帕泰岛上不产蔬菜,就连土豆、葱头这类蔬菜也要到拉木岛去买,而且价钱很贵,因为拉木岛的蔬菜也是从大陆那边贩运过来的。因交通不便和经济困难,帕泰岛上的人常年基本上吃不到蔬菜。

时针已指向下午4时,我和小陪同奥马里必须赶路。谁知,当我提出租用自行车或是毛驴去上加村时,村长连连摆手说:"不行不行,只有一条崎岖不平的羊肠沙道,中途还有水洼,骑毛驴都十分困难,哪能骑自行车?"看我有些纳闷,奥马里提示说,船长每次来帕泰岛都是走水路,不了解陆路的情况。我提出步行,村长说沙路难走,至少需要两个小时,且不说你们不熟悉路况,不习惯行走沙道,恐怕天黑前也赶不到上加。

村长把我们送到村头。在岸边,我们赶巧登上一条回上加的小木船。

第三节 一条扁担挑出"中国情"

阿巴斯船长常年奔波在大海上,对帕泰岛的地形并不十分了解。他对采访路线的安排,使我吃了不少苦头。第一次赶到被当地人称为"中国村"的上加村时,已是傍晚,而当天必须赶到西游村与船长碰头,对"中国村"的采访又无法进行。

一 星夜借宿西游村体验贫穷落后

茂密的海榄雌构成帕泰岛沿岸的一大奇特景观,小木船沿着海榄雌密布的蜿蜒海岸自西向东行进。一叶扁舟,行进在茫茫印度洋中,晚霞映照在海面上,碧波与霞光交映,景色别致美丽。晚风徐徐吹来,顿觉一股凉意。本来,此情此景漂浮在印度洋上,心情应该是放松和愉悦的,可我心急赶路,无心领略此番美景,眼看着太阳就要隐身西山,总觉得船只速度太慢,再看看两名年轻船夫,他们恨不得将撑杆加长划船。为加快速度,我和奥马里拿起双桨划了起来。谁料迎面风越来越大,逆水行舟,四人形成的合力也被大打折扣。快到上加村时,两名船夫有意将船驶过一段距离,以借东南风将小船直接吹到码头,可当他们立稳帆樯开始扬帆时,风帆尚未张开,大风差点将船只吹翻,四个人不约而同地惊叫起来,我在惊叫声中本能地抱紧相机包,他们三人也无不惊慌失色。

终于上岸了,夜色也降临了,采访上加村的计划只好推迟到明天。急忙找到上加村长,简要说明来意后,村长眼睛一亮,十分高兴和意外,"欢迎中国记者来'中国村'。今天是来不及了,你最好今晚就住在这里,明天我带你到上加遗址参观,再到现在的村里转转,向你介绍'中国村'的情况。"我告诉他,因与船长有约,今晚必须到西游村会面,约定的时间早已过去,船长一定等急了,我们现在就要赶往西游村。

帕泰岛布满丛林,到处是沙子,上加村至西游村只有一条交通要道——羊肠沙路。没有交通工具,我们唯有步行前往,奥马里对岛上的道路又不熟悉,我们临时决定雇用了一名船夫做向导,三人快步走在四周布满树木杂草的小路上。脚底是厚厚的一层沙子,一脚深一脚浅,他们二人都是赤脚,走起沙路来倒也轻快,可我的鞋里不停地灌进沙子来,不一会儿脚就被磨得难受,心里越是着急脚下就越是走不快。天空没有月亮,唯有星光使得四周不至于一团漆黑,依稀可看到一条小路蜿蜒伸向前方,我担心丛林中会有野兽出没,他们表示岛上基本没有野兽,不过毒蛇之类害虫还是经常能见到。

大约走了一个半小时,我们来到西游村口,一名自称是渔民的中年男子站在那里,告诉我们船长在岸边等待着,他可带我们过去。西游村离海边还有两公里,也是一条羊肠小道,我们左穿右拐来到码头时,根本看不到船长的影子,听到我们的声音,船长在海里大声喊道:"今晚只能在船上过夜了,你们快过来。"这时,我们借着船长从海面上照过来的手电光,摸索着沿着石台阶下海,因船长的大船无法靠岸,那名男子先下到海里,推过来他的小木船,我跳上船后再划向船长。问题出在海风使两船难以接近,黑暗中相互位置又看不清楚,当船长伸出手拉我过船时,两船相碰差点把我们同时颠簸到海里,这把我这个不谙水性者委实吓得半天目瞪口呆,尽管黑夜中船长看不清我的表情,但无论他怎样解释睡在船上的好处,诸如凉爽、安静、没有蚊虫侵扰等,我始终坚持要回西游村投宿。

西游村是帕泰岛上最大的村庄,现约居住着约3500人。岛上无电,村民晚上仍用煤油灯照明,从远处看,整个村子被沉重的夜幕笼罩得严严实实，黑暗而沉寂。进村之后，才可看见有些人家屋内的微弱灯光。这里罕有外人光临，没有正式的旅馆和饭店，偶有外人来访而需要吃住时，可与较为富裕的人家商议。陪同我们的那个渔民主动提出住在他家，不过条件不好，两人的住宿费500先令。考虑到即使不住他家，还要给他付小费，况且别人家的条件也好不到里去，我们答应了。何处吃饭呢？饥渴交加早已让位于担惊受怕，这时已是晚上11时多，我才感到口干舌燥、饥肠辘辘，可我们携带的干粮还放在船上。我真有点后悔，当时不该那样盲目冲动，应该在船上多待一会儿，用海水洗洗手，吃点阿巴斯带的自备的饭菜，喝几口随船携带的矿泉水，此时想起来，那该是多么的惬意与爽快啊！

我们找到一户兼营饭馆的人家，吃饭的方桌子和客厅墙的装饰图案颇具中国特色。主人家的小女孩先给我们提来一热水瓶糖茶水，当地人多吃雨水积攒起来的窖水，水质不好，糖茶水可以掩饰水的味道和颜色；等待半天后端来一盘主食：椰子面做成的面包片和炸三角。也许是饿饭吃了香，吃起来味道还不错。次日的早餐是椰子面烙饼，到简易的厨房一看，其做法与中国的烙饼几乎一模一样。

我们下榻的是一户清贫人家，用家徒四壁来形容恐有夸张之嫌。室内一片漆黑，主人不好意思问我能否先付住宿费，因无钱购买煤油，否则今晚无法照明。当他匆忙打煤油回来时，好半天又找不到马灯，说明好长时间没有点马灯了。室内共四间房子，其中一间放了一张上面铺着一层破旧棉垫、高低不平的床，主人从墙角的旧篮子里取出两个半成新的浴巾大小的花布分别递给我们，说是夜里御寒用的"被子"。我的洗漱用具放在船里了，就是随身带来也派不上用场，哪儿有水呢？今晚只好和衣而睡，带着浑身上下的汗碱味和沙土味。房子的窗户很小，闭门后几乎不通气了，尚未入静，蚊子便飞过来凑热闹。即使没有蚊子，这大热天躺在棉垫上，怎能睡着？后来，我俩只好搬到客厅，将家门敞开，可蚊子还是不时飞入袭击。这一夜，我是在蚊子的伴奏下似睡非睡中度过的。

二 见到"亲人"他激动得热泪盈眶

这里是伊斯兰教的天下，次日黎明，通知祈祷的高音喇叭声把我喊起床。当地不通电，仅有一个小发电机，发电专供高音广播用。

昨晚看不清西游村的村容村貌，白天才能认识西游村的真面目：全村的房子大同小异，房顶都是用椰子树叶或是用其编织的简易席子搭成的；巷道缺乏统一规划，弯曲、狭窄而不平；村民不分男女老少，除个别穿着讲究的年轻人外，都不穿裤子，而是用一大块方布缠裹在腰间，区别在于男人多用单色布，妇女都用花色布；除往来打水的人外，不时漫步而过的毛驴成为村道中独特的风景线。

就在我们吃早餐时，一名小伙子主动找上门来要为我当导游，毛遂自荐曾经参加过西游村和上加村遗址的发掘工作，手里还提着沉甸甸的一塑料袋碎瓷片，说是从两个遗址发掘出来的，问我是否需要。这样，这名叫伊利（Mansuv Ile）的小伙子就成为我的导游。

西游村共有四户中国人，严格地说是其家中的一个主人带有中国血统。当我迈着沉重的步伐在巷道内左弯右拐来到第一户门前时，迎面碰上了"铁将军"。第二户的女主人是"中国人"，她到农田里劳动去了，仅剩下16岁的儿子留在家里，当他从破旧铁皮大门缝中露出头来时，导游这样告诉我："你看，这男孩的两个眼睛很小，皮肤比我们白，头发比我们黑，典型的中国人形象。"我提出进家门看看，得到的回答是"妈妈说她不在时不让陌生人进门"；我又提出给他照相，他说这要经过他母亲同意。不难看出，家教还是比较严格的。从外观看，村里仅他一家建有围墙，这大概与中国人的思维有关。

今天算是赶巧了，昨天长途跋涉外加提心吊胆，夜里又没有休息好，我头脑发木，腿脚发痛，全身上下都觉得不自在。在巷道里转了几圈，好不容易找到第三户"中国人"家庭，男主人又不在家。那位男主人是一名中医大夫，在当地颇有名气，两年前去马林迪开了诊所，几天前回家探亲才走。女主人倒也热情，对中国、中医不甚了解，谈话无法进行。她6岁的儿子在自己院内玩耍，看到陌生人来有些腼腆，几分严肃的脸庞上一对大眼睛仿佛向我们这些陌生人发出疑问。从木棍围成的大院走进屋门，室内有土炕，墙上有窑窝，这可说是与中国有联系。

正当我在村道中踌躇时，从对面走过来一位挑水桶的精瘦老人。他一直在注意着我，步伐越来越快，离我还有二三丈远时，他猛地扔下肩上的担子，几乎是小跑着到我面前，老远就伸出双手一下子紧握住我拿着相机的双手，渴望的目光注视着我，双唇轻轻喏嚅着，他显然有些激动："你，你很像我的爸爸"，他暂停了一下接着说："你就是我的爷爷，你一定是从遥远的中国来的，我的老家在中国。"说着说着，他的眼睛湿润了。

这突如其来的感人情景使所有在场者无不感到惊讶万分，吸引来了巷道里所有人的目光。我们的两双手紧紧地握在一起，我仔细地打量着这位近在咫尺的陌生老人，他的长相确实与我非常相似——肤色浅、头发长、眼睛小、嘴唇薄，我俩这时站在一起与在场的其他人的区别顿时泾渭分明。我真有些不知所措，口里说道："见得你非常高兴。"

老人主动邀请我到他家去做客，自我介绍叫萨利姆·布瓦纳赫里（Salim Bwanaheri），今年58岁。他告诉我，他的祖先是从中国经东南亚乘船来到这里的，因船只遇难而久留此地，那是很久以前的事了。先辈对他讲，中国很大，离这里很远，乘船需要很长时间；中国的汉字是方块形的，中国的瓷器和丝绸世界闻名。更多的他就讲不出来了（见图7—3）。

图7—3　作者与萨利姆·布瓦纳赫里合影

他家的房子较高,外形与当地其他人家无太大区别,但室内一贫如洗,没有一件像样的家什。内屋墙上挂着一个大摆钟,早已停止了摆动,说是祖先留下来的。取下来仔细一看,上面没有任何文字。接着,他从后门旁边的墙窑窝取出一把黄色铁锁子说,他用的是"三环牌"锁子,上面写着"中国制造",这是他家目前唯一与中国有关的东西。谈起目前家中的情况,他说自己有9个孩子,现在都离开了帕泰岛,最小的儿子阿利(Ali Salim Bwananeri)今年22岁,现在拉木岛。听到"阿利"的名字,我的小陪同奥马里插话说阿利是他的小伙伴,和自己一样,目前在一个船上工作。次日上午在拉木岛,奥马里找来了阿利。阿利告诉我,他来拉木是为了学习,可来后没有钱,只好先找份船上的工作,给人当帮手。谈起郑和船队的事,他说:"时间太久了,帕泰岛上目前没有一个人能讲清楚这个中国故事,只是知道一个大概情况。"他表示自己有兴趣进一步了解有关详情。

我们一起与老人走出他家门,陪同他一起去挑水。时间虽十分短暂,但在水窖附近分别时,彼此仍感到依依难舍。我不抽烟,便提出让奥马尔给老人一根烟,老人表示能否再给他一点钱作为这次会面的纪念和拍照的小费,我答应了他。

经过近600年的沧桑巨变,虽与当地居民通婚,融为一体代代相传,这些华裔身上还顽强地保留着中国的血统和传统。除眼睛、皮肤和头发都像中国人外,他们重视学习和家教,懂一点中医;新一代不满足现状,自己走出孤岛闯荡;自家筑有院墙,室内还有土炕,这在当地独一无二;使用扁担挑水,而当地人用车运水桶或是用手提;就连当地的饮食习惯也深受中国影响,椰子面烙饼的制作方法,特别是必须运用的小擀面杖,当地人也承认是从中国人那里学来的。

三 没有中国人就没有西游村

采访完几户"中国人",颇感不足的是,他们皆对郑和船队的事不甚了了。此前阅读的肯尼亚历史书告诉我,肯尼亚沿海居住着九大部落,他们的历史几乎都没有像样的文字材料,仅有的除考古发掘外,都是根据口头传说整理而成的。根据这一情况,我决定寻找熟悉村史的老人了解情况。经过一番周折,终于在村外的丛林中找到了正在修理自家木船的西游村"头人",58岁的库布瓦·穆罕默德(Kubwa Mohamed)。

这里的"头人"类似中国的老年协会会长，在当地德高望重，受人尊敬。谈起西游村史，穆罕默德首先强调："西游村是由中国人最先创立的，没有中国人，也就没有现在的西游村。"他指出，西游村原是一片荒野，由于靠近海岸，水源比较充足，逃难到上加村的中国人首先为寻找水源来到这里定居。"后来，帕泰村的统治者从西面打到上加村，用武力征服上加村，打得村民无处藏身，其余的中国人和当地居民纷纷来到这里，西游这个最早由中国人创建的居民点也就逐渐发展成为村落"。

"以后的情况呢？起初大批中国人来到这里，到现在只有4家了。"我提出这样的问题。"头人"继续说："后来，葡萄牙人又登陆帕泰岛，从上加村一路打将过来，打得西游村鸡犬不宁，还在这里建筑了城堡，西游村当年的伤亡很大。接着，阿拉伯人从桑给巴尔岛北上至此，以后又是斯瓦希里人抵达，西游村从此成为帕泰岛上最大的村庄，直到今天也是人口最多的村庄。"据史料记载，西游村自中国人创建后，人口悄然激增，一时成为"整个地区跳动的脉搏"，人口始终高居帕泰岛之首，1873年时人数是1万名。1885年前后发生的一场天花夺取了约1400人的性命，不少人为逃命而移居大陆，至1897年人口锐减到5000人。在1750年至1850年的百年间，帕泰岛达到顶峰时期，当时帕泰村的人口在2万至2.5万人之间，西游村的人数最高达3万人，超过1890年桑给巴尔岛的总人口。[①]

"那后来中国人的情况呢？"穆罕默德回答道："来到帕泰岛的中国人全是男人，他们在上加时就与当地妇女结婚成家，生儿育女。举家来到西游时，又不断地受到骚扰，加之西游村的自然条件不断恶化，为了生计，他们逐渐地离开了，沿着大陆海岸南下，不知具体去向。有的讲他们去了马林迪，有人说他们去了蒙巴萨，总之是沿海一带的城市。"据马林迪博物馆长讲，葡萄牙人到马林迪时，就遇到过当时在马林迪居住的中国人。根据这一情况，中国人从西游村去马林迪的可能性最大。那次船难发生后不久，明王朝改变了对外政策，郑和从此停止了下西洋，帕泰岛的中国人在等不到郑和船队再访时，满怀希望沿着东非海岸寻找郑和船队的可能性是存在的。因为长颈鹿是马林迪国王贡奉中国皇帝的，到马林迪寻找应在情理之中。

[①] See Paper, J. de V. Allan: *Siyu in the 18th and 19th Century*, from the University of Nairobi. Provided by Lamu Museum.

"头人"认为，中国人创建了西游村，西游村无疑受到中国人的影响。比如，村里现在还有铁匠，打造劳动工具，据说这是由中国人传授的；也有个别人懂一点中医，这当然是中国人带来的。他停了一会儿接着说，听村里的先辈们讲，很早以前西游村的中国人有个传统：人们去世后不是就地埋葬，而是把灵柩抬到上加村埋葬，因为他们最早到达的是上加村。"头人"不明白其中的缘由，我向他解释说，这可能与中国人讲究叶落归根的传统有关系，既然回不了中国，权且将上岸后最早抵达的上加村当做"老家"。

"头人"不会讲英语，导游在翻译的同时补充道，中国人的坟墓也与当地人不同，是一个大的半圆形冢，现在的西游村遗址还有这样的坟墓，坟墓周围还镶嵌有瓷盘，后来被人偷走了。

我在西游村参观了位于村北头的古城堡。一般认为，该城堡是葡萄牙人修筑的，持异议者认为是阿拉伯人修建的。走出古城堡，看到不远处的西游村卫生所，我原计划采访，不巧没有开门，从外表看，是一间很小的房子。

在村南头的西游遗址，我见到几个半圆丘形状的坟墓，大小不同，有的将瓷盘镶嵌在墓冢周围，有的镶嵌在圆柱形的墓柱上，但都早已被人偷走了，现仅留下一个个印记。考古发掘认为，西游村遗址包括19座石头房子、3个清真寺和一组重要的墓群。离遗址不远处的一间草棚里，传来一阵打铁声，走进一看，一位老人正在打造一把铁锹。他告诉我："这手艺是祖先传下来的。"

告别西游村时，我想起肯尼亚大学历史学教授艾伦（J. de V. Allen）对西游村所下的定义：位于肯尼亚北海岸的帕泰岛的蜂腰地带，涨潮时可从沿途布满海榄雌的西部小湾乘船登陆；如果要从东部大洋登陆则更加不易。提起西游村，人们大都会想起那里的城堡。在这篇题为《18至19世纪的西游村》[①]的论文中，艾伦认为西游村早期的人口分为九类：马谢里夫、瓦上加、瓦阿拉布、瓦哈迪穆、马法齐、瓦法茂、瓦塞格朱、瓦卡特瓦和瓦斯瓦希里，"如果从前缀词来看，则分为'马'和'瓦'两大类，前者意为'外来户'，后者特指'土著人'；前缀词后的词语或表示他们

[①] See Paper, J. de V. Allan: *Siyu in the 18th and 19th Century*, from the University of Nairobi. Provided by Lamu Museum.

的来源地,如瓦上加的'上加';或代表他们所讲的语言,如瓦斯瓦希里的'斯瓦希里'"。按此分类法,作者把"瓦法茂"归入"土著人"之列,足见瓦法茂居住在西游村的历史之久。作者在文中还强调:"瓦法茂是指中国人,土石圆丘是瓦法茂人坟墓的特征。"由是观之,"瓦法茂"不应该是中国人的姓氏,而应是其类名。久而久之,两者混为一谈了。

艾伦指出,18世纪末叶,西游村遭受外敌入侵,一个名叫马塔卡(Mataka)的年轻"瓦法茂"人挺身而出,带领村民英勇顽强御敌,击退了敌人的进攻,被群众推举为首领。作者还表示,历史上的西游村曾一度繁盛,吸引来周围不少手艺人和学者,被誉为"手艺人之城",使西游村成为多种文化的交汇点。作者列举了在西游村发现的各种各样的艺术品后指出,其中的"高靠背方椅"是西游村的一个特产,坐上去比较舒坦,有后背可依靠。作者在考证时认为,这种椅子既不属于阿拉伯式样,又不是从海湾一带传入,也在当地找不到同类物,因而成为一个"谜"。其实,这种椅子来自中国,应是"瓦法茂人"的贡献。

事实上,中国人创建西游村,其贡献不仅限于"高靠背方椅",更重要的是他们在继承和传播着中国文化。

第四节 中国后裔传承中华医术

正当我准备告别西游村南下上加村时,在村口迎面碰上了一位风尘仆仆的老人,他二话没说就递给我一瓶矿泉水,尚未等我开口,又从腰间掏出一张纸条递给我。自我介绍是上加村长的父亲,奉阿巴斯船长之命,特前来为我送水和报信。这瓶矿泉水无异于雪中送炭,那张纸条是船长的亲笔信,告诉我他正在上加村头的海边等待,给我吃了颗定心丸。

一 落难船员首先定居上加村

在导游的带领下,我们沿着昨晚的小道从西游返回上加。艳阳高照下,行走在丛林密布之间的沙土道,热空气似凝固了一般,我们如同置身于一个硕大无比的温室,汗水好似蒸桑拿浴般从头上往下流,再与浑身冒出的汗水相交汇,被汗水浸湿的衣裳接着又被太阳晒干。途经一所小学时,一群学生课间休息正在玩耍,看到陌生人举起照相机,活像一群受惊的小羊羔,哗啦一声跑回教室,扬起一道沙尘。

我们先来到上加遗址,在一座坟墓前,导游指着墓柱上凹圆形的印记讲解说:"这是一个中国人的坟墓,墓柱上原来镶嵌着瓷盘子。"我反问:"何以见得,有钱人的墓柱上同样镶有瓷器,但这不一定都是中国人。"导游解释说,他在参加发掘上加遗址时,考古专家在挖出坟墓时告诉他,坟墓里的死者,面向北者是穆斯林,因为伊斯兰教徒墓葬时面朝麦加圣地,否则就不是穆斯林。坟前立有墓柱的,一般都有半圆形墓冢,尚未发现面朝北者。我深信其说,也由此推断出,中国人一般没有加入伊斯兰教。

我们走进上加村,在强烈的阳光照射下,巷道内鲜有行人往来,显得几分平静。在村长家门前,几名小朋友在骆驼背上向我们微笑致意,勃勃生气让人为之精神一振。不远处的一个墙角,一口水井孤苦伶仃地竖卧在阳光下。由于昨天约定今天中午时分再次造访,加之村长的老父亲为我送情报,听到门外的说话声,村长主动迎了出来,他微笑着请我们进屋入座,其热情程度使我俩之间的第二次握手如同故友重逢,采访也就显得轻松自然,如拉家常一般。

31岁的村长名叫斯瓦雷·穆罕默德(Swaleh Mohamed),他开门见山地这样介绍上加村:目前的上加村由4个位于上加遗址附近的小村子组成,村民总人数480名,这是根据1965年国家规定的行政区划形成的。"上加村的原名叫姆坦噶尼(Mtangani),意为沙漠之地,中国人来后将村名改为上加(Shanga),源自中国的上海市。"村长接着笑言:"当上加村民,特别是孩子们去拉木城时,拉木人就问他们'Are you from Shanghai, China?'(你们是从'中国上海'来的吗?)或者干脆问:'Are you from China?'(你们是从'中国'来吗?)久而久之,'上加村'也就变成了'中国村'。"

问及上加更名的出处,村长讲一是根据当地传说,代代相传至今;二是他曾在本国出版的一本世界历史书中读过这段历史。当我深追这本书的具体书名以及现在能否找到时,他遗憾地说:"时间太久了,恐怕一时难以找到。"谈起当年中国船员到达上加的情况,村长这样讲:"中国人到来之前,居住的是阿拉伯人,中国船只遇难后,上加距离遇难地点最近,加之易于登陆,逃难时的中国人自然首选上加。他们的突然而至出现了一系列新问题。诸如,与当地居民的语言交流困难,使这里本来饮用水不足的状况加剧,特别是中国文化与阿拉伯文化的融合出现摩擦与撞碰,宗教方面表现尤为突出。在这种情况下,再加上战乱和疾病流行等原因,本已在此安家落户的中国人逐渐离开了，这也是今天的上加村没有'中国人'的原因。"说到这里，他眼珠子一转："顺便提一句，村里的老人常常讲起马林迪国王向中国皇帝赠送长颈鹿的故事，我也在肯尼亚历史书中读到过这个真实故事。这个故事发生的时间与中国人登陆上加村的时间大致相同。"

至此，根据帕泰、西游和上加三个村子的采访情况，可以得出这样的结论：当年中国船难发生后，船员们先登陆上加村，后因种种原因，一部分人向西去了帕泰村，另一部朝北创建了西游村。上加遗址的考古专家认为，上加遗址的年代在8世纪中叶至15世纪初期，其中发掘的中国瓷器和陶器的年代从唐朝一直延伸至明朝，包括唐朝的漆陶器、橄榄绿陶器，以及明朝的青瓷和花瓷。考古学家进而认为，早在中国人登陆帕泰岛之前，中国瓷器和丝绸贸易已远抵这座孤岛和非洲东部沿海地区，只是由于沿海一带的气候不适宜丝绸制品长期保存，今天在这一地区的考古发掘中尚未发现。

二 上加村"中国按摩"享誉群岛

"中国村"年轻的村长强调，尽管现在的上加村里没有"中国人"，但是作为"中国村"，中国文化在这里的影响比帕泰村和西游村都大得多，最明显的例子莫过于中国按摩与拔罐，附近诸岛的居民常慕名前来接受治疗。"目前，上加村有14名按摩大夫，另有7人懂得拔罐治病，她们多是中老年妇女。我已为你约好了4人，分属4个家庭，她们都在等着你，咱们一起到她们家去吧！"

在村长的带领下，我们首先来到村长家对面不远处的一位专业按摩大夫家。刚步入家门，一名五十开外的妇女闻声掀开门帘从里屋迎了出来。看得出来，她家中的摆设在当地颇为讲究。村长为我们相互介绍后，按摩大夫不好意思地笑了笑，就地坐在室内大厅的单人床上，半天不开言。后来我才明白，在她的脑海里，来自按摩故乡的中国人个个都是医术高明的按摩专家，她向我讲述行医之道，无异于班门弄斧。

在我的一再开导下，这位在当地久负盛名的按摩师终于开了腔，她的手艺是祖母教给的，祖母是从中国人那里学来的。谈起诊治疾病的种类，她用病例回答问题："当病人关节脱节时，他们找到我，我为他们正骨还原，如下巴颌骨脱节，胳膊脱臼等。""治疗的方法先是用双手慢慢地摸准位置，然后右手或双手突然猛使劲让其归位。复原后病人一般还能感到一点不舒服，再用手轻柔一阵以减轻患者痛苦，病人逐渐就会感觉正常。"

"有人肚子疼找上门来，我一般先为他们泡一杯生姜茶，也就是用当地的一种类似茶的树叶与生姜片一起冲泡，病人饮后再给他们轻轻按摩，效果比较显著。""还有，按摩身体的某部位时，特别是治疗腰背疼痛，一般用椰子油或是类似之物作为按摩油，这样腰背都会感到舒适点，按摩效果也能好一些。"

"治疗的次数因人因病而异，如头疼病人，一般一天按摩两次。再就是，治疗头疼时，我先用毛巾或是类似的东西在头部紧紧缠绕一周，然后再开始按摩，这样有助于消除病痛。"

"您按摩治病时除用椰子油外，是否还用其他辅助疗法，如中国的针灸或是其他办法？""我不会用针灸治疗，也不懂得更多的其他办法，不过有时治疗时会用Kuumika。"村长解释说，是用动物的角制成的，制作的方法是：将动物的一个角锯下来，下端取齐，再取掉顶端。治疗时，先在角里面点燃火苗，然后快速按在皮肤上，再用食指按住顶端。对此，我觉得像是拔罐又感到似是而非。后来，村长在另一家专用拔罐治疗疾病的大夫家取来一个，放在自己的胳膊上为我示范，我才恍然大悟：他们的拔罐实际上是"按角"，是中医拔罐的变种，或者说是具有中国特色的"非洲拔罐"。

这位名叫姆瓦纳布里（Mwanabule）的按摩大夫最后问我，中国是否有类似的疗法，是否有治疗跌打损伤的配合药物。她讲，这里的按摩医生都是祖传的，没有学习和进修的机会，缺乏现代医药知识，只知道中国非常遥远，中国按摩如同中国功夫一样享誉世界。

到上加村采访，未料在当地人的眼中，我竟是一位谙熟医术的中国大夫。还未等我们去第二个大夫家采访，按摩师就带着病人来找我了。原来，一名少年眼睛红肿，特别是左眼充满血丝，这名专治眼病的大夫问我有什么办法，因为这种情况按摩只会加剧病情。她的治疗办法是：用鲜生姜片与当地一种树叶混合，捣成泥状，贴在眼睛周围和太阳穴附近，促使眼睛发凉，以减除病痛。这时，我突然想起随身携带的几盒清凉油，立即掏出来，告诉她清凉油与她们的土方子的使用方法相同，具有异曲同工之效，或许效果会更好些。这一举动使所有在场者形成了中国人个个精通医术的错觉。与这位大夫交谈后方知，她治疗眼病的方法类似眼睛保健操，同时按摩头部，以减缓眼睛压力，消除病痛。

另外两名接受采访的按摩大夫恰好在一起等待我，一个专治眼睛，一个专治妇科，怀中还抱着一个婴儿。妇科大夫讲了半天，主要是用手为孕妇在产前调整胎位。与其说是按摩治疗，毋宁说是用经验办事，在临产前的一段时间为孕妇正好胎位，便于分娩，减少痛苦，降低胎儿死亡率。这在缺医少药、设备简陋的帕泰岛上，不但非常需要，而且非常见效，广受孕妇欢迎。

上加村的中国拔罐和按摩给外人一种高深莫测的神秘感，另一个古老的传说又为上加村增添了几分魔力。那是数百年前帕泰村入侵上加村时，洗劫财物，杀戮男子，掠走妇孺老幼关进监狱。其时，一个侵略者发现一名妇女正在碾碎香料，当他企图抓获她时，地面上顿时裂开一条缝，将那名妇女"吃"了进去，仅留下她的衣角露在外面。帕泰村的统治者苏丹惊闻此事后，命令在原地为其修建一座陵墓，让那名士兵为其守灵。令人遗憾的是，今人不知那座陵墓的具体地点，这个故事却代代相传，给上加村涂上一层神秘色彩。

图7—4　中国村一角

三 "中国村"村长提出三请求

采访完几名女按摩师，时间已不早了，我本计划返回拉木。年轻的村长似乎意犹未尽，看得出来有话要说。他指着自己家斜对面的一个房子告诉我，那是村里的录像放映室，由于岛上不通电，无法看电视，观看录像就成为村民的主要娱乐活动。"大家知道今天的中国是从观看武打片开始的，李小龙（Bruce Li）、成龙（Jackie Chan）、李连杰（Jet Li）的名字在我们这里可谓家喻户晓，这应归功于这个放映室。"他接着讲述了当地人对中国的理解："对于遥远的中国，老年人说中国人医术高明，个个都是医生，用手按按压压就能治病，神奇无比；年轻人讲中国功夫名扬天下，中国人个个都是武艺高手，无意中投足举手便能击倒任何一个外国壮汉，力大无边。这些大概都不会错吧！"

"岛上无电，怎样放录像？"村长没有直接回答我的提问，而是把我领到他家的一个小房间，地上放着一台小型发电机，他于是蹲下身子启动了发电机，再从家中抱起电视机和单放机直奔放映室。边走边说，我好不容易来到"中国村"，恰好收获季节已过，他要给我放映一段村民庆祝丰收的录像，以便我对他们的认识全面些。对于他的此番好意，我连声致谢。经过半天调试，荧光屏上的图象还是不停地上下跳动，最后我提议："就这样播放吧，能够看个大概就行。"

电视屏幕上，跳动着的图象没有背景音乐：夜幕降临，在村外丛林中的一片空地上，一群中年男子赤脚露背围绕着一堆熊熊燃烧的篝火翩翩起舞，手里拿着的木棍不时合着舞步上下挥动，口里唱着欢快的歌曲，单调而音长……村长的解释似乎成为录像和谐的画外音：我们这里的主要农作物是小米、高粱和少量大米，同时种一些棉花，基本上没有蔬菜，村民用海鲜补充副食。

观看录像成为孤岛生活的最佳调剂品。就在村长为我这位远客放映庆丰收画面的时候，一群老人和孩子闻声而至，悄悄坐在长条凳子上，目不转睛地看着上下跳动的荧光屏，个别调皮的孩子在我面前摆出中国功夫的架势。机灵寡言的村长笑了笑，我们在观看了一遍后离开放映室。这时，他父亲正好在门口等着我们，村长父子与我同时向村口的海边走去。指着不远处的一口水井，村长告诉我，几百年来，上加村的饮水问题始终未能得到彻底解决，我们吃的还是窖水，土地沙漠化日益严重，地面雨水的卫生处理成为难题。讲到这里，他把话锋一转："由于上加村与中国的渊源关系，我一直关注着中国的发展，知道中国正在快速前进，正在走向富裕强大。"他停顿了一下，观察着我的表情说："多年来，我有三大愿望，或者说是请求。"听到这里，我立即停住脚步，示意他继续讲下去。

近在咫尺的我们三人驻足相视，村长说："作为'中国村'，我们一向把中国视为自己的老家，至少是半个老家，恳请富裕起来的老家帮助我们打一眼水井，从根本上改变当地目前的吃水状况；我们的另一大困难是缺医少药，中医享誉世界，能否为我们办一所中医学校，培养一批医学人才，提高我们的按摩和医务水平；为解决当务之急，最好能为我们先建一个诊所。"平心而论，这三个请求并不为过，起码表明年轻的村长不是为谋私利，而是从长计议为村民着想，更何况这些请求与中国之间存在着特殊联系。看着村长父子认真的神情和企盼的目光，我一时手足无措，不知如何作答。怎样的答案才能使他们比较满意而又不是用虚情假意取悦对方呢？我这样对他说："我一定用我的报道把你的愿望转达给中国有关各方，我可以向你保证，我会告诉广大读者一个真实的上加村。"

话音刚落，村长就有些不好意思，这倒使我感到几分难堪。他下面的一席话帮助我读懂了他的这一表情，也似乎为我解了围："我另有两个小小的请求：我父亲今天恰好有事要去拉木，能否让他搭乘你们的顺船；再就是，刚才放录像时，发电耗费了一点油，能否给点油钱，我们这里……"尚未等他说完，我便满口答应，并为自己的粗心表示歉意。

小船开动了。当我们一个在海里、一个在岸边挥别时，眼望着渐渐远去的上加村和站在村头的村长，我的思绪好似大海里的波浪难以平静。置身于印度洋上的扁舟里，遥望帕泰岛沿岸蜿蜒不断的红树木和大海里撞沉中国古船的那排礁石，我脑海里储存的关于拉木群岛形成与郑和船队远航非洲的信息一下子活跃了起来。拉木群岛位于赤道附近三条古老河流的入海口，岛上平坦的地势是由河流入海口石化了的珊瑚礁形成的，除东南面的一些沙丘外，整个岛屿仅高出海平面几米。近千年前，拉木群岛是适合人类居住的好地方：河水将大陆肥沃的土壤冲到岛上，赤道附近的海洋型气候带来沛的雨量，这两项保证了农作物的生长；珊瑚礁形成的海岛，沿岸一带底层坚硬，赤道海潮涨时利于船只靠岸，而当落潮时船只又可就地泊位，这在古代堪称天然良港，而上加村的港口最为优良；沿海密布的红树林和海榄雌为建筑房屋提供了难得的木料，红木与大象成为外地商人寻觅和宠爱的对象；赤道季风和洋流为非洲与亚洲之间的海上贸易提供了天然条件，这也是郑和船队能够远航非洲的主要原因之一。这些，就是造就帕泰岛成为古时商贸中心的外因，遂使拉木群岛成为非洲，特别是东非的"入口处"。仅就帕泰岛而言，考古学家认为三个主要城市在历史上的繁荣期依次是：上加在12—16世纪，帕泰在16—18世纪，西游在16—19世纪之间。

"成也萧何，败也萧何。"肥沃的土壤养育了超负荷的人口，对大自然的过度掠夺加速了自然环境的退化，特别是土壤的沙漠化和贫瘠化，进而使帕泰岛的发展步伐远远落后于外部世界，几乎成为与世隔绝的孤岛。

万里晴空下，小船在印度洋里乘风破浪，颠簸前进，当年撞沉郑和船只的那几块礁石又映入眼帘，我不由自主地发出慨叹：冒出海面的礁石啊，你可知道，正是你击沉了中国的一艘古船，从而使中国与这里结下了绵长的难解之缘。情悠悠，意绵绵，时至今日，郑和部属的后裔——那些世代扎根在这座孤岛的远方来客的子孙，还自称是"中国人的后代"，念念不忘遥远的故土——中国。正是因为他们，中国文化在这里落地生根，中国的影响在这里彰显至今。谁说郑和远航非洲没有矗立纪念碑？这一排礁石就是最好的"郑和纪念碑"！奠基在万丈深渊之中，挺拔在中国沉船之侧，滔滔海水常年为你歌唱，万里长风四季为你洗尘，任凭大浪冲击，屹立600年，毫不动摇！你是一方鲜活的、具有强烈生命力的"郑和纪念碑"，称颂于帕泰岛民的口头，受到世代传诵！你就是中非人民友好交往的历史见证！你的身上雕刻着郑和这一不朽的名字，留存有郑和船队的足迹！如果有朝一日，在此打捞你脚下的那艘宝船，你的名字将随之遐迩闻名。今天，我这位中国记者站立在你面前，就是为了踏寻郑和的足迹，续写郑和的故事！

当我收敛起那"信天游"式的遐想之时，小船已经驶过红树林与海榄雌相夹的狭长通道，拉木城出现在眼前。我看了眼手表，正是11日下午5时。尚未靠岸，就看见惠勒和宾馆副经理等人在码头迎接我们。惠勒在拉我上岸时说，他一直在惦念着我，唯恐此行出现差错，毕竟是深入孤岛，人地两生，"见到你我就放心了"。这一席热情话语，令我感慨万千，特别是它出自一位萍水相逢的异域朋友之口。

四 "中国人"传承中华医术

2003年5月，我再次赴拉木群岛采访，而西游村的"中国大夫"法基伊去了马林迪尚未回家，我两次采访西游村均未遇上，为弥补这一遗憾，我临时改变行程，从拉木直接去马林迪，以期能够见到法基伊。

当飞机降落在马林迪机场时，已是下午2时多。为抓紧时间，坐上出租车，我直接开始寻找法基伊，没有具体目标，大方向是先找到医院或诊所，再从中询问情况，因为他家人告诉我法基伊在马林迪行医。出租车司机对我说，马林迪有20多万人，医院和诊所也难计其数，规模大小不等，挂牌的不挂牌的都有，甚至不少是家庭式诊所，这样毫无目标地找人，无异于"大海捞针"；像我这样的乘客，他还是第一次碰到。经过商议，我们先从市中心的医院和诊所开始，哪家医院寻找起来方便，就先到哪家去询问。

此时的马林迪，天气炎热，车水马龙，我们首先在一家诊所的门前找到车位。诊所的门面就一间房子那么大，门上的黑字招牌写着："您好"（Jambo），诊所名与问候语合二为一，简洁易记。走进门，接待台的黑人小姐先问我瞧什么病，得知我的来意后，她给我写了一个序号，让我加入排队的行列，像患者一样去瞧医生。我前面有三四个病人，只好耐心等待。诊所不大，却十分卫生，而且"五脏"齐全，化验室、注射室和X光线室都有，大夫坐在最里面的一间空调室应诊。四十开外的黑人大夫见到中国朋友来就诊，非常高兴和热情。当得知我是来打问法基伊的情况时，他思索了片刻，接连回答："不认识，不知道，没有听说过马林迪有帕泰岛来的医生。"对于这一新情况，他似乎比我还感兴趣，反问我帕泰岛的医生长什么样子，主治什么疾病，医术是否高明，直问得我张口结舌，无法应答。

在"您好"诊所"碰壁"后，我改变主意，先去大医院。医院人多，相对容易打听情况。出租车司机恩格塔（Michael M. Ngeta）也同意我的看法，认为去大医院了解情况能节约时间。我们来到一家三层楼的大医院——胜利医院，医院的大厅内人来人往，排成一条长龙的患者正在等待就医。我看恩格塔比较机灵，就让他先出面，到每个诊室先简单问一句："对不起打扰一下，请问帕泰岛来的法基伊大夫是否在这里工作？"如果对方回答不知道，就不要再追问了，接着再问下一个；如果对方知道一点情况，我再去详谈。

未料，恩格塔刚去第一个诊室一问，就急忙跑回大厅找我。我们快步走进第一个诊室，一位留着长胡子的矮个子大夫站起来，笑着与我握手："你算找对人了，我认识法基伊，但他在马林迪不是当大夫，而是教书。"他接着介绍说："我叫穆罕默德·科姆博（Mohamed Kombo），来自帕泰岛的法扎，法基伊来自西游。"

我忙插话："我刚从帕泰岛来，去过你们的老家法扎和西游。"

这句话一下子拉近了我们之间的距离，"真没有想到，你能够访问落后、偏远的帕泰岛"。科姆博有些不解地问道："是什么吸引你去我们老家？"当得知我是中国记者，为了一个"中国故事"去了帕泰岛，又来到这里时，他哈哈大笑道："我也知道那个闻名拉木群岛的中国故事，法基伊会知道得更多，我和法基伊合租一间房子同住，找到我就等于找到他了。"

当我们来到一所清真寺兼阿拉伯语小学时，一名蒙面妇女告诉我，法基伊正在给学生上课，让我在门口等待。约 10 分钟后，一名高个子的男子走出来，自我介绍是法基伊，与我们握手后，从屋内搬出一个凳子放在门厅让我坐："我要去做祈祷，请再等一会儿。"

法基伊不善言谈，再次出来时，请我跟他上楼。在二楼拐角的一个小房间，他介绍说是自己的办公室，仅有一张桌子、一个书架和两条凳子，"你刚才在胜利医院见到的科姆博是我的同乡，也是我的阿拉伯语业余学生。要不是找到他，你就很难能找到我。我来这里两三年了，当时来是为了购买农具，主要想买一些铁丝，回去制作铁丝网，同时想找一份工作，本想当一名专职医生，没想到当时这所学校需要阿拉伯语教师，就来应聘，一干就是几年，一直没有回去过"。

法基伊是利用课间休息时间来接待我的，他还有最后一堂课要上。我约请他晚上一块出去吃饭，饭间再好好谈谈。

找到宾馆安排好后，我急忙去学校接法基伊。法基伊是个虔诚的伊斯兰教徒，不但自己不喝啤酒，也不愿意在出售啤酒的饭店用餐。这样，我们找了好几家餐馆都不合他意，最后终于在一家烤鸡店坐下来，这里只卖饮料，不卖任何酒类。法基伊点了一份烤鸡——由鸡肉、土豆、西红柿和大米饭组成的拼盘，外加一份色拉和一瓶雪碧。

法基伊这样介绍自己的家史：祖父母都有中国血统，头发和皮肤都像中国人，他们同时都是医生。这样，他的父亲和叔叔就长得非常像中国人。"你上次去我家时见过我小儿子，他叫阿纳斯（Anas），今年 6 岁，我自己小时候，如同他现在一样，村里人都叫'中国人'，头发长、皮肤白、眼睛小。"说到这里，法基伊笑了，"我有四个孩子，女儿最大，今年 16 岁，其余三个都是儿子，最大的 14 岁。"

法基伊出身"杏林"世家。"我家是祖传的医生，据祖父讲，他的医术就是上一辈传下来的，祖父母、父亲叔父、我们兄弟仨都是医生，主要是中医。"法基伊说："我的医术主要是父亲传授的，父亲去世后，就跟着叔叔继续学习。叔叔是一名教师，我的阿拉伯语也是他教的，后来又在内罗毕接受过阿拉伯语培训，而当地人说的都是斯瓦希里语。"

"听说你的医术在你们大家庭中最高明，在当地也最有名。"我问道。

"家传的医术主要是按摩治病和中草药的制作方法，除从父亲和叔叔那里学习外，我后来有机会去蒙巴萨深造过，增加了针灸和脉络知识。"说到这里，我请法基伊为我把脉，想试试他对脉象的判断。他说："一般情况下，把脉应在患者手腕下垫一个小枕头，既然这里没有脉枕，把手放在桌子上也可以。"就把脉的位置和手感而言，他不是一个外行。

接着，我又请他为我按摩。从头部开始，一直按摩到腰部，他能够变换运用指、掌、肘等手法，按摩时手上也特别有力。我问他："你知道中医的穴位吗？"他回答说，知道一些穴位的名称，是父亲告诉他的，"后来看书才知道，人身上的穴位很多，自己只知道一部分，对于绝大多数穴位，能找到具体位置，但说不出具体名称"。他还说："按摩主要根据穴位，有时，腿上的病却需要从腰部按摩治疗。"

我们的话题一回到祖传医术上，就打开了法基伊的话匣子。他首先让我观看了自己携带的两个小盒子：一个是装胶卷的小黑塑料盒子，一个是稍大一点的装擦脸油的白塑料盒子。前者里面装着黄色药膏，很像清凉油，"这种药外用，主治头痛、皮肤病，例如被蚊虫叮咬等"。听到这里，我从相机包里取出一盒清凉油送给他，并说两者的功效是一样的，他接过去看了看，觉得盒子很小，打开一闻，味道很浓，便像孩子一样好奇地笑了。

他打开第二个盒子让我瞧，里面是黑色的汤剂。"这种汤药早晚各服一次，主治食欲不振，也能治疗疟疾。"他说，自己能制作十多种药，这些药治疗几十种病，主要是当地的一些常见病。制作的方法分为三类：一是汤剂，将各种药放在小锅里水煎30—60分钟；二是药丸，将各种草药先碾成细末或是捣成末状，再用蜂蜜和水相拌做成药丸，一般是黑色；三是药膏，将草药先制作成粉末，把蜡烛烧成液体、再加一些植物油与之搅拌……

"制药用的中草药从哪里来？"我问。

"都是从村子周围采集来的，如树枝、树叶、树籽、草根、藤蔓、花卉，等等。"他脱口而出。

"你是怎么知道这些植物具有药效的？"

"父亲和叔叔告诉我的，我从小就跟着他们到村外采集。"

"你知道那些草药的名称吗？"

"我只知道草药的阿拉伯名称，不知道英语叫什么。"应我的请求，他不假思索地一口气在我的采访本上写了一大串草药的阿拉伯名称，我一数，共18个。

接着，法基伊详细介绍了两种汤剂处方和煎制方法。第一剂汤药主治关节炎，第二剂汤药主治浑身乏困无力。从中可以看出，汤药煎制时，不是同时放入锅内，而是区分先后顺序；个别药材还要先在水中浸泡一天后，才开始煎制；煎药时在煮沸阶段还需要搅拌；汤药煎好时，有的因药味太苦，在饮用时需要加糖；有的汤剂煎好后因过于浓，饮用时需要加水，等等。"这些药物的作用及其制作和饮用方法，主要是祖传的，也有的处方和制作方法是我自己创新的，除对症下药外，还要根据病情和患者的身体情况加减药量。"法基伊强调，关于治疗全身乏困无力的汤药具有"治疗和滋补"的双重功效。另外，他还有自己的"绝活"，比如，研制的一种口服药具有催产作用；一次，他哥哥腰部出血，大家都说需要手术治疗，而他根据病情研制的汤药处方却治好了病。"我目前正在对治疗眼病的草药成分进行研究。"

西游村的不少村民都是法基伊医术的受益者，村里的"中国人"更是如此。当我问及他家中还有什么与中国有关的东西时，法基伊说："除祖传的中医外，其他都没有了。20多年前，家中还有些中国瓷盘，当时有人来收购，也就卖了。"

谈到今后的打算，他说自己今年42岁，想继续在这里教书，这里的师生对他的教学很满意。"我不想回去，想把家人接到这里来。你去过西游，知道那里的情况，人们太穷了，大多瞧不起病，我对多数人都是免费治疗。当然，如果在这里不能继续教书，挣不到钱，那就只好回去了。至于当医生，这里的医院一般不需要中医，我只能兼职行医。"

由于自己的家族与中国之间的特殊关系，法伊基说他会留意有关中国的情况，"如果有朝一日能有机会访问中国，去那里深造中医，将是再好不过的事了"。法伊基表示，他不但要继续提高自己的中医水平，还要将这门祖传的医术子子孙孙传承下去。

第八章 "双龙坛"再传中国信息

记者整天跟着新闻跑，新闻不断，记者无法清闲。这样，第一次采访郑和船队后裔的系列报道断断续续写了一年，这当然包括广泛搜集有关文字资料、订正必要的事实。可喜的是，报道发表后即引起强烈反响，促使我于2003年5月6日再次前往拉木群岛。一到拉木城，我就得知附近渔民从海里打捞上来两个"双龙坛"，很快见到了其中之一。"双龙坛"作为在拉木群岛打捞出来的第一个完整的中国文物，填补了一大空白和缺憾，为中国古代宝船沉没在帕泰岛附近海域提供了最有力的物证。

登陆帕泰岛，在研究人员带领下，我再次参观了上加遗址，并进一步探讨了上加村名的来源问题。在众多的村名说中，"上海说"广泛流行，而我提出"想家说"。

艳阳高照，沿着上次走过的羊肠小道再次从上加村步行到西游村，与上次披星戴月赶行夜路不同，心中的感受相异，采访的收获更大。在西游村，得知中国水手当年把中国的缫丝和织布工艺传到了这里，71岁的姆温耶（Mwenye Omar）老人描绘了当年见到的织布机；访问了上次失之交臂的那户"中国人"家庭，与一家人促膝谈心；接着又赶往拉木女子中学，采访了她家的小女儿——"中国学生"姆瓦玛卡·沙里夫（Mwamaka Sharif）。

姆瓦玛卡做梦也未曾想到，作为郑和船队水手的后裔，600年后能够回到"老家"深造；而中肯两国合作考古探测沉船秘密是"踏寻郑和足迹"系列报道产生的又一连锁反应。

第一节 "双龙坛"神秘现身引关注

从空中俯瞰，拉木机场与其说是一个机场，不如说是一段公路。飞机正在调整方向准备降落,在艳阳照耀下,绿色丛林环绕中的简易机场显得相当炎热。时隔一年多的 2003 年 5 月 6 日,我再次来到拉木——一个与中国结下特殊关系的肯尼亚小岛。

一 目睹第一个"双龙坛"

与上次相同,我还是为踏寻郑和的足迹而来;不同的是,受蒙巴萨半年前遭受恐怖袭击的严重影响,这里的旅游业与肯尼亚全国一样,显得十分萧条,滨海大道上几乎不见游人的身影。昔日忙忙碌碌的阿巴斯船长现在就坐在路旁,东望着从机场西驶而来的船只。他一看见我就站起来格外热情地打招呼,握手时不停地说:"我的朋友,很高兴又见面了。"或许是近来过于寂寞,或许是故友重逢的缘故,他主动陪同我来到宾馆,一路上说长道短,还带着几分神秘感,若有其事地说,有"要事"密告。

阿巴斯告诉我,2002 年 12 月,帕泰岛的渔民从附近海域里捞出一对"双龙坛",人们都说坛子是从那艘沉没在附近海域的中国古船里漂流出来的,因为当地人不但知道沉船的故事,而且懂得"龙"是中国的象征。这一消息不胫而走,一名居住在拉木城谢拉(Shela)镇的英国白人便购买了那对中国坛子。"再具体的情况就要向博物馆打问了,由于博物馆是'官方',我不便出面陪同你前往。"说完,他不好意思地"嘿嘿"一笑,做出一个爱莫能助的无奈手势。

得知这一消息,我急忙向博物馆奔去。这时已是下午二时半,好在拉木城不大,博物馆设在当年葡萄牙人建筑的古城堡里,我所下榻的宾馆距离古城堡仅七八分钟的路程。博物馆副馆长加兹扎尔·斯沃里(Ghazzal H. Swaleh)故作深沉,言谈中只字不提"双龙坛",而是谈起我上次采访后在当地引起的反响。他从办公桌抽屉里取出一份当地出版的报纸,并把有关中国记者来拉木踏寻郑和足迹的报道读给我听。当他读到"郑和船队当年远航到肯尼亚沿海是为了寻找一种特殊的动物——老虎,因为中国皇帝认为老虎是吉祥物时",我情不自禁地笑了。他顿时停下来,追问何以发笑,我说:"不是老虎,非洲也不可能有老虎,是麒麟,中国古人误为非洲的长颈鹿。"他当即表示,那是写这篇文章的宾馆女老板的错误。

见我不是外行,斯沃里便放下架子,单刀直入地说:"你是为'双龙坛'而来的吧,一定想看一眼了。"说着,他拿起电话就开始联系。

我们从拉木乘坐一条小木船南行,经过十多分钟来到仙拉镇。上岸后，在狭窄的沙巷道里左穿右拐，来到一个大户人家，一位穿着格子花裙的高个子白人吉勒斯·特尔（Gillies Turle）热情地把我们迎进门。院落很大，满地是白沙子。从沙海滩、沙巷道到沙院子，拉木岛真不愧是一座沙岛，拉木城也是名副其实的一座沙城。走进院子的一个浓荫遮盖着的角落，吉勒斯蹲在楼梯旁，用手抚摸着一个淡红色的坛子说："就是这个坛子。"一眼看去，坛子上的"龙"比较清楚。我急于想知道坛子上是否有关于制造年代和地点的标记，提出能否观看坛子的里外底部。吉勒斯解释说，由于年代久远，长期置于海底，里外底部都粘贴有海洋生物，特别是外底部的珊瑚已形成块状，与坛子紧紧黏在一起，使坛子无法稳定放置。"为了稳定坛子，同时起到保护作用，我特意给坛子下面堆放了一厚层沙子，还给坛子里面装了一些沙子。"

我们将坛子里面的沙子倒掉，将坛子搬到大院，以便观察得更加清楚。这是一个六耳陶坛，重约10千克，高约70厘米，口径约20厘米，中部最大直径超过50厘米。在明亮的光线下，尽管坛子表面被各种海洋生物和海水腐蚀，"双龙戏球"的图案却清清楚楚。"龙身上的纹路也比较清晰，留有一道道深深的小圆点。"仔细观看，两条"龙"都是三个爪子，其中一条龙的一个爪子脱落了，吉勒斯用手抚摸着脱落处说："爪子能够脱落，说明他们可能是坛子烧制后粘贴上去的，而三爪龙又说明这个坛子来自民间，不代表官方，因为在中国古代，五爪龙代表皇帝，是皇权的象征。"吉勒斯的这番话说明，他这个古董商还挺内行。遗憾的是，翻来覆去、里里外外地认真察看，坛子上没有留下任何文字痕迹，无法准确判断其具体年代。

拉木群岛一带以前曾发掘出不少中国古瓷和其他中国文物，但都是一些碎片，残缺不全。当地考古专家表示，"双龙坛"作为打捞出来的第一个完整的中国文物，不但填补了一大空白和缺憾，对考古研究具有重要意义，特别是为研究长期沉睡海底的文物提供了难得的证据，而且更重要的是，为中国古代宝船沉没帕泰岛附近海域提供了最有力的物证。作为一名古董商，能够收藏到当地发现的第一个完整的中国文物，吉勒斯自然如获至宝，十分高兴。目前，他急于想知道这一特殊文物的经济和文化价值，特地热情邀请我到室内"喝茶"。

吉勒斯除大院里摆设着从海里打捞出来的船上用具，如铁球、木轮、方向盘等用具外，室内还陈列着不少东方工艺品，有中国的茶具和日本的瓷罐等。他对古老的中国文化尤其是瓷器和航海颇感兴趣,首先拿出两本有关中国的著作让记者看,一本是《耶稣堡里的中国瓷器》,① 一本是《季风帝国——印度洋及其入侵者史》(Empires of the Monsoon: A History of the Indian Ocean and Its Invaders)。② 吉勒斯翻到后一本的插图部分,其中一页从上到下、从左到右,依次排列着明成祖的画像、郑和下西洋的大船和那幅著名的麒麟图,"不用细读内容,这三张图就告诉人们,中国当年是海上霸主。"他接着拿起另一本书,翻到书中关于瓷器上"龙"图案的介绍:"在早期青瓷和白瓷上,龙是最常见的设计图案。该图案上的龙是三个爪子,而五爪龙被认为是皇帝的象征,只能允许在皇家的瓷器上出现……"③ 吉勒斯希望我能够帮助判定"双龙坛"的年代,我答应回国后就"龙之说"请教有关专家,再反馈信息给他。

谈到"双龙坛"的来历,吉勒斯介绍说,自己很早就从英国来到肯尼亚,以前在内罗毕,6年前到拉木。不言而喻,他知道这一带中国文物不少,就是冲着文物而来的。"2002年圣诞节前夕,我正在家中修炼瑜伽功,一名宾馆的小伙子急匆匆来找我,说是帕泰岛的渔民在捕捞龙虾时,从海里打捞出来两个中国坛子,打捞时特别沉重,原以为是几个大龙虾,未料是坛子,无不失望,差点又扔回到海里去。他们现在宾馆寻找买主,我们餐厅可不需要这些东西,经理让我来找你,不知是否有兴趣。"吉勒斯津津有味地继续讲述道:"我到宾馆时,另一个'双龙坛'已被人买走,只剩下这一个了。"

问及坛子的价格,精明的吉勒斯不愿透露实情,只是讲文物难以定价,记者、古董商、捞虾人和宾馆经理对坛子的出价会迥然不同,各种人对"双龙坛"都会有自己的不同价值标准。他沉默了一会儿说:"在渔民眼中,坛子等同于龙虾,甚至还不如龙虾值钱,捞虾人也许会把坛子以低于龙虾的价格出售。"当地的龙虾售价是每千克四五美元。由此可以判断,吉勒斯是以很低的价格收购"双龙坛"的。

当话题转到另一个坛子时,吉勒斯以肯定的口气说,自己见过另一个

---

① 该书的英文名为: Chinese Porcelain in Fort Jesus. Published in Mombasa by the National Museums of Kenya in 1975.
② 该书的英文名为: Empires of The Monsoon—A History of The Indian Ocean And Its Invaders written by Richard Hall. Harper Collins Publishers 1998 in London.
③ Chinese Porcelain in Fort Jesus, p. 8.

"双龙坛","和这个不一样,比这个要好得多"。至于那个坛子是谁买了,现在何处,他不正面回答,只是说还在拉木。那么,究竟在哪里?

二 第二个"双龙坛"露面

这个下落不明的"双龙坛"牵动着不少人的心。拉木博物馆急于想找到那个坛子,以此进一步证明一艘中国古代宝船沉没当地海域的史实。因为它毕竟是非常罕见的,数百年来才出现了两个,多么不容易啊!可是,收藏者不会主动现身,出售者早已无踪无影,他们的多次努力皆无收获。我也想目睹那个"双龙坛",因为吉勒斯曾坚持认为,如果坛子表面有黑釉的话,沉没海底数百年也不会被海水腐蚀掉。他因此断定,自己收藏的那个坛子,其表面当初没有黑釉保护。他的语气十分坚定,我当时曾认为那个坛子或许就藏在他家中。只是出于某种担心,他先把这个无釉的坛子抛头露面,以便"投石问路",探测风声,在出现意外情况时"丢卒保车"。不过,这只是一种猜测而已。

2004年11月27日,再次从索马里采访归来途经内罗毕,我拨通了拉木博物馆副馆长斯沃里的电话,询问是否与那艘中国古沉船有关的新发现。未料对方高兴地说,找到了另外一个"双龙坛"。我当即改变行程,购买了从内罗毕飞往拉木的机票。

我这次还是下榻在新拉木宫殿宾馆(New Lamu Palace Hotel)。上几次来,当我专心欣赏宾馆里摆放的数十个大小不同的坛子时,服务员曾告诉我,这些坛子都是从海里打捞上来的,其中一个上面画有图案,中间黏有珊瑚礁,有人据此认为珊瑚礁下面是一条"龙"。以前,那个坛子就放在这里,老板听说后就把那个珍贵的坛子搬到他家收藏起来了。老板是德国人,不常来拉木。我来拉木数次,每次都打听老板是否在,每次得到的都是否定的回答。这次,服务员高兴地说,真是赶巧,老板就在拉木。

高个头的宾馆老板朱尔(Jule)先生显得十分和气,痛快地答应我去住所观看坛子。我们约定从仙拉镇观看"双龙坛"后路过他家。他的别墅就在拉木城,面海而建,外表非常漂亮,非洲特色浓郁,与周围的住房相比,真可谓鹤立鸡群。走进大院,碧蓝的游泳池、绿色的草坪、盛开的鲜花,无不让人感到墙里墙外判若两个世界。

我入乡随俗地脱掉鞋子,赤脚随朱尔先生来到二楼。步入大厅,在厅正中的装饰平台后面,一个浅红色的陶器坛子默默地站立在一个竹篮子里。朱尔先生指着坛子说："就是这个坛子,因为是尖底,便放在竹篮子里。"说着便把坛子提到阳台,以便在光线好的情况下看得仔细。

我们让坛子靠在阳台的水泥栏杆上。坛子约50厘米高,口大,肚子鼓,底小而尖。颈部有两道平行弯曲的波纹线环绕,波纹线下面,36个小圆点均等地布满了一圈。坛子的肚皮上黏有一块珊瑚,形成一个不规则的鼓出来的圆形——被人们误认为珊瑚下面有一条"龙"。说到这里,我笑了,朱尔先生忙问"何故",我解释说,"龙"是长条状,如果坛子上真有一条"龙",这个"圆"也不会完全将它盖住。也就是说,珊瑚不是黏在"龙"上,而是在坛子的平面上。再则,一个坛子表面不可能仅有一条小"龙"。一般而言,"龙"是成双成对地出现,孤零零一条龙的情况并不多见。我知道,如此这番解释扫了朱尔先生的兴,让他期待已久的"中国龙坛"化为泡影。

为证实我的说法,我拿出数码相机,向他展示了我刚刚拍摄的"双龙坛"照片:在一个黑釉坛子上,两条惟妙惟肖的飞"龙"首尾相接,似乎要腾空飞翔。"啊!原来如此。"朱尔先生感叹道。

这个"双龙坛"的发现有一个曲折的故事。英国古董收藏家特勒斯先生的那个"双龙坛"露面后,拉木博物馆就四处打探另一个"双龙坛"。一天,仙拉镇的两个邻居因房屋相连,在修缮时引起纠纷,其中一家的意大利女主人邀请博物馆副馆长斯沃里调解。当他们坐在女主人家的客厅里喝茶时,斯沃里突然发现客厅中央放置的坛子上有一条"龙"。他顿时喜出望外,立即走到坛子跟前仔细观看,果然是一个"双龙坛",两条龙的形状比特勒斯的要清楚得多,坛子也比那个大,而且表面有黑釉。

这是我第四次来到拉木,专程为"双龙坛"而来,迫不及待地要看到它。抵达拉木后,将行李往宾馆一放,我急忙奔向博物馆,与斯沃里一起来到仙拉镇,在狭窄的胡同里左弯右拐一番,来到意大利女主人的家——一座三层楼房的阿拉伯式现代化建筑。斯沃里告诉我,女主人现在国外,家中由两个当地雇员照管。走进家门,庭院不大,一眼就能看见摆放在客厅中央的"双龙坛"。也许是对这个"双龙坛"情有独钟,我觉得它放在那里格外引人注目。坛子表面比较光滑,黑釉基本完好,远远就能瞧见那两条"龙",它们似乎要从坛子上飞腾起来,欢迎我这位来自"龙的故乡"的客人。我三步并做两步走到坛子跟前,仔细观赏起来。

坛子高约85厘米,内口径16厘米,外口径22厘米,腰部直径60厘米，底部直径 30 厘米。颈部有四耳，其中一个已掉落，其他三个完好，耳的宽度约 6 厘米，四个耳之间分别有一个圆点隔开，共四个，圆点直径约 3 厘米。在颈部与腰部的交接处，八个同样大小的圆点等距离地排列了一周，俨然是两者之间的分界线。两条五爪"龙"首尾相接地飞腾在坛子的腰部，栩栩如生，两者之间有同样大小的圆点隔开，共两个。也就是说，坛子表面共有 14 个圆点，形成 2、4、8 的排列顺序。

坛子表面的黑釉基本完好，且能发出光泽。里面也有黑釉，其光泽不如表面。坛子底部黏有珊瑚礁，不能平放，放置时需在周边垫上支撑物。我小心翼翼地提起坛子，重约 15 千克（见图 8—1）。

图 8—1　肯尼亚拉仙镇见到的"双龙坛"

这就是特勒斯所言的那个"双龙坛"。斯沃里告诉我，特勒斯认识这个坛子的主人，也知道这个坛子就在她家，"他保守这个秘密，意在使外界形成这样的印象：惟有他才拥有'双龙坛'，以此来提高自己的身份，进而抬高他那个坛子的价格。"

啊，一对"双龙坛"，数百年前远道而来，不幸沉睡海底，今日又阴差阳错重见阳光，被人们视为稀世珍品，收藏者以拥有它们为荣！这对"双龙坛"不但成为中国的象征，成为中国瓷器的骄傲，而且蕴涵着一个非凡的历史事件，讲述着一个生动的友谊故事！

就在我的双手触及"双龙坛"的那一刻，一股强烈的历史凝重感油然而生，眼前仿佛浮现出当年郑和船队乘风破浪的壮举。斗转星移，岁月沧桑。无论是耸立海岛的"中国塔"，还是安卧海底的"双龙坛"，就像恪尽职守的"史官"，默默见证了东部非洲长达六个世纪的变迁。

第二节 "中国印记"遍布东非孤岛

这是我的第二次拉木群岛之行。此行的主要目的是弥补上次因行色匆匆、担惊受怕而留下的不少遗憾。因而计划跑遍拉木群岛和帕泰岛上的所有村庄，寻找那里与中国相关的所有故事，并利用时间到拉木图书馆，查阅与郑和下西洋有关的材料。见到"双龙坛"，可说是此行的一个意外收获，也为此行增加了一项新内容：寻找打捞到"双龙坛"的帕泰岛上的渔民，以便确定郑和沉船的大体位置。

一 上加村名探源头

次日，在博物馆副馆长斯沃里及其一名馆员的陪同下，我前往帕泰岛的上加村和西游村采访。他们二人分别来自帕泰岛的法扎村和上加，对当地情况熟悉，加之斯沃里毕业于大学历史专业，对当地历史和中国沉船的史实进行过一些研究。

我们乘坐的小船快要靠近上加海滩了，传说当年中国沉船的水手们就是从这里爬上岸的。海水越来越浅，机动小船难以前行，阿巴斯船长关闭发动机，取出撑杆用力划向岸边。一会儿，小船终于搁浅，我们只好挽起裤腿下船蹚水，艳阳高照，海水温和，可当赤脚踩上白沙滩时，滚烫的沙子让人差点儿跳起来。这是一片原始沙滩，沙子细小而洁白，岸边的野生树木茂密，给人一种走进大自然的荒野美感。站在这里极目远眺，可以看见一排冒出大海的大小不等的岩石，斯沃里对我说，那一排岩石叫瓦哈斯萨尼（Wahassani），因为离上加村最近，当地人又称其为上加岩石。

我们顺着上加海滩前行，穿过一片树丛林，来到上加遗址。斯沃里介绍道，肯尼亚东海岸大约有120个历史遗迹，最古老的位于拉木群岛，而拉木群岛最古老的就是上加遗址。该遗址始建于8世纪，至14世纪中后期因战乱频繁和淡水缺乏而遭到废弃，期间曾达到繁荣昌盛时期，成为这一带的商贸中心。那艘中国古船访问这里，不幸在附近触礁，中国船为何远道而来，当地流行着两种说法：当年这里商贸繁荣，中国人为了商贸远道而来，夜间航行时朝着上加村的烽火行驶，未料触礁沉没；1415年，马林迪国王将一只长颈鹿贡奉给中国皇帝，中国人来东非是为了去马林迪，以便从那里带回更多的长颈鹿，未料一只船行至这里迷航触礁。斯沃里强调，不管哪种说法更接近事实，但可以肯定的是，船上满载了中国宝物。以前人们对此只是猜测而已，现在打捞出来的两个"双龙坛"提供了最好的例证。

上加村遗址位于海岸，面对大海，容易寻找。中国宝船触礁后，几乎所有的船员都乘坐备用小船上岸来到上加村，希望逃难到此暂居下来。据说他们初来乍到时，大多半裸着身子，一副失魂落魄的样子，加之语言不通，面孔特殊，宗教信仰不同，遭到当地人拒绝。为什么这些陌生的中国人后来又被接纳了呢？当地有两个传说，一说当地有一条凶猛的蟒蛇，为害多年，一位勇敢的船员利用其高超的刀法为民除了害，赢得当地居民的赞誉，使中国人得以定居。一说中国人初次被拒绝后，乘坐自己的小船去了帕泰岛对面的大陆海岸，自己动手建造了一座小镇，后来被称为栋多（Dondo），该词在当地语言中意为"失望、失落"，即那些逃难的中国人居住的地方。可是不久，栋多因气候恶劣和野兽凶猛而无法生存，他们又求助于海对面的上加人。这次，他们被接纳了，但前提条件是必须信奉伊斯兰教。于是，这些中国水手们渐渐地融入当地社会，与当地妇女通婚。当上加古城遭到废弃时，他们各奔东西，大多数北上创建了西游村，有的去了帕泰村和法扎村，也有个别人离开帕泰岛去了拉木，甚至沿海岸南下，远到蒙巴萨和桑给巴尔。

斯沃里介绍说，目前的上加村民不是上加的原住民，他们是后来从肯尼亚和索马里边境一带来的，在上加遗址旁边定居下来。如果当初这一带能够生存下去的话，上加古城也不会遭到遗弃。

我们来到一个清真寺遗址前，虽经500多年的风雨侵蚀，清真寺的三面墙壁依然笔立,中央还残留着一个柱石。斯沃里认为,从这些残垣断壁中,可以清楚地看到中国古老的建筑风格对当地建筑的强烈影响,"中国人擅长石头建筑,墙壁很厚,黏合力强,整体建筑高大壮观"。与上加村目前的清真寺相比,这一特点非常突出。

我们沿着丛林中的小土道向上加村走去,前面路边出现一座古墓,斯沃里以肯定的口气说:"那是一座中国人的坟墓。"这座坟墓与当地坟墓不同,不是在平地上竖立一块墓碑,而是个土丘,上面用沙石混合物保护了一层,前面矗立着一根六七米高的石柱子纪念碑。而且大多数石柱子上都粘贴着瓷器,因为瓷器是地位和财富的象征。他径直走到坟墓旁,蹲下去仔细寻找着什么,接着用手抚摸墓壁,不无遗憾地说:"好几年前,我曾在这里看到过汉字,现在不见了,也许是被风雨侵蚀掉了。"他补充道,当时曾用铅笔和白纸在上面小心翼翼做了一个拓片,存放在办公室,不知怎的,后来却四处找不到。

我走进上加村道时,正碰上放学回家的师生,一群活泼可爱的小朋友手里提着塑料袋书包,热情地向我打招呼,几个男孩子还跑到我面前,"笑问客从何处来"。在与一名教师的交谈中,我问他是否知道上加村名的来源,他说听老人讲过,也在书中阅读过,"上加来自中国的上海"。

在这次采访中,就上加村名的来源,特别是上加是否来源于"上海",我询问过上加村民、帕泰岛的其他岛民、拉木城的居民和博物馆馆员,他们普遍认为,上加源自"上海",而且当地人还把上加村称为"中国村"。当地的研究人员也普遍支持这一传统说法,不过,当地有些专家学者认为,上加之名也许与上海无关。总括起来,大概有这样几种说法:

"蜜蜂说":上加(Shanga)一词在斯瓦希里语中意为"蜜蜂",上加村取此名原意为"有蜜蜂的地方"。然而,目前尚未在上加村附近发现蜜蜂,此说缺乏必要证据。而历史上这一带是否有蜜蜂,现无资料证实。

"惊讶说":这一说法将上加一词与古代一次外敌入侵事件联系在一起。侵略者入侵后,将上加村的男人全部杀害,只留下妇女和孩子。此后,妇女和儿童悲伤地离开了这个村庄。这种令人大为"惊讶"的状态和事件被形容为 Shangaa 或其他词汇。此说法一直受到质疑,不但这个形容"惊讶"的单词比上加的拼写最后面多了一个"A",而且既然事件后妇女和儿童离开了村子,那该村在这次悲剧发生前叫什么名字呢?

"贝壳项链说":据传说,上加一词在当地语中含有"贝壳项链"之意。这是因为上加海滩一带常能找到一些贝壳，而古代贝壳在东非沿海一带曾被当作货币流通。不过，既然贝壳是货币，人们自然不会用货币制造项链，而现在上加村也没有人将贝壳做成项链。

支持"上海说"的专家学者认为，除中国人定居上加村的史实和民间传说普遍认同这一观点外，从语言学角度考察，斯瓦希里语与汉语的发音特点和差异就是最有力的证据。Shanga（上加）的斯瓦希里语读音转化汉语拼音为 Shanggai；而在斯瓦希里语中，Shanghai 中的 h 不发音。由此可见，上加的读音与上海完全一样。中国人定居后，取居住地的村名为上海，是为了怀念故乡，不断提醒自己是从中国来的，说明中国人的乡土观念强烈，始终眷恋着自己的故国。中国人之所以能够做到改村名，一是因为他们从船上带来了瓷器和其他物品，比较富有；二是他们多是能工巧匠，有一技之长，因而在当地有一定影响。

除以上几种说法外，我提出"想家说"，认为上加村的更名与"上海"无关。其理由有三：首先，上海当时的影响很小，中国人不足以将其作为"中国"的代称，寄托思乡之情。从"上海"的历史沿袭来看，在郑和下西洋之时，上海并非像现在这样大名鼎鼎。唐朝时，上海称为"华亭"，元朝在1291年始建上海县。1368年明朝代替元朝，1405年郑和开始七下西洋。从设立上海县到郑和开始下西洋的114年中，虽时间横跨元明两个朝代，但上海的名声当时仍是十分有限。上海扬名海内外是近代才发生的事情。

在当时，上海与南京、太仓等城市相比，可谓是小巫见大巫。郑和开始下西洋时，南京是明朝都城，是下西洋的策源地。南京作为中国古代都城史上第一个在江南定都的统一王朝的首都，当时的上海难以望其项背。别说是南京，就是当时的太仓——郑和下西洋的起锚地，上海也是望尘莫及。元明时期，太仓刘家港是有名的良港，是"海洋之襟喉，江湖之门户"，享有"东方大都会"和"天下第一码头"之美称。由此不难看出上海在当时的地位与影响。

其次，"上加"的"加"在中国南方某些方言中与"家"发音一致，而"上"的发音又与"想"相似，故"上加"应为"想家"之意。我国南方一些地区把"家"（jia）发成"嘎"（ga），这与"Shanga"（上加）中"ga"（加）的拼写完全一致。而"Shanga"（上加）中的"shang"（上）与汉语中的"想"发音接近。可以推想，中国人定居帕泰岛后，对上加村的更名,不是运用标准的汉语拼音,而是使用当地的斯瓦希里语。因郑和船队中南方水手占绝大多数,这样就采用中国南方的某一方言发音、运用斯瓦希里语的书写形式,遂使"想家"经过斯瓦希里的书写,转音读成"上加"。

再次,"想家说"与"上海说"表示的对村子更名的含义相一致:表达了中国人怀念故乡、思念故土的游子情、赤子心,用村子更名这一方式不断提醒自己来自遥远的中国,寄托思乡情怀。

至于"想家"为何以后成为"上海",我认为有两方面的因素:一是经过代代相传,中国水手的后裔渐渐对汉语陌生,他们不知道"想家"的具体含义;二是上海作为"东方大都会"在近代崛起,名声远扬,遂使帕泰岛的"中国人"和当地居民误将"想家"当"上海",而上海又与中国密切相关,进而使"上海说"广为流传。

二 遥想当年织布机

据说,中国水手们当年来到帕泰岛后,不但带来了中医、中国的古老建筑技术,而且带来了民间的造丝和织布工艺。这些民间工艺代代相传,直到几十年前才失传。这一传说是否属实?是否存在相关的物证呢?

在西游村,我来到一个中国人家庭。户主叫杜米拉(Dumila Yonus Dumila),今年58岁,是西游城堡的管理员。他自己具有中国血统,虽善言谈,但对中国及其这里发生的中国故事说不上来几句,除家中的大木床像中国南方的木床外,再也看不出家中的摆设和用具与中国有联系了。他带领我们去参观城堡,该城堡由一名叫萨伊基(Said)的首领于1843年建成,其建筑风格明显地受到中国的影响。杜米拉刚一走到城堡门前,就强调大门的风格具有中国特点,并说城堡内部结构也与其他西方城堡不同。①

我们来到的第三个中国人家庭是一位老妇人。与前两家相比,其家境更加糟糕,真正的家贫如洗,徒有四壁。她似乎不愿意承认自己是中国人后裔,对这一问题避而不答,感兴趣的是向我兜售家藏的瓷器和铜锁。她从一个角落里取出珍藏的一个破旧篮子,从中像是取宝贝一样取出几个旧瓷片,仔细观看,那些瓷碗碎片年代不久,无法确认是否是中国古瓷。老

---

① 关于西游城堡的建筑年代和建筑者目前尚存争议,一般认为,该城堡由葡萄牙人在16世纪初建造,但受到中国建筑风格的影响。

太太最看好的是其中的一个多半个瓷碗，上面有一个孔雀图案，翻到碗底一看，印有英语"和睦家用器皿"。她还拿出一个铜锁子，说是中国的，商标是"999"。

我原计划在"中国人"家中发现一些蛛丝马迹，进而挖掘出一段鲜为人知的历史故事。然而眼前的现实告诉我，这一想法过于理想化。帕泰岛上的居民普遍贫穷，数百年前中国水手们落难到此，与当地人融为一起，世世代代都一直在为最基本的生计四处奔波，他们不大可能将自己特殊的家史记录下来，留传给后代，且不言当年郑和船队水手中鲜有人能够写作；他们的后代们也不大可能将祖先的用品作为文物收藏至今，恐怕他们的祖先们也会因生活所迫，早就把值钱的东西变卖了。仅剩下的几个瓷碗瓷盘，没有摔坏的，也在一二十年前被文物贩子廉价收购走了。关于中国人的故事，唯有口头传说，不大可能会出现文字记载和实物证明。为此，我改变主意，决定访问西游村的长者，也许会从他们那里获取一些历史信息。

我们在巷道里转了好几个弯，找到了一位和善的老人，他叫姆温耶·奥马尔，今年71岁。他正在别人家门前的台阶上与大家聊天。姆温耶老人在村民中享有一定威望，不但对本村历史，而且对上加村和帕泰村的情况都比较了解。谈到"中国人"的故事，老人微笑着说："我说的'中国人'不是指像你这样的中国人，而是特指当年中国水手们的后裔，他们经过一代一代繁衍，有些人的'中国特征'已不十分明显。目前，这3个村子惟有西游村居住着"中国人"，共有10家左右。其中5家承认自己的中国血统，其余几家，别人知道他们是中国人，而他们自己却不承认。因为在村里属于少数派，承认是外来户，有时会给他们带来一些麻烦。由此可以想象，他们的祖先初来乍到时，与当地人相处，一定遇到过不少困难。"

我告诉老人，这次和上次来，我共访问过5户"中国人"，其中3家对自己拥有中国人血统引以为荣，对来自中国的记者也十分热情。谈到那次去过的"中国医生"家，我说上次没有见到法基伊（Fakii Mmaka），家人说他去了马林迪，不知今年回来没有。"自上次离开村子后，法基伊一直没有回来过。前几天我去找他看病，他爱人说他来信讲，最近不会回来，目前在马林迪的一家医院工作，情况还不错，估计短时间内回不来。"老人感叹道："这里的情况你也了解一些，人们普遍贫穷，大多连病都瞧不起，法基伊经常免费为大家看病，在村民中有口皆碑。"

说起中国人在当地的影响，中医当数第一，从古延续至今。此外还有什么呢？老人说，瓷器的影响也很大，镶嵌在坟墓上的瓷器前20年还能看到，以前有些人家中也有，不过现在没有中国古瓷了。他回忆说："更远一点，四五十年前，我还听村里的老人讲，西游村以前曾经出现过缫丝业和织布业，也就是养蚕用蚕茧造丝，种棉花用棉絮纺线织布，或者用蚕丝织布。在中国人到此之前，岛上没有这类手工艺，它们是中国人带来的。"

"这两个行业当时在岛上很兴盛吗？"

老人回答说："据说曾兴盛过一个时期，不过都是家庭作坊。后来，也只有个别人家保留了这个手艺。我小的时候，听到这个觉得很新奇，还去几家看过，见过织布机和缫丝机。"

"这两个机器什么样子？听您说起这些，我也感到有些新奇。"我穷追不舍地问道。

他向我描绘着缫丝机的形状与结构，试图追忆起那段往事。可是，讲了没几句，他好像有些淡忘了，不好意思地笑着说："可能本村有几家还保留着这种机器，是木制的，你可以去看看。不过，他们都不是'中国人'。"

根据老人的建议，我们先来到一家。老人曾表示，这家最有可能还保存着这些旧机器。从外观看，这户人家在当地算得上富有，家境相当不错。得知我们的来意后，一个小伙子急忙问家长是什么东西，他父亲不好意思地说："现在没有了，前几年觉得那些东西再也派不上用场，就当柴火烧了。"我心想，要是早来几年就好了，或许还能看到。

又在村子里转了一圈，找到了另一户，主人阿布巴卡尔（Abubakar Mohamed Chuoni）正准备在自己家中做下午3点的祈祷。当地人信奉伊斯兰教，一天从早到晚祈祷5次。他就让我先在门外等待。祈祷完，我们就坐在他家门前的巷道里聊了起来。阿布巴卡尔今年50岁上下，看上去十分精明也精干，谈起缫丝机和织布机，他遗憾地说："这两种机器他家原来都有，他父亲曾教过他如何使用。可是，现在不知去向了。"

"能否再找一找，或许还能找到。"我急于想看到那些机器。

"我们曾多方寻找，找不到了，也问过几个邻居，都说没有借过。"他笑着说。

也许是为了安慰我，他说自己还清楚地记得机器的构造，甚至还有将其复原的计划,待完工会再作为"镇家之宝"传后。"过几天我就开始制作,你下次来就能看到。"

我请求他给我画一个织布机的草图,他一边绘声绘色地讲解着,一边用笔在纸上描绘着。平面图说明不了问题的地方,他就从地上捡来树枝等物品比划:"织布机是制作布料的简易机器,主要由主体、梭子和挡板组成,手工操作,可以用棉花或是蚕丝作原料,能制作一整块布,或是类似的装饰品,如花布、头巾等。"他补充说:"缫丝机相对简单一些,但我记得不十分清楚,重做起来比较困难。"

图 8—2　缫丝机

在我的记忆里,阿布巴卡尔描绘的织布机与中国北方农村妇女过去使用的织布机相比,虽有大小繁简之差异,但二者在构造原理和机样模型方面，确实给人以一脉同源之感。

有一种说法，认为郑和把棉花种植技术从中国带到了非洲。考古学家在南美的秘鲁和印度河谷的摩亨朱达罗挖掘出了4000多年前的棉布碎片，[①]证明印度和中美洲的人民早在几千年前就开始种植棉花了。在中国，根据植物区系结合史料分析，一般认为棉花是从南北两路向中原传布的。南路最早出现棉花的地区是海南和澜沧江流域，北路始于西北地区——"西域"。宋元之际，棉花从南北两路传布到长江和黄河流域广大地区。由于棉花与桑蚕相比，"无采养之劳，有必收之效"，且能"免绩缉之功，得御寒之益"，可谓不麻而布，不茧而絮，因而到了明朝，"棉布寸土皆有"，"织机十室必有"，植棉和棉纺织业已遍布全国，棉花超过丝、麻、毛成为主要纺织原料。

陈存仁在其著作《被误读的远行》中认为："非洲向来不出产棉花，郑和抵达非洲，他颁赐土王大批绸布，土王十分欢喜，要求郑和教人民织布的方法。郑和见到非洲的土壤也适宜栽种棉花，就把棉花种子分赠土人，并且教他们以种植的方法。""纺棉线是中国古有方法，但非洲是没有的，因此郑和传授给他们，从此居然妇女们也能按照郑和的指示，纺成棉线。这种纺线机虽然简陋，但与中国本土所用的完全一样。纺成棉线之后，再教他们用经纬线织成棉布，但是郑和还没有想到把织布机带去赠送给他们，只是将木棍扎成一个木架，成为一个最原始最简陋的织布机。织布的女性而且要跪在地上，用手穿梭。"[②] 不过，我在西游村了解的织布机是不需要"跪在地上用手穿梭的"，而是坐着就能织布。

中国人给帕泰岛带来了缫丝和织布的工艺，由于时间的流逝和历史的变迁，最终没能流传下来，这主要源于岛上棉花种植业和养蚕业的衰退。尽管如此，它们毕竟在西游村的历史上留下一道亮丽的印迹，并为中非友好交往续写了又一段感人佳话。

三　融入非洲大家庭

海水深蓝，波涛翻滚，我们乘着小船，迎着朝阳，穿过一条狭长的海

[①] 摩亨朱达罗位于今巴基斯坦境内。

[②] 陈存仁：《被误读的远行：郑和下西洋与马可波罗来华考》，广西师范大学出版社2008年版，第214—215页。

峡，向帕泰岛的帕泰村进发。

与我们同行的有一位来自帕泰岛的"中国人"。他叫萨伊基（Said Abdalla Said），今年52岁。第一眼看去，他的确像中国人，皮肤比当地人白得多，头发比当地人直得多，中等身材，身体健壮。他说自己的祖先从上加村先去了帕泰村，后又离开帕泰岛来到拉木，接着就各奔东西，现仅他一人留在拉木，没有固定职业，终日漂泊不定，靠给人当导游和打零工为生。闲聊中，得知他至今未婚，但目前与一名来自肯尼亚大陆的女子同居，连房子也是临时租借的。包括拉木群岛在内的整个肯尼亚全国的旅游业近一两年来不景气，他的生活也就相对更加艰难，他毛遂自荐执意要为我当导游，还不停地说："'中国人'为中国记者当导游，比当地人要好得多。"他的英语算不上标准，但沟通起来还不算太困难，我便同意了他的要求。

上次来帕泰村采访，年轻的村长告诉我，"瓦法茂"家的人下地劳动了，因时间过于紧张，我必须赶往上加村与阿巴斯船长会合，失去了采访他们的机会。据村长讲，"法茂"或是"瓦法茂"特指中国人。这次来，就是为了弥补上次的未了心愿。

在萨伊基的带领下，我在帕泰村又窄又短的巷道里不时拐弯，在一个粉碎机房找到了第一个"法茂人"。当时，"法茂人"正在维修机器，天气炎热、机房很小，袒胸露背的他还满身大汗。他走出机房与我打招呼时，我眼前的这位老人与当地人的确不同，主要是皮肤较白。了解到我的来意后，他自我介绍说："名叫法鲁克（Faruk Mohamed Faruk），今年67岁，哥哥叫阿利（Ali Mohamed Faruk），今年75岁，我们到他家与他一起谈吧！他知道的情况比我多。"

阿利的家是二层楼房，典型的阿拉伯式建筑，楼梯很窄，背个相机包不小心就要碰墙壁。看到我拿着相机，光着背的阿力憨厚地一笑，急忙取出破旧的衬衫穿上，示意我为他兄弟俩合影。谈到他的家史，他只知道祖先不是当地人，至于何时来、从何地来，他只是摇头微笑。他们哥俩都不会说英语，萨伊基的英语也难以达意，于是阿利活泼开朗的孙女前来充当翻译，她的英语是从学校刚刚学来的几句，我的采访陷入窘境。

无奈，我只好告别他家，去找村中其他的"法茂人"。据说帕泰村有四五家"法茂人"，只是因为居住得比较分散，寻找起来不大容易。第三家"法茂人"的主人是一位老太太，她与家人正在院内挑选大米中的沙粒和杂质。仅此就能看出，她家在当地属于富裕家庭，帕泰岛不出产大米，玉米和香蕉是当地人的主食，一般人家是吃不起大米的。于是，我就坐在院子里与她们攀谈起来，这样她们也不会耽误手中的活儿。据女主人讲，我刚才见的两个老人是她大哥和二哥，帕泰村的几家"法茂人"其实本来就是一家，都是她们兄妹。

哦，原来如此！正在这时，一名中年男子来到大院，与我热情地打招呼："听说你刚才去我家了，又打听到你来到我姑姑家，于是就紧追过来。"他是阿利的儿子，帕泰村的大村长，名叫布瓦纳雷赫马（Bwanarehema Ali Mohamed）。他开门见山地说："帕泰村由两个村子组成，你上次来见到的是帕泰村的一个小村长，他提供的情况不准确。我们的祖先不是当地人，他们最早从也门来，先定居于大陆沿海的栋多，再从栋多来到这里，被当地人称为'法茂'或'瓦法茂'，但我们这个大家庭与中国没有关系。"

他的这番话引起了我们对"法茂"和"瓦法茂"这一基本概念的追究。在斯瓦希里语中，"Famau"一词由"fa"和"mau"两个单词组成，前者意为"死亡"，后者是指"水"，组合在一起的意思是"淹死在水里"，也可引申为"正在水里挣扎"。"wa"是代词，指自己和对方以外的某个人或若干人，即"他"或"他们"。"Wafamau"意即"他们是死在水里的人"或"他们是从大海里挣扎上来的人"，简言之，"死里逃生者"。"由于我们的祖先是乘船从也门南下而来的，当时的船只普遍较小，极易发生海难，当地就称他们是 Famau 或 Wafamau。"不难看出，这是一个蔑称，清楚地反映出帕泰岛的原住民对外来者的轻视态度。布瓦纳雷赫马继续解释道："以我之见，瓦法茂专指祖先从也门来，现今居住在帕泰村和西游村的人。而瓦奇纳（Wachina）才专指来帕泰岛的'中国人'，他们现在居住在西游和法扎等村子，帕泰村和上加村没有'中国人'"。

对于"瓦法茂"一词的解释，肯尼亚的专家学者们意见不一。根据我在拉木图书馆查阅到的各种资料和从帕泰岛居民了解到的情况，大概可归纳为以下几种：

第一种意见从"瓦法茂"的基本含义出发，认为它"泛指从外国远道而来帕泰岛的人，而今主要是指他们的后裔"。从这一前提推断，"瓦法茂"包括也门等国的阿拉伯人、中国人和葡萄牙人等后裔，他们的祖先多为进行商贸来到这里，进而落地生根。

第二种意见也是从"瓦法茂"的基本含义出发，但把这一概念具体化，各持一端，分别主张它特指也门等阿拉伯人，或是中国人，或是葡萄牙人，将三者对立起来，互不包含，而不是泛指他们组成的外来人共同体。

第三种意见认为"瓦法茂"特指"中国人"，但他们的理由各不相同。理由之一认为，"瓦法茂"是来到帕泰岛后，第一个皈依伊斯兰的中国人的称呼，随后当地人就把这一名字代称"中国人"。理由之二认为，"瓦法茂"是当时的中国人首领的名字，当地人以此代称"中国人"。理由之三认为，"瓦法茂"是中国人将"Wafamaji"读转音了，发成"Wafamau"的读音，后来当地人就把"中国人"称作"瓦法茂"。在斯瓦希里语中，"Wafamaji"一词也因为中国人的误读反而变成"Wafamau"了，以至于不少人将"Wafamaji"已经遗忘。

第四种意见恰恰与第三种意见相反，认为"瓦法茂"不是特指"中国人"，原因是"中国人"有自己的专有名词——"瓦奇纳"，而也门人和葡萄牙人则没有他们的专有名词。在西游村，"瓦上加"一词专指从上加村来的人，因为"中国人"是从上加村北上来创建西游村的，因此"瓦上加"一词自然包括中国人在内。既然"瓦奇纳"和"瓦上加"都指中国人，那么"瓦法茂"就不应该再将中国人囊括在内。他们还举例说，在西游村、法扎村和琼庄村，当地人直接把中国人称为"瓦奇纳"，就连"中国人"自己也这样称呼自己，很少有人称他们是"瓦上加"，更没有人叫中国人"瓦法茂"。

针对"瓦法茂"而产生的一系列分歧，阿巴斯船长发表了自己的看法：学者与当地人的区别是，大多数学者只懂得书本知识，而当地人能知道实际情况。例如，学者仅仅告诉你那里有一个杯子，而当地的知情者能够向你讲述，杯子是什么形状，杯子里面有什么东西。

从现实的角度来看，无论"瓦法茂"、"法茂人"和"瓦奇纳"有着怎样的历史背景，彼此之间有着怎样的差异，一个不容否认的事实是，他们早已与当地人、当地社会融为一体，成为帕泰岛、肯尼亚乃至整个非洲大家庭的一员。

四 她们人人姓"中国"

拉木群岛由拉木、曼达、帕泰、恩多和基瓦尤等 5 个岛屿组成，其中曼达岛无居民。从采访中得知，当年中国水手的后裔们，现今主要居住在帕泰岛的西游村，但不排除极少数后裔定居在帕泰岛的其他村庄，甚至是恩多和基瓦尤两个岛屿。为了能够采访到更多的中国人，尽最大可能地收集有关信息，同时为了寻找打捞出"双龙坛"的帕泰岛渔民，我决定踏遍帕泰岛的其他村子和恩多、基瓦尤两个岛屿。

这三个岛分为两个行政管理区，法扎区包括帕泰岛的上加、帕泰、西游、法扎和琼庄等村子，基津吉蒂尼区管辖帕泰岛的姆布瓦朱马里（Mbwajumali）、基津吉蒂尼两个村子，以及恩多岛的恩多村和基瓦尤岛的基瓦尤村。鉴于这些村子离拉木岛较远，行程非常紧张，我们的小船在天亮前就出发了。

法扎村位于帕泰岛北海岸，是管理区首府所在地。距离村子还有三四公里时，阿巴斯船长遗憾地说，这一带水位浅，船无法靠近岸边，你们只好多蹚一段水。这样，我高绾起裤腿，背起相机，手提鞋子，向村头步行。

我们先找村长，好不容易找到家门，村长下地干活了。萨伊基认识这里的一个商店老板，我们就四处打听商店的位置，天气炎热，巷道里很少能见到人，寻找起来比较困难。拐了好几个弯，看到一家门开着，正巧是朋友的商店。原来，他把门房开成商店，自己住在后面的屋子。走进一看，是一家小杂货店，高个子老板奥马尔（Omar Bunuvae）热情地接待了我。他高兴地介绍说："你是光临我商店的第一位中国人，也是第一个外国人。"接着，他向我介绍商店里的中国货，从小卷尺、清凉油到小玩具、剃须刀，再从自行车零配件、缝纫机小零件到"象牌"磨电灯、小收音机，都是中国制造的，主要来自上海，想不到在这样偏远的孤岛小商店里，中国货还挺齐全。一问才知，他主要从拉木进货，很少去蒙巴萨和内罗毕进货，"小本生意，惨淡经营，经不起长途路费的折腾嘛！"开朗活泼的他笑着回答，并强调他喜欢中国货，物美价廉，且不说帕泰岛与中国有特殊渊源，"上加村名就是来自上海"。

除销售中国货外，法扎村与中国还有什么联系吗？老板说："法扎有清真寺遗址，也有一两座古墓，这些与中国几乎没有关系，只是原来墙壁上镶嵌有中国瓷器。至于中国人，倒是有几家，但好像都离开了，最多也就剩下一家了。她们都是从西游村嫁到这里来的。"在他带领下，我们先去看村外的遗址。走进一片丛林，看到一座古墓，墓碑上的字是不久前才写的,说明墓主人是12世纪的一位阿拉伯英雄,带领法扎人赶走了侵略者,受到大家尊敬,后代特意在其死后立墓碑纪念。村头的清真寺遗址仅留下一大堆土石渣和一道几乎要坍塌的墙,墙壁上留有被人挖走的瓷器的印迹。回到村道,又在一大片空地的中央看到一个用水泥筑成的坟墓,墓碑上镶嵌着一个残缺不全的碗片。奥马尔解释道:"当地人过去以家中拥有中国瓷器为荣,就像上加村和西游村一样,这个传统是他们传过来的。但这里镶嵌的是新瓷器,否则早被人偷走了。"同处于一个岛上,中国人也给这里带来了一定影响。

当我们在巷道中寻找"中国人"家庭时,我眼前不时出现孤岛上的独特风情。在村头的一棵大树下,四五个小伙子正在编织风帆,风帆旁边放着一台正在播放音乐的收音机;这里的村民多以打鱼为生,巷道里的房檐下悬挂着一串串鲜红的鱼干,这是当地以晾晒来储藏剩余鲜鱼的方法;在村中心的一个凉棚下,一位老妇人正在摇动着一个简易机器,走近一看,铁兜里盛放着玉米粒,当地人常用这台机器免费粉碎粗粮;拐进另一条村道,一长排大大小小、五颜六色的水桶非常引人注目,一群妇女正在等待着从集体大水窖里打水……奥马尔说,除下地务农外,男人打鱼,妇女打水是村民生活的基本内容。"法扎缺乏淡水,家家户户都有水窖,收集雨水。同时,村里有公共水窖。"我还特意到他家中观看了水窖和农具。

经过一番打问得知,法扎村的"瓦奇纳"多年前都离开了帕泰岛,最后一家是一年前离开的。他们走后都没有再回来过,也没有与其他人联系过,因而不知其具体下落。人们都说,他们去了蒙巴萨或是桑给巴尔。

热情地奥马尔一直将我送到村头,还一再表示,一旦得知到"瓦奇纳"的有关情况,一定用电邮告诉我。与他握别后,我们向琼庄进发。琼庄和布瓦朱马里是两个内陆村子,按照事先商定的采访路线,阿巴斯船长在基津吉蒂尼海岸等待我们。

法扎与琼庄之间距离五六公里,用羊肠沙土路连接。路途,我们不时遇见两地之间的主要交通工具——毛驴,多数毛驴背驮着水桶和塑料水箱,足见水在当地居民生活中的位置。离琼庄村口约有1000米时,在杂草丛中的道路边,我们看到一个清真寺的遗址。这个清真寺的规模比较大,四周的墙壁基本完好,墙上被挖走的瓷器的印迹十分明显。

刚一走进村,一座新清真寺映入眼帘,完全的新式建筑,二层楼,楼顶架着一个高音喇叭。与遗址相比,规模更大,但墙壁没有遗址的厚。新老建筑反映出一个问题，这里曾受到中国文化的影响，因为当地的建筑墙壁都比较薄。

村长鲍西（Bausi）是一个年轻人，刚一迈进他家门，我就发现家具和墙壁上的装饰画都与中国的相像。看出我对这些感兴趣，村长开门见山地说："帕泰岛几百年前来过中国水手，上加村的村名来自中国的上海，这些连村子里的年轻人都能知道，比如我吧！"谈到琼庄是否有中国人，他继续说："啊，'奇纳'，过去有，他们是从西游村来的，有的结婚嫁到这里，有的是来做生意留在这里，但是现在他们都离开了。"

"全都走了吗？"

"是，全部走了，据我所知是去了内罗毕和蒙巴萨。"村长胸有成竹地回答。

"他们有时还回来看看吗？"

"两年前，其中一家从蒙巴萨回来，专门为家中的老奶奶办丧事。其他几家一直都没有人回来过。"看来，这个村长似乎对村民的情况比较了解。

"其他几个村子都习惯于称呼'中国人'是'瓦奇纳'，你却叫'中国人'是'奇纳'，不知为什么？"

"他们的姓名里都含有'奇纳'一词，我们也习惯于这样称呼他们。'瓦奇纳'用来泛指'中国人'，'奇纳'则专指琼庄村的几家'中国人'。比如，我们把他们家的大人和小孩，统一称'奇纳'。他们之中有两名去了蒙巴萨，都在耶稣城堡博物馆工作，他们的同事也习惯于这样称呼他们。"

"你怎么知道？"

"我去过蒙巴萨的博物馆，见过两个'奇纳'，所以知道这一情况。"村长从我手中接过采访本，不假思索地连续写了4个"奇纳"的姓名，其中两个在蒙巴萨，两个在内罗毕，"我不知道内罗毕那两个的具体地址，蒙巴萨的两个都在博物馆工作，比较容易找到。她们一个是技术院校毕业后分配去的，一个是随家人移居去的。只要你去博物馆问'奇纳'，大家都知道"。

我接过采访本一看，果然四个人的姓名中都有"奇纳"。他们的姓名与当地人不同，当地人的姓名由三个单词组成，依次是自己的名、父亲的名和祖父的名，而他们的姓名只有两个单词，前面是自己的名，后面都是

"中国"。村长解释道："这些'中国人'共同姓中国，说明他们不忘祖先的故土，思念中国。"

尽管在琼庄没有见到一个中国人，但是村长提供的情况也令人感到欣慰。这几家"中国人"，从西游来到法扎，更加成为少数派，但他们对自己的祖先更加思念，并以中国作为自己的姓氏，牢记自己的根。他们虽然离开了法扎，但他们的影响还留在这里。

我掏出随身携带的小礼品送给村长，向他表示感谢。

五 难忘黑夜海上行

告别村长，我的下一个目标是姆布瓦姆瓦马里和基津吉蒂尼两个村子。萨伊基从来没有去过那里，便提议找他在该村的年轻朋友莫德（Mohd）当向导。我们找到莫德家时，满头大汗的莫德热情地与我们打过招呼，就朝腰间别一把利刀，走向大院内的椰子树，像猫一样伶俐地爬上大树，一会儿就上到树梢，随着一声声砍刀声，一个个椰子从高空中落到地面。喝这样新鲜的椰汁，我平生还是第一次，外加大热天口干舌燥，味道更加甜美。

琼庄与姆布瓦姆瓦马里之间的沙道上，人来人往。当地人似乎习惯了大热天气，个个头顶烈日，三三两两地边走边说，悠然自得。走进姆布瓦姆瓦马里村道，传来一阵朗朗的读书声，一群小学生正在老师的带领下朗读课文。当我从巷道通过时，也许是他们从来就没有见过外国人，活泼的孩子们手拿课本就冲出教室，大喊大闹地与我打招呼，示意我为他们拍照。

高个子的卡西姆（Kassim Shee Bwana Mohamed）村长身体健壮，为人诚实，这是他给我留下的第一印象。也许是作为一村之长，他家有大院，大院上安着一个小门。当我跨进院门时，村长低着头从屋内走出来，我一看，房门更小更矮。刚一见面，尚未来得及相互自我介绍，他就把手一挥，做出一个"请"的手势，示意我走进大院内用麻袋片围成的"房子"，十分自豪地说："这是我的办公室，请进。"

办公室共三面墙，两面墙和屋顶是用破麻袋片缝合而成的，能够随风摆动；一面借用的是院墙，墙上贴着早已过时的全国大选宣传画，与其说是竞选宣传，不如说是墙面的裱糊装饰。办公室内有一个破旧的办公桌和一把同样破旧的办公椅，靠着院墙摆着，供村长专用；另有两张十分简易的单人床靠着两面的麻袋片墙放着，专供客人们坐。对我的突然来访，村长十分重视，作为一次重要的外事活动来安排。他先让我坐在一个单人床上，接着从家中叫出他夫人坐在我对面的单人床上，然后自己庄严地走上办公桌，正襟危坐。这样，我们三人形成一个三角形，相互对面坐着，村长示意我讲话。得知我的来意后，村长把头一摇："我们村没有'中国人'。据我所知，'中国人'从西游村最远到了琼庄，没有来我们村。我们村子周围也没有留下任何'中国人'的遗迹。"

"村里是否有渔民下海捞虾？有没有听说他们从海里捞出过中国坛子？"

"中国坛子？"村长夫人睁大双眼，不解地问到，村长也露出惊讶的神态。当我解释一番后，村长说："没有，没有，没有听说过，更没有见过。我们村子不靠海边，打捞龙虾要下到海里，需要一定的技术，捞虾人都住在基津吉蒂尼村。"

村长回答问题比较果断，为了赶时间，我准备告别，村长却一直看着我的照相机，我便提议给他们夫妻合影，村长一笑，全身上下打量一番自己，先瞧瞧横道T恤衫，再看看花布裙子，最后再看看夫人的衣服，觉得都很干净，便走过去与夫人坐在一起，神情严肃地对着镜头……

在村口，莫德向我们指了去基津吉蒂尼的路，接过我付给他的小费，我们互道感谢后就分手了。朝基津吉蒂尼赶路的途中，村长的形象、做客村长办公室的情景，一直萦绕在我的脑际。

基津吉蒂尼村约居住着5000个村民，是闻名拉木群岛的渔民之乡，打捞龙虾者都是该村的渔民。他们下海捞龙虾，没有现代化的潜水设备，凭借的是传统的捕捞手段。由于世代出身渔民，生长在海边，他们水性很好，对附近海域的情况比较熟悉，对龙虾和鱼类活动的区域比较了解，下海前，仅戴上脚蹼和潜水镜，一手拿着短小的尖刀，长长地吸一口气，一猛子就扎进水中，看到龙虾就猛刺一下，浮出水面。很显然，每次潜水都是憋一口气的时间，足见技艺不凡。

与采访过的其他几个村庄相比，"渔民之村"基津吉蒂尼名不虚传。村头和海滨，不少人家都在忙着"造船"，大船小船都有，另外这里的码头尽管是土石堆成的，但是又宽又长，村子沿海而建，海滨热闹非凡。我们先在村道中走了走，主要询问碰见的老人们，该村是否有中国人。问了几位老人，他们都说村里没有"中国人"居住。

我们接着来到村头海滨，询问打捞龙虾者。于是，一大堆年轻人围了过来，都说自己是打捞龙虾的，但是从来没有打捞上来过"中国坛子"和其他文物，尽管他们知道帕泰岛海域沉没过一艘中国古船。我告诉他们，拉木人讲，"双龙坛"是他们基津吉蒂尼村的渔民打捞上来，拿到拉木出售给白人的。他们表示，村子大了，打捞龙虾的人多了，也许是他们村的人，但一下子难以找到。再则，有些人打捞出来这种东西也不愿声张出去，唯恐给自己带来麻烦。

"会带来什么麻烦呢？"我表示疑问。

一个年龄稍大点的说："迷信的人认为，从海里抓到鱼类以外的东西不是一种吉兆。"这使我想起关于兵马俑发现的故事：陕西临潼附近的一家农民，在自己家里打井时，打出一个"人头"来，全家人认为那可不是一个吉兆，于是悄悄将"人头"又扔下去，把打成半截的井填平，停止打井了，更重要的是还对这件事守口如瓶。其实，那个"人头"就是兵马俑中的一个"将军头"。直到后来兵马俑的发现震惊天下时，他家人才说出这一秘密。要不，兵马俑的发现比实际的时间会更早。

一个年轻人补充道："从海里打捞出文物应该交给国家，送到博物馆，不能私自出卖。"他又说出了人们的另一担心。

从他们的言谈中猜测，也许他们知道龙坛是谁打捞出来的，甚至打捞者就在他们中间，然而，他们谁都不会讲出来，谁也不会承认自己打捞出龙坛来。

阿巴斯船长早已在码头等待，上船后，我们直奔基瓦尤岛。抵达海滩时，已是傍晚时分，海滩有宾馆，可以在此留宿。阿巴斯和萨伊基开始准备晚餐，我们一天忙得还没有顾上吃饭哩！我一路上又渴又饿，已把随身携带的水果糖与萨伊基分吃光了。

就在他们准备晚餐时，我看了看海滩的几家宾馆，都十分简易，是用当地的树枝和椰子树叶搭成的。因为长时间无人入住，里面的蚊子成群，刚一走进门，就能看见蚊子飞舞迎接客人。走上海滩的高地，看到基瓦尤村就在跟前，我便快速前往了解情况。这个村子不大，村民住得比较分散。碰见几个村民一问，都说这里没有"中国人"。接着，我找到了村长，村长证实了村民提供的基瓦岛上没有"中国人"的说法。

萨伊基用捡拾来的柴火烧开了一小锅水，阿巴斯取出随身携带的茶叶、生姜、牛奶和白糖，分别投放到锅里，用勺子搅拌均匀后，倒到三个杯子中。他接着取出冷藏箱里的饭菜，有烤鱼、沙拉和米饭，我们便在沙滩开始了野餐。经过商议，我们今天不准备在此过夜，饭后先到恩多岛做短暂停留，然后赶回拉木。

恩多岛距离基瓦尤岛不远，恩多村就在海边。村子不大，居民不多，但清真寺比其他几个岛的都威风，成为这里的标志性建筑。刚一踏上海滩，几个当地居民就迎上前来，问及村里是否有"中国人"，他们一口否定，"这个岛从来就没有来过'中国人'，他们都居住在帕泰岛上"。

太阳就要落山了，海上的日落，就像太阳从天边在大海里画了一道长长的光线，接着又吝啬地将余晖全部收回。夜幕降临，海风乍起，海水涨潮，阿巴斯船长提高航速，小船在浪尖上飞跳，向拉木飞奔。我坐在船里，好似踩在滑板上冲浪，又像是跨上骏马飞腾。海风越来越大，空中落下雨点，海风夹带着雨点落在脸上，失去了轻柔，直打得人有疼痛感，而我最担心的是，阿巴斯在黑夜中迷失方向。

当我们航行在无垠的海面上，在沉沉黑夜中看到拉木城微弱的灯光时，阿巴斯松了一口气，放慢了船速，我们几个人紧张的神经也得到一丝松弛。

回想这一天，在大海里航行，在海水中行走，在丛林中穿越，在巷道中打问，在海滩上寻觅，经受阳光暴晒，小雨拍打，海风劲吹，黑夜封锁……这一经历，令人难忘！尽管没有寻找到"中国人"，没有寻找到龙坛的打捞者，未免滋生出失望感，但是，如果不来又怎能知道这里的实际情况呢？再说，"中国人"的后代离开了除西游村外的其他村庄，我为之感到高兴：他们是好样的，不愿再像祖辈们那样，死守在那个曾经落难的贫穷孤岛上，而是离开孤岛，走出封闭，寻找新生活，开辟新天地去了。这，难道还不令人欣慰吗？！

第三节　"中国学生"喜回老家深造

这是我第二次登陆帕泰岛。中国记者再次来到"中国村"的消息不胫而走，当我离开上加村时，一大堆男女老少微笑着与我热情挥别："欢迎再来中国村，祝一路平安！"

一　小小的海外"希望工程"

离开上加村，我们先走过一片美丽的椰林，接着穿过荆棘丛林中的羊肠沙道，北上西游村。上次来帕泰岛采访时，我曾往返于这条小道，这次重走老路，感到几分亲切。西游村是上加村被遗弃后，中国人北上创建的。两个村子，一南一北，遥遥相对，均位于帕泰岛的海岸。

我们首先参观了西游村遗址。遗址内既有残垣断壁的古建筑，也有四处散落的大小墓丘。在一个大丘形的坟墓前，斯沃里介绍说，这是一座中国女性的坟墓，因为坟墓前面没有矗立石柱子，石柱子被认为是男性的象征。"这座坟墓很大，说明墓主人是一位重要人物，四周粘贴的数量众多的瓷盘和瓷碗就是证明。这些瓷器是20多年前被文物贩子偷走的，现在仅留下瓷器的痕迹。"我们转到墓的后面，在靠近地面的杂草丛中，斯沃里指着仅存的一个瓷碗的底部说，那是留下的唯一物证。那是一个青花瓷，碗底上还绘有图案。

图8—3　孩子们在做饭

在西游村口，正巧碰上一个小伙子，他身着白长袍，正要去清真寺祈祷。见到我，他有些不好意思地笑了，做出请我到他家去的手势，并说他母亲在家中。说完，一溜烟儿地跑了。看到这一情景，随行的斯沃里和他的同事无不感到意外。原来，我上次来采访时，这名小伙子一个人在家中，告诉我他母亲不在家，外人不能进屋。他们是一家中国人后裔。

与村中大多数住户没有围墙不同，他家建有又高又厚的院墙。刚一踏进院门，一名怀抱婴儿的中年妇女就笑吟吟的迎上前来，热情地招呼我们到屋内入座。她50岁开外，中等身材，皮肤微黑，头发有些花白。如果不是置身于帕泰岛，你会误以为她是中国南方的一位农村妇女，而不是一位非洲人。与当地人相比，她的确与众不同。

天气很热，我们就坐在大院台阶的简易床上与她攀谈起来，而她一直抱着外孙女站在柱子旁。她的名字叫巴莱卡·巴蒂·谢（Baraica Badi Shee）按照信奉伊斯兰教人的姓名组合，最后的一个单词是其祖父的名字。"我的祖先来自中国。很久以前，他们的船只在附近海域遇难，先到了上加村，后又从上加来到西游定居。"巴莱卡向我讲述着她的家史，"几百年过去了，更具体的情况就不知道了。我祖父和父亲曾告诉我，他们都是中国人，但中国离我们太遥远了，无法回去。我们的祖祖辈辈都没有回去过。"她带着几遗憾地说着，中国人来这里后信奉了伊斯兰教，没有再受到中国文化的影响，他们的后代早已不会讲汉语，更谈不上认识汉字了。

问及家中是否还保留有祖传的中国遗物，巴莱卡说以前有几个古老瓷盘瓷碗，20多年前被收购走了。现在家里与中国有关的唯一用品是一个搪瓷盆——中国制造的"丰收牌"洗脸盆。盆子基本完好，连周围和底部的花纹也清清楚楚，估计是国内"文化大革命"期间生产的。

交谈中得知，巴莱卡一家主要靠其丈夫捕鱼维持生计，供养孩子上学。她丈夫也不是纯粹的本土人，而是阿拉伯人的后代。他们生育了5个孩子——3个女儿和两个儿子。两个大女儿都已成家，共有5个外孙，她怀中抱的就是其中之一。"两个儿子和小女儿都在读书，你刚才见的是大儿子，今年17岁。小女儿正在拉木读高中，明年毕业，是家中唯一的高中生，也是家中的唯一希望。"巴莱卡告诉我，自己兄弟姐妹三人，兄弟在蒙巴萨，妹妹在拉木，就她一人留在帕泰岛。"我这一辈子也就这样了，希望孩子们多读些书，有些出息。"说到这里，她欲言又止，嗫嚅了一下。斯沃里告诉我，对当地人而言，供养一个学生上高中，经济上是非常紧张的，而她家同时有3个孩子读书。

巴莱卡热情地邀请我们进屋参观。她家共两座房子，这种房子不是砖墙瓦顶，而是珊瑚礁石筑成的墙壁和椰子树叶组成的屋顶。主房内是几个卧室，室内的家具和用品十分简单，当地气候一年四季较热，床上也都没有被褥，铺着椰子树叶编织而成的粗糙席子，床角放着晚间盖的几块大花布。前房更加简易，主要是一间厨房，没有灶台，就在地面上支上小锅煮饭，炊具不过几件而已。

当我离开巴莱卡家时，她家人把我送到大门外，热情地欢迎我"再次访问中国家庭"。我又一次强烈地感到，博大精深的中国文化的生命力是如此之大，一个人漂泊海外，数百年后，他的后代们尽管早已融入当地社会，与当地人通婚，但只要他身上流淌着祖先的血液，他就始终忘记不了他那深沉的"中国根"。

当天回拉木岛后，踩着厚厚的沙路，我来到了位于城郊的拉木女子中学，前来采访巴莱卡的女儿姆瓦玛卡。由于不习惯走沙路，当我深一脚浅一脚、满头大汗来到学校时，夜幕降临，这所封闭式管理的女子中学的大门已经紧锁，谢绝外人入内。好在大门是铁栅栏式，姆瓦玛卡的同学们对站立在大门外的中国记者的来访感到异常兴奋，她们热情地为我在校园内四处寻找姆瓦玛卡，可当姆瓦玛卡来到我面前时，我仅与她隔着大门聊了几句。

三天后，我再次来到这所高中，学校值班教师金格里（Kingori J. M.）向我介绍了学校和姆瓦玛卡的情况。该校当时有教师18名，学生350名，她们都是从沿海各省来的，其中大多数来自拉木，西游村有4名学生。谈到姆瓦玛卡，这位老师表示，她在学生中比较突出，一是她的特殊家史，不少学生说她是"中国学生"；一是她学习一直刻苦认真，学校认为如果不出意外的话，即将毕业的姆瓦玛卡能够考取大学。

姆瓦玛卡个子不高，圆脸，大概与来自海岛有关，她身体健壮，不善言谈。与她的同学相比，她因有中国血统，头发乌黑较长。她所知道的那段特殊的"中国故事"，大都是从家长和邻居那里听来的。作为西游村的一名高中生，她对中国的了解自然多于她的父老乡亲。她表示，自己非常向往祖先的土地——中国，并对中医怀有特殊的兴趣。这主要因为西游村有一家"中医"，也是"中国人"，他们为当地群众祛除病痛，受到人们尊敬。问起她的理想，姆瓦玛卡说，目前主要是集中精力学习，力争考取大学，最好能学习医学。不过，拉木没有大学，上大学必须去内罗毕或是蒙巴萨，如果真的考上了，必将给家中带来更大的经济压力，因为全家人都靠父亲打鱼为生。

谈到目前的学费时,姆瓦玛卡说,最后一学期的学费为 8000 先令,①约相当于 100 美元。为了鼓励她专心学习,我当即捐助她 1 万先令,希望她能在高考中如愿以偿。她显然对这一解囊相助颇感意外,但没有拒绝这对她来说犹如雪中送炭的一点钱。为了释疑,我告诉她,我访问过她家,知道家中的情况,希望这点钱能对她有所帮助。我还告诉她,你是"中国学生",如果在中国,家庭困难的孩子能够得到"希望工程"的资助,我的这点钱也算是一个小小的海外"希望工程"吧!她笑了,笑得很甜很美。

二 如愿以偿回"老家"

刚一见到我,她就认了出来,微笑着用刚刚学来的汉语"您好"与我打招呼,还带着几分腼腆地频频点头。当我举起相机为她拍照时,她显然激动了,眼睛潮湿了。与两年前相比,她消瘦了,反而平添了几分秀丽。她就是郑和船队水手的后裔、来自肯尼亚的"中国学生"——姆瓦玛卡·沙里夫。

2005 年 7 月,我们再次见面,地点不是在肯尼亚帕泰岛,而是在中国苏州市。2002 年 3 月,我在肯尼亚帕泰岛采访时,得知岛上有个名叫姆瓦玛卡·沙里夫的"中国学生"在外就读。2003 年 5 月,我专程到拉木女子中学,即姆瓦玛卡所在的学校采访了她。当时她正在努力学习,积极备战高考。为使她安心学习,不受下学期的学杂费困扰,我当即向她捐赠了 1 万先令。由于种种原因,她未能直接升入大学学习,只好暂时回到帕泰岛的家中。记得那次相别时,我给她留了名片,并说如果遇到什么困难,可以随时与我联系。我还补充道,我在非洲的记者任期即将结束,如果联系不到我的话,她可以直接与中国驻肯尼亚大使馆联系,"你作为一名'中国学生',中国大使馆一定会帮助你"。

由于帕泰岛相对封闭,与外界特别是与国外联系十分不方便,也许是我的捐赠使她感受到了"祖国"的温暖,她终于鼓足勇气向中国驻肯尼亚大使馆写信,表达自己作为中国人的后裔,希望赴中国上大学深造的愿望。中国驻肯尼亚大使郭崇立迅速将这一情况报回国内。中国教育部为姆

---

① 1 美元当时约合 80 肯尼亚先令。

瓦玛卡特批了公费留学名额，资助她来华上大学。

2005年3月，正在肯尼亚访问的"凤凰号"记者和江苏省太仓市领导从郭大使那儿闻知有关姆瓦玛卡的情况。太仓市领导当即也表示愿意资助"中国学生"来华学习。这次，姆瓦玛卡与马林迪市长姆拉穆巴就是应邀前来参加第三届中国太仓郑和航海节的。

姆瓦玛卡说，从上海一下飞机，踏上中国的土地，"就有一种回家的感觉，中国比我想象的要更大更好，能够回到老家我非常高兴"。

见到姆瓦玛卡的中国人大都说，她长得太像中国人了。7月3日，姆瓦玛卡应邀出席南京电视台拍摄的8集电视片《郑和下西洋》的首映式，当她走上前台时，正在南京出席"纪念郑和下西洋600周年国际学术论坛"的一位郑和研究专家动情地说："她是我们的孩子！"是的，郑和船队的后裔在600年后终于踏上了故土，认祖归宗，人们能不为之激动吗？在南京，姆瓦玛卡称赞她所在的这座城市十分美丽，并用刚刚学来的汉语说"我爱中华"。

在南京参观刚刚开园的郑和宝船遗址公园时，姆瓦玛卡几乎对所有的展品都怀有十分浓厚的兴趣，不停地问这问那。在展厅看到郑和宝船11米高的桅杆时，她发出了由衷的赞叹，因为她熟悉的许多帕泰岛的渔船还不足这个桅杆那么长。在一块被命名为"郑和下西洋"的天然奇石前，姆瓦玛卡深感惊奇，椭圆形的奇石上"百舸争流"的美丽画面让她目瞪口呆。为满足她的好奇心，管理人员特地为她开了"绿灯"，允许她上前用手抚摸。

从肯尼亚来到中国，姆瓦玛卡就像"跳龙门"一样，一下子变成了"明星"。5日，太仓市打出欢迎她回家的标语，还特地安排她到高三学生薛玮的家中做客。作为同龄人，姆瓦玛卡告诉薛玮："我这次有一种回家的感觉，回家的感觉真好！"她还告诉薛玮，她是从外祖母那儿得知自己是中国人后裔的身世的。在双方的交流中，她们互相应邀为对方唱歌，一直处于兴奋之中的姆瓦玛卡还请求薛玮教她写毛笔字，在薛玮的指导下，她写下"我回家了"四个大字，以表达自己的真情实感。

姆瓦玛卡说，她母亲曾告诉她，当年登陆帕泰岛的中国人为了保持祖先血统的纯洁性，他们之间有个不成文的规定：在娶了黑人妻子后，中国人的儿女之间要相互通婚，代代相传，以延续祖先血脉。后来，由于中国人的后裔大都离开帕泰岛，迁移到外地，留在岛上的中国人越来越少，他们之间通婚的可能性越来越小，到了她们这一代，只好与当地人结婚了。也就是说，姆瓦玛卡的父亲不具有中国血统。

2005年9月，姆瓦玛卡以"留学生"的特殊身份来到南京中医大学，先学习汉语，然后开始学习中医，实现自己将来要继承中医、救死扶伤的美好理想。

三 "中国学生"甜美笑

也许是命运的安排，无论是在肯尼亚还是在中国，我与她的几次会面，竟有着惊人的相似之处。

最近一次是在南京。2009年11月1日，星期天。我利用参加《首届中国科技论坛》的空隙，在南京农业大学研究生韩西坤的陪同下，专程从农大去南京中医药大学看望她。这次与前几次不同，我不是以记者的身份去采访，而是作为朋友去会面。韩西坤说："李老师，是您改变了她的人生道路，让丑小鸭变成了白天鹅，应该说您是她的恩人和亲戚，她在中国就您这一个亲戚。"事实证明，韩西坤是对的，因为当时连我也没有想到，她会把我叫"叔叔"。

是日，冷空气突袭南下，南京的气温骤降到零下。因南京中医药大学国际教育学院与南京医科大学位于同一条马路上，当我们乘出租车经过南京医科大学时，司机就停了车。由于一时疏忽，我们便走进了医科大学的校园，因是周末，好不容易找到留学生宿舍，结果可想而知。我们在南京的寒风中沿着汉中路向中医药大学走去，我的目标是一定要见到她。早在两年前，我就通过在南京读研究生的杨欢欢与她取得了联系，并送给她一本书，可这次来之前，她的电话总是打不通。

未曾料到，在她居住的中医药大学金杏宾馆，我们上下楼好几次，找到501房间却吃了闭门羹。当确认那就是她的宿舍时，我给她留了一张纸条，让她回来后与我联系。因我的思维还停留在四年多前，所以留言用的是英语。我想，既然是亲戚和朋友，这次走亲访友一定要成功。

是日晚，我们再次来访。当房门开启时，她微笑着示意我们进房间，与几年前相比，她显得有些瘦，但透露出一种精神气，增添了几分成熟感，一身中国大学生的入时装束，一口流利的普通话——汉语，让人怎么也无法把她与遥远的肯尼亚小岛上的姑娘联想在一起。她就是姆瓦玛卡·沙里夫，她的中国老师为她取名——夏瑞馥，她自称"小夏"。

夏瑞馥是当年郑和船队落难船员的后代之一。2002年3月，作为首位采访帕泰岛的中国记者，我走进了"中国村"，并在相邻的西游村见到了"中国人"。当时，因夏瑞馥的母亲下地劳动，她哥哥将我拒之门外，理由是母亲说过不让生人进家门。既然有如此严格的家教，我就只好望门兴叹了。

第二次是2003年5月，我第二次去帕泰岛采访，当我来到夏瑞馥的家时，她母亲——巴莱卡·谢——就像接待中国"老家"的客人一样，亲切友好之情溢于言表。她先带着我参观她的房子，接着我们就拉起了家常。在她讲述了自己祖先那段充满传奇的经历后，我们的话题转到了她家中目前的生活状况。她告诉我，家中经济困难，主要靠丈夫捕鱼为生，除养家糊口外，还要供养夏瑞馥上中学，并加重语气表示，自己这辈子就这样了，夏瑞馥是她的"唯一希望"（见图8—4）。

图8—4　本书主编与姆瓦玛卡在南京校园合影

2005年7月，夏瑞馥应邀来江苏省参加纪念郑和下西洋600周年活动，我当时正好采访这一活动，我们在太仓举行的记者会上再次相逢。那次，她成为新闻媒体聚焦的中心，见到我时，她激动得热泪盈眶，一时讲不出话来，那夺眶欲滴、闪闪发光的泪珠告诉我们：如果没有肯尼亚的相识，哪有今日之重逢？

2005年9月，受到中国政府资助的夏瑞馥再次来华，成为南京中医药大学的一名留学生。此时此刻，早已适应大学生活的她坐在宿舍床上，笑言自己刚来时就像生活在梦中一般，并说自己知道"很幸运，来中国学习是一路绿灯"，言语中充满着感激。的确，生活环境的巨大变化和强烈反差，让她连做梦也未曾想到。

　　当我问起她的学习情况时，她告诉我，前两年学习汉语，接着学习专业课，截至目前已学习了针灸、中医内科、西医诊断学等课程，还有体育课学习了太极拳，"我学习太极拳比别的留学生快，动作也相对标准"。"别忘了你是'中国学生'？"我的话音刚落，她就笑了，笑得很甜美。

　　她向我坦言，学习压力很大，每次考试前都免不了要掉几斤肉。我看了贴在房门后的课表：阴阳五行，十二经络……的确有一定难度。她说，还有伤寒论、黄帝内经、古汉语，"都太难了"。是的，即使今天土生土长的中国人，对古汉语也要敬畏三分啊！我告诉她，学习要刻苦努力，但也要重视体育锻炼，注意加强营养，生活要有规律，身体好才能学习好。她认真地点点头。

　　谈起校园生活，她说已经适应了，学校对她也十分关心。她的家乡常年高温，她习惯南京的夏天，尽管宿舍安装着空调，公用电费，但她也不用。宿舍冬天有暖气，解决她怕寒冷的问题。同时，给她安排的房间带有卫生间，十分方便。她买了一些炊具，节假日自己也做饭，放松调节一下。

　　来华近五年，她在2007年回过一次家，给家人带了一些中国特产。"回家太激动了，我从来没有这么长时间离开过家，家人也想念我，特别是母亲。"她还高兴地对我说："我们村的人看到我去了中国学习，现在都说'我也是郑和的后代，也要去中国'。"说着说着，她自己先开心地大笑起来，室内荡漾出爽朗的笑声，使略带寒意的宿舍顿时充满欢快的气氛。

　　"你计划毕业后做什么？是否还想当医生、实现当初的理想？"她坚定地回答："是的。我还保留着自己学习过的全部书本，回国后再教别人，我们那里太缺医生了。"第一次见到她时，她就表示自己要上医科大学，学好本领，为民除病。我相信，今天已经如愿以偿走进高等学府刻苦学习的她，毕业后一定会用自己的双手描绘出美好的人生蓝图，让中非友谊的花朵开放得更加绚丽多姿！

第四节　首批华人明初"移居非洲"

　　落难肯尼亚帕泰岛的郑和船员成为移居非洲的首批华人，他们融入了非洲大家庭，在与当地人打成一片的同时，顽强地坚持和保留着中国文化传统和价值观，为中非人民的相互了解、为中国文化的传播做出了独特贡献，为当今非洲华侨华人融入和服务当地社会树立了光辉榜样。

　　2003年11月，我曾在朋友和潜水员的陪伴下，第三次来到拉木群岛，乘着一叶扁舟，冒着烈日酷暑，迎着惊涛骇浪，在印度洋上寻觅郑和船队当年的那艘沉船。对于那次"大海捞针"式的行动，我们当时就未曾抱任何希望。未曾想到的是，我的有关报道引起了中国官方的注意，几年后，那次"一叶扁舟"的搜寻竟变成为"国家行动"，中肯两国签订了合作考古协议，共同寻找那艘传说中的中国古沉船。目前，这一协议正在积极执行之中，我们期待着那艘600多年前的沉船有朝一日重见天日。

一　一叶扁舟觅沉船

　　2003年11月16日，一只木船乘风破浪行驶在印度洋上，围绕着帕泰岛附近的上加岩石来回巡视，船内安装的搜寻海底世界的专业仪器——"声呐"随着海底状况的变化不停地变换着数字，船上的6个人各司其职，分头忙碌着。我们一行——两名中国人、两名南非白人潜水员和两名当地黑人船夫，为了一个共同的目标——寻找当年郑和船队的一艘沉船，同舟共济，头顶烈日，航行在茫茫大海上。我曾心中暗想，是郑和让我们这几位不同肤色、不同国籍的人走到了一起，来到了海上，这恐怕是他这位伟大的航海家当年始料难及的。

　　这是我第三次乘船来到这个传说中郑和船队的一只宝船触礁沉没的海域。2002年3月，我第一次来采访。一年后的2003年3月至4月，《环球时报》以5个整版的篇幅连续刊登了《寻找郑和船队的后裔》的独家报道。与此同时，《人民日报》分4次连载了《踏寻郑和足迹》的报道。这两组报道第一次向读者披露了郑和船队当年的一艘船在东非沿海一带沉没的史实，引起了读者的普遍兴趣，在国内外反响强烈。包括台港地区在内的国内不少媒体转载了这两组报道，特别是《环球时报》的连载。

　　报道发表后，国内外数家企业、新闻媒体纷纷与我联系。中央电视台表示出拍摄有关纪录片的意向。南非金巢国际集团、中国南非文化传播公司和杭州楼兰亭科学探险有限公司等均表示愿意寻找和打捞郑和船队当年的那艘沉船。他们认为：李新烽为了寻找郑和船队的后裔，花4年时间冒着危险两次跨国采访，探访了帕泰岛上中国人建造的古老西游村，得到了第一手真实材料，有助于深化郑和研究。由于郑和下西洋至今还留有不少难解之谜，特别是现今尚未找到一艘郑和下西洋所用的完整船只，如果能将沉没帕泰岛附近的那艘沉船打捞上来，对沉船先验明正身，再全面研究，必将对继承中华民族优秀的历史文化遗产，促进史学、考古、探险、航海、造船等领域的科学研究，了解中外交流特别是中非友好交往，重新认识中华民族在世界古代文明史上做出的巨大贡献具有现实意义。

这三家公司还分别制定了"东非帕泰岛探险考察项目"的总体策划。策划提出了宏大目标：以实地考察、探险打捞为主线，拍摄有关纪录片和电视连续剧，写作出版《郑和沉船之谜》长篇纪实文学，举办《踏寻郑和的足迹》大型摄影图片展，等等。遗憾的是，由于国内爆发"非典"，杭州楼兰亭科学探险有限公司的计划只好暂时搁浅。

就在这组系列报道刚刚发表之后的2003年5月，我第二次来采访，肯尼亚考古专家和拉木博物馆负责人曾急切地表示，希望中国有关方面能够确定那艘沉船的具体位置。回南非后，金巢国际集团股份有限公司董事长、南非中国—非洲工程协会会长王炜表示，作为立足非洲的中国企业，他们愿意提供财力、物力和人力，寻找郑和船队的那艘古老沉船，打捞失落的中华文明。如果寻找和打捞顺利，金巢集团愿将那艘沉睡在海底数百年的古老宝船献给我们亲爱的祖国，为2005年的郑和下西洋600周年庆典奉献一份特殊的厚礼。接着，该公司紧锣密鼓，在南非咨询有关专业人士，购买海上探测仪器，联系高水平的潜水员和潜水用氧气瓶，为此行做好周密细致的准备工作，并派遣公司办公室主任姚辉与我同行。

根据南非潜水员在本行业内的联系，在拉木岛定居的德国人马丁·舒尔兹（Martin Schuetz）接洽了我们。马丁在拉木群岛从事潜水行业的生意，从潜水器械的出售与修理，到潜水员的接待和培训。在马丁面海的豪宅里，我们首先与马丁商谈租用木船和购买潜水用氧气瓶的费用，接着开始在船上安装声呐。木船是马丁的，约15米长，如果船只太小，因在水中摇摆太大而难以观测海底情况，且不利潜水员上下水作业。声呐主要由观测器和探测器两大部分组成，探测器需要固定在船尾部，浸没在海水里。

次日清晨，我们从拉木城出发，首先穿过一条两岸布满丛林的狭长海峡，接着以20公里的时速向上加岩石前进。根据当地最流行的传说，当年那艘中国船只以上加的灯塔为航标，夜间从茫茫大海向当时最为繁华的上加港口航行，未料在即将驶入帕泰湾时，在上加岩石外围附近触礁沉没。我们手中的《拉木、曼达和帕泰三岛及其附近海域航海图》（the Charf of Lamu, Manda and Pate Bays and Approaches）显示，露出水面的八九个上加岩石与其西南方向的帕扎尔利海脊（Pazarli Ridge），呈现出非常明显的东北—西南走向，构成帕泰湾与大洋之间的一道分水岭。帕泰湾内的水位深度在0.5—12米之间，由分水岭向大洋方向延伸，水位逐渐加深，从2米、5米，到10米、20米，进入巴罗库塔海峡（Barracouta Channel），水位猛然间加深到40米、80米、120米……根据航海图中显示的水位深度，我们采用在上加岩石外围附近进行东北—西南方向的直线巡回搜寻路线。

随着船只航行，两名潜水员聚精会神地观察着声呐里数字的变化。声呐的显示屏幕上，同时出现所在位置的经纬度、水位深度、海底平面图，以及海底部与海平面之间可能出现的任何东西及其位置。时而，你会看见一个鱼在海平面以下6米处游动；忽而，你会目睹海底的白沙、海草和海带在不停地变换；转而，你会发现海底像一个大盆、一条曲线、一道平梁……11时3刻，海底出现一个"山"字形，水位是4—5米深，潜水员立即记下该位置的经纬度：南纬02°11.938′，东经041°02.438′。这时，我们的船只停了下来，潜水员认为这里可能有情况，需要下水察看。

根据潜水员的分析，那艘大船当年沉没时，很可能触礁断裂成两大半，像泰坦尼克号那样，经过沉睡海底数百年，其上面一定沾满了各种海底动植物，其中包括大量珊瑚，因为当地海水温度较高。这样推测，海中的沉船就应该像一个"山"字形，而不是完全像一个船的形状。可是，当他们从水中上来时才知道，除在海底看见礁石和海草外，并未发现什么异常现象。

时值正午，烈日高照，海风渐止，船内温度不断升高，我和姚辉有些晕船，躺在船舱的席子上，尽量保持相对静止不动。在海浪冲击木船和船只破浪前进的声音中，在马达有节奏的嘟嘟声中，在木船的波浪摇摆中，我们进入了梦乡。下午2时多，阳光把我晒得昏昏沉沉的。这时，发动机声中止了，船在波浪中摇摆，两名潜水员正在忙着穿潜水服，看见我半醒半睡,他们说发现了新情况,准备再下水观察。我看见姚辉还在睡,仅叮咛潜水员要小心谨慎,接着又昏昏沉沉地睡过去了。我再次醒来是被跳蚤咬醒的,这时我才发现,两腿和背部被跳蚤种满了大大小小的"牛痘",痛痒难忍。

夕阳西下,习习的海风吹醒了我的昏睡发胀的头脑,潜水员建议我吃点东西,饥肠辘辘的我却一点也不想吃,我们开始"打道回府"。到宾馆后,潜水员认为沉船不应该在浅水区,而应该在深水区,原因是古船沉没后,洋流会将其卷入深水区海底,"不过也有例外,就是洋流将沉船卷到西游海峡那边,由于那里有海湾,沉船很有可能最终停留在那一带"。考虑到这一建议具有一定道理,我们决定第二天直奔西游海峡。"如果在西游海峡没有找到,我们再回到上加岩石附近海域的深水区搜寻。"

正值东非沿海地区的最热季节,我们在海上整整搜寻了4天,大家都晒得脱了皮,我和姚辉也因不适应海上生活而发生严重的晕船现象,虽然期间曾不时出现令人振奋的情景,我们也不失时机地询问从我们船旁经过的当地渔民,是否看见过中国古老沉船,是否知道打捞"双龙坛"之事,但结果是既没有打问到有关信息,也没有寻找到沉船的遗迹,哪怕是一点点蛛丝马迹。

两名潜水员表示,我们的搜寻手段未免有些落后,每小时20公里的船速,即使整整四天,行驶的航程也非常有限,且不言是在一望无垠的大海上。他们认为,如果能够运用飞机在这一带海域进行空中航探,结果会大不一样。

二 中肯合作考古探测"宝船"

2005年是郑和下西洋600周年,中国围绕"热爱祖国、睦邻友好、科学航海"举行了一系列的纪念活动。是年底,中国与肯尼亚签订了合作考古协议。这是继姆瓦玛卡来华学习后,"踏寻郑和船队在非洲的足迹系列报道"产生的又一个实际影响。

中国国家文物局长单霁翔就有关中肯两国开展合作考古问题访问了肯尼亚,代表中国政府与肯尼亚政府签订了协议,这也是中国与非洲国家签署的第一个合作考古协议,足见中国对郑和船队当年访问非洲及其留下的后裔的重视程度。新华社就此专门发了消息。为便于说明问题,现将新华社的消息引用如下:

新华网内罗毕12月23日电（记者荀智深）中国和肯尼亚23日在肯海滨城市蒙巴萨正式签署合作考古协议，计划将对肯尼亚沿海一带的"郑和遗迹"进行联合考古研究，以揭开东非的中国人后裔之谜。据悉，这是中国与非洲国家签署的第一个合作考古协议。

率团访问肯尼亚的中国国家文物局局长单霁翔和国家博物馆水下考古中心主任张威博士与肯国家遗产国务部长沙孔博当天代表各自政府在协议上签字。协议规定，中肯将从2006年至2009年在肯尼亚海滨地区的拉穆群岛联合进行水下考古，[1] 并对传说中的中国船员墓茔进行发掘等系列考古科研。

沙孔博在签字仪式上致辞说，中肯文化交流源远流长，内涵十分广阔，郑和下西洋的历史和拉穆群岛郑和船员后裔的传说，就是最引人注目的内容之一。肯中在拉穆群岛开展考古合作，不仅可以揭开历史之谜，更有利于进一步加强肯中文化交往，促进肯中世代友好，是一件意义非凡的大事。

单霁翔在仪式上发表讲话说，中肯虽相隔万里，但政治、经济、文化等领域的交流十分密切。此次进行联合考古意在通过考古发掘和研究，促进中肯文化遗产保护领域的合作，拓宽中肯文化往来的范围。考古项目虽充满挑战，但相信通过双方努力，一定会获得丰硕的科研成果，为中肯人民友好往来的历史谱写新篇章。

中国驻肯尼亚大使郭崇立、肯尼亚国家遗产部和肯国家博物馆官员、拉穆地区负责人、肯滨海省各界代表近百人参加了当天的协议签字仪式。

据悉，中肯考古专家近年来对拉穆群岛进行初步考证后得出了三点结论：第一，拉穆群岛仍居住着中国人后裔，相传他们是郑和船员的后代；其次，拉穆地区是中国古瓷器的储仓，在肯尼亚发现的40多处中国古瓷遗址中，拉穆地区是最重要的一个；第三，拉穆群岛的帕泰岛附近海域可能有中国沉船。专家们指出，此次中肯联合考古有望进一步解开一些神秘的历史谜团。[2]

---

[1] 拉穆即拉木，英文为LAMU。
[2] 该消息来自新华网：http://news.xinhuanet.com/world/2005-12/24/content_3963619.htm 2005年12月24日10：24。

经过5年的积极准备，中国专家于2010年7月赴非洲寻找郑和沉船。下面是《京华时报》2010年2月24日刊登记者张然采写的有关报道：

> 昨天上午，中国国家博物馆、北京大学考古文博学院和肯尼亚国家博物馆举行签字仪式。两国专家将通过对肯尼亚拉穆群岛地区水下及陆上文化遗存、遗址、遗物的考察、发掘，进一步破解中非古代文化交流、经贸往来的一些历史疑团。中国专家还将赴肯尼亚寻找传说中的郑和船队的沉船。
>
> 北京大学考古文博学院院长赵辉介绍，该项目经过了5年的调查、论证和筹备。合作考古内容主要包括对肯尼亚拉穆群岛及其周边水域水下文化遗存进行科学考古调查、勘探和发掘；对肯尼亚马林迪市及周边地区陆上古代遗址进行考古发掘；以及对以往肯尼亚沿海地区出土的中国文物进行调查研究。
>
> 据悉，中肯本次考古合作项目为期3年，商务部将其作为重要援外项目无偿出资约2000万元的项目经费。每年中方派专家等人员赴肯工作2至3个月。根据当地的气候条件，每年只有两个旱季可以发掘，即6月到9月和12月到次年2月。肯尼亚国家博物馆馆长法哈透露，预计今年7月份会有中方小组先期到肯尼亚开展筹备工作，主力人员后续到达。
>
> 中国国家博物馆水下考古研究中心主任赵嘉斌介绍，目前在肯尼亚沿海地区包括马林迪在内的5个区域内展开的考古发掘和调查中已经出土了一些沉船碎片和大量的中国古代瓷器，瓷器的年代从元代到清代都有。
>
> "只是不知道这些瓷器是中国人带来的还是阿拉伯人带来的。"肯尼亚国家博物馆法哈馆长称，对已出土文物的鉴定也是本次合作的重要项目。他介绍，出土的中国古代瓷器大部分馆藏于肯尼亚国家博物馆。所有项目出土文物如果出于研究目的，根据国际公约，通过签署进一步的协议可以借给中国展出。

第九章　郑和"舟师"在非洲的影响

无论是东非沿岸考古发掘出的中国瓷器，还是马林迪国王向中国明朝皇帝奉送长颈鹿的友谊佳话；无论是非洲大陆有关"郑和村"的传说，还是非洲人热衷于打麻将的事实……这些都在告诉世人，郑和船队曾远抵非洲，并在非洲留下了重大影响，即使是在600年后的今天，人们还在参观郑和船队的遗迹，访问郑和部属的后裔，谈论郑和"舟师"的影响。

郑和与非洲结下了难解之缘。郑和船队到访非洲的史实和《大明混一图》上关于非洲形状的准确描绘，用铁一般的事实告诉世人：不能单纯地说，非洲是欧洲人"发现"的。这不但是南非学者的观点，而且是南非国民议会千年展览的主题。

第一节　瓷器谱写东非沿岸历史新篇章

从东非沿岸南下，每个国家的博物馆里都少不了中国瓷器，并为中国瓷器开设专柜展出；每一处遗址的发掘中都少不了中国瓷器，难怪历史学家感叹："东非沿岸的历史是用中国瓷器写成的。"英国考古学家惠勒（R. C. Wheeler）更加具体地说："十世纪以后的坦噶尼喀地下埋藏的历史，是用中国瓷器写成的。"[1] 这是因为，在1955年前后的考古调查中，坦桑尼亚沿海一带46处遗迹中均发现有中国瓷器，而且这些废墟的各文化层的绝对年代，是要依靠它们所含的中国瓷器来精确地断代。

---

[1] 大卫逊（B. Davidson）：《非洲的废弃城市》（1959年），第146页。转引自夏鼐《作为古代中非交通关系证据的瓷器》，载《文物》1963年第1期，第19页。

一 拉木岛劲吹"中国风"

我走进拉木图书馆。刚上二层,迎面碰见一个硕大的黑色陶瓷罐子,黑釉的光泽不时闪现,让人倍感亲切。

查阅资料后离开图书馆,我再次走进位于海滨的拉木博物馆。博物馆的前言中介绍,拉木是斯瓦希里语的发源地,深受阿拉伯、印度、中国文化的影响。参观时方知,本地出土的中国瓷器占馆藏的一大部分。一组中国瓷器的说明中写道:14 世纪至 18 世纪,中国瓷器在拉木群岛一带非常流行,中国人用瓷器来换象牙和黄金等。在一个中间带花纹的大青瓷盘子下面,有这样一段文字:敲击此盘子能发出悦耳之音,以焕发人们的精神;据说如盘中盛有含毒饭菜,该盘子会自动破碎。一组瓷器杯子的下面写着:在 18 世纪,拉木人把中国的青瓷和白瓷杯子用作咖啡杯,这一习俗一直沿袭至今,中国当代瓷器水杯仍是拉木人今天的咖啡杯。另一组包括中国古钱币和筷子在内的实物似乎更能说明拉木过去与中国的联系。

拉木城的建筑和饮食受中国的影响显而易见。当地的一种双层饼和"五加里粥",即玉米面粥,其制作方法与中国大同小异。在一本介绍拉木饮食的书中,当地不少食品的制作方法,都或多或少地吸取了中餐的成分。

谈到中国对拉木岛的影响,被誉为拉木岛上手工艺品之乡的马汤多尼(Matondoni)村似乎更加一目了然。该村以制作小型木舟和编织各种草垫与篮子遐迩闻名,小型木舟与中国南方渔民的小船十分相似,而编织技术恐怕就是中国人传授给他们的。我在帕泰岛上见到的一些篮子,其形状与这里的大同小异,居民在下地干活时背着,或是放在家里做容器。此前,我在采访中部非洲国家布隆迪时,就看到中国四川省的技术人员正在为当地培训编织骨干。当然,其技艺的难度远远超出目前拉木岛的编织水平。这让我想起,郑和船队的水手们当年手把手向当地人传授中国编织技艺的情况。

参观拉木岛后,我一直思考这样一个问题:遥远的"中国风"为什么能够如此强劲地吹拂到东非沿海一带呢?拉木岛之所以如此受到中国传统和中国文化的深远影响,除汉朝开辟的"陆地丝绸之路"的间接影响与郑和继承宋元先人大力开创的"海上丝瓷之路"的直接影响外,更重要的是受到帕泰岛"中国人"数百年的不断传承和发扬光大。当年郑和船队的部属意外地定居帕泰岛后,同时带来了中国文化和中国传统。他们之中有水手、厨师、医生、文人和各种手艺人,这些人除随船带来中国瓷器、丝绸、茶、铁器等贵重物品外,在与当地居民的长期共处中,也把自己的一技之长传授给他人和自己的后代。这在帕泰、上加和西游这三个村子都有明显的例证。

谈到直接参与,拉木岛与帕泰岛相隔不远,人员往来频繁。除为生计直接来往于两岛之间外,中国水手无论是主动南下寻找自己的船队故友,还是被迫离开帕泰岛去其他地方逃难谋生,拉木岛都是必经之地。中国水手的往来必然会在这里留下烙印。

上加村的更名与西游村的命名无疑体现了中国人思念祖国与家中亲人的游子情怀,其中也渗透着中国文化的深沉内涵。"上加"与"上海"的联系,"西游"在纪念他们自己参与的"郑和下西洋"这一壮举的同时,又有谁说它没有受到中国四大名著之一的《西游记》的影响呢?就村子的命名而言,就和西游村与中国之间的地理位置相关联,表达着他们这些海外"游子"思念家人的真挚情感。"下西洋"意味着远航中国以西的地方,也就是赴西方游历、周游,而乘船远航者也就成为游人、游子,他们最终在下西洋途中也就是在"西游"途中定居下来,遂将自己亲手创建的村子命名为"西游村"。就大的方位来讲,帕泰岛位于中国西南方向;就他们最早抵达的上加村与沉船地点的方位而言,前者位于后者以西。也就是说,从中国到沉船地点,再从沉船地点到上加村,都是向西游行,"西游村"也应包含这一层意思在内。

二 格迪遗址发掘出大量中国瓷器

蒙巴萨以北约 105 公里处,有一个著名的古城遗址——格迪城邦。上世纪中叶,这里出土的大量的中国古瓷片一时成为世界考古学界的热门话题,中国元朝著名旅行家汪大渊曾过此一游。仅就这两点而论,格迪与中国交往可谓源远流长。为寻找郑和船队的遗迹,我两次参观了这座古城邦的废墟。

格迪遗址被丛林紧紧包围着,遗址中间和周围是参天大树,朝阳照耀下,斑驳陆离,平添几分沧桑感。第二次来这里时,为有足够的时间仔细参观,我一大早就从马林迪出发,成为当天的第一位参观者。未料,博物馆尚未开门,工作人员得知我是远道而来的中国记者,特意为我开了绿灯。博物馆分四大部分：格迪遗址、文物展览室、历史图片展览室和瓷器碎片展厅。

我首先走进遗址，从不同的角度拍照，清晨的阳光为摄影提供了最佳光线。20世纪四五十年代，考古学家在发掘时认为，格迪遗址反映了12世纪至17世纪时期，斯瓦希里城邦独特的建筑风格。

考古发掘表明，格迪城邦始建于13世纪末期或14世纪初叶，至15世纪中叶达到鼎盛时期，17世纪初期被废弃闲置。格迪一词源出东非盖拉语，意为"珍贵"。格迪古城占地面积45英亩，城内的主要建筑有皇宫、大清真寺、城墙和墓群。皇宫由10座建筑组成，其中两座的命名与中国有关：中国钱币室和中国瓷器室。中国瓷器室内发现了大量的15世纪的中国瓷器，包括青瓷、青白瓷、青白花瓷和橄榄绿色的碗、碟、坛、罐等；仅大清真寺遗址中就出土了305件中国古瓷，部分出土的瓷器陈列在格迪博物馆内。从考古发掘情况看，中国瓷器是当时格迪城内王公贵族、富商巨贾的欣赏品和餐具器皿。考古学家认为，大量中国瓷器的发掘说明，格迪与中国的商贸往来密切以及当时的人口繁华程度，也旁证了考古学家指出的"东非海岸的历史乃是中国瓷器所写成的"这一论断。"挖一锹简直满铲子都是中国瓷器……我想，这种说法并不过分，即就中古时期而言，从10世纪起坦噶尼喀被埋在地下的历史是写在中国瓷器上的。"①

我国元朝的汪大渊曾到过该城，这在其《岛夷志略》中有记载。他说，此地"土薄田瘠，气候不齐。俗侈"。又说："地产骆驼，高九尺，土人以之负重。有仙鹤高六尺许，以石为食。闻人拍掌，则耸翼而舞，其容仪可观，亦异物也。"②很明显，汪大渊所说的"仙鹤"，其实就是鸵鸟。那么，郑和船队是否到过格迪？皇宫中还有三个室，铁制照明灯室、剪刀室和贝壳室。铁器、丝绸和瓷器是中国元明时期出口的主要产品，而贝壳当时在东非地区充当货币进行交易，足见格迪与中国的商贸情况。郑和访问过马林迪和蒙巴萨是不争的事实，格迪处于二者之间，距离马林迪仅16公里，且是海滨城邦。还有学者认为，格迪实际上就是古代马林迪。③由

---

① 转引自［英］李约瑟《中国科学技术史》第四卷第三分册，科学出版社、上海古籍出版社2008年版，第545页。
② 汪大渊著、苏继庼校释：《岛夷志略校释》，中华书局2009年版，第295页。
③ 英国非洲史学家巴兹尔·戴维逊认为，格迪实际上就是古代马林迪。参见其专著《古老非洲的再发现》，屠尔康、葛佶译，生活·读书·新知三联书店2000年版。

此可见，郑和船队访问过格迪，而且从格迪发掘的15世纪后期中国的青花瓷和青瓷判断，在郑和船队到访之后，中国与格迪的贸易往来仍未间断。

刚步入文物展室，我驻足在门口的"说明"前，其中有这样一段话："遗址发掘出来的文物包括从中国和伊斯兰世界来的瓷器、玻璃和贝壳珠子、金银首饰和钱币。当地的陶器数量最多，主要炊具和储藏器皿。"这里陈列的文物全是遗址发掘出来的，每一件都十分珍贵，其中的中国钱币和中国瓷器皆来自遗址的中国瓷器室和中国钱币室。一个几乎完整的大花瓷碗为展室增色不少，它是格迪遗址发现的唯一近乎完整的中国瓷器。下面的图片说明这样写着："这个大青白瓷花碗表面绘着盛开的荷花和卷须的三片叶，碗内侧有长寿的图案。这是格迪遗址发现的明朝初期的中国瓷器。"

5号展柜和6号展柜放置着中国古钱币，图片说明中关于钱币年代的内容自相矛盾，将元朝与明朝混为一谈。

历史图片展览室介绍格迪的历史渊源，从创建、发展、兴盛到消亡，记录了这座古城的全部兴衰史。其中有两大重点，一是郑和船队来访，一是达·伽马船队通过。在郑和船队到访的图片中，既有郑和本人的画像，也有明成祖的画像，皆引用于中国的文献和典籍；既有船队中国开洋地的照片，也有当年格迪城的照片；既有1431年郑和巨船的图片，长140米，也有哥伦布船只的图片，长30米，布展者特意将两者排列在一起进行比较，其大小与气势一目了然，相比之下，哥伦布的帆船可谓小巫见大巫了。

在关于郑和船队在中国的图片中，有一幅是郑和泉州行香碑。郑和在永乐十五年（1417）第五次下西洋时，到泉州灵山圣墓行香，祈求圣灵庇佑。《泉州灵山回教先贤行香碑》载："钦差总兵太监郑和前往西洋忽鲁谟厮（斯）等国公干。永乐十五年五月十六日于此行香。望灵圣庇佑。镇抚蒲和日记立。"在这组关于郑和船队图片的说明中，有如下这段文字："第一支来到东非沿海的葡萄牙船员队应该得出这样的结论，15世纪末叶的印度洋海域是穆斯林的天下。事实上，这正是身为穆斯林的中国船队队长郑和得出的结论，他在1405年至1433年七下西洋的探险活动比达·伽马早了约60年。然而，葡萄牙人未能得出这一结论，相反却认为该地区的部分居民是基督教徒，因为他们中有商人。"

在瓷器碎片展厅里，那些大小不等的瓷片几乎全来自古代中国，有的上面留有清晰的花纹,青白瓷上的荷花叶线条流畅;有的底部的汉字清晰可见,一个几乎完整的"福"字表达着美好的祝愿;有的上面是动物图案,"奔马"扬蹄飞驰……放置在玻璃展柜中,这些文明的碎片简直就是一部活的历史资料,记载着中非交往的那段友谊佳话。可以想象,如果没有中国瓷器,格迪城的历史今人恐怕难以讲述得如此清清楚楚(见图9—1)。

图9—1 格迪遗址博物馆里的中国瓷器

我在几个展室流连忘返,从不同的角度拍照,以期最大限度地收集资料。展室内空空荡荡,惟有我这位中国记者在与这些中国瓷器和有关中国的图片进行着默默对话。为了节约时间,我有时也对着随身携带的小录音机朗读有关的图片说明,以免匆忙之中记录下的潦草文字回去后难以辨认而留下遗憾。

三 瓷器是耶稣堡博物馆的主角

蒙巴萨的博物馆设在当年葡萄牙人建筑的堡垒内。史料记载,蒙巴萨最早出现在书面上是1154年,15世纪发展到繁荣期,成为亚、非、阿拉伯之间最大的滨海商贸中心,中国的陶瓷和丝绸也在交易之列,当地人主要以香料、黄金和象牙换取。中国元朝著名旅行家汪大渊曾到过此地,他在1339年根据其亲历撰写的《岛夷志略》一书中提到东非沿海一带的城邦。

1413 年至 1433 年，郑和船队也访问过蒙巴萨。1498 年，葡萄牙航海家达·伽马在东渡印度途中经过这里。16 世纪，葡萄牙侵略者曾四次烧抢该城，于 1589 年最终将其占领，并将其海军总部从马林迪迁至蒙巴萨。从 1593 年起，葡萄牙占领者动用人力物力财力大兴土木，开始修建这一军事防御堡垒，三年后竣工。百余年后的 1697 年，阿拉伯人击败葡萄牙人夺取蒙巴萨，后又在 1888 年被英军夺走，至 1963 年国家独立后才重归肯尼亚。

博物馆里第一件吸引我注意力的是墙上画的一艘帆船，仔细一看是 1498 年达·伽马首次抵达蒙巴萨时所乘的船只，与郑和毫无关系。刚一转身，就在入口处，摆放着一个坛子，上面用中文写着"盛桥"二字，英语说明指出，这是从蒙巴萨出土的中国 17 世纪的瓷器（见图 9—2）。由此进入瓷器展厅，橱窗里摆放的各种中国瓷品令人目不暇接，其中一个中心是龙图案的青瓷带釉花盘，构图精美，吸引着不少参观者的目光。该展厅的序言中这样写道：在 15 世纪的蒙巴萨，中国的青瓷用具比伊斯兰的玻璃器皿更为流行。我此前翻阅的一本介绍蒙巴萨城堡内《中国瓷器》（Chinese Porcelain in Fort Jesus）的书籍中，还专门对"中（chung）"、"国（kuo）"、"瓷（tz'u）"、"器（ch'i）"等汉字做出解释，以便于读者阅读，足见这一带出土的中国瓷器的数量之多。

图 9—2　蒙巴萨博物馆里中国瓷器坛子

该博物馆与中国还有另一份关系，我在拉木群岛采访时，得知博物馆有两个"瓦奇纳"——斯瓦希里语对中国人的称呼：一个回家吃午饭去了，一个正在休假。当我参观完博物馆的瓷器展厅走出来时，一个穿着黑袍的年轻女子径直向博物馆的小卖部走去。一眼看去，她很像中国人的后裔，尽管她的皮肤有些黑。她打开小卖部门上的铁锁，将门敞开，说明下午的营业时间到了。我带着几分好奇走了进去，她不仅显得非常友好，还主动递来她正在吃的零食让我分享。得知我来自中国，她还笑问中国是否有类似的食物。接着，她又开始介绍店里的 CD 盘，说着就手舞足蹈，唱起了非洲名歌《你好!》。交谈时得知，她来自帕泰岛的法扎村，毕业于蒙巴萨一所技术学院的企业管理专业。她不但知道帕泰岛上"中国人"的故事，而且她本人就带有较为明显的中国人特征：嘴唇较薄，而当地人多数嘴唇厚；眼睛较小，而当地人眼睛大；身材苗条，而当地女人胖的多。虽然她待人热情，但是拒绝我为她拍照，原因当然是她所信奉的宗教。潜意识告诉我，眼前的这个人就是法扎村商店老板讲的那个"瓦奇纳"，可当谈论此问题时，她只是笑而不答，或许这位姑娘羞于在陌生人面前谈论自己的身世。

下午 3 时许，我再次到博物馆接待室，得知另一个回家吃饭的"瓦奇纳"下午不来上班了。待我说明来意后，一名热情的工作人员随即拨通了这位"瓦奇纳"家里的电话。对方当即表示，非常欢迎中国记者去她家做客。

大街上车水马龙，不时出现交通堵塞，路程虽短，但出租车还是时走时停。就在能看见"象牙大街"的明显标记时，博物馆的陪同人员告诉记者，"瓦奇纳"的家不远了。于是，我们从堵塞不前的车里下来，穿胡同抄近道前往她家。

未曾想到，蒙巴萨的胡同较窄，但胡同里的住房显得并不那么拥挤，而"瓦奇纳"家还带有一个院子。小院的铁门不大，刚一迈进院门，就见院里坐着一位妇女，看上去 35 岁左右。用不着介绍，那明显的黄皮肤就已告诉我，她就是"瓦奇纳"。她穿着带有小黄花的连衣裙，头顶一个小白花手帕，先是神情惊奇地看着我，然后站起身来，微笑着打招呼，热情地邀请进屋入座，还沏上了茶水，并特意说明是中国茶。

屋子不小，分里外两大间，里屋铺着地毯，外间铺着地板砖。屋里的家具、家电还比较齐备，有沙发、冰箱、电视和电话，还有缝纫机。缝纫机是中国产的"蜜蜂牌"，上面还放着正在缝制的衣服。见记者对缝纫机感兴趣，她笑着解释自己经常自裁自缝，还称赞中国缝纫机的质量好，用了多年，性能依旧如初。从家中的摆设布置和干净整洁程度来看，至少可以得出两点印象：一是这户家庭的经济状况按当地水平衡量算得上较为富有；二是家中的女主人非常贤惠能干。记者还注意到，家中有小孩用品，却未见到孩子的身影，估计是上课或玩耍去了。

谈起自己的老家，她笑说在帕泰岛，而更远的老家则在中国。不过，她本人出生在蒙巴萨，仅回过帕泰岛的琼庄几次，没有去过中国。"我母亲从帕泰岛来到这里，她是'中国人'，皮肤比我还白，我的肤色是母亲遗传的，与当地人形成鲜明对比，无论走到那里，人们都说我是'中国人'，叫我'瓦奇纳'。母亲当初为我取名'瓦奇纳'就是这个缘故。"

"你母亲现在哪里？"我问道。"前几年去世了。""你是否听说过帕泰岛上'中国人'的故事？""听说过，主要是母亲告诉我的。不过只是个大概，详细情况说不清楚。在蒙巴萨，也听到过类似的故事，与母亲讲的大同小异。"她说，由于自己有中国血统，对中国一直怀有某种特殊的情感，也喜欢使用中国产品。"我在博物馆工作，对馆藏的中国瓷器等情有独钟。"谈到中国瓷器，她还问起一些有关中国的情况，这使我们的谈话很投机。

临别时，我曾提出可否为她拍照，她思索了一会儿，最终还是含笑谢绝了："我倒是没有什么，就是怕我丈夫知道了会不高兴的。这也与我们的宗教信仰有关，不喜欢女子抛头露面和拍照。可他恰巧又不在家，如果他在的话，也许他会同意的，因为你是来自中国的记者。"

四　坦桑尼亚博物馆里的中国瓷器

中国现存的史料中没有关于郑和船队访问坦桑尼亚的记载，但有郑和部下到访莫桑比克的记述。莫桑比克位于坦桑尼亚的南面，而郑和船队当年是沿着东非海岸从北向南航行的，如果郑和船队曾远抵莫桑比克，那么就很有可能先经过坦桑尼亚。正是基于这一认识，外国有学者坚信，郑和船队当年访问过坦桑尼亚的桑给巴尔岛、奔巴岛和基尔瓦，并留下一些遗迹。

达累斯萨拉姆不仅享有"和平之港"的美称，还是举世闻名的坦赞铁路的起点站。当我一踏上这块土地，便感到一股浓烈的"中国风"扑面而来。入境处，边检人员一看我持的是中国护照，未看登记表就"叭"的一声盖上入境章，还笑容可掬地说："欢迎您，中国朋友！"刚坐上出租车，37岁的司机姆泽泽雷（Mzezele）就开始了发自内心的表白："我是收听坦赞铁路建设的报道长大的，中国为我们修建了世界一流的公路、铁路和大楼；中国医生为我们救死扶伤，中国对我们的援助是无私的。""我热爱中国和中国人民！"他对中国的美好感情似乎不尽言表。

位于首都中心的国家博物馆，有关中国的文物和内容可分三大部分：中国瓷器、郑和船队在东非的影响和中坦友谊。

馆藏的中国瓷器既有元朝花瓶，年代为 1300 年至 1320 年，也有明朝豆绿色的青花瓷盘子和底部写有"天下太平"四个汉字的瓷碗。除完整的瓷器外，还有一些瓷片，其中 14 世纪印有"龙"图案的大缸的碎片、16 世纪印有"人"头像的碗底和 18 世纪写有"寿"字的盘子残片等，因其带有鲜明的中国特色，使许多参观者流连忘返。这些中国瓷器都是在坦桑境内出土的，主要分布在三个地方，从北向南依次是：奔巴岛（Pemba）、桑给巴尔岛（Zanzibar）和基尔瓦岛（Kilwa）。肯尼亚东部沿海一带发掘出土的大量中国瓷器，再一次印证了西方学者关于"东非沿海的历史是用中国瓷器写成的"的观点。

反映郑和船队访问东非沿海的展品中，有两幅大型图画格外引人注目。一幅是著名的"麒麟图"，出自中国明朝画家沈度之手，展出的是复制品；另一幅是一位名叫埃佛戴尔（Efdel）的坦桑尼亚画家的作品，生动地再现了 15 世纪郑和宝船到访东非沿海的情景。该画的说明指出，中国宝船第一次于 1417 年至 1419 年抵达东非海岸。

在中坦友谊展柜，我驻足于两幅图片面前，一幅是《友谊纺织厂的落成典礼》，该厂是中国援建的。另一幅反映的是，时任坦桑尼亚总统尼雷尔（Julius Kambarage Nyerere）和赞比亚总统卡翁达（Kenneth David Kaunda）与中方官员一同视察坦赞铁路的隧道工地，两位非洲国家元首向中国施工人员微笑致意的场景，令人油然而生"中非人民亲如一家"之感。

次日，我乘坐仅有 9 个座位的小型飞机飞越桑给巴尔海峡，来到著名的"香料之岛"——桑给巴尔参观了当地三个博物馆：王宫博物馆、和平博物馆和奴隶博物馆。

王宫博物馆原是桑给巴尔岛历代统治者的宫殿，其中一个展厅，即原王宫的卧室里，放置着一个"鸳鸯靠椅"，两边各配有一个茶几。工作人员特意告诉记者，这种特殊椅子是"中国制造"的。在原王宫的客厅里，安放着数尊大花瓶，是中国明朝的瓷器，上有"龙"的图案。

与国家博物馆一样，和平博物馆也有中国瓷器，既有完整的瓷碗，也有零碎的瓷片。此外，馆里还珍藏着不少中国古钱币，在有的钱币上，"绍定通宝"四个汉字十分清楚。相关说明指出，这些中国古钱币是从桑给巴尔岛最古老的都城——温古贾发掘出来的。温古贾从公元6世纪至10世纪是桑给巴尔岛的首府。

奴隶博物馆位于原来的"奴隶市场"，由两部分组成：原奴隶市场关押奴隶的石屋和原市场的露天交易场合。石屋保持着原貌，低矮阴暗，当年捆绑奴隶的铁链仍吊在柱子上，从中可以看出奴隶的非人生活。露天交易场合是新修的，再现了奴隶被出卖时戴脚镣、系铁链的场景。博物馆虽然简单，但存有西方殖民主义者贩卖奴隶、给非洲带来巨大灾难的铁证。

在坦赞铁路起点站附近，我专程凭吊了"中国援坦专家光荣牺牲同志之墓"（见图9—3）。此情此景，让人回想起赞比亚前总统卡翁达在接受记者专访时说过的一番话语：在非洲历史上，奴隶贩卖、殖民入侵和殖民统治，给非洲人民造成了巨大的灾难和痛苦。而先于西方殖民者抵达非洲的中国人，与非洲人进行平等贸易，给非洲带来了中国瓷器、丝绸和中国文化，没有占领非洲一寸土地。新中国成立后，中国政府和人民大力支持非洲人民争取国家独立和民族解放的正义斗争，无私帮助非洲国家进行经济建设，坦赞铁路就是最好的例证。"坦赞铁路是中非友谊的丰碑，我们永远不会忘记友好的中国人民给予我们的支持和帮助"。

图9—3　中国援坦专家光荣牺牲同志之墓

第二节　长颈鹿远洋来华传颂友谊佳话

麻林国王向中国明朝皇帝赠送长颈鹿的史实是中非关系史上的一段美谈，直到今天，仍是中国和肯尼亚乃至非洲大陆各国家喻户晓的故事。南非前总统姆贝基谈到中非友好交往史时曾几次提及"麻林"遣使贡"麒麟"这段往事，南非前议长金瓦纳（Frene Ginwala）女士对此更是津津乐道。

一　来到长颈鹿的故乡

"麻林"即马林迪，长颈鹿就是中国古代认为的神兽"麒麟"，被视为吉祥之物。值得一提的是，在索马里语中，长颈鹿（girin）恰巧与中国的麒麟同音。1414年，孟加拉国国王把自己从马林迪获得的一头长颈鹿作为礼物贡奉给明成祖，在中国朝廷引起轰动。1415年12月，马林迪直接遣使将一头长颈鹿送到北京，明成祖朱棣亲临奉天门迎接非洲使臣。《明史》这样记载这件事："麻林，去中国绝远。永乐十三年遣使贡麒麟。将至，礼部尚书吕震请表贺。帝曰：'往儒臣进《五经四书大全》，请上表，朕许之，以此书有益于治也。麟之有无，何所损益？其已之。'已而麻林与诸蕃使者以麟及天马、神鹿诸物进，帝御奉天门受之。百僚稽首称贺，帝曰：'此皇考厚德所致，亦赖卿等翊赞，故远人毕来。继自今益秉德，迪朕不逮。'"[①] 这足见中国皇帝对马林迪国王与使臣的重视。

我现在就来到马林迪——中国古人眼中"麒麟"的故乡，听长颈鹿的故乡人讲述"长颈鹿的故事"。这一故事之所以在当地人人皆知，与肯尼亚政府重视中非友谊关系密切。《肯尼亚的过去与现在》（Kenya Past and Present）一书是以讲故事的形式向孩子讲述肯尼亚历史的，这书本的封面就是中国明朝翰林院侍讲学士奉训大夫沈度所画的麒麟进贡图——永乐十二年岁次甲午秋九月，一位榜葛剌国（今孟加拉国）使者牵着一头长颈鹿送到中国时的情景，该书中以"麒麟，神圣的长颈鹿"（K'i-Lin the Celestial Giraffe）为题，以长颈鹿为第一人称，讲述郑和船队访问马林迪及自己

[①] 《明史》卷三百二十六《麻林传》，转引自郑鹤声、郑一钧编《郑和下西洋资料汇编》（中），海洋出版社2005年版，第954页。

被送往中国的经过,并配有郑和船队的插图,读来引人入胜。在《马林迪历史》[①]一书中,作者马丁认为,郑和不远万里访问马林迪的动机,就是为了寻找"麒麟",因为在孟加拉国国王1414年赠送长颈鹿后,中国皇帝得知非洲是长颈鹿的故乡,遂派遣郑和前来查找。1415年,马林迪国王向中国皇帝敬献了一头长颈鹿,由郑和船队带回中国。两年后,郑和第五次下西洋,护送马林迪前来敬献长颈鹿的使者回国。中国台湾中华郑和学会张之杰也认为:"为了寻求麒麟等非洲特产,(郑和的)随员更远至木骨都束、卜剌哇、麻林等阿拉伯城邦,这或许才是下西洋远至东非的动机所在吧!"[②]

图9—4　中国古代"麒麟"——长颈鹿图

[①] Esmond Bradley Martin: The History of Malindi in *Kenya Past and Present*, p. 29.
[②] 张之杰:《郑和下西洋与麒麟贡》,载《传承文明　走向世界　和平发展——纪念郑和下西洋600周年国际学术论坛论文集》,社会科学文献出版社2005年版,第993页。

中国皇帝为何对麒麟如此情有独钟呢？这是因为中国古代对麒麟的认识已达到了图腾崇拜的程度，认为麒麟（见图9—4）是神物，即使是东汉的"无神论者"王充也在《论衡》中指出："麒麟，兽之圣者也。"

我国古代还认为"龙与牛交，则麒麟产焉"，且说雄者为麒，雌者为麟，可见神乎其神了。那么，作为圣兽和瑞兽的麒麟到底为何物呢？于是就有人说，麒麟是"麇身牛尾"、"角在鼻上"、"五采、腹黄、高丈尺"，等等。既然麒麟难以见到，它的出现就非同一般，人们自然又为其涂上一层神秘色彩，赋予神权的象征。明人沈度说："臣闻圣人有圣仁之德，通平幽明，则麒麟出。"明代儒臣全幼孜说得更为具体："臣闻麒麟天下之大瑞也，帝王之德，上及太清，下及大宁，中及万灵，则麒麟见。又云天不爱道，地不爱宝，人不爱其情，则麒麟见。"明朝的达官显贵和翰林学士纷纷咏赞麒麟，仅编选的《瑞应麒麟诗》就达16册之多。[①]

据著名郑和研究专家郑鹤声、郑一钧父子考证，永乐年间，亚非各国向明王朝馈赠麒麟共有5次：第一次是永乐十二年（1414）秋九月，榜葛剌国馈赠；第二次是永乐十三年（1415）秋九月，麻林国馈赠；第三次是永乐十五年（1417）秋，阿丹国馈赠；第四次是宣德八年（1433）秋八月，古里、阿丹等国馈赠；第五次是正统三年（1438）十月，榜葛剌国馈赠。[②]

马林迪博物馆馆长还特别提到，长颈鹿的故事只是中肯友谊的一个侧面，就当年而言，马林迪国王曾几次派使者访问中国，还送去了斑马、鸵鸟等动物，"时过境迁，动物不知从何时起开始从沿海向内地迁移，现在的马林迪很少能看到这些动物了，特别是长颈鹿"。就双方交往来看，"马林迪使者带回了中国皇宫的特产，郑和船队带来了中国的瓷器和丝绸等物，深受当地人欢迎。中国瓷器一时成为贵重物品和财富的象征，富裕人家以收藏中国瓷器为时尚，就是在墓碑上也以镶嵌中国瓷碗和瓷盘作身份与地位的象征"。

在馆长的带领下，我们来到马林迪城北11公里处的曼布鲁伊村，走进杂草丛生的一片墓地，其中两个一人高的圆柱形墓碑上镶嵌着中国瓷

[①] 参见胡廷武、夏代忠主编《郑和史诗》，云南人民出版社、云南美术出版社、云南晨光出版社2005年版，第354页。

[②] 同上。

盘，一周共 10 个，其中 6 个被人偷走，剩下的 4 个也被敲打得残缺不全。"当地人把中国瓷器视为财富，别说是完整的盘子，即使是从盘子周围敲打下来一些碎片，偷回去也是藏在自己家中的箱子里当作宝贝保存起来。"博物馆长如是说，"由此可以看出中国在马林迪的影响，中国瓷器在马林迪的地位。令人遗憾的是，尽管两国当时的交往频繁，中国古代的航海技术高超，但是马林迪后来被葡萄牙人占领了，中国在这里的影响逐渐减弱了"。

中国的影响在马林迪减弱了，但长颈鹿的故事代代相传。

图 9—5　马林迪城北曼布鲁伊（Mumbrui）村墓地墓碑上镶嵌的中国瓷盘

二 "麒麟"远洋赴中国

在《肯尼亚的过去与现在》一书中，收录了这样一篇根据历史事实而创作的儿童故事——《麒麟，神圣的长颈鹿》。① 下面是这篇作品的概况。

"我们为什么不重要？"全身布满小方格的长颈鹿拉贾（Raja）向自己的母亲问道："狮子凭什么成为百兽之王？我们最大，我们的外衣上有漂亮的格子，这才神奇哩。还有，我们是世界上最高的动物，为什么不能统治动物世界？"

"我们曾经辉煌一时"，他的母亲回答说，"现在是你应该知道我们的祖先——麒麟的故事的时候了。人类认为麒麟来自天国。孟加拉国王将麒麟作为礼物赠送给中国皇帝。当看到麒麟时，中国皇帝向麒麟鞠了一躬，因为他认为麒麟是圣兽。这虽是五百多年前发生的事情，但我们今天想起来仍然感到惊奇"。

"请给我讲述麒麟的故事，它是怎么到中国去的？"拉贾恳求母亲。

"这都是几百年前的事了，那时候，世界上的动物比现在多得多。"拉贾的母亲这样开头说，"不过，长颈鹿就像我们一样，仅生长在非洲，世界上其他地方的人从未见到过我们。那个时候，飞机还没有发明出来，② 乘船又不十分安全，几乎无人出国旅游。"

拉贾问道："那个时候的船只有发动机吗？"

"船上有长条形的风帆，那时的风帆是用布块或竹织席蓬棕榈叶做成的，船只依靠风力航行。"母亲回答说："麒麟就是乘坐帆船去中国的。路途花费了整整半年，大海上有时会出现惊涛骇浪，麒麟因不习惯海上生活，还生了一场病。"

"可怜的麒麟"，拉贾同情地叹了口气，"在大海上航行那么长时间，麒麟愿意吗？"

"他为自己被选中而感到自豪。"母亲说。

---

① 这篇故事的英文名为：*K'i-Lin the Celestial Giraffe*.
② 人们普遍认为，飞机是美国人莱特兄弟（Wilbur Wright and Orville Wright）于 1903 年 12 月发明的。

"他怎么会被选中?"拉贾问。

"人类一直是冒险动物,期望能找到新的大陆。他们从印度航行到非洲,用香料和盐换取木材与象牙,甚至还有男人。孟加拉国王来到非洲,停留在马林迪港口,看到内陆不远处的长颈鹿像我们一样来回走动,还不时吃树枝顶部的叶子。"

拉贾合上自己的眼睛,一个巨大的长颈鹿高耸在眼前。

我的名字叫麒麟,我向你告诉自己的故事。我长得很高大,父母为我深感自豪。我从来不会忍饥挨饿,因为我可以够到树枝顶部的叶子,把树枝压下来,经常让其他家庭成员饱餐。一天,我独自在平原上散步,当我刚走到一片茂盛的丛林时就听见有人喊叫。就在我回头观看是谁在大喊的时候,又听到一声哨音,一卷绳子从我头上落下,套在脖子上。我想挣脱,未料绳子越来越紧,前腿开始跛行。担心再动一下就会摔倒在地,就没有抬起脚去踢捕捉者。我于是决定保持安静,不失尊严地俯视着捕捉我的人们。

"他是个美丽的动物。"一个捕捉者说。

"他是我们能找到的最好的。"另一个捕捉者接着讲道。

"献给皇帝的最合适的礼物。"第三个捕捉者也开了腔。

听到这里,我竖起耳朵。皇帝是非常重要的人物,相当于国王。听他们的谈话,他们抓我并非自己所担心的被美餐一顿,而是听从孟加拉国王的命令,作为孝敬的礼物,不是赠奉给别人,而是中国皇帝!

尽管有十几个人在场,但我知道,如果我站着不动,即使他们共同行动起来,也抬不动我。我还明白,只要我抬起前腿踢一下,就能踢死一个人,不过我感到他们不会伤害我,所以在他们给我双腿松绑时,便主动配合。他们把我带到港口,站在那里不知道如何把我弄上船。尽管以前我经常到家附近的河里饮水,但是我从来没有像现在这样离大海近。海洋到底与河流不一样,不时掀起白浪,浪花四溅,涛声不断,我感到害怕。

一个捕捉者被指定为我的贴身侍卫。"我领着他沿海边走走。"他说完,就抓住套脖子绳的另一端,拉着我走下一个小坡来到海滩,我巨大的四脚深深陷入松软的白沙里。孩子们跑过来,站在我的脚印里,抬起头惊奇地看着我。他们从来没有见到过像我这样高大的动物。我让海水从脚下流淌,感到海水有点冰凉,好像在安抚着我。我分开前腿,低头饮水,但不喜欢咸味,咸水不解渴。

侍卫把我领进一个棚子,我在那里呆了一夜。棚子高处的瓦缸里盛放着清洁水,角落堆放着椰子树枝。我对新的食物和饮料并不特别感兴趣,而是十分想念父母和兄弟姐妹。尽管我愿意离开他们,因为我感到自豪,但是现在感到孤独,想和家人在一起。我竭尽全力猛踢棚门,整个棚子坍塌下来压在我身上,我跌倒在地。侍卫冲了过来,让他的同伴拿走压在我身上的东西,还帮助把我扶起来。他们和蔼可亲,十分爱护我,观看我身上是否受伤。"咋会发生这种事情?"他们互相问着,感到不可思议。他们一点也不知道是我把棚子弄倒塌的。

我没有受大伤,但受了一大惊。可能伤及自己的脖子和四条腿,但站立起来没有问题。站在身旁的侍卫说,我们将去中国,"是出国,中国人制造了世界上最大的帆船,伟大的航海家郑和与他的船队将全程陪同你去中国。你应该为此感到荣幸,麒麟"。

几周后,我已经习惯在海滩上行走。一天,在海水低潮时,侍卫陪护我来到暗礁旁,郑和与他的大船在礁石的另一边。郑和走到礁石上,冒着生命危险带领我经过海浪来到大船前。当我从水里迈上船时,水手们都惊呆了。郑和与我的侍卫带我来到船中间的一个大舱内,他们知道我特别喜爱吃带刺的灌木,费尽周折为我准备了许多,一层一层地放好。郑和向我鞠躬,称我是"尊贵者"、"礼仪之士"、"神兽"、"圣物"、"国王献给皇帝最珍贵的礼物"。

大船随着海浪上下颠簸,我在船舱内感到不适,6个月的海上旅行似乎没完没了。我渴望着四脚能踩上坚硬的土地,四处漫游,寻找自己喜欢吃的食物。可是,侍卫和他的同事们总是寸步不离,耐心细致地照顾我,我有足够的食物和新鲜水吃喝,却从来没有独自呆过一会儿。

期待着的那一天终于来到了,我们在中国的港口靠岸,我从船上下到平静的海水里,三大步就踩到不远处松软的白沙子。我已经习惯船上的来回颠簸了,刚踩到坚硬的岩石时差点跌倒在地。

郑和从船上来到我面前,给我鞠了一躬说:"圣兽,我们带你去见皇帝。"

我走在侍卫和他的同事们中间,脖子上没有绳索,也没有人触摸我。当我来到皇宫时，一大群人集合在大院内，我长得很高，一眼就从人群中发现皇帝坐在宝座上，他的身旁站满了文武百官。

人群向两边后退，我与皇帝之间出现了一条通道。当我朝皇帝走过去时，人们下跪磕头。中国人从来没有见过像我这样的动物，以为我是个神兽。这时，皇帝的大管家站了起来，视线从我身上转移到皇帝身上，"我以前见过这一神兽"，他用敬重的语气说，"是做梦时梦见的，同时我总是听到这样一个声音：'只有当一个国家的统治者是特别仁善正义的皇帝时，我才出现在地球上。'"

当文武百官向他表示祝贺时，皇帝显得谦虚起来："这一神兽之所以能在我们国家出现，是因为我的父亲是一位如此仁善正义的皇帝，我的文武百官们帮助我继承了他的传统。"

这时，所有的人都面对着我，他们期待着我讲话。我站在皇帝身旁，俯视着人群。

"我叫麒麟"，我告诉他们，"我从遥远的非洲大陆的马林迪来到中国，旅行的时间很长。尽管一路上经历了风暴和疾病的侵袭，但是我仍然健壮，感觉很好。"

当我从皇宫大院向我居住的宫殿大踏步走过去的时候，我在中国乃至世界上成为"完美的象征"：完美的仁政，完美的皇权，完美的和谐。

这时，拉贾睁开双眼，忽闪着长睫毛。母亲说："这都是很久以前发生的事情了。"拉贾起身站在母亲旁边，用自己的两个长角触摸着母亲的肩部。在拉贾的眼中，母亲非常高大，因为他没有见过其他长颈鹿。

"麒麟给我讲了一个多么好的故事啊！"拉贾说："这样说中国人认为我们来自天国，我希望全人类都能这样想。"

"人类正在开始信任我们"，他母亲说，"我们现在受到总统政令的保护。"

"我想成为麒麟"，拉贾渴望地说："我想高大、强壮和出名。"

"你会的"，他母亲说，"你是麒麟的曾祖孙、曾祖孙、曾祖孙的曾祖孙，他向你讲述了他自己的故事！"

第三节 "麻将"落户非洲深受黑人欢迎

在拉木岛采访时，我听说该岛有人打麻将，此前曾耳闻莫桑比克也有人打中国麻将，而我亲眼看到非洲人打麻将却是在索马里。帕泰岛有个"中国村"，而"郑和村"的传说几乎遍布东非沿岸。这一切，皆与郑和下西洋远赴非洲大陆关系密切。

一 "郑和村"传说遍布东非海岸

这是我第三次来到拉木。前两次来，得知这里有从基斯马尤来的索马里商人，我就请阿巴斯船长帮我打听，了解郑和在索马里的有关遗迹。这次，热情的阿巴斯为我找来了两批基斯马尤人，他们掌握有关信息。

第一批人共两名，他们是战乱中从基斯马尤逃难而来的，其中一名叫阿图马尼，54岁。据他介绍，基斯马尤附近共有11个小岛，其中的两个小岛上各有一个"中国塔"，塔上也有文字，但不知道是汉字还是其他文字，因他没有到岛上去过，只是从海里通过时看见过塔，"一个塔在科亚马岛上，我1991年从岛旁边经过时还看见过，十多年的战争，那个塔是否遭到破坏，现在无法确定。不过，在肯尼亚和索马里边境地区还有一个中国塔，我可以带你去看"。

阿图马尼讲斯瓦希里语，阿巴斯便充当我的英语翻译。谈到两国边境地区有"中国塔"这一新情况，对拉木及其附近一带情况十分熟悉的阿巴斯船长表示怀疑，然而阿图马尼坚持说自己通过边境时亲眼看见过"中国塔"，"索马里国内形势战乱，无法前往，但这个塔位于边境地带，站在肯尼亚境内就能看见"。

我决定次日前往边境地区查看，阿图马尼作向导，具体路线是：乘阿巴斯的船从拉木到肯索两国边境，因为当地治安很乱，上岸前先联系好保安，然后一起前往"中国塔"。这样往返行程需要一整天。我们当即谈到有关注意事项和费用，定于次日清晨出发。当晚，我正准备入睡，阿巴斯来找我，说是阿图马尼提供的情况有误，两国边境地区是有一个塔，但不是"中国塔"，是葡萄牙人修建的塔，而且已被破坏得面目全非，并非阿图马尼描述的那样。我当即决定取消既定行程，次日再寻找其他索马里人进一步了解情况。

第二批共三个索马里人，他们都是小商人，索马里内战前就往来于基斯马尤与拉木之间做买卖。我们的话题首先从"中国塔"开始，48岁的莫汉马迪脱口就说："科亚马岛上有个中国塔，建筑在岩石上，有七八米高，我曾上岛看过塔，是尖顶石塔。"另外二人点头，对莫汉马迪的话表示认可。

"塔上有文字吗？"我问。

"有，不过我不认识，字迹也不清楚。"莫汉马迪在我的采访本上画了几个文字的形状，可以确定塔上的文字是汉字。

莫汉马迪说，基斯马尤西南方向有一排小岛，岛上基本上无人居住，有时过往的渔民偶尔在岛上作短暂停留。另外还有一个岛上有个"中国塔"，比科亚马岛的塔矮小。说到这里，他眼睛一亮："就在基斯马尤市与科亚马岛之间的水域，有一艘中国的古老沉船。"

"沉船？"我对此表示惊讶。在我的追问下，莫汉马迪对沉船做了这样的描述：他小时候，爷爷讲附近有一艘中国沉船，是很久以前发生的事情。当地的老人还说过，中国船当年遇难时，里面装满了瓷器和丝绸等宝物，遂被抢劫一空。莫汉马迪10多岁时，还和小朋友一起去海里的沉船上玩过。船很大，70多米长，30多米宽。船帮由三层组成，外层是铁，已长满红色铁锈；里层是铜，长满绿色的铜锈；夹层原是红木，因年代久远被海水腐蚀，朽木已被海水冲走。"由于处于近海，当大海落潮时，还能看见大船的桅杆。当地渔民有时还把自己的小船系在大船上，把沉船当作小船的临时码头使用。"

耳闻眼前这位陌生人对中国沉船绘声绘色的讲述，惊喜交加的我脑海里不时浮出一团团疑云。转而又想，假如对方虚构这一切，虚构之中也不乏合理成分。大概是看出了我的心思，其他二人证实莫汉马迪所言并无虚假之处，还一再强调，他们并不知道我的意图，没有必要说假话。且不说即使说假话，凭他们的经历，无法编造得那样详细真实。为了进一步确定那艘沉船的长宽尺寸，我还与莫汉马迪走出宾馆，以建筑物作为参照物，让他估计沉船的大体长度。

当话题转到"郑和村"时，他们表示，听说在基斯马尤以南几十公里的海边，有一个"中国村"，中国船员当年就居住在那里，村里还修建了一个"中国塔"。遗憾的是，他们三人均没有去过，讲不出更多的情况。

郑和村、郑和塔、中国古沉船，别说这三者集中发生在基斯马尤附近，只有其中之一，也值得我去一趟。然而，索马里战火纷飞，军阀混战，连本国人都逃避战乱纷纷出国，外国人更是望而却步了。阿巴斯对我说："那边很乱，我们都不敢去，听说外国人一旦被海盗抓住，开价就要几百万美元，否则就……"他把手放在脖子下面，做了一个杀头的动作。"那位美国朋友上次来，在这里停了一个多月，最后还是不敢去索马里那边。即使他敢去，也不会有人冒险陪他去。上次一个船长拉索马里的乘客过去，船就被海盗扣了，所幸把人放了，可至今没有归还他的船。"言下之意，他自己绝不会冒险深入索马里。

"你们三人经常回基斯马尤吗？"我的话音刚落，阿巴斯就抢着回答："他们是索马里人，会讲索马里语，海盗一般不抓本国人，知道他们没有多少钱。"

看来，从拉木北上去基斯马尤，此路不通。为进一步证实情况，我请莫汉马迪在采访本上画一下他所见到的"中国塔"的形状，他毫不犹豫地接过本子，认真仔细地画了一个"尖塔"。我问他如果再次回国，能否帮我拍摄几张"中国塔"的照片，能否再确认一下那艘沉船是否还在，他都满口答应。然而，他短时间内不会回去，再则没有相机，即使有相机，也不会拍照。我把傻瓜相机给他，他真的不知如何使用，教了半天，连相机镜头盖子都打不开。让他"越俎代庖"，可能性不大，惟有亲自北上。

此后，《寻找郑和船队的后裔》和《踏寻郑和在非洲的足迹》系列报道先后在《环球时报》和《人民日报》及其海外版发表后，引起广大读者的普遍兴趣，有不少读者给报社写信、打电话讲述自己的一些亲身经历，从侧面印证了记者的所见所闻。一名叫吴新平的读者致函《环球时报》说，他1992年12月赴东非进行农业考察时曾经过拉木岛，当地人告诉他们："很久以前中国的船就来到了拉木小岛。上个世纪70年代，有人还在拉木海湾打捞到了中国的瓷器和硬币。现在，这些东西都存放在当地的一个小博物馆里。""由于时间匆忙，我们没来得及造访当地的小博物馆，便离开了小岛。事隔多年，贵报《寻找郑和船队的后裔》一文让我回忆起当年的经历，并把我带回到那个充满中国味道的小岛，我真恨不能立即飞往东非故地，寻觅当年那张大木床。"信中还写道："与我有同感的还有办公室的同事胡先生。胡先生于1989年到1991年在索马里从事农业项目援助工作，其间曾在索马里靠近赤道一线的海边见到过一座小岛。小岛离海岸约1公里多，人们说岛上有一座名为郑和（音译）的古塔。可惜的是，胡先生因时间原因未能到岛上亲眼目睹,只是远远留了一张影。当地人还告诉他,在那附近有一部落,人的长相和生活习惯与中国人十分相像,当地人都说他们就是当年郑和船队的船员留在索马里的后裔。"①

二 欣闻南非"郑和村"

2005年4月初,在与中国驻南非大使刘贵今的攀谈中,他提供了这样一条信息:南非有个"郑和村"。我当即喜出望外,急忙刨根问底。刘大使说,2005年2月参加南非国民议会开幕式时,一位黑人议员高兴地对他说,在距离南非伊丽莎白港约80公里的地方,有个"郑和村",那里的村民肤色浅、头发长,具有中国人的特征,据说至今还保持着中国的生活习惯。"郑和村"因地处东开普省偏僻落后的农村地区,通往村子的路况非常糟糕,一般车辆无法行驶。这位议员还特地提议由他自己驾驶越野车,陪同刘大使一起去访问。只因一时联系不到这位议员,无法确定"郑和村"的具体位置,我的采访计划暂时搁浅。

我曾去过伊丽莎白港,采访过举世闻名的布尔羊的故乡——东开普省的农场,但耳闻那里有个"郑和村",还是破天荒第一次,自然内心也充满着欣喜和好奇。根据刘大使提供的情况,我大体估测出"郑和村"的所在方位,它与伊丽莎白港、东伦敦市基本形成一个三角形,伊丽莎白港和东伦敦市都居住着数量相当的老华侨。于是,我与刚履新的福特海大学(University of Fort Hare)地质系主任、华人教授赵宝金取得联系,该大学位于东伦敦市附近。一听此消息,他就兴奋了:"我们地质系有两个本地学生长得很像中国人,我第一次看到他们时就觉得很奇怪。现在听你说起'郑和村',说不定就与他俩有关系。"当时正值假期,经他多方联系,终于找到了其中的一名学生,可惜该生对自己的家史不甚了解。通过赵宝金的帮助,我从该校一位历史学教授那里了解到伊丽莎白港的华人史。

为弄清"郑和村"的准确位置以便前往采访,我又专程拜访了南非的数名老华侨。南非的华侨华人有新老之分。老华侨是100多年前来南非的中国人的后裔,现在已是第三代至第五代了。其实,有史料记录的第一批华人是1658年来到南非的。当时,荷兰东印度公司在开普敦建立基地时

---

① 吴新平:《回眸在东非的日子:拉木岛上看见家乡的木床》,《环球时报》,2003年4月2日第十二版。

缺乏劳力,将数千名囚犯从印度尼西亚运抵南非,其中就有华人。这些华人大多因无钱偿还债务而沦为所谓的"流放罪犯",不料却成为落户南非的第一批中国人。

19世纪初,英国人取代荷兰人成为开普(Cape)地区的统治者。当时,南非的华人数量不足百名。英国殖民当局在建筑方面迫切需要廉价劳动力,于1815年前后从中国广东一带两次引进约50名华人工匠。第一批约23人,是一个名叫哈里顿的英国人组织偷渡过来的,以解决建房急需的工匠。受此启发,当年的开普总督查尔斯决定再引进数量大体相同的华工。

大概是尝到华人廉价、勤劳、能干、听话的甜头,自1849年至1882年,英国当局从中国又招收了250名华工,分配到开普和纳塔尔(Natal)两个殖民地。这些人属于契约工,到期后大多返回祖国。

1867年和1886年,南非相继发现了钻石和黄金,一批批淘金者从世界各地蜂拥而来。中国人也抵挡不住黄金美梦的诱惑,背井离乡来到陌生的南非,以期发财致富。据不完全统计,在1888年至1898年的10年间,约有1800名华人途经毛里求斯来到南非。这些淘金者是首批自发来到南非的华人,是现今南非老华侨的先辈。这批人分为广东人和客家人两大支,各自保持着自己的生活习俗和方言。迄今为止,前者多聚居在黄金城约翰内斯堡和行政首都比勒陀利亚,后者多定居于伊丽莎白港、东伦敦和开普敦等港口城市。

在种族歧视和种族隔离的南非社会,华侨华人和其他亚洲人等同于黑人,受尽了白人种族主义政权的剥削和压榨。白人政权不让华侨华人拥有不动产和自主经营某些行业,如华侨华人经营餐馆和商店须在白人的名义下,以使那些白人从中渔利,不劳而获。加之华侨华人与当地人语言不通、自己资金有限,尝遍了在异国他乡谋生的种种辛酸。就是在如此艰难的条件下,华侨华人通过加倍努力和历经艰辛,为自己赢得了生存和发展的空间。

新南非诞生后,特别是1998年中南两国正式建交以来,中南双边友好关系不断深入发展,旅居南非的华侨华人数量有了快速增长,他们在当地的社会地位也不断提高。近20年来进入南非的新华侨,在知识水平、年龄结构和人生阅历方面,皆有别于土生土长的老华侨。尽管如此,新老侨胞团结协作,用自己的拼搏精神、聪明才智和辛勤工作,开创了一份份成功的事业，为南非的经济发展和社会进步做出了积极贡献，也令当地人对中国人刮目相看。

有关南非"郑和村"的消息传开后，南非的新老侨胞无不为之感到激动，即使是那些白发苍苍的老华侨，其兴奋和惊讶的程度也丝毫不亚于我。许多侨胞纷纷与伊丽莎白港和东伦敦市的老华侨联系，询问有关情况。

综合各方面情况推断，以上提及的南非"郑和村"，尽管目前尚不知晓其确切的地理位置，但还是具有一定的可信性，南非的有关考古发现也在一定程度上佐证了"郑和村"存在的可能性。在南非北部与莫桑比克交界的地区，曾发现过中国宋朝的陶瓷器皿。在南非南部发现的布须人岩画中，其中不乏头带陀螺状尖顶中国帽的人物形象。几年前，在开普敦的桌山脚下，考古学家发现了中国明朝以前的瓷器和其他生活用具，这表明桌山脚下留下了早期中国人曾在那里活动过的遗迹。在一篇题为《早期中国的水手，出生与未来》的研究论文中，南非学者戴维·韦勒斯明确指出："第一批看到著名的桌山的外来人是中国皇帝的船队水手。他们在永乐皇帝的大太监郑和率领下，于1431年至1433年以前来到非洲，绕过了好望角。"[1]

2005年和2006年，我和刘贵今大使先后结束在南非的工作任期回国。我们在国内的一些场合时常见面，免不了要谈到南非的"郑和村"，细心的刘大使还专门为我查找了那位提供这一信息的南非议员的姓名，并把联系方法告诉我，以便今后访问南非时与之联系，进一步了解情况。

2010年4月，我随以常务副院长王伟光为团长的中国社会科学院代表团访问非洲。在与南非斯坦陵布什大学中国研究中心座谈时，我表示了踏寻南非"郑和村"的意愿，对方表示将全力支持。有朝一日，我将实现这一多年的愿望。

三 偶闻路边"搓麻"声

两次来索马里，均为了却一桩心愿：从首都摩加迪沙南下基斯马尤市，寻访那里的郑和足迹——"中国塔"、"中国村"和"中国古沉船"。

---

[1] Davis Wheels: Early Chinese Sailors, Born and Future. A Paper in Santon Library, JHB, South Africa.

然而，由于索马里的治安状况，两次均未能完成从首都摩加迪沙南下基斯马尤的任务，我不得不抱憾离去。

四周通往摩加迪沙的道路破烂不堪，好不容易赶到距城区50公里开外的机场，班机却无故晚点两个多小时。因采访受挫心情不快，加之简易的候机室里又十分闷热，我只好出去走走。

在候机室不远处路边的大树下，4个当地人正围坐四方打牌，不时传来阵阵笑声。我凑到跟前发现，他们手中的"牌"竟与中国麻将相似，只是简易一些。牌是骨头做成的，白色，长方体，因较薄而不能立放。牌面上仅有"桶"而无"条"、"万"和"风"之类。牌虽简易，但在玩法上，却与中国麻将大同小异、如出一辙。

打牌的有男有女，有老有少，旁观者中还有支招的（见图9—6）。得知我来自中国，一名男子侧身问道："中国人也玩这个吗？"我先是笑而不答，再替他打了一张下步该出的牌，不意众人皆惊，无不目瞪口呆。也许他们有所不知，中国是麻将的"母邦"，甚至有人视麻将为中国的"国粹"。在场的一位年长者很快回味过来，说他们玩的这种牌最早是从中国人那里学来的。

图9—6 摩加迪沙机场路边"搓麻"者

对中国人而言，打麻将极为平常不过。但让我始料不及的是，在远离中国的非洲，居然也有人乐于此道。这使我油然想起麻将的起源来。

关于麻将的起源，虽然也是众说纷纭，但"郑和说"不失为其中的重要版本。据传，中国明初就有麻将牌。到郑和下西洋时，由于航海时间长，海上航行动辄就是几个月，完成一次航海需要数年时间，水手难免感到生活枯燥，易生思乡之愁。为方便水手排遣愁闷，打发时光，郑和不但准允船队水手打麻将，而且还对麻将做了改进。例如，以船上的绳索做"条"，以水桶做"桶"，以万余名水手航行万里做"万"，以船队航行借用的"东南西北风"做"风"，将其充实为麻将的牌面图案和内容，并在玩法上作相应规定。至清朝中叶，麻将由守仓兵丁从捕麻雀、玩筹牌开始到一步步改进完善，遂定型为今日的式样和玩法。

另据传说，麻将起源于江苏太仓，这与太仓是皇家粮仓有关。自东晋南迁建康（南京）后，南北朝时的宋、齐、梁、陈相继建都建康。"江南之为国盛矣！……地广野丰，民勤本业，一岁或稔，则数郡忘饥。"足见江南当时已成为丰实的"粮仓"。地处长江三角洲地区的太仓，春秋时属吴地，越灭楚之后，曾在吴故地置东西两仓，太仓属东仓。自三国到隋唐时期，江南地区进一步开发，"稻米流脂粟米白，公私仓廪俱丰实"，成为遐迩闻名的鱼米之乡。宋元时期，民间曾流传着"苏湖熟，天下足"的谚语。

粮食丰收仓廪满，而粮仓又免不了招引麻雀觅食，守仓兵丁便以土枪捕雀取乐，既驱除麻雀又驱赶烦闷之情。仓官认为此法有利于消除雀患，非但没有制止，还发给竹制筹牌，计数酬劳。筹牌上刻有字，既是赏钱的凭证，又可用于博采输赢。这种游戏方法流传下来，经不断演变而定型，方成现今之麻将。例如，牌面的"中"为土枪打"中"麻雀，"白板"的"白"为放空枪未击中，"发"表示得赏发财，"碰"就是"砰"的枪声。又如，麻将中的"条"有些地方也叫"索"，"索"就是绳索，用绳子捆绑打中的麻雀，所以"一索"的图案就是一只鸟；"二索"是竹节，表示麻雀的双脚，因为官吏验收打中的鸟雀数量时，是用鸟足计数的。还有，"万"就是赏钱，"东"、"南"、"西"、"北"为风向，土枪的力量小，命中率易受风向影响，射击时必须察看风力、辨认风向。此外，麻将成牌时叫"和"，实为"鹘"（hu），二字同音同调。《汉语大字典》说，鹘属鹰类，猛禽，飞行轻捷迅速，常驯以捕鸟。也就是说，鹘飞得快，善于捕鸟雀。打麻将时，每局赢了，就像"鹘"来了，鸟雀犹如瓮中之鳖，"鹘"

就表示已稳操胜券了。关于麻将中的"吃"、"杠"等术语,均与捕雀有关。为了能抓到麻雀,有时需要喂食诱捕,常常是人一喂食,麻雀就"吃"。至于"杠",则与旧时麻将牌是竹制有关。开始时仅是竹制的筹牌,后来制作方法改进,先把图案刻在骨板上,再把骨板镶嵌在竹板上。人们常说"竹杠",打牌时不但牌与牌之间少不了要发生磕碰,而且人与人之间也免不了要发生拌嘴现象,抬"杠"的事情时有发生。既然出牌时"二对一"是"碰",那么"三对一"只得"杠"了。

郑和就是从太仓港起锚首航下西洋的,他的麻将很可能吸取了这些既定成分。至于麻将牌中的"春"、"夏"、"秋"、"冬"4朵花,据说是清朝末年加进去的,在民国初年的麻将玩法中比较盛行。抗日战争期间,沦陷区的不少人为免受日寇和汉奸的侵扰,尽量少出门,不去娱乐场所,关起门来坐在家中,用打麻将度日。久而久之,熟能生巧,麻将水平不断提高。

从非洲人也会玩麻将的事实推断,一定是当年郑和船队的水手们将其传给了异域之邦。也就是说,当年中国人留给这里的不仅是织布机、瓷器、丝绸和中医,还有麻将这一中国民间的娱乐方式。所幸的是,我遇到的那些非洲人,"搓麻"只是为了消遣娱乐,并没有将其用于赌博。

值得一提的,我在莫桑比克采访期间,也遇到那里的白人打麻将,麻将的构成和打法几乎与现今中国的一模一样。问他们从哪里学的,何时开始打的,他们回答十分简单:"我们从小就会玩。"可见,郑和船队当年也把中国的麻将直接或间接地传给了欧洲人。

第四节 《大明混一图》异国展出意义深远

千年之交,南非国民议会在立法首都开普敦举办了主题为《非洲视角》的世界地图展览,其中展出的来自中国的《大明混一图》一直是参观者关注的焦点,也是该展览一再延期的主要原因。我伫立在这幅气势恢宏的"宝图"前,黑人讲解员朋友这样介绍说,《大明混一图》绘制于中国明朝开国皇帝朱元璋时期的明洪武二十二年,即1389年,长3.87米,宽4.75米,该图是与原图同大的复制件。"这幅极其珍贵的古代宝图是最早最大的世界地图,是迄今为止非洲人见到的最早描绘非洲的世界地图,准确地描绘了非洲大陆的形状与地理位置,以无可辩驳的史实告诉世人:非洲大陆是中国人最早发现的,而不是习惯上认为的欧洲人。"

一 欧洲地图歪曲非洲

新世纪、新千年到来之际,南非国民议会决定发起"议会千年项目"活动,旨在以新观念、新视角和新思路重新认识历史与现状,回答人们普遍关心的诸如非洲人应该如何看待自己、世界应该如何看待非洲等问题,进而促进南非的种族和解、国家重建和民主化进程。"非洲视角"地图展就是这项活动的重要一环。

南非议会已收藏了130多幅非洲地图,皆来自欧洲,是87年前矿业巨头门德尔松(Mendelsohn)赠送给国家的。"这些地图是欧洲人16世纪,即450年前开始绘制的,大都尺寸很小,如这次展出的其中五幅就是图书的插页。同时,这些欧洲人早期绘制的非洲地图非但暴露了他们对非洲的偏见与无知,而且他们还以此作为证据,进而说明自己对非洲的所谓最早'发现'。"讲解员如此说。

我们站在一幅"北非地图"前,讲解员说:"这幅图绘于1486年,比《大明混一图》晚了近百年,该图虽标出城镇与河流的名称,但埃塞俄比亚南部被注明是'未知土地',而地图中没有南部非洲。这清楚无误地表明,欧洲人对南部非洲地区一无所知。"第二幅地图名为"部分新非洲地图",实际上是南部非洲地图,从赤道至好望角,绘于1535年。该地图关于海岸线的情况比较清楚,说明欧洲人对沿海一带十分感兴趣,至于内陆的情况,图中说明内陆被三个国王统治着,另画有一头大象和两条蛇。"蛇是《圣经》用语,意指未知地域,居住着怪兽。"为进一步表明描绘者的意图,旁边还注明"野蛮人区域"。第三幅地图是一张完整的"非洲地图",描绘于1544—1545年,尽管此时迪亚士与达·伽马早已通过了好望角,换言之,习惯上认为的"欧洲人已经发现了非洲",但该图描绘出的非洲大陆的形状是异常的,与实际情况相差较大,并指出内陆地区居住着"独眼人",其无知与偏见不言而喻。

显然,诸如此类的非洲地图难以达到展览的预期目的。

二 "宝图"辗转来自日本

1988年赴东京出席世界经济会议期间,南非国民议会金瓦拉议长要完成一项特殊任务:向与会的中国和日本两国的高级官员寻觅一幅中国古代世界地图，并说该地图当时藏于日本的一家佛寺。她要用铁一般的事实改变所谓"迪亚士发现非洲"这一错误观点。

金瓦拉之所以对这幅中国古代世界地图发生如此大的兴趣，是因为它的确是一幅非同一般的地图，其上准确地描绘着非洲的地理位置，是目前世界上发现的最早描绘非洲的地图。事情是这样的，1969年，华盛顿大学的郑教授在加拿大作演讲时提到，有一幅中国古代世界地图清楚准确地描绘出非洲大陆。这幅地图是1402年绘制的，比"郑和下西洋"的首航时间还早3年。金瓦拉是一位酷爱收集和研究各种地图，特别是古代非洲地图和世界地图的历史学家，此事一直萦绕在她的脑际。为寻觅此图，1988年年初，她派助手专程赴美国找到郑教授，郑认为该图藏在一家日本佛寺里。

金瓦拉要千方百计找到那幅地图，使其能够参加展览，让南非人民目睹这一中非友好交往的历史见证。"功夫不负有心人。"经过一番不寻常的踏访，终于在日本一所大学的图书馆里找到了那幅地图。1999年年初，日本政府复制了一幅高质量的地图送给金瓦拉。她多年的愿望得以实现。

这幅中国古代世界地图何以能到达日本呢？其中有一段曲折的故事：该图是中国人李凯（音译）绘制的，由一名朝鲜使者授命带回朝鲜。岁月流逝，一个企图侵占朝鲜的日本军阀又将该图掠夺到日本；几经辗转，该图被转移到一个寺庙，密藏于寺庙方丈的私人图书馆里；后来，寺庙方丈将这幅图赠送给日本一所大学。

事实上，《大明混一图》有一位孪生兄弟，第一幅绘制于1389年，具体绘图人有待进一步研究考证。两幅图的区别在于，第二幅的尺寸小一些，对非洲描绘得更准确一点。那么，另一幅更早的地图今在何方？金瓦拉执意要找到年代更早的中国古代世界地图。

三 中国政府如期赠图

1999年11月，李鹏委员长访问南非时，向金瓦拉议长赠送了一份特殊的中国礼品——一本《中国古代地图集》（明代卷），卷首几页展示的就是1389年绘制的《大明混一图》。对古代地图颇具鉴赏和研究造诣的金瓦拉女士如获至宝，就在她"踏破铁鞋无觅处"之时，从未想到"得来全不费工夫"。在对600年前中国的绘图技术赞不绝口的同时，她随之与中国政府进行协商，恳请将地图能够拿到南非展览，向公众展示欧洲殖民者到达之前的非洲，让参加者一睹非洲的原始风貌。中方对她的这一要求迅速做出积极反应。

中国驻南非大使刘贵今表示，《大明混一图》藏于中国第一历史档案馆，彩绘绢本，是我国目前已知尺寸最大、保存最完好的古代世界地图，是国宝级的珍贵历史文物。由于年代久远，尺寸过大，虽保存完好，也出现了老化现象，已不适合公开展出。但是，南非方面筹办地图展的计划和时间已经确定，为使展览能够如期举办，在2002年9月举行的世界可持续发展首脑会议期间，金瓦拉议长与出席会议的朱镕基总理协商，再次请求中方帮助。

于是，中国决定为南非复制一份《大明混一图》。2002年10月，在中国外交部、国家档案馆和国家文物局等部门的协调下，中国第一历史档案馆会同敦煌艺术研究院和浙江大学的专家们，共同精心制作了数字化的巨幅《大明混一图》。该复制件保持了原图的面貌，大小一致，颜色逼真，实乃精品。

2002年11月1日，《大明混一图》精准复制件抵达南非议会。当双手戴着白手套的首席研究员贝利小心翼翼地打开地图时，当"非洲大陆"刚刚露了出来时，首次目睹这幅精美地图上非洲大陆的准确形状，金瓦拉按捺不住内心的激动："大家现在看到的就是非洲。""我并不声称自己是专家，但是地图上描绘的形状轮廓非常像非洲。"

四 "宝图"精确描绘非洲

《大明混一图》以大明王朝的版图为中心，东起日本，西达欧洲，南至爪哇，北到蒙古。全图未标明清楚的疆域界线，仅以不同颜色的地名条块来区别内外所属。图中描绘了明朝的治所、山脉、河流的位置，以及镇寨堡驿、湖泊岛屿和古遗址、古河道等名称1000余处。

这幅"宝图"上有一个特殊的现象：图中的千余处标识皆用满文书写，除上端的"大明混一图"外无一汉字。这是因为清朝取代明朝后，为表明满族人打天下夺得了江山，便给地图贴盖上他们自己的标签。

在《大明混一图》上，非洲大陆的山脉、河流、湖泊与海角，其位置和走向十分接近非洲的地形地貌。讲解员指着地图的左下方对我说："这是非洲大陆，轮廓清晰，形状相像，河流的方位与尼罗河（The Nile）比较接近，山脉的走向与德拉肯斯山脉（Drakensberg）基本吻合，大陆南端让人想起著名的好望角，内陆的树木说明大地上草木茂密。请看，南部内陆的这一大湖可能是根据阿拉伯传说绘制的，因为传说中'撒哈拉沙漠以南有一大湖，其面积远大于里海'。"黑人朋友停顿了一下反问道："如果没有到过非洲，能描绘得如此准确详细吗？欧洲人描绘的非洲地图，比该图晚了许多年，而准确性却与这幅珍贵的地图无可比拟。"

《大明混一图》不但对非洲大陆的描绘准确，而且线条流畅，颜色变化自然，图标形象逼真，历时数百年而完整无损和清晰如初，表现出中国古代高超的绘图艺术。

五 "宝图"改写非洲历史

2002 年 11 月 12 日，这幅 600 年前由中国人绘制的世界地图首次在异国与公众见面，南非国民议会举行了隆重的开幕式。金瓦拉议长在开幕式上指出："《大明混一图》向世人表明，这幅由中国人绘制的地图比西方探险家来到非洲早了一百年，所谓欧洲人最早发现非洲的历史需要改写。"[①]她强调指出，中国发现非洲比欧洲早了整整 100 年，而且中国人带来的不是战火与奴役，而是中国和亚洲的文明。《大明混一图》是中非友好交往的有力证据，能够在这里首次展出也是南中友谊的又一体现。她希望南非人民能够了解这一史实，更多地了解中国和东方，进一步加强南中合作与交流。

作为一名历史学家，金瓦拉博士知道"郑和下西洋"比欧洲人绕过好望角早了 80 多年，中国人不但最早发现了非洲大陆，而且极有可能比西方人最早通过非洲大陆最南端。这次展出的还有两件中国的展品——《郑和下西洋》的帆船图和马林迪国王向中国皇帝奉献长颈鹿的"奉鹿图"。讲解员说，郑和船队的巨轮最长达到 140 米，而迪亚士的船只才 23.5 米，是郑和航船的 1/6。

金瓦拉同时认为，还有一幅比《大明混一图》更早的中国古代世界地图，大约绘制于 1320 年，作者是元朝地理学家朱思本。李约瑟在《中国科学技术史》中提到，朱思本在其绘制的《广舆图》中标出了非洲大陆。与朱思本同时代的两位地理学家李泽民和释清睿，分别在其绘制和编制的《声教广被图》和《混一疆理图》中，把非洲大陆正确地描绘成一个倒三

---

① *The Star*, No. 13, 2002.

角形，且标出了数十个地名，这比欧洲描绘非洲的地图都要早。目前，南非的有关历史学家正对这段历史进行研究。

在异国土地上参观完有关中国的展览，我的心情很久难以平静。带着几许疑问，在讲解员的带领下，我走进了南非国民议会研究室。研究人员这样作答：从《大明混一图》到《郑和航海图》，从东非沿海考古发现的大量中国古瓷到马林迪国王为中国皇帝奉送长颈鹿，中国人最早发现非洲大陆已是不争的事实；从郑和船队的规模和装备来看，中国人也极有可能早于欧洲人驶过好望角。不过，欧洲人不愿承认这一事实，一是因为他们不愿承认自己那时在经济水平、航海技术和综合国力等方面落后于中国，二是他们要为自己侵略和殖民非洲寻找所谓的理论根据。然而，历史事实是无法也不可能改变的，西方的不少有识之士已表示尊重这一历史事实，所谓欧洲人最早"发现非洲"的谬误终有一天会得到普遍纠正。

第十章　首批华人明初"移居非洲"

非洲大陆与中国虽相隔万水千山，相距天南海北，但在很早以前，中国人民和非洲人民就开始了交往和交流，建立了信任与友谊。在我国丰富的古籍中，就保存着不少关于非洲的史料，讲述着中非悠久的交往史。

与源远流长的中非关系相比，华人移民非洲的历史相对短暂。在论述华人移民非洲这一问题之前，有必要简略回顾一下中非交往史。概言之，中非关系演变经过了四个时期，出现过五次高潮，具有五大特点。

非洲华人移民史与世界华人移民史，特别是东南亚华人移民史紧密相连，普遍认为最早移居非洲的华人是殖民者从东南亚运往非洲的，毛里求斯极有可能是华人到达非洲的第一个目的地国，当时殖民者需要华工去开发岛上的甘蔗种植园、发展制糖业。具有一定数量和规模前往非洲的华人发生在1762年，他们是被运往非洲的第一批契约华工。

郑和使团"移民"是非洲的首批华人。这些落难非洲的中国船员因偶然事故而滞留非洲孤岛，与当地女子结婚，落地生根融入非洲大家庭。他们虽然与数百年后移居非洲的华人有一定差异，但是，与其后登陆非洲的殖民者有着本质区别，二者不可同日而语。

郑和使团"移民"向世界表明，中国人不但早于欧洲殖民者抵达非洲，而且早于欧洲殖民者定居非洲。这一历史真相彻底戳穿了所谓"欧洲人发现非洲"的谬论，奋力回击了所谓的"中国威胁论"和"新殖民主义论"，并为中非贸易的发展和非洲"向东看"提供了强有力的历史根据和理论支持。

第一节　中非关系演变过程扫描

中国和非洲同是人类文明的摇篮，虽相距遥远，但友好交往源远流长，迄今已有3000多年的历史。这一漫长的过程可简单地分为"间接—直接—间接—直接"四个交往时期。

一 从神话传说到丝绸发掘的间接交往时期（公元前10—前2世纪）

在中国古代神话传说中，周穆王与西王母的传说众所周知。《穆天子传》中记载，周穆王十七年（约公元前10世纪），穆天子驾八骏西游，在瑶池与西王母相会，"天子觞西王母于瑶池之上"①。在战国魏墓中发现的《竹书纪年》中也说，周穆王在登基后十七年远征，在昆仑山见到了西王母。② 西方学者阿·福克（A. Forke）认为西王母就是所罗门王朝的示巴王，戴闻达（J. J. L. Duyvendak）对此的看法是："供学者消遣一下，这倒是好读物。"③

神话传说需要足够的证据支撑，科学研究理应不能以其为证据。不过，在埃及一座古墓中发现的丝织品对周穆王与西王母瑶池相会作了一个注解，说明周穆王时代存在一条经中亚、西亚到埃及的陆地通道可能性极大。1993年在研究埃及第21王朝时期（公元前1070—945年）的一具女性木乃伊时，奥地利科学家发现木乃伊的头发中存在异物，电子显微镜的分析结果表明，其异物为蚕丝的纤维，说明埃及人那时已使用丝织品。而当时除中国外，世界上没有其他国家生产丝绸。④

丝绸在埃及的发现表明，中埃两国的间接交往始于公元前10世纪左右，尽管我们对当时运往埃及的丝绸通道尚不了解。早在这次发掘之前，1979年在徐州贾汪发现了东汉画像石，石像上绘有多只"麒麟"，其中不乏非洲长颈鹿的典型特征，看起来与长颈鹿十分相像。⑤ 这从一个侧面提供了中国当时对非洲动物有所认识的证据。当然，这尚需科研中排除中国当时存在长颈鹿的可能性。

二 民间与官方海陆并举的直接外交时期（公元前2—15世纪）

这一时期历史跨度较长，又可分为两个阶段：陆地交往阶段（公元前

---

① 《山海经·穆天子传》，张耘点校，岳麓书社2007年版，第220页。
② 参见艾周昌、沐涛《中非关系史》，华东师范大学出版社1996年版，第1页。
③ 戴闻达：《中国人对非洲的发现》，商务印书馆1983年版，第3页。
④ 参见艾周昌、沐涛《中非关系史》，华东师范大学出版社1996年版，第2—3页。
⑤ 徐州博物馆：《论徐州汉画像石》，《文物》1980年第2期，第55页。

2—6世纪）和海陆并举阶段（7—16世纪）。

（一）陆地交往阶段（公元前2—6世纪）

在中埃两国间接交往开始之时，非洲的尼罗河流域与中国的黄河流域就兴起了文明古国，成为亚非两大洲的文明中心。公元前6—4世纪，在这两大中心之间的中东地区兴起了波斯帝国。公元前529年，波斯帝国占领了大夏（阿富汗北部），紧接着又征服了埃及。公元前332年，希腊马其顿国王亚历山大率军击败波斯军队，在攻占埃及后又挥戈西亚、中亚，所向披靡，建立了地跨欧亚非三大洲的亚历山大帝国，客观上在东西两大文明中心之间架起一座陆地桥梁。

公元前323年，亚历山大去世，帝国一分为三，留在埃及的托勒密王朝不久后定都于亚历山大里亚。在中国古籍中，亚历山大里亚有多种译名：《史记》、《魏书》、《北史》上皆译为黎靬，《汉书》、《魏略》作犁靬，《后汉书》、《晋书》是黎鞬。①

公元前139年，汉武帝派张骞出使西域，以联合大月氏夹击共同的敌人——匈奴。13年后经过曲折跋涉，张骞终于回国并向汉武帝报告，自己访问过的大宛（今中亚费尔干纳盆地）、大月氏（今阿姆河上游）、大夏（希腊人称为巴克特里亚）、康居（今巴尔喀什湖和咸海之间）、乌孙、奄蔡、安息（波斯）、条支、黎靬和身毒等地。②汉武帝十分重视张骞的报告，"初置酒泉郡以通西北国，因益发使抵安息、奄蔡、黎靬"③。研究中非关系史的大多数中外学者认为，司马迁和班固所说的黎靬就是亚历山大城。

汉朝的使节极有可能未抵达埃及，因为史书中对此均未记载，但这是中非双边官方外交的开始。同时期，埃及的魔术师——黎靬善弦人——被安息王派往西安，此事发生在张骞第二次出使西域后。公元前115年张骞再去西域途中，曾派副使去安息，"汉使还，而后（安息）发使随汉使来。观汉广大，以大鸟卵及黎靬善弦人献于汉"④。这是非洲人有史可考第一次来中国，方式仍是间接的。除埃及外，非洲与中国同时期间接交往的地区还有尼罗河上游的库施（Kush）、埃塞俄比亚的阿克苏姆（Aksum）王

---

① 参见许永璋《中国与亚非国家关系史考论》，香港社会科学出版社有限公司2004年版，第40—42页。
② 《史记·大宛传》。
③ 《汉书·张骞传》。
④ 《汉书·西域传》。

国等。

张骞通西域开辟了最早的一条"丝绸之路"：从长安西行出玉门关到中亚和西亚，经大马士革、加沙，穿过西奈半岛到埃及亚历山大城，再由此转往欧洲各国（见图10—1）。遗憾的是，这条通道不久便被战火阻断。公元前64年，罗马军队占领叙利亚，公元前30年又攻克埃及。罗马军队一路东征，公元前53年，风云一时的军事家克拉苏（Marcus Licinius Crassus Dives）率7个罗马军团4万余人，渡过幼发拉底河向安息开进，未料遭到能征善战安息士兵的强烈抵抗。翌年中，双方在卡雷城（Carthae）附近激战，罗马军团惨败，克拉苏及其部下2万多人被杀，1万多人被俘；克拉苏的长子率6000余人成功突围，逃到中亚的康居，投靠了匈奴郅支单于。这批逃兵中当然少不了罗马军团从埃及招募的士兵。

图10—1　中国古代丝绸之路示意图

克拉苏长子的命运与其父亲一样不妙。公元前36年，即他逃到郅支不过20年，汉朝西域都护奉命率4万大军讨伐郅支单于，两军在郅支城（今哈萨克斯坦共和国江布尔）展开生死大战，汉军全胜，"生虏百四十五人，降虏千余人"[①]。在这次战役中，汉军发现敌人用圆形盾牌连成鱼鳞形防御阵式，城墙外设双重栏。这是当时罗马军团特有的作战方式，说明郅

---

① 《汉书·陈汤传》。

支单于军中有罗马人,极有可能就是克拉苏部队当年逃亡的残部。

汉朝在西北张掖郡设骊靬县(今甘肃永昌县一带)安置罗马战俘,其中包括埃及人。这批战俘定居后便与当地女子通婚,2000多年来融入当地社会,外貌和习俗发生了很大改变,但仔细考察,仍能发现他们保留着自己祖先的某些生理特征和生活习俗。如,永昌山区农民的脸颊特别红,普遍鼻高梁、眼窝深、头发自然卷曲,身材魁梧,胡须、汗毛、头发多为金黄色,这在中国内地实为罕见。据说罗马人后代最集中的是距骊靬城最近的者来寨村。① 现在大约居住着300人,他们多数长着一副欧洲人的面孔。有的孩子父母亲是亚洲人,但长着一双蓝眼睛,生活习惯也与周围村子有些不同。在埋葬死者时,周围的村子都是头朝北,而这里却是朝西。当地人对牛十分崇尚,且十分喜好斗牛。村民们在春节时都爱用发酵的面粉,做成牛头形馍馍,俗称"牛鼻子",以作祭祀之用。放牧时,村民们特别喜欢把公牛赶到一起,想方设法让它们角斗,而这正是古罗马人斗牛的遗风。②

(二)海陆并举时期(7—16世纪)

研究中非关系史的学者普遍认为,尽管中国与埃及之间早已出现间接民间往来,但中埃关系的开端仍应以张骞通西域为始点。因为"从这个时候起,中国人才知道了埃及的亚历山大城(黎轩),并发使黎轩"③。

7世纪前后,中国和非洲均发生了重大事件。中国在经历三国、两晋、南北朝的长期分裂后,从隋、唐走向统一,封建帝国在宋、元、明三朝进一步加强,经济空前发展,政治比较稳定。在非洲,罗马帝国分裂,阿拉伯帝国代之而兴,北非地区阿拉伯化、西非地区和东非沿海城邦伊斯兰化,东非沿海从北到南相继建立了一连串的商业城邦。同期,中国的造船和航海技术迅速发展。这一历史背景为中非双方开展商贸和交往提供了有利条件,中非关系在约900年间快速发展、高潮迭起。

唐朝杜环的《经行记》是第一部由中国人撰写的西亚非洲著作,记述"摩邻"国(摩洛哥)的情况。这是中国史书对非洲的最早记载,此乃中国首部西亚非洲游记,亦是中文对伊斯兰教义的最早记录。唐玄宗天宝十

---

① "骊靬城"也作"骊轩城",这可能与读音和发音有关,两者相串。
② 参见[日]矢板明夫《中国内陆的"罗马村"》,日本《产经新闻》,2009年3月30日;杜琛:《甘肃发现古罗马人后裔疑似者》,《新闻晨报》2005年6月24日。
③ 艾周昌、沐涛:《中非关系史》,华东师范大学出版社1996年版,第1页。

年（751），镇西节度使高仙芝西征，与石国（在今乌兹别克斯坦境内）发生武装冲突。石国兵败，乞援兵于阿拉伯人所建的大食，高仙芝率军深入，到了怛逻斯城（今译"塔拉斯城"），"与大食相遇，相持五日，葛逻禄部众判，与大食夹攻唐军，仙芝大败，士卒死亡略尽，所余才数千人……"[1] 在这次战役中，杜环"为大食人所擒，当年至西海。宝应初（762）因贾商船舶，自广州而回，著《经行记》"[2]。杜环是高仙芝兵败于大食怛逻斯时被大食俘去的2万名俘虏中的一个，这批俘虏中有各种各样人才，包括《经行记》中所记载的中国绫绢式人、金银匠和画家等，中国的伟大发明特别是造纸术就是通过怛逻斯战役西传的。李约瑟曾说："中国的发明为欧洲复兴铺平了道路。"这主要是指造纸术西传而言的。[3]

图 10—2 李约瑟研究所门前的李约瑟塑像，位于英国剑桥大学校园内

在《经行记》之后，有段成式的《酉阳杂俎》。段成式，山东临淄邹平人，其父段文昌，曾任元和末年宰相。段成式博学强记，苦学精研，曾任秘书省校书郎、江州刺史等职，他多方搜集逸文秘籍和民间传说，在850年至860年间著成《酉阳杂俎》。该书20卷，续集10卷，千余年来，

---

[1] 杜佑：《通典》卷216天宝十载条，转引自杜环原著，张一纯笺注《经行记笺注》，中华书局2006年版，序言第1页。

[2] 张星烺编注，朱杰勤校订：《中西交通史料汇编》（第二册），中华书局2003年版，第566页。

[3] 参见杜佑《通典》卷216天宝十载条，转引自杜环原著，张一纯笺注《经行记笺注》，中华书局2006年版，序言第2页。

以内容广博受到读者青睐，学者多所征引。该书卷四比较详细地记载了拨拔力国的物产与风俗，而拨拔力国就是今日索马里的柏培拉（Berbera）。①

非洲黑人首次来华也发生在唐朝。阿拉伯人把黑人贩卖到中国，《唐书》和《新唐书》中有关于"昆仑奴"的记载。1954 年在西安南郊唐代裴氏小娘子墓、1986 年在西安长安区大兆乡唐代墓里，均出土了黑人陶俑，现分别藏在西安市和陕西省博物馆内。另外，敦煌壁画第 45 洞中也有黑人形象。同时，东非也出土了中国唐代的瓷器。

至宋代，中非间的海上贸易日趋活跃，彼此访问的人数增加，交往程度进一步加深。中国宋朝出现了记述中非交往的两本书：周去非的《岭外代答》，成书于 1178 年；赵汝适的《诸番志》，完成于 1225 年。在这两部著作中，作者记述了非洲一些国家的地理位置、风土人情、物产气候等。

到元朝，问世了一本介绍非洲国家情况较多的著作——周致中的《异域志》，该书的特点是有不少前所未有的记载，这些内容一是根据作者自己的耳闻目睹，二是采撷已失传书籍的内容。值得提及的是，在元朝，中非海上交通已开设了三条航线：（1）中国至北非的航线：中国—印度—亚丁—埃及；（2）中国至东非的航线：中国—马尔代夫—东非；（3）中国至马达加斯加的航线：这条航线分为两路：中国—索科特拉岛—马达加斯加和中国—马拉巴海岸—马达加斯加。②

宋元时期，随着新航线的开通，中非间的官方和民间交往开始活跃，双边往来呈现出积极趋势。这固然与中国这两个朝代的统治者重视发展海外贸易关系密切，但也从一个侧面折射出世界历史特别是中国和非洲历史发展阶段的某种特征，这一特征主要表现在中国和非洲一些国家互派使节，加强官方往来；中非民间主动开始直接接触，增进相互了解。

如果说宋朝周去非和赵汝适二人的著作均根据传闻或间接调研而撰写，那么元代汪大渊则截然不同，他两次航海远游非洲，第一次从 1330 年到 1334 年，第二次从 1337 年至 1339 年，前后历时 8 年，其所著《岛夷志略》完成于 1349 年，记述了自己的亲身经历，因内容均为耳闻目睹，实为难得而珍贵。汪大渊是中国以旅行家身份游历非洲第一人。

就在这一时期，与中国旅行家汪大渊同年代的非洲大旅行家、摩洛哥

---

① 赵汝适著，冯承钧校注：《诸番志校注》，中华书局 1977 年版，第 55 页。
② 艾周昌、沐涛：《中非关系史》，华东师范大学出版社 1996 年版，第 53—54 页。

人伊本·白图泰（iBn Buttuta）于1346年来到中国，游历了泉州、广州、北京等城市。《伊本·白图泰游记》（原名《异域奇闻览胜》）是根据他口述而整理出版的游记，书中记述了作者在中国的所见所闻。

汪大渊和伊本·白图泰二人互相游历生涯的时间前后仅相差5年，前者在1330年19岁时即开始浮海远游，后者在1325年，即21岁时开始周游世界。这从某种意义上讲，也是一种巧合，说明中非之间互有直接了解、亲自察看对方的强烈愿望。在官方，这一时期中非间开始互派使节。如，据马可·波罗（Marco Polo）记载，元朝忽必烈曾遣使出访马达加斯加。

在元朝，中国对非洲的了解领先于当时世界。这主要体现在三位中国画家绘制出当时世界上最精确的非洲地图——著名画家朱思本所绘世界地图、与其同时代的地理学家李泽民绘制的《声教广被图》和作者不详的《大明混一图》。其中，《大明混一图》是世界上最早的世界地图，并且准确描绘出非洲大陆的形状和轮廓。

朱元璋建立明朝之初，从水陆两路派出大量使节，睦邻示好，开展贸易，后因防范不法海民与倭寇勾结，遂严令"寸板不许下海"，实行海禁政策。明成祖登基后，就开始了声势浩大、影响深远的郑和下西洋活动，把中非关系推进到历史新阶段。关于郑和船队所访国家的地理风貌等情况，随行翻译在其出版的三部重要著作中均有记述：费信的《星槎胜览》、马欢的《瀛涯胜览》和巩珍的《西洋番国志》，其中费信的著作中记录了非洲三国——竹步国、木骨都束国和卜剌哇国的风土人情，这三国均位于今日的索马里境内。

三　西方列强操纵的非正常间接交往时期（16世纪—1949年）

1433年，郑和七下西洋的壮举戛然而止，终而成为历史绝唱。1441年（明正统六年），埃及马木留克王朝遣使来华"朝贡"后，"自后不复至"①，史册上鲜有中外使节往来的记录，中非之间的官方交往从此中断，然而，明朝后期和清朝实行的"海禁"政策未能完全阻止中非双方的民间交往。在西方列强当道的世界上，中非关系又以间接外交的方式缓慢发展，形成非正常的外交局面。

---

① 《明史》卷332《西域传》。

1497年11月，葡萄牙航海家达·伽马再次绕过好望角，开辟了西方通往东方的新航线，继而霸占了印度洋的制海权，操纵着中国商品运抵埃及和东非再转运欧洲的贸易。1557年葡萄牙殖民者占领我国澳门，并运来非洲奴隶和士兵。1622年，荷兰殖民者占领我国台湾地区；1661年郑成功收复台湾时，曾将俘获的非洲人改编组成黑人洋枪队，用缴获的荷兰枪炮打击荷兰殖民者。[①]

由于西方列强控制印度洋贸易，为了自己的利益，他们在把非洲人运到中国的同时，又将华人运往非洲。早期被运往非洲的华人，无论是自由民还是劳工，乘坐的都是殖民者的船只。

100年前的辛亥革命未能彻底改变中国的命运，直到新中国成立前，中非关系的总格局仍未发生大改变。

四 从独立友好到新型战略伙伴的直接外交时期（1949年至今）

新中国的成立翻开了中非关系的新篇章，中非关系进入历史上的最好发展时期——不但官方和民间直接交往，空中和海上双管齐下，而且稳步、健康、全面发展，交流的规模、速度和频率前所未有。

这一时期可分为三个阶段：第一阶段——奠基与正常发展阶段，从1949年到1978年；第二阶段——调整与快速发展阶段，从1978年至2000年；第三阶段——机制化与全面发展阶段，从2000年到现在。

图10—3 坦赞铁路起点站达累斯萨拉姆

[①] 参见张象《中非关系源远流长的新启示》，《西亚非洲》2006年第6期，第54页。

第一阶段可分为两步：第一步——奠基，从1949年10月中华人民共和国成立到1959年10月中国与几内亚建立外交关系。新诞生的中华人民共和国十分关注非洲大陆的民族解放运动，并在道义上给予积极支持。1955年4月举行的亚非会议为中国与非洲的直接外交接触提供了良机，次年，埃及成为第一个与中国建交的非洲国家，中非现代外交关系由此开启。三年后的1959年，中非外交关系跨越撒哈拉大沙漠，几内亚成为撒哈拉以南非洲地区第一个与中国建交的国家，中国与整个非洲大陆的外交由此全面展开，为中非关系进一步发展奠定了坚实基础。第二步——正常发展，此后20年，中非关系稳步、快速发展，至1979年，中国与44个非洲国家建交。在此期间，中国积极支持非洲的国家独立与民族解放运动，尽其所能帮助新独立的非洲国家发展自己的民族经济。

1978年年底，中国启动了改革开放的伟大历史进程，国内政策发生重大变化，从以阶级斗争为重点转变为以经济建设为中心；对国际形势的判断也从"革命与战争"转变为"和平与发展"。在这一历史背景下，中非关系进入调整与快速发展的第二阶段。该阶段的特点是，在调整中发展，在发展中调整。政治上，中国逐渐弱化中非关系中的意识形态因素；经济上，从注重经济援助转向互惠互利的经贸合作。与此同时，中国与非洲国家积极开展文化、医疗、科技等方面的交流与合作，双边关系迅速发展。在这一阶段，中非贸易额逐年攀升，一大批中国企业走进非洲。到1999年，800多家中国企业和公司分布在40多个非洲国家，从事工程承包、贸易和投资活动；截至1999年年底，中国企业直接对非投资达4.66亿美元，设立企业442家；非洲国家对华投资也达5.2亿美元，投资项目622个。[①]

中非合作论坛的成立标志着中非关系进入历史新阶段，中非关系从此步入机制化的全面发展新轨道，中非合作的深度、广度和力度不断加强，合作的层次、领域和渠道不断加深，形成全方位、多层次、宽领域的发展态势。2009年在埃及沙姆沙伊赫举行的中非合作论坛第四届部长级会议上，温家宝总理指出："中非合作论坛创立九年来，一直发挥着引领和推动中非关系发展的重要作用，日益成为中非加深友谊的桥梁、加强合作的平台。特别是论坛北京峰会召开三年来，中非致力于共建政治上平等互信、经济上合作共赢、文化上交流互鉴的新型战略伙伴关系，开创了中非

[①] 参见吉佩定主编《中非友好合作五十年》，世界知识出版社2000年版，第99页。

合作的新局面。"① 温总理还运用具体事例和数字,从政治互信不断增强、经贸合作日益深化、中国扩大对非援助取得实效和人文交流蓬勃开展四个方面说明中非关系不断发展的新局面。这里再以中非经贸关系为例,说明中非关系进一步强化的事实。2001 年至 2010 年,中非经贸关系全面快速发展,双边贸易额年均增长 28%,中国已成为非洲最大贸易伙伴国。中国始终本着平等互利、讲求实效、互惠互利、共同发展的原则,通过投资和援助等方式为非洲自主发展提供支持和帮助。同时,中非之间逐步形成多层次、宽领域、全覆盖的合作格局,对双方经济发展和社会进步发挥了重要作用。②

在论及中非关系的最新进展情况时,胡锦涛主席在中非合作论坛第五届部长级会议开幕式上运用了下列一组数字:2011 年中非贸易额达到 1663 亿美元,比 2006 年增加 2 倍。中国累计对非直接投资金额已达 150 多亿美元,项目遍及非洲 50 个国家。中国援建的非盟会议中心落成移交。中国对非援助稳步增长,为非洲国家援建了 100 多所学校、30 所医院、30 个抗疟中心和 20 个农业技术示范中心。中国兑现了向非洲提供 150 亿美元优惠性质贷款的承诺。……中国为非洲国家培训各类人员近 4 万名,向非洲国家提供 2 万多个政府奖学金名额。中非双方合作在 22 个非洲国家设立了 29 所孔子学院或孔子课堂。中非 20 对知名高校在"中非高校 20 + 20 合作计划"框架下结为"一对一"合作关系。胡主席强调指出:"事实证明,中非新型战略伙伴关系是中非传统友谊薪火相传的结果,符合中非双方根本利益,顺应和平、发展、合作的时代潮流。这一关系的建立,开启了中非关系新的历史征程,给双方交流合作注入了新的生机活力。"③

综上所述,中非关系具有五大显著特点:首先,中非关系源远流长,中非交往进程缓慢,这一过程可简单地分为"间接—直接—间接—直接"四个时期,经历了五次高潮——两汉时期、唐朝、宋元时代、明朝初期和新中国成立以来。④ 其中,郑和下西洋访问非洲是古代中非关系发展的顶

---

① 温家宝:《全面推进中非新型战略伙伴关系——在中非合作论坛第四届部长级会议开幕式上的讲话》,《人民日报》2009 年 11 月 9 日第 2 版。
② 参见崔鹏《中国成为非洲最大贸易伙伴国》,《人民日报》2011 年 11 月 17 日第 21 版。
③ 胡锦涛:《开创中非新型战略伙伴关系新局面——在中非合作论坛第五届部长级会议开幕式上的讲话》,《人民日报》,2012 年 7 月 20 日第 2 版。
④ 参见张象《古代中国与非洲交往的四次高潮》,《南开史学》1987 年第 2 期,第 118—131 页。

峰,中华人民共和国成立以来中非关系快速发展,方兴未艾。

其次,中非关系呈渐进式曲折发展过程,这一发展过程同时受到内因——中非各自内部情况变化和外因——世界形势变化的双重影响。渐进式是这一关系发展的总趋势和大方向:从交往的渠道看,先民间后官方;从交往的路线看,先陆路后海路;从交往的地域看,先北非后东非、先沿海后内陆;从交往的范围看,先是比较单一的人员往来与货物交换,后是内容全面的突飞猛进发展……纵观中非关系发展的全过程,这一线条是十分清楚的。不过,从交往的态势看,上升之中有下降,主动之中夹杂有被动因素,这主要指中非关系在受西方殖民者操纵时期,人员往来和货物交换皆由西方殖民者支配,中非之间丧失主动性。新中国成立后,中非关系才得以突飞猛进式全面发展。

再次,中非双方具有某种默契和共性,这种默契与共性蕴涵着中非双方相互尊重、平等相待的感情基石,这一点在中非交往的五次高潮中反映得相当清晰。两汉时期,张骞通西域经过一番磨难回国后,汉武帝十分重视其报告,又派遣其第二次出使;在抵达乌孙的途中,张骞又命副使甘英继续西进以联络西亚北非诸国。数年后,汉使回国,安息王派其使者同行,"以大鸟卵及黎轩善弦人献于汉"[1]。在唐朝,杜环作为俘虏阴差阳错远赴非洲,留下中国人亲历非洲的最早记录;同时期,非洲黑人来到长安,西安两座唐墓中发掘出土的黑人陶俑可以佐证。到元代,中国大旅行家汪大渊游历非洲十余国,著有《岛夷志略》;前后仅差几年,非洲大旅行家伊本·白图泰来到中国,留下一部《伊本·白图泰游记》。明朝郑和七下西洋四访非洲,非洲诸国使者随船回访,马林迪国王向中国皇帝敬献了长颈鹿……中非之间的这些互访互动几乎发生在相同时期,不能不说明中非人民虽相距遥远,但彼此心有灵犀一点通,存在着某种默契和愿望,蕴藏着加大双方交往力度的潜能和期许,一旦时机来临,这种默契和期许将化为中非关系快速发展的推力和动力。

新中国的成立揭开了中非关系的新纪元,使中非人民之间加大交流与合作的愿望成为现实。相似的历史遭遇,相近的感情基础、相同的发展任务把中非人民紧紧联系在一起,中非之间政治上平等互信,经济上合作互利,文化上交流互鉴。现在,越来越多的中国民众谈论非洲,越来越多的

---

[1] 《史记》卷13《大宛列传》。

中国企业走进非洲,越来越多的中国游客观光非洲;与此同时,非洲人民赞赏中国经济建设的辉煌成就,热议"中国模式"和"中国道路",非洲大陆出现了一股"向东看"的时代潮流。

这里,仅以一个显而易见的普遍现象来印证中非人民之间的默契与感情相通。凡是在非洲工作过一段时间的中国人,无论是公派还是自费出国者,都会爱上非洲大地和非洲人民,离开非洲后都会想念非洲,而且在非洲工作的时间越长,这种思念之情越深;离开非洲的时间愈久,这种独特的情感愈浓。为了这份难以割舍的"非洲情",这些中国人即使离开非洲、甚至是离开非洲多年后,仍想为非洲人民做点事情,为中非友好尽绵薄之力。他们把这种独特的情感誉为"非洲情结",把长期或是一辈子与非洲打交道戏称为"一条道走到黑"。中国政府非洲问题特别代表刘贵今曾说:"26年来,我没有离开过非洲或者对非工作。"他在接受记者采访时曾开玩笑说:"我这个人呢,是一条道走到'黑'了。可能是因为一直在黑非洲工作,结果人呢越长越黑。参加活动时,跟黑非洲兄弟坐在一起,距离感就少了一点。使馆同事在看电视上报道我和非洲朋友活动的图象上常常找不到我,因为看上去差不多都是一片黑的。"他经常说的一句话就是:"我深深地热爱我脚下这片非洲热土,对非洲充满了特殊的友好感情。"①

与此同时,凡来华访问的非洲朋友都受到中国人民的热情欢迎。2011年6月,中国社会科学院西亚非洲研究所接待了一个非洲学者访问团,安排他们到中国中央和地方的十多个单位座谈。这十多个单位的领导在开场白中,不约而同地热情欢迎非洲学者到访,异口同声地称呼非洲学者是非洲朋友,表示中国人民对非洲人民一直怀有友好感情,其真诚和热情深深打动了每位非洲学者,一下子拉近了中非人民之间的情感距离,给他们留下了极为深刻的印象。②

纵观中非关系的发展史,中非双方始终以诚相见,平等相待,真心相帮,彼此把对方视为朋友、伙伴与国际大家庭中的重要成员;在将非洲大陆作为整体考量的同时,中国一视同仁,平等对待非洲各国,不以国家大小强弱而区别划线;在进行经济合作中,中国强调双方互利共赢,并真诚帮助非洲国家增强自主发展能力,提高人民生活水平;在中非双方的正常

---

① 《刘贵今特别代表谈非洲和达尔富尔》,《世界知识》2007年11月26日。
② 笔者曾参与代表团接待工作,参加了所有的座谈。

交往中，中国强调互相学习，取长补短，共同发展；在国际事务中，中国一贯强调要重视非洲国家的利益，理解非洲人民的感情，支持非洲国家的关切。

复次，中非关系的正常发展受到西方严重干扰和影响，这种干扰和破坏的噪音至今依然难绝于耳。主要表现在三个方面：一是中非交往对世界历史做出过重大贡献，遗憾的是这些贡献被掩盖、忽视甚至遗忘。例如，西方人所说的中世纪四大旅行家，三个是意大利人，仅一个非洲人——伊本·白图泰，而中国的杜环、汪大渊竟然被排除在外。再如，所谓的达·伽马发现西方通往东方的新航线，而其中至少一半航线——印度洋航线，是郑和船队开辟的，达·伽马不过重走而已。二是中非之间历史上的正常交往被进入印度洋的西方殖民者中止，使中非之间的直接交往退回到间接交往，长达5个世纪，形成历史低谷，以至于时至今日中非之间仍需要不断加强相互了解与彼此信任。三是新时期的中非外交不断受到西方的影响，西方说三道四的各种噪声不时干扰着中非关系的健康发展。

最后，一部中非关系史折射出人类历史的演变过程和世界历史的发展道路。杜环及其战友把中国的伟大发明经过非洲传授给欧洲，促进了人类的前进步伐；郑和航海揭开了人类海洋时代的序幕，郑和船队四次访问非洲无疑是一个划时代的伟大事件；中国和非洲国家的独立与解放标志着西方殖民时代的结束；中国与非洲国家的经济发展预示着世界经济新秩序的到来……

第二节　华人移民非洲历史述评

世界历史是一部人类在不断绵延迁移中求生存、谋发展的历史。移民从早期的适应大自然、逐草木耕地而居的原始本能，发展为追求新利润、寻求新生活的自觉行为。正是人向高处走、鱼往深水游这一原动力支配着人们的移民倾向和移民行为，人们不仅在各自的国内"走西口"、"闯关东"、"奔沿海"，而且跨越国境线"下南洋"、"赴金山"、"去美洲"，人类已进入"国际移民时代"。根据全球人口数据库提供的数字，全世界跨国移民总数从1990年的155518065人增长到2000年的178498563人，再经过10年到2010年是213943812人，20年间增加了58425747人。同期，尽管世界人口总数不断增加，但是移民总数占世界人口总量的百分比从

2.9%上升到3.1%。①

图10—4　美国费城的唐人街

一　海外华侨华人鸟瞰

身处"世界移民时代",世界上没有哪个国家没有移民,亦没有哪个国家与移民无关。海外华侨华人②是世界移民大军中的一大部分,非洲华侨华人是中国海外移民的一小部分。到20世纪中叶,海外华侨华人的地理分布已经形成大集中、广分散的显著特征。这主要表现在两点:一是他们之中将近90%居住在东南亚地区,以印度尼西亚、泰国、马来西亚三国的华侨华人绝对数量最多,分别达到五六百万人,而新加坡则以华人占总人口75%以上成为中国本土之外以华人为主体的国家。二是在其余10%以上的海外华侨华人中,大约一半居住在北美,另一半散居于东北亚、非洲、拉美及大洋洲。③ 由此可见,非洲华侨华人仅占海外华侨华人的一小部分,即5%中的一个组成部分。

---

　　① 参见联合国移民数据库：http：//esa.un.org/migration/index.asp? panel=1。
　　② 根据《中华人民共和国归侨侨眷保护法》的规定,华侨是定居国外的中国公民,仍然保持中国国籍;华人是定居国外且已加入当地国国籍;华裔指在国外出生的华侨华人后代;归侨指回国定居的华侨。
　　③ 参见李明欢《国际移民大趋势与海外侨情新变化》,载丘进主编《华侨华人研究报告》(2011),社会科学文献出版社2011年版,第12页。

关于海外华侨华人的数量，长期以来处于模糊状态。新中国成立之初，中国政府对当时海外侨胞的估计数是 1300 万人到 1500 万人，85% 以上集中于东南亚国家；改革开放后的 1984 年，在全国省、自治区、直辖市侨办主任会议上，胡耀邦总书记和书记处书记习仲勋使用了"海外 3000 万华侨华人"的说法；此后，中国领导人在谈到海外华侨华人时，基本使用了较为含糊的"几千万"之说。

对海外华侨华人的数量估算，国内相关部门和学术界则各持其说，但总数量处于 3000 万人到 8700 万人之间。[①] 这里，以中国新闻社课题组在 2009 年年初发布的《2008 年世界华商发展报告》为例，说明华侨华人在新中国不同时期的数量变化，以及华侨华人在全球的分布情况（见表 10—1）。[②]

表 10—1　20 世纪 50 年代至今不同年份华侨华人人口总数比较表

	20 世纪 50 年代初	1980 年	世纪之交	2008 年
人口数量	1209.7 万人	2100 万人	3975 万人	4800 万人

注：（1）20 世纪 50 年代初华侨华人数，依据 1956 年北京华侨问题研究会所编《华侨华人人口参考资料》一书所列华侨人口分布一览表的数字；（2）世纪之交的华侨华人数，源自 2005 年国务院侨办侨务干部学校所编《华侨华人概述》一书"20 世纪末 21 世纪初世界华侨华人人口一览表"；（3）2008 年最新的华侨华人数量，源自本课题组依据最新各国华侨华人的人口数据的不同版本进行比较和综合整理后估算。

表 10—2　20 世纪 50 年代初至世纪之交华侨华人分布变化比较表

地区	20 世纪 50 年代初 华侨华人数量	所占比例（%）	世纪之交 华侨华人数量	所占比例（%）
亚洲	1166.7 万人	96.45	3294 万人	82.85
美洲	25.6 万人	2.12	433 万人	10.90
欧洲	3.7 万人	0.31	145 万人	3.66
澳洲	9.8 万人	0.81	78.6 万人	1.98
非洲	3.7 万人	0.31	24 万人	0.61
总计	1209.7 万人	100.00	3975 万人	100.00

注：（1）20 世纪 50 年代初华侨华人数，依据 1956 年北京华侨问题研究会所编《华侨华人人口参考资料》一书所列华侨人口分布一览表的数字；（2）世纪之交的华侨华人数，源自 2005 年国务院侨办侨务干部学校所编《华侨华人概述》一书"20 世纪末 21 世纪初世界华侨华人人口一览表"。

---

① 参见李明欢《国际移民大趋势与海外侨情新变化》，载丘进主编《华侨华人蓝皮书》(2011)，社会科学文献出版社 2011 年版，第 29 页。
② 中国新闻社《世界华商发展报告》课题组：《2008 年世界华商发展报告》，http://www.chinaqw.com/news/200902/02/148817.shtml。表 10—1、表 10—2 两个表格及其说明均引自该报告。

中国新闻社的报告认为，2008年海外华侨华人总共约4800万人，其中新华侨华人约600万人。① 对于海外华侨华人的数量估算，该报告表示：（1）有关部门的统计数字不统一。因华侨华人地区间流动、与当地各民族通婚等因素影响，同时受种种条件限制，研究团体或政府部门均难以对散居世界各国的华侨华人进行全面、详尽的人口调查。华侨华人的人口数量统计资料，少量源于住在国的专门统计，绝大部分为中国驻外使领馆、侨务部门及当地侨社的估计，统计时间及人口数量之间不吻合现象时常发生。（2）据中国侨务部门估算，截至21世纪之交，海外华侨华人的人口总数约为3975.8万人，其中约有200万人为1978年后20余年间从中国大陆迁出的新一代华侨华人。另有一个关于海外华侨华人总数的估算，来自台湾"侨委会"2007年统计年报："海外华人人口数"为3879.4万人。（3）本课题组在估算2008年海外华侨华人总数时，采用中国国务院侨办侨务干部学校2005年出版的《华侨华人概述》数字为基础，书中记载在2000年，海外华侨华人总人口约4000万人。这一数字，由该书编写组对各国家和地区华侨华人数量分别统计所得，较为可信。（4）根据国家计划生育委员会公布的2000年至2005年世界平均人口增长率1.2%计算，2000年的4000万华侨华人，估计到2008年增长为4400万人；这9年里，有417万名新华侨华人移居海外。到2008年，海外华侨华人总共约为4800万人。②

《华侨华人蓝皮书》（2011）认为，改革开放后约30年，中国向海外移民数量可能达450万人以上，其中移民发达国家的人数可能在250万人至300万人；当今全世界华侨华人总数4543万人，其中东南亚华侨华人总数约3348.6万人，约占东南亚总人口的6%，占全世界华侨华人总数的

---

① "新华侨华人"主要是指中国改革开放后因私移居海外的中国公民，包括近30年来通过各种途径移民国外的人员，以及随同他们定居海外或者他们在海外所生的子女。这一群体也被称为"新移民"。新世纪后，中国官方通用的称谓是"新华侨华人"。新华侨与新华人的差异在于是否加入外国国籍。

"新华侨华人"当然包括新中国成立后至改革开放前这段时间出国定居的中国人，由于当时特定的历史背景，中国改革开放前仅少数人获准出国定居。有关资料显示，在1949年至1978年之间，中国政府批准的因私出国者仅21万人，同期港、澳、台地区出国定居者人数也很少。

根据作者多年在非洲工作的经历，海外侨胞把"新华侨华人"、"新移民"统称为"新侨"，把新中国成立前出国的同胞称为"老侨"。这一称谓简明而亲切，笔者在本书中采用这一称谓。

② 参见中国新闻社《世界华商发展报告》课题组《2008年世界华商发展报告》，http://www.chinaqw.com/news/200902/02/148817.shtml。

73.3%。此书表示，这些数字是受国务院侨务办公室委托、由厦门大学南洋研究院庄国土教授领导的课题组对全世界华侨华人数量进行认真估算得出的。课题组根据历史统计数据，参照人口自然增长率和机械增长率等因素，并充分考虑改革开放以来新移民的影响，相继公布了以上研究成果。在这些研究成果公布后，自 2010 年 6 月起，中华人民共和国国务院侨务办公室领导在公开场合正式指出，中国海外侨胞超过 4500 万人，绝对数量稳居世界第一位。①

通过对以上引用的两组数字的分析，笔者得出以下结论：（1）尽管海外华侨华人的统计数字来源不一，运用的研究方法不同，公布的侨胞总数不等，但其总数量应该在 5000 万左右。中国官方当时认为中国海外侨胞超过 4500 万人是比较客观的。（2）经过 30 多年的改革开放，不但中国国内发生了翻天覆地的变化，而且海外华侨华人的分布情况也发生了重大变化，从新中国成立之初东南亚华侨华人占海外华侨华人总数的近 90% 下降到 73.3%，这与新移民多选择发达国家定居直接相关。（3）关于非洲华侨华人的数量，受多种因素制约，目前难以给出准确数据。

二 非洲华侨华人数量

相对于东南亚和欧美华侨华人的研究，国内学术界对非洲华侨华人鲜有涉猎，李安山教授 2000 年出版的专著——《非洲华侨华人史》是当之无愧的扛鼎之作。根据他 1996 年的估计，非洲华侨华人当时的总人数是 13.6 万人。②《2008 年世界华商发展报告》给出世纪之交的数字是：24 万人。《华侨华人蓝皮书》（2011）运用朱慧玲 2002 年的调研数据是 25 万人；采用王望波、庄国土 2006—2007 年非洲新华侨华人的总数是 50 万人，这一数据不包括中国台湾、香港、澳门地区移居非洲的同胞，如果包括他们和非洲的老侨在内，这一数据则是 55 万人，全世界华侨华人的总数为 4543 万人。③ 换言之，中国官方目前对外公布的数据就是采用这一研

---

① 参见李明欢《国际移民大趋势与海外侨情新变化》，载丘进主编《华侨华人蓝皮书》（2011），社会科学文献出版社 2011 年版，第 30 页。
② 李安山：《非洲华侨华人史》，中国华侨出版社 2000 年版，第 569 页。
③ 参见李明欢《国际移民大趋势与海外侨情新变化》，载丘进主编《华侨华人蓝皮书》（2011），社会科学文献出版社 2011 年版，第 24 页；桂世勋：《海外华侨华人及其对祖（籍）国的贡献》，载《华侨华人蓝皮书》（2011），第 62 页和第 55 页。

究结果。(见表 10—3、表 10—4)。

表 10—3　　　2006—2007 年各洲华侨华人数量和分布统计表

地区	人数（万人）	在华侨华人总数中比重（%）	地区	人数（万人）	在华侨华人总数中比重（%）
亚洲	3548	78.10	大洋洲	95	2.09
美洲	630	13.87	非洲	55	1.21
欧洲	215	4.73	全世界	4543	100.00

资料来源：王望波、庄国土编著：《2008 年海外华侨华人概述》，世界知识出版社 2010 年版，第 7 页。

表 10—4　　　2006—2007 年各洲新华侨华人数量和分布统计表

地区	人数（万人）	在华侨华人总数中比重（%）	地区	人数（万人）	在华侨华人总数中比重（%）
亚洲	400	11.27	大洋洲	60	63.16
美洲	350	55.56	非洲	50	90.91
欧洲	170	79.07	总计	1030	22.67 *

注：* 表中比重是新华侨华人占所有华侨华人的比重。其各洲数字是各地区的比重，总计是全球的比重。

资料来源：王望波、庄国土编著：《2008 年海外华侨华人概述》，世界知识出版社 2010 年版，第 7 页。

　　国外学者在研究中国时亦涉及华侨华人这一话题，而谈到华侨华人也多提及数量问题。他们不约而同地认为，由于多种原因，很难统计出海外华侨华人的准数儿，仅能给出个概数。对于非洲华侨华人的总数，一般认为上世纪末在 40—60 万之间。[①] 由此观之，国外学者的数据弹性亦较大。对此，西方媒体在报道时习惯于选用折中数，多用 50 万非洲华侨华人这一数字。

　　非洲的华侨华人到底有多少？在回答这一问题之前，我们首先对非洲华侨华人进行分类，接着分析获取非洲华侨华人准确数字难度大的原因，然后对以上几种非洲华侨华人数据进行评估。在此基础上，估算和推算出

---

① 参见马丁·贾克著，李隆生、张逸安译：《当中国统治中国》，联经出版事业股份有限公司，2010 年版，第 504—505 页。

目前非洲华侨华人的数量，并展望这一数据的变化趋势。

1. 非洲华侨华人分类

非洲华侨华人有广义与狭义之分，华侨与华人之别，老侨与新侨之异，来自中国内地与港澳台之辨。就广义而言，凡生长、生活、工作在非洲大陆的中国人，不论公派还是自费，不分来自中国内地还是港澳台，不管从事任何职业、具有何种身份，亦不问是否取得居住国国籍，只要身上流淌着中国血液且脚踩非洲大地者，皆属非洲华侨华人之列。就狭义来说，主要指中国1978年改革开放后，从中国内地前往非洲经商、求职和求学的中国人。他们被统称为新侨，一般不包括公派人员、港澳台同胞和老侨。这些前往非洲经商、求职和求学的中国人是非洲华侨的主体，基本上没有加入居住国的国籍。

如果按华侨、华人这两个大概念划分，非洲华侨可分为三类：公派、自费和劳务人员；非洲华人也分为三类：老侨、混血儿和新入国籍者。在非洲华侨中，公派人员是中国政府或企事业单位派出的公职人员，包括使领馆工作人员、中资企业人员、外派到非洲各国的专家、医生、记者、留学生、志愿者、孔子学院教师和中国赴非洲国家的维和部队官兵，等等。自费人员的出国动机各不相同，既有独闯天下的孤胆英雄，更多的则是投亲靠友，出国前有人牵线搭。他们从事的行业也十分广泛，以开餐馆、宾馆、商店、加工厂和创办建筑公司、国际贸易公司者居多，也有开办旅行社、报社、诊所的。自费人员中绝大多数是打工者和小老板，事业成功的大老板屈指可数。近年来，随着中国对非洲投资速度的加快和援建力度的加大，劳务人员的数量增长加快，多是从事基础设施建设，以修路盖房建水坝为主。

在非洲华人中，老侨一般指新中国成立前后就到非洲谋生的中国人及其后裔。混血儿是中国人与非洲人生育的后代，既有老侨与当地人成家生育的后代，也有新侨与非洲人结婚或非婚生育的子女，这类混血儿数量十分有限，但也属于一个类别。新入国籍者是非洲新侨中取得居住国国籍者，这类人的数量也相当有限。在这三类人中，老侨是非洲华人的主体，数量占绝对优势，且集中在南非、毛里求斯、马达加斯加和留尼汪等非洲国家和地区。

基于以上原因，非洲华侨华人大体上分为两类——新侨和老侨。新侨绝大多数是侨居，没有加入居住地国籍；老侨基本上已延续了数代，成为当地居民,融入非洲大家庭。

2. 难以获取准确数据的原因

非洲华侨华人是一个数量不断增加、影响日益增大的特殊群体,随着中非关系发展的强劲增速,他们受关注的程度也进一步增强。在此情况下,出于各自不同的动机和需求,中非双方政府、国际媒体、研究人员、甚至是非洲华侨华人本身,均想统计出非洲华侨华人的准确数字,然而在实际运作中,准确数据的获取遇到了一系列难题。其难度之大,在短时期内和在一定程度上,恐不易逾越。

非洲华侨华人准确数据难以取得的主要原因是:概念界定难、数量统计难和管理组织难,可简称之为"三难"。就概念界定而论,首先是华侨华人身份的判定,主要表现为概念的广义与狭义区别;其次是华侨居住年限的划定,即以多长时间来划分是华侨还是短期访问者或是居住者,有人提出以一年为界限,但这一时限也缺乏科学依据,且不说一些华侨经常在非洲国家之间、中国和非洲大陆之间频繁走动;三是华侨华人身份的自我认定,比如中非之间非婚生育的混血儿可能出于某种原因不愿承认自己的特殊身份,还有同一人在公派与自费之间相互转换导致的身份认定混乱,等等。判定、划定和认定,这"三定"是造成概念界定难的主因。

数量统计难,这主要表现在非洲华侨华人的流动性、分散性和多样性等方面。由于生意需要,或是出于生计考虑,一些华侨华人常年在一个非洲国家之内、数个非洲国家之间、甚至是中国与非洲之间、非洲与世界其他地区之间奔波,这些人在一个地方、一个国家停留的时间有限、地点多变,加之有人就拥有几个非洲国家的长期居住身份、甚或是两三个国家的护照。流动性强是非洲华侨华人的一大特点,它还突出表现在劳务人员身上,对数量统计造成不变。与流动性相伴的是分散性,表现在华侨华人居住地方面。以非洲华侨华人数量最多的南非为例,华侨华人除集中居住在约翰内斯堡(Johannesburg)、曼德拉市(Mandela City)[①]、德班(Durban)和三个首都——比勒陀利亚(Pretoria)、开普敦(Cape Town)和布隆方丹(Bloemfontein)外,还散居在南非的各大中小型城市,甚至是偏远的农村地区,这些人之间大多"老死不相往来",除非有事才与中国驻南非大使馆和驻约翰内斯堡、开普敦和德班三个总领馆联系。与分散性相连的是多

[①] 曼德拉市,即原伊丽莎白港(Port Elizabeth),新南非成立后不久更为现名。

样性，这主要指非洲华侨华人从事多种多样的职业，可谓三教九流，五行八作。非洲华侨华人都从事什么职业呢？简言之，我们能想到的事早有人在做，我们未想到的事已有人在干。

其实，无论是流动性强，还是居住地相对分散和从事的职业多样化，并不是非洲华侨华人数量难以统计的主因，问题在于缺乏规范的管理和严密的组织。管理组织难表现在两个方面：一是华侨华人的居住国管理缺陷和出现漏洞，非法移民成为一个棘手难题；二是华侨华人社团和我国有关方面权限比较含糊，职责划分模糊。换言之，管理难组织难并非有关方面推诿责任不想作为，实乃由于华侨华人的特征，难就难在侨团作用局限、使馆力量有限、国内渠道受限，而华侨华人所在国的管理又缺乏明确界限。这"四限"的实质出在"三不"，即华侨华人社团权力不大，中国有关方面权限不明和华侨华人居住国的管理不严。

众所周知，海外华侨华人均在其居住国成立了侨社侨团组织，这些社团是在地缘、血缘和业缘的基础上发展起来的，随着新侨增加和时代进步，海外华人社团适时应变、与时俱进，科技和参政社团相继成立。这些社团在组织管理华侨华人方面发挥了积极作用，但相对而言，还是一个比较松散的组织，缺乏必要的约束力，社团领导成员基本稳定，但会员总数处于变化之中，很难统计出具体数字。中国在建交的非洲国家均设有大使馆①，在个别国家还设立了总领馆，使领馆也有领侨处或设专人管理侨务，不过对华侨华人到底管理组织到何种地步，对侨团工作到底引导指导到何种程度，似乎缺乏明确规定，往往因人因事而异，加之使领馆人员力量有限，处事方式也就更加多样。至于华侨华人的数量问题，更不是使领馆工作的重点，能给出个概数亦算不错。中央"五侨"单位——全国人大华侨委员会、国务院侨务办公室、全国政协港澳台侨务委员会、中国致公党中央委员会和中华全国归国华侨联合会（全国侨联）十分关心侨务工作，但与海外华侨华人沟通的渠道受到限制，对海外华侨华人开展工作基本上通过中国驻外使领馆。

在管理华侨华人方面，华侨华人的居住国也存在实际问题和相当难度。由于华侨华人数量占居住国总人口的比例很低，在绝大多数非洲国家

---

① 目前非洲有54个国家，49个与中国建交，未建立外交关系的5个国家是布基纳法索、冈比亚、圣多美与普林西比、斯威士兰和乍得。

可以低到忽略不计,因此,华侨华人的居住国在人口普查时均未设立华侨华人专项,个别国家把华侨华人列入亚裔人口。另外,非法移民是一个世界性难题,几乎世界上的每个国家对外来人口的统计都感到头痛,非洲国家官方对华侨华人准确数量难以掌握也就成为普遍现象。

总之,在目前情况下,基于多方面的因素,要统计出非洲华侨华人的准确数据,尚缺乏可行性和现实性。

3. 对上文非洲华侨华人数量的评估

上文指出,2006—2007年非洲华侨华人的总数约为55万,其中老侨5万,笔者认为这一估计或是推算偏低。

其一,上文低估了非洲新侨的数量。新侨是非洲华侨华人的主体,数量占主导地位,表现在几乎每个非洲国家均有中国人,而中国人中必少不了新侨。例如,南非大多数侨领当时与笔者交谈时认为,2006—2007年南非华侨华人的总数约25万,其中新侨占85%左右,数量大概为21万。仅从长期以来南非华侨华人数量占非洲华侨华人总数三分之一弱这一点来观察,55万的数量明显偏低。导致这一问题的主因是作者将非洲大陆作为一个整体来推算,而非洲当时有53个国家,各国华侨华人的数量差别巨大,从几十万到数百人甚至是几十人,而上文中运用的估算和统计方法过于笼统,大体推算难免造成总数的较大误差。

其二,上文低估了非洲老侨的数量。文中关于非洲华侨华人总数为55万的估算中,认为非洲老侨和港澳台地区华侨华人的数量为5万,这一估算明显偏低。换言之,老侨和港澳台地区的新侨人数在2006—2007年已超过5万,可能高达9万左右。再以非洲华侨华人数量最多的国家——南非为例,2006年—2007年,老侨和台湾侨胞分别接近2万人,这还不把港澳侨胞计算在内,尽管他们人数有限。[①] 非洲老侨人数较多的国家和地区还有毛里求斯、马达加斯加和法属留尼汪岛。根据实际情况估算,在中国实行改革开放政策之际,这三个国家和地区的华侨华人总数已超过5万,分别是:1977年马达加斯加12000人,1978年毛里求斯31000人,

---

① 近几年,受南非社会治安、经济状况和就业压力的影响,以及为了子女能够享受更好教育的考虑,相当一部分老侨和台湾侨胞纷纷移民北美和澳洲,南非老侨和台湾侨胞的人数下降较快,截止2012年底,两者的总人数在2.5万左右。这一数字是作者2012年2月访问南非时,与南非老一代侨领经过一番认真推算作出的估计。

1979年留尼汪约13500人。① 三者加起来的总数是56500人，其中老侨占绝大多数。

图10—5　100多年前在南非金矿劳动的华工

4. 2012年非洲华侨华人的数量

近年来，随着中非贸易的加强和人员往来的加速，非洲华侨华人的数量增长加快，主要是新侨的人数呈显著上升状态，其中以大量劳工奔赴非洲最为明显。为适应这一新形势，2006年12月，中国南方航空公司开通了北京经迪拜至尼日利亚拉各斯的航线；2007年又开通了广州直飞安哥拉首都罗安达的航线。2009年11月17日，海南航空有限公司开通了北京经迪拜至苏丹首都喀土穆的航线。2012年2月1日，南非航空（South African Airways）开通了约堡内斯堡直飞北京的航线。

根据不同渠道获取的资料和信息，笔者认为2012年底非洲华侨华人的总数已超过100万。这些资料和信息包括这样几方面：在非洲工作八年掌握的资料和访问30个非洲国家了解到的情况，与非洲侨胞依照不同国别华侨华人情况作出的估算，从非洲国家驻华大使馆了解到的信息，以及相关新闻报道提供的数字。在这些资料和数据的基础上，笔者根据非洲国家华侨华人数量分布不均、差别鲜明这一特点，将非洲国家按照华侨华人

---

① 李安山：《非洲华侨华人史》，中国华侨出版社2000年版，第563—567页。

数量的多少分为四类，具体如下：

华侨华人数量超过10万人的为第一类。第一类国家共三个：南非、安哥拉和尼日利亚。南非既是非洲经济的领头羊和非洲大陆的桥头堡，又是非洲华侨华人最为集中、数量最多的国家，2006－2007年就达到25万左右，近年来不断增加，华侨华人总数约30万。安哥拉是华侨人数增速最快的非洲国家，从十多年前的数万人直追南非华侨华人的数量，"安哥拉内政部资料显示，目前在安哥拉的华人总数近26万，且在安哥拉经济中扮演着举足轻重的角色。"①显而易见，该新闻报道中的华人应为华侨华人。尼日利亚是非洲第一人口大国，也是非洲唯一人口超过1亿的国家，华侨华人的数量在20万左右。2012年8月，笔者与尼日利亚驻华大使馆一位负责人探讨这一问题时，他笑问是表面数字还是实际数量，前者是指尼日利亚官方掌握的数据，约为18万人；后者则包括非法移民在内，约为22万人。经过一番交谈，我们共同认为2012年尼日利亚有20万华侨华人。

以上三国是非洲华侨华人最为集中的国家，总数76万左右，约占非洲大陆华侨华人总数的四分之三。

华侨华人数量在3－5万之间者是第二类。这一类国家有毛里求斯、马达加斯加、刚果（金）、加纳、坦桑尼亚和留尼旺岛。这6个国家和地区的共同点是，华人移民的历史较长；区别则在于，毛里求斯、马达加斯加和留尼旺的老侨占华侨华人的绝大多数。

新华社2010年的报道说："目前，在加纳注册的中国公司达400多家，华侨华人总数约为3万人。"② 关于刚果（金）和坦桑尼亚2012年华侨华人的数量，数名长期在这两个国家长期工作和经商的华侨朋友告诉笔者，这两国的数字基本相同，应为3万。谈到毛里求斯华侨华人数量，据2006年6月的估计，"毛岛有华侨华人近4万，占毛总人口的3%。"③ "马达加斯加华侨华人现有4万，其中华侨1万（含台护照者100人），分布

---

① 《在安哥拉身处华人黑帮阴影下的中国商人》，载《文化艺术报》2012年9月14日第13版。
② 白景山：《加纳华侨华人欢庆元宵节》，2010年2月28日。http://news.xinhuanet.com/world/2010－02/28/content_ 13070448. htm
③ 《毛里求斯华侨华人概况》，2006年6月30日。http://www.chinaqw.com/news/2006/0630/68/34596. shtml

在塔马塔夫省1万人，塔那那利佛省1万人，利亚那省5000人。"① 这则报道的时间是2006年6月。"位于印度洋西南部的留尼汪岛，面积仅有2500余平方公里，生活着3万余名华侨华人。"②这一数字来自《人民日报海外版》2004年的一篇报道。

以上数字的时间跨度从2004年到2012年。如果从静态来观察，就按这组数据来统计，这6个国家和地区的华侨华人总数是20万；如果从动态看问题，取一个概数，即4万的平均值，总数为24万。

华侨华人数量超过1000名的国家列入第三类。这类国家华侨华人的数量在1000—10000之间，主要包括埃及、阿尔及利亚、苏丹、埃塞俄比亚、肯尼亚、乌干达、刚果（布）、赞比亚、津巴布韦、纳米比亚、莫桑比克、莱索托和塞舌尔等国。华侨华人数量在这一数字区间的约有20个非洲国家，由于各国的华侨华人数量差别较大，估算这类国家的华侨华人总数难度亦大。粗略估算，第三类非洲国家的华侨华人数量在5-10万之间。

下面仅以三个国家为例："目前，在埃华侨华人总人数约5000人，总体规模和数量都不大，这是埃及侨情的一个鲜明的特点。"③ 这是2010年埃及华侨华人的数量。2008年，"中国驻肯尼亚大使张明说，肯尼亚境内有5000余名华侨华人，多居住在主要城市。"④ 关于2010年刚果（布）华侨华人的数量，"据不完全统计，在布拉柴维尔工作及经商的中国人已达4000人。"⑤

华侨华人数量仅有数十人至数百人的划归为第四类。这类国家大概有20多个，主要集中在西非地区，其他非洲地区的国家是突尼斯、摩洛哥、索马里、卢旺达、布隆迪、马拉维、斯威士兰和科摩罗，另有英属圣赫勒那岛等。这些非洲国家和地区的华侨华人数量总体在1000人以下，有的

---

① 《马达加斯加华侨华人概况》，2006年6月30日。http://www.chinaqw.com/news/2006/0630/68/34599.shtml

② 黄之豪：《袖珍岛上不老松——记留尼旺中华总商会》，载《人民日报海外版》2004年7月21日第5版。

③ 《埃及华侨华人经济发展现状景展望》，2010年5月12日，http://www.jsqw.com/html/dv_453153152.aspx

④ 《肯尼亚骚乱尚未殃及华侨华人》，《北京晨报》2008年1月4日。

⑤ 韩冰：《刚果（布）华侨华人欢歌迎"双节"》，2010年9月13日。http://news.xinhuanet.com/world/2010-09/13/c_13492745.htm

甚至几十人。换言之，这类国家和地区华侨华人总数应在1.5万人左右。

非洲华侨华人的数量分布呈明显的梯度性，层次分明。10万以上、3—5万、千人至万人之间和千人以下。由于总数是一个估算，华侨华人在千人以下的国家虽数量多，但对总数影响很小，小到可以忽略不计。第三类国家——千人至万人之间，尽管5—10万的数字弹性较大，但对华侨华人总数也影响有限。显而易见，对非洲华侨华人数量起决定作用的是前两类，二者总数达100万。

当然，100万只是个概数。如果再加上第三类和第四类，非洲华侨华人的数量应该在110万左右。

5. 非洲华侨华人数量变化趋势

除以上提到的数量分布不均、且梯度性鲜明等特点外，非洲华侨华人的另一大鲜明特点——新侨是华侨华人的主体，占总数的90%左右；而在新侨中，劳工的数量占四分之一强。这里主要分析非洲华侨华人主要群体数量可能发生的变化，在此基础上展望非洲华侨华人数量的变化趋向。

首先，老侨和公派人员数量稳中有升，但总体保持平稳，增幅不大。公派人员有任期，三五年一轮换，但数量基本保持稳定。随着中非经济往来和文化交流速度的加强，公派人员的数量增加是一个总趋势，但不会出现猛增快长的情况；非洲的老侨数量相对稳定，因为不少新一代老侨移居西方国家，减缓了人口自然增长率的作用。

其次，自费人员、特别是个体商户的人数将会增加。非洲经济增长拉动了居民消费，民众对中国产品的强劲需求吸引着越来越多的中国个体商人远赴非洲大陆；南非、苏丹、埃及等国的高校吸引着越来越多的中国学生，自费生已成为这些非洲大学一个值得关注的生源；随着非洲人民对中国的了解不断加深，中国文化越来越多地受到民众青睐，中国医生、武术和汉语教师将乘势自费走向非洲，传播中华文化，增进相互交流……今后，走向非洲的个企和个人数量无疑将会增加，但增速依然稳定，不会出现大起大升的局面。

再次，劳工数量将明显减少，并导致华侨总数下降。近年来，非洲华侨华人数量不断攀升，主要是劳务人员数量猛增。2011年中国从利比亚撤离35860名侨民，其中绝大多数就是劳务人员。再以卢旺达为例，该国2012年华侨约有900人，其中实施承包和援外工程的中资公司人员约占三分之二，个体华商及其家属占三分之一。中资企业包括央企和地方企业，央企主要从事援外工程，地方企业多是承包工程。尽管企业人员随项目进程来去增减，但是近年来多处于上升时期，这是一个总体趋势。不仅卢旺达的情况如此，其他非洲国家亦然。但是，2012年出现的新情况或许将使这一状况发生逆转。一、随着经济发展和市场变化，中资企业从国内招聘廉价劳工的时代已告结束，国内劳工在待遇、管理等方面出现的一系列问题已使中资企业穷于应对，捉襟见肘；二、非洲国家对中资企业过多雇佣中国劳工颇有微词甚至是成见，这在一定程度上影响了中非关系的健康发展，中国政府已着手解决这一问题；三、中国人生活水平不断提高，国人普遍对外出打工、特别是出口劳务失去动力和兴趣。在这种新情况下，非洲的中国劳工数量无疑将会出现下降态势，并将对非洲华侨华人的数量变化产生重大影响。

最后，除参照人口自然增长率和机械增长率等因素外，还考虑到以下几点：其一，非洲新侨中的个体商户多以单身男性为主，其中不乏短期行为者。男人闯天下是中国传统，去非洲的新侨也不例外，以中青年为主。中年人事业有成时才有可能让妻子儿女去国外团聚，但不少人出国后发现情况与出国前的想象尚有距离，原本想长期在外却变为短期行为。青年男女到国外后，难免思念国内和家人，又因缺乏人生磨练，不少人一遇到困难就打退堂鼓，这一现象在非洲国家的新侨中司空见惯。其二，近年来，上世纪90年代初期奔赴非洲闯天下的新侨多因事业有成、年龄偏大而回国，长期生活在国内，偶有事务才去非洲一趟，他们实际上已不再属于非洲新侨。这一点与中国传统"落叶归根"有关，也与非洲国家的情况紧密相连。如南非新侨回国的一大主因就是考虑到南非社会治安问题。其三，非洲新侨中不乏移民到北美和澳洲者，主要驱动力是为了子女教育问题，外加非洲国家的情况，如经济不景气、社会治安不理想等原因。其四，针对非洲新侨不断增加的事实，一些非洲国家不同程度地收缩了对中国人的签证，如南非、安哥拉和尼日利亚等国因打击和清理邻国的非法移民，同时加强了对中国人入境签证的管理工作。

基于以上分析，笔者认为，在一定时期内，非洲华侨华人的数量不会继续增长，而会在目前的数量上略有减少，尽管其下降态势比较平缓，但是总数将回落到100万以下。当然，这一判断并不排除世界、中国和非洲的经济和政治形势发生变化，进而可能影响非洲华侨华人数量重新回升。

三　非洲华侨华人史述评

非洲华人移民史与世界华人移民史，特别是与东南亚国家华人的移民史紧密相连，因为最早移居非洲的华人多是殖民者从东南亚国家运往非洲的。

就早期的非洲华侨而言，可分为两类：自由移民和契约劳工。

根据北京大学教授李安山博士的研究，华侨中的自由移民主要有三个来源：(1) 乘船从东南亚或中国来到非洲的华人，他们或是走投无路的农民，或是被迫流亡的反清志士；(2) 早期从印度尼西亚巴达维亚（今印度首都雅加达）流放至开普刑满释放的囚犯，他们或因遭囚禁而不能回国，或已习惯当地生活而自愿留下，或是未获批准而不能离开，甚或耽误了行程而没有赶上回国的船只；(3) 契约期满后仍然留下来的华人，他们小有积蓄，回国后境况难有改变，愿意在海外谋生。

在罪恶滔天的奴隶贩卖时期，中国人与非洲人一样，同是殖民者猎奴的重点对象。葡萄牙殖民者闯入中国领海后，丧尽天良，坏事干绝，贩卖中国人口就是其中之一，《明武宗实录》（卷一四九）中就有"招诱亡命，略买子女"的记载。霸占澳门后更是变本加厉，"拐掠城市男妇人口，卖夷以取资，每岁不知其数"就是郭尚宾在《郭给谏疏稿》（卷一）里的真实记录。1604年和1607年，荷兰人两次逼迫广州，试图强行与中国通商，"皆为澳门葡人所阻。1622年（天启二年）荷兰海军大将拉佑逊（Kornelis rayerszoon）率军舰十五艘，兵士二千人攻澳门，失利而退。乃东据澎湖群岛。1624年（天启四年）遂进而占据台湾，于平安港建红毛城（Zelandia）至1662年（康熙元年）为郑成功所逐，此为欧洲人东来，第一次失败于东方人之事迹也"。[①]

荷兰殖民者与葡萄牙殖民者一丘之貉，在侵占澎湖和台湾期间，无不袭扰闽浙沿海一带，掠取精壮劳力和廉价苦力，甚至不放过妇女儿童，以便获取更多赎金。据荷兰史料记载，荷兰殖民者初到爪哇时，中国人在该岛已具有相当规模，从事贩卖胡椒、种植稻米和制造甘蔗糖等生意，颇称富有。1602年，为更好地发挥华人的作用，荷兰东印度公司总督彼得逊还任命华人苏明光为官吏。这个彼得逊可不是个好东西，他目睹华人勤劳上

[①] 李长傅：《中国殖民史》，上海书店1984年3月版，第162页。

进，不辞辛苦，就极力主张掳掠华人为奴隶，以开拓土地。1623 年，彼得逊致函其继任者卡宾德尔（Pieter de Carpentier）："吧达维亚、摩鹿加、安汶、万兰需人甚多，更需多金，以博厚利归国，世界中无如中国人，更适我用者。贸易既不得以友谊得，现在风候正好，可以遣战船，往中国海岸，尽量捕其男女幼童以归，若与中国战争，特须着意多捕华人，妇女幼童更好。移住吧达维亚、安汶、万兰等地。华人之赎金八十两（Ryals）一人，决不可让其妇女归国，或使至公司治权以外之地。但使之移住上述等地可也。"正如李长傅在《中国殖民史》中所言，葡萄牙和荷兰殖民者以非洲人视中国人，"故日后欧人之至中国贩卖猪仔，是为当然之事矣"。

最早来到非洲的华人，很可能是被荷兰殖民当局从东南亚地区运去的囚犯。1593 年，葡萄牙人就将中国人运到南部非洲；1638 年 5 月，第一名荷兰驻毛里求斯总督就将一部分华人从印度尼西亚巴达维亚运到毛里求斯；1654 年，荷兰殖民者又将 3 名中国人从巴达维亚运到毛里求斯，这些是有案可查的抵达非洲的早期中国移民。1660 年，一个名叫万寿（Ytcho Wancho）的中国人被荷兰东印度公司作为囚犯从巴达维亚运到开普，他很可能是第一个有据可查到南非定居的中国人。在 18 世纪初出现了华人自由移民，其标志为，1702 年，一位名叫亚伯拉罕·德维夫（Abraham de Vgf）的华人在开普被接纳为新教教徒并受洗礼。[①]

所谓"契约华工"，是殖民者打着"招募"的幌子，以"自愿"的方式，拐骗中国人到非洲殖民地充当苦力。其实质是，奴隶贸易和奴隶制被废除后，殖民者在"合法"外衣下进行的奴隶贸易之变种，尤以法国和葡萄牙为甚。而当时的中国，只因统治者腐败、国力衰弱，不幸成为殖民者引进苦力的最佳来源地。一般情况下，契约劳工服役 14 年后才能获得自由。

毛里求斯是契约华工的第一个目的地。早在 1760 年，法国人就把华人运送到这个岛上的种植园。当时正值英法战争期间，第一批华人约 300 人被法国海军将领德斯坦作为人质从东南亚掠到毛里求斯。法国人原想让这批华人在甘蔗种植园从事繁重的农业生产，但华人以经商不谙农事为由拒绝，无奈之下，法国人只好于次年将华人遣返。不过，这批人似乎没有全部离开。1762 年，法国人又直接从中国"招募"了一批华工。他们成

[①] Melanie Yap and Dianne Leong Man, *Colour, Confussion and Concessions: The History of Chinese in South Africa*, Hong Kong University Press, 1996, pp. 5–9.

为华工去非洲的源头，此后不断有华人到毛里求斯、留尼汪、圣赫勒拿岛、马达加斯加、坦噶尼喀、南非、西非诸国和非洲其他地区。由于南非黄金矿的发现，1904年至1910年，赴非契约华工达到高潮期。据统计，至1910年，非洲契约华工的总人数是14.2万人。其中，"南非华工之移入，始于1904年。系为英国采取金矿招募而往者，达55000人"[①]。事实上，南非华工的数量远超出这一数目，以南非黄金城博物馆提供的数据为例，仅1904—1906年，南非就有约63000名华工[②]。数量如此之大的契约华工当年为开采黄金所做出的贡献不可磨灭。

李安山教授认为，非洲华人移民史一般分为四个阶段：第一阶段从1800—1910年，以契约劳工为主，兼有自由移民；第二阶段为20世纪三四十年代，日本侵华，沿海居民为免受奴役而被迫出洋；第三阶段是新中国成立之初，国内移民政策宽松、非洲华人已站稳脚跟，不少人远去投亲靠友；第四阶段是20世纪80年代之后，伴随着中国改革开放的步伐和世界移民的巨大浪潮，华人再次远赴非洲。[③]

华侨是国际移民迁徙一个不可或缺的组成部分。从目前情况观察，几乎每个非洲国家都有中国人的身影，南非、毛里求斯、马达加斯加等具有华人移民史的非洲国家中，华侨华人数量相对较高。

综上所述，笔者可得出如下结论：（1）毛里求斯极有可能是华人到达非洲的第一个目的地国，这与其地理位置、历史沿革有密切关系。一个显而易见的原因是，华工的输入是殖民者为了开发甘蔗种植园，发展制糖业。（2）到达非洲最早的自由移民，很可能是刑期已满的华人囚犯。（3）有案可查的抵达非洲最早的中国移民发生在1654年，人数仅为3名；而最早定居非洲的华人则发生在1660年，人数仅为1名。（4）具有一定数量和规模而前往非洲的华人发生在1762年，他们是运往非洲的第一批契约华工。（5）荷兰和法国殖民者是将华人运往非洲的始作俑者。

---

① 陈里特编著：《中国海外移民史》，中华书局1946年版，第34页。
② 此数据来源于南非黄金城博物馆展览说明。
③ 参见李安山《非洲华侨华人史》，中国华侨出版社2000年版，第36、83—89、124、127—128页。

第三节　郑和"移民"非洲首批华人

最早到过非洲的中国人与移居非洲的华人，二者之间具有明显区别。第一个去过非洲并留下文字记载的中国人是唐朝杜环，时间在751—762年；而最早抵达非洲的中国移民则发生在清朝，从个别人到形成一定规模经历了从1654年到1762年之间108年的过渡。在这里，我们暂且不提世界移民史研究理论中的"推力"和"拉力"两种因素，也不说契约华工与自由移民的联系和区别，更不言他们去非洲因人而异的各种内因和基本相同的几种外因，仅就他们去非洲的时间而言，从到此一游的非洲访客到落地生根的非洲华人，经历了漫长的唐、宋、元、明四个历史朝代，这也是截至目前，研究中非关系史的学者普遍认为"首批华人移民非洲发生在清朝"的主要根据。①

一　落难东非的中国船员应是郑和部属

关于当年落难东非的中国船员是否隶属于郑和船队，目前尚未发现文字记载和实物证据，因而存在一些争议。但学术界一般认为，帕泰岛的"中国人"应该是郑和船队部属的后裔，笔者持这一观点。

笔者认为，根据已知的历史事实可以推断，当年那艘中国船只在帕泰岛附近遇难发生在郑和下西洋时期。这是因为：

其一，如果船难发生在郑和下西洋之前，船难的幸存者不可能听说过长颈鹿的故事，在当时的交通和通信条件下，深居孤岛的他们不可能从外界获知这一消息。

其二，如果那次船难真的发生在郑和下西洋之前，当郑和船队浩浩荡荡经过东非沿岸时，船难的幸存者及其后裔一定能知道这一消息，并想方设法与郑和船队取得联系。那样，郑和船队就会让这批中国人乘船回国，这不但在同胞感情上是讲得通的，而且在实际运作上也是可能和可行的。

其三，在郑和下西洋之前，中国船只直接访问东非沿岸的可能性极

---

① 参见陈公元《古代非洲与中国的交往》，第49页；李安山：《非洲华侨华人史》，中国华侨出版社2000年版，第89、626页；张象：《中非关系源远流长的新启示》，《西亚非洲》2006年第6期，第54页。

小，中非之间的海上交往基本上是经过阿拉伯商船完成的，这在记载中非交往的几部著作中反映得比较明显，如《岭外代答》、《诸番志》等。

其四，假如帕泰岛的船难发生在郑和下西洋之后，逃难的水手们不可能在帕泰岛上加村安家落户——据英国考古学家、剑桥大学教授马克·豪敦（Mark Houton）在上加遗址发掘考证，上加村在郑和最后一次下西洋后不久，约在1440年遭到毁灭。①

其五，郑和下西洋后，由于明朝皇室长期实行海禁政策，中国不可能有大型船只远航非洲；更重要的是，郑和下西洋后，西方殖民者成为印度洋的统治者，中国船只不可能再自由通过印度洋而远达非洲。

尽管缺乏文字记载等方面的确凿证据，著名郑和研究专家郑一钧教授在研究了有关报道提供的信息后认为，这些帕泰岛中国水手的后裔无疑就是郑和船队部属的后裔。他认为，帕泰岛一带海域，是郑和船队到达马林迪的必经之地。正是在郑和下西洋时期，而不是在其他任何时候，有许多中国水手随郑和船队到过这里。郑和下西洋之后，由于明、清统治者对外闭关自守，长期实行"海禁"和阻遏政策，加之16世纪以后西方殖民国家全力向东方的印度洋扩张，在西欧殖民势力炮舰政策的轰击下，不仅曾经称藩于明朝的海外诸国先后沦为西方列强的殖民地，而且也对中国的远洋航海事业形成巨大威胁，中国再难以向"西洋"（印度洋）发展。记录当时我国航海活动的一些史籍所反映的正是这一事实，如明朝张燮《东西洋考》的记载只限于印尼苏门答腊以东，清人陈伦炯的《海国闻见录》和谢清高的《海录》，也都说中国的海舶不再过马六甲海峡西行了。由于当时在"东洋"海域之内，航海活动还有较大的发展余地，相应地在明代中后期，中国通往菲律宾、日本等地的航路有了较大发展。郑一钧认为，在郑和下西洋之前，中国与非洲之间虽然也有海上交通，但并不频繁，在史料中也没有具体记载，并且在由西亚到东非沿岸的航程中，换乘阿拉伯船只的可能性很大，因此那时能够到非洲的中国人是极少的；而在郑和下西洋之后的数百年间，中国与非洲之间的海上交通已被阻断。由此，古代在上加村定居下来的中国水手，为郑和船队的水手应该没有什么问题。

---

① 参见：Nicholas D. Kristof, "1492: The Prequel", New York Magazine, June 06, 1999. http://www.nytimes.com/1999/06/06/magazine/1492-the-prequel.html?pagewanted=all&src=pm

二 落难船员是中国"移居"非洲的首批华人

截至目前,研究中非关系史的学者普遍认为,首批华人移民非洲发生在清朝,这主要指早期的"契约华工",最早发生在1760年,法国海军将领德斯坦把300余名华人作为人质从东南亚地区掠夺到毛里求斯种植园,迫使他们从事繁重的农业劳动,被掠华人以自己是商人不懂农业生产为由拒绝,这批华人中的大部分被遣返回国。1762年,法国人又直接从中国运来一批华工。尽管此前可能还有自由移民从中国到非洲,但是人数很少且相当分散,毛里求斯华工是具有一定人数和规模的移民,因而被视为最早的非洲华侨。[①]

郑和七下西洋从第四次开始远赴非洲,即永乐十一年(1413)十一月,第七次下西洋结束于宣德八年(1433)。换言之,肯尼亚帕泰岛附近的船难应该发生在1414年至1433年之间。即使那次船难发生在郑和第七次下西洋(1430—1433)期间,郑和船队的水手在华工首次登陆毛里求斯岛330多年前,早已因意外事故而成为首批非洲华侨,他们比去非洲的个别中国自由移民还要早约200年,因而是当之无愧的最早的非洲华人。

在世界航海史上,船难悲剧实乃避免,郑和七下西洋亦不例外。特别是由于当年郑和船队在非洲沿岸的航行不是走的传统的航线,而带有海上探险的性质,就更容易发生海难,在中国船队从未涉足的非洲沿岸航海,当年郑和船队的个别船只触礁的可能性极大,甚至是在所难免的。

当年,郑和船队的一艘船只在肯尼亚帕泰岛附近触礁,数百名船员逃生至岛上,在当地居住下来,进而落地生根,融入非洲大家庭,与当地女子结婚延续后代,奏响了一曲不同民族平等相待、和善相处、和谐相融的友好乐章。

当初,这批突然置身于全新环境的中国船员,虽身强力壮,携带宝物,但没有居高临下的中华大帝国的傲慢与偏见,而是谦和平等地对待当地居民;面对这批身份不明的天外来客,身居孤岛的当地人没有拒绝和排斥,而是张开双臂热情接纳与大度包容。于是,中国船员用随身携带的丝

[①] 参见陈公元《古代非洲与中国的交往》,第49页;李安山:《非洲华侨华人史》,中国华侨出版社2000年版,第89、626页;张象:《中非关系源远流长的新启示》,《西亚非洲》2006年第6期,第54页。

绸、茶叶、瓷器等宝物，与当地居民以货易货，等物交换，换取最基本的生产工具和生活用具以求立足生存。在当时的特殊历史背景下，中非人民之间这种平等对待异族的态度和做法实属难能可贵。

立足之后，中国船员用自己的一技之长主动为当地社会服务，克服了语言不通、风俗不同带来的障碍，赢得了当地民众的普遍信任和大度包容，进而逐渐融入当地社会。他们中的医官医士利用当地资源采制中医药，为当地民众祛除疾病，救死扶伤。同时，他们还把医术传教给当地人，时至今日，帕泰岛上的中医大夫仍肩负着救死扶伤的重任，受到人们交口称赞。他们中的铁匠、木工等手艺人，伸开勤劳的双手，就地取材制作工具和用具，至今帕泰岛上还有中国铁匠传人。他们中的建筑师加入到当地的建筑业中，用自己的双手为自己也为当地民众建造房屋。目前帕泰岛上的几户中国人家，他们的房屋布局和院落布置均有别于当地住户，带有中国建筑的风格与特征。考古专家认为，帕泰遗址中的不少建筑、特别是大清真寺墙壁和装饰就受到中国建筑的影响，带有鲜明的中国特色。

这批中国船员身上体现着中国优秀的传统文化和中华民族的传统美德，为中国和中国人民在非洲赢得了信任和赞誉。这种传统文化和美德可以用"和谐"、"勤劳"和"助人"来概括。他们友好和谐地融入当地社会，用勤劳和智慧创造美好生活，同时不忘帮助周围的民众。数百年来，他们的后裔尽管早已成为非洲大家庭中的成员，但至今仍顽强保留着中国文化传统，念念不忘自己的中国血统，中医大夫用祖传的医术服务民众，甚至不收取一文费用。他们尽管人数不多，但是在当地产生了持久影响，树立了中国人的良好形象，赢得了非洲民众的信任与尊敬。

三 郑和使团"移民"与早期中国移民的差异

这些不幸落难的郑和使团成员阴差阳错地成为移居非洲的首批华人，他们与此后移居非洲的早期华人有相似之点，更有相异之处。相似之点主要表现在：他们来到非洲并落地生根具有其一定的偶然性，但这偶然中包含有必然因素。相异之处在于：

动机不同——前者是去非洲执行朝廷的使命，完成人类历史上最伟大的航海事业；后者要么是因国内生活所迫走向遥远的非洲，要么是受拐骗而走上了难归之路和不归之途。

方式不同——前者是直接走向非洲，而且是由中国朝廷组织实施的；而后者多是间接走向非洲，特别是早期的华人移民，基本上是通过西方殖民者运送过去的。

路线不同——前者是从中国直接前往非洲，后者多是通过第三国而辗转抵达非洲。

结果不同——前者与当地居民通婚，与当地居民打成一片，虽不忘自己的中国根，深受中国传统文化的影响，但早已融入非洲大家庭，成为地地道道的非洲人；后者虽人在他乡，仍长期生活在华人社区之中，难改、未改或不愿改变自己的中国传统生活习俗，很少与当地居民通婚，经过相当长的时间才融入当地社会，这一过程缓慢而曲折，充满辛酸与劳苦。

总之，郑和船队的水手劈波斩浪远航非洲是主动行为，尽管他们落难后滞留孤岛属于迫不得已，但是其后的早期中国移民的行为多带有被动因素，要么因生活所迫，要么受西方殖民者蛊惑而上当受骗。尽管落难非洲的郑和使团成员与移民非洲的早期华人具有较明显的区别，但是他们都是中国人，都深受中国传统文化的熏陶，都具有中华民族的优良品质，都以自己的辛勤劳动和实际行动为中国人在非洲赢得了信誉。

图 10—6　南非华侨组织——杜省中华工会会馆

四　非洲华人与欧洲殖民者的主要区别

作为首批移居非洲的华人，郑和使团成员以自己的实际行动为中国人在非洲赢得了赞誉，他们与其后登陆非洲的欧洲殖民者形成强烈反差。虽然华人与白人都长期生活在非洲，与非洲人共享一片蓝天，成为非洲的居民，但是中国移民与欧洲殖民者和白人移民的主要区别表现在：

（1）与非洲当地居民的关系上：平等与压迫。

（2）在对待非洲资源的方式上：共享与掠夺。

（3）与非洲当地居民的情感距离上：亲近与遥远，向心与离心。

（4）与非洲传统文化的关系上：融合与排斥。前者水乳交融，后者水火不容。

（5）对非洲历史进程的影响上：微弱与巨大。

（6）在到访、定居非洲的目的上：示好与侵略，贸易与占有，偶然与必然。

非洲华人与欧洲殖民者和白人移民在非洲大陆宛如云泥之遥的差别，与东西方文化传统直接相关，进而一直影响到今日两者与非洲的关系和对非洲的政策。相互尊重、平等相待始终是中非关系发展的基石，仅这一点，西方老牌殖民主义者就做不到，或者根本就不想这样做。他们总是以"老子"自居，带着宗主国居高临下的姿态观察非洲事务、对待非洲人民。时至今日，欧洲老牌殖民主义者仍然难以舍弃殖民思维，依然认为非洲是他们的"后花园"，不但动辄对非洲事务指手画脚，而且对别国与非洲的正常交往说三道四。对于中国与非洲国家的合作交流，面对中国在非洲不断增大的影响力，老牌殖民主义者一方面横加指责和干涉，另一方面又表示要学习中国的做法。但是，放不下所谓的高贵身段和臭架子，欧洲那些继承老牌殖民者衣钵的政客依然难以真诚平等对待非洲，进而赢得非洲的尊重。

第四节　提前非洲华人移民史的意义

科学研究的重要任务和重大使命之一，就是弄清历史事实，还原历史真相，恢复历史的本来面目，从而让世人从中借鉴历史经验，吸取历史教训，促进世界和平与文明发展，不断造福人类和未来。提前非洲华人移民史——把华人移民非洲的时间提前二三百年，同时把华人最早移民非洲的地点从非洲岛国转移到非洲大陆，即从毛里求斯变换到肯尼亚，这不但具有十分重要的学术意义，而且具有非常重要的现实意义。

一 提前非洲华人移民史开端，彻底戳穿了所谓"欧洲人发现非洲"的谬论

郑和船队当年浩浩荡荡访问东非沿岸国家和地区，在世界历史上书写了辉煌壮丽的篇章。但是，西方对此不是回避就是淡化，总是突出和强化迪亚斯1486年绕过好望角、达·伽马1498年发现通往东方的新航道。他们利用手中掌握的话语权，向人们进行先入为主的灌输，试图以此作为真实的历史，不但抹杀中国人最早到达非洲的史实，而且抹杀非洲的悠久历史，制造所谓的"非洲无历史论"，竟说非洲的历史始于与欧洲接触之时。对此，1962年12月12日，加纳总统恩克鲁玛（Francis Nwia-Kofi Ngonloma）在第一届非洲学家大会上致词时一针见血地指出："这些早期的欧洲著作的动机是经济的而不是科学的。它们涉及象牙、黄金的不平衡的贸易和它们不得不为之进行辩护的非法人口贩卖。""我想在这里指出，在那个时期，欧洲人和美国人的非洲著作大都是辩护性的，企图证明奴隶制度和对非洲劳动力和资源的继续进行剥削是正当的。""这样就为从经济和政治上奴役非洲作好了准备。因此，非洲既无法展望未来，也无法回顾过去。""据说，非洲的进入历史，只是由于与欧洲发生接触的结果。因此，非洲的历史普遍地被认为是欧洲历史的扩大。黑格尔的威名也被借用到这种非洲无历史的假说上面来。殖民主义和帝国主义的辩护士们迫不及待地抓住它尽情加以渲染。"[1]

在强调非洲悠久的历史和文化之后，恩克鲁玛表示："中国人也在唐朝（618—907）出版了他们最早的第一部关于非洲的主要纪录。十八世纪中国与埃及的学术互相沟通。但是中国人对于非洲的了解并不限于他们对埃及的认识。中国人对索马里、马达加斯加和桑给巴尔都有详细的知识。他们在非洲其他地区作过广泛的旅行。"[2] 恩克鲁玛指出的中国人在非洲其他地区的广泛旅行，当然包括郑和船队对非洲的四次大型访问。郑和船队的到访和船队水手定居非洲孤岛的事实无可争辩地说明，作为非洲的外来民族，中国人不但最早"发现非洲"、而且最早"定居非洲"，这无疑对所谓"欧洲人发现非洲"的谬论是一记重型棒喝。

---

[1] 《加纳总统恩克鲁玛在第一届非洲学家大会上的致词》，乐山译，《亚非译丛》1963年第3期，第2—3页。
[2] 《加纳总统恩克鲁玛在第一届非洲学家大会上的致词》，乐山译，《亚非译丛》1963年第3期，第1页。

事实上，西方正义的学者和有识之士已经认识到这一点，认为应该还历史以本来面目；非洲的许多学者和政要也正在为此进行努力，以期正本清源。不过，从认识论的角度观察，要改变先入为主的错误不但需要付出持续不断的努力，而且需要一个较为漫长的过程。这是因为，人们的思维一旦形成定势，就会随之产生一种惰性，轻易很难改变。比如，人们常说的阿拉伯数字，实际上是印度数字，因为它是印度人发明的。然而，由于印度数字经过阿拉伯世界传入欧洲，欧洲人误以为这组数字是阿拉伯人发明的，便称其为阿拉伯数字，以至于以讹传讹，世代相传，贻误至今。① 尽管我们尚难估算当今世界上受这种贻误的人数有多少，但是一个清楚的事实是，受这种贻误的中国人时至今日仍不在少数。

二　提前非洲华人移民史开端，为中非贸易发展和非洲"向东看"提供了有力的历史根据和理论支持

郑和船队远访非洲，发展友谊、开展贸易、拓展交流是其主要目的。换言之，中非之间的直接贸易始于郑和下西洋时期，这与明初的政治、经济形势密切相连，更与中国重农抑商的文化传统息息相关。儒家文化历来重农轻商，即使在中国历史上相对开放的盛世唐朝，朝廷欢迎外国商人来大唐经商，还给予其多种优惠政策，但是仍然限制本地商贸发展。如，唐朝首都长安专门设立西市为国际市场，即著名的大唐西市，可谓商店林立、商品众多、商人云集，极尽一时繁华，成为著名的国际商城。但是，长安市民和国内百姓进入国际市场就要受到一定程度的限制，绝大多数国内商人只能到东市——国内市场从事商业活动。数百年后的大明帝国沿袭了唐朝重对外开放而轻国内开放的传统做法，与此同时，明太祖朱元璋还对朝贡体系进行改革创新，把朝贡与贸易分开进行的传统方式合二为一，形成朝贡与贸易一体化的新体制，用朝贡贸易彻底取代对外贸易，完全杜绝民间从事对外商贸活动，从而使对外贸易全部由官方控制和运作。

所谓朝贡贸易，分为国内和国外两部分，前者是指对外贸易在外国

---

① 公元825年，波斯著名数学家、天文学家和地理学家花拉子密（al‑Khwārizmi, Abū Jaʿfar Muhammad IbnMūsā）用阿拉伯文撰写了《印度数字算术》（On the Calculation with Hindu Numerals）一文，后被翻译成拉丁文传到欧洲，欧洲人因之学会了12345，但误以为是"阿拉伯数字"，根本不知道这组数字的真正创造者和传播者是何人。

使团来华朝贡期间进行，后者是说对外贸易在中国使团出访国外期间从事，官办贸易是朝贡贸易的主要特征。具体而言，中外贸易只能由朝廷操办，国内的对外贸易部分，是外国使团来华朝贡之时，在特定的时间和地点，在朝廷礼部官员或港口的市舶司官员监督下，公开进行的平等公平贸易，即"二平贸易"；国外部分是由朝廷派遣到国外的中国使团，在出访期间与所在国所进行的贸易。无论是在国外还是在国内进行对外贸易，均受到时间和地点的限制，也受到交易商品种类与数量的约束，但是二者都贯彻执行"二平贸易"的原则，体现平等交换、公平交易的商贸规则。

朝贡贸易是海禁政策下对外贸易的独特形式。由于中国沿海屡遭倭寇侵犯和海盗骚扰，朱元璋在建国初期就关闭了所有对外贸易口岸，颁布严格的"海禁令"，国内不许寸板下海，严禁国民私自出海，甚至禁止沿海捕鱼活动；国外禁止除朝贡使团外的任何船只来华访问，甚至不许国外船只靠近中国沿海。在如此严格的"海禁令"下，明朝的对外贸易仅存官方一条渠道，郑和船队出访期间进行的贸易就更加引人注目。

关于郑和下西洋的动机，有政治、经济、文化等多种说法。就经济而言，归纳起来不外乎三种说法：一是采购海外物品丰富国内市场，以巩固朝廷对朝贡贸易的垄断地位，维持朝贡贸易形成的国内价格体系；二是除"厚往薄来"的外交礼仪外，用中国宝物交换国外特产——"方物"，包括皇帝喜爱的奇珍异宝，供国内使用和皇室成员享乐；三是用中国的特产——丝绸、瓷器、茶叶等换取黄金和白银，以充实国库、增加国力。[①] 无论出于何种目的，尽管多是运用以货易货的贸易形式，但是互补性和"二平贸易"始终是郑和船队开展海外贸易所遵循的基本原则。这样，郑和船队在非洲东部沿海一带进行的贸易，在平等公平的原则之下，非洲的"方物"自然受到青睐，成为首选目标。也就是说，中非之间公平互补的直接贸易早在欧洲殖民者登陆非洲大陆之前就开始了，非洲"向东看"和中国"走进非洲"始于600年前，今天的中非贸易与合作，以及非洲出现的"向东看"，不过是600年前的延伸、继续和发展。

[①] 参见王俞现《中国商帮600年》，中信出版社2011年版，第42页；[荷] 戴文达：《中国人对非洲的发现》，商务印书馆1983年版，第36—40页。

目前,中国与肯尼亚联合考古、寻找郑和船队当年那艘沉船的工作正在进行,中肯联合考古活动受到当地和国际媒体高度关注。英国广播公司(BBC)在题为《一枚钱币,改写中非历史》的报道中指出,这次考古发掘的成果,不但有可能颠覆世人从前对东非历史的认识,而且必将引发东非国家对当代中国角色的再思考。肯尼亚国家博物馆奇里亚玛(Herman Kiriama)博士指出:"我们发现,中国人对待东非有着与欧洲人迥异的态度","他们派遣使者携带礼物前来,表明他们对我们平等相待,也表明肯尼亚在葡萄牙人到达之前,已与外界有了紧密的联系,是一支活跃的海上力量,这对肯尼亚在思考今天与东方的联系有着深远的影响。中国与东非有着比欧洲人更为古老的贸易联系,当今中国对非贸易的发展实际上正是这一传统的延续。很久之前,东非海岸始终是向东方而非向西方看的,如今,这些发现给了政治家们更充足的理由去坚持:'让我们向东看',因为长久以来,我们一直如此"①。

三 提前非洲华人移民史开端,郑和使团"移民"为当代非洲华侨华人扎根非洲、融入非洲当地社会树立了学习楷模

中国真正意义上的"走进非洲"始于当代,始于欧洲殖民者"走出非洲"之时。从中国医疗队奔赴非洲到援建坦赞铁路,从中国建筑公司走进非洲到中国私营小企业落户非洲,越来越多的中国人走向遥远的非洲大陆,发展到今天,几乎所有的非洲国家都能看到中国人的身影。不过,由于受语言、习俗、饮食等诸多因素影响,中国人融入非洲当地社会过程缓慢,存在一定难度。当然,这一情况不仅仅是华侨华人在非洲大陆出现的独有现象,世界其他大陆和国家的华侨华人也存在同样问题,即使在国外侨居多年,绝大多数华侨华人仍然讲汉语、吃中餐、打麻将,囿于华侨华人圈子,难以融入当地社会特别是主流社会。

郑和七下西洋四赴非洲,完成了人类历史上最伟大的远洋壮举,其中有许多经验值得总结,对今天中国人走进非洲而言,笔者认为有三点特别值得一提:一是重视语言相通,二是重视习俗相同,三是重视地位

---

① 秦大树:《北京大学肯尼亚考古及主要收获》,澳门特别行政区民政总署文化康体部:《嘉模讲谈录——鹤鸣濠江考古文博名家系列讲座二〇一〇至二〇一一》,澳门星愿广告,2011年12月,第84—95页。

相等。

图 10—7　阿拉伯联合酋长国迪拜购物中心内的郑和展览

一部《郑氏家谱·首序》指出，郑和的远祖是西域普化力国①王所非尔，于宋神宗熙宁三年（1070）归附宋朝，授为本部总管，加封宁彝侯、庆国公，卒赠朝奉王。其长子赛伏丁，封昭庆王；次子撒严，袭封宁彝侯，升莒国公。撒严之子苏祖沙，苏祖沙之子坎马丁，坎马丁之子马哈木，世袭王爵。宋亡后，元朝授马哈木平章政事，马哈木之子赛典赤·瞻思丁受命驻镇咸阳，为都招讨大元帅、上柱国左丞相、平章政事，1274年至1279年任云南行省平章政事，政绩昭著，死后被追封为咸阳王。其长子纳速剌丁，驻镇滇南。纳速剌丁之子伯颜是淮安王，伯颜之子察儿米的纳为滇阳侯。察儿米的纳之子米里金生马三保——郑和。郑和立其兄马文铭之子为嗣，名赐，即郑赐，字恩来。②郑赐以后的郑和部分后裔明代至清代居云南昆阳，迁至玉溪市东营；其中一部分迁至泰国清迈；另有一小部分居住在南京、北京、上海、苏州等地。郑和后裔主要有玉溪、南京、

---

①　西域的普化力国，《唐书》译作布布豁或捕喝，《元史》译作卜哈儿或蒲华，《明史》译作而布哈剌，地处新疆附近，即现今的乌兹别克斯坦境内。
②　《郑和家谱》载："至宣德六年（1431），钦封公三宝太监，公以兄文铭之子立嫡，名赐。"

泰国三支。

关于郑和家族与伊斯兰教的关系以及郑和生于云南何地何县，即郑和的身世，由于《明史·郑和传》中只有"郑和，云南人"五个字，数百年来一直是个谜。直到1912年，云南近代著名学者袁嘉谷从友人苏晓荃处得知昆阳有郑和之父"马哈只墓"，亲赴昆阳县月山踏勘，考证了"马哈只墓"及《故马公墓志铭》，并为墓志铭作了碑跋，载入其《卧雪堂文集》和《滇绎》，方知郑和是昆阳的回族马氏，其祖父和父亲都朝觐过麦加圣地，尊称为哈只。[1] 正是强烈的宗教信仰促使郑和祖父不远万里，克服路途艰辛，只身赴麦加朝圣。这说明至少从郑和祖父一代开始，其家族已开始信奉伊斯兰教。[2]

永乐十一年（1413）郑和在第四次下西洋前夕，因奉旨出使"西域天方国"，"道出陕西"，来到西安寻找翻译人才，为出访阿拉伯国家做准备。经过一番遴选，郑和选中清净寺掌教哈三为其下西洋随员。西安市大学习巷内的"郑和碑"——《重修清净寺碑记》上记载了这一内容："及我国朝永乐十一年（1413）四月太监郑和奉敕差往西域天方国，道出陕西，求所以通译国语可佐信使者，乃得本寺掌教哈三焉。乃于是奏之朝，同往。"[3]

明成祖选中郑和肩负下西洋的重任，郑和的穆斯林身份是一个重要因素，说明皇帝考虑到郑和与出访国家习俗相同的重要性；郑和在第四次下西洋出访阿拉伯国家前夕，专程赴西安挑选阿拉伯语翻译同行，说明郑和考虑到语言相通对出访成功的重要性；郑和船队成员在意外落难非洲孤岛

---

[1] 按伊斯兰教的习俗，"哈只"是人们对朝觐过伊斯兰教圣地麦加者的尊称。中文"哈只"一词由阿拉伯语音译过来，意为"巡礼人"，即朝圣者。郑和的祖父和父亲均名"哈只"，由于郑和幼年离家，对父亲的真实姓名可能已淡忘，或依习俗称父亲为"马哈只"。其父去世时，郑和年仅十岁左右，父亲丧葬之事，皆由长兄马文铭料理。永乐三年，郑和已升为内官监太监，请大学士礼部尚书李至刚撰写父亲的墓志铭，但时逢第一次下西洋前夕，他只得将碑文寄回云南昆阳，镌凿于石立在父亲墓前。清朝后期，世居昆阳的郑和后裔参加云南回民起义，失败后逃匿玉溪县石狗头村，恐《故马公墓志铭》遭损，遂将其埋于马哈只墓前。清朝末年，回民在月山西坡筑坟时，在一片荒芜的乱丘中发现了此碑，并立于原墓地前，直到1912年袁嘉谷考证后遂为世人所重视。

[2] 以上两段内容参见胡廷武、夏代忠主编《郑和史诗》，云南人民出版社、云南美术出版社、云南晨光出版社2005年版，第31—41页。

[3] 参见《重修清净寺碑记》，位于西安市鼓楼西北隅大学习巷内的清净寺。当地回民把该碑简称为"郑和碑"。

之后，能够入乡随俗融入当地社会，说明中国水手们懂得以礼平等对待异族的重要性。习俗相同、语言相通、地位相等是郑和部属走进非洲、融入非洲的经验之谈，为当代华侨华人走向世界、走进非洲、融入当地社会起到了重要的窗口和先锋作用，值得当代华侨华人学习和借鉴。

郑和船队部属成功融入非洲社会，谱写了一曲中非友谊的凯歌，传颂着一段中非友谊的佳话。当这一故事在世界各地广为传播之后，肯尼亚方面认为中非之间的关系更进了一步，即彼此存在血缘关系。在与中国驻肯尼亚大使馆交流时，肯尼亚人就说："过去我们是朋友，现在我们是兄弟。"[1]

四 提前非洲华人移民史开端，奋力回击了所谓的"中国威胁论"和"新殖民主义论"

郑和船队不但早于欧洲殖民者的船队访问非洲，而且郑和使团成员早于欧洲殖民者定居非洲。这两个事实同时有力地回击了所谓的"中国威胁论"和"新殖民主义论"。

郑和下西洋之时，中国处于强盛时期，拥有世界1/3的财富。孙中山先生在《建国方略》中曾这样形象描述中国当时的综合国力："乃郑和竟能于十四个月之中而造成六十四艘之大舶，载运二万八千人巡游南洋，示威海外，为中国超前轶后之奇举。"[2] 郑和船队访问了亚非30多个国家和地区，没有侵占别国一寸土地，没有掠夺他人一分钱财，没有贩卖非洲一名奴隶，没有威胁任何一个国家。以中国当时的经济和军事实力，"非不能也，是不为也"，[3] 因为中华民族是一个崇尚和平的民族，"以和为贵"，以和为美。基于此，世界一流舰队出访的目的，就不是抢掠土地、索取财物、奴役他人和恫吓别国，而是为了开展交流、发展友谊、拓展贸易。

一部中国历史表明，强盛一时的大明帝国没有穷兵黩武、炫耀实力征服别国；正在发展中的中国告诉世界，强大了的中国依然不会盛气凌人、依仗武力威胁他人。那么，"中国威胁论"和"新殖民主义论"为何还不

---

[1] 参见邸利会《到东非寻找郑和沉船》，原载《科学新闻》2010年第6期，转引自http：//blog.sina.com.cn/s/blog_6ccd70f00100o9c9.html。

[2] 孙中山：《建国方略》，转引自胡廷武、夏代忠主编《郑和史诗》，云南人民出版社、云南美术出版社、云南晨光出版社2005年版，第14页。

[3] 《孟子·梁惠王上》。

时有人提起并有一定市场呢？这里首先需要搞清楚"殖民主义"的概念和实质，进而要弄明白"新殖民主义"与"殖民主义"的区别与联系。

《简明不列颠百科全书》对殖民主义做了这样的解释：

> 殖民主义（colonialism）：近代殖民主义的时代开始于1500年左右。15世纪末叶，欧洲人发现通往印度洋和美洲的航路，自此，商业和贸易中心逐渐由地中海转向大西洋，出现了葡萄牙、西班牙、荷兰、法国、英国等殖民国家，它们的殖民地和扩张行动遍及世界各地，同时也传播了欧洲的制度和文化。①

中国大百科全书（第二版）对殖民主义和新殖民主义做了如下解释：

> 资本主义国家采取军事、政治和经济手段，侵略、奴役和剥削弱小国家、民族和落后地区，将其变为殖民地、半殖民地的侵略政策和行径。
>
> 在资本主义的不同时期，殖民主义有不同的表现形式。在资本原始积累时期，大都采取赤裸裸的暴力手段。在自由资本主义时期，主要通过"自由贸易"形式，把发展中国家、民族和地区变成自己的商品市场、原料产地、投资场所，以及廉价劳动力和雇佣兵的来源地。在帝国主义时期，除了采取上述各种手段外，资本输出成为剥削这些国家、民族和地区的主要形式。19世纪末20世纪初，世界上沦为殖民地、半殖民地的国家和地区形成了帝国主义殖民体系。第二次世界大战后，殖民地、半殖民地的民族独立运动高涨，大批亚洲、非洲国家获得独立，摧毁了帝国主义的殖民体系。奉行殖民主义政策的国家转而采取间接的、比较隐蔽的、更具有欺骗性的形式，来维护和谋求殖民利益。在政治上，一方面允许和承认殖民地、半殖民地独立，另一方面通过培养或扶植代理人来实行控制；经济上以提供"援助"的形式，通过附加苛刻条件的贷款、不平等贸易、组织跨国公司等手段，控制这些国家的经济命脉、对这些国家实行掠夺；军事上以提供军事"援助"的形式，在这些国家建立军事基地、驻扎军队、派遣军

---

① 《简明不列颠百科全书》第9卷，中国大百科全书出版社1995年版，第441页。

事顾问、帮助训练军队等，实行变相的军事占领。为了实现其战略目的，它们甚至策动政变、挑起内战、扶植傀儡政权。这些被统称为"新殖民主义"。①

综合以上两个词条的解释，殖民主义的主要特征是：军事上征服，采取赤裸裸的暴力手段，用枪炮强行占领其他国家和地区；政治上统治，奴役别国人民，输出自己的意识形态和上层建筑；经济上掠夺，抢占他国资源，实施杀鸡取卵式的开采与开发；文化上摧毁，强制推行西方语言，移植西方价值观，肆意践踏本土文化，篡改别国历史。

新殖民主义是殖民主义在新形势新条件下的发展和演化，是殖民主义在新的历史时期的伪装和变种。新殖民主义的提法，最早出现在1956年苏联共产党第二十次代表大会上，1957年的"莫斯科宣言"中也论及过。1959年3月，苏联《国际生活》杂志编辑部和中国《世界知识》杂志编辑部以"第二次世界大战后帝国主义殖民体系的瓦解"为主题联合举行过讨论。在中国，中共中央理论刊物《红旗》1959年7月1日出版的第十三期上刊登了顾以估的文章——《美帝国主义的对外"援助"》，该文指出，美帝国主义的对外"援助"是第二次世界大战以后美国进行对外扩张的一个重要武器，亦是"美国推行殖民主义的一种新方式"。贝·皮拉在1961年7月号《非洲共产党人》杂志撰文指出："帝国主义之所以采取新殖民主义的政策，并不是因为它们心回意转，宣誓抛弃罪恶沉重的过去，而是因为它们为世界社会主义体系的迅速发展和民族解放运动的力量所迫，不得不寻找一种伪装的榨取方式而已。今天，转动历史车轮的是社会主义和民族解放的力量，而不是像过去那样的帝国主义力量。"②

关于新殖民主义的实质，日本学者冈仓古志郎认为："新殖民主义是资本主义总危机第三阶段中帝国主义殖民政策的独特表现。众所周知，总危机的第三阶段，即1957年以后的时期，世界社会主义体系的力量和国际影响急剧地增长，殖民制度因民族解放运动的迅速进攻而显著地走向崩溃，殖民制度的全面崩溃势在不可避免。""为什么这样说呢？因为它是在

---

① 《中国大百科全书》（第二版）第28卷，中国大百科全书出版社2009年版，第397页。
② 参见［日］杉山市平《"新殖民主义"概念的加深和发展》，原载《亚非研究月刊》1961年9月号，转引自《亚非译丛》1963年第3期，第38—39页。

殖民制度濒临死亡时出现的。它体现了帝国主义力图维护渐趋灭亡的殖民主义制度所作的垂死挣扎。"① 苏联学者波切加里阿夫更是一针见血地指出："新殖民主义的实质可以简要地表述如下：对前殖民地给予最低限度的政治自由，而殖民主义者则获得在经济上对它们进行剥削的最大限度的机会。""新殖民主义者没有给予人民任何东西，但是，他们却不吝巨资来贿赂在新独立国家身居政府要职的特权阶层，希望使这个阶层成为他们在他们已不再能进行直接控制的地区内实行'不动声色'的统治的支柱。"更有甚者，为了加强特权阶层的地位，新殖民主义者还使用形形色色的借口，唆使前殖民地的统治者排除异己……②

随着时间的推移和时代的前进，新殖民主义在方式和态势上也会发生变化，做出必要的调整，以适应新变化，但万变不离其宗，其实质都是从殖民主义者的立场出发，维护其原有的政治体制和经济利益，根本不会也不可能从非洲国家和人民的愿望和角度考虑。以非洲的前宗主国法国为例，法国重视非洲具有历史传统：从蓬皮杜（Geoges Pompidou）建立"法非首脑会议"到密特朗（Francois Mitterand）倡议创立"法语国家首脑会议"，再到希拉克力（Jacques Chirac）推"欧非峰会"和萨科齐（Nicolas Sarkozy）提出"地中海联盟计划"，这一系列的努力均表明，历届法国政府希望借助对话机制来"力保不失去非洲"的意图，把法非关系视作法国对外关系的重点，而法国重视非洲作用、提升非洲地位的深层原因则是为了改变自身的不利处境，维护日益衰退的大国地位。进入新世纪以来，非洲的活力、潜力和影响力受到世界关注，而法国却感到自己逐渐丧失在非洲的传统优势，大国地位受到动摇，于是，在无力加大投入又不想丢失原有经济利益的情形下，法国又不能袖手旁观，自甘寂寞。2010 年，法国把法非首脑会议的主题确定为"革新峰会"，其目的是想通过讨论新议题进而出台新措施，以强化传统的法非关系。不过，非洲人对法国改善自己非洲形象的努力不以为然，塞内加尔经济学家萨努·姆巴耶说，在非洲的前法国殖民地，"人们仍受到法国以前的灾难性政治和经济政策的影响，只

---

① ［日］冈仓古志郎：《关于殖民主义》，原载《亚非研究月刊》1961 年 9 月号，转引自《亚非译丛》1963 年第 3 期，第 37—38 页。

② ［苏］波切加里阿夫：《法国新殖民主义在非洲的实践》，原载苏联《新时代》杂志英文版 1964 年第 14、15 期，载引自《亚非译丛》1964 年第 7 期，第 23—24 页。

要这些精神创伤尚未根除，从精神束缚中解放出来的道路就仍漫长"①。

殖民主义、新殖民主义给非洲人民造成了空前灾难和巨大创伤，这是连殖民主义者都承认的历史事实，然而，随着中非关系的健康、迅速发展，西方竟有人别有用心地把"新殖民主义"与中国牵扯到一起，以此来扰乱中非关系。

中国真的对非洲构成威胁了吗？中国"走进非洲"是推行"新殖民主义"吗？中国同非洲国家发展关系就是为了石油、为了能源吗？对此，2006年出访非洲七国期间，在埃及举行记者会上，温家宝总理斩钉截铁地表示："'新殖民主义'这顶帽子绝对扣不到中国的头上。从1840年鸦片战争开始，中国遭受了大约110年的殖民主义侵略。中华民族懂得殖民主义给人民带来的苦痛，也深知要同殖民主义作斗争。我们长期以来之所以支持非洲民族解放和振兴，这是一个主要原因。""大家知道，中国同非洲几个国家有石油贸易，这些合作是公开的、透明的，也是正常的、互利的。去年中国从非洲进口的石油不及某些大国的1/3。"②

我们来听听非洲的声音吧：近年来，中非关系成为非洲各界人士关注的话题，非洲学者自然难有例外。在第十三届非洲社会科学研究发展理事会大会上，中非关系成为一个热议话题，是两个小组会议的主题。在发言和评论中，与会者一致对中非关系给予积极评价。"近年来，越来越多的中国人来到我们的国家喀麦隆，从事各种各样的商业活动，为我们的日常生活带来了诸多方便，同时加快了我们国家的基础设施建设。"喀麦隆学者赫尔曼·图尤（Herman Touo）在题为《非洲经济害怕中国吗？》的发言中反问大家："非洲经济害怕中国吗？非洲人害怕中国人吗？我们的回答显然是否定的，我们欢迎中国人！非洲欢迎中国投资！"他的发言赢得热烈掌声。作为本小组会议的主持人，塞内加尔学者马马杜·久夫（Mamadou Diouf）在总结时鲜明地表示："非洲和中国的合作是互利共赢的，非中双方应该继续合作，大胆前进，让别人去说吧！"③

---

① 顾玉清、裴广江：《法非"革新峰会"强化经济联系》，《人民日报》，2010年6月1日第21版。
② 《温家宝在埃及举行记者会》，《人民日报》，2011年6月19日第1版。
③ 2011年12月5—9日，第十三届非洲社会科学研究发展理事会（Council for the Development of Social Science Research in Africa，CODESRIA）大会在摩洛哥首都拉巴特举行，约400名来自非洲和世界各国的非洲问题专家和学者与会，会议的主题是"非洲与21世纪的挑战"。笔者应邀参加了会议，并在小组会议上以"21世纪的中非关系"为题发言。

再听听非洲领导人的观点吧：2011年9月，在大连出席夏季达沃斯论坛时，当选后首次访华的几内亚总统阿尔法·孔戴（Alpha Condé）接受了英国《金融时报》中文网总编辑张力奋的专访，就一些西方国家对中国非洲政策的抨击，孔戴明确回应说，中国不是"新殖民主义"。孔戴指出，几内亚是撒哈拉以南非洲第一个承认中华人民共和国的非洲国家。在联合国，我们也长期支持中国。早在1966年几内亚建造大坝时，中国就是合作伙伴之一。几内亚和中国之间是双赢而不是交换关系，双方注重长期、强劲的伙伴关系。孔戴强调："我们必须抛弃那些陈词滥调，几内亚国民不相信中国是一个新殖民者，是霸权主义。中国并不是跑到外面去殖民，去掠夺资源。实际上，我们欢迎中国的参与介入。我说过，中国是尊重其他国家的主权的。它也非常渴望保持自己的独立。它一直在身体力行，这也使它很尊重其他国家。和中国打交道，我们觉得很舒服。几内亚人并不害怕中国。他们知道中国能为他们带来什么。对此，他们是感激的。对中国在非洲大陆越来越多的投资，非洲人并没有敌意，几内亚更是如此。我想，那些害怕中国进入非洲和几内亚的观点，应当问一下他们的动机到底是什么？特别是我们回顾历史，有些国家本身就曾是非洲的殖民者，它们是否担忧中国会取代它们？就几内亚而言，我们不担忧。""我想重复一下，中国是非洲的机会，非洲也是中国的机会。我真的觉得，中国对非洲的现状提供了另一种可能性。很多非洲国家没有得到发展，就是因为一些西方前殖民国家不希望看到它们发展。现在，中国进入了视野，我们有了另一个足以平衡各种现存力量的可能性。"孔戴表示相信："我的观点在非洲领导人中绝不是少数派。比如，我的朋友安哥拉总统桑托斯（Dos Santos）、南非总统祖马（Jacob Zuma）和马里总统杜尔（Amadou Toumani Touré）等就和我的观点一致，我们还在考虑与中国签订一些多边的协议。这是一个趋势。"[①]

大多数非洲民众也认为，中非之间是一种"双赢"关系。坦桑尼亚投资中心伊曼纽尔·奥利·纳伊科说："中国人是来投资的，在当今世界，所有投资都是我们的好消息。中国在未来几年里将成为一个非常重要的国家。他们并不只是拿走。他们建设基础设施，并且持之以恒地做着这些事

[①] 参见《几内亚总统首次访华后表示：中国不是"新殖民主义"》，《参考消息》2011年9月23日第14版。

情。他们是好朋友，也是很好的投资者。"①

  非洲上自总统、官员下到百姓、学者，不约而同、异口同声地说，中国没有威胁非洲也没有威胁世界，中国在非洲的行为不是"新殖民主义"，那么，为什么西方总有人抓住中国不放，拿中国说事，非要坚持"中国威胁论"、非要把"新殖民主义"的帽子扣到中国头上。是他们对中国在非洲和世界其他地方的做法视而不见吗？是他们对中国、非洲和世界其他地方的正义声音充耳不闻吗？非也，这里有必要回顾一下世界殖民历史。

  在世界历史上，欧洲的殖民扩张分为两个阶段。1450 年至 1763 年是欧洲殖民扩张的第一阶段。郑和航海后，中国封建社会彻底走向闭关锁国。然而在西欧，指南针的传入、造船业的发展和地理知识的进步使得远洋航行成为可能，这强烈刺激着渴望寻求东方财富的欧洲野心家们。15 世纪中叶以后，葡萄牙最先向马德拉群岛（Madeira）和亚速尔群岛（Arquipelago Dos Acores）殖民；随着通往东方新航道的发现，葡萄牙于 1510 年占领印度果阿（Goa），并不断向亚洲和美洲扩张，1553 年占领澳门。1492 年后，西班牙大肆向美洲扩展，两个殖民者的利益随之发生冲撞。1494 年在罗马教皇的仲裁下，两个殖民国签订了托尔德西里亚斯条约，②划分了分割世界的范围。此后，西班牙为建立庞大的殖民帝国，在美洲挥起屠刀实行残酷镇压，以致土著人口由西班牙最初到达时的 5000 万人锐减到 17 世纪的 400 万人。16 世纪下半叶，新兴的殖民帝国荷、英、法开始与西、葡争夺世界，荷兰于 1624 年占据中国台湾达 38 年之久，并大力向北美拓殖，成立荷兰西印度公司；法国 16 世纪开始向外殖民，1603 年在北美建立新法兰西殖民地；英国 1533 年成立莫斯科公司，1600 年建立东印度公司，着力在印度半岛扩张……为了适应不断扩大的殖民活动，几个殖民国复活了地中海一带在中世纪就已濒于消亡的奴隶制度：1442 年，葡萄牙人驱使柏柏尔人为奴隶；1502 年，西班牙人把非洲黑人运往美洲，

---

  ① 《中非关系迅猛发展让西方眼红》，《参考消息》2009 年 11 月 9 日第 1 版。
  ② 托尔德西里亚斯条约（Treaty of Tordesillas）是 1494 年 6 月 7 日在西班牙卡斯蒂利亚的托尔德西里亚斯，西班牙和葡萄牙两国签订的一份旨在瓜分新世界的协议。条约规定两国将共同垄断欧洲之外的世界，并将位于佛得角群岛以西 300 里格（约合 1770 公里或 1100 英里）、位于约西经 46°37′的南北经线，为两国的势力分界线：分界线以西归西班牙，以东归葡萄牙。这就是为何西班牙在西半球具有影响力，而葡萄牙在巴西、非洲及远东地区拥有影响力原因所在。葡西两国分别于该年的 7 月 2 日和 9 月 5 日批准了该条约。由于麦哲伦环球航行，1529 年两国又重新签订了萨拉戈萨条约（Treaty of Saragossa），以明确这一分割在太平洋上的位置。

以弥补大肆屠杀印第安人造成的劳动力短缺;1562年和1619年,英国和荷兰分别开始从事罪恶的奴隶贸易。到18世纪中叶,奴隶贸易达到鼎盛时期,英国在1763年就有150艘船只驶往非洲运载近4万名黑人奴隶。

1763年以后是欧洲殖民扩张的第二阶段。在第一阶段,尽管殖民地贸易使世界其他大陆的咖啡、巧克力、茶叶、烟草、香料和马铃薯等大量涌入欧洲,改变了欧洲人的饮食习惯;尽管恶贯满盈的奴隶贸易使殖民者赚得盆满钵满,但是工业革命开始后,以前的殖民地贸易退居其次,殖民者既要把殖民地变成其原料和粮食的产地,又要把殖民地变成其工业品的市场。于是,他们大量向殖民地移民,灭绝或赶走土著民族以取得发展农业和工业的空间,征服或改造土著民族以适应其扩张需要。据估计,在1820年以后的100年中,离开欧洲的移民达到5500万人。先进科技和以铁路为主的交通运输在为殖民扩张服务的同时,又对殖民地人民造成殖民者先进、优越,殖民地落后、低劣的心灵创伤。从1763年到1875年的100多年中,英国是殖民扩张的急先锋,到19世纪初叶,英国的垄断贸易已发展为自由贸易。从1875年到第一次世界大战期间,殖民者之间的竞争不断加剧,除老牌殖民者外,又出现了德、美、日等新殖民主义国家。在臭名昭著的柏林会议(1884—1885)上,15个西方列强参与了瓜分非洲的罪恶行径。会后,列强掀起了瓜分非洲的狂潮,在短短的20多年时间里,非洲大陆几乎全部落入列强的魔爪。[1]

由此可以清楚地看出,所谓的"中国威胁论"和"新殖民主义论"正是"殖民思维"在作怪:其一,老牌殖民者误认为,中国"走进非洲"是重走他们的老路,一定会推行"新殖民主义";其二,老牌殖民者依然认为,非洲是他们的"后花园"和"狩猎地",是西方的势力范围,不容他人"越雷池一步";其三,中非关系健康、迅猛发展让西方眼红,心怀嫉妒之心的西方免不了制造麻烦。事实表明,中非关系在新世纪取得巨大发展,"已由政治领域(当年必须与台湾在非洲争夺外交伙伴)转入经济领域。双边贸易增加了9倍,去年达到1070亿美元,一年中增加了45%。中非之间的贸易额首次超过了非洲与美国之间的贸易额。去年,中国对非

---

[1] 以上两段参见《简明不列颠百科全书》第9卷,中国大百科全书出版社1995年版,第441页。

直接投资也由 2003 年的 4.9 亿美元增加到 78 亿美元"①。

史鉴使人明智。中国没有用武力征服任何一国,中国没有向任何国家输出自己的价值观,汉语从来没有也永远不会成为任何一个非洲国家的官方语言。出于以己之心度人之腹的逻辑,继续坚持"殖民思维",西方不断有人制造所谓的诸如"中国威胁论"、"新殖民主义论"等谬论,也就不足为奇、不足为怪了。

需要强调的是,必须把"中国威胁论"、"新殖民主义论"与中国为维护自身利益而采取主动行为、为促进世界和平而积极参与国际事务严格区分开来。随着全球化日益深入和中国不断走向开放,中国融入世界的深度、广度和力度也会随之增加,中国与世界各国打交道的机会也会越来越多。一个显而易见的例子是,随着海外中国人数量的不断增加,中国的护侨问题日益突出。在利比亚,2011 年 3 月,3.5 万中国公民撤离。与此同时,随着中国商务活动的扩展,中国的海外利益需要保护。在亚丁湾、索马里海域,从 2008 年 12 月开始,中国海军远洋护航,保护中国商船安全顺利通过。和平、发展、合作是时代的呼唤,是各国人民共同利益之所在。中国政府一贯表示,中国将继续恪守维护世界和平、促进共同发展的外交政策宗旨,坚持独立自主的和平外交政策,始终不渝走和平发展道路,不断发展同世界各国的友好交往和互利合作,积极参与应对全球性问题的国际合作。

其实,明眼人一看就知晓,中国积极参与国际事务,主动维护自身利益与所谓的"中国威胁"和"新殖民主义"具有实质性区别。把中国积极参与国际事务、主动维护自身利益的行为视作"威胁"或是"新殖民主义",如果不是继续戴着有色眼镜观察发展变化中的中国,就是故意混淆是非、蛊惑人心,甚或是为中国的一切行动设定所谓的前提,只要中国有所作为就是"犯规",这与其说是"中国威胁",不如说是"威胁中国",企图让中国作茧自缚,不敢越雷池一步;与其说是中国在非洲推行所谓的"新殖民主义",不如说是想用所谓的"新殖民主义论"来框定中国、限制中国、遏制中国。其目的如"司马昭之心",无论怎样掩盖,都像其遏制中国的行为一样,不但徒劳无益,反而欲盖弥彰,暴露其真实面目。

郑和船队最早访问非洲,郑和使团成员最早定居非洲。中国首批非洲

---

① 《中非关系迅猛发展让西方眼红》,《参考消息》2009 年 11 月 9 日第 1 版。

移民的实践告诉世界，中国不想也不会当殖民主义者，假如中国真的想当殖民主义者，在非洲和世界推行殖民主义，那才是真正的老牌殖民主义者，晚于中国人登陆非洲的欧洲殖民者，充其量不过是个"新殖民主义者"而已。事实表明，正是推行殖民压迫和殖民剥削的西方国家，不断变换花样，对非洲人民进行殖民掠夺和奴役，他们不但是地地道道的老牌殖民主义者，而且是货真价实的新殖民主义者。

600年前，郑和船队远航非洲，因意外船难而使水手滞留国外，又受当时交通和通信条件限制，这批船员永远地留在了非洲，并与非洲人民融为一体，在非洲大地生根开花，传播中华文化，成为首批非洲华人。郑和船队贯彻执行的明朝廷的和平外交政策，是中华民族热爱和平、崇尚和谐、践行和善、追求和美传统理念的外交实践，它与新中国贯彻执行的和平外交政策一样，同是中华文化传统的延续和继承，同属中华文化核心价值观的范畴，共同闪烁着人类文明和智慧的光彩、光辉和光艳！

结语　郑和下西洋与当代中国对非政策

郑和七下西洋历时28年，其首航时间距离今天已605年了。以当代意识审视这一发生在中国明朝、影响了中国历史发展乃至世界历史进程的重大事件，再以历史的深度思考当代中国的对非政策，我们可以得到多方面的启示。探讨郑和下西洋与非洲的关系，把"焦距"从郑和七下西洋四赴非洲一直拉到目前正在进行的中国海军的首次远征——护航亚丁湾、索马里海域，我们能够从历史发展的脉络中，比较清晰地观察到历史与现实之间的相互联系与逻辑关系，而从这些关联中，我们更加认识到博大精深、源远流长的中华文化的威力、魅力与活力。

一　郑和下西洋四赴非洲是新中国成立前中非关系发展的顶峰，具有划时代的历史意义，成为古近代国与国之间交往的范例，为发展中非关系奠定了良好基础

首先，郑和四赴非洲开通了具有历史意义的洲际航道——"海上丝瓷之路"，拉近了中非人民之间的距离与感情，增进了双方的了解与友谊。

明朝以前，汉代张骞通西域开辟了"陆地丝绸之路"，元朝成吉思汗征战东西开拓了"草原丝绸之路"，而中国商船在海上的航行，主要集中在东南亚一带，最远抵达过东非城邦，但航道是沿印度半岛、阿拉伯半岛海岸而行，经忽鲁谟斯[1]至东非沿岸。郑和船队访问非洲，开辟了三条横渡印度洋直达非洲的新航路：（1）自锡兰山国别罗里[2]南去顺风21昼夜，

---

[1]　波斯湾口之格什姆岛，位于阿曼湾与伊朗湾之间，霍尔木兹海峡以北。
[2]　一说在今斯里兰卡科伦坡南32英里之贝鲁瓦拉［Beruwala］，一说为距加勒港［Galle］东南13英里之别里加姆［Belligamme］。

可至卜剌哇国;① (2) 自小葛兰国②顺风20昼夜,可至木骨都束国;③ (3) 自苏门答剌④经溜山⑤直航木骨都束。沿着新的航道,郑和船队从福建长乐航行到东非索马里只需50天。新航道与传统航道相比,航程由10万余里缩短到3万余里。⑥

新航道的开通具有重大意义:(1) 它为郑和本人及其船队四访非洲提供了捷径,缩短了航行时间和航程,扩大了访问的国家和地区。这样,从永乐十年(1412)到宣德八年(1433)的21年间,郑和舟师四次访问非洲,其船队规模之大、时间跨度之小、访问区域之广,不但在中国历史上,而且在世界历史上都是空前的。(2) 它使大量中国瓷器远达东非沿岸地区成为可能,增强了中非之间的贸易交流,扩大了中国和中国瓷器在非洲的影响力。众所周知,瓷器是古代中国的名片,然而,与丝绸相比,瓷器却因体积小、质量大、易破损而难以长途运载,无论是"陆地丝绸之路"上的主要运输工具骆驼,还是奔驰在"草原丝绸之路"的骏马,仅就长途运输瓷器而言,与航行在大洋上的舟船相比,都自惭形秽,不可等量齐观。(3) 短时期内的高密度访问,拉近了中非之间的距离,增进了双方的了解。郑和访非之前,中非之间几乎互不往来,特别是如此大规模的人员与货物交流。正是郑和船队的到访,让两个遥远又陌生的大陆变得亲近和了解。

特别值得一提的是,中国明朝先进的舟船制造科技支持了郑和船队的远航。"乘客生活在船舱中,每个船舱都有各自的窗户,就像浮动的城堡。巨大的方形帆和大舵,四十英尺以上的高度,使这些船能给人留下深刻印象,再配备先进的罗盘针和精确的航海图,中国人真正是那个时代最首要的航海家。"⑦

其次,郑和四赴非洲开启了中非交流与贸易的官方大门,双边交流的平等性与贸易的互补性从端倪初露到渐成惯例,为中非交往起好了步、开

---

① 今索马里东南岸布腊瓦 [Brava]。
② 今印度南部西岸的奎隆 [Quilon]。
③ 今索马里首都摩加迪沙。
④ 在今印度尼西亚苏门答腊岛西北端之 Pasè 河畔。
⑤ 今印度洋中的马尔代夫群岛和拉克代夫群岛。
⑥ 参见郑一钧《论郑和下西洋》,海洋出版社2005年版,第203—204页。
⑦ [美]珍妮特·波特尔、史蒂文·安佐文:《文明的脚步——影响世界的探险家》,中华书局2007年版,第295页。

好了头。

明朝之前，中国与非洲之间虽有人员与贸易往来，但都是分散的个人行为，惟有郑和船队的大规模访问开通了中非交流与贸易的官方渠道，具有重大的划时代意义。

郑和的官方对外身份是"正使太监"。"正使太监郑和"的原始记载见郑和、王景宏等人1430年第七次下西洋前在福建长乐所立的《天妃灵应之记》碑中。[1] 太监，即宦官，君主时代宫廷内侍奉帝王及其家属的人员，由阉割后的男子充任。"唐以后朝廷特派去负责地方某种政务的官称使。"[2] 皇帝任命郑和为下西洋的"正使太监"，同时兼任总兵。著名郑和研究专家郑一钧教授认为，郑和"正使"的身份，在当时即为中央政府代表团的团长，以郑和当时的地位，可以全权代表国家在海外处理政治、经济、文化等方面的事务，又可以全权指挥当时国家海军的主力部队，所以他的职务起码相当于今天的副总理兼海军总司令。郑和后来被封侯，这是他当时身居高位的有力证明。[3]

与非洲各国开展贸易是郑和船队航海贸易的重要组成部分。当时，郑和船队携带充足的金银、瓷器、丝绸、茶叶等，从非洲换取大量的龙涎香、没药、乳香、象牙等当地土特产和一些奇珍异兽。例如，木骨都束国的商业较发达，"其富民附舶远通商贸"，"货用金银、色段、檀香、米谷、瓷器、色绢之属"[4]。郑和船队在木骨都束开展贸易的规模相对较大。此外，在卜剌哇、竹步、麻林等国也进行了类似的贸易。

郑和船队四次访问东非诸国所进行的贸易，是在平等基础上的互补性贸易，因此双方能够在自觉自愿的基础上进行多次交往，而其交换的商品都是对方没有且又迫切需要的。中国的丝绸和瓷器成为东非诸国上层人士的奢侈品和身份地位的象征，东非所出产的奇珍异兽又成为中国皇室的珍品与宠物。诚然，这种贸易不仅在统治阶级上层之间进行，不仅为中非统治阶级上层服务，也不只在统治阶级上层之间产生影响。郑和下西洋进行的大量海外贸易通常是在民间进行的。如在古里的贸易，在阿丹和祖法儿国的贸易，都是如此。由此观之，郑和使团在东非也进行了与民间贸易，

---

[1] 郑一钧：《郑和下西洋资料汇编》（增编本）上册，海洋出版社2005年版，第19页。
[2] 《辞源》（修订本）上卷，商务印书馆2002年版，第205页。
[3] 参见郑一钧2009年9月28日致李新烽的信。
[4] 费信：《星槎胜览》后集《木骨都束国》。

使普通百姓受惠，因而历史影响深远，遗迹分布颇多。东非沿海一带发现的大量中国古瓷器就是最明显的例证。至于将贸易来的货物带回中国，有些物品，如香料，一部分也用于民间贸易。在满足统治阶级上层的需要和在民间贸易往来方面的成就，便是这种互补性贸易的最好诠释。另外，这种官方贸易由于受到规模、范围和从事人员的限制，还没有真正走向民间，与当今中国与非洲国家的民间贸易无法相提并论，这进一步说明了郑和船队与东非诸国贸易的官方色彩。

再次，郑和贯彻执行的明朝对非政策，确立了中非之间的"三无关系"，成为古近代中非交流的范例，是一笔十分宝贵的历史遗产。

关于明朝的对外政策，朱元璋在开国元年——洪武元年（1368）对安南（越南）的诏书中明确宣称："昔帝王之治天下，凡日月所照，无有远近，一视同仁，故中国奠安，四方得所，非有意于臣服之也。"从这一大政方针出发，当时强大的明帝国与外部世界联系的总方针是："与远迩相安于无事，以共享太平之福"[1]。

郑和下西洋贯彻执行了这一对外政策。永乐七年（1409）三月，明成祖朱棣命郑和再下西洋，"敕谕四方海外诸番王及头目人等……祗顺天道，恪守朕言，循理安分，勿得违越；不可欺寡，不可凌弱，庶几共享太平之福"[2]。宣德五年（1430）六月，明宣宗朱瞻基派遣郑和第七次下西洋，"……其各敬顺天道，抚辑人民，以共享太平之福"[3]。由此可见，由明太祖朱元璋制定的，而由明成祖朱棣和明宣宗朱瞻基一脉相承下来的中国对海外诸国的总方针，实际上就是郑和下西洋对海外诸国的总方针，也是郑和下西洋的终极目标。所谓与海外诸国"共享太平之福"，就是要建立起一种国际和平的格局，即在各国之间消除欺寡凌弱的现象，又使中国免受来自海上的威胁，并努力发展中国与亚非各国间政治、经济、文化等诸方面的友好关系。郑和下西洋在发展中国与非洲各国间的友谊方面，就是这样忠实地执行了联合与友好交往的外交方针，从而把中非传统友谊发展到

---

[1] 《明太祖实录》（卷34），见郑一钧《论郑和下西洋》（修订本），海洋出版社2005年版，第9页。

[2] 《郑和家谱》敕海外诸番条，见郑鹤声、郑一钧《郑和下西洋资料汇编》上册，齐鲁书社1980年版，第99页。

[3] 《明宣宗实录》（卷67），见郑一钧《论郑和下西洋》（修订本），海洋出版社2005年版，第9页。

一个新的阶段。①

在这一总方针的指引下，郑和船队的非洲之旅就是"和平友好之旅"。南开大学历史学院教授张象认为，这一依据地缘政治原则对非洲诸国长期奉行的争取联合与友好交往的方针是一条十分值得"继承与发扬"的历史经验，正是这一方针，形成了至今中国与非洲诸国的"三无关系"：无战争、无边界领土问题、无历史纠葛。② 郑和下西洋期间中非之间进行的友好交往是古代外交关系的一个典范，这一历史经验十分珍贵，影响深远。

最后，落难肯尼亚帕泰岛的郑和船队水手成为移居非洲的首批华人，他们融入了非洲大家庭，在与当地人打成一片的同时，顽强地坚持和保留着中国文化传统和价值观，为中非人民的相互了解、为中国文化的传播做出了独特贡献，为当今非洲华侨华人融入和服务当地社会树立了光辉榜样。

截至目前，研究中非关系史的学者普遍认为，"首批华人移民非洲发生在清朝"，这主要指早期的"契约华工"，最早发生在1760年，法国海军将领德斯坦把300余名华人作为人质从东南亚地区掠夺到毛里求斯种植园，迫使他们从事繁重的农业劳动，被掠华人以自己是商人不懂农业生产为由拒绝，这批华人中的大部分被遣返。1762年，法国人又直接从中国运来一批华工。尽管此前可能还有自由移民从中国到非洲，但是人数很少且相当分散，毛里求斯华工是具有一定人数和规模的移民，因而被视为最早的非洲华侨。③

郑和七下西洋从第四次开始远赴非洲，即永乐十一年（1413）十一月，第七次下西洋结束于宣德八年（1433）。换言之，肯尼亚帕泰岛附近的船难应该发生在1414年至1433年之间。即使那次船难发生在郑和第七次下西洋（1430—1433）期间，郑和船队的水手在华工首次登陆毛里求斯岛330多年前，早已因意外事故而成为首批非洲华侨，他们比去非洲的个别中国自由移民还要早约200年，因而是当之无愧的最早的非洲华人。

---

① 郑一钧：《论郑和下西洋》（修订本），海洋出版社2005年版，第9—10页。
② 参见张象《论中非关系的演变、历史意义、经验与教训》，《西亚非洲》2009年第5期，第6页。
③ 参见陈公元《古代非洲与中国的交往》，第49页；李安山：《非洲华侨华人史》，华侨出版社2000年版，第89、626页；张象：《中非关系源远流长的新启示》，《西亚非洲》2006年第6期，第54页。

在世界航海史上，船难悲剧实难避免，郑和七下西洋也不例外。当年，郑和船队的一艘船只在肯尼亚帕泰岛附近触礁，数百名船员逃生至岛上，在当地扎根，与当地女子结婚延续后代。当时，他们随身携带着丝绸、茶叶、瓷器等宝物，与当地居民交换物品，其中的大夫、建筑师等运用自己的一技之长为当地居民服务，逐渐融入当地社会；数百年来，他们的后裔尽管早已成为非洲大家庭中的成员，但至今仍顽强保留着中国文化传统，念念不忘自己的中国血统，在当地产生了一定影响。他们肯于吃苦，长于勤劳，善于应变，乐于助人，中医大夫在当地更是有口皆碑。这种做法值得当代非洲华侨华人学习和借鉴。①

这些不幸落难的郑和使团成员阴差阳错地成为移居非洲的首批华人，并以自己的实际行动为中国人在非洲赢得了赞誉。他们与数百年后移居非洲的欧洲殖民者形成强烈反差。

"海上丝瓷之路"、高规格的官方出访、中非之间的"三无关系"和移居非洲的首批华人为发展中非关系奠定了良好的物质与精神基础，是一笔宝贵的历史遗产。

二 当代中国对非政策与郑和下西洋四赴非洲的总方针具有一定程度的相似性，共同体现了博大精深的中国传统文化的核心价值观和源远流长的中华文化的一脉相承

第一，郑和下西洋四赴非洲与西方殖民者登陆非洲、当代中国对非政策与西方国家的非洲战略之间具有实质性的区别，不可同日而语、相提并论。

14世纪至15世纪之交，在东方崛起的大明帝国，尽管在政治、经济和军事等诸方面显示出强大实力，但是这种实力不是靠对外侵略与掠夺发展起来，而此时发生的郑和七下西洋更不是为了对外侵略与扩张。明成祖朱棣"锐意通四夷"，就是为了"宣德化而柔远人"，与亚非各国建立友好关系。并"没有建立殖民地和贸易据点的打算，因为中国人——与欧洲人和阿拉伯人不同——对于向其他地区扩张不感兴趣，也没有与他人进行

---

① 参见李新烽《非洲踏寻郑和路》，云南晨光出版社2005年版。

贸易的强烈需求"①。因此，郑和使团所到之处就能与当地居民平等相待，友好交往。

在郑和下西洋终止半个多世纪以后，葡萄牙殖民者登陆非洲，筑堡垒，建商站，大干掠夺勾当；荷兰、英国、法国、西班牙等欧洲殖民者紧步其后尘，相继在非洲建立殖民地，侵占非洲土地、掠夺大陆资源、欺压当地人民，与中国没有占领非洲一寸土地、没有掠夺非洲一分财产、没有贩卖非洲一个人口形成天壤之别的对照。孰是孰非，昭然若揭。正如南非前总统姆贝基在纪念民主南非十周年和中非伙伴关系论坛所言："历史告诉我们，在几百年前，不论是非洲人还是亚洲人，都没有把对方看成是野蛮人。虽然远隔重洋，但双方都认为自己的福祉依赖于另一方的幸福生活，这一意愿所反映的基本理念闪耀着人类的人性光辉。正是基于这一意愿，十五世纪中国船队到访非洲港口所带来的是互惠互利的合作，而不是随着阿拉伯人和欧洲人而来的奴隶贸易和殖民主义所带来的毁灭与绝望。"②

时至今日，前欧洲宗国主仍难以割舍其"非洲情结"，把非洲当做自己的"狩猎地"和"后花园"，居高临下地向非洲国家和人民发号施令，理直气壮地对非洲事务指手画脚。相反，中国始终把非洲当做自己的好兄弟、好朋友、好伙伴，平等相待，坦诚相见。在此基础上，中非关系已形成明确的理念——"友谊、和平、合作、发展"，并得到非洲国家和人民的普遍认同与称赞。

第二，郑和本人访问非洲与当代中国与非洲国家之间的高层互访具有某种形式的相似，共同体现了中国和非洲国家官方对发展中非友好合作关系的关注与重视。

郑和七下西洋船队四赴非洲是没有疑问的，但郑和本人是否访问过非洲、是访问了一次还是多次，却一直存在争论，有人认为郑和本人根本就没有去过非洲，而是坐镇东南亚一带指挥、遥控。

其实，关于郑和本人是否到访过非洲本不应是个问题，因为《明史》里有明确记载，且不止一处。"木骨都束，自小葛兰舟行二十昼夜可至。

---

① ［美］珍妮特·波特尔、史蒂文·安佐文：《文明的脚步——影响世界的探险家》，中华书局2007年版，第296—297页。

② 李新烽：《非洲踏寻郑和路》，云南晨光出版社2005年版，第292页。

永乐十四年遣使与不剌哇、麻林诸国奉表朝贡,命郑和赍敕及币偕其使者往报之。后再入贡,复命和偕行,赐王及妃彩币。""不剌哇,与木骨都束接壤。……郑和亦两使其国。宣德五年,和复往使。""竹步,亦与木骨都束接壤。永乐中尝入贡。其地户口不繁,风俗颇淳。郑和至其地。"①

另外,《明史》还有郑和访问非洲比剌、孙剌两国的记载:"又有国曰比剌,曰孙剌。郑和亦尝赍敕往赐。以去中华绝远,二国贡使竟不至。"②

著名郑和研究专家郑一钧教授指出:"郑和下西洋的船队四次访问非洲,郑和每次都去,永乐年间三次,宣德年间一次,这从以上诸传中亦可看出。"从《木骨都束传》看,因永乐十三年郑和第一次访问非洲诸国,有木骨都束"永乐十四年遣使与不剌哇、麻林诸国奉表朝贡"之事;接着,有因木骨都束等国之来,作为回报,同时送诸国返回,有"命郑和赍敕及币偕其使者往报之"之事,是为郑和第二次访问非洲;在这以后,又因木骨都束等国"再入贡","复命和偕行",是为郑和第三次访问非洲,这是永乐年间郑和访问非洲的情形。再往后,"宣德五年,和复颁诏其国",是为郑和第四次访问非洲。郑和既然来到非洲,都是顺访能够到达的非洲诸国,同时也负有护送各国使节回国的任务。郑和四访非洲,充分体现了明朝廷当时对发展与非洲国家关系的重视程度。③

在费信所著的《星槎胜览》一书中,首次向人们具体介绍了木骨都束、卜剌哇、竹步三国,对这三个非洲国家的地理位置、建筑风格、居住特点、气候变化、生产经济与物质资源、商业贸易、风俗习惯、军事状况等,都作了翔实的记载。在郑和使团中,马欢、费信都是高级翻译人员,极有可能就是郑和等使团领导成员的随从翻译,再对照其后葡萄牙人对所见非洲东岸诸邦国建筑风格的记述,与费信亲见所述相同,我们更有理由相信郑和、费信确实到过非洲东岸诸邦国。正因为有这样一些确凿的证据,所以国外一些学者在研究中国与非洲的关系时,有的虽对远洋航海有了较大发展的宋元时代,中国人是否到过非洲,存在着不同观点,但对郑和到过非洲,却没有任何怀疑。如英国学者巴兹尔·戴维逊在《古老非洲的再发现》一书中指出,"直到十五世纪,著名的海军将领郑和才在东非

---

① 《明史》卷 326《木骨都束传·卜剌哇传·竹步传》。
② 《明史》卷 326《列传》214·外国七。
③ 见郑一钧教授致李新烽信,2009 年 9 月 25 日。

拢岸","中国人在早年看来并没有越过印度洋的东部海面,尽管他们的船只和装备有可能把他们带到更为遥远的地方去"①。巴兹尔·戴维逊的这种观点尽管带有其一定的片面性,但他肯定郑和到过非洲,却从一个侧面反映出,郑和之多次访问非洲,在历史上留下了不可磨灭的印记,成为世界公认中国早于欧洲发现这块"新大陆"的历史见证。②

郑和本人访问过非洲从以下记载中也可得到旁证。永乐十九年(1421),卜剌哇、木骨都束等国"遣使贡名马方物,命礼部宴劳之","使臣还国,赐钞币表里。复遣太监郑和等赍敕及锦绮纱罗绫绢等物,赐诸国王"③。派遣郑和赐诸国王,郑和本人必须亲自赴命,而"复遣"则说明是第二次。这一记载明确表示,郑和访问过非洲两次。

郑和本人访问非洲,非洲诸国的国王和使臣亦随郑和船队访问中国。郑和本人后几次亲赴非洲的使命之一,就是送这些使臣回国,这足以说明非洲来访者的身份之高。④

"万方玉帛风云会","一统山河日月明"⑤。历史具有相似性:永乐二十一年(1423),亚非16个国家同时派遣多达1200余人的使节来访,"万国咸宾"应邀来华参加声势浩大的"风云会";2006年,非洲48个国家的领导人和高官同时云集北京,出席中非合作论坛北京峰会暨第三届部长级会议。此两种盛况,为中国历代所未有,在中国与世界各国交往史上书写了奇迹,在中华民族历史上谱写出了光辉篇章。

中国党和国家领导人对郑和访问非洲给予高度评价。1964年周恩来总理访问东非期间,在演说中指出郑和是一位大航海家,曾访问过东非索马

---

① [英]巴兹尔·戴维逊:《古老非洲的再发现》,三联书店1973年版,第271—272页。
② 参见郑一钧教授致李新烽信,2009年9月28日。
③ 《明成祖实录》卷119。
④ 我国史书中曾有古麻剌国国王来访,不幸病逝,被厚葬于福建闽县的记载。如,《明皇世法录》中这样记载:"古麻剌(即麻林)国在东南海中。永乐十八年(1420)国王干剌义亦敦奔率妻子及陪臣来朝贡方物,请封给印诰。令仍旧号。次福州卒。赐谥康靖,敕葬闽县,有司岁时祭焉。"明朝严从简在其编的《殊域周咨录》也记载了这件事:"永乐中,(麻林)国主哇来顿本率其臣来朝,至神州卒,诏谥康靖,敕葬闽县,令有司岁祭之。"(以上两段引文转引自艾周昌、沐涛《中非关系史》,华东师范大学出版社1996年版,第77页)对此,著名郑和研究专家郑一钧教授经过考证认为,文中所说的"古麻剌"国不是位于东非的"麻林",而是南洋国家,故地在今菲律宾,一说在棉兰老(Mindanao)岛,又作民多朗;一说为吕宋岛博利脑(Bolinao)角附近的Cabarruyan岛。严从简这里记麻林国王来访,是误与麻林国,将二者混为一谈。
⑤ 《明成祖实录》卷88。

里、肯尼亚等国，为中非友谊做出过重大贡献。近年来，胡锦涛主席、温家宝总理也多次高度评价郑和船队访问非洲、为发展中非关系做出了重大贡献。2005年我国举行了形式多样的活动，纪念郑和下西洋600周年。

郑和下西洋首航时间距今600多年过去了，尽管中非之间的交往出现过间隔和波折，但是"高层互访"仍是今天中非关系的一大显著特点。当然，随着时代的进步，交通工具的发展，这种交往的频率和范围都是当年郑和无法相比的，但其中蕴涵的基本理念是相同的，平等坦诚、求同存异、互惠互补、合作发展一直体现在这种互访和交流之中。

第三，援建坦赞铁路与外交礼仪上的"厚往薄来"具有某种意义上的吻合，共同说明了不附加任何条件的援助和两厢情愿的礼尚往来在中非交往中所扮演的重要角色与发挥的重大作用。

这里，需要弄明白"厚往薄来"、"朝贡贸易"和"海外贸易"这几个概念。

首先，"厚往薄来"与"朝贡贸易"具有质的区别，前者是外交礼仪，属于政治范畴；后者是对外贸易，属于经济范畴。中国传统文化十分重视礼仪，讲究礼尚往来。周礼其实就是用亲戚关系治理天下，这是因为周天子与各个诸侯是亲戚关系而形成的。后来经过各个朝代的演化，中国人就把这种亲戚关系套用到对外交往上，处理国与国之间的关系；发展到明朝，朱元璋创造性地把"朝贡"和"贸易"捆绑在一起，对"贡品"实行"厚往薄来"，"赏品"一律从丰，体现中华民族热情好客、慷慨大方、重视回报的文化传统，而把对外贸易严格限制在外宾来华"朝贡"期间，或是中国使团出访国外之际。与此同时，颁行严格的"海禁令"，"寸板不许下海"，全面禁止中国人私自出海经商或是非外国朝贡使节来华贸易，把对外贸易完全纳入国家控制之下。为确保国际贸易顺利进行，明朝还专门设立了市舶司和四夷馆，前者专司管理职责，后者专门培养翻译人才，从而形成了比较完全的朝贡体系。

洪武五年（1372）正月，朱元璋对中书省臣说："西洋琐里，世称远番，涉海而来，难计年月，其朝贡无论疏数，厚往而薄来可也。"[①] 而且规定："凡诸番四夷朝贡人员及公侯官员人等，一律给赐。"[②] 这是明朝对世

---

① 《明太祖实录》卷71。
② 《明会典》卷111《礼部69》。

界各国实行怀柔政策,对待海外国家朝贡的基本立场。著名郑和研究专家郑一钧认为,"厚往薄来"是不计较海外诸国贡物的好孬多寡与进贡次数的,凡有进贡,回礼一律从丰,以奖励海外国家远来中华的诚心。虽然这样做使朝廷在物质上经济上付出一定代价,但在政治上的深远影响是难以估量的。需要搞清楚的是,"厚往"的只是回赠海外远道来华访问时向明朝政府贡献的礼品。海外国家来中国访问时,在宫廷内献上相对较薄的"贡品",明朝政府同时"赍予"相对较厚的"赏品",这并不是拿"赏品"来跟"贡品"进行交易。这种"厚往薄来"的行为,不是一种贸易行为,而是一种外交礼仪。同时,中国"厚往"的"赏品",虽然相对较厚,但也不是"厚"得不得了,让中国在经济上付出太大的代价,而是有一定的标准和规格的。

关于"厚往"的规格,明成祖亲自定夺:"朝廷驭四夷,当怀之以恩,今后朝贡者,悉依品级赐赉,虽加厚不为过也。"① 以永乐六年(1408)浡泥国王麻那惹加那乃来访为例,在浡泥国方面,是"奉金镂表文及贡龙脑、帽顶、腰带、片脑、鹤顶、玳瑁、犀角、龟筒、金银八宝器诸方物"。在中国方面是"赐浡泥国王仪仗、交椅、水缸、水盆,俱用银;伞、扇,俱用白罗;销金鞍马二,及赐金织、文绮、纱罗、绫绢衣十袭。王妃及王之弟妹男女陪臣赐各有差"。此外,由于麻那惹加那乃这次不幸病逝于中国,当麻那惹加那乃的儿子遐旺等回国时,作为一种特别的抚慰,又额外赠送黄金百两,银三千两。凡会同馆②中其所用一切贵重生活用品,亦全部作为礼物赠送遐旺等。麻那惹加那乃不仅是明朝历史上,而且是中国历史上第一位来中国访问的海外国家国王,明成祖因此对麻那惹加那乃的来访极为重视,其"厚往"之物不过如此,这对当时富强的明帝国而言,根本算不了什么。当然,这种赏赐是有一定之规的。麻那惹加那乃来中国十天以后,礼部言浡泥国王见亲王礼仪未有定制。朱棣指示说:"浡泥国王蕃臣也,准公侯大臣见亲王礼。"③ 同样,明朝政府对浡泥国王的赏赐,也是按照"准公侯大臣"的规格,来给予一定的赏赐,对以后来中国访问的海外国家国王,以及回赠给那些只派使节来访的海外国家国王的礼品,也

---

① 《明成祖实录》卷119。
② 元明清时朝廷接待少数民族官员及外国使臣的机关。元至元十三年(1276)始设。掌管通译、伴送、点视贡物及在官内互市等事。
③ 《明成祖实录》卷59。

是按照这个原则来进行赏赐。从明朝廷赏赐麻那惹加那乃及其子遐旺钱物的数量和礼品规格来看，与赏赐给国内公侯大臣的差不多，甚至还要少些。至于对一般使节的赏赐，其经济价值更是比给国王的要少得多。①

永乐十九年（1421），朝廷对朝贡者的赏赐作了具体规定："三品四品，人钞百五十锭，锦一段，纻丝三表里。五品，钞百二十锭，纻丝三表里。六品七品，钞九十锭，纻丝二表里。八品九品，钞八十锭，纻丝一表里。未入流，钞六十锭，纻丝一表里。"②就在该规定实施的当年，卜剌哇、木骨都束等国"遣使贡名马方物，命礼部宴劳之"，"使臣还国，赐钞币表里。复遣太监郑和等赍敕及锦绮纱罗绫绢等物，赐诸国王"③。

所谓"朝贡贸易"，是指外国贵宾在来中国朝贡期间，在完成"厚往薄来"的礼仪后，被允许将附带的货物，在规定的时间和地点、按照朝廷有关规定进行的平等、公平的"两平交易"；是在中国国内进行的国际贸易。由于当时的国际贸易由国家垄断，"朝贡贸易"也就成为国内唯一的国际贸易形式，也是朱元璋时期唯一的国际贸易形式，其时没有在海外进行任何形式的商业贸易。

郑和下西洋时期，国家的对外贸易分为两部分，一是延续"朝贡贸易"，而这部分交易量十分有限，更多的则是郑和船队在海外进行的大规模贸易和民间互市活动。

其次，"朝贡贸易"与"海外贸易"既有相同之点又有相异之处。相同的是，两者皆属于对外贸易这一大范畴，共同遵循等价交换的贸易原则。不同之处表现在，一是进行贸易的地点不同：前者在国内——中国皇都的会同馆，后者在国外——海外诸国，即郑和船队所访问的国家。二是进行贸易的时间不同：前者规定在三天至五天内完成交易，后者则不受此规定限制。《明会典》中对此有比较详细的记载："凡交通禁令各处人朝贡领赏之后，许于会同馆开市三日或五日，惟朝鲜、琉球，不拘期限。"④关于郑和使团进行海外贸易的时间，马欢在《瀛涯胜览》（古里国）中记载，在古里国每做一笔生意，要会同该国的商人富户与会计人员等，在一

---

① 郑一钧：《论郑和下西洋》，海洋出版社2005年版，第13页。
② 《明成祖实录》卷119。
③ 《明成祖实录》卷119。
④ 转引自郑一钧《论郑和下西洋》，海洋出版社2005年版，第12页。

起看货议价,"非一日能定,快则一月,缓则二、三月"①。三是市场运作方式不同:前者对市场进行规范管理,对外宾的政策相对宽松;后者则入乡随俗,与各国商人平等进行交易。明成祖朱棣曾对礼部大臣说:"太祖高皇帝时,诸番国遣使来朝,一皆遇之以诚,其以土物来市易者,悉听其便。或有不知避忌而误干宪条,皆宽宥之,以怀远人。"②但是,进入会同馆参加"朝贡贸易"的外宾必须先"朝贡","非入贡即不许其互市"③。如果说明成祖的圣旨比较纲领性的话,《明会典》中对"朝贡贸易"的规定则相当具体:"各铺行人等将物入馆,两平交易。染作布绢等项,立即交还,如赊买,及故意拖延,骗勒夷人久候不得起程,并私相交易者,问罪,仍于馆前枷号一个月。若各夷故违,潜入人家交易者,私货入官,未给赏者,量为递减;通行守边官员,不许将曾经违犯夷人,起送赴京。凡会馆内外四邻军民人等,代替夷人收买违禁货物者,问罪,枷号一个月,发边卫充军。"④

事实上,"朝贡贸易"与"海外贸易"的区别与联系犹如一枚硬币的两面,换言之,也可把"海外贸易"称为"朝贡贸易"的海外形式。

再次,无论是"厚往薄来",还是"朝贡贸易"、"海外贸易",其运作方法具有一个明显的共同点——公平诚信,自觉自愿。以"厚往薄来"为例,外国使者前来朝贡,拿何种贡品,数量多寡,皆自己做主,明朝廷对各国的贡物并无特别要求,当然贡物多是各国的土特产品;明朝皇帝赏品的种类与数量,当然也是由皇帝决定,且质量和数量超过贡物数倍甚至数十倍。朝廷对"朝贡贸易"进行规范,也是为了保证交易公平,诚信无欺。郑和使团的"海外贸易"更是尊重对方,公平合理,买卖自由。也正是因为奠基于公平诚信之上,双方的贸易才能够持久进行。

把历史的"镜头"从当年"厚往薄来"的外交礼仪切换到当代中国援建非洲大陆的坦赞铁路,我们从中发现,两者之间具有某种意义上的相似。

一是,两者都是把这种经济上的"厚往"和援助当做一种外交礼仪,从政治的角度来对待和完成的。换言之,把经济问题政治化,在经济上相

---

① (明)马欢著、万明校注:明钞本《瀛涯胜览》校注,海洋出版社2005年版,第66页。
② 《明成祖实录》卷12(上)。
③ (明)郑若曾:《筹海图编》卷12,第85页。
④ 转引自郑一钧《论郑和下西洋》,海洋出版社2005年版,第12页。

对付出和吃亏,而在政治上赢得信任和高分。明成祖朱棣"远慕唐宋宾服四夷之盛"①,追求四海安宁,万邦来朝,与中国"共享太平之福","超三代而轶汉唐"的政绩,主要通过"宣德化而招徕之"的方式,而"厚往薄来"便成为一种最佳选择。与封建帝王相比,新中国领袖决非追求那种"九天阊阖开宫殿,万国衣冠拜冕旒"②的盛况,而是从伟大的国际主义精神出发,做出援建坦赞铁路这一战略举措的。对于坦赞两国领导人的请求,毛泽东主席在会见赞比亚总统卡翁达时指出:"先独立的国家有义务帮助后独立的国家。"③

1964年1月,周恩来总理在访问马里时,全面阐述了中国对外提供经济技术援助的八项原则。④ 援建坦赞铁路是中国对外援助的一个典范,它与这个时期中国把对外援助作为支持殖民地半殖民地国家和人民争取民族独立、帮助新独立的国家进行经济建设密不可分。

二是,中国对这种"厚往"的援助不附加任何条件,而把这种帮助视为己任,既非居高临下的施舍,亦非为了对方回报而为之。换言之,将经济问题感情化,意在真诚待人,感动人心,结交朋友。明朝廷对来朝者"厚往",目的之一是感化异邦,让四夷心悦诚服地"宾服",感受明帝国的强大,并无其他私心杂念,更无掠夺征服之心。新中国把对发展中国家的经济援助视为己任,是因为把他们当做自己的真心朋友来帮助,朋友之间的帮助是平等的,不是以求得回报为前提的,其主要目的是真心期望这

---

① 何乔远:《名山藏》。
② 王维:《和贾舍人早朝》,见(宋)刘克庄选编、李牧华注解《千家诗》,甘肃人民出版社1991年版,第183页。
③ 张铁珊编著《友谊之路:援建坦赞铁路纪实》,中国对外经济贸易出版社1999年版,第107页。
④ 中国对外提供经济技术援助的八项原则:(1)中国政府一贯根据平等互利的原则对外提供援助,从来不把这种援助看做是单方面的赐予,而认为援助是相互的。(2)中国政府在对外提供援助的时候,严格尊重受援国的主权,绝不附带任何条件,绝不要求任何特权。(3)中国政府以无息贷款或低息贷款的方式提供经济援助,在需要的时候延长还款期限,以尽量减少受援国的负担。(4)中国政府对外提供援助的目的,不是造成受援国对中国的依赖,而是帮助受援国走上自力更生、独立发展的道路。(5)中国政府帮助受援国建设的项目,力求投资少,收效快,使受援国政府能够增加收入,积累资金。(6)中国政府提供自己能够生产的、质量最好的设备和物资,并根据国际市场的价格。如果中国政府所提供的设备和物资不合乎商定的规格和质量,中国政府保证退换。(7)中国政府对外提供任何一种技术援助的时候,保证使受援国的人员充分掌握这种技术。(8)中国政府派到受援国帮助进行建设的专家,同受援国自己的专家享受同样的物质待遇,不容许有任何的特殊要求和享受。

些国家通过中国的帮助发展民族经济,提高人民生活水平。正如毛泽东主席对坦桑尼亚总统尼雷尔所说:"我们见到你们很高兴,我们都是自己人。我们不想打你们的主意,你们也不想打我们的主意,我们不是谁要剥削谁,我们是互相帮助。我们都不是帝国主义国家,帝国主义是不怀好心的,那要提防。"①

三是,就当时中国的国力和中非之间的交往而论,这种"雪中送炭"式的"厚往"与援助,更显得十分难能可贵。换言之,将经济问题道德化,体现出中华民族热情好客、宽以待人、急人所急、帮人所需的传统美德。明朝的"厚往薄来"是一种优待宾客的礼尚往来,新中国援建坦赞铁路更多的是急人所急。"患难见真情",以当时中国的国力,投入如此之多的财力、物力、人力,来援建如此大规模的坦赞铁路,除政治和感情因素外,中华民族的传统美德也是一个十分重要的因素。

四是,从明朝的"厚往薄来"到当代的援建坦赞铁路,折射出中国不断强大的经济实力、综合国力和国际影响力,说明中国的发展、强盛和文明不但在惠及中国,而且在惠及世界。"人们看到,随着国家经济实力的不断增强,中国正日益成为促进世界和平与发展的重要力量。有西方学者指出:'中国的经济增长不仅让发展中国家获益巨大……更重要的是将来,中国倡导的价值观、发展模式和对外政策,会进一步在世界公众中产生共鸣和影响力。'"②正如胡锦涛主席在庆祝中华人民共和国成立60周年大会上讲话中指出的:"中国人民有信心、有能力建设好自己的国家,也有信心、有能力为世界作出自己应有的贡献。"③

随着时间的推移,人们越来越清楚地认识到:坦赞铁路是当代中非关系发展的一个里程碑,是中非友谊的一曲赞歌,是"万隆精神"与中国援外"八项原则"的物化,其影响已远远超出一条铁路,成为一个符号与象征。

再其次,互通有无的方物交换与互利双赢的经贸合作具有某种概念上的延伸,共同贯彻了中非之间平等自愿、互惠互补的贸易政策与交往原则。

---

① 张铁珊编著《友谊之路:援建坦赞铁路纪实》,中国对外经济贸易出版社1999年版,第56页。
② 《人民日报》评论员:《自豪的中国力量》,《人民日报》,2009年10月5日第一版。
③ 胡锦涛:《在庆祝中华人民共和国成立60周年大会上的讲话》,《人民日报》,2009年10月2日第2版。

郑和是中非官方贸易的开拓者，他率领的船队破天荒地四次远航非洲多个国家，与东非沿岸的国家和民众进行自由的商业贸易，使中国与遥远的非洲大陆实现了具有一定规模的货物交换，中非人民的眼界因之开阔，见识因之增长，实现了中国与非洲大陆物品资源的交流与共享，丰富了中非人民的物质和精神生活。双方贸易的互补性是进行这种海外贸易的主要动力之一，而贯穿其中的则是平等自愿、等价交换的基本原则。

对当时的非洲国家而言，没药、乳香等土特产是再平常不过的货物；而对遥远的中国来说，这些方物乃稀世之宝，就连非洲的动物长颈鹿，在明朝中国人眼中也成为了珍宝——"圣兽"，成为祥瑞之物。这自然让中非之间在郑和使团的贸易中互通有无，双双获益，这种互补性是当时中非贸易得以顺利进展的一个主因。

福鹿图

600多年过去了，双边贸易的互补性仍是中非贸易的一大特征，也是中非贸易额不断攀升的一大动力。中国的机电产品、纺织品、轻工产品等以其物美价廉受到非洲民众的青睐，而非洲大陆丰富的矿产、能源又是中国经济建设急需的资源，同时非洲大陆丰富的旅游资源也吸引着越来越多的中国游人前往观光。至于中非之间越来越广泛深入的经贸合作，则是中非关系不断发展的必然产物，是郑和时代不可能发生的事情。而一切，皆因为建立在平等自愿的基础之上而充满活力与发展前景。

最后，郑和使团成员不畏艰险远赴非洲与当代中国外交人员不辞辛苦坚守非洲具有某种精神上的延续，共同继承了中华民族吃苦耐劳、恪尽职守、为国效力的优秀品质和光荣传统。

在与世界各国的联系中，明朝中国之所以能够取得重大成就，除明朝皇帝锐意与世界各国通好外，最重要的恐怕就是以郑和为首的一批外交家以超人的毅力尽职完成使命。在交通不便、世界地理知识有限、中非相距十分遥远的情况下，以郑和、王景宏为首的这批杰出外交家不畏艰险、不辞辛劳、不怕牺牲，尽全力与东非沿岸各国交往，同他们建立友好关系。为了完成这一使命，他们中的不少人付出了生命代价，永久长眠在异国他乡；船难幸运逃生者也永远地滞留在遥远的地方；落难在肯尼亚帕泰岛的郑和使团成员就是其中的例证。

今天，在中国驻非洲国家的外交官身上，我们能够清楚地看到当年的郑和精神：乐于吃苦、勇于奉献、忠于使命，在前沿阵地为中非关系的健康发展做出了突出贡献。如，中国驻安哥拉大使馆长期与当地的贫民窟为邻，驻南非的中国外交官时常受到犯罪分子的扰乱，更有个别国家的中国外交官在战乱中坚持工作……2006年6月，温家宝总理在访问非洲七国时对中国外交人员说："我要感谢同志们，这里生活确实比较艰苦，如果说三四十年以前，我们国内的条件也不是很富裕，那么现在比起来，这个地方要艰苦多了，所以我感谢同志们在这里安心工作，为国争光。"①

三 当代中国对非政策大大超越了郑和下西洋的时代性，具有战略性、互动性和国际性等显著特点，实现了对非政策的持续、稳定和全面发展

郑和下西洋四赴非洲总方针与当代中国对非政策具有一定程度的相似

---

① 李新烽：《以情动人、以理服人、推己及人——记温家宝总理出访非洲七国》，《大地》2006年第14期，第17页。

性仅是问题的一个方面,而由于明朝中国与当代中国所处的历史时代和国际环境大相径庭,特别是社会制度和发展道路迥然相异,二者具有本质的区别,其相异程度远大于相似之处。

第一,当代中国对非政策突破了郑和下西洋的历史局限性,实现了对非政策的持续、稳定和全面发展。

郑和下西洋时期,中国处于封建社会的强盛阶段,皇权高于一切。尽管郑和下西洋在政治、经济、外交、军事、文化等诸多方面取得了一系列积极成果,但是封建制度自身的弊端终使这一人类向海洋进军的壮举和中国与海外诸国的友好交往昙花一现,戛然而止。世人普遍为郑和下西洋不能持续而扼腕叹息,然而它符合历史的发展规律,无论是做出下西洋决策的封建皇帝朱棣,还是奉命远航的船队总兵郑和,皆无法避免其所处时代的局限。历史的局限性使郑和下西洋不可能继续下去,中非关系当然也就不可能持续发展。

当代中国对非政策具有坚实的政治基础、深厚的感情纽带和规范的合作机制,因而能够持续发展。中非双方彼此平等是当代中国对非政策的一个基石,加之中国和非洲国家有着相似的历史遭遇、现在又面临共同的发展任务,相似的命运、共同的目标把中国和非洲紧紧团结在一起。同时,中非关系在几十年发展的基础上又形成了新的合作机制——中非合作论坛,机制化保证了中非之间定期集体会晤,推动双边关系持续发展。

中非合作论坛会徽

会徽左翼红色"C"代表中国,整个标志是字母"a"代表非洲,寓意中非团结与合作,绿色象征和平与发展,红色表示活力与繁荣。

当代中国对非政策是在互利双赢的经济前提下和交流互鉴的文化沟通中进行的，因而能够稳定发展。国与国之间的交往绕不开利益，中国与非洲国家的关系也不例外，但是双边的经济往来是互利共赢，彼此受益；在文化交流上互相借鉴，彼此尊重对方的文化传统和生活习惯。明成祖朱棣在谈及郑和下西洋时指出："恒遣使宣教化于海外诸番国，导以礼义，变其夷习。"① 郑和所到之处，向海外诸国颁发中国历法，其内容包括明朝政治、社会、礼俗的各个方面，作为范本让海外诸国遵循。换言之，郑和下西洋对海外诸国主要是单向地宣扬中国文化，而非文化双向交流。

当代中国对非政策面向整个大陆开展多渠道、宽领域、全方位、深层次的外交活动，因而能够全面发展。而受当时地理知识和交通状况的限制，郑和船队当年访问的仅是东非沿岸的一些国家，未能涉足非洲内陆，同时双边贸易的数量和物品种类与现在也不可同日而语。当代中国与非洲是全天候的朋友，对非关系面向所有非洲国家，双边交流的范围涉及所有领域，是好朋友、好伙伴、好兄弟之间的全方位外交。温家宝总理指出，中非经贸合作日益深化，"2008年中非贸易突破千亿美元，同中国有贸易往来的非洲国家增加到53个；中国在非洲开工建设6个经贸合作区，中国企业到非洲国家落户增加到近1600家，直接投资存量达到78亿美元；工程承包和劳务合作规模不断扩大，金融合作方兴未艾"。"人文交流蓬勃开展。文教、卫生、人力资源培训等领域的交流与合作发展迅猛，中国为非洲国家培训各类人员年底以前将达到15000人，青年、妇女、友好省市等领域的交往日趋频繁，进一步加深了相互理解和传统友谊。"②

从温总理的讲话中可以看出，仅经贸合作与人文交流而言，中非之间这种全方位外交，一是指中国与非洲大陆所有国家交往，二是指与每个非洲国家的所有领域进行交流。中非之间这种新型战略伙伴关系是建立在国与国平等基础之上的，没有非洲国家的大小贫弱之分，更没有非洲国家的资源丰富与贫乏之别，那种认为中国与非洲国家发展关系是为了抢占非洲资源的"新殖民主义"论调是站不住脚的。

第二，当代中国对非政策超越了郑和下西洋的时代性，具有战略性、

---

① 朱棣：《御制南京弘仁普济天妃宫碑》，郑鹤声、郑一钧：《郑和下西洋资料汇编》中册（下），齐鲁书社1983年版，第856页。

② 温家宝：《全面推进中非新型战略伙伴关系——在中非合作论坛第四届部长级会议开幕式上的讲话》，《人民日报》，2009年12月9日。

互动性和突破性。

新中国成立伊始，中国领导人就站在无产阶级国际主义的高度，支持非洲人民争取民族解放与国家独立的正义事业。在非洲国家赢得独立后，中国又帮助非洲国家发展民族经济、提高人民生活水平。换言之，中国领导人从战略的高度重视中非关系，这种战略性包括两层意思，一是老一代中国领导人高瞻远瞩开启了中非关系的大门，并为中非关系的发展奠定了良好基础；二是第二代、第三代和现任中国领导人重视中非关系，强调援助非洲既要重视投资涉及国计民生的大项目，又要重视增强非洲国家的自主发展能力，还要求中国企业树立自己的形象、注意环境保护、处理好与当地居民的关系。

中国外交的战略性还表现在派遣中国海军首次远洋护航。索马里海盗猖獗一时，中国过往亚丁湾、索马里海域的商船受到严重威胁，为保护中国商船和船员的安全，应索马里过渡政府的邀请，中国海军舰队开赴亚丁湾、索马里海域，执行护航任务。海外媒体认为这是600年后"郑和再来"。郑和当年开辟了中国海军非战争运用的先河，在东南亚一带打击海盗受到各方好评。不过，郑和是在下西洋途中遭遇海盗，为民除害；这次中国海军远征是专程为过往亚丁湾、索马里海域的中国船只护航，是中国海军在非战争情况下的出征，是中国利益远洋化对海军提出的新要求。这是中国外交的一大手笔，意义非同小可。

互动性是指中非关系不是单向的帮助和支持，而是双向的彼此合作与共赢。正如温家宝总理所言："早在20世纪五六十年代，中非就在反帝、反殖、反霸的历史浪潮中并肩战斗，在振兴民族经济的艰辛历程中携手同行。坦赞铁路、援非医疗队、青年志愿者，是中国无私帮助非洲的生动例证；把中国'抬进'联合国、北京奥运圣火在非洲顺利传递、向四川汶川地震灾区热心捐款，是非洲人民对中国人民情谊的真实写照。"①

当代中国对非政策因基础坚实而实现了飞跃式发展，具有突破性。这主要是指中非合作论坛北京峰会的成功举办和八项政策措施的具体落实。在2006年11月的中非合作论坛北京峰会上，胡锦涛主席宣布，为推动中非新型战略伙伴关系发展，促进中非在更大范围、更广领域、更高层次上

---

① 温家宝：《全面推进中非新型战略伙伴关系——在中非合作论坛第四届部长级会议开幕式上的讲话》，《人民日报》，2009年12月9日。

的合作，中国政府将采取八个方面的政策措施。中国政府说到做到，三年过去了，八项政策措施全部得到落实。2009年11月，在埃及举行的中非合作论坛第四届部长级会议上，为不断深化中非各领域的务实合作，全面推进中非新型战略伙伴关系，温家宝总理又宣布了新的八项政策措施。新旧八项政策措施的贯彻落实把中非关系提升到了一个新阶段，使中非关系实现了突破性发展。

第三，当代中国对非政策彰显出中国外交政策的基本理念和我们这个时代的鲜明特征，具有开放性、包容性和国际性。

中国对非关系是中国外交政策的重要组成部分，中非合作是南南合作的典范。这主要因为中非关系和中非合作体现了中国外交政策的基本理念，正如胡锦涛主席指出："中非友好之所以能够经受住历史岁月和国际风云变幻的考验，关键是我们在发展相互关系中始终坚持真诚友好、平等相待、相互支持、共同发展的正确原则。"[1] 温家宝总理强调，中非友好关系"患难与共、相互支持是基础；相互尊重、平等相待是核心；互利合作、共同发展是关键"[2]。

郑和下西洋时期，尽管郑和使团本着"王者无外，中天下而立，定四海之民，一视同仁"[3]的精神，但是封建皇帝追求的是"万国来朝"和"四海宾服"，以期实现所谓凡"舟车所至，人力所通"，"际天所覆，极地所载，莫不咸归于德化之中"[4]。这里的"一视同仁"是指郑和使团所访问的海外诸国的地位是平等的，强大的明帝国则居高临下，让他们来"朝贡"、"宾服"。而非洲的前殖民宗主国们在殖民时期奴役着广大非洲国家，时至今日仍以"主子"的态度看待非洲、对待非洲。中国之所以能够赢得非洲的尊重，是因为中国首先尊重非洲，平等对待非洲。

中国平等地与非洲国家发展关系、平等地对待非洲各国人民，这并不排斥其他国家和人民与非洲发展正常的外交关系，相反中国欢迎其他国家支持和帮助非洲发展；中国与非洲的关系是开放透明的，是新型的战略伙伴关系，并不存在结盟与联合对抗第三者，更不会妨碍非洲国家与其他国

---

[1] 胡锦涛：《在中非合作论坛北京峰会开幕式上的讲话》，《人民日报》，2006年11月5日。
[2] 温家宝：《全面推进中非新型战略伙伴关系——在中非合作论坛第四届部长级会议开幕式上的讲话》，《人民日报》，2009年12月9日。
[3] 《明成祖实录》卷23。
[4] 郑鹤声、郑一钧：《郑和下西洋资料汇编》中册，齐鲁书社1983年版，第863页。

家友好合作,相反中非双方进一步加强互利合作,有利于带动国际社会更加关注非洲,帮助非洲加快实现千年发展目标。中非关系具有极强的包容性,这一包容性与战略性和国际性相辅相成、相得益彰。

中非关系的国际性表现在中非之间在国际事务中加强磋商和协调,照顾彼此关切,共同应对各类全球性安全威胁和挑战,以推动均衡和谐的全球发展。同时,中非在国际事务中相互信任、协调配合,有利于共同维护发展中国家的正当权益。以 2009 年 12 月哥本哈根世界气候峰会为例,由于各方分歧严重,会议存在失败的危险,在会场内外错综复杂的形势下,温家宝总理迎难而上,积极行动,以最大的政治意愿和耐心,穿梭斡旋,沟通协调,特别是与非洲国家、77 国集团和小岛国协调立场。在会议面临可能无果而终的关键时刻,温总理与包括南非在内的"基础四国"领导人紧急商谈,以便在关键问题上达成共识,"在坚持原则、维护发展中国家利益基础上,以最大的灵活性,再同美欧去谈,要尽一切努力争取会议有所成果。温家宝总理特别强调,要与非洲国家、77 国集团、小岛国保持沟通,加强合作"。[①] 温总理通过大量艰苦细致的工作,最终推动了《哥本哈根协议》的达成。

中国是世界上最大的发展中国家,非洲是发展中国家最集中的大陆,中国和非洲的人口占世界人口 1/3 以上。仅这一点,中非关系在当今世界上的重要性就不言而喻。

探讨郑和下西洋与当代中国对非政策之间的关系,从这一历史发展的脉络中,寻找古代中国与当代中国对外政策、对非关系的联系与区别,以便清楚地认识中国对非政策 600 年与 60 年的传承与扬弃,进而古为今用,促进中非关系全面、健康、稳定地发展,以更好地造福中国人民和非洲人民,推动全球均衡发展与和谐世界的建设。

历史在前进,时代在进步,社会在发展,源远流长、历久不衰的中非关系翻开了崭新一页。历史已经证明也必将进一步证明,中非关系的健康全面发展必将造福中国和非洲,必将造福发展中国家和全世界,必将造福全人类和未来。

[①] 新华社记者赵承、田帆:《人民日报》;记者韦冬泽:《青山遮不住,毕竟东流去》,《人民日报》,2009 年 12 月 25 日。

参考文献

1. 郑鹤声、郑一钧：《郑和下西洋资料汇编》，海洋出版社2005年版。
2. 郑一钧：《论郑和下西洋》，海洋出版社2005年版。
3. 郑鹤声：《郑和遗事汇编》，中华书局1946年版。
4. 郑一钧：《郑和》，中国青年出版社1991年版。
5. 章巽、郑一钧：《中国航海科技史》，海洋出版社1991年版。
6. 李新烽：《非洲踏寻郑和路》，云南晨光出版社2005年版。
7. 郑一钧：《郑和全传》，中国青年出版社2005年版。
8. 郑一钧：《伟大的航海家、外交家郑和》，云南晨光出版社、云南美术出版社2005年版。
9. 郑一钧：《郑和下西洋与中非友谊》，载《睦邻友好的使者——郑和》，海潮出版社2003年版。
10. 朱俊彦：《古代中国与西亚非洲的海上往来》，海洋出版社1986年版。
11. 胡廷武、夏代忠：《郑和史诗》，云南晨光出版社2005年版。
12. 孙光圻：《中国古代航海史（修订本）》，海洋出版社2005年版。
13. 陈存仁：《被误读的远行：郑和下西洋与马可李罗来华考》，广西师范大学出版社2008年版。
14. 席龙飞：《中国造船史》，湖北教育出版社2000年版。
15. 陈希育：《中国帆船与海外贸易》，厦门大学出版社1991年版。
16. 汪大渊著，苏继庼校释：《岛夷志略校释》，中华书局2009年版。
17. 巴兹尔·戴维逊著：《古老非洲的再发现》，屠尔康、葛佶译，生活·读书·新知三联书店1973年版。
18. 冯承钧：《星槎胜览校注》，商务印书馆1936年版。
19. 罗懋登：《三宝太监西洋记通俗演义》，上海古籍出版社1985

年版。

20. 王冠倬：《中国古船图谱》，三联书店2000年版。

21. 戚继光：《纪效新书（十四卷本、十八卷本）》，中华书局2001年版。

22. 辛元欧：《上海沙船》，上海书店出版社2004年版。

23. 张芝联、刘学荣等：《世界历史地图集》，中国地图出版社2002年版。

24. 万明：《明钞本"瀛涯胜览"校注》，海洋出版社2005年版。

25. 杨沛霆：《科学技术史》，浙江教育出版社1986年版。

26. 张显传：《中国社会生活历史年表》，海豚出版社2001年版。

27. ［英］李约瑟：《中华科学文明史》第1—5卷，上海人民出版社2001—2003年版。

28. 山东省文物考证研究所等：《蓬莱古船》，文物出版社2006年版。

29. 郑明：《中国船史与舟船文化——现代造船强国须有深厚造船文脉》，《郑和与海洋文化研究》2008—2009年第5期。

30. 郑明、田小川：《中国古代造船科技六大发明》，《舰船知识》2007年第7期；《郑和下西洋研究》2007年第4期。

31. 郑明：《永乐造船、郑和航海与宝船》，《郑和下西洋研究》2005年第1期。

32. 郑明：《郑和下西洋与宝船复原考析》，《郑和下西洋研究》2005年第2期。

33. 南京市博物馆：《宝船厂遗址（南京明宝船厂六作塘考古报告）》，文物出版社2006年版。

34. 祁海宁：《南京明代宝船厂遗址考古发掘取得重要收获》，《郑和下西洋研究》2005年第2期。

35. 范中义、郑明：《史书中的明代海船》，《郑和下西洋研究》2007年第4期。

36. 李强：《简评冯锐复原张衡地动仪的设计思路》，《自然科学史研究》2008年第27卷第3期。

37. 胡维佳：《宋代水运仪象台研究与复原中的两个问题》，《自然科学史研究》2007年第26卷第3期。

38. 唐志拔、辛元欧、郑明：《二千料六桅郑和木质宝船的初步考证与复原研究》,《郑和下西洋研究》2005 年第 2 期。

39. 金秋鹏:《迄今发现最早的郑和下西洋船队图象资料——〈天妃经〉卷首插图》,《中国科技史料》第 21 卷,2000 年第 1 期。

40. 郑明、张纬康、纪纲、倪鹤鸣、王国平:《论南京宝船厂遗址出土舵杆和二千料宝船的匹配关系》,《郑和下西洋研究》2006 年第 3 期。

41. 郑明、张纬康、纪纲、倪鹤鸣、霍玲:《泉州出水明代铁锚与郑和宝船的匹配研究》,2009 年 5 月。

42. 万明等:《2005 年在广州郑和二千料宝船概念设计论证研讨会上的专家发言汇编》,《郑和下西洋研究》2006 年第 3 期。

43. 郑明:《对"中国宝船"的再认识》,《郑和下西洋研究》2006 年第 3 期。

44. 赵建群、陈铿:《明代使琉球"封舟"考述》,《福建师范大学学报》1987 年第 2 期。

45. 傅朗:《二千料郑和出洋宝船复原借鉴与探讨》,《郑和下西洋研究》2005 年第 2 期。

46. 辛元欧、范巨山、卜立鸣:《关于郑和宝船复原的思考》,第十届国际东亚科学史会议报告,2002 年 8 月。

47. 王淼、郑明、王芳等:《耆英号》,《郑和与海洋文化研究》2008—2009 年第 5 期。

48. 郑明、范中义、倪鹤鸣:《对八橹船船型、尺度的考证与复原研究》,《郑和下西洋研究》2005 年第 2 期。

49. 岑国和等:《仿明福船的考证研究与仿造》,《普陀潮》2008 年第 5 期。

50. 郑明、邵仕海、孔繁才:《从"绿眉毛"号渔业休闲木帆船探索渔船行业和海港旅游创新之路》,《郑和下西洋研究》2006 年第 3 期。

51. 文以:《我国古代的海洋气象学》,《中国海洋报》,2009 年 6 月 16 日。

52. 李万权、朱鉴秋:《郑和航海图的综合研究》,载《中国与海上丝绸之路:联合国教科文组织海上丝绸之路综合考察泉州国际学术讨论会论文集》,福建人民出版社 1991 年版。

53. 郑明:《郑和宝船考析》,《郑和下西洋研究》2005 年第 1 期。

54. 郑明:《二千料郑和宝船复原仿造工程有待研究考证咨询课题项

目》,《郑和下西洋研究》2006 年第 3 期。

55.《指南针计划——聚焦中国古代发明创造》,《中国文物报》,2009 年 6 月 12 日。

56. 耿朔、郑明:《从京杭大运河保护申遗谈起——试论我国舟船考古和海洋历史研究的成果与展望》,《郑和与海洋文化研究》2008—2009 年第 5 期。

57. 郑明、桂林瑞:《保护开发中华传统帆船的初步设想》,《郑和下西洋研究》2007 年第 4 期。

58. 郑明:《郑和下西洋舟师的古船研究》(上、下册),《海陆空天惯性世界》2003 年第 3 期与第 5 期。

59. 赵志刚:《强烈的中国气息——郑和宝船复建记略》,《中国造船工程学会船史研究学术年会文集》,2008 年 12 月;《郑和与海洋文化研究》2008—2009 年第 5 期。

60. 中国造船工程学会船史研究学术委员会:《"郑和下西洋二千料海船的初步考证复原研究方案"研讨会会议纪要》,《郑和下西洋研究》2005 年第 2 期。

61. 北京郑和下西洋研究会古船研究工作委员会等:《郑和二千料宝船概念设计论证研讨会纪要》,《郑和下西洋研究》2006 年第 3 期。

62. 龚昌奇、刘家新、王斌等:《盛世名舟,文化传承——北京奥运会圣火传递仿古船"安福舻"》,《郑和与海洋文化研究》2008—2009 年第 5 期。

63. 邢学火、胡鹏飞、周浩华等:《舟船文化专题策划》,《普陀潮》2007 年创刊号。

64. 岑全富等:《弘扬中华海洋文化传承百年舟船手艺》,《郑和与海洋文化研究》2008—2009 年第 5 期。

65. 谢柏毅、王芳、郑明:《现代帆船游艇与中华传统文化》,《郑和与海洋文化研究》2008—2009 年第 5 期。

66. 顿贺、程雯慧:《中国古代船舶的造型艺术》,《郑和下西洋研究》2005 年第 2 期。

67. 毛佩琦:《永乐迁都与郑和下西洋》,《郑和下西洋研究》2005 年第 1 期。

68. 毛佩琦:《郑和的使命:天下共享太平之福》,《郑和下西洋研究》

2005 年第 2 期。

69. 陈振杰：《破解郑和宝船之谜》，《郑和下西洋研究》2005 年第 2 期。

70. When China Ruled The Seas: The Treasure Fleet of the Dragon Throne, pp. 1405 – 1433, Louise Levathes, 1994, Oxford University Press.

71. du Grand Amiral Zheng He Vie et Prodiges Pierre Gamarra 2000 Paris: Mazarine.

72. 1421: The Year China Discovered The World, Gavin Menzies, 2002, 伦敦班达姆出版社。

73. 1434: The Year a Magnificent Chinese Fleet Sailed to Italy and Ignited the Renaissance, Gavin Menzies, 2008, Harper Collins Publishers, London.

74. Chinese Porcelain in Fort Jesus. Published in Mombasa by the National Museums of Kenya in 1975.

75. Empires of The Monsoon—A History of The Indian Ocean And Its Invaders Written by Richard Hall. Harper Collins Publishers 1998 in London.

76. Davis Wheels: Early Chinese Sailors, Born and Future. A paper in Santon Library, JHB, South Africa.

77. Louise Levathes: When China Ruled The Seas. Oxford University Press Published in 1996. New York, Oxford.

78. J. de V. Allan: Siyu in the 18th and 19th Century, from the University of Nairobi. Provided by Lamu Museum.

附录 1
《明史》关于郑和本人访问非洲的记载

木骨都束,自小葛兰舟行二十昼夜可至。永乐十四年遣使与不剌哇、麻林诸国奉表朝贡,命郑和赍敕及币偕其使者往报之。后再入贡,复命和偕行,赐王及妃彩币。二十一年,贡使又至。比还,其王及妃更有赐。宣德五年,和复颁诏其国。

国滨海,山连地旷,硗瘠少收。岁常旱,或数年不雨。俗顽嚚,时操兵习射。地不产木。亦如忽鲁谟斯,垒石为屋,及用鱼腊以饲牛羊马驼云。

不剌哇,与木骨都束接壤。自锡兰山别罗里南行,二十一昼夜可至。永乐十四年至二十一年,凡四入贡,并与木骨都束偕。郑和亦两使其国。宣德五年,和复往使。其国,傍海而居,地广斥卤,少草木,亦垒石为屋。其盐池。但投树枝于中,已而取起,盐即凝其上。俗淳。田不可耕,蒜葱之外无他种,专捕鱼为食。所产有马哈兽,状如麇;花福禄,状如驴;及犀、象、骆驼、没药、乳香、龙涎香之类,常以充贡。

竹步,亦与木骨都束接壤。永乐中尝入贡。其地户口不繁,风俗颇淳。郑和至其地。地亦无草木,垒石以居,岁多旱暵,皆与木骨都束同。所产有狮子、金钱豹、驼蹄鸡、龙涎香、乳香、金珀、胡椒之属。

——《明史》卷326《木骨都束传·卜剌哇传·竹步传》

又有国曰比剌,曰孙剌。郑和亦尝赍敕往赐。以去中华绝远,二国贡使竟不至。

——《明史》卷326列传214·外国七

以上内容引自（清）张廷玉等撰《明史》（全28册），中华书局2003年版，第8448—8450、8454页。

注解：

郑和七下西洋四赴非洲，郑和本人每次都去，永乐年间三次，宣德年间一次，这在以上诸传中皆有记载。从《木骨都束传》看，因永乐十三年郑和第一次访问非洲诸国，有木骨都束"永乐十四年遣使与不剌哇、麻林诸国奉表朝贡"之事；接着，又因木骨都束等国使节来访，作为回访，同时又肩负护送诸国使节回国的任务，有"命郑和赍敕及币偕其使者往报之"之事，是为郑和第二次访问非洲；此后，又因木骨都束等国"再入贡"，"复命和偕行"，是为郑和第三次访问非洲。"宣德五年，和复颁诏其国"，是为郑和第四次访问非洲。郑和四访非洲充分体现明朝廷当时对发展与非洲国家关系的重视程度。

附录 2
郑和七下西洋年代及经历的主要国家

次数	出使年代	归国年代	公元	经历主要国家	农历往返年月日
第一次	永乐三年	永乐五年	1405—1407年	占城、爪哇、满剌加、苏门答剌、喃渤里、古里等国	明成祖永乐三年六月十五日奉命出使，其年冬出海，永乐五年九月初二日回京复命
第二次	永乐五年	永乐七年	1407—1409年	占城、暹罗、爪哇、苏门答剌、满剌加、锡兰、加异勒、古里、阿拨巴丹、甘巴里、小葛兰、柯枝等国	永乐五年九月奉命出使，其年冬末或次年春初出海，永乐七年夏季回京复命
第三次	永乐七年	永乐九年	1409—1411年	占城、暹罗、爪哇、苏门答剌、满剌加、锡兰、小葛兰、柯枝、古里、阿拨巴丹、南巫里、加异勒、甘巴里等国	永乐七年秋奉命出使，其年十二月出海，永乐九年六月十六日回京复命

续表

次数	出使年代	归国年代	公元	经历主要国家	农历往返年月日
第四次	永乐十一年	永乐十三年	1413—1415年	占城、爪哇、苏门答剌、满剌加、喃渤利、彭亨、急兰丹、锡兰、加异勒、甘巴里、沙里湾泥、柯枝、古里、溜山、忽鲁谟斯、阿丹、木骨都束、卜剌哇、麻林、比剌、孙剌等国	永乐十年十一月十五日奉命出使，约永乐十一年冬出海，永乐十三年七月初八日回京复命
第五次	永乐十五年	永乐十七年	1417—1419年	占城、爪哇、苏门答剌、满剌加、南巫里、彭亨、锡兰、沙里湾泥、柯枝、古里、剌撒、忽鲁谟斯、阿丹、溜山、木骨都束、卜剌哇、麻林等国	永乐十四年十二月初十日奉命出使，永乐十七年七月十七日回京复命
第六次	永乐十九年	永乐二十年	1421—1422年	苏门答剌、喃渤里、阿鲁、满剌加、甘巴里、锡兰、榜葛剌、柯枝、古里、加异勒、剌撒、祖法儿、忽鲁谟斯、阿丹、溜山、木骨都束、卜剌哇、麻林等国	永乐十九年正月三十日奉命出使，永乐二十年八月十八日回京复命

续表

次数	出使年代	归国年代	公元	经历主要国家	农历往返年月日
第七次	宣德五年	宣德八年	1430—1433 年	占城、满剌加、苏门答剌、喃渤利、阿鲁、甘巴里、锡兰、柯枝、古里、加异勒、剌撒、祖法儿、剌撒、忽鲁谟斯、阿丹、溜山、天方、木骨都束、卜剌哇、竹步、麻林等国	宣德五年六月初九日奉命出使，宣德六年十二月初九日出海，宣德八年七月初六日回京复命

后　记

再次非常感谢中共中央政治局常委、国务院总理温家宝为拙著《非洲踏寻郑和路》题词。温总理语重心长的题词，不但是对我的深切关怀和热情鼓励，而且为我指明了前进方向和奋斗目标，时刻激发着我刻苦努力，鞭策着我深入实际，鼓舞着我战胜困难，勉励着我胸怀高远。我深知，这一高瞻远瞩的题词，不仅仅是给我个人的，而且是给广大新闻工作者、外交人员和专家学者的，寄托着共和国总理对我国新闻宣传、外交战线和社科研究的深切厚望和殷切期盼。我对温总理的感激，难以言表。

衷心感谢中共中央候补委员、中国社会科学院党组副书记、常务副院长、学部委员会主席王伟光为拙著作序和题词，王副院长的题词和序言同时强调了郑和研究的重要性与宣传郑和的必要性，不但是对作者本人的关怀和鼓励，而且对郑和研究、非洲问题研究乃至整个社会科学研究具有重要的指导意义。

真诚感谢中国政府非洲事务特别代表、达尔富尔问题特别代表，浙江师范大学中非商学院院长刘贵今大使和南开大学教授、北京大学非洲研究中心研究员、中国非洲问题研究会顾问张象老师为本书作序。刘大使和张老师的序言饱含着老一代中国驻非洲外交官和非洲问题专家对作者的热情鼓励、对非洲的一往情深和对非洲研究的恳切期望。

"莫嫌荦确坡头路，自爱铿然曳杖声。"拙著《非洲踏寻郑和路》出版后，我仍感到意犹未尽，当时我在《人民日报》社工作，时间和精力不允许我潜心研究。工作岗位和性质的变化，诠释着对非洲研究、郑和研究的情有独钟。在这个物欲横流、世人匆行的世界上，我追求自我精神圹埌恰似美丽辽阔的非洲草原和浩瀚无垠的蓝色海洋，更期待自己的作品和成果呈现"一水护田将绿绕，两山排闼送青来"的境界，给读者以美的感受和思想的清新。诚然，这一境界的到来必须付出勤劳与汗水、艰辛与努力，正如"静无苔"的"茅檐"需要"长扫"，"成畦"的"花木"要靠"手自栽"。

在这一集体成果问世之际，我要特别感谢国际著名郑和研究专家郑一钧老师和著名中华传统帆船专家郑明老师，他们精深的学问、广博的知识、认真的态度和严谨的学风保证了本书的学术质量和学术水平。我也要感谢我的同事张春宇，他的加入使我们的写作组充满了活力，让人们看到了非洲研究和郑和研究的未来。

本书由李新烽博士担任主编，策划设计，组织协调，统稿修订。各部分的作者分别是：

绪论、第一编：郑一钧，1945年7月生于四川北碚，籍贯浙江诸暨市。中国科学院1978届研究生。国家郑和下西洋600周年纪念活动筹备领导小组顾问，中国科学院海洋研究所研究员，国际著名郑和研究专家。1991年被评为中国科学技术协会先进工作者。

出版专著或主编、合著22部，发表学术论文50余篇。专著：《论郑和下西洋》、《郑和》、《郑和传》、《郑和全传》、《悠久的海洋文明》、《伟大的航海家、外交家郑和》等；主编、合著或合编：《郑和下西洋资料汇编》（与其父郑鹤声合编，1992年获全国首届古籍图书整理二等奖）、《东南亚考察论郑和》、《中国海情》、《中国海洋志》、《中国海洋学史》、《公海》、《中国海洋区域经济研究》、《中国航海科技史》、《浙江建设海洋经济大省研究》、《环渤海区域海洋经济可持续发展研究》等。

第二编：郑明、张春宇。

郑明，1933年4月生，福建闽侯人。中国人民解放军海军装备技术部部长，海军少将军衔，中国现代舰船系统工程、海洋战略研究和中华传统帆船专家。

曾发表500多篇技术性和策略性论著。参加撰写、担任编委、顾问或协助编审出版过30余部学术专著、辞典、百科全书等。"对我国海洋战略的思考"论文获国家计委"十五"规划一等奖第一名。

历任中国政策科学研究会高级研究员，国家发改委"十一五"规划专家委员会委员，财政部中央单位政府采购评审专家库专家，中国科学院国防军工研究委员会委员，海军科学技术委员会副主任兼秘书长，中国造船工程学会副理事长，船史研究学术委员会顾问，中国惯性技术学会副理事长，中国国际交流促进会副会长，北京郑和与海洋文化研究会副理事长，名誉理事长兼古船研制工作委员会主任，中国海洋学会理事，军事海洋学专业委员会副主任等。从1991年起先后被聘为海军工程大学和上海交通大学兼职教授、硕研导师。

张春宇，1980年生，黑龙江人，中国社会科学院世界经济与政治研究所助理研究员，中国社科院研究生院研究生毕业。研究方向为非洲经济、能源经济、国际投资等。在国家核心期刊及各大主要媒体发表专业文章数十篇，完成省部级课题多项。

第三编、导言、结语：李新烽，博士，作家，摄影家，中国社会科学院西亚非洲研究所研究员，中国非洲问题研究会常务理事，北京郑和与海洋文化研究会常务理事。

在完成该书的初稿后，我们四位作者以严谨的治学态度、平等的交流方式，相互传阅了书稿，并提出了批评意见。此后，大家又数次修改，不断完善，以确保本书的质量，对自己、更对读者负责。对郑和研究中尚存争论和疑问之处，暂且存疑并表明自己的观点。值得一提的是，本书吸收了国内外郑和研究的最新成果，收集到多年来未能收集到的国外研究资料。这些资料和成果包括，荷兰著名汉学家戴文达1933年出版的《马欢再探》的原版著作，中国考古队在肯尼亚东海岸的最新发现，南京洪保墓考古发掘的最新成果，以及在马来西亚举办的第一届郑和国际学术会议的学术论文的新观点。在本书的写作过程中，我还利用去牛津大学参加国际学术会议的机会，在伦敦与《1421：中国发现世界》的作者孟席斯进行了交流；并去意大利米兰，参观了达·芬奇科学技术馆，验证孟席斯著作中的观点。当然，对于书中可能出现的舛误和不足，主要由主编负责。同时，恳请读者朋友批评指正。

十分感谢北京大学教授秦大树老师向作者介绍中国考古队赴肯尼亚考古的情况并提供有关图片；十分感谢四川外国语学院教授周裕玻老师在百忙中为本书翻译目录和简介。两位教授的帮助和支持使本书大为增色。

十分感谢中国社会科学出版社冯斌主任、本书的责任编辑丁玉灵老师和责任校对林福国老师为本书付出的辛劳和努力，他们认真负责的精神、热情友好的态度给我们留下了深刻印象，同时保证了本书及时与读者见面。

主编

2012年清明节

于北京望京"好望园"

重印后记

承蒙读者厚爱和出版社关照，拙著能够在短时间内重印，再次与广大读者见面，甚是欣慰。厚爱是说作为一本学术著作，拙著销售告罄、库存清零；关照是言出版社在得知此消息后，果断决定启动重印。在此，作者向读者和出版社真诚地道一声"谢谢"！

这次重印，恰逢其时。其一，拙著被纳入中国非洲研究院文库，深感荣幸。中国非洲研究院是习近平主席指示成立的，成立时又致信祝贺，饱含着习主席、党中央对中国非洲研究院的深切关怀和殷切期望！文库是中国非洲研究院贯彻落实习主席贺信精神而推出的系列成果，中国社会科学院副院长、中国非洲研究院院长、著名经济学家蔡昉教授为文库作序。在此，再次感谢蔡院长的精彩序言！

其二，2017年，拙著《非洲踏寻郑和路》英文版在南非出版和中文版修订本再版前夕，笔者通过中国驻肯尼亚大使馆，恳请肯尼亚总统肯雅塔先生作序。当时虽忐忑不安，但仍心存奢望，未料日理万机的总统先生站在世界和平、人类和谐、中非中肯关系发展的高度慨然应诺，顿使拙著增色添彩，欣喜和感激之情难以言表。作为《非洲踏寻郑和路》的姊妹篇，《郑和与非洲》这次重印，总统先生的精彩序言自然不能缺席。

其三，目前正在全球蔓延的新冠肺炎疫情改变了世界，世界发展的不确定性和不稳定性陡增，今天的世界更加需要和平发展，人类更加需要和谐相处、同舟共济，郑和船队600多年前的和平之旅，其意义在今天更加彰显。作为当今世界最强大的美国，感染和病亡人数高居榜首。7月29日，美国新冠肺炎累计死亡人数超过15万，超过其他任何国家，占世界新冠肺炎死亡人数的四分之一。美国疫情泛滥成灾，这给美国经济带来新打击，且成为全球经济发展的最大威胁。美国政客却为了推卸责任、转移视线，竭尽其能"甩锅"中国，不择手段攻击中国，四处组建反华联盟，企图掀起新的"冷战"。仅以7月下旬为例，美国防部部长埃斯珀7月21

日宣称，五角大楼正优先考虑印太地区资源调配，提升该地区作战能力，鼓吹与盟友抱团对抗中国；同日，国务卿蓬佩奥访问英国，煽动"全世界"抵抗中国，敦促英国加入反华联盟；23日，蓬佩奥在本国发表了题为"共产主义中国与自由世界未来"的中国政策演讲。讲话可分为三个部分：第一部分是妖魔化中国，第二部分是分析美国对华政策的失误，第三部分提出如何与中国开展斗争的建议。蓬佩奥罔顾事实，颠倒黑白，充斥着意识形态偏见和冷战思维，被称为美国对华的"临战宣言"……对此，美国《纽约时报》网站7月21日发表了托马斯·弗里德曼《特朗普为转移注意力而发动战争》一文，作者认为："有些总统在选举前陷入困境时，会通过发动海外战争来'转移注意力'。"同日，俄罗斯《观点报》网站发表了俄罗斯财经大学副教授格沃尔格·米尔扎扬的文章——《为什么美国不怕全球战争》，作者指出，白宫主人称两次世界大战"美妙"——美国是两次世界大战的受益者，的确如此，并列举了以下事例：

一是战争带给美国的损失微乎其微。"一战"中，美国仅失去11.7万人——只占与同盟国对抗国家全部死亡人数的2%。"二战"中，美国失去约41.9万人——苏联红军光是在斯大林战役中的死亡人数就比这多。二是两场战争都远离美国海岸。战争没有毁坏美国本土的基础设施——日本在战争快要结束时释放的1万个气球炸弹算不上威胁，因为只有几百人到达美国的土地，只杀死了为数不多的人。三是美国的收益却是巨大的。"一战"后，美国由贸易赤字的债务国变成全球最大债权国之一。不仅如此，它还凭借繁荣的经济跻身世界主要强国之列。英国人接受了现状。他们欠美国超过45亿美元，所以决定认命。日本人感到愤怒，但当美国威胁日本每造一艘军舰，美国将造四艘后，他们也顺从了。"二战"令美国从海上大国跃升为世界大国，30年间第二次遭到毁灭性打击的欧洲向美国公司无条件投降。马歇尔计划不光确保了美国经济增长，还巩固了其在欧洲市场的地位。随后爆发的"冷战"使美国得以夺取在西方的政治领导权，成为欧洲的盾牌。尽管已经不需要，但欧洲迄今还是通过表现政治经济上的忠诚来保留这块盾牌。

米尔扎扬总结道："综上所述，战争——即使是世界大战——之于美国从来都不是悲剧或威胁。它们往往堪称机遇——或是攫取新领土（1846—1848年与墨西哥的战争），或是将竞争对手赶出西半球（1898年与西班牙的战争），或是扩大世界主导权。从这个角度讲，两次世界大战的确对美国妙不可言"。作者反问:"但新的全球冲突对美国来说是否也会如此美妙呢?"作者引用杜马国际事务委员会委员叶连娜·斯特罗克娃的原话:"从健全思维的角度出发,还没有哪个二战参与国想过把这一事件描述为'美妙'……只有道德观扭曲的人或旁观者,才会觉得世界大战'美妙'。"文章最后强调:"华盛顿对毁灭性战争的全部危险茫然不觉、把战争当生意、在一系列(伊朗、乌克兰、朝鲜等)危机中长期徘徊于战争边缘——这些都有可能将世界拖入一连串彼此关联的地区冲突组成的第三次世界大战。即使对美国自身而言,这场战争都不会美妙。"

我们再听听美国人对蓬佩奥反华演讲的看法吧。曾于1972年陪同尼克松访华的美国前助理国防部部长傅立民认为:"美国试图强力推动中国内部变革,以及通过建立一个反华联盟来对抗中国的新政策正在引发人们对华盛顿的不信任。""蓬佩奥在反华问题上只是敷衍地争取国际社会的支持,他深知不会有哪个国家支持他。"哈佛大学荣休教授傅高义指出:"近年来,美国对华政策和政治言论主要由对中国事务知之甚少的官员主导。把中国人变成敌人不符合美国的利益。如果我们想鼓励他们为了我们的共同利益与我们合作,我们就需要对我们的政策进行一些根本性的反思。"

针对蓬佩奥的煽风点火行径,俄新社网站7月28日发表了《美国为何试图复活共产主义威胁的幽灵》的文章,作者彼得·阿科波夫认为:"迈克·蓬佩奥开启了一场意识形态战争。与当年针对苏联的冷战一样,这场针对中国的冷战同样打着反共旗号。""蓬佩奥公然妖魔化中国并将其与普通国家区分开来,理由是中国由共产党领导。蓬佩奥呼吁全世界领导人'坚持从共产党那里得到对等、透明和问责'。也就是说,对中国人要以其人之道还治其人之身?那中国人干什么了?"

作者进而回答道:"中国人仅仅是拿回了原属于自己的世界头号经济大国位置。中国人在这个位置上曾经度过数百年甚至上千年。他们拥有世界上最大的国内市场,中国仍有发展空间,空间就在它的内部。中国是否需要全球扩张?它是否想成为世界霸主?答案当然是否定的。中国的扩张从不带有政治和意识形态性质,这只不过是普通的市场拓展行为。再说,难道全球化是中国推动的?不,是西方人在19世纪来到中国,用武力对中国施压并依靠牺牲中国利益来获得巨额财富。现在正在发生相反的进程吗?没有,因为中国不想打造全球帝国。"

作者这样反问蓬佩奥:"西方在19世纪靠着'鸦片战争'打入中国,

或者在 20 世纪末利用中国廉价劳动力赚钱时就是正常的,而当中国变得强大起来,凭借出口和投资融入全世界时,就是不公正的共产主义扩张?"

文章最后强调指出:"然而,无论盎格鲁—撒克逊人如何形容,'中国威胁'都不会在其他国家引起恐慌。而当他们试图将其渲染为共产主义扩张时,简直就更加可笑了。"

世界人民热爱和平,美国的一意孤行必将遭到全世界人民的唾弃。拙著《郑和与非洲》此时重印,我们用历史事实和真相再次告诉美国:中华民族的血液里流淌的是和平基因,历史上曾经强大的中国没有欺凌他人、殖民异邦,警告美国有些人,不要再做颠倒黑白、掩耳盗铃的蠢事了,那样必将"搬起石头砸自己的脚"!

主编

2020 年 7 月

于北京奥林匹克森林公园

中国非洲研究院

CONTENTS

Instructions by Chairman Mao Zedong on African Studies

Inscription by Wen Jiabao, Member of the Politburo Standing Committee of the CPC Central Committee and Premier of the State Council

Inscription by Wang Weiguang, Alternate Member of the CPC Central Committee and Executive Vice – President of Chinese Academy of Social Sciences

Give Full Play to the Role of Think Tanks to Promote Friendly Cooperation Between China and Africa ·· Cai Fang

"The Story About Giraffe" withstands the Test of Time ······ Uhuru Kenyatta

Researching Africa and Making Zheng He Well – Known
·· Wang Weiguang
A Great Academic Work in African Studies to the
　Call of the Great Times ·· Liu Guijin
A New Chapter of Ode to Zheng He ····························· Zhang Xiang

INTRODUCTION: A CONTINUUM OF THE HISTORY 600 YEARS AGO AND THE PRESENT REALITY

PART ONE: ZHENG HE FLEET NAVIGATIONS TO AFRICA

CHAPTER Ⅰ: HISTORICAL BACKGROUND OF ZHENG HE
　　　　　FLEET FOUR NAVIGATIONS TO AFRICA ········ (25)

1 THE MING DYNASTY AND THE WORLD ……………… (25)
2 HISTORICAL BACKGROUND OF ZHENG HE SEVEN
    NAVIGATIONS TO THE WEST ……………………… (37)
3 MOTIVATION OF ZHENG HE FLEET NAVIGATIONS
    TO AFRICA ……………………………………… (50)
4 WHY ZHENG HE WAS THE FLEET ORGANIZER ………… (53)

CHAPTER II: TWO KEYS TO QUESTIONS ON ZHENG HE
           NAVIGATIONS TO AFRICA ……………… (63)
1 ROUTES AND FEATURES OF ZHENG HE NAVIGATIONS TO
    THE WEST ……………………………………… (63)
2 THE THREE ROUTES OF ZHENG HE FLEET NAVIGATIONS TO
    AFRICA ………………………………………… (72)
3 FLEET NAVIGATION SUPPORT, ORGANIZATION AND
    COMMUNICATION ……………………………… (80)
4 "TRANQUIL SEA" ENSURED BY SUPPRESSING PIRATES
    …………………………………………………… (89)
5 ZHENG HE FLEET GOING ROUND THE CAPE OF GOOD HOPE
    …………………………………………………… (92)

CHAPTER III: PROFOUND SIGNIFICANCE OF ZHENG HE
            NAVIGATIONS TO AFRICA ……………… (96)
1 THE DRAWING AND INFLUENCE OF ZHENG HE NAUTICAL
    CHART ………………………………………… (96)
2 STRENGTHENED TRADE AND COMMUNICATION BETWEEN
    CHINA AND AFRICA …………………………… (105)
3 CHINESE CULTURE IN WORLD COMMUNICATION ………… (109)
4 GLOBAL INFLUENCE OF NAVIGATIONS TO AFRICA ……… (128)

PART TWO: CHINESE TREASURE BOATS CONSTRUCTING THE MARITIME "SILK – PORCELAIN ROUTE"

CHAPTER IV: ADVANCED BOAT SCIENCE AND TECHNOLOGY GIVING BIRTH TO CHINESE TREASURE BOATS ......(135)

1. THE MING DYNASTY REPRESENTING THE SUMMIT OF ANCIENT BOAT SCIENCE AND TECHNOLOGY ......(135)
2. THE YONGLE PERIOD GIVING BIRTH TO GREAT SHIPBUILDING INDUSTRY OF THE MING DYNASTY ......(137)
3. MING DYNASTY SHIPBUILDING HIGHLIGHTING CHINESE HISTORY ......(141)
4. NANJING THE SHIPBUILDING CENTER OF CHINA IN EARLY PERIOD OF THE MING DYNASTY ......(144)

CHAPTER VI: IMITATING CHINESE TREASURE BOAT AND FOLLOWING ZHENG HE FOOTSTEPS ......(202)

1. CHINESE BOATS EXPLORERS OF MARITIME "SILK – PORCELAIN ROUTE" ......(202)
2. OUTSTANDING CONTRIBUTIONS MADE BY CHINESE SEA BOAT SCIENCE AND TECHNOLOGY ......(205)
3. IMITATION PROJECT OF ZHENG HE TREASURE BOAT BUILDING AND SAILING ......(210)
4. REMEASURING MING DYNASTY TREASURE BOATS IN LIGHT OF NEW DISCOVERIES ......(227)

CHAPTER VII: PROBING "CHINA VILLAGE" ON KENYAN PATE ISLAND ......(233)

1. ZHENG HE FLEET SEAMEN DESCENDANTS LIVING IN AFRICA ......(233)
2. SEAMEN DISTRESSED ON AN EAST AFRICAN ISLET ......(242)
3. "CHINA AFFECTION" OVER A SHOULDER POLE ......(247)

4 CHINESE DESCENDANTS INHERITORS OF TRADITIONAL
  CHINESE MEDICINE ··· (255)

CHAPTER Ⅷ: "DOUBLE - DRAGON JAR" CARRIER OF NEW
           MESSAGE ABOUT CHINA ···························· (267)
  1 "DOUBLE - DRAGON JAR" MYSTERIOUS APPEARANCE A
    GREAT ATTRACTION ··· (267)
  2 "CHINA" FELT OVER AN EAST AFRICAN ISLET ············ (274)
  3 "CHINESE STUDENT" BACK AT HOME FOR STUDIES ······ (292)
  4 CHINA - KENYA JOINT ARCHAEOLOGICAL EXPLORATION OF
    "TREASURE BOAT" ·· (301)

CHAPTER Ⅸ: FAR - REACHING INFLUENCE OF "ZHENG HE
           FLEET" IN AFRICA ································· (307)
  1 PORCELAIN CONTRIBUTING A NEW CHAPTER TO EAST
    AFRICAN COAST HISTORY ······································ (307)
  2 GIRAFFE AN EMBASSADOR OF FRIENDSHIP TO CHINA ··· (318)
  3 "MAHJONG" WELCOMED BY BLACK PEOPLE OF
    AFRICA ·· (326)
  4 PROFOUND SIGNIFICANCE OF EXHIBITING
    < COMPREHENSIVE MAP OF THE GREAT MING >
    IN SOUTH AFRICA ·· (334)

CHAPTER Ⅹ: EARLY MING DYNASTY IMMIGRANTS THE
           EARLIEST "CHINESE" IN AFRICA ················ (340)
  1 THE EVOLUTION OF CHINA - AFRICA RELATIONSHIP ······ (340)
  2 A HISTORICAL REVIEW OF CHINESE IMMIGRATION
    TO AFRICA ·· (353)
  3 ZHENG HE AND THE EARLIEST "CHINESE"
    IN AFRICA ··· (371)
  4 THE SIGNIFICANCE OF REMOTER CHINESE IMMIGRATION
    TO AFRICA ·· (376)

EPILOGUE: ZHENG HE'S WEST SEAS NAVIGATION AND NEW
    CHINA'S AFRICAN POLICY ……………………… (393)

BIBLIOGRAPHY ……………………………………………… (415)

APPENDIX I
  Records in History of the Ming Dynasty about Zheng He's
  Visits to Africa. ………………………………………… (420)
APPENDIX II
  The Time Period of Zheng He's Seven Navigations to the
  West and Main Countries He had Visited. ………………… (422)

POSTSCRIPT ………………………………………………… (425)
POSTSCRIPT TO REPRINT ………………………………… (428)

About the book

This book is an academic monograph on the West Seas navigations of Zheng He and on the relationship between China and Africa, accurate, new and profound in every detail. The author gives a full analytical description to Zheng He's westward navigations, to the relation between the navigations and Africa, to the influence of the navigations on Africa and, on the basis of these, traces the Chinese African immigration history back by 200 – 300 years. The author's analysis and description are presented in integration of social sciences and natural sciences, in integration of laboratory studies and field surveys and in integration of historical significance and current influence, in such a three – in – one research method, which rests on detailed, full – range, multi – dimension, multi – perspective and in – depth insight, supported by abundant, new and first – hand information.

What was the reason for Zheng He's four arrivals in Africa in his Westward navigation? Did Zheng He himself ever visit Africa? Were the fleet science and technology strong enough to ensure the success of such oceangoing navigations? What kept such a huge fleet well organized and communicated? What were the relics and influences the Zheng He fleet left over in Africa? This book analyzes the strict organization /discipline and the scientific communication system of the fleet and gives a positive answer to the question about Zheng He's personal visit to Africa. This book, after careful studies in the Ming Dynasty advanced shipbuilding science and technology, puts forward the new idea " Maritime Silk – Porcelain Route", expounds the necessity and feasibility of following Zheng He's route, provides new interpretations to the naming of " China Village" on the Kenyan Pate Island, convinces people of a much longer history of Chinese immigration to Africa, extends and expands its studies to New China's African policies, manifests the realistic significance of Zheng He studies, rebuts the so – called "China Threat" and the "Neocolonialism" fallacies, supplies theoretical and practicable support to the "Eastward Orientation" of Africa and to the development of trade between China and Africa. This book, abundant in new ideas, fresh information and eye – opening findings, is an academic work that integrates intelligence, innovation and readability as a filler of vacancy in Africa studies and Zheng He studies.